Droemer
Knaur

Hachette Weinatlas Frankreich

Unter der Leitung von Professor Pascal Ribéreau-Gayon

In Zusammenarbeit mit dem Institut National des Appellations D'Origine

Droemer Knaur

Aus dem Französischen von Dr. Günther Kirchberger und Maria Paukert

Dieses Buch entstand unter der Leitung von Professor Ribéreau-Gayon, Direktor des Önologischen Instituts der Universität Bordeaux II.
In Zusammenarbeit mit dem Institut National des Appellations d'Origine unter dem Vorsitz von Jean Pinchon und der Mitwirkung des Direktors, des Generalinspekteurs, der Abteilungsleiter, der regionalen Leiter, der fachlichen Berater und ihrer Stellvertreter.

Ebenfalls mitgewirkt haben an diesem Buch:
Jean-Luc Barbier, Generalsekretär des Comité Interprofessionel du Vin de Champagne; Jean-François Bazin; Pierre Bedot, Präsident der Union française des Œnologues, Vizepräsident der internationalen Önologenvereinigung; Alain Berger, Fachberater des französischen Ministeriums für Landwirtschaft und Forsten; Jean Bisson, Leiter der Weinbauversuchsstation von Cosne-Cours-sur-Loire, Landwirtschaftliche Hochschule; Jean-Michel Boursiquot, Assistent der Landwirtschaftsschule von Montpellier; Pierre Casamayor, Dozent der Universität Paul-Sabatier von Toulouse; Jean-Pierre Doazan, Forschungsdirektor der Landwirtschaftlichen Hochschule; Jean-Pierre Jeancolas, Vizepräsident der französischen Vereinigung zur Erforschung der Geschichte des Films; Antoine Lebègue; Christine Montalbetti, Gymnasialprofessorin für Französisch und Altphilologie; Alain Razungles, Lehrer der Landwirtschaftsschule von Montpellier; Hervé Renoult, Gymnasialprofessor für Geographie; Philippe Roudié, Geographie-Professor an der Universität Bordeaux II; Gérard Seguin, Professor für Agrarwissenschaft am Önologischen Institut der Universität Bordeaux II; Pierre Torrès, Direktor der Weinbauversuchsstation des Roussillon.

Leitung Adélaïde Barbey; Edition Francois Monmarché, Catherine Montalbetti; Evelyne Grumberg (Editionssekretariat); Künstlerische Leitung Bernard Père, Irène de Moucheron (Assistentin); Nancy François (Koloristin); Gilles Tosello (Zeichnungen); Lithographie Explorer (Antoinette Charniot); Herstellung Gérard Piassale, Maurice Malzieu.

Inhalt

Geologische Profile

Vorwort

In der ganzen Welt schätzt man die französischen Weine, so bemerkenswerte Weine die einzelnen Länder auch hervorbringen mögen. Sie üben eine große Anziehungskraft auf die Weinliebhaber aus: durch ihre hohe Qualität ebenso wie durch ihre unvergleichliche Vielfalt, die beide das Markenzeichen und die Berühmtheit des französischen Weinbaugebiets ausmachen. Diese Eigenschaften sind das Ergebnis einer manigfaltigen Umwelt, die günstig für die Erzeugung von Weinen unterschiedlichen Stils ist: Rot- und Weißweine, trockene und süße Weine, Still- und Schaumweine haben seit langer Zeit ihre bevorzugten Anbaugebiete gefunden.

Man ist daher nicht erstaunt, wenn man auf eine große Zahl von Appellationen trifft; die den besonderen Bedingungen jedes Gebiets angepaßt sind. Die Weinbaugebiete von Bordeaux, Burgund und der Champagne, die zweifellos die angesehensten der ganzen Welt sind, besitzen jeweils einen unverwechselbaren eigenen Charakter. Der Begriff AOC, der kontrollierten Herkunftsbezeichnung, ist der Ausdruck des hohen Rufs, den sich die Weine seit langem erworben haben.

Diese natürlichen Voraussetzungen mußte der Mensch durch beständige, über Jahrhunderte hinweg geleistete Anstrengungen nutzen. Man mußte zum Begriff der Qualität gelangen, die geeigneten Anbaugebiete und Rebsorten auswählen und die passenden Methoden für den Anbau, die Weinbereitung und die Lagerung herausfinden. Diese Entwicklung muß unaufhörlich weitergehen; sie stützt sich nämlich auf vielfältige wissenschaftliche Erkenntnisse, deren kontinuierliche Verfeinerung es ermöglicht, die natürlichen Phänomene immer besser in den Griff zu bekommen. Der Anteil des Menschen bleibt somit von entscheidender Bedeutung. Jede Winzergeneration hat große Persönlichkeiten hervorgebracht, die das hohe Ansehen der französischen Weine aufrechterhalten konnten, indem sie sich bei der Erzeugung und der Vermarktung den geänderten gesellschaftlichen und wirtschaftlichen Bedingungen immer neu anpaßten.

Alle diese Aspekte der Weinproduktion sind Gegenstand mehrerer reich dokumentierter Kapitel in diesem Buch; beschrieben werden darin die natürlichen Faktoren, d. h. die Ökosysteme, die den großen Weinbaugebieten zugrunde liegen, der Anbau der Reben sowie die Wissenschaft und die Kunst der Weinbereitung. Schließlich wird noch versucht, in einem futurologischen Ausblick die denkbaren Entwicklungen für eine nahe Zukunft vorauszusagen.

Aber der Wein verkörpert für den Menschen mehr als nur ein bloßes Nahrungsmittel: Der Wein wird nicht einfach getrunken, sein Genuß hat in der Degustation etwas Ästhetisches an sich. Seit ältesten Zeiten war der Wein mit allen großen Zivilisationen des Abendlandes verbunden; Religion und volkstümliche Überlieferung räumen ihm beispielsweise in der Malerei oder der Bildhauerei einen besonderen Stellenwert ein. Deshalb widmet dieses prächtige Buch auch mehrere Seiten dem Ursprung und der Geschichte der französischen Weinbaugebiete sowie der Rolle des Weins in der Kunst.

Sicherlich bildet der zweite Teil das eigentlich Neuartige des Hachette-Weinatlas. Er bietet uns eine Rundreise durch die verschiedenen Appellationen. Das Hauptanliegen dabei ist es, die Übereinstimmungen zwischen Boden, Klima und Rebsorte hervorzuheben; dieser Zusammenklang wird nicht nur durch das Können der Winzer betont, er rechtfertigt auch überhaupt erst die Festlegung eines AOC-Gebietes.

Um die Beziehungen zwischen der natürlichen Umgebung und dem dort entstehenden Produkt verstehen zu können, muß man die Täler und Hügel erlebt und die gepflegten Rebflächen bewundert haben, von denen einige die bestgelegenen Hänge einnehmen. Man muß auch empfänglich sein für solche Landschaften, die im winterlichen Nebel karg und in der Sommersonne üppig wirken. Niemand kann deshalb behaupten, die Wirklichkeit der französischen Weine in allen Einzelheiten zu kennen. Aus diesem Grunde mußte man vielfältiges Sachwissen vereinigen, um die ehrgeizigen Ziele zu verwirklichen, die sich dieses Werk gesetzt hat. Die Entwicklung einer eigenen, präzisen Kartografie wurde dem INAO anvertraut; realisiert wurden die Karten vom staatlichen Vermessungsamt, dessen fachliche Kompetenz unbestritten ist. Die Texte, die durch schöne Illustrationen ergänzt sind, wurden von Experten redigiert; sie entstammen den Institutionen, die im Weinbau den Wettbewerb gewährleisten, der für den Fortbestand der großen französischen Weine notwendig ist: der nationalen Landwirtschaftlichen Hochschule und den Universitäten, die besonders viel für die Vervollkommnung der Kenntnisse durch die Forschung und für ihre Verbreitung auf dem Bildungsweg leisten, außerdem dem INAO, dem Nationalen Institut der Herkunftsbezeichnungen, in dem sich der gemeinsame Wille ausdrückt, die Qualität und die Unverfälschtheit der Weine zu garantieren.

Dank dieser hervorragenden Zusammenarbeit können wir ein echtes Standardwerk präsentieren, in dem die zahlreichen Liebhaber der großen französischen Weine zuverlässige und sorgfältig überprüfte Angaben finden werden, so daß sie die Beziehungen zwischen dem Anbaugebiet, der Arbeit des Menschen und dem erzeugten Wein erfassen können.

Beim Lesen dieses Atlas, der durchwegs von fachkundigen Persönlichkeiten verfaßt wurde, habe ich auch selbst neue Informationen zu diesem fesselnden und unerschöpflichen Thema erfahren. Ich zweifle nicht daran, daß der Leser das gleiche Vergnügen und den selben Nutzen daraus ziehen wird.

Pascal Ribéreau-Gayon

INAO – Der Kodex

Beim Wein und beim Branntwein denkt man in Frankreich sofort an Qualität, die mit einem bestimmten Erzeugergebiet verbunden ist: Bordeaux, Burgund, Champagne und Cognac sind eindrucksvolle Beispiele dafür. Aber diese Assoziation beruht auf einem Konzept, von dem viele nicht wissen, daß es mit genauen Vorschriften verknüpft ist. Im Einvernehmen mit den Winzern und dem Weinhandel kodifiziert der Gesetzgeber nämlich seit Anfang des Jahrhunderts das altüberlieferte Erfahrungswissen; jahrhundertelang suchte man nach den besten Böden, den geeignetsten Rebsorten und den traditionellen Anbau- und Weinbereitungsmethoden, um ein einzigartiges Produkt auf den Markt zu bringen, wobei das Anbaugebiet und das menschliche Talent zusammenwirkten.

Die Entstehung des Begriffs der kontrollierten Herkunftsbezeichnung (AOC), auf dem die heutige Organisation dieses Bereichs beruht, verlief besonders langsam; sie war geprägt von tastenden Versuchen, Hartnäckigkeit und Vertrauen in ein Produkt. Der Erfolg stellte sich nicht unmittelbar ein: Die Pioniere mußten manchmal sehr schlimme Krisen durchstehen, bevor ihre Kinder und Enkel davon profitieren konnten. Daraus ist eine besondere Mentalität, ein echtes Berufsethos entstanden. Innerhalb der französischen Herkunftsbezeichnungen herrscht eine Geisteshaltung, die alle Entscheidungen lenkt und organisiert, die den Weinbau und alle Maßnahmen zu seiner Erhaltung und Weiterentwicklung betreffen.

Die Winzer, die Qualitätsweine erzeugten, waren in den dreißiger Jahren von einer schweren Krise durch die Überproduktion betroffen; sie verlangten deshalb unter der Führung von Senator Capus, dem Landwirtschaftsminister, vom Gesetzgeber die Schaffung eines Gremiums, dessen Aufgabe es sein sollte, das nationale Erbe der Weine und der Branntweine mit kontrollierten Herkunftsbezeichnungen zu bewahren.

Das Weinparlament

So entstand das *Institut National des Appellations d'Origine des Vins et Eaux-de-vie* (INAO; Nationales Institut der Herkunftsbezeichnungen der Weine und Branntweine), das mit seinen Entscheidungen und Handlungen seit mehr als fünfzig Jahren das Konzept der kontrollierten Herkunftsbezeichnung bestimmt. Es ist das Ergebnis einer alten Tradition, aber zugleich beständig darum bemüht, nicht den Anschluß an die Entwicklung der Technik und des wirtschaftlichen Umfeldes zu verlieren. Auf diese Weise ist nach und nach ein einzigartiges Rechtssystem aufgebaut worden: nach dem Muster des Originalprodukts, wie es die Weine und Branntweine mit kontrollierter Herkunftsbezeichnung darstellen.

Die oberste Instanz, das nationale Komitee, ähnelt einem richtigen Parlament des Weins. Dieses Gremium untersteht einem Präsidenten, der durch ministeriellen Beschluß unter den Persönlichkeiten der verschiedenen Berufsgruppen ausgewählt wird; es setzt sich zusammen aus Repräsentanten der Weinwirtschaft, Erzeugern (30), Händlern (20) und qualifizierten Persönlichkeiten (16) sowie Vertretern des Staates (11). Baron Leroy, der zweite Präsident der INAO nach Senator Capus, konnte das Bild dieses eigenständigen Gremiums in einen kurzen Satz kleiden: »Erzeuger, Behörden, Handel, eine Dreiheit, die in einer Person vereint ist – der INAO.«

Die Macht dieses »Parlaments« beruht auf regionalen und örtlichen Organisationen. Zum einen sind das die Schutzverbände, in denen die

Winzer der betreffenden Appellationen zusammengeschlossen sind; sie müssen vor jeder Maßnahme, die die Produktionsbedingungen ihrer Appellation berührt, konsultiert werden. Zum anderen handelt es sich um die regionalen Komitees der INAO, zwölf an der Zahl; diese beratenden Gremien wurden 1967 geschaffen, um die Nachteile einer zu starken Zentralisierung zu vermeiden: Elsaß und Ostfrankreich, Champagne, Südwestfrankreich, Apfelbranntweine (Cidre), Dessertweine (Vins Doux Naturels), Armagnac, Tal der Loire, Cognac, Burgund, Languedoc-Roussillon, Tal der Rhône, Provence-Korsika. Das Funktionieren dieses Systems beruht somit auf der Freiwilligkeit und der Disziplin der verschiedenen Berufsgruppen, die das von ihnen selbst errichtete Gebäude der kontrollierten Herkunftsbezeichnungen vom Anbaugebiet bis zur ersten Vermarktung des Produkts verwalten. Das System der Selbstverwaltung macht es ihnen möglich, die kontrollierten Herkunftsbezeichnungen zuzuerkennen und die Produktionsvorschriften dafür festzulegen, wobei auch die technischen und wirtschaftlichen Realitäten immer enger zusammenrücken.

So faßt das nationale Komitee Beschlüsse, die zwar von den Behörden bestätigt werden müssen, aber andererseits von diesen nicht ohne vorherige Rücksprache und Zustimmung des Komitees verändert werden dürfen.

des Könnens

Diese Beschlüsse, die die Politik der INAO bilden, werden von den Dienststellen des Instituts in die Praxis umgesetzt; sie umfassen etwa 150 Personen, in Paris ebenso wie in den Anbauregionen (23 Zentren). Die INAO hat auf diese Weise in enger Zusammenarbeit mit den Schutzverbänden und den Behörden mehr als 390 AOC- und 65 VDQS-Weine anerkannt.

Festgelegt wurden dabei alle Produktionsbedingungen: die abgegrenzte Anbaufläche (d. h. die Parzellen, die innerhalb eines vorher festgelegten geographischen Anbaugebiets von eigens zu diesem Zweck vom nationalen Komitee ernannten Expertenkommissionen als am besten geeignet anerkannt worden sind, um den betreffenden AOC-Wein zu erzeugen), die Rebsorten, der Ertrag, der Alkoholgehalt, die Anbau- und Weinbereitungsmethoden und die Kontrolle durch chemische Untersuchungen und sensorische Beurteilung.

Zu dieser Entscheidungskompetenz kommen noch beratende Funktionen für alles hinzu, was mit dem Weinbausektor der Appellationen zusammenhängt: Verbesserung der Qualität, Regulierung des Produkts, technische Maßnahmen und Maßnahmen zur Umstellung, die die Produktivität und die Qualität verbessern können, Gefährdung der Weinbaugebiete durch Pläne zur Enteignung, Urbanisierung und Industrialisierung, Etikettierung, Anpflanzungen usw.

Strenge Kontrolle als Schutz der Appellationen

Außerdem hat die INAO die Aufgabe, die Appellationen in Frankreich und im Ausland zu schützen. Die ganze Reglementierung, die auf der Ebene der Produktion stattfindet, hätte nämlich keinen Sinn, wenn nicht auch später noch sehr strenge Kontrollen durchgeführt würden. So strengt die INAO in Frankreich jedes Jahr etwa hundert zivilrechtliche Verfahren gegen Betrügereien an, die von unmittelbar darauf spezialisierten Abteilungen aufgedeckt worden sind (Allgemeine Hauptabteilung für Wettbewerb, Verbrauch und Ahndung von Betrug, Hauptabteilung für Steuern).

Für jemanden aus der Weinbranche, der es an der notwendigen Sorgfalt fehlen läßt, ist es fast unmöglich, durch die überaus engen Maschen der Kontrollen zu schlüpfen, die auf allen Ebenen vorgenommen werden (Rebsortenschein, Kontrolle des Rebschnitts, Anmeldung der Weinlese, der Anreicherung und der Lagerbestände, Anpflanzung, Weinprobe, Warenpapiere, Beförderungsschein usw.). Der Wein ist sicherlich eines der am besten überwachten Erzeugnisse der Lebensmittelbranche.

Die Appellation: ein echtes Erbe

Schließlich kämpft die INAO noch in der ganzen Welt für den Schutz der Herkunftsbezeichnungen, die von zahlreichen Schädigungen bedroht sind. Im Unterschied zum Warenzeichen, das einem einzelnen gehört und je nach Erfolg lebt oder stirbt, ist die Appellation das kollektive Eigentum derer, die den Boden in dem gleichnamigen Gebiet bearbeiten, unteilbar und nicht übertragbar. Die Appellation ist Teil des Erbes eines Landes; ihr Name muß deshalb gegen alle mißbräuchlichen Verwendungen geschützt werden, von denen es in irgendeiner Form betroffen werden kann.

Leider sind in manchen Ländern die Namen einiger der berühmtesten Appellationen mißbraucht worden, so daß sie nur mehr einen Produkttyp bezeichnen: Champagner ist gleichbedeutend mit Schaumwein, Chablis mit trockenem Weißwein, Sauternes mit weißem Süßwein, Burgunder mit Rotwein und Cognac mit Branntwein.

In einer Zeit, in der die Weinbranche international wird und immer mehr Länder, die bisher Erzeuger von billigen Konsumweinen waren, zum Begriff der Herkunftsbezeichnung übergehen, empfiehlt es sich, einen Kodex des Wohlverhaltens zu beachten. Nur das ist die Garantie für ehrliche Geschäfte.

Eine internationale Empfehlung

In den fünfzig Jahren ihres Bestehens hat die INAO die Landschaft der kontrollierten Herkunftsbezeichnungen nachhaltig geprägt. Sie bleibt auch im Blick auf den großen Gemeinsamen Markt ab 1992 der Wächter für die Kontrolle des Marktes; zu diesem Zweck erlegt sie den Erzeugnissen, für die sie die Verantwortung trägt, heute und auch noch in Zukunft gewisse Beschränkungen auf, vor allem bei der geographischen Abgrenzung, dem Ertrag, den Rebsorten und den Anpflanzungen.

Nur ein einziges Mal seit 1935 wurden die Grundbestimmungen der INAO geändert, 1984 nämlich, als ihre Kompetenzen noch erweitert wurden.

Ihr Name ist unbestreitbar mit einem beispiellosen Erfolg verknüpft: Der Anteil des AOC-Bereichs an der Gesamtproduktion der französischen Weine ist wertmäßig von 36 % in den dreißiger Jahren auf 61 % angestiegen, während sich die Anbaufläche in der gleichen Zeit um mehr als 75 % und die Produktionsmenge um 140 % erhöht hat.

Ein solcher Fortschritt ist zweifellos ein Zeichen von Dynamik, wenn man bedenkt, daß die AOC-Weine in mehr als 160 Länder exportiert werden; das ergibt einen Nettoüberschuß von 17,8 Milliarden Francs (ungefähr 28 Milliarden Francs Überschuß beim gesamten Nahrungsmittelbereich).

Bemerkenswerterweise haben sich die 1935 aufgestellten Prinzipien nicht grundlegend verändert: Die Situation hat sich weiterentwickelt; die Methoden, die Märkte und die Verbraucher sind nicht mehr die gleichen. Die Europäische Gemeinschaft hat die Spielregeln oft völlig durcheinandergebracht, aber die INAO, die immer mehr Länder nachzuahmen versucht, bleibt ein einzigartiges Gremium auf ihrem Gebiet. Ebenso eigenständig und spezifisch ist der AOC-Wein, ein lebendiges, warmherziges Erzeugnis und ein Symbol der Geselligkeit und des Genusses, um das Frankreich in der ganzen Welt beneidet wird.

Kunst
und
Weingenuß

Der französische Wein

Siegelabdruck aus römischer Zeit (Musée Saint-Croix, Poitiers). Rechts: Bacchus, 2./3. Jh. (Musée Gallo-Romain, Lyon).

Ein Vermächtnis Griechenlands

Am Anfang des Weinbaus und der Weinherstellung in Gallien standen die Phokäer, die um 600 v.Chr. Massilia (Marseille) gründeten. Sie unterwiesen die Völker an der Mittelmeerküste in der Kunst des Rebschnitts und der Weinerzeugung. Gleichzeitig verkauften sie im Tausch gegen Metalle und Sklaven das Getränk, das auch die Gallier schätzten.

Wie der Wein damals hergestellt wurde, ist nicht bekannt. Dagegen kann man vermuten, wie sich die Reben in Gallien ausbreiteten. Die Bewohner von Massilia, die zunächst Weine aus Griechenland einführten, legten rund um ihre Stadt Weinberge an. Sie verkauften ihre Erzeugnisse in bauchigen Amphoren, sogenannten »Marseillaises«, in ihrem gesamten Einflußbereich zwischen den Alpen und den Pyrenäen. Danach begann auch die herrschende Schicht der alteingesessenen Bevölkerung an der gesamten Küste, Reben anzupflanzen, vor allem auf den Abhängen nahe den Salzgärten, die die Gallier schon damals kontrollierten. Eine einheimische Weinproduktion entwickelte sich um das 3. Jahrhundert v. Chr.; darauf scheinen jedenfalls die zu dieser Zeit aufkommenden katalanischen Amphoren hinzuweisen. Jahrhundertelang sollten diese ersten Versuche eines eigenen Weinbaus auf das Küstengebiet beschränkt bleiben, bis sich in Gallia Narbonensis, das um 120 v.Chr. von den römischen Eroberern befriedet worden war, Weinberge und Olivenhaine ausbreiteten.

Der Zusammenstoß mit Rom

Die Gallier im Landesinneren liebten ebenfalls den »Trank der Götter und Helden«. Marseille exportierte seine Erzeugnisse nach Norden und benutzte dabei den Rhônegraben als Transportweg. Der Handel von Massilia, der schon im 5. Jahrhundert v. Chr. blühte, sollte drei Jahrhunderte später auf die Konkurrenz der italienischen Weine treffen; diese Konkurrenz verstärkte sich durch die römische Besetzung von Südfrankreich (das zur »Provincia« wurde) und danach von ganz Gallien und Aquitanien. Die keltischen Stämme gingen dazu über, ihre Kolonialherren nachzuahmen. Die Ankunft der Römer war entscheidend für die Entstehung und die Ausbreitung des Weinbaugebiets: Die

Gallier wurden zu Weinbauern. Auch der Weinkonsum, der sich bis dahin auf die Führungsschicht beschränkt hatte, während der Rest der Bevölkerung Bier trank, begann sich auszuweiten.

Die Gallier im Besitz des »fröhlichen Weins«

Die Gallier verzichteten zwar nicht auf ihre traditionellen Getränke, aber sie ließen sich auch zum Wein verführen. Möglicherweise entdeckten sie darin eine Kraft, die es ihnen ermöglichte, mit göttlichen Geistern und anderen Menschen in Verbindung zu treten, nach dem Beispiel der Germanen, für die das »Gelage der Krieger« laut Tacitus der Ort war, wo man wichtige Angelegenheiten ver-

handelte und gründlich beredete. In jedem Fall verfügten sie über den »fröhlichen Wein«, wie ihn die Inschriften der Trinkgefäße nannten. Die Zurufe der Trinkenden reichten dabei von Trinksprüchen, die man auf die Gesundheit ausbrachte, wie »Sei glücklich!« oder »Es soll dir Glück bringen!« bis zu Prahlereien: »Ich bin der König der Trinker!«, nicht zu vergessen die verliebten Aufforderungen »Ich liebe dich, liebe mich, mein Leben!« und die Dialoge wie »Füll nur kräftig nach!«, worauf die Gastgeberin antwortete: »Ich bringe dir Wein, ich bin dir gut.«

Neue Weinberge, neue Rebsorten

Die Anlage von Weinbergen war in Gallien nur möglich, weil man Rebsorten wählte, die sich für das Klima des Landes eigneten, das nämlich weniger warm und feuchter als in den mediterranen Regionen war. Die Allobroger, die Bewohner des Dauphiné, fanden eine Rebsorte, die widerstandsfähiger gegenüber Kälte war und rasch unter dem Namen »Allobrogica« bekannt wurde; sie verbreitete sich im Nordosten des Landes. Die Bituriger, im aquitanischen Südwesten ansässige Kelten, entschieden sich für eine Rebsorte, die vermutlich albanischen Ursprungs war und Feuchtigkeit besser vertrug, die »Biturica«. Hier und da kamen neue Landschaften und Volksgruppen hinzu, wie etwa im Bordelais, wo der Dichter Ausonius ein Landgut besaß. Die Weine Galliens wurden allmählich auch jenseits der Grenzen bekannt. Vielleicht bauten die Bituriger nur Wein an, damit sie schon damals die römischen Legionen im heutigen Großbritannien versorgen konnten, eine kommerzielle Berufung, die sich in späteren Jahrhunderten weiter bestätigen sollte.

Nach der Mittelmeerregion, dem Garonne- und dem Rhône-Tal eroberte der Wein Burgund, das Tal der Loire und das Pariser Becken. Die Unvollständigkeit der archäologischen Funde und die Kürze der Inschriften erlauben keine genauen Rückschlüsse auf die Bedeutung, die der Wein für die Wirtschaft und die Gesellschaft des römischen Galliens hatte. Zudem wird häufig gern

in der Geschichte

darauf hingewiesen, daß Cäsar in seinem »Gallischen Krieg« an keiner Stelle den Wein erwähnte, obwohl er zahlreiche Schlachten in Gallien geschlagen hatte. Aber der Ruhm der gallischen Weinproduktion überschritt die Alpen und trat sogar mit dem italienischen Weinbau in Konkurrenz. Das führte im Jahre 96 n. Chr. zu dem Befehl von Kaiser Domitian, mindestens die Hälfte der Rebflächen in den gallischen Provinzen aufzulassen. Dieser schon damals protektionistische Erlaß hatte jedoch in der Praxis nur geringe Auswirkungen, weil Kaiser Probus im Jahre 276 allen Galliern gestatte, Rebflächen zu besitzen und Wein zu erzeugen.

Die Begegnung von Wein und Faß

Die Amphoren, die im Mittelmeerraum zum Transport des Weins verwendet wurden, konnten keine gute Lagerung garantieren. Die Gallier fanden eine Lösung für dieses Problem, indem sie Holzfässer benutzten. Das Faß war nicht nur bequemer, sondern sorgte zweifellos mit den Jahren auch für jene Verbesserung des Weins, deren Ursachen die Winzer erst Jahrhunderte später herausfinden sollten.

Der Erzbischof, der erste Winzer der Stadt

Die großen Invasionen im Verlauf der germanischen Völkerwanderung hatten zur Folge, daß im frühen Mittelalter keine Verbindungen mehr zwischen den einzelnen Landschaften bestanden. Die Rebflächen litten ebenfalls unter diesen Wirren. Nach der unruhigen Zeit des ausgehenden Altertums rettete die Kirche den

Weinbau in einem Land, in dem sich das Christentum immer stärker durchsetzte. Denn der Erzbischof »war als führende Persönlichkeit der Stadt auch deren erster Winzer« (Dion). Zu seinen Hauptpflichten gehörte es nämlich, Wein anzubauen. Der Wein war fortan ein christliches Symbol und mit der Feier der heiligen Messe verknüpft. Die Domkapitel folgten dem Beispiel des Erzbischofs und wurden bald ebenfalls Eigentümer von Rebflächen in der Nähe der Städte. Auf dem Lande

Eine Furche aus römischer Zeit in gallo-romanischer Zeit (Museum von Vichy).

nahmen sich die Klöster des Weins an; sie waren landwirtschaftliche und geistliche Zentren und zugleich richtige Gasthöfe. Der Wein war für die Mönche nicht nur ein Gegenstand religiöser Verehrung, sondern wurde auch von ihnen getrunken und als Tauschware genutzt. Mit großer Beharrlichkeit kümmerten sich die Geistlichen um diese Kulturpflanze. Sie dehnten das Weinbaugebiet bis zu den äußersten Grenzen der christlichen Welt aus: So gelang es ihnen, in der Normandie und in Flandern unter schwierigen klimatischen Bedingungen, aber mit beispielhaften Vinifizierungsmethoden Wein zu erzeugen.

Links: Gekrönter Bacchus aus gallo-romanischer Zeit (Museum von Vichy).
Unten: Öllampe aus gallo-romanischer Zeit Museum von Lons-le-Saulnier).

Von der raschen Ausbreitung des Weins im

Die mittelalterlichen Abteien, die Weinberge bewirtschafteten, machten es sich zur Gewohnheit, regelmäßig Wein und Brot an die Leute zu verteilen, die für sie arbeiteten. Möglicherweise regte das einige Bauern und auch Handwerker dazu an, auch für sich selbst ein paar Rebstöcke anzupflanzen, damit sie ihren eigenen Wein erzeugen und trinken konnten. In den großen Städten hingegen scheint sich das Weintrinken bei den Bürgern erst in späterer Zeit entwickelt zu haben.

In Paris ging sogar der König mit gutem Beispiel voran. Im Jahre 1033 besaß Heinrich I. große Rebflächen auf dem Hügel Sainte-Geneviève. Urkundlich belegt ist ein »Clos Royal«, der wahrscheinlich dort lag, wo sich heute die juristische Fakultät befindet (Rue Saint-Jacques).

Der Adel und die reichen Bürger eiferten dem Herrscher nach; fast überall entstanden Weinberge rund um die Städte, um diese mit Wein zu versorgen. Die Pariser Region wurde damals zu einem der größten Wein-

Blüte der Weinberge inspirierten Henri d'Andelli zu Beginn des 13. Jahrhunderts zu seiner »Schlacht der Weine«, einem Gedicht, das präzise und zugleich anschaulich den Handelskrieg schildert, den sich die großen Regionen vor allem in Paris und auf dem Auslandsmarkt lieferten: Jeder Wein streitet dabei mit den anderen, um seine Überlegenheit zu beweisen.

Die Veränderung der Märkte

Anfangs war das Weintrinken ausschließlich den privilegierten Schichten vorbehalten, doch im 14. Jahrhundert griff es in den Städten auch auf das Volk über, das die aristokratische Lebensweise nachahmte. Das begünstigte den örtlichen Handel mit Weinen ebenso wie das Entstehen von Tavernen und Kneipen. Aber die Entwicklung eines »bürgerlichen Weins« war nicht die einzige Veränderung, die der Markt erlebte. Eine Spezialisierung setzte ein, die – wie R. Dion anmerkte – auf die Veränderung des Geschmacks zurückging und zur »Offensive der kräftigen Weine« führte: Die Bürger in den nordfranzösischen Städten, die bisher leichte Weine bevorzugt hatten, »die keine Kopfschmerzen hervorriefen, wenn man nicht zuviel davon trank«, wählten zunehmend stärkere Weine, insbesondere solche aus dem Tal der Loire oder aus Burgund.

Als sich der Weinverbrauch in den Städten solchermaßen veränderte, erwiesen sich die Flüsse als Handelswege von großer wirtschaftlicher Bedeutung. Ein Sprichwort faßte das so zusammen: »Der Wein muß den Fluß sehen können.« Mit diesen Worten wollte man aber kaum den klimatischen Vorteil betonen, den das Wasser bescherte, indem es für milde Temperaturen sorgte. Gemeint war damit vielmehr die Rolle der vielen Verladehäfen für Weine, die damals vielleicht wichtigste Ware, die auf diese Weise überall hintransportiert werden konnten. In Richtung Paris lief so die Binnenschiffahrt des Flußnetzes stromaufwärts zusammen, vor allem die der Yonne, während die Loire auch bis Orléans hinunterführte. Lyon wurde durch die Saône versorgt; Bordeaux verfügte über das großartige Garonne-Netz, das aus Lot und Tarn bestand und sogar noch die Ariège und die gascognischen Flüsse im Gers-Gebiet umfaßte. Die Weinbaugebiete am Rhein und

Oben: »Die Versuchung des Winzers«, Kirche Saint-Pierre-et-Saint-Paul in Andlau.
Links: Wandteppich von Bayeux (Ausschnitt), 11. Jh.

an der Mosel belieferten ziemlich früh einen Weinhandel, dessen Hauptnutznießer zumindest am Anfang die friesischen Volksstämme gewesen sein müssen.

Die wichtigste Entwicklung im Mittelalter war sicherlich die Verlagerung des großen kommerziellen Weinbaugebiets zur Atlantikküste hin, nachdem das Herzogtum Aquitanien mit dem Königreich England vereinigt worden war. Zunächst profitierten davon die Weine aus Poitou und Saintonge dank des Hafens La Rochelle. Aber nach dessen Eroberung durch die Franzosen im Jahre 1224 trat Bordeaux an seine Stelle und monopolisierte die Verbindungen mit England zu seinen Gunsten. Im gesamten Bordelais und im Hinterland wurden Reben angepflanzt, um den Londoner Markt mit den berühmten »Clarets« beliefern zu können (mit diesem Namen werden die Bordeaux-Weine in Großbritannien noch heute bezeichnet). Jedes Jahr liefen vom Hafen La Lune zwei Flotten mit Wein aus (eine an Martini, die andere an Ostern); die dabei beförderte Menge (von

Die rasche Ausbreitung des Weins im Mittelalter

Aber die mittelalterliche Gesellschaft war auch durch eine feudale Ordnung geprägt; die weltliche Macht konnte nicht allein den kirchlichen Würdenträgern und den Klöstern den prestigereichen Weinbau überlassen. Deshalb baute der Adel, an erster Stelle die großen Fürsten und der Herrscher, also der französische König, ebenfalls Wein an. Die Pflanze, die als Zeichen von Reichtum, aber auch als Zierde im Garten des Schlosses angesehen wurde, erlaubte es dem Besitzer solcher Ländereien, seine Gäste oder Freunde dadurch zu ehren, daß er ihnen von seinem Wein zu trinken gab oder einige Fässer davon schickte.

bauzentren; sie lieferte sogar einen Teil ihrer Weine in die Normandie, die Picardie und das Artois.

Diese Entwicklung beschränkte sich jedoch keineswegs allein auf die Ile de France, sondern betraf ganz Frankreich. Nach und nach wurden in der Umgebung aller Städte Weinberge angelegt: In Bordeaux überzogen Rebstöcke die Graves-Region, während in Lyon die Rebflächen die steilen Hänge des Hügels von Fourvière bedeckten.

Wie zur Zeit der Römer, aber in wesentlich größerem Umfang breitete sich der Weinbau entlang der Schiffahrtswege aus (hinzu kamen noch einige wichtige Straßen wie die von Orléans nach Paris, auf der Ochsenkarren die Loire-Weine in die Hauptstadt brachten).

Die Modewelle der Weine und die

Mittelalter bis zur Revolution der Getränke

100 000 bis 800 000 hl pro Jahr) stellte das größte Handelsvolumen der mittelalterlichen Welt dar. Die Bedeutung dieses Seewegs war so groß, daß man sich jenseits des Ärmelkanals angewöhnte, die Kapazität von Schiffen in Faß Wein anzugeben (woraus die heutige Berechnung in Tonnage entstanden ist).

Das Vordringen der Franzosen nach Bordeaux im Jahre 1453 hemmte für einige Zeit den Seehandel mit gascognischen Weinen. Doch ein anderes für den Handel bedeutsames Weinbaugebiet von hoher Qualität hatte ebenfalls bewiesen, was für gute Weine es hervorbringen konnte: das der Côtes de Bourgogne. Die Übersiedlung des Papsttums nach Avignon hatte seit 1342 dazu geführt, daß der päpstliche Hof seinen Wein aus Burgund bezog. Außerdem entwickelte sich rund um die Stadt des Papstes und der Kirchenfürsten ein erstklassiger Weinbau. Danach gab die Entstehung eines großen Herzogtums Burgund, das sich auf zwei geographisch getrennte Gebiete erstreckte, insbesondere der Teil an der flandrischen Meeresküste von Amiens bis zum holländischen Friesland, den Weinbaugebieten in Ostfrankreich neuen Auftrieb. Als Fürsten, die großen Wert auf Prunk legten, förderten die burgundischen

Herzöge den Weinbau nicht nur durch die Erschließung neuer Märkte (Flandern), sondern auch durch die Intervention von Herzog Philipp dem Kühnen, der die Rebsorte Gamay, »ein sehr gewöhnliches Gewächs«, im Jahre 1395 durch die Pinot-Rebe ersetzen ließ. Das Ergebnis war, daß am Ende des Mittelalters die Weine von Beaune die höchste Stelle in der Qualitätshierarchie einnahmen.

Bis zum 16. Jahrhundert gab es keine wesentlichen Veränderungen auf dem Gebiet des Weinbaus und beim Wein. Ganz anders hingegen sah es im 17. Jahrhundert aus. Die Holländer, die zu dieser Zeit als Beherrscher der Meere an die Stelle der Engländer getreten waren, sollten die Weinbaulandschaft in Frankreich nachhaltig beeinflussen. Sie waren verantwortlich für die Entstehung der großen Anbaugebiete, die Weine für die Herstellung von Branntwein erzeugten. Um bestimmte Weine aus dem Charente-Gebiet verkaufen zu können, die von zu ertragreichen Rebsorten wie Folle Blanche stammten, destillierten die holländischen Händler sie und verschnitten sie mit Wasser. So entstand der *Brandewijn* (Branntwein), von dem sich der englische Name »Brandy« ableitet; damit werden die aus Wein hergestellten Schnäpse bezeichnet.

Vom Branntwein zum Cognac

Da Branntwein einen hohen Handelswert und ein geringes Volumen besaß, bedeutete er einen großen Vorteil: Man konnte ihn leicht in die ganze Welt transportieren, vor allem zu den Handelsniederlassungen, die entlang der tropischen Küsten gegründet worden waren. Zudem erhöhte die Destillierung den Wert schlechterer Weißweine, die von Reben stammten, deren Anbau weder besondere Sorgfalt noch sehr gute Böden erforderte. So drang die Weißweinrebe auf Böden vor, die bislang von ziemlich geringer Bedeutung gewesen waren (etwa die Hochflächen im Inneren des Bordelais, außerdem Armagnac, Aunis und Saintonge, die relativ nahe den Schiffahrtswegen des Adour und der Charente lagen).

Cognac sollte ziemlich schnell zum großen Zentrum der Erzeugung von Branntweinen werden, die dank der Verfeinerung der Herstellungsmethoden, der langen Lagerung in Ei-

chenholzfässern oder der Wahl der besten Anbaugebiete auf den hellen Kalkböden nach und nach allgemeine Anerkennung fanden. Mächtige Händler, oft Ausländer (Flamen, aber auch Iren und Engländer), ließen sich auf Dauer in der kleinen Stadt an der Charente nieder, die ihren Namen einem Produkt gab, das zu außergewöhnlichem Erfolg berufen war.

Im Laufe des 18. Jahrhunderts sollte sich der Qualitätsbegriff auch in anderen Weinbaugebieten durchsetzen; es kam nämlich zur »Revolution der Getränke«, die zum großen Teil durch die Veränderung des Geschmacks des reichen britischen Konsumenten ausgelöst wurde.

Im Bordelais, das allmählich wieder den Weg zu den britischen Inseln fand und gleichzeitig seinen Seehandel weltweit ausdehnte, sollte die parlamentarische Aristokratie die Grands Crus, die Vorläufer der »Châteaux« des 19. Jahrhunderts, anpreisen. So soll Arnaud de Pontac, der nur der erste in einer langen Reihe von vorbildlichen Winzern des Graves- und des Médoc-Anbaugebiets war, schon 1670 auf die Idee gekommen sein, seinen Wein von Haut-

Brion in den großen Londoner Modelokalen verkaufen zu lassen. Der Ruhm dieser Weine eroberte immer fernere Länder und erreichte gegen Ende des 18. Jahrhunderts Rußland und die Vereinigten Staaten.

Der Erfolg des Champagner war noch spektakulärer. Seit langer Zeit schon erzeugte die Provinz Champagne angesehene Weine. Aber die Händler oder Klöster, die sie verkauften, hatten mit einer unliebsamen Begleiterscheinung zu kämpfen: Man konnte die zweite Gärung des

Initiale des Pächters von Saint-Germain-des-Prés, um 1530 (Nationalarchiv).

Weins nicht kontrollieren, so daß zahlreiche Flaschen platzten. Die Geschichte hat den Namen von Dom Pérignon festgehalten, dem Verwalter der Abtei von Hautvillers, dessen Verdienst es war, die Herstellung dieser launischen Weine zu meistern. Auf diese Weise traten Anbaugebiete, die sich wirklich spezialisierten und vom Absatz ihrer Weine außerhalb der eigenen Region profitierten, nach und nach aus der Anonymität hervor.

Die Geheimnisse des Anbaugebiets

Zu Beginn des Eisenbahnzeitalters besaß die französische Weinbaulandschaft eine außergewöhnliche Vielfalt. Der Wein wuchs tatsächlich überall mit Ausnahme eines Küstenstreifens entlang dem Ärmelkanal und einiger feuchter Gebirge. Er war damals mehr als zu irgendeiner anderen Zeit Teil eines bäuerlichen Mischkultur-Anbaus und lieferte der Landbevölkerung das tägliche Getränk. In der Wahl der Rebsorten und bei den Anbaumethoden herrschte größte Anarchie, denn jede kleine Winzergemeinschaft war davon überzeugt, daß ihre traditionellen Bräuche die besten seien. Aber einige Weinbaugebiete waren schon damals außerordentlich erfolgreich und exportierten ihre Weine sogar ins Ausland.

Tradition kontra Wissenschaft

Seit dem Ende des 18. Jahrhunderts jedoch sah man die Reben und den Wein mit anderen Augen an; dafür sorgten vor allem die Wissenschaftler, die in der Nachfolge der Physiokraten die besten Anbaubedingungen zu bestimmen versuchten. Mehrere Gelehrte sollten sich bei dieser Arbeit im Laufe der ersten Hälfte des 19. Jahrhunderts auszeichnen; der berühmteste unter ihnen war zweifellos Chaptal. Als Sohn eines Großgrundbesitzers machte er unter Napoleon und unter Ludwig XVIII. eine Karriere sowohl als Staatsmann wie auch als Chemiker, was ihn dazu veranlaßte, wichtige Untersuchungen zum Wein durchzuführen. Er gab seinen Namen einem Verfahren: der Chaptalisierung (Trockenzuckerung).

Nach ihm sollten sich noch viele andere Wissenschaftler mit dem Wein befassen; ihre Arbeit verfolgte dabei neben der Forschungstätigkeit auch eine pädagogische Wirkung auf die Winzer. Ihr Interesse für den Weinbau erklärte sich aus der Tatsache, daß er als Prunkstück der französischen Landwirtschaft galt; von allen Anbaukulturen entwickelten sich nämlich die Rebflächen im ersten Drittel des 19. Jahrhunderts am besten und vergrößerten am stärksten ihre Ausmaße. Die Veröffentlichung der großen Untersuchung von Doktor Guyot zu den französischen Weinbaugebieten im Zweiten Kaiserreich sollte den Abschluß dieser gesamten Arbeiten bilden.

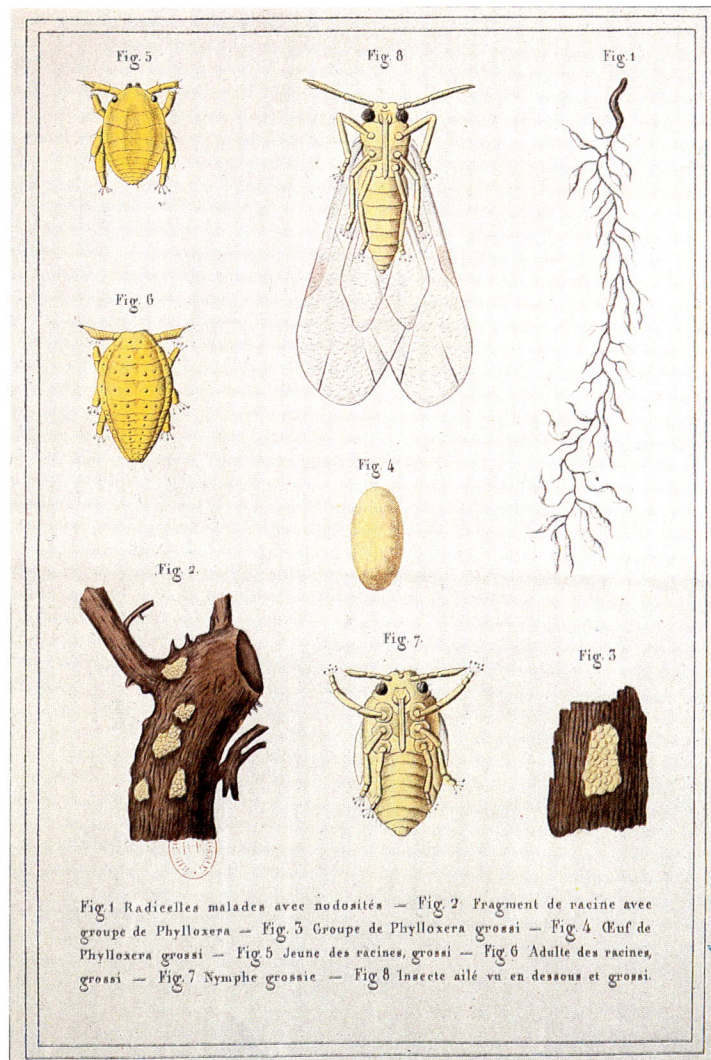

Oben: Um 1880 veröffentlichter Stich, der die Reblaus und den Befall der Wurzeln durch den Käfer zeigt (Nationalbibliothek, Paris).

Fig.1 Radicelles malades avec nodosités — Fig.2 Fragment de racine avec groupe de Phylloxera — Fig.3 Groupe de Phylloxera grossi — Fig.4 Œuf de Phylloxera grossi — Fig.5 Jeune des racines, grossi — Fig.6 Adulte des racines, grossi — Fig.7 Nymphe grossie — Fig.8 Insecte ailé vu en dessous et grossi.

Die Öffnung des Marktes

Auch wenn die wissenschaftlichen Arbeiten zur Weiterentwicklung des französischen Weinbaus beitrugen, so kam doch der große Anstoß, der die Weinbaulandschaft grundlegend veränderte, vom Bau der Eisenbahn. Da der Zug die Erzeugergebiete und die großen Zentren des Weinverbrauchs näher zusammenrückte, verschwanden im Norden zahlreiche Anbaugebiete, wo man unter schwierigen Bedingungen nur Weine minderer Qualität erzeugen konnte. Im Süden entstand dafür allmählich ein Anbaugebiet für Konsumweine. Die mit Reben bepflanzte Anbaufläche im Languedoc vergrößerte sich im Zweiten Kaiserreich um mehr als zwei Drittel. Der Anstieg des Weinpreises bedeutete einen beträchtlichen Reichtum für die Region, wie ein Unterpräfekt von Béziers in einem offiziellen Bericht vermerkte: »Die riesigen Geldmengen, die die Weinindustrie in diese Region lenkt, sorgen für einen Wohlstand, der sich glücklicherweise in allen Branchen spüren läßt.«

Die wirtschaftliche Blüte der großen Weinbauregionen wurde noch zusätzlich durch die liberale Handelspolitik von Napoleon III. gefördert. Die Handelsverträge, die er zwischen 1860 und 1865 abschloß, eröffneten den Qualitätsweinen eine ganze Reihe von Absatzmärkten: in Großbritannien, aber auch in Belgien, den Niederlanden, Skandinavien und Deutschland. Das war ein echtes Geschenk des Himmels für den französischen Weinbau: Innerhalb von etwa zwanzig Jahren erhöhte sich die Produktion um fast 70%. Die großen französischen Weine (Bordeaux-Weine, Burgunder und Champagner) fanden wieder verstärkt den Weg ins Ausland; um 1875 wurden rund 6% der Jahresproduktion exportiert.

Die große Reblauskrise

Diese beispiellose Periode der Expansion ließ manche glauben, daß für den Weinbau und den Weinhandel ein goldenes Zeitalter gekommen wäre, als plötzlich der Echte Mehltau und später die Reblaus auftauchten. Der Mehltau sorgte zwar (zwischen 1852 und 1855) für eine lebhafte Erhitzung der Gemüter und verminderte die Ernten, war aber nur eine vorübergehende Erscheinung; die Erfindung der Schwefellösung erwies sich nämlich als sehr wirksames Gegenmittel.

Das sollte bei der Reblaus jedoch nicht der Fall sein: Dieses kleine Insekt, das aus den Vereinigten

Staaten eingeschleppt worden war, wurde 1863 an der Rhône entdeckt, danach 1869 in Bordeaux. Von diesen zwei Zentren aus breitete sich das Übel sehr langsam in Richtung Languedoc, Charente-Gebiet und Binnenland von Aquitaine aus. Im Gegensatz zum Mehltau entwickelte sich diese Krankheit nur sehr allmählich; die befallenen Reben starben langsam ab. Außerdem konnten die Regionen, die wie etwa das Loire-Tal noch nicht von der Reblausinvasion erreicht worden waren, in der ersten Zeit von dieser Situation profitieren und wurden zu Spekulationsobjekten. Die Weinbaugebiete im Norden erwachten sogar zu neuem Leben, weil man sich dort sicher glaubte. Aber um 1880 mußte man erkennen, daß diese Hoffnung getrogen hatte:

Keine Region sollte der Reblaus entkommen. Im Kampf gegen dieses nationale Drama setzte der Staat eine hohe Belohnung für denjenigen aus, der ein Gegenmittel entdeckte. Alle Erfinder im Lande machten sich ans Werk. Dabei wurden Ideen entwikkelt, die von den naivsten Vorschlägen (die Stiele der Reben mit einem eisernen Handschuh säubern) bis zu den raffiniertesten Methoden reichten. Einige davon, etwa die Behandlung mit Schwefelkohlenstoff oder mit Kaliumschwefelcarbonat, waren relativ wirksam, aber sehr aufwendig (man mußte dabei den Stamm jedes Rebstocks mit einem Insektizideinspritzer, einer Art großer Spritze aus Kupfer, behandeln).

Das Wasser als einziges Gegenmittel

Man entschied sich deshalb dafür, die Rebflächen im Winter unter Wasser zu setzen, in den drei bis neun Wochen, in denen sich das Insekt fortpflanzte. Da diese Methode die Vermehrung der Tiere verhinderte, erwies sie sich als sehr erfolgreich. Aber sie brachte den Nachteil mit sich, daß man dazu Anbaugebiete benötigte, die überschwemmt werden

Oben: Die neuen Kais von Bercy, Le Monde illustré, 1860 – 1880.
Unten: Eine Zeichnung von Claverie: Die Behörden und die Wissenschaftler greifen in den reblausverdächtigen Weinbergen ein, eine Aktion, die durch die sozio-ökonomischen Auswirkungen der Rebenkrankheiten gerechtfertigt wurde.

konnten. Das war dann die Vergeltung der feuchten Böden; der Wein gab die erstklassigen Lagen (Hügel und Kiesterrassen) auf und flüchtete sich in die tiefgelegenen Ebenen oder Flußtäler, für deren Parzellen man hohe Preise zahlte. In vielen Regionen (Languedoc, Roussillon, Quercy, Périgord, Hinterland der burgundischen Côte) verloren die besten Weinbauböden ihre Rebflächen, manchmal für immer. Im Charente-Gebiet war das eine Katastrophe: Der Weinbau wechselte auf die Lehmböden über, während sich die kalkhaltigen Böden mit Wiesen überzogen; es gelang nämlich nicht schnell genug, Unterlagen zu finden, die resistent gegenüber der auf diesen Kreideböden drohenden Chlorose waren. Ganze Landstriche stellten ihre Landwirtschaft um. An der Côte-d'Or ging man dazu über, Himbeeren und rote Johannisbeeren zu züchten. Schließlich wurde eine Lösung gefunden: Man pfropfte französische Pflanzen, die den Erhalt der Qualität sicherten, auf amerikanische Rebstöcke auf, die von Natur aus resistent gegenüber dem Insekt waren. Die Wiederherstellung des Weinbaugebiets war damit möglich. Aber die Reblauskrise sollte dem Weinbau ihren Stempel aufdrücken, stärker noch als eine andere Rebkrankheit, der Falsche Mehltau, der im späten 19. Jahrhundert die Anbaugebiete überfiel. Die Blattfallkrankheit, die in den Treibhäusern von Mittelengland ihren Anfang nahm, war für den Ausfall der Ernten zwischen 1880 und 1890 verantwortlich. Hervorgerufen wurde sie durch einen Schmarotzerpilz, der an den grünen Teilen des Rebstocks auftrat. Die Gefahr wurde durch die Médoc-Winzer (E. David) und Wissenschaftler aus Bordeaux (U. Gayon und A. Millardet) gebannt; sie entwickelten eine Kupfersulfatlösung, die seitdem »Bordelaiser Brühe« genannt wird.

So erhielt der französische Weinbau gegen Ende des 19. Jahrhunderts ein ganz neues Gesicht, wobei merkwürdigerweise die Auswirkungen der Eisenbahn, der Reblauskrise und des Mehltaus zusammentrafen. Das Weinbaugebiet des Languedoc, das in Zukunft die Tiefebene einnehmen sollte, wurde zum größten Anbaugebiet für Konsumweine; es erzeugte einen Tischwein, der von tiefgründigen Böden stammte. Man konnte ihn erst genießen, wenn man ihn mit algerischen Weinen verschnitt. Nach Algerien waren nämlich viele französische Landwirte ausgewandert, die man aufforderte, Wein zu erzeugen, um den schwächlichen Weinen im Mutterland auf die Beine zu helfen. Diese Winzer unternahmen zu ihrem großen finanziellen Nutzen die notwendigen Anstrengungen, um Weine mit hohem Alkoholgehalt und von kräftiger Farbe zu produzieren. Die Weine wurden von Oran oder Algier aus nach Sète verschifft und sollten für die Verbesserung der Weine aus der Languedoc-Ebene unersetzlich werden. Anderswo überlebten kleine Rebflächen, die aber fast nur mehr für den Eigenverbrauch der Bauern dienten, zumal man häufig amerikanische Hybriden gewählt hatte, um sie wieder anzulegen. Insgesamt jedoch hatte sich das französische Anbaugebiet für Tafelweine »versüdlicht«.

20. Jahrhundert: Integration und Rahmen

Die Wiederherstellung der Weinberge nach der Reblauskrise hatte Frankreich ganz neue, sehr ertragreiche Weinbaugebiete beschert. Unvermeidlich führte die Überproduktion zu einem Preisverfall. Im Languedoc sanken die Kurse von 32,50 Francs für einen Hektoliter im Jahre 1880 auf sechs Francs im Jahre 1900. Die Erzeuger bezichtigten sehr schnell die Weinhändler des »Betrugs«, prangerten die Weinimporte aus Algerien und die Praktiken des Verschneidens an, ebenso wie die Gesetzgebung, die günstig für die Rübenbauern in Nordfrankreich war, weil sie die Zuckerung der Weine und somit auch das Beimischen von Wasser erlaubte.

Der Aufstand des Südens

Der Zorn wuchs, mit ihm auch ein Gefühl der Empörung gegen die Leute aus dem Norden. Man verglich sie mit den »Rittern von einst, die gekommen waren, um den Irrglauben der Katharer zu bekämpfen«. Die Krise mündete in einen gewaltigen Bauernaufstand, der den Bestand der Republik in Gefahr bringen sollte.
Im April 1907 begann sich die Lage so ernsthaft zuzuspitzen; immer größere Massen kamen bei den Demonstrationen zusammen. Angetrieben von einem beinahe charismatischen Führer, Marcelin Albert, einem kleinen Gutsbesitzer und Gastwirt, erhoben sich die Rebellen; sie wurden unterstützt von einem Infanterieregiment (dem 17.), das aus einheimischen Rekruten bestand und sich weigerte, mit Waffengewalt gegen die aufrührerischen Winzer vorzugehen.
Der Zentralgewalt gelang es, die Wogen der Empörung zu glätten, nachdem man Marcelin Albert in Verruf gebracht hatte. Aber die Revolte sollte dennoch die kollektive Erinnerung der Winzer und des gesamten okzitanischen Südens prägen. Die Weinbauern zogen aus dieser Krise eine Lehre und schufen die Grundlagen für ein starkes Verbandswesen: die Confédération générale des vignerons du Midi (Allgemeiner Verband der Winzer von Südfrankreich). Damit sich solche

Postkarte, die ein Flugblatt für die Winzerdemonstration von Montpellier im Juni 1907 wiedergibt.

Ereignisse nicht noch einmal wiederholten, dachte man daran, den Weinbau zu organisieren.

Die Entstehung der Appellationen

Eine der ersten Reaktionen auf diese Krise war das Entstehen von Genossenschaften. Während sich das Genossenschaftswesen bis dahin auf dem Gebiet des Weinbaus schwerer als in anderen Bereichen getan hatte (zweifellos wegen der Vielfalt der Weine) nahm es nunmehr im mediterranen Südfrankreich seinen Aufschwung. In einigen Regionen verlief die Entwicklung sehr rasch. So kontrollierten die Genossenschaften im Departement Var 1915 schon 30% der Produktion und kurz nach dem Ersten Weltkrieg 50%. In den Anbaugebieten für Qualitätsweine hingegen breiteten sich Genossenschaften langsamer aus. Ihre Zahl nahm in den dreißiger Jahren zu, als sich die Winzer mit den Auswirkungen der Weltwirtschaftskrise konfrontiert sahen. Paradoxerweise führte die Languedoc-Krise auch dazu, daß Frankreich für einen Schutz der großen Weine sorgte: durch die Ap-

pellationen. Die Krise der Überproduktion hatte zur gleichen Zeit wie die Schließung der Grenzen durch das Wiederauftauchen des Protektionismus auch die Weinbaugebiete der Crus getroffen, die sich schlecht verkauften und deren Produktion zu kostspieligen Investitionen gezwungen hatte. Um aus dieser Krise wieder herauszukommen, zögerten einige Erzeuger und danach ebenso verschiedene Händler nicht, ihren Weinen schmeichelhafte Namen zu geben. Angesichts der Anarchie und der Betrügereien, die in allen Regionen überhandnahmen, traf die politische Macht unter dem Druck der Repräsentanten der Qualitätsanbaugebiete Vorbereitungen für eine Gesetzgebung, die ab 1905 die geographische Verteilung der Cru-Weine regelte. Man faßte den Beschluß, geographische Grenzen für die Gebiete der zugelassenen Erzeugung festzulegen. Die Abgrenzung der Champagner-Zone (1908 – 1911) leitete diese Maßnahme ein. Sie verärgerte jedermann, so daß dort 1911 sogar die Armee eingreifen mußte, um für Ruhe zu sorgen. Man überprüfte deshalb die geographische Verteilung der Herkunftsbezeichnungen auf neuen Grundlagen. Am 6. Mai 1919 legte ein Gesetz fest, daß

die Zivilgerichte das Recht auf die Herkunftsbezeichnung zuerkennen konnten, wenn die jeweiligen Weine nach dauerhaften örtlichen Bräuchen hergestellt wurden, die mit den Gesetzen in Einklang standen. Die Appellationen waren somit am Vorabend des Ersten Weltkriegs so weit gediehen, daß sie von der Zentralgewalt offiziell bestätigt werden konnten. Der Prozeß ihrer Abgrenzung wurde durch den Krieg unterbrochen und erst nach der Rückkehr zum Frieden wiederaufgenommen. Aber es dauerte bis 1927, ehe dank des tatkräftigen Einsatzes von Joseph Capus, einem naturalisierten Gironde-Einwohner, der aus dem Languedoc stammte, der Herkunfts-

bestimmung auch die Forderung nach der Qualität des Produkts hinzugefügt wurde: Man legte die Bedingungen des Anbaugebiets, die Rebsorten, den Rebschnitt, den Alkoholgehalt und den Höchstertrag fest. Die Wirtschaftskrise in den dreißiger Jahren führte zu einem Rückgang der Verkäufe, was um so schwerer wog, als man gleichzeitig in den Jahren 1934 und 1935 gute Ernten verzeichnete. Am 30. Juli 1935 erhielt das System der kontrollierten Herkunftsbezeichugen (AOC) seine gesetzliche Grundlage; die in diesem

ce que nous voulons

Gesetz formulierten großen Bestimmungen, die noch heute in Kraft sind, sollten das Schicksal des französischen Weinbaugebiets lenken.

Die Konfrontation des Weins mit der Geschichte

Noch erschüttert von den Krisen im Weinbau und der unsicheren Wirtschaftssituation, sollte der Wein schon bald mit der Last der Geschichte konfrontiert werden. Ab 1940 veränderte die Besetzung Frankreichs durch das nationalsozialistische Deutschland den Markt der Appellationsweine radikal. Auf der einen Seite wurde der gesamte Export in die Vereinigten Staaten, das Vereinigte Königreich und die Länder des Empire untersagt. Auf der anderen

sich damit beträchtlich verändert. Der Wert der Rebflächen bedrohte sogar das traditionelle kleine bäuerliche Weingut, weil es dem Kapitalzustrom von Unternehmen, die in den Weinbau investierten, nicht widerstehen konnte. Die Entkolonialisierung überlagerte sich mit dieser Entwicklung. Mit dem Wegfall der Importe von algerischen Weinen, dem Erwerb von Weingütern durch Heimkehrer und der Erfahrung des

es zu Ausschreitungen, die die Schlagzeilen der Zeitungen füllten. Besonders heftig waren die Krawalle vom März 1976 in Montredon-Corbières, in der Nähe von Narbonne. Bei den Qualitätsweinen hingegen war die Entwicklung nach 1960 günstig, weil sich der Markt als aufnahmefähig erwies. Die Expansion verlief nicht ohne Veränderungen. Häufig wird nur der Kauf von Gütern durch internationale Gruppen in angesehenen Appellationen gesehen. Aber das entscheidende Ereignis war sicherlich der Wandel im Weinhandel. Einerseits sind etliche traditionsreiche Firmen verschwunden oder von dort nicht ansässigen Unternehmen übernommen worden, vor allem im Bordelais. Andererseits konnten sich einige Handelsunternehmen, insbesondere in der Champagne oder in Cognac, zu echten Nahrungsmittelkonzernen weiterentwickeln. Einige davon verstanden es sogar, das Prestige des Weins, das Frankreich im Ausland besitzt, zur Ausweitung ihres Tätigkeitsfeldes auf die gesamten Luxusartikel zu nutzen (wie Moët-Hennessy mit Dior).

Ein neues Aktionsfeld, das zugleich Ausdruck ihrer kommerziellen Dynamik ist, haben diese Gruppen beispielsweise in Ostasien gefunden;

Seite verstärkten sich die Ausfuhren nach Mitteleuropa, vor allem nach Deutschland, die oft mehr den Charakter von Kriegsbeute als von echten Handelsgeschäften hatten. Die Deutschen waren große Freunde von Qualitätsweinen, insbesondere von Süßweinen und Champagner. Deshalb verfügte die Vichy-Regierung eine Steuer und eine Preisfestlegung für jeden einzelnen Cru.

Ein Jahrzehnt später wurde das Weinbaugebiet erneut von einer schweren Heimsuchung ereilt, diesmal natürlichen Ursprungs: von den Frösten des Jahres 1956. In ihrer Heftigkeit erinnerten sie an die große Kälte des 18. Jahrhunderts. Als sie nach einem sehr milden Winter Ende Februar einsetzten, wurde der Wein bei seinem Erwachen überrascht und buchstäblich aus heiterem Himmel getroffen, zumindest in der südlichen Hälfte des Landes, wo zwei Drittel des Anbaugebiets zerstört wurden.

In vielen Fällen sahen sich die Winzer gezwungen, die Rebflächen neu zu bepflanzen. In einigen Gegenden Südfrankreichs zogen sie es sogar vor, auf Anpflanzungen im Flachland zu verzichten, und kehrten auf die Hügel zurück, also zu den alten Lagen des 18. Jahrhunderts. Diese Umstellung in Richtung Qualität war eine Antwort auf die Verbesserung des Lebensstandards in Frankreich in den fünfziger und sechziger Jahren. Aber sie wurde auch durch die Entstehung des Gemeinsamen Marktes verstärkt, der den französischen Markt für die italienischen Tafelweine öffnete.

Das neue Gesicht der Weinbauwelt

Das wirtschaftliche und gesellschaftliche System des Weinbaus hat

Auf der Chinesischen Mauer bei der Eroberung neuer Märkte. Wein und moderne Technik: oben automatisierte Göranlage, unten Mechanisierung der Weinlese.

korsischen Weinbaus in der Ebene von Aleria waren in den sechziger Jahren alle Voraussetzungen vereint, um dem Weinbau ein neues Gesicht zu geben.

Im Bereich der Tafelweine, die insgesamt zurückgehen, traten jetzt große Gesellschaften auf. Außerdem kam

dort gründete man große Weingüter und Gesellschaften in Ländern, die noch keine Weinkonsumenten sind. Die spektakulärste Aktion dabei gelang der Gruppe Rémy Martin mit der Schaffung des Weinbaugebiets Dynasty in China.

Nachdem sich der Weinbau in der ersten Hälfte des Jahrhunderts auf dem Rückzug befand, erlebt er heute bei den Qualitätsweinen einen echten Aufschwung, der sich durch die Hebung des Lebensstandards und die Veränderungen des Verbraucherverhaltens erklärt.

Das rote Gold

Weine, Kneipe, Stehausschank. Welcher Franzose erinnert sich dabei nicht an eine der kleinen Weinhandlungen, deren Holzfassaden früher zum vertrauten Bild der Arbeiterviertel gehörten?

Vom offenen Roten . . .

Der Weinhändler, der seinen »Elfprozentigen« in der Pfandflasche verkaufte, war fester Bestandteil der fünfziger Jahre, als man zu Hause zum Essen obligatorisch Wein trank, zu einer Zeit, als der Wein noch als typisches Arbeitergetränk galt.

Aber heute hat die Weinhandlung gleich um die Ecke fast schon Seltenheitswert. Ihr Verschwinden ist eine Folgeerscheinung des sinkenden Weinverbrauchs in Frankreich: Um 1950 tranken die Franzosen durchschnittlich rund 120 Liter pro Jahr und Kopf; 35 Jahre später fiel dieser Verbrauch um etwa 30% auf 85 Liter. Frankreich bildet jedoch keineswegs eine Ausnahme; die Entwicklung hier wird durch die anderen Länder bestätigt, in denen ebenfalls traditionell Wein getrunken wird: Innerhalb von 15 Jahren (zwischen 1970 und 1985) ist der jährliche Pro-Kopf-Verbrauch in Italien von 115 auf 91, in Portugal von 98 auf 90, in Argentinien von 88 auf 71 und in Spanien von 62 auf 57 Liter gesunken.

. . . zum Weingenuß

Dieser sinkende Verbrauch läßt sich überall durch den Rückgang der Zahl der Schwerarbeiter erklären, was wiederum eine Folge der Automatisierung und der Ausweitung des gesellschaftlichen Tertiärbereichs ist. Außerdem sind neue nichtalkoholische Getränke wie etwa die Sodawässer auf den Markt gekommen. Eine weitere Erklärung ist aber auch die Veränderung der Nachfrage; das beweist das vereinzelte Auftauchen von eleganten »Vinotheken«, wo man seinen Wein auswählt, wie man ein Buch in einer Buchhandlung aussucht oder sogar ein seltenes Sammlerstück bei einem Antiquitätenhändler. Es wird zwar weniger getrunken, aber gleichzeitig leistet man sich bessere Weine. Dabei folgen die Käufer von Weinen nur dem Trend, der bereits für die Grundnahrungsmittel festgestellt worden ist: nämlich mit dem Anstieg des Einkommens und des Lebensstandards auch nach höherer Qualität zu streben.

Die Zahlen für den Gesamtverbrauch geben nicht die Verteilung nach Produktkategorien wieder. Nur der Verbrauch von Tafelweinen ist zurückgegangen, während sich der Konsum von Qualitätsweinen innerhalb von 30 Jahren verdreifacht hat. 1950 entfielen auf jeden Einwohner in Frankreich vier Liter AOC-Weine; diese Zahl hat sich 1985 auf zwanzig Liter erhöht.

Mit dem Gläschen Weißwein oder dem offenen Roten an der Theke gehörte das Weintrinken früher zum Alltag. Heute trinkt man seltener Wein und macht eine gute Flasche Wein nur auf, wenn sich ein Essen von den gewöhnlichen Mahlzeiten abheben soll. Der Wein als Inbegriff von Gastlichkeit ist nicht mehr nur ein Getränk, mit dem man den Durst stillt. Man genießt ihn auch.

Eine freiwillige Vielfalt

Die Weinwirtschaft reagiert auf die grundlegenden Veränderungen bei der Nachfrage mit der Vielfalt ihrer Produkion. Diese Vielfalt ist übrigens das Ergebnis einer freiwilligen Entwicklung, nämlich der kontrollierten Herkunftsbezeichnung, mit der man die notwendigen Grundlagen dafür zu schaffen versucht, daß jedes Anbaugebiet mit seiner oder seinen spezifischen Rebsorten einen gebietstypischen Wein erzeugen kann. Die Landweine bieten ebenfalls, wenn auch in geringerem Maße, eine breite Palette von Erzeugnissen, die jeweils an ihrer Herkunft zu erkennen sind. So hat man vom Tafelwein bis zum AOC-Wein eine große Auswahl, die

Verteilung der Produktionsmengen des französischen Weins.

WEINE/PRODUKTION VON COGNAC UND ARMAGNAC 13,35%

LANDWEINE 14,52%

V.D.Q.S.-WEINE 1,16%

A.O.C.-WEINE 30,6%

TAFELWEINE 40,36%

Das neue Image des französischen Weins in den achtziger Jahren: eine Qualität, die sich in Frankreich und in der ganzen Welt gut ver-

Die aromatisierten Weine: Revolution oder Rückkehr zu den Wurzeln?

Die Fachpresse schreibt regelmäßig Artikel, um für die aromatisierten Weine zu werben. Obwohl diese Weine bisweilen als geradezu revolutionäre, in die Zukunft weisende Neuerung ausgegeben werden, scheinen sie schon im Mittelalter Vorläufer im Roussillon gehabt zu haben. Im »Sittenkodex von Perpinyà« (verfaßt im letzten Viertel des 12. Jahrhunderts) wird ein »Nektar« erwähnt, der einem aus aromatischen pflanzlichen Stoffen hergestellten Wein entsprechen könnte, der verschiedene Produkte wie Honig, Kräuter oder Gewürze enthielt. Das Rezept für dieses Getränk, »das die Erinnerung an alles Irdische auslöscht«, könnte den Katalanen schon von den alten Griechen hinterlassen worden sein. Diese schreckten nämlich nicht davor zurück, dem Wein manchmal alle möglichen Ingredienzen beizumischen, um ihn haltbarer zu machen. Laut Plinius hat schon der Dichter Aristaios sechs Jahrhunderte v. Chr. Wein mit Honig gemischt: »zwei hervorragende Naturprodukte«.

Frankreichs

jeden Geschmack und die unterschiedlichsten Bedürfnisse befriedigen kann, hinsichtlich der organoleptischen Merkmale wie vom Image oder vom Preis her.

Der Wein nimmt in Frankreich eine Rebfläche von 1 Million ha ein. Auf die 69,4 Millionen hl Wein, die 1987 erzeugt wurden, entfielen (außer 10 Millionen hl, die alle ausschließlich für die Cognac-Herstellung bestimmt waren) 20,6 Millionen hl AOC-Weine (29,7% der Gesamtproduktion), 0,9 Millionen hl VDQS-Weine (1,3%) 10,1 Millionen hl Landweine (14,5%) und 27,8 Millionen hl Tafelweine (40%). Heute machen die Appellationsweine somit mehr als ein Drittel der in Frankreich produzierten Weine aus. Das war aber nicht immer der Fall; erst vor relativ kurzer Zeit reagierten die Weinbranchen auf die logische Entwicklung der Käuferwünsche mit einer deutlichen Steigerung der Produktion von AOC-Weinen.

Geht man bis Anfang der sechziger Jahre (1962) zurück, so umfaßte das Weinbaugebiet damals fast 1,3 Millionen ha, d.h. 300 000 ha mehr als heute. Dagegen entsprach die erzeugte Menge der Produktion von 1986, aber mit einem wesentlich geringeren Anteil für die Cognac-Erzeugung (4,3 Millionen hl) und die AOC-Weine (nur 14,4%). Bei den Weinen mit kontrollierter Herkunftsbezeichnung hat sich die Produktion also beträchtlich erhöht. Außer durch die Entstehung neuer Appellationen ist dies in erster Linie auf eine Vergrößerung der Anbauflächen und nicht auf eine Steigerung der Produktivität zurückzuführen. Genau umgekehrt verläuft die Entwicklung bei den Tafelweinen, wo man eine Verringerung der Anbauflächen und eine Steigerung der Erträge verzeichnet. Außerdem kann man eine grundlegende Veränderung bei den Farben der Weine feststellen: Vor 25 Jahren repräsentierten die Weißweine noch 62% der AOC-Produktion; heute hat sich das Verhältnis umgekehrt, so daß 1987 66% der AOC-Weine Rot- oder Roséweine waren.

Damit die ganze Welt anstoßen kann

Frankreich steht als Weinerzeuger in der Welt an zweiter Stelle hinter Italien. Aber der Weinbau spielt in der französischen Wirtschaft mehr durch die Qualität als mengenmäßig eine wichtige Rolle: Obwohl nur eine geringer Teil der landwirtschaftlich genutzten Flächen (3,5%) mit Reben bepflanzt sind, liefern die Weinbaugebiete wertmäßig etwa 10% der Einnahmen der französischen Landwirtschaft (in einigen Regionen ist dieses Mißverhältnis sogar noch krasser, beispielsweise in Burgund, wo die entsprechenden Zahlen 1% und 25% sind). Der Weinbau stellt somit einen Wirtschaftssektor mit hoher Wertsteigerung dar.

Dieser hohe Mehrwert erkärt sich teilweise aus der Exportorientiertheit der französischen Produktion. Die französischen Winzer und Weinhändler haben mehrere Stars in der Hitparade der Exportgüter plaziert, vor allem die Weine aus Bordeaux und Burgund sowie den Champagner. Sie setzen damit den Wunsch des burgundischen Schriftstellers Gaston Roupnel (der »die ganze Welt auf die Gesundheit Frankreichs anstoßen lassen« wollte) in die Tat um. Das ist so wahr, daß ein ausländischer Staat – wie sich ein berühmter Wirtschaftsjournalist erinnerte – die Schuld gerne dem Champagner zuschiebt, wenn er eine politische oder wirtschaftliche Meinungsverschiedenheit mit Paris hat.

Marketing und Handwerk

Von einigen Wirtschaftswissenschaftlern wird der Wein, der mit 60% zum Überschuß der französischen Handelsbilanz auf dem Nahrungsmittelsektor beiträgt, als wahres »rotes Gold« betrachtet. Diese Leistungen auf dem Außenmarkt erklären sich zwar aus der Tradition und den natürlichen Voraussetzungen. Aber ihr Geheimnis beruht auch auf den Anpassungsbemühungen, die die Branchen der Weinwirtschaft bewiesen haben, mit einem Produkt, das eine perfekte Technik zu höchster Qualität geführt hat.

Eines der deutlichsten Zeichen für das Bemühen um eine Modernisierung setzte zu Beginn der achtziger Jahre das Auftauchen von Marketingfachleuten und -methoden in Bordeaux. Ein Ergebnis davon war die Entstehung des Glases mit der Fliege, dem kleinen fetischartigen Logo, der durch seinen Erfolg zum Markenzeichen für das Bordelais-Weinbaugebiet geworden ist. Über dieses visuelle Symbol hinaus hat sich der ganze Weinbausektor hier innerhalb einer einzigen Generation radikal gewandelt. Hintergrund der gesamten Entwicklung war die sinkende Zahl der für die Weinlese angemeldeten Personen, die von 1,3 Millionen im Jahre 1962 auf 600 000 im Jahre 1986 gefallen ist. Die Zahl der Betriebe jedoch bleibt auch weiterhin hoch, während ihre Anbaufläche mit durchschnittlich 4,2 ha recht klein ist. Die Produktion ist also offensichtlich stark aufgesplittert, was ihr einen handwerklichen Charakter gibt. Aber vielleicht liegt darin gerade der Reiz des französischen Weinbaus.

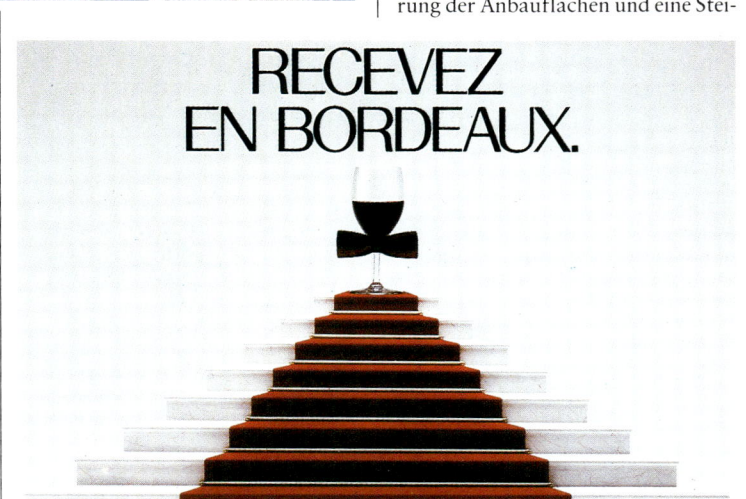

Wer trinkt?

Der AOC-Wein ersetzt allmählich den Tafelwein; das ist eine allgemeine Entwicklung, die von den unteren Gesellschaftsschichten bis zu Schichten mit hohem Einkommen reicht. Setzt man für alle französischen Haushalte einen Index 100 an, so entsprechen die Ausgaben für Qualitätsweine bei den Arbeitern einem Wert von 55 und steigen bei den Angestellten auf 180. Dagegen erhöht sich der Index von 45 bei Freiberuflern auf 160 bei den Landwirten. Eine andere wichtige Erscheinung ist die erheblich veränderte Rolle der Frau im Verhältnis zum Wein: Früher kaufte sie für sich lediglich gewöhnlichen Tischwein, während der Mann die Qualitätsweine für sich reservierte. Heute – auch das gehört zu den Zeichen der Zeit – hat sie sich emanzipiert und übt teilweise sogar – und das in nicht geringer Zahl und mit unbestrittener Kompetenz – den Önologenberuf aus.

Die Weinwirtschaft

Für die Humoristen und Karikaturisten ist alles klar: Die Franzosen sind ein Volk von Winzern, die leicht an ihren Kappen und großen Schürzen zu erkennen sind. In Wirklichkeit entfallen auf eine erwerbsfähige Bevölkerung von mehr als 21 Millionen Einwohnern lediglich ca. 420 000 Weinbauern.

Die Weinberufe

Viele von ihnen sind nur Nebenerwerbswinzer, die ihre kleine Produktion mit der Familie selbst konsumieren. Nur 236 000 Erzeuger verkaufen auch tatsächlich ihren Wein. Rechnet man noch die 3000 Handelsunternehmen und die 1162 Genossenschaften mit ihren etwa 68 000 Angestellten hinzu, sind es insgesamt mehr als 300 000 Personen, die ihren Lebensunterhalt unmittelbar mit dem Wein verdienen. Das bedeutet aber auch eine große Vielfalt. Die »Weinberufe« reichen vom großen Weinhändler, der als angesehene Persönlichkeit Mitglied in allen Berufsvereinigungen ist und am gesellschaftlichen Leben der jeweiligen Region teilnimmt, bis zum Kellereiarbeiter, der im Jahr durchschnittlich seine 120 Fässer »rollt«. Zwischen diesen beiden Extremen findet man alle nur denkbaren Berufe: Besitzer von großen oder kleinen Weingütern, Weinmakler, Önologen, Angestellte, Kellermeister und Leiter von Rebenzucht-Anstalten.

Wer erzeugt den Wein?

Nicht alle davon sind jedoch Weinerzeuger. Im Gegenteil. Wenn man einmal von dem Traubengut absieht, das Handelsgesellschaften gehört, die aber ziemlich selten geworden sind und nur mehr in einigen Regionen wie Korsika oder der Champagne vorkommen, wird die Vinifizierung in der Hauptsache von den unabhängigen Winzern (etwa rund 125 000, von denen einige selbst die Vermarktung ihrer Erzeugnisse durch Direktverkauf übernehmen) und den Genossenschaftskellereien durchgeführt. Letztere bestreiten die Vinifizierung für 51% der französischen Anbauflächen. Sie kontrollieren auf diese Weise 40,5% der Produktion der AOC-Weine und 63% der Produktion der Tafel- oder Landweine.

Das Genossenschaftswesen ist im französischen Weinbaugebiet in den einzelnen Regionen sehr unterschiedlich entwickelt. Während die Genossenschaften beispielsweise im Languedoc-Roussillon (wo etwa 538 Genossenschaften 73% der Weine herstellen) sehr stark vertreten sind, erzeugen sie in Burgund nur 26% der Weine.

Die Ankunft des Beaujolais in London.

Wer verkauft den Wein?

Die Hauptfunktion der Genossenschaften ist zwar die Weinbereitung, aber viele von ihnen widmen sich auch Aufgaben des Ausbaus, der Abfüllung und des Verkaufs. 1985 füllten die Genossenschaften etwa 500 Millionen Flaschen ab. Ihr Anteil am Verkauf ist in den drei Jahrzehnten nach dem Zweiten Weltkrieg stark gestiegen; zwischen der Mitte der fünfziger und Anfang der siebziger Jahre hat sich die Zahl der Genossenschaften um fast 15% erhöht.

Der Weinhandel ist ansonsten nur relativ selten an der Erzeugung beteiligt, außer in der Champagne, aber er übt die meisten Tätigkeiten aus, die sich daran anschließen. Der Begriff des Handels selbst ist jedoch zu unbestimmt, um diesen Bereich genau zu fassen. Man muß nämlich unterscheiden zwischen Händlern, die Weine versenden, Händlern, die Weine auch auf Flaschen abziehen, und Händlern, die selbst junge Weine ausbauen. Erstere sind in den Anbaugebieten ansässig und liefern den Wein häufig offen in die Regionen, wo er getrunken wird. Die beiden anderen (die oft dort zu finden sind, wo die Weine konsumiert werden, bzw. ihren Sitz in den Erzeugergebieten haben) unterhalten ein ständiges

Ein Versandlager in Paris.

Lager; dort bleibt der Wein so lange, bis er am günstigsten auf Flaschen abgezogen und auf den Markt gebracht werden kann. Die Händler, die auch den Ausbau ihrer Weine übernehmen, in Frankreich etwa 800 an der Zahl, beschäftigen 18 000 Arbeitnehmer; ihr Gesamtumsatz beträgt 30 Milliarden Francs. Besonders wichtig ist ihre Rolle beim Auslandsgeschäft, da sie fast 88% der Exporte abwickeln.

Auch der Vertrieb an den Verbraucher wird von mehreren Branchen organisiert. Am meisten überrascht dabei auf den ersten Blick die Bedeutung der Restaurationsbetriebe und der Verbrauchermärkte (Supermärkte und Einkaufszentren). Diese verkaufen heute die meisten Qualitätsweine: 60% der AOC-Weine in Frankreich werden hier gekauft. Im allgemeinen ist die Lagerung der Flaschen dort keineswegs so schlecht, wie manche Kritiker befürchtet hatten. Nach einer kürzlich im Auftrag der INAO durchgeführten Untersuchung zum Verbraucherverhalten glauben die Kunden überwiegend, daß man in den Supermärkten und Einkaufszentren durchaus gute Weine finden kann.

Die Zunahme des Großhandels war zwar eine der bestimmenden Entwicklungen der letzten Jahre, aber auch der Direktverkauf durch die Winzer und die Genossenschaften hat einen entscheidenden Aufschwung genommen; diese Art des Verkaufs hat nämlich fast einen ebenso hohen Stand erreicht wie der Vertrieb über den Einzelhandel (18% gegenüber 20%). Die Ausweitung des Direktverkaufs durch die Erzeuger hat übrigens der Frau eine maßgebende Rolle im Betrieb zugewiesen, denn in der Regel obliegt ihr die kaufmännische Funktion.

Wer kontrolliert die Weinkette?

Die Kompliziertheit der »Weinkette« erklärt sich aus der Einmischung

der Behörden und der Berufsverbände. Diese Eingriffe sind unterschiedlich, je nachdem, ob es sich um Anbauzonen für Tafelweine oder um AOC-Gebiete handelt.

Mit Ausnahme der Landweine, die sich auf dem Vormarsch befinden, verzeichnet der Markt bei den Tafelweinen sinkende Verkaufszahlen. Auch die Maßnahmen, die der französische Staat und die Europäische Gemeinschaft ergriffen haben, zielen darauf ab, das Gleichgewicht von Angebot und Nachfrage zu erhalten. Die dazu eingesetzten Mittel sind einerseits die Verpflichtung zur Destillierung des Weins zu einem niedrigen Preis, um die Winzer davon abzubringen, daß sie ihre Erträge weiter steigern, und andererseits eine Ermutigung zur Reduzierung der Rebflächen, damit die Produktivität stärker

mit der Entwicklung des Verbrauchs übereinstimmt.

Auf dem Gebiet der AOC-Weine sieht das System ganz anders aus. Die Rolle des Staates ist ebenso wie die der Europäischen Gemeinschaft nicht wirtschaftlicher Natur. Die Verantwortung für die Organisierung bleibt hier den Berufsgruppen selbst überlassen.

Zu den Tugenden der AOC gehört es, daß sich verschiedene Gruppen innerhalb der Wirtschaftsverbände zusammenschließen können; die Hauptaufgaben dieser Verbände, die mehrere Berufsgruppen umfassen, sind die bessere Kenntnis des Produkts und des Marktes, die Kontrolle und die Verbesserung der Qualität, die wirtschaftliche Steuerung des Marktes und die Werbung für die Erzeugnisse.

Alle Entscheidungen, die innerhalb der AOC getroffen werden, sind von wirklichem Berufsethos geleitet. Um diese Berufsehre, die auch die Politik der AOC bestimmt, beneiden viele Ausländer Frankreich. Die Erzeuger und Weinhändler verpflichten sich zu Solidarität bei den kollektiv gefaßten Beschlüssen und ordnen ihre Einzelinteressen unter, um die Interessen aller in der AOC vertretenen

Links: Eine Weinversteigerung. In den Pommery-Weinkellern sind die Stollen durch die Exportstädte gekennzeichnet.

Der Export
52 Millionen hl, also 6,9 Milliarden Flaschen, wurden 1987 verkauft. Die französischen Weinerzeuger orientieren sich immer stärker am Export in andere Länder. Mengenmäßig steht Frankreich bei den Ausfuhren weltweit an zweiter Stelle hinter Italien; dem Wert nach ist es sogar der größte Exporteur. Im Jahre 1987 wurden 13,2 Millionen hl exportiert und 38,2 Millionen hl in Frankreich selbst getrunken. Mit 6,4 Millionen hl (d.h. 31% der Produktion) machen die AOC-Weine 48% der französischen Weinausfuhren aus. Der Anteil der französischen Weine am Weltmarkt wächst immer weiter; innerhalb von zwanzig Jahren hat sich die Menge der exportierten AOC-Weine vervierfacht. Champagner oder Bordeaux-Weine werden in mehr als 160 Länder ausgeführt. Hauptabnehmer sind Großbritannien (18% des wertmäßigen Absatzes), die Vereinigten Staaten (17%) und die Bundesrepublik (16%).

BORDEAUX 24,16 %

CÔTES DU RHÔNE 14,1 %

BOURGOGNE ET BEAUJOLAIS 12,4 %

LANGUEDOC-ROUSSILLON 11,23 %

PROVENCE ET AUTRES 8,89 %

SUD-OUEST 4,22 %

CHAMPAGNE

ALSACE 5,42 %

VAL DE LOIRE

Die großen AOC-Anbauregionen in Frankreich.

Berufsgruppen zu schützen, für die sie die Verantwortung tragen. Dieses System gründet sich somit weit eher auf Freiwilligkeit und berufliches Verantwortungsgefühl als auf eine Delegierung der Verantwortung an den Staat. Auf nationaler Ebene

findet man dieses Prinzip bei der INAO wieder.

Die Faktoren, die den Weinmarkt beeinflussen, vor allem die Preise, sind sehr vielfältig. Offenkundig gehört dazu auch die Qualität der Ernte (die von den meteorologischen Zyklen abhängt); hinzu kommt die verfügbare Menge (d.h. Ernte plus Vorräte).

Ausschlaggebend sind zudem die finanziellen Möglichkeiten der Käufer, Händler oder Verkäufer. In so manchen Jahren konnte man übrigens spekulative Praktiken beobachten, die sich auch auf die Entwicklung der Einkäufe sehr schädlich auswirkten.

Ob es sich nun um unabhängige Erzeuger, Genossenschaftsmitglieder oder Weinhändler handelt, die an der »Weinkette« Beteiligten sehen sich alle mit derselben Entwicklung bei der Nachfrage konfrontiert: Diese tendiert dazu, dem Wein die Rolle eines »gesellschaftlichen Aufsteigers« zuzuweisen.

Die Anpassung an diese neue Funktion könnte für die Zukunft entscheidend sein, weil sie die Entwicklung von Weinen begünstigt, die durch ihr Herkunftsgebiet, durch den Erzeuger oder Händler oder durch eine Kombination von beidem einen persönlichen Charakter besitzen.

Die natürlichen

Angesichts der Vielfalt der Ausgangsgesteine kann auch die Mannigfaltigkeit der Böden in den bisweilen recht kleinen Anbaugebieten nicht erstaunen: So weist das kaum 30 ha große Gebiet der berühmten Montrachet-Lagen im Chevalier-Montrachet Rendzina-Böden (sehr steinige, nicht sehr tiefe Böden auf Kalkstein) sowie im Montrachet und im Bâtard-Montrachet kalkhaltige

Die Weinrebe bevorzugt die Hanglagen: hier Bergerac. Unten: Weinbaugebiet auf Kalkfelsen (Saint-Emilion).

Die Geheimnisse des Anbaugebiets

Die ersten Weinberge in Frankreich wurden vor mehr als zweieinhalb Jahrtausenden von griechischen Kolonisten angelegt. Trotzdem ist die heutige Weinbaulandschaft kaum älter als eine oder zwei Jahrhunderte, in manchen Gegenden bestenfalls 400 oder 500 Jahre. Es hat somit über 2000 Jahre gedauert, bis die Reben und die Weine in Frankreich ihren eigenen Charakter finden und beweisen konnten. Die außergewöhnliche Langsamkeit dieser Entwicklung, die bestimmt noch nicht abgeschlossen ist, erklärt sich auch aus den Schwierigkeiten, auf die der Mensch gestoßen ist, während er nach einer harmonischen Ausgewogenheit zwischen den Rebsorten, Boden, Klima und Arbeitsmethoden suchte.

Am Anfang waren anscheinend noch keine besonderen geologischen oder klimatischen Voraussetzungen für die Anlage eines Weinberges ausschlaggebend. Geographen und Historiker haben nachgewiesen, daß die großen Weinbauregionen am Rande der Schiffahrtswege (Flüsse, Ströme und Kanäle) entstanden sind.

Die geographische Verteilung der Weinbaugebiete ist also ein Nebenprodukt des Handels. Seit dem 18. Jahrhundert suchte man nach den Erziehungsarten, Rebsorten und später auch Unterlagen, die sich am besten für die Klima- und Bodenbedingungen eigneten, welche von den

kommerziellen Notwendigkeiten vorgegeben worden waren.

Die geduldige Arbeit der Weinbauern erklärt nicht alles. Die Bedeutung der natürlichen Voraussetzungen leugnen zu wollen hieße vergessen, daß die heutige Verteilung der Weinbaugebiete keine bloße revidierte und verbesserte Neuauflage der vergangenen Verhältnisse ist. Zahlreiche alte Weinbauregionen sind verschwunden, angefangen bei dem großen Anbaugebiet von Paris. Heute bestehen nur noch die Anbaugebiete, in denen der Wein eine günstige natürliche Umgebung vorfinden konnte.

Bei den Qualitätsweinen kann man das Anbaugebiet als Ökosystem ansehen, das aus dem Zusammenspiel von Boden, Untergrund, Klima, Pflanze (Unterlage und Rebsorte) und Mensch an einem bestimmten Ort resultiert.

Man sollte sich vor Vereinfachungen hüten . . .

Spielen alle diese Elemente eine gleichrangige Rolle? Oder gibt es doch einen entscheidenden Faktor, der für sich allein die Eigenschaften und die Qualität des Weins bestimmen kann? Diese Frage wird seit langem diskutiert, vor allem seit dem 18. Jahrhundert, als mit den Physio-

kraten und ihren Nachfolgern das Interesse an den landwirtschaftlichen Problemen zunahm. Ziemlich schnell führte der Versuch, eine Rangfolge der Qualität aufzustellen, zu der Feststellung, daß manche geologische Schichten und Böden (wie etwa die Kreideböden der Champagne oder die Kiessandböden des Bordelais) besonders günstig für den Weinbau seien. Man lernte auch aus Erfahrung, daß umgekehrt andere Böden, beispielsweise schwere Lehmböden, kaum dafür geeignet zu sein scheinen. Die geologische Beschaffenheit des Anbaugebiets hatte offenbar einen mehr oder weniger deutlichen, aber nicht zu leugnenden Einfluß auf die Farbe, den Geschmack, das Aroma und später auch auf das Bukett der Weine. Man sollte jedoch jeder verkürzten Darstellung mißtrauen: Falls es wirklich einen geologischen Determinismus gibt, ist er nicht unbegrenzt wirksam. In Frankreich ebenso wie in anderen Ländern erzeugt man Weine, manchmal sogar sehr berühmte, auf äußerst vielfältigen geologischen Formationen (Ausgangsgestein der Böden): Kreide, Kalk, Mergel, Molasse mit mehr oder weniger hohem Kalkanteil, Kiessandanschwemmungen, aber auch Schiefer, Granit und mitunter sogar Lehm. Umgekehrt kann die Qualität auf ein und derselben geologischen Schicht beträchtlich schwanken.

braune Böden auf; in der letztgenannten Reblage findet man außerdem noch Braunerde-Böden. Dabei handelt es sich allerdings nur um eine kleine Auswahl der Böden, auf denen Wein wachsen kann. Eine vollständige Auflistung würde außer diesen ziemlich stark durch ihren Kalkanteil geprägten Bodentypen noch ausgelaugte Braunerde-Böden, saure ausgelaugte Böden und manchmal auch alte Podsol-Böden (sehr saure und arme Böden, die im Unterboden Eisenhumatanreicherungen, bisweilen als Verkittung in der Form von Ortstein, enthalten) umfassen. Dieser Aufzählung kann man noch Böden hinzufügen, die aufgrund von Verstopfung eine ziemlich hohe Bodenfeuchtigkeit besitzen; die berühmtesten Beispiele dafür gehören zu den besten Crus von Pomerol (Pétrus, Trotanoy, Latour-Pomerol usw.). Als

Faktoren

echte »Verirrungen« in geologischer Hinsicht bieten sie extrem lehmhaltige Schichten, die theoretisch der Qualität abträglich sein müßten. Aber Vorsicht: Es handelt sich dabei um ganz besondere Böden mit einer speziellen mineralischen Struktur, die es dem Boden erlaubt, ungewöhnlich viel Wasser aufzunehmen.

... wenn man eine komplexe Realität erfassen will

Alle diese Beispiele beweisen, daß die Realität kompliziert ist. Dennoch scheinen die Böden ganz offensichtlich einen wesentlichen Einfluß auf die Qualität der Weine zu haben, wobei man aber in keinen vereinfachten Determinismus verfallen darf. Zu reiche Böden haben eine zu große Robustheit und eine mangelnde Reife der Trauben zur Folge, was dann zu unvollständig aufgebauten Weinen führt. Aber sie besitzen auch positive Auswirkungen; ihr Einfluß macht sich vor allem in den Ländern mit kühlem oder gemäßigtem Klima bemerkbar. Die Weinprobe enthüllt nämlich große Unterschiede je nach der Beschaffenheit des Gebiets, das die Merkmale des Weins bestimmt. Das zeigt sich insbesondere in Burgund mit dem Begriff des *Climat*. Manchmal bestehen zwischen zwei Rebflächen, die innerhalb ein und desselben *Climat* durch mehrere hundert Meter voneinander getrennt sind, geringere Unterschiede als zwischen zwei anderen Rebflächen, die fast nebeneinander liegen, aber zu zwei verschiedenen *Climats* gehören. Das Beispiel der Montrachet-Lagen ist in dieser Hinsicht besonders aussagekräftig, denn teilweise nur wenige Meter trennen die Montrachet-Lagen im eigentlichen Sinne von den Rebflächen des Chevalier-Montrachet, dessen steiniger Böden einen feineren und zugleich leichteren Wein liefern.

Wichtig ist auch die Topographie: Die besten Anbaugebiete liegen auf mehr oder weniger steilen Hängen (Hügel, Kuppen), während die kalten und feuchten Ebenen und Niederungen nicht sehr günstig für die Produktion von Qualitätsweinen sind. Ein gutes Beispiel dafür liefert das Elsaß mit den Vorvogesen, die ein erstklassiges Weinbaugebiet darstellen. Die Lage dieser Hügel begünstigt

die Sonneneinstrahlung und eine gute Reifung der Trauben. Ein solches hügeliges Gelände findet man oft am Rande von Flußtälern. Man versteht deshalb, warum die Weinberge, die aus Gründen des Handels in der Nähe von Schiffahrtswegen entstanden sind, später nicht von den Hügeln wegverlegt wurden.

In den berühmten Weinbauregionen scheint die Qualität nicht von Böden abzuhängen, die einen bestimmten Texturtyp besitzen. Tatsächlich stellt man beträchtliche Unterschiede hinsichtlich des Lehmgehalts fest; er ist bei manchen Böden sehr gering, kann aber in ausgezeichneten Lagen Burgunds und des Bordelais auch 50% übersteigen. Dagegen spielt die Struktur eine viel wichtigere Rolle: In der Mehrzahl sind die Böden der besten Anbaugebiete durch eine besondere Großporigkeit gekennzeichnet, die eine rasche Entwässerung ermöglicht und eine Stauung des Wassers im Bereich der Wurzeln verhindert. Die Wurzeln können deshalb in den lockeren Kiessandböden oder in hartem, rissigem Gestein (Kreide, Kalkstein u.a.) bisweilen mehrere Meter tief vordringen. Umgekehrt

reichen sie in verschiedenen Böden auf Lehm oder kompaktem Kalkstein nur einige Dezimeter tief. Die Tiefe des Wurzelwachstums und die Weise, wie sich die Wurzeln im Boden ausbreiten, haben natürlich auch Auswirkungen auf die mineralische Ernährung und die Wasserversorgung der Reben. Ein tieferes Vordringen hat häufig eine bessere Feuchtigkeitsregulierung zur Folge und wirkt sich bei klimatischen Schwankungen günstig aus. Untersuchungen, die in den besten Crus des Bordelais (in tiefem Kiessand, aber ebenso auf kompaktem Kalkstein und Lehm) durchgeführt wurden, haben gezeigt, daß eine Regulierung der Wasserversorgung der Reben, die mit der Art des Wurzelsystems zusammenhängt, die unheilvollen Auswirkungen von starker Trockenheit wie auch von zu hohen Niederschlägen begrenzt, wenn auch nicht ganz aufhebt, vor allem während der Reifungsperiode der Trauben. So ist ein erstklassiges Anbaugebiet immer das Ergebnis eines komplexen Ökosystems, zwischen dessen verschiedenen Komponenten Wechselwirkungen bestehen.

Weinbaugebiet auf Kreideboden (Cramant in der Champagne). Darüber: Rebsorte Cabernet auf Kiessandboden (Pauillac).

BesondereVoraussetzungen müssen dabei zusammentreffen, wie sie nur in bestimmten Gegenden gegeben sind, in Frankreich in erster Linie in den AOC-Weinbaugebieten; deren Grundkonzept fällt nämlich mit dem des Ökosystems der großen Weine zusammen.

Die Auswirkungen des Klimas

Die geologischen Formationen und die Böden haben zwar ihren Anteil an der Entstehung guter Weine, aber sie würden nichts bewirken, wenn sie nicht auf besondere klimatische Bedingungen träfen; erst diese machen es ihnen möglich, eine Umgebung zu schaffen, die für die Anlage erstklassiger Weinberge günstig ist.

Der Wein liebt keine Extreme

Der Wein kann sich sehr unterschiedlichen klimatischen Bedingungen anpassen. Er kann in einem nördlichen Klima gedeihen, das relativ kalt und sonnenarm ist. Man kann ihn aber auch in einem kontinentalen Klima anbauen, wenn der Winterfrost nicht regelmäßig die Rebstöcke vernichtet.

Dennoch verträgt er nur schlecht extreme Kälte oder Wärme: Temperaturen unter −15°C führen zur teilweisen oder völligen Zerstörung der Äste, des Stammes und der Wurzeln; bei zu hohen Temperaturen hingegen können die Blätter und

Beim Knospenaufbruch ist die Rebe sehr empfindlich gegen Kälte. Heizmaßnahmen können notwendig sein, um die Zerstörung der Knospen zu verhindern.

Trauben verdorren. Tatsächlich liegt die günstigste Anbauzone zwischen dem 50. und dem 30. Breitengrad, d.h. in der nördlichen Hemisphäre in den Regionen, die sich zwischen den Ardennen und dem nördlichen Maghreb erstrecken.

Außerdem entscheidet die Sonneneinstrahlung über die Farbe der Weine. Die Rebe benötigt für die Syn-

these der roten Farbstoffe mehr Lichtenergie als für die Zuckerherstellung. Deshalb kann man in den Gebieten nahe der nördlichen Anbaugrenze fast nur Weißweine erzeugen (Elsaß, Chablis), manchmal auch von roten Traubensorten (Champagne). Wenn nämlich die Sonne nicht ausreichend scheint, werden die dunklen Trauben nicht rot genug. Die Niederschlagsmenge darf nicht zu gering sein, wie es manchmal in den mediterranen Gegenden der Fall ist. Es darf aber auch nicht zuviel regnen, denn das könnte im gemäßigten Klima der Atlantikküste oder im kühlen Klima von Nordostfrankreich die Qualität verschlechtern.

Die Übereinstimmung zwischen Klima und Rebsorte

Bemerkenswerterweise werden die Weine von hoher Qualität im allgemeinen von Rebsorten erzeugt, die unter den klimatischen Bedingungen der jeweiligen Region gerade richtig reifen: Eine vollständige Reifung der Trauben ist unverzichtbar, wenn man einen guten Wein erhalten will, aber sie muß sich langsam und stetig vollziehen.

In wärmeren und sonnenreicheren Gegenden, wo die Trauben leichter reifen und somit auf den ersten Blick bessere Ergebnisse liefern müßten, bringen diese selben Rebsorten »fade« Weine hervor, deren Bukett

weniger entwickelt ist – als ob eine zu schnelle Reifung zur Wirkung hätte, daß gerade die Stoffe verbrannt werden, die die Finesse der großen Weine ausmachen.

So werden die besten Weine oft an der nördlichen Anbaugrenze der berühmten Rebsorten erzeugt. Das erfordert vom Winzer besondere Sorgfalt: Wie die Ernte mengenmäßig und qualitativ ausfällt, hängt von den klimatischen Zufälligkeiten ab.

Das ideale Klima

Komplikationen können in verschiedenen Jahreszeiten auftreten. Während winterlicher Frost für die Rebstöcke in Frankreich nur selten eine Gefahr darstellt, können die Frühjahrsfröste die jungen Triebe vernichten. Starke Niederschläge zur Zeit der Blüte und der Befruchtung können zu Verrieseln und Samenbruch führen, was wiederum Einbußen bei der Lese zur Folge hat. Regenreiche Perioden, die von milden Temperaturen begleitet werden, begünstigen Pilzkrankheiten (Falscher und Echter Mehltau, Botrytis usw.), die die grünen Organe der Pflanze oder die Beeren befallen. Hagel kann örtlich eine Lese teilweise oder ganz vernichten und auch die Ernten der nachfolgenden Jahre beeinträchtigen. Gewitter und Wolkenbrüche schließlich können die Reben ebenfalls mißhandeln und die Böden durch abfließendes Wasser schädigen, vor allem in den mediterranen Gegenden, wo früher die Frauen das Erdreich zurückschaffen mußten, das den Hang hinabgeschwemmt worden war, während die Männer die Schutzmauern um die Rebflächen wiederaufbauten.

Selbst wenn die Rebe diese Widrigkeiten unbeschadet übersteht, liefert sie nicht unbedingt einen guten Wein. Es ist sicherlich nicht einfach, die idealen Bedingungen zu bestimmen, unter denen ein erstklassiger Wein entsteht. Dennoch zeichnen sich ziemlich deutlich einige Grundvoraussetzungen ab. So darf es hinsichtlich der Jahrestemperatur keine großen Schwankungen von einem Jahr zum anderen geben. Entscheidend für die Qualität wie auch für die Quantität eines jeden Jahrgangs ist jedoch die Niederschlagsmenge. Während der Wachstumsperiode der Reben (April bis Juni) ist eine ausreichende Wasserversorgung notwendig. Die Niederschläge dürfen jedoch

Neutronenfeuchtigkeitsmesser zur Messung der Wasseraufnahme. Darunter: Von der Sonne verdörrte weiße Weintraube.

auch nicht zu hoch sein; das würde auf relativ fruchtbaren Böden zu Reben führen, die zu kräftig entwickelt sind und übermäßig viele Trauben mit zu großen Beeren hervorbringen.

Dagegen sind hohe Temperaturen, eine intensive Sonneneinstrahlung und eine geringe Niederschlagsmenge während der Reifung und der Zeit der Lese oft die Garantie für einen erstklassigen Jahrgang. Die klimatischen Bedingungen während des Jahres bilden den maßgeblichen Faktor für die Qualität des Jahrgangs, sogar bei den besten Lagen. Bei diesen jedoch läßt sich eine gewisse Regelmäßigkeit in der Qualität der Weine feststellen, weil verschiedene Faktoren (darunter die Böden mit der Art des Wurzelwachstums) die Auswirkungen extremer klimatischer Bedingungen mildern können und eine bessere Regulierung des Rebenwachstums ermöglichen. Das erklärt auch die deutlich höhere Qualität, welche die großen Lagen in weniger günstigen Jahrgängen zeigen.

Mittel- und Kleinklima

Wenn die allgemeinen klimatischen Bedingungen von Bedeutung sind, so kann man sich auch fragen, welche Rolle das Mittelklima spielt, das innerhalb der Weinbauregionen (auf

Oben: Zuviel Wasser. Die filtrierenden Bodeneigenschaften sind ungenügend.
Rechts: Vom Regen und durch Erdrutsch freigelegte Wurzeln.
Unten links: Metereologischer Meßstand für die Temperaturmessung.
Unten rechts: Auswertung in der Wetterwarte von Bordeaux-Mérignac.

terschiede (die auf das Vorhandensein von Wasserflächen, Wäldern, Kiesflächen usw. zurückgehen) ohne große Bedeutung und wirken sich anscheinend viel weniger auf das Wachstum und die Qualität der Trauben aus.

Auf der Ebene eines Blattes, einer Traube oder sogar einer einzelnen Beere können die mikroklimatischen Unterschiede teilweise beträchtlich sein.

der Ebene der einzelnen Reblagen oder der Großlagen) herrscht. Viele französische Weinbaugebiete, beispielsweise das elsässische oder das burgundische, sind nach Osten hin ausgerichtet. So kommen sie in den Genuß der aufgehenden Sonne, deren Strahlen den Boden allmählich erwärmen, und sind gegen Regen geschützt, der aus dem Westen kommt. Seit langer Zeit weiß man auch, daß ein konvex geformtes Relief (Kuppen) die extremen Unterschiede

der Tagestemperaturen mildert, während Lagen, die eine nach innen gewölbte Form besitzen (Fuß des Hanges und Talsohlen), beim Weinbau gemieden werden sollten, weil hier die Sonneneinstrahlung geringer ist und sich die Kaltluft staut, so daß es im Frühling zu Nachtfrösten kommen kann.

Es wäre allerdings gewagt, diese Beispiele zu verallgemeinern. Um den Einfluß des Mittelklimas richtig einzuschätzen, muß man nämlich deut-

lich zwischen hügeligen Gebieten und anderen Regionen unterscheiden. Bei ersteren beeinflussen die Höhe, die Hangneigung und die Ausrichtung der Rebflächen mehr oder weniger stark die Werte der Sonneneinstrahlung, der Temperaturen und der Niederschlagsmenge. Sie haben somit direkte Auswirkungen auf die Beschaffenheit und die Qualität des Leseguts. In den Gebieten mit weniger ausgeprägtem Relief hingegen sind die mittelklimatischen Un-

Zudem besitzt der Winzer die Möglichkeit, daß er die kleinklimatischen Bedingungen hinsichtlich Wärme und Licht für die verschiedenen Organe der Pflanze verändert, indem er die ihm zur Verfügung stehenden Erziehungsformen ausnutzt: Form und Dichte der Anpflanzungen, Ausrichtung der Rebzeilen, Rebschnitt, Spalierung, Gipfelung, Ausputzen usw.

Der Anteil des Menschen

Die Eingriffe des Menschen sind entscheidend für das Funktionieren des Ökosystems der großen Weine. Die Umgebung, in der die Reben in Frankreich wachsen, ist ganz ein Werk des Menschen und wurde mehrmals im Laufe der Geschichte durch ihn wiederhergestellt. Der Mensch hat somit am Ökosystem der großen Weine ebenso teil wie der Boden, das Klima oder die Rebsorten. Das Zusammentreffen dieser verschiedenen Elemente scheint übrigens die besonderen Eigenschaften und die Qualität jedes Anbaugebiets festzulegen.

Anpflanzen der Rebe.
Rechts oben: Rebschnitt.

Die Übereinstimmung zwischen Boden und Rebsorte

Ein wesentlicher Faktor dieses Ökosystems ist die Anpassung der Rebsorte an das Anbaugebiet. Grundsätzlich gibt es keine geologische Formation, die das ausschließliche Privileg für Qualität besitzt. Einige Rebsorten scheinen jedoch eine Vorliebe für gewisse Ausgangsgesteine zu haben. Die besten Weine von der Chardonnay-Rebe werden auf mergeligen Böden erzeugt, während die Viognier-Rebe in Condrieu und Château-Grillet auf Granitgestein bemerkenswerte Weißweine liefert. Die Gamay-Rebe bringt auf den Granit- und Schieferböden des Beaujolais gefällige Rotweine hervor, wohingegen sie auf den kalkig-mergeligen Böden von Burgund einfachere Weine gibt. Wenn in einer bestimmten Region vom Klima her die Wahl zwischen mehreren Rebsorten möglich ist, sollte sie sich nach dem Bodentyp und seinem Mikroklima hinsichtlich Feuchtigkeit und Wärme richten. Im Bordelais beispielsweise gelangen die Trauben der Rebsorte

Cabernet-Sauvignon ausschließlich auf Kiessandböden (Haut-Médoc und ein Teil des Graves-Gebiets), die nicht sehr feucht und deshalb warm sind, vollständig zur Reife und entfalten auch nur dort ihren vollen Charakter. Auf schluffigen oder lehmigen Böden, die mehr Wasser enthalten und folglich auch kälter sind, reifen ihre Trauben schwieriger und können Weine liefern, die krautig und weniger fein ausfallen. Dafür bringt die dunkle Merlot-Traube ihre Qualitäten auf den feinstrukturierten Böden von Saint-Emilion und den mitunter extrem lehmreichen Böden von Pomerol zum Ausdruck.

Übertreibungen vermeiden

Die Einmischung des Menschen beschränkt sich nicht allein auf die Wahl der Rebsorte und der Unterlage. Er greift auch in das Anbaugebiet ein. Da die Reben entgegen einer weitverbreiteten Ansicht nicht übermäßig »leiden« müssen, ist es manchmal nützlich, Mängel, Toxizität oder chemische Defekte des Bodens durch entsprechende Düngung oder Melioration zu korrigieren.
Aber man muß dabei sparsam und rationell vorgehen, auf der Grundlage einer vollständigen Analyse des Bodens und des Unterbodens. Man darf nämlich nicht versuchen, aus dem Boden das Höchstmögliche herauszuholen. Önologische Untersuchungen, die die Erfahrungen der Winzer bestätigen, haben in diversen Gegenden gezeigt, daß oberhalb eines

bestimmten Grenzwertes, der sich mit den klimatischen Bedingungen des jeweiligen Jahrgangs ändert, die Qualität des Weins sinkt, je größer die Ernte ausfällt. Eine genauere Analyse läßt erkennen, daß die Qualität des Weins mehr vom Traubengewicht abhängt, das jeder Rebstock trägt, als vom Gesamtertrag pro Hektar. Aus diesem Grund kehrt man bei den Pflanzungen zu Rebflächen mit hoher Dichte zurück (7000 bis 10 000 Rebstöcke pro Hektar bei schmalem, niedrigem Wuchs), die bei gleicher Produktionsmenge Weine von besserer Qualität liefern als in die Breite und in die Höhe wachsende Reben (weniger als 3500 Stöcke pro Hektar). Außerdem müssen die Beeren der Trauben, insbesondere bei Rotweinen, ziemlich klein sein, damit man ein hohes Verhältnis zwischen der Oberfläche der Hülse (die den Farbstoff sowie Gerbstoffe enthält) und dem Saftvolumen erreicht.
Der chemische Reichtum des Bodens,

die Wasserversorgung und die Erziehungssysteme beeinflussen das Gleichgewicht zwischen Ertrag und Qualität. Aber auch die Unterlagen spielen eine wichtige Rolle durch die Kraft, die sie dem Edelreis verleihen. Für die Erzeugung von Qualitätsweinen muß man Unterlagen verwenden, die dem Boden angepaßt sind, vor allem seiner Chlorosewirkung, seinen Reserven an verwertbarem Wasser und seiner Fruchtbarkeit. Sie müssen dafür sorgen, daß die Pflanze nicht zu kräftig wird, nicht zu viele Trauben hervorbringt und sich nicht

Rechts: Anpflanzen von Rebensteck-lingen.
Unten: Vor dem Anpflanzen wird unter Umständen der Boden melioriert, um seine Zusammensetzung zu verbessern. Hier geschieht das durch einbringen von Müllkompost.
Rechts unten: Pfropfung eines Edelreises auf eine reblausresistente Unterlage.

zu früh entwickelt; das begünstigt eine gute Reifung der Trauben.

Ökosystem und typischer Charakter der großen Weine

Der menschliche Faktor ist wichtig für die Gestaltung des Ökosystems; maßgebend ist er bei der Lese, der Vinifizierung, der Behandlung und der Lagerung der Weine. Das erklärt auch, warum früher viele Weine, obwohl sie aus sehr guten Anbaugebieten stammten, übermäßig viel Säure und Tannine aufwiesen, was

auch bei einer langen Flaschenlagerung nicht verschwand. Dank der Fortschritte und der allgemeinen Verbreitung der Önologie ist eine schlechte Weinbereitung heute selten geworden, ohne daß das zu einer Uniformierung der Weine führen würde. Zum einen läuft die Zielsetzung der Önologen, zumindest bei den großen Weinen, ganz im Gegen-

teil darauf hinaus, die Originalität und den typischen Charakter der großen Gewächse herauszustellen. Zum anderen schützt die Komplexität der Ökosysteme der großen Weine auch den besonderen Charakter ihrer Produktion. Die besten Anbaugebiete sind diejenigen, bei denen die geographische und örtliche Lage, die Topographie sowie die physikalischen Eigenschaften des Bodens mit ihren Auswirkungen auf das Wurzelwachstum die Anlage eines Grand Cru erlauben, vorausgesetzt, das Klima und die Rebsorten eignen sich dafür. Dabei handelt es sich aber um natürliche Faktoren, die der Mensch nur schwer verändern kann. Zumal man noch nicht ganz genau weiß, welche Unterschiede zwischen den einzelnen Anbaugebieten bestehen und was die optimalen Werte der verschiedenen Parameter sind, die das »gute« Funktionieren des Ökosystems von Klima–Boden–Rebsorte regeln.

Der Wein und

Die Wahl der Rebsorte

Cabernet-Sauvignon im Médoc, Ugni-Blanc in Cognac, Chardonnay in Burgund und Chenin im Loire-Tal, ganz zu schweigen von Syrah, Sylvaner und Gewürztraminer, sind so sehr mit der französischen Weinbaulandschaft verbunden, daß man fast glauben könnte, sie seien hier schon seit Urzeiten verbreitet. Überdies gibt es für sie heute auch eine verwaltungsmäßige Regelung, denn jedes Departement verfügt über eine eigene Liste empfohlener Rebsorten. Im Falle der AOC-Gebiete geht die Reglementierung sogar noch weiter; hier dürfen nur die in der jeweiligen Liste aufgeführten Rebsorten angepflanzt werden.

Die Rebsorten sind natürlich nicht auf einmal und wie durch ein Wunder aufgetaucht. Sie sind das Ergebnis einer bewundernswerten Arbeit, die Generationen von Winzern geleistet haben. Von Tausenden von Rebsorten, die aus der europäischen Weinrebe *Vitis vinifera* hervorgegangen sind, hat eine empirische Auswahl einen kleinen Katalog von 250 Einzelsorten beibehalten, von denen nur etwa hundert auch wirtschaftlich von Bedeutung sind. Diese Wahl beruhte auf den besonderen Eigenschaften der einzelnen Rebsorten. Ihre Verwendung wurde zunächst zu einem Brauch, bevor sie in unseren Tagen kodifiziert wurde.

»Das Genie steckt in der Rebsorte«

Jede Rebsorte besitzt einen besonderen Charakter, der aus ihrer Anpassung an die natürliche Umgebung (Klima und Boden) resultiert. Entscheidend ist nun, daß man die Sorte findet, deren Merkmale sich beim Anbau entfalten können. So hat das Zusammentreffen von Cabernet-Sauvignon und Merlot mit den Bordeaux-Anbaugebieten zu den bekannten Ergebnissen geführt, weil diese Rebsorten aufgrund ihres Wachstumszyklus den Frühjahrsfrösten widerstehen können; das garantiert eine Reifung der Trauben, die mit dem Spätherbst in der Gironde zusammenfällt, der im allgemeinen mild und sonnenreich ist.

Einige Rebsorten besitzen eine außergewöhnliche Anpassungsfähigkeit, die es möglich macht, sie auf den verschiedensten Böden und unter sehr unterschiedlichen Klimabedingungen anzubauen. So gedeiht die Cabernet-Sauvignon-Rebe nicht nur im feucht-gemäßigten Klima des Bordelais, sondern auch im trockenwarmen Klima der Provence, wie es in jüngster Zeit ihre Anpflanzung auf den Hügeln von Aix beweist. Blickt man über die Grenzen von Frank-

reich hinaus, so sieht man, daß sie sich unter dem Himmel Kaliforniens ebenso wohl fühlt wie im kontinentalen Klima der UdSSR oder Bulgariens. Sie ist aber keineswegs eine Ausnahme: Merlot, Chenin, Pinot oder Syrah besitzen ebenfalls eine große Anpassungsfähigkeit.

Welchen Weintyp man in einer bestimmten Umgebung erzeugen kann, hängt vor allem von den biochemischen Bestandteilen der Beeren ab: Nach ihrer Zusammensetzung und ihrer Menge kann man eine Hierarchie der Rebsorten aufstellen. Einige, die sogenannten Edeltrauben (Chardonnay, Pinot, Sauvignon usw.), können Qualitätsweine erzeugen, während die anderen nur einfache Tischweine ohne besonderen Charakter hervorbringen.

Diese Bestandteile, die man auch im Most antrifft, sind zahlreich und komplex. Bei der Auswahl der Rebsorten werden jedoch in erster Linie vier davon herangezogen: der Zukkerreichtum, der nicht bei allen Rebsorten gleich ist, denn einige produzieren aufgrund der höheren Photosyntheseleistung ihrer Blätter mehr Zucker; die Säure, wobei nicht nur ihr absoluter Gehalt eine Rolle spielt, sondern auch das Verhältnis von Äpfel- und Weinsäure, das für den Önologen in höchstem Grad interessant ist; die Phenolverbindungen (d. h. der Gehalt der Beerenhülsen an Anthocyanen, also Pflanzenfarbstoffen, und Gerbstoffen), die im Falle der roten Trauben von fundamentaler Bedeutung sind; die Aromastoffe, die in großer Zahl in den Hülsen enthalten sind.

Das besondere Aroma der Rebsorte, das dem Wein seinen typischen Charakter verleiht, scheint hauptsächlich aus der unterschiedlichen Verteilung dieser Aromastoffe zu resultieren.

Die Wahl der Rebsorte bestimmt somit über die zukünftige Qualität des Weins. Aufgeschlossene Beobachter haben das seit langer Zeit begriffen, wie etwa Olivier de Serres, der schon um 1600 mit Nachdruck die Ansicht vertrat: »Das Genie des Weins steckt in der Rebsorte.« Die goldene Regel lautet, daß man eine Rebsorte finden muß, die nicht nur ertragreich ist, sondern auch die Qualität begünstigt.

Die Erneuerung der Rebsorten

Die Mehrzahl der angebauten Rebsorten gehört zur europäischen Art *Vitis vinifera L.*, die hier zwar schon seit Jahrtausenden heimisch ist, aber unter dem Einfluß der Selektionierung durch den Menschen sehr vielfältige Formen angenommen hat. Neue Rebsorten sind vor allem im 19. Jahrhundert gezüchtet worden. In der zweiten Hälfte des letzten Jahrhunderts war die Weinrebe durch mehrere Parasiten von Vernichtung bedroht, die nacheinander aus der Neuen Welt eingeschleppt wurden (Echter und Falscher Mehltau, Schwarzfäule und Reblaus). Obwohl die Reblaus nicht ausgerottet werden konnte, wurde das Weinbaugebiet rasch wiederhergestellt. Gelungen ist dies, weil man europäische Sorten auf Rebstöcke (Unterlagen) aufpropfte, die von amerikanischen Arten abstammten und die man wegen ihrer Resistenz gegenüber dem Insekt und nach ihrer Eignung für die verschiedenen Bodentypen aussuchte. So wurden die alten Rebsorten der Art *Vitis vinifera* in der Form von Pfropfreisern weiterbenutzt, die die Winzer dank chemischer Schädlingsbekämpfung vor Pilzkrankheiten zu schützen lernten.

Erziehung der Rebe in Leierform. Oben: Gobelet-Schnitt.

Mitte: Reberziehung in Entre-Deux-Mers.

sein Anbau

Sorten zu forschen. Dennoch ist es selbst in den berühmtesten Appellationen noch möglich, die bestehenden Sorten zu verbessern. Außerdem verändern sich die wirtschaftlichen Voraussetzungen, der Geschmack der Verbraucher wandelt sich, die Anbaumethoden machen Fortschritte, so daß manche bisher verwendete Rebsorten unzeitgemäß werden.

Die Klon-Selektion

Die ungeschlechtliche Fortpflanzung des Weins ist immer von einer Selektion begleitet; diese wird auf

Zur Schädlingsbekämpfung werden heute Helikopter eingesetzt (Champagne).
Links: Behandlung der Rebe mit Schwefel (Burgund).

Dennoch versuchten einige, die auf die Erfolge bei den Unterlagen verwiesen, durch Hybridisation neue Arten von Pfropfreisern zu entwickeln, die Traubenqualität mit Widerstandsfähigkeit gegenüber zahlreichen Parasiten verbanden. Diese Hybriden wurden fast ein halbes Jahrhundert lang begeistert gezüchtet; auf ihrem Höhepunkt nahmen sie mehr als ein Drittel der Anbauflächen ein. Aber keine der Sorten von diesem Typ erwies sich qualitativ als vollauf zufriedenstellend, so daß sie seit 1950 stetig zurückgehen. Das bedeutet jedoch nicht, daß die Neuzüchtung von Rebsorten ganz abgeschlossen wäre. In den traditionsreichen Regionen hat die Selektionierung eine gewisse Vollendung erreicht; es ist deshalb auch nicht notwendig, dort nach neuen

empirische Weise von demjenigen vorgenommen, der die für die Herstellung neuer Pflanzen bestimmten Reben abschneidet. Ausgesucht werden die Reben dabei nach dem gesunden Aussehen der Rebstöcke. Die Systematisierung dieser Praxis führt zur Massenselektion: Diese besteht darin, daß man die Reiser im Mischsatz erntet, nachdem man die für die Gewinnung von Edelreisern interessantesten Rebstöcke visuell ausfindig

gemacht hat. Man schließt somit von der Vermehrung die am wenigsten kräftigen und produktiven Reben aus, was für Gründe auch immer dafür verantwortlich sind, genetische Ursachen oder Krankheiten (Virosen).

Die Massenselektion hat durch die Reduzierung der Viruserkrankungen zu einem unbestreitbaren Fortschritt hinsichtlich der Qualität geführt, aber sie war teilweise auch verantwortlich für die Steigerung des Durchschnittsertrags der Rebsorte. Die Klon-Selektion, mit der in den fünfziger Jahren begonnen wurde, basiert auf der objektiven Bestimmung der Eignung eines jeden Mutterstocks: Dessen auf vegetativem Wege entstandene Nachkommen (durch Ableger oder Pfropfreben) bilden Klone, die in sämtlichen Elementen absolut identisch sind. Bei dieser Methode vergleicht man die Merkmale einer großen Zahl von Klonen jeder Rebsorte (vor allem

Fehlen von Anzeichen einer Degenerierung, Widerstandsfähigkeit gegen bestimmte Krankheiten, Regelmäßigkeit im Ertrag, aromatische Intensität usw.). Diese Merkmale werden experimentell unter genau festgelegten Bedingungen ermittelt, um insbesondere Verzerrungen auszuschalten, die auf Veränderungen der Untersuchungsumgebung und die Subjektivität des Kontrollpersonals zurückgehen. Man behält nur die klassifizierten Klone (im allgemeinen ein geringer Prozentsatz im Vergleich zur Ausgangsmenge) und vermehrt sie dann, damit man große Mengen an Reisern zur Verfügung hat, die für die Hervorbringung von verkaufsfähigen Pflanzen notwendig sind. Da die verschiedenen Klone ein und derselben Rebsorte der äußeren Form nach nur sehr schwer voneinander zu unterscheiden sind, werden minutiöse Vorkehrungen getroffen, um jeweils ihren unverfälschten Charakter zu erhalten.

Dank der selektionierten Klone ist es immer noch möglich, selbst die edelsten Rebsorten zu verbessern. Dennoch kann der Gewinn an Aroma, Farbe oder früher Reife nicht einen bestimmten Wert überschreiten, der für jede Rebsorte charakteristisch ist. Zudem geht das alles langsam vor sich, denn die Effizienz der klonalen Selektion hängt vom Umfang der vorbereitenden Forschung und der Genauigkeit der Versuche ab.

Die Feinde des Weins

Mehrere Feinde bedrohen die Weinrebe. Sie ist das Angriffsziel für verschiedene Viruserkrankungen (Virosen): Kurzknotigkeit, Blattrollkrankheit, Sprenkelung und Rauhschaligkeit. Alle diese Krankheiten resultieren aus der Veränderung des Metabolismus der befallenen Zellen zugunsten des Virus. Die Verbreitung der Krankheiten geschieht vermittels der Vermehrung durch Stecklinge oder Pfropfreben. Da es kein unmittelbar wirksames Gegenmittel gibt, muß man präventive Maßnahmen ergreifen. Die Reben sind auch anfällig für den Befall durch Pilze und verschiedene Parasiten. Die schwersten und am weitesten verbreiteten Krankheiten werden durch winzige Pilze hervorgerufen (Falscher und Echter Mehltau, Schwarzfleckenkrankheit, Schwarzfäule). Unter den tierischen Schädlingen findet man vor allem Raupen, die sich von jungen Beeren ernähren und dadurch später die Graufäule begünstigen, verschiedene Milbenarten und eine Zikade. Das Arsenal der Schutzmittel gegen die pflanzlichen und tierischen Schmarotzer ist seit der Entwicklung der ersten mineralischen Fungizide auf breiter Ebene ergänzt worden.

Die Rebsorten

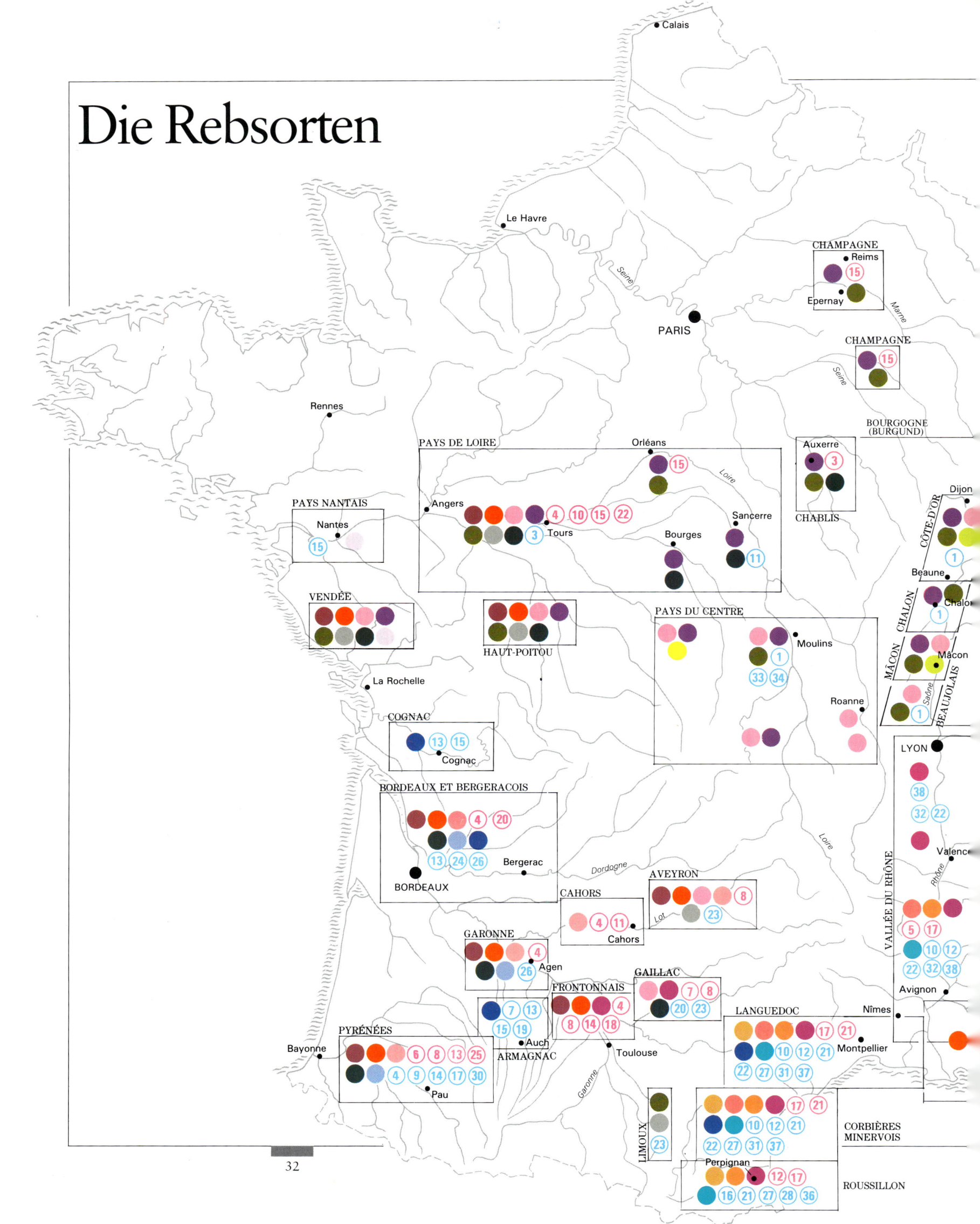

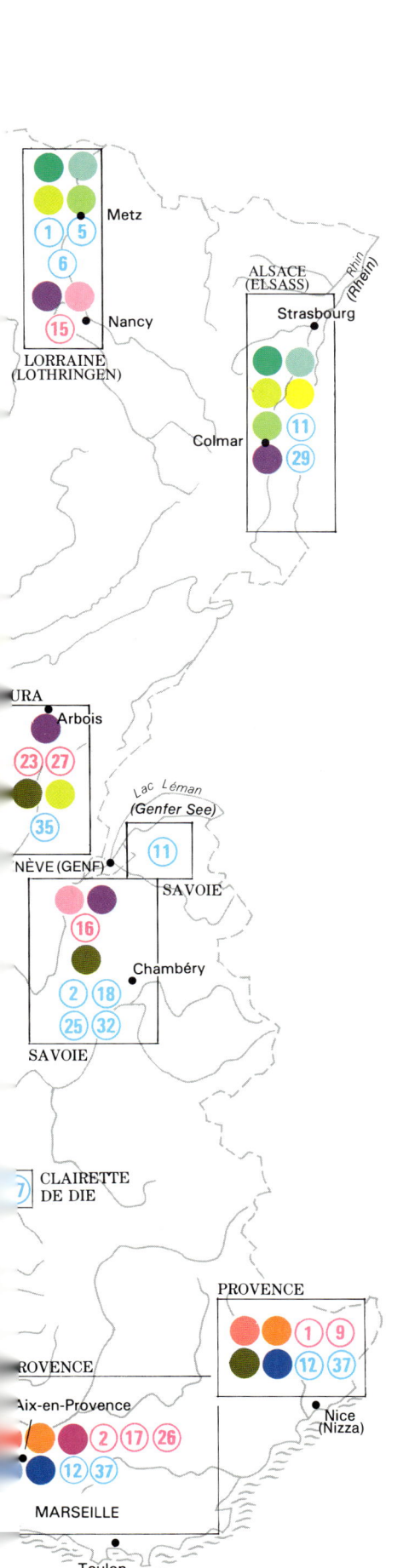

HAUPTREBSORTEN DER ROTEN A.O.C.-WEINE

Häufigste Rebsorten	Andere Rebsorten		
● Cabernet-Franc	① Braquet	⑩ Grolleau	⑲ Nielluccio
● Cabernet-Sauvignon	② Calitor	⑪ Jurançon Rouge	⑳ Petit Verdot
● Carignan	③ César	⑫ LLadoner Pelut	㉑ Picpoul Noir
● Cinsault	④ Côt	⑬ Manseng Noir	㉒ Pineau d'Aunis
● Gamay	⑤ Counoise	⑭ Mérille	㉓ Poulsard
● Grenache	⑥ Courbu Noir	⑮ Meunier	㉔ Sciacarello
● Merlot	⑦ Duras	⑯ Mondeuse	㉕ Tannat
● Pinot Noir	⑧ Fer Servadou	⑰ Mourvèdre	㉖ Tibouren
● Syrah	⑨ Fuella Nera	⑱ Négrette	㉗ Trousseau

HAUPTREBSORTEN DER WEISSEN A.O.C.-WEINE (ROSÉ UND GRAU)

Häufigste Rebsorten	Andere Rebsorten		
● Chardonnay	① Aligoté	⑭ Courbu	㉗ Muscat à petits grains
● Chenin	② Altesse	⑮ Folle Blanche	㉘ Muscat d'Alexandrie
● Gewürztraminer ✱	③ Arbois	⑯ Grenache Gris	㉙ Muscat Ottonel
● Grenache Blanc	④ Arrufiac	⑰ Gros Manseng	㉚ Petit Manseng
● Melon	⑤ Aubin	⑱ Jacquère	㉛ Picpoul
● Pinot Blanc	⑥ Auxerrois	⑲ Jurançon Blanc	㉜ Roussanne
● Pinot Gris	⑦ Baco 22a	⑳ Len de l'El	㉝ Sacy
● Riesling	⑧ Barbaroux ✱	㉑ Macabeu	㉞ Saint-Pierre-Doré
● Sauvignon	⑨ Baroque	㉒ Marsanne	㉟ Savagnin
● Sémillon	⑩ Bourboulenc	㉓ Mauzac	㊱ Tourbat
● Sylvaner	⑪ Chasselas	㉔ Merlot Blanc	㊲ Vermentino
● Ugni-blanc	⑫ Clairette	㉕ Molette	㊳ Viognier
	⑬ Colombard	㉖ Muscadelle	

✱ (Rosé)   Diese Aufzählung ist nicht vollständig

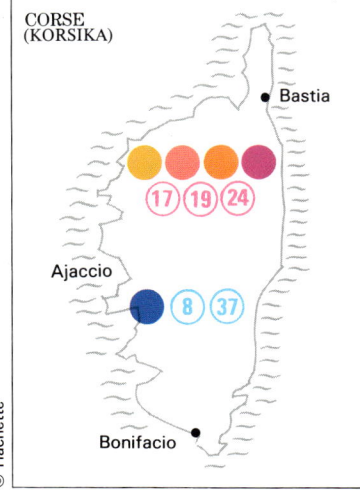

Aufgeführt sind nur die wichtigsten Rebsorten der verschiedenen Anbaugebiete. Von den angegebenen Sorten werden die durch einen farbigen Punkt gekennzeichneten besonders häufig angebaut.

Der Klarheit wegen wird die amtliche Bezeichnung der Rebsorten beibehalten; es gibt jedoch regionale Synonymien. Zwei Möglichkeiten sind dabei denkbar: Mehrere unterschiedliche Rebsorten können mit ein und demselben Namen bezeichnet werden; so wird der Name Malvoisie in der Gegend von Narbonne für die Rebsorte Bourboulenc, im Roussillon für Tourbat und auf Korsika für Vermentino verwendet. Die gleiche Rebsorte kann je nach Gegend verschiedene Namen tragen; dafür gibt es zahlreiche Beispiele. Die Rebsorte Melon etwa wird im Pay Nantais Muscadet genannt; Côt kann je nach Anbaugebiet auch Malbec oder Auxerrois heißen. Cabernet-Franc kann man unter den Namen Breton oder Bouchet antreffen.

Außerdem kann es vorkommen, daß eine Rebsorte in der Vergangenheit mit einer anderen verwechselt worden ist und somit ihren Namen heute fälschlicherweise trägt. Diese Fälle von Synonymie hängen eng mit der geographischen Verteilung und den regionalen Gepflogenheiten zusammen und komplizieren manchmal die Angaben für die angebauten Rebsorten. Während diese Probleme aber in Frankreich relativ leicht zu erkennen sind, gilt dasselbe nicht immer in internationaler Hinsicht; dort herrscht bisweilen noch ein ziemliches Durcheinander, selbst bei weltweit verbreiteten Rebsorten.

Die Jahreszeiten des Weins

Poudo-me dabant que ploure, foucho-me dabant que bourre, binome dabant que flouri, te farai béuré de boun bi (Schneide mich, bevor ich weine, hacke mich, bevor ich ausschlage, grabe mich um, bevor ich blühe, und ich werde dir guten Wein zu trinken geben). Wie dieses alte Sprichwort aus Südwestfrankreich in Erinnerung ruft, erfordert die Rebe viel Pflege, wenn sie schöne Trauben hervorbringen soll, die dann einen erstklassigen Wein liefern können.

Die Rebe weinen lassen

Zu allen Jahreszeiten verzeichnet der Winzerkalender eine einzige lange Reihe von Arbeiten. Diese beginnen, wenn der Wein noch Winterschlaf hält. Mit krummem Rücken, die Finger steif vor Kälte, muß der Winzer mit dem Rebschnitt anfangen. Früher legte die Tradition einen symbolischen Zeitpunkt fest, den 22. Januar, das Fest des heiligen Vinzenz, des Schutzpatrons der Weinbauern, um den offiziellen

Beginn dieser schweren Arbeit zu bezeichnen. Aber in Wirklichkeit zieht sich der Rebschnitt von Dezember bis März hin. Im Jahreszyklus der Pflanze nimmt er keinen unbedeutenden Platz ein. Er verringert die Zahl der Triebe, legt fest, wie viele Knospen belassen werden, und bestimmt sowohl die Qualität wie auch die Menge der künftigen Produktion. Obwohl bessere Arbeitsgeräte verwendet werden (verschiedene Typen von Baumscheren, die mit Druckluft

oder heute elektrisch arbeiten, haben das alte Rebmesser abgelöst), bleibt der Rebschnitt eine langwierige, mühsame Arbeit. Jeder Rebstock erfordert nämlich vier bis fünf Schnitte mit der Baumschere. Auf einem Hektar muß dieselbe Handbewegung 20 000- bis 25 000mal wiederholt werden (wenn man 4000 bis 5000 Rebstöcke pro Hektar rechnet). In der Zukunft könnte der Rebschnitt automatisiert werden. Aber die Mechanisierung stößt auf ein großes Hindernis, denn jeder Rebstock stellt ein besonderes Problem dar. Jedesmal muß man eigens die Triebe auswählen, die entfernt werden sollen; dies hängt jeweils davon ab, wo sie sich befinden und wie sie sich wahrscheinlich entwickeln werden. Es ist also nicht verwunderlich, daß die Winzer oft gefühlsmäßig sehr stark mit dieser Arbeit verbunden sind. Sie beeinflußt nicht nur die zukünftige Entwicklung des Rebstocks und seine Produktion, sondern ist auch ein besonders günstiger Augenblick des Kontakts zwischen Mensch und Pflanze. Ein echter Winzer wird dabei übrigens nicht den Gedanken los, daß die Rebe »weint«, wenn der Saft nach dem Abschluß des Rebschnitts steigt und aus den von der Schere hinterlassenen Schnittstellen perlt.

Um den 15. März herum wird der Rebschnitt beendet, wenn die Reben zu erwachen beginnen. Dann fangen die Bodenarbeiten an. Sie haben die Aufgabe, das Unkraut zu vernichten. Dabei wird die Pflanze freigelegt, indem man das Erdreich zur Mitte der Rebzeile hin abräumt. Als unver-

Blüte, beginnende und vollendete Reifung bei der Merlot-Rebe.

zichtbare Ergänzung zu dieser Räumarbeit zieht man zur zentralen Furche hin den Bodenstreifen, der zwischen den Rebstöcken freibleibt. Diese Arbeit wird heute automatisch von Traktoren ausgeführt, während sie früher mit der Hacke erledigt wurde, sehr oft von den Frauen, die hinter dem Pflug hergingen. In vielen Weinbergen wird die gesamte Bodenpflege (vier- bis fünfmal im Jahr) zunehmend durch Unkrautvernichtung mit chemischen Mitteln ersetzt, die man am Ende des Winters vornimmt.

Die Bodenarbeiten, auf die man bei der Erhaltung des Weinbergs nicht verzichten kann, sind heute weitgehend mechanisiert.

Im April kommt in den Weinbergen mit Drahtrahmenerziehung der Zeitpunkt, an dem die beim Schnitt belassenen Triebe an den Drähten (im allgemeinen zwei bis drei übereinander) festgemacht werden. In dem Maße, wie sich das Rebenwachstum fortsetzt, werden verschiedene Arbeiten durchgeführt, um eine gute Entwicklung sicherzustellen. Damit sich kein Unkraut ausbreiten kann, pflügt man den Boden ein zweites Mal.

Ab Mai werden die Reben auch erstmals besprüht, um sie gegen Krankheiten und Parasiten zu schützen. Der Pflanzenschutzdienst teilt dabei den Winzern mit, welche Behandlungsmaßnahmen notwendig sind.

Der Juni ist bei den an Drahtrahmen erzogenen Reben dem Aufbinden, d. h. dem Anheften der jungen Triebe an die Spalierdrähte, gewidmet. Außerdem werden die Enden der Triebe abgeschnitten. Dieses Gipfeln muß bei niedrig erzogenen Reben mehrmals wiederholt werden. Der Früh-

ling ist noch durch andere Arbeiten gekennzeichnet, etwa das Ausputzen und das Ausbrechen überflüssiger Triebe, wodurch man nutzloses Wachstum unterdrücken kann. Gleichzeitig darf der Winzer nicht vergessen, die Reben, falls nötig, gegen Parasiten zu behandeln. Die Bordelaiser Brühe (eine Mischung aus Kupfervitriol, gelöschtem Kalk und Wasser, die zur Bekämpfung des Falschen Mehltaus dient), wird noch immer verwendet, aber sie nimmt nur mehr einen bescheidenen Platz im Waffenarsenal ein, das 36 Wirkstoffe und 300 Spezialmittel enthält. Die Mehrzahl dieser Substanzen hat ausschließlich präventive Wirkung. Es gibt zwei große Typen von Schädlingsbekämpfungsmitteln: Die einen, sogenannte oberflächlich wirkende Mittel, werden auf die Pflanze gespritzt; ihre Wirkungsdauer hängt in erster Linie davon ab, wann sie der Regen wieder wegwäscht. Die anderen, die in die Pflanze eindringen, die sogenannten systemischen Mittel, werden durch die Blätter aufgenommen und mit dem Saftstrom transportiert; sie besitzen eine längere Wirkung (zwei Wochen).

Zu Beginn des Sommers wird die Schädlingsbekämpfung fortgesetzt. Die Bodenbearbeitung wird in der Regel im August unterbrochen, wenn sich das Wachstum des Unkrauts verlangsamt. Trotzdem kann man nicht auf die Überwachung des Weinbergs verzichten. Falls Krankheiten drohen, können Schutzmaßnahmen bis zum September notwendig sein.

Das Erziehungssystem der Rebe

Der Winzerkalender ist ein Erbe der Tradition und der Volksweisheit, die von den sprichwörtlichen Redensarten weitergegeben wird. In der Champagne erinnern sie beispielsweise daran, daß »Sonnenschein an Johanni ein weinreiches Jahr voraussagt« oder »der Wein an Qualität verliert, wenn es an Himmelfahrt regnet«. Aber er wird auch durch die Fortschritte der Wissenschaft und der Technik bestimmt. Denn der

Anheften der jungen Reben an ihren Stützpfahl.

und die klimatischen Gegebenheiten), Rebschnitt, Vorhandensein oder Fehlen eines Drahtrahmens usw.

Die Erziehungssysteme können auf zwei große Typen zurückgeführt werden, die jeweils einen Kompromiß zwischen verschiedenen für die Qualität des Weins erforderlichen Faktoren darstellen. Die freie Form, bei der die Reben kurzstämmig und mit kurzem Schnitt (Gobelet) ohne Drahtrahmen gezogen und in mittlerer Dichte (4500 Rebstöcke pro Hektar), manchmal im Viereck, angepflanzt werden, wird im allgemeinen in den mediterranen Weinbaugebieten gewählt. Die Drahtrahmenerziehung, die in den nördlicher

gelegenen Anbaugebieten notwendig ist, damit die Trauben reifen, und einen langen Rebschnitt und eine hohe Pflanzungsdichte (5000 bis 10 000 Rebstöcke pro Hektar) verwendet, findet man in fast allen anderen Weinbergen.

Die Notwendigkeit, die Produktionskosten zunehmend durch die Ersetzung der menschlichen Arbeitskraft durch Maschinen zu senken, hat die Winzer seit 1950 dazu veranlaßt, Reben anzubauen, die in die Höhe und in die Breite wachsen und vor allem durch die geringe Dichte der Pflanzung (2500 Rebstöcke pro Hektar), eine Verlängerung des Stamms und eine große Ausdehnung des Wurzelstocks gekennzeichnet sind. Logischerweise ist eine Erhöhung der Knospenzahl für jeden Rebstock nötig, damit man weiterhin einen ausreichenden Hektarertrag erhält. Da die Trauben zumeist langsamer reifen, sind die Weine von geringerer Qualität als die Weine, die man mit alten Erziehungssystemen erzeugt. Daher werden solche Reben für Spitzenweine abgelehnt.

Der Rebschnitt bestimmt Menge und Güte der Ernte: hier der Guyotschnitt.

Die chemische Unkrautvernichtung vereinfacht die Bodenbearbeitung.

Weinbau ist nicht mehr nur eine Sache von Erfahrung. Er verlangt eine strenge Methodik. Dabei kann man von einem regelrechten »Erziehungssystem der Rebe« sprechen. Im weiteren Sinne verstanden, umfaßt dieser Begriff alle Eingriffe des Menschen einschließlich der Bodenpflege und der Schutzmaßnahmen gegenüber Krankheiten. Im strengen Sinne jedoch bezeichnet er die Grundarbeiten, die den allgemeinen Aufbau des Weinbergs bestimmen, nämlich die Verteilung der Pflanzen (Zwischenraum, Dichte), Richtung der Rebzeilen (bedingt durch die Topographie

Unkrautvernichtungsmittel: Gefahr oder Segen?
Die Unkrautvernichtung mit chemischen Mitteln, die um 1955 vorsichtig begonnen wurde, hat die heutige Praxis der Bodenbearbeitung völlig verändert: Nach einer langen Versuchsperiode hat sich ein wachsender Teil des französischen Weinbaugebiets darauf umgestellt, auf Bodenarbeiten zu verzichten, was eine größere Wirtschaftlichkeit im Vergleich zu den traditionellen Anbaumethoden ermöglicht. Da die Rebe sehr empfindlich gegenüber den meisten Herbiziden ist, muß ihre Verwendung sorgfältig überdacht werden. Welche Unkrautvertilgungsmittel eingesetzt werden, hängt von den Pflanzen, die vernichtet werden sollen, der Bodenbeschaffenheit und der Niederschlagsmenge (Stärke und Verteilung) ab. Heute ist diese Methode lang genug erprobt, daß ihre Unschädlichkeit feststeht. Wenn die Vorschriften beachtet werden, sind auch keine Rückstände zu befürchten, weder im Boden noch im Wein. Man konnte auch keine schädlichen Folgen für die Rebe, ihre Produktivität oder ihre Lebensdauer nachweisen. Ganz im Gegenteil: Oft läßt sich eine Steigerung der Kraft beobachten, die auf eine bessere Versorgung des Rebstocks mit Wasser und Mineralien zurückzuführen ist, weil sich die Wurzeln in der oberen Bodenschicht stärker ausbreiten.

Aber man kann das Mikroklima für die Blätter und die Trauben hinsichtlich Licht und Wärme verbessern, indem man dem Laub eine »leierförmige« Gestalt gibt (zwei Spalierebenen). Auf diese Weise kann man auch von Reben mit geringer Pflanzungsdichte und großer Entfaltung Weine erhalten, die zumindest denen gleichkommen, die von den traditionell gezogenen Reben stammen. Es kommt in jeder Weinbauregion darauf an, daß man wirtschaftlich denkt und genau die Art des Erziehungssystems bestimmt, das sich am besten für die jeweiligen Bedingungen eignet.

Von der Rebe zum Wein

Du verbrennst im Faß einen Schwefelfaden, und dann schüttest du den Saft hinein. Danach heißt es nur noch warten. So lautete der Ratschlag, den eines Tages ein alter Bauer im Südwesten seinem Sohn gab, als dieser den Besitz übernahm. Bestimmt dachte der Sohn, daß er es besser machen könne. Und ohne die Reben zu verändern, gelang es ihm, den Wein zu verwandeln; denn die Weinbereitung ist zwar eine Kunst, aber sie ist auch eine genau festgelegte Technik, die sich auf modernste Wissenschaft stützt.

Reifes Lesegut

Alle guten Winzer wissen es seit langer Zeit: Finesse und typischer Charakter eines Weins beruhen in erster Linie auf der Qualität der Trauben, die vollkommen reif sein müssen. Der Verlauf der Reifung hängt zunächst von den klimatischen Bedingungen am Frühjahrsanfang ab, die den Beginn des Wachstums festlegen. Zwischen einem Jahr mit früher Reifung und einem Jahr mit später Reifung kann der zeitliche Unterschied mehr als zwanzig Tage betragen. Danach brauchen die Trauben eine relativ gleichbleibende Zeitspanne, um reif zu werden. Die Qualität der Reifung hängt auch von den klimatischen Bedingungen in den Monaten Juli bis September ab; die Voraussetzung ist ein warmes und trockenes Wetter. Die großen Jahrgänge sind in der Regel Jahre

Oben: Traditionelle Lesekörbe in Corton-Charlemagne.

mit früher Reife, in denen die Trauben lange, sonnenreiche Sommertage genießen können.

Jenseits der Folklore

Die amtliche Bekanntgabe des Weinlesebeginns ist heute zumeist Vorwand für folkloristische oder touristische Veranstaltungen, aber sie erinnert durch ihre Feierlichkeit daran, daß die genaue Wahl des Zeitpunktes schon immer eine Hauptsorge der Winzer war. Sie wurde lange Zeit getroffen, indem man das Aussehen der Beeren und ihre Süße abschätzte. Heutzutage ermöglicht die chemische Analyse eine größere Genauigkeit. In warmen Gegenden liefert eine zu vollständige Reifung fade und schwere Weine. In kühlen Landstrichen hingegen ist eine ausreichende Reife notwendig, damit die

Weine nicht hart und grün ausfallen. Der Zeitpunkt der Lese hängt auch vom Gesundheitszustand ab. Befallene Trauben können nicht nur mit einem fremdartigen Geschmack behaftet sein, sondern auch zu vorzeitigem Auslesen zwingen, um einen Ernteverlust zu vermeiden. Die Fortschritte, die beim Schutz des Weinbergs erzielt worden sind, haben aber

weiterhin notwendig, wenn ganze, unverletzte Trauben geerntet werden sollen, die von den verschiedenen Verunreinigungen (Blätter, Äste, Erdreich usw.) frei sind und eventuell aussortiert werden, um beschädigte Beeren zu entfernen. Das Traubengut muß rasch und unversehrt zu den Gärbehältern transportiert werden. Der Traubenvollernter, der die fröhlichen Heere der Erntehelfer ablöst, hat eine große Zukunft vor sich. Die Erntemaschine fährt über die Rebzeile hinweg und arbeitet dabei nach dem Schüttel- und Rüttelprinzip; bewegliche Glasfaserstäbe schlagen die Trauben ab, wenn der Rebstock passiert wird, und lassen die Trauben auf ein Förderband fallen. Nachdem die Trauben durch ein Gebläse gereinigt worden sind, das den größten Teil der Blätter entfernt, gelangen sie in den Sammelbehälter. Die Brutalität dieses Vorgangs ist nicht gerade günstig für die Qualität, insbesondere bei den Weißweinen. Die berühmten Crus, die empfindlicher auf die Auswirkungen der Technik reagieren, stehen dieser Lesemethode auch am zurück-

Rechts: Auffüllen des Gärbehälters (Beaujolais).
Erntemaschine: links die Rüttelvorrichtungen, die die Trauben abschütteln und auf ein Förderband fallenlassen, auf dem sie zu den Transportkübeln gelangen.

zur Verbesserung der Qualität der Weine beigetragen.
Die Lese, die lange Zeit mit der Hand vorgenommen wurde, wird in vielen Regionen immer stärker automatisiert. Das manuelle Pflücken ist aber

haltendsten gegenüber. Man kann jedoch bedeutsame Fortschritte in der Konzeption und der Funktionsweise dieser Maschinen verzeichnen. Zudem erlauben sie eine gewisse Nutzungsanpassung. Sie ermögli-

peratur (20°C bei Weißweinen, 25 bis 30°C bei Rotweinen) nicht überschreitet, weil eine höhere Temperatur seine Qualität beeinträchtigen könnte. Die Hefen befinden sich schon auf den Trauben und gelangen so mit dem Lesegut in den Gärbehälter. Es ist jedoch auch möglich, die natürliche Hefepopulation zu ergänzen oder durch spezielle Hefekultu-

schwerer Fehler (Erhöhung der flüchtigen Säure). Die Fortschritte der Önologie haben auf breiter Ebene zur Verbesserung der Qualität beigetragen, indem sie eine Beherrschung der Gärung ermöglichen.

Nach der alkoholischen Gärung tritt in gewissen Fällen ein zweites mikrobielles Phänomen auf, die malolaktische Gärung. Erst seit den sechziger

Kleine Gärbehälter aus Stahl für die getrennte Weinbereitung von Trauben unterschiedlicher Herkunft (Nuits-Saint-Georges).

chen es vor allem, den Lesevorgang zu unterbrechen und bei Wunsch wiederaufzunehmen, je nach dem, wie reif die verschiedenen Rebsorten, wie gesund die Trauben oder wie voll die Keller sind.

Die unterschiedliche Beschaffenheit der Trauben, die mit den klimatischen Schwankungen zusammenhängt, verleitet manchmal dazu, das Traubengut zu verbessern; besonders in einem Jahr mit ungenügender Reife liefern die Trauben, die nicht sehr zuckerreich sind, einen geringen Alkoholgehalt. Der Gesetzgeber gestattet unter sehr genau festgelegten Bedingungen die Chaptalisierung (Erhöhung des Zuckergehalts des Mostes durch Zusatz von Zucker). Zweifellos hat sich diese Praxis seit etwa zwanzig Jahren in einigen Weinbaugebieten allgemein durchgesetzt. Dennoch wird dieses Verfahren nicht dazu benutzt, um Weine mit höherem Alkoholgehalt zu erzeugen, sondern um regelmäßig den Alkoholgehalt zu erzielen, der unabhängig vom Klima die optimale Qualität garantiert.

Die Beherrschung der Gärprozesse

Man braucht Trauben nur zu zerquetschen, wenn man eine spontane Erhitzung, ein Aufwallen und das Verschwinden des süßen Geschmacks beobachten will. Diese Erscheinung hat die Menschen schon seit dem frühesten Altertum fasziniert. Es handelt sich dabei um die alkoholische Gärung, die dafür verantwortlich ist, daß aus den Trauben Wein entsteht.

Gärtanks mit großem Fassungsvermögen, wie sie in den Genossenschaftskellereien verwendet werden, ausgerüstet mit zahlreichen Apparaturen, insbesondere einem System für den automatischen Ablauf des Trester (Listrac).

Ein mikroskopisch kleiner Pilz, die Hefe, entwickelt sich, von der Luft abgeschlossen, und ernährt sich dabei vom Zucker. Dieser wird umgewandelt in Äthylalkohol und Kohlendioxid, das bei der Vinifizierung das spektakuläre Brodeln in den Gärbehältern hervorruft. Die Hefe bildet außerdem verschiedene Nebenprodukte (Glycerin, Säuren, höhere Alkohole, Ester), die am Aroma mitwirken, auch wenn sie nur in geringer Konzentration vorhanden sind.

Die alkoholische Gärung setzt Wärme frei, die zur Erhitzung der Gärbehälter führt. Eine Temperaturkontrolle ist unerläßlich. Manchmal kann eine Kühlung erforderlich sein, damit der Wein eine bestimmte Tem-

ren völlig zu ersetzen. Heute liefert der Handel Trockenhefen, die sehr leicht anzuwenden sind.

Die Umgebungsbedingungen sind nicht immer günstig, so daß die Gärung abbrechen und Restzucker zurücklassen kann, dessen Zersetzung durch Bakterien unter Umständen zum sogenannten »Essigstich« führt. Dieses Stichigwerden ist ein

Die Hefen (links) und die Milchsäurebakterien (rechts) sind die Mikroorganismen, die für die Umwandlung der Traube in Wein sorgen. Sie vermehren sich durch Sprossung und Zellteilung.

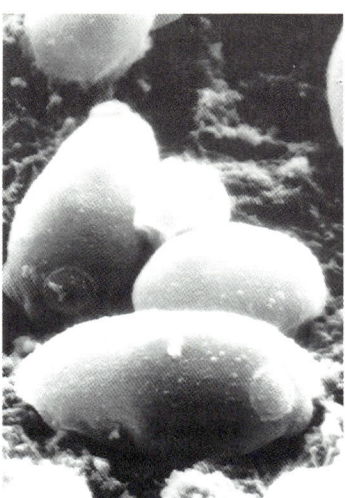

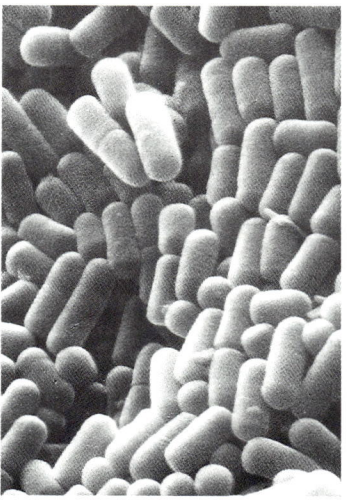

Jahren wird sie als Faktor zur Verbesserung der Qualität von Rotweinen anerkannt. Weniger offensichtlich ist ihre Nützlichkeit für Weißweine. Die malolaktische Gärung wird von Bakterien ausgelöst, die die Äpfelsäure zu Milchsäure und Kohlendioxid abbauen.

Die Folge ist eine Verringerung des Säuregehalts, wodurch der Wein weicher wird; gleichzeitig kann man eine Verfeinerung und eine größere Vielfalt des Aromas beobachten. Zusätzlich erwirbt der Wein eine bessere biologische Stabilität für seine Lagerung. Man kann nur hoffen, daß diese Gärung nicht in der Flasche auftritt, denn dann würde sie einen sehr schweren Fehler darstellen.

Trotz der wissenschaftlichen Arbeit, die in den letzten Jahren geleistet wurde, bleibt die Beherrschung dieser zweiten Gärung weiterhin schwierig. Versuche einer Impfung mit industriell vermehrten Bakterienstämmen sind schon seit langem unternommen worden. Aber sie werfen noch theoretische Probleme auf, deren Lösung man in einer nahen Zukunft zu finden hoffen darf.

Wenn die Gärprozesse beendet sind, müssen die Weine zuletzt stabilisiert werden; dies geschieht dadurch, daß man die verschiedenen Bakterien mit Hilfe einer Klärung (Umpumpen, Schönen, Filtration, Zentrifugierung) entfernt, sie mittels Hitze abtötet (Pasteurisierung), ein keimtötendes Mittel (schweflige Säure) hinzugibt oder mehrere dieser Methoden kombiniert.

Die Rotweinbereitung

Was das Aussehen, das Aroma und den Geschmack betrifft, so zeugt das Vokabular der Weinprobe durch seine Reichhaltigkeit von der Komplexität der Rotweine. Die Farbe und die Tannine, die für sie charakteristisch sind, erhält man bei der Gärung des Traubensafts durch Vermaischung der festen Teile der Traube (Hülse, Kerne und eventuell Stiele). Je nach Weintyp ist diese Extraktion mehr oder weniger vollständig. Die großen lagerfähigen Weine erfordern eine intensive Maischegärung, so daß sie die für eine gute Alterung notwendige Tanninhaltigkeit

erwerben können, ohne adstringierend oder übermäßig bitter zu werden; Voraussetzung dafür sind aber stets erstklassige Trauben. Bei Trauben von geringerer Qualität ist es empfehlenswert, die Finesse zu betonen, indem man durch eine weniger intensive Vermaischung leichtere Weine herstellt.

Die klassische Weinbereitung

Die Rotweinbereitung umfaßt eine Reihe von Arbeitsvorgängen, die heute ebenso wie der Transport des Leseguts mechanisiert sind. Bei der Ankunft im Gärkeller werden die Trauben in besondere Traubenmühlen geschüttet, in denen sie von den Stielen befreit werden; die Arbeitsweise und die Größe dieser Keltern hängen vom Typ und von der Menge des Leseguts ab. Die Entrappung bietet viele Vorteile: Sie verringert das für die Vergärung notwendige Volumen der Gärbehälter und verhindert, daß der Stiel dem Wein seine Gerbstoffe mitgibt, die oft eine ziemlich starke Adstringenz besitzen. Nach einer leichten Schwefelung (als Schutz gegen Oxidation und schädliche Mikroorganismen) gelangt das Traubengut in den Behälter, wo die Gärung stattfindet. Diese wird ausgelöst durch die von Natur aus auf den Trauben vorhandenen Hefen oder durch Impfung mit Reinzuchthefen. Sobald der Gärprozeß einsetzt, drückt die Kohlensäure alle festen Teilchen nach oben, wo sie eine kompakte Masse, den sogenannten »Tresterhut«, bilden. Die vollständige Vergärung des Zuckers dauert im allgemeinen fünf bis acht Tage. Sie wird durch die Zufuhr von Luftsauerstoff begünstigt, der für das Wachstum der Hefen notwendig ist. Ein guter Ablauf der Gärung setzt auch eine Überwachung der Temperatur voraus, die unter 30°C gehalten werden muß, damit die Hefen nicht absterben. Die modernsten Gärbehälter aus rostfreiem Edelstahl verfügen über ein integriertes System zur Wärmeregulierung, das automa-

tisch funktioniert. Bei älteren Geräten muß der Winzer die Temperaturentwicklung ständig kontrollieren und manuell für Kühlung sorgen. Verschiedene Methoden erlauben es im Laufe der Gärung, die Intensität der Vermaischung zu verändern; diese ist eine der entscheidenden Phasen bei der Herstellung des Weins, weil sie schwerwiegende Konsequenzen für seine künftige Beschaffenheit hat. Um das bestmögliche Resultat zu erhalten, besteht die Kunst und Fähigkeit des Winzers darin, die Temperatur zu regulieren, den Tresterhut an der Oberfläche

wieder unterzustoßen und die Gärdauer zu bestimmen, die zwischen drei bis vier Tagen bei Tafelweinen und mehr als zwanzig bei Grands Crus liegen muß. Danach folgt der Abstich des Gärbehälters, wobei der Saft, der sogenannte »Vorlaufwein«, vom Trester getrennt wird. Durch Abpressen liefert der Trester den

Nachdruck oder Scheitermost, der später mit dem Vorlaufwein vermischt wird; Grundlage dafür sind geschmackliche und analytische Kriterien.
Vorlaufwein und Preßwein werden dann getrennt wieder in Gärbehälter

Oben links: Entrappen des Traubenguts (Aloxe-Corton).
Oben rechts: Die Weinlager des Château Pontet-Canet.
Links: Weinlese in Gaillac.
Unten: Die Kellerei Joseph Drouhin in Beaune.

gefüllt, um die abschließende Vergärung (Ende der alkoholischen Gärung und malolaktische Gärung) zu durchlaufen, die zur Auflösung des Restzuckers und der Apfelsäure führt. Diese Maßnahmen bezeichnen das Ende der Weinbereitung im eigentlichen Sinne; sie erfordern eine konstante Temperatur des Weinkellers von 18 bis 20°C, bis der Zucker und die Apfelsäure vollständig abgebaut sind, und genaue analytische Kontrollen.

Wärmebehandlung des Weins und Kohlensäuremaischung

Das oben beschriebene klassische Schema ist zwar die am weitesten verbreitete Art der Weinbereitung, aber sie ist nicht die einzige. Andere Methoden können verwendet werden. Man kann die Farbstoffe extrahieren, indem das gekelterte Maischegut erhitzt wird: Dabei trennt man den Saft und die festen Teile durch Abpressen vor der Gärung. Diese als Thermovinifizierung bezeichnete Technik bietet wirtschaftliche Vorteile, vor allem, weil sie sich für eine Automatisierung der Arbeit eignet. Bei der Kohlensäuremaischung, die Ähnlichkeit mit der traditionell im Beaujolais praktizierten Weinbereitung hat, werden unverletzte Trauben (in einem mit Kohlendioxid angefüllten Gärbehälter) teilweise vergoren, wodurch ein sehr spezifisches Aroma entsteht. Die Trauben dürfen vorher nicht gekeltert werden. Nach der Kohlensäuremaischung, die zehn bis zwanzig Tage dauert, und dem Abstich des Gärbehälters werden Vorlauf- und Preßwein vermischt, um eine klassische alkoholische Gärung zu durchlaufen.

Der Gärkeller des Château de Corcelles.

Wenn diese Technik der Weinbereitung bei Rebsorten angewendet wird, die keinen besonders typischen Charakter besitzen, gibt sie gute Ergebnisse. Die auf diese Weise erzeugten Weine sind mild und durch ein

Herstellung der Eichenholzfässer: Biegen der Dauben im Feuer.

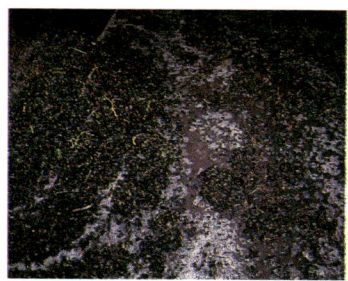

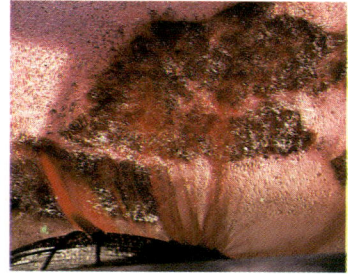

charakteristisches Aroma gekennzeichnet, das mitunter das primäre Aroma der Traubensorte übertönen kann. Sie sind für keine lange Flaschenlagerung bestimmt.

Der Ausbau

Nachdem die Weinbereitung beendet ist, braucht der junge Wein, der herb, trüb und reich an Kohlensäure ist, noch eine gewisse Zeit des Ausbaus, bis er endgültig auf Flaschen abgefüllt wird. Die Dauer dieser Phase hängt vom Weintyp ab: Bei den Primeur-Weinen ist sie nicht länger als ein paar Wochen oder sogar nur einige Tage; die großen lagerfähigen Weine werden zwei Jahre und manchmal noch länger ausgebaut.

Der Ausbau des jungen Weins be-

ginnt mit der Klärung, deren Aufgabe es ist, den Wein vom Trub zu befreien, so daß seine Farbe klar ist; das geschieht entweder durch einfache Ablagerung und Absetzenlassen (Umpumpen) oder durch physikalische Mittel (Filtrieren und Zentrifugieren).

Der neue Wein muß auch seine übermäßige Kohlensäure abgeben, die von der Gärung herrührt; zu diesem

Unten links: Ein mit frischen Trauben gefüllter Gärbehälter vor Beginn der Gärung.
Unten rechts: Abkühlung eines Gärbehälters aus Edelstahl.
Darunter: Zwei Verfahren zum Umpumpen des in Gärung befindlichen Mostes, um die Entsaftung des Trester zu fördern.

Zweck wird er abgezogen und im Kontakt mit der Luft umgefüllt. Die Regulierung des Kohlensäuregehalts richtete sich nach dem Stil des Weins; Kohlensäure verleiht den jungen tanninarmen Weinen (beispielsweise trockenen Weißweinen) Frische, während sie die lagerfähigen Rotweine hart macht.

Das Eichenholzfaß, ein notwendiger Luxus

Der Tradition nach soll der Ausbau großer Rotweine im Eichenholzfaß vor sich gehen. Dessen Zweckmäßigkeit ist auch unbestritten. Die Qualität des neuen Weins, der in Eichenholzfässern mit geringem Fassungsvermögen lagert, entwickelt sich rascher und besser, als wenn der gleiche Wein in großen Gärbehältern oder Stahltanks reift. Aber nach einer zu langen Lagerung ist die geschmackliche Überlegenheit des Weins nicht immer deutlich zu erkennen. Es können nämlich eine gewisse Magerkeit sowie unter Umständen auch Geruchsfehler auftreten, wenn die Lagerung nicht gut durchgeführt wurde, insbesondere in alten, schlecht gepflegten Fässern.

Der Hauptvorteil des Eichenholzfasses, vor allem bei neuem Holz, liegt darin, daß es den Weinen ein Vanillearoma verleiht, das perfekt mit dem Aroma der Trauben harmoniert. Das spürt man ganz besonders bei dem berühmten Eichenholz aus dem Departement Allier (Wald von Tronçais). Aber damit das Holz seine Wirkung auf den Wein ausüben kann, muß es vor seiner Verwendung unbedingt drei Jahre lang an der Luft trocknen; eine schnelle Trocknung im Trockenofen überträgt kein so feines Aroma.

Der Ausbau im Faß duldet keine Unzulänglichkeiten. Die Anschaffungskosten sind hoch: aufgrund des Preises für die Fässer ebenso wie wegen der Handarbeit, die dazu erforderlich ist. Die Verdunstung führt außerdem beim Wein zu einem Schwund.

Man muß den Holzton beim Wein auch unbedingt richtig dosieren, damit er nicht zu aufdringlich erscheint. Trotz aller Probleme, die dieser Ausbautyp aufwirft, bleibt er eine Notwendigkeit für sehr große Rotweine, die nur so ihre Qualitäten vollkommen zum Ausdruck bringen können.

Die Roséweinbereitung

Die Roséweine sind zwar eine Zwischenstufe zwischen Rot- und Weißweinen, aber sie entstehen nie aus einer Mischung dieser Weine, denn der Gesetzgeber untersagt eine solche Praxis. Es gibt verschiedene Typen von Roséweinen, deren Farbe ein wesentliches Element für ihre Beurteilung ist. Die Roséweine sind das Ergebnis einer besonderen Weinbereitung, wobei es zwei Varianten gibt. Die »Roséweine, die durch Weißweinbereitung entstehen«, werden durch unmittelbares Abpressen aus dunklen Trauben erzeugt. Danach verläuft die Arbeit genau wie bei der Herstellung von Weißweinen. Die »Roséweine, die durch partielle Maischegärung entstehen«, erhält man durch Abstich von der Rotweinmaische. Der Gärbehälter wird wie bei Rotweinbereitung aufgefüllt. Mit dem Gärbeginn steigt der Trester nach oben. Wenn die Farbe ausreichend ist, läßt man einen Teil des Safts ablaufen, der dann vom Trester getrennt weiter vergoren wird.

Die Weißweinbereitung

Die Weißweine haben zu allen Zeiten so manchen Dichter inspiriert; sie wurden je nach poetischer Einfallskraft mit Kristall, Gold, der Sonne oder Blumen verglichen. Außerdem besitzen sie eine große Vielfalt, die gerade den Reiz ihrer Verkostung ausmacht. Jedem von ihnen entsprechen eine besondere Qualität des Traubenguts und eine spezielle Technik der Weinbereitung.

Die trockenen Weißweine

Am häufigsten ist der Weißwein das Ergebnis einer Vergärung von reinem Traubensaft; das Abpressen geht der Gärung voraus. Auf diese Weise sucht man zu verhindern, daß sich die bitteren und adstringierenden Stoffe der festen Teile der Traube ausbreiten. Aber die Hülsen sind auch reich

Die Filtration der Weißweine ist notwendig, damit sie ihr Strahlen erhalten. Sie geschieht auf Infusorienerde (oben) oder auf Platten (unten).

an Aromastoffen, insbesondere bei erstklassigen Trauben. Deshalb strebt man in einigen Fällen eine kurze Maischeangärung der Schalen vor der eigentlichen Gärung an, um den Hülsen ihr Aroma zu entziehen, wobei man jedoch Geschmacks- und Geruchsfehler vermeidet.

Die Entsaftung wird mit größtmöglicher Sorgfalt vorgenommen; die Traubenmaische wird gekeltert, der Saft läuft ab oder wird abgepreßt. Die Moste, die man bei den letzten Pressungen erhält, werden getrennt vergoren, weil sie Weine von minderer Qualität liefern. Während all dieser Arbeitsvorgänge muß übermäßiger Kontakt mit dem Luftsauerstoff vermieden werden, denn der weiße Most ist sehr empfindlich gegenüber Oxidation.

Die Qualität der Weißweine beruht neben dem Primäraroma der Traube, das den verschiedenen Weinen ihren typischen Charakter gibt, auch auf dem bei der Vergärung entstehenden Aroma (Ester). Seine Bildung wird begünstigt, wenn die Hefen einen reinen Saft bei relativ niedriger Temperatur (höchstens 20°C) vergären. Der frisch gekelterte Most wird deshalb vorgeklärt: durch Absetzenlassen und Ablassen vom Trub (Entschleimung), eventuell auch durch Zentrifugierung oder Filtration. Überdies muß der Gärbehälter während der gesamten Dauer der Vergärung ständig gekühlt werden, damit die Temperatur unter 20°C bleibt.

Die meisten Weißweine werden heute in Metalltanks vergoren. Einige Weine von hohem Ansehen gären jedoch wie früher in Eichenholzfässern, vorzugsweise neuen. Diese Methode hat (bei kleinen Fässern) vor allem den Vorteil, den Austausch zwischen Hefen und Wein zu fördern, was wiederum dazu beiträgt, daß diese hochklassigen Weine ihren ganz besonderen Charakter gewinnen.

Häufig ist die Weinbereitung beendet, wenn die alkoholische Gärung abgeschlossen ist: Die malolaktische Gärung wird nicht generell angestrebt. Weißweine vertragen nämlich recht gut eine gewisse säuerliche Frische; zudem kann die zweite Gärung das typische Aroma der Rebsorte beeinträchtigen. Den großen Weinen, die im Faß ausgebaut werden und für eine lange Alterung bestimmt sind, gibt sie jedoch Fett und Volumen. Außerdem sorgt sie auch für eine biologische Stabilisierung.

Die süßen Weine

Die Herstellung von süßen Weinen setzt zuckerreiche Trauben voraus. Ein Teil des Zuckers wird in Alkohol umgewandelt, aber die Gärung wird vor ihrem Abschluß durch Schwefelzusatz oder Herausfiltern der Hefen gestoppt.

Viele süße Weine sind besonders reich an Alkohol (13 bis 16°) und Zucker (50 bis 100 g/l). Man benö-

tigt somit sehr reife Trauben. Diese Konzentration erhält man durch die »Edelfäule«, die mit der Ausbreitung von *Botrytis cinerea,* einem klassischen Fäulnispilz, zusammenhängt. In einer besonderen Umgebung (am Morgen Feuchtigkeit, tagsüber Sonnenschein) kann er sich auf einer

Links: Die Überwachung des Weins im hölzernen Barrique-Faß (Entre-Deux-Mers).
Unten: Von der Edelfäule befallene Traube.

vollreifen Traube entwickeln, ohne daß die Beerenhaut aufplatzt, d. h. die Traube wird nicht beschädigt. Wenn der Pilz die Hülse zersetzt hat, verhält sich die Beere wie ein Schwamm und verliert durch Verdunstung an Wasser. Aber die biologischen Veränderungen sind tiefgehend und mit einer Verbesserung der Qualität verbunden: Insbesondere ist der Zucker viel konzentrierter als die Säure; daneben kommt ein spezifisches Aroma zum Vorschein. Da die Entwicklung des Pilzes stufenweise verläuft, muß die Lese mehrmals durchgeführt werden, wobei die Trauben jeweils aussortiert werden.

Dieser Weinbereitungstyp setzt das Zusammentreffen natürlicher Faktoren voraus, wie sie nur selten in einer Region gegeben sind. Die großen Jahrgänge sind außergewöhnlich. Sie tragen dann aber mit zum Ansehen bei, daß diese Weine zu Recht genießen. Aber ihre Erzeugung ist sehr aufwendig, sowohl wegen der dafür notwendigen Arbeit wie auch aufgrund der geringen Erntemenge.

Der Champagner

In der Palette der Weißweine nimmt der Champagner einen besonderen Platz ein. Die Berühmtheit des Champagners ist sicherlich zuallererst der Finesse seines Aromas und seinem harmonischen Geschmack zu verdanken. Aber allein schon der Anblick dieses Weins, der im Glas so herrlich perlt, läßt eine festliche Stimmung aufkommen.

Die Reputation der Weine aus der Champagne hat zahlreiche andere Regionen dazu angeregt, nach ähnlichen Prinzipien Weine herzustellen, die als »Schaumweine« bezeichnet werden. In allen Fällen rührt die freiwerdende Kohlensäure (die für die Bläschen verantwortlich ist) von einer zweiten Gärung, der sogenannten Schaumaufnahme, her.

Bei der »Méthode Champenoise« findet diese in der endgültigen Flasche statt, die dem Verbraucher geliefert wird. Geschieht dieser Vorgang im Gärbehälter, bevor der

Wein auf Flaschen abgezogen wird, so spricht man von einem Schaumwein, der nach dem »Großraum-Gärverfahren« *(en cuve clos)* hergestellt worden ist. In Champagner- und Schaumweinflaschen ganz allgemein herrscht ein Kohlensäuredruck von sechs Bar, während die Perlweine weniger Kohlendioxid enthalten.

Die Vorbereitung der Grundweine erfordert viel Sorgfalt, zumal man den Weißwein häufig aus dunklen Trauben erzeugt. Nach der ersten alkoholischen Gärung wird aus Gründen der Stabilisierung generell die malolaktische Gärung angestrebt. Die Mischung einer Cuvée basiert hauptsächlich auf der Degustation; sie richtet sich nach dem Champagnertyp, den man herstellen will. Dabei werden Weine verschiedener

Rebsorten und Lagen verwendet; teilweise zieht man auch ältere Weine heran.

Wenn die Cuvée stabilisiert ist, gibt man Tirage-Likör hinzu: eine Mischung aus Zucker (25 g pro Liter), Hefen und Fermentierungszusätzen. Der Wein wird auf Flaschen abgezogen, die mit Kronkorken verschlossen werden. Diese Flaschen werden liegend auf Latten in Weinkellern gelagert. Die zweite Gärung verläuft langsam; bei niedriger Temperatur (10 bis 12°C) braucht sie mehrere Wochen bis Monate. Danach muß der Wein ein oder mehrere Jahre auf seinem Hefedepot reifen, damit er vom Austausch zwischen Hefe und Wein profitiert.

Um das Hefedepot zu entfernen, werden die Flaschen zunächst in Rüt-

telpulte gestellt, mit dem Hals nach unten. Durch die Rüttelbewegung rutschen die Ablagerungen allmählich zum Korken hin. Zur Zeit werden verschiedene Methoden entwickelt, um dieses Verfahren zu vereinfachen (automatische Apparaturen und Verwendung von Hefen in Gelkugeln, die sich wesentlich leichter absetzen).

Das auf diese Weise angesammelte Depot wird entfernt, indem man den Flaschenhals einfriert; dadurch werden Hefeablagerungen in einen Eispfropfen eingeschlossen. Man kann die Flasche mit dem sogenannten »Versandlikör« wieder auffüllen, der von diesem Wein vorbereitet worden ist. Diese Dosage enthält bestimmte Zusätze, um die Lagerfähigkeit zu verbessern; außerdem kann man damit den Zuckergehalt regulieren, der zwischen 8 und 12 Gramm pro Liter (brut) bzw. zwischen 35 und 45 Gramm pro Liter (demi-sec) liegt. Zum Schluß wird die Flasche mit dem endgültigen Korken verschlossen.

Oben: Eine Traubenpresse in der Champagne (Ecueil). – Unten: Die Zentrifuge ist eine der Vorrichtungen zur Klärung des Mostes. – Links: Das heikle Verfahren des Verschneidens ist mitentscheidend für den Charakter des Champagner.

Die Dessert- oder Likörweine (Vins Doux Naturels)

Die (weißen und roten) Dessertweine, die hauptsächlich im Roussillon hergestellt werden, stammen von Trauben, deren natürlicher Zuckergehalt höher als 252 g Zucker pro Liter sein muß (was 14° natürlichem Alkoholgehalt entspricht). Der Gärprozeß wird durch Zusatz von Alkohol (Endgehalt 15 bis 16°) gestoppt, damit ein Teil des Traubenzuckers erhalten bleibt (70 bis 125 g pro Liter). Wird der Wein ohne Vermaischung bereitet, kann man relativ leichte weiße Dessertweine erzeugen, die nicht oxidiert sind und oft jung getrunken werden müssen, vor allem die Muscat-Weine. Die Weinbereitung mit Vermaischung der Hülsen führt zu aromareicheren Weinen und zu roten Dessertweinen, die vollständiger sind und sich somit für eine Alterung eignen. Diese Alterung kann im Faß einige Jahre dauern, bis die Weine ihre optimale Qualität entfalten.

Der Ausbau und die Lagerung

Dieser Gleiszeller ist acht Jahre alt, ich habe ihn selbst an der Côte gekauft. Jetzt muß er ziemlich abgelagert sein. In acht Tagen sage ich dem Küfer Schweyer Bescheid, daß wir uns zusammensetzen. Und dieser Steinberg da ist elf Jahre alt. Er hat sich eine Krankheit geholt, er ist dickflüssig geworden. Aber das sollte sich gegeben haben, wir werden es bald erfahren. Ach, da ist ja mein Forstheimer vom letzten Jahr, den ich mit Eiweiß geschönt habe. Ich muß ihn trotzdem überprüfen. Doch heute will ich meinen Mund nicht verwöhnen. Morgen oder übermorgen ist es so weit.

Immer achtsam

Acht Jahre Wartezeit, bis der Wein stabilisiert ist, ehe man ihn auf Flaschen abzieht! Über die Arbeitsmethoden unseres Freundes Fritz, des Helden im großen elsässischen Heimatroman des letzten Jahrhunderts, können wir heute nur mehr lächeln, so große Fortschritte hat die Önologie seitdem gemacht. Aber sie machen recht deutlich, wieviel Interesse der Arbeit am Wein schon immer entgegengebracht wurde. Sie erin-

Weinsteinablagerungen in einem Gärbehälter: Die Komplexität des Weins ist für ganz natürliche Trübungen und Ablagerungen verantwortlich. Behandlungsmethoden müssen eingesetzt werden, damit sie nicht in der Flasche auftreten.

nern auch daran, daß der Anteil des Menschen an der Weinbereitung nicht mit dem Ende der Gärung abgeschlossen ist. Denn wenn der Traubensaft dann zu Wein geworden ist, gleichgültig, ob es sich um einen roten oder um einen weißen handelt,

verlangt er zahlreiche Behandlungen und fortwährende Aufmerksamkeit, bevor man ihn auf Flaschen abziehen und verkaufen kann. Die erfahrenen Konsumenten wissen es sehr wohl, nämlich diejenigen, die zu Recht beim Einkauf einen Wein suchen, der im Aussehen klar und strahlend ist. Die Klarheit kann man dadurch erreichen, daß man den Wein längere Zeit in Behältern mit geringem Fassungsvermögen lagert; regelmäßiges Umfüllen ermöglicht es, nach und nach die Teilchen zu entfernen, die sich absetzen. Bei Weinen, die jung getrunken werden sollen, insbesondere wenn sie in großen Gärbehältern aufbewahrt werden, reicht das Umpumpen nicht aus. Man muß dann physikalische Methoden anwenden, wie etwa die Zentrifugierung oder die Filtration.

Aber es genügt nicht, einen klaren Wein zu erreichen. Man muß sich auch vergewissern, daß er stabil ist. Da an seiner Herstellung lebende Zellen (Trauben, Hefen, Bakterien) beteiligt sind, besitzt der Wein eine sehr komplexe Zusammensetzung. Seine verschiedenen Bestandteile können untereinander reagieren, durch das Zusammenspiel chemischer Wirkungsmechanismen, die sehr kompliziert sind. Die Folgen dieser natürlichen Phänomene können Trübungen und Ablagerungen sein.

Diese verschiedenen Fehler sind ganz natürlich und nicht sehr schwerwiegend, wenn sie im Holzfaß oder im Gärbehälter auftreten, aber sie werden extrem schlimm, falls sie in der Flasche vorkommen. Die Qualität des Weins an sich wird zwar nicht zwangsläufig beeinträchtigt, doch

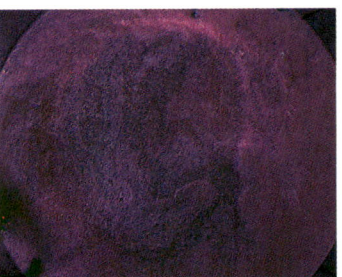

Schönung mit Eiweiß.
Darüber: Ein Weinlager für die Alterung im ersten Jahr nach der Lese: Mouton-Rothschild

man muß die Flaschen wieder aufmachen, den Wein in die Gärbehälter zurückfüllen und ihn erneut klären, bevor man ihn wieder auf Flaschen abziehen kann. Es ist daher wichtig, daß die Stabilisierung vor der Abfüllung erreicht ist. Glücklicherweise kann man heute die Fehler frühzeitig erkennen; außerdem kennt man Behandlungsmethoden, um sie zu vermeiden.

Auch wenn der Alkohol und die Säure dazu beitragen, den Wein mikrobiologisch ziemlich stabil zu machen, kann es doch geschehen, daß sich unter bestimmten Voraussetzungen Mikroorganismen entwickeln. Diese rufen dann bakterielle Krankheiten hervor, von denen einige die Qualität dauerhaft schädigen können. Ausführlich beschrieben wurden sie erstmals von Pasteur. Die flüchtige Säure verrät, in welchem Maße sich die Bakterien ausgebreitet haben. Aus diesem Grund wird vom Gesetzgeber ein Grenzwert für flüchtige Säuren festgesetzt. Die Verhütung solcher Fehler erfordert besondere Sauberkeit, um Mikroben fernzuhalten; außerdem müssen die Behälter ganz gefüllt sein (Nachfüllen), damit kein Sauerstoff hinzutreten kann. Man verfügt auf diesem Gebiet über ein wirksames keimtötendes Mittel: die Schwefelung.

Die Schönung

Die Schönung, die im 18. Jahrhundert aufgekommen ist, hat eine zweifache Wirkung: Klärung und vor allem Stabilisierung. Sie besteht darin, daß man dem Wein einen Eiweißstoff (Hühnereiweiß, Gelatine) zusetzt, der ausflockt und die in Suspension befindlichen Teilchen, die den Wein später trüben können, mit zu Boden reißt. Die Schönung von Rotweinen ist unerläßlich, um zu verhindern, daß übermäßig viele Farbstoffe ausflocken und sich in der Flasche ablagern. Bei Weißweinen vermeidet man die Ausflockung der natürlichen Eiweißstoffe, indem man Betonit verwendet, eine feinpulvrige Tonerde, die das Eiweiß an sich bindet und so absorbiert.

Die Flaschenabfüllung

Bei sorgsamer Behandlung und Kontrolle ist der Wein nun bereit, um abgezogen zu werden. Während man bei den gewöhnlichen Weinen verschiedene Materialien und Formen (Plastikbehälter mit 10 bis 20 Liter Inhalt, Pappkartons usw.) verwenden kann, machen die großen Weine eine Abfüllung in Glasflaschen notwendig. Jede Region hat sich für besondere Modelle entschieden, deren Fassungsvermögen sehr unterschiedlich ist und von der Fillette-Flasche von Anjou (Halbflasche mit 35 cl Inhalt) bis zur berühmten Nebukadnezar-Flasche (16 l) reicht.

Aber in den meisten Fällen liegt der Inhalt zwischen 72 und 80 cl, wobei deutlich Flaschen mit 75 cl bevorzugt werden. Dieses Fassungsvermögen soll die Alterung am meisten begünstigen; größere Flaschen (Magnumflaschen mit 1,5 l und mehr) lassen den Wein angeblich langsamer reifen, während Halbflaschen eine zu rasche Entwicklung bewirken würden.

Wie dem auch sei, die Flaschenabfüllung verlangt viel Sorgfalt und Sauberkeit. Man muß vermeiden, daß der vollkommen geklärte Wein bei dieser Prozedur, die oft ziemlich schnell durchgeführt wird, wieder verschmutzt wird.

Ist schon die Wahl des Materials bei der Flasche wichtig, so gilt das noch

mehr für den Verschluß. Aus Kostengründen werden für die Tafelweine zunehmend Metall- oder Plastikverschlüsse verwendet. Aber für die großen lagerfähigen Weine bleibt das bevorzugte Material der Korken aus der Rinde der Korkeiche.

Er kann zwar zwei Arten von Nachteilen mit sich bringen: »leckende Flaschen« und »Korkgeschmack«, doch das sind Fehler, die die moderne Technik immer seltener macht und dem Korken nichts von seinen Qualitäten wegnehmen. Dank seiner hohen Anpassungsfähigkeit garantiert der Korken luftdichten Verschluß, ohne daß zum Herausziehen übermäßiger Kraftaufwand erforderlich wäre; außerdem läßt er die Kohlensäure nicht entweichen. Da er jedoch aus einem Material besteht, das im Laufe der Zeit zerfällt, empfiehlt es sich, Korkverschlüsse alle fünfundzwanzig Jahre auszuwechseln.

Verschiedene Flaschentypen: halbe Flasche, 0,75 l-Flasche, Magnum, Doppelmagnum und Jeroboam.

Die Geheimnisse der Alterung

Der Ausdruck »Alterung« ist speziell den langsamen Umwandlungsprozessen des Weins vorbehalten, der in Flaschen gelagert wird, geschützt gegen den Luftsauerstoff. Der Korken ist vollkommen dicht, so daß der Wein nicht »atmen« kann.

Die Alterungsfähigkeit ist ein Merkmal der großen Weine. Die Veränderungsprozesse des Weins in der Flasche sind vielfältig und komplex. Die offensichtlichste Veränderung betrifft die Farbe. Besonders deutlich zeigt sich das im Falle der Rotweine: Von einem frischen Rot bei jungen Weinen entwickelt sie sich bei den alten Weinen zu gelblicheren Tönen hin, die an die Farbe von Ziegelstei-

nen erinnern. So erklärt sich auch der Ausdruck »ziegelrot«, den die Weinprüfer gern verwenden, um das Aussehen von Rotweinen nach ein etlichen Jahren Alterung zu charakterisieren.

Bei sehr alten Weinen verschwindet die rote Färbung vollständig; Gelb und Kastanienbraun werden zu den vorherrschenden Farbtönen.

Im Laufe der Alterung entwickelt sich das Aroma, während ein für den alten Wein charakteristisches »Bukett« zum Vorschein kommt. Obwohl man das Ergebnis feststellen und beurteilen kann, muß man doch anerkennen, daß der Wein hierbei sein Geheimnis zu bewahren weiß; die chemischen Grundlagen dieser sehr komplexen Umwandlungsprozesse bleiben noch im dunkeln.

Eine gute Alterung setzt gute Bedingungen für die Lagerung der Flaschen voraus. Sie müssen zunächst einmal liegend aufbewahrt werden, um die Undurchlässigkeit des Korkens sicherzustellen.

Das wiederum macht eine ausreichende Feuchtigkeit des Kellers notwendig (mindestens 50%). Eine höhere Luftfeuchtigkeit (die teilweise bis 100% gehen kann) kann gelegentlich die Vermehrung von Würmern im Korken begünstigen und führt allgemein zu einer Beeinträchtigung der Etiketten und der Verpackung.

Die Temperatur muß ebenfalls reguliert sein. Die äußersten Grenzwerte sind 8 und 15°C. Bei einer tieferen Temperatur verläuft die Entwicklung zu langsam, bei einer höheren altert der Wein vorzeitig. Noch schädlicher als Wärme sind die erheblichen Temperaturunterschiede zwischen Sommer und Winter, weil sie bewirken, daß sich der Wein immer wieder ausdehnt und zusammenzieht.

Ebenso ist das Licht ein Feind des Weins. Das erklärt auch die Verwendung von Flaschen mit gefärbtem Glas, das als Lichtfilter dient, und warum man Weinkeller ständig dunkel hält.

Die Alterung des Weins stellt gewisse Ansprüche. Aber die Organisierung und die Verwaltung eines privaten Weinkellers können zu einem Quell der Freude und der Befriedigung der persönlichen Bedürfnisse werden, die bei weitem die Kosten und den Zeitaufwand aufwiegen.

Flaschenabfüllung in einer modernen Genossenschaft: Cellier des Samsons im Beaujolais.

Bewertung der Jahrgänge

	Bordeaux R	Bordeaux W Süßwein	Bordeaux W trocken	Bour-gogne R	Bour-gogne W	Cham-pagne	Loire	Rhône	Alsace
1900	19	19	17	13		17			
1901	11	14							
1902									
1903	14	7	11						
1904	15	17		16		19		18	
1905	14	12							
1906	16	16		19	18				
1907	12	10		15					
1908	13	16							
1909	10	7							
1910									
1911	14	14		19	19	20	19	19	
1912	10	11							
1913	7	7							
1914	13	15				18			
1915		16		16	15	15	12	15	
1916	15	15		13	11	12	11	10	
1917	14	16		11	11	13	12	9	
1918	16	12		13	12	12	11	14	
1919	15	10		18	18	15	18	15	15
1920	17	16		13	14	14	11	13	10
1921	16	20		16	20	20	20	13	20
1922	9	11		9	16	4	7	6	4
1923	12	13		16	18	17	18	18	14
1924	15	16		13	14	11	14	17	11
1925	6	11		6	5	3	4	8	6
1926	16	17		16	16	15	13	13	14
1927	7	14		7	5	5	3	4	
1928	19	17		18	20	20	17	17	17
1929	20	20		20	19	19	18	19	18

	Bordeaux R	Bordeaux W Süßwein	Bordeaux W trocken	Bour-gogne R	Bour-gogne W	Cham-pagne	Loire	Rhône	Alsace
1930							3	4	3
1931	2	2		2	3		3	5	3
1932			2		3	3	3	3	7
1933	11	9		16	18	16	17	17	15
1934	17	17		17	18	17	16	17	16
1935	7	12		13	16	10	15	5	14
1936	7	11		9	10	9	12	13	9
1937	16	20		18	18	18	16	17	17
1938	8	12		14	10	10	12	8	9
1939	11	16		9	9	9	10	8	3
1940	13	12		12	8	8	11	5	10
1941	12	10		9	12	10	7	5	5
1942	12	16		14	12	16	11	14	14
1943	15	17		17	16	17	13	17	16
1944	13	11	12	10	10		6	8	4
1945	20	20	18	20	18	20	19	18	20
1946	14	9	10	10	13	10	12	17	9
1947	18	20	18	18	18	18	20	18	17
1948	16	16	16	10	14	11	12		15
1949	19	20	18	20	18	17	16	17	19
1950	13	18	16	11	19	16	14	15	14
1951	8	6	6	7	6	7	7	8	8
1952	16	16	16	16	18	16	15	16	14
1953	19	17	16	18	17	17	18	14	18
1954	10			14	11	15	9	13	9
1955	16	19	18	15	18	19	16	15	17
1956	5						9	12	9
1957	10	15		14	15		13	16	13
1958	11	14		10	9		12	14	12
1959	19	20	18	19	17	17	19	15	20

des 20. Jahrhunderts

	Bordeaux R	Bordeaux W Süßwein	Bordeaux W trocken	Bour-gogne R	Bour-gogne W	Cham-pagne	Loire	Rhône	Alsace
1960	11	10	10	10	7	14	9	12	12
1961	20	18	16	18	17	16	16	18	19
1962	16	16	16	17	19	17	15	16	14
1963						10			
1964	16	7	13	16	17	18	16	14	18
1965			12				8		
1966	17	15	16	18	18	17	15	16	12
1967	14	18	16	15	16		13	15	14
1968									
1969	10	13	12	19	18	16	15	16	16
1970	17	17	18	15	15	17	15	15	14
1971	16	17	19	18	20	16	17	15	18
1972	10		9	11	13		9	14	9
1973	13	12		12	16	16	16	13	16
1974	12	13		12	13	8	11	12	13
1975	18	17	18		11	18	15	10	15
1976	16	19	16	18	15	15	18	16	19
1977	12	9	14	11	12	9	11	11	12
1978	17	14	17	19	17	16	17	19	15
1979	16	16	16	15	16	15	14	16	16
1980	13	15	18	12	12	14	13	15	10
1981	17	16	17	14	15	15	15	14	17
1982	19	14	17	14	16	16	14	13	15
1983	17	15	16	15	16	13	12	16	20
1984	14	13	12	13	14	5	10	11	15
1985	18	15	15	17	17	17	16	16	19
1986	18	13	15	12	15	9	13	10	10
1987	13	11	16	12	11	10	13	8	13
1988									
1989									

Die Voraussetzungen für einen großen Jahrgang

Der Wein bringt seine besten Erzeugnisse nicht in einem Klima hervor, das auf den ersten Blick das günstigste ist. Eine zu hohe Temperatur bedingt eine zu schnelle Reifung; diese äußert sich in einer Abschwächung des Aromas und in einer Steigerung der Tanninhaltigkeit, die dominierend wird. Die Regelmäßigkeit der klimatischen Bedingungen führt übrigens in denselben Lagen zu einer Vereinheitlichung der Qualität: Die Anbaugebiete verlieren auf diese Weise ihren besonderen Charakter; alle Jahrgänge zeigen eine gewisse Ähnlichkeit.

Die angesehensten französischen Weinbaugebiete liegen in Regionen, deren klimatische Bedingungen von Jahr zu Jahr schwanken und den Wachstumszyklus und die Reifung der Trauben beeinflussen. Die Beschaffenheit der Trauben zum Zeitpunkt der Lese kann sehr verschieden sein; sie besitzt jedes Jahr einen ganz eigenen Charakter, so daß auch die späteren Weine jeweils unterschiedliche Merkmale zeigen. Zwei Jahrgänge können somit nicht genau gleich sein.

Zum einen spielt das Klima eine Rolle für den Zeitpunkt, wann das Wachstum einsetzt, und somit auch für eine frühzeitige Reifung und zum anderen für die Beschaffenheit der Traube bei der Lese. Eine volkstümliche Weisheit behauptet, daß die klimatischen Bedingungen im Juni, der Zeit der Blüte, die Erntemenge festlegen und die im August für die Qualität verantwortlich sind. In Wirklichkeit braucht man für einen großen Jahrgang, zumindest im Bordelais, in Burgund, in der Champagne und im Elsaß, schönes, sonnenreiches Wetter, insbesondere im September und eventuell auch im Oktober, wenn die Lese bis dahin noch nicht beendet ist. Aber in einem anderen, von Natur aus wärmeren Klima, beispielsweise im Rhône-Tal oder im Mittelmeerraum, können übermäßige Wärme und Trockenheit die Reife hemmen.

Die Wärme, das Licht und die Feuchtigkeit sind die Witterungsfaktoren, die den Verlauf der Traubenreifung beeinflussen. Zahlreiche Versuche sind unternommen worden, um die Beschaffenheit der Trauben und die

Qualität des Jahrgangs zu den klimatischen Faktoren in Beziehung zu setzen. Danach gibt es zwar offensichtliche Zusammenhänge, aber es fällt schwer, genaue Regeln aufzustellen, denn mehrere klimatische Faktoren greifen hierbei ineinander, die sich zudem nicht in allen Stadien des Wachstumszyklus gleich auswirken. Die Reifung führt dazu, daß sich die Beschaffenheit der verschie-

denen Teile der Beere verändert. Der Saft des Fruchtfleisches verliert seinen sauren Geschmack und wird reicher an Zucker, der später den Alkohol ergibt. Das Aroma wird intensiver und verfeinert sich. Ebenso sammelt die Hülse der dunklen Trauben Gerb- und Farbstoffe an; aber die Synthese dieser Pigmente benötigt eine hohe Energie und wird daher ganz besonders von den klimatischen Bedingungen beeinflußt. Von einem Jahr zum anderen zeigt die Zusammensetzung der Beerenhülse größere Unterschiede im Verhältnis zur Beschaffenheit des Safts. Man versteht deshalb auch, warum der Begriff des Jahrgangs für die Rotweine in der Regel bedeutsamer ist als für die Weißweine, bei denen die Beeren-Hülse in der Regel nicht an der Weinbereitung beteiligt ist.

Eine wichtige Rolle spielt der Jahrgangsbegriff wieder bei den großen Süßweinen, beispielsweise Weinen vom Sauternes- und Barsac-Typ, denn die klimatischen Faktoren schaffen die Voraussetzungen dafür, daß die Beerenhaut von Edelfäule befallen wird.

Die Zukunft

Man brauchte das Talent eines Jules Verne, um sich vorzustellen, wie die Zukunft der Reben und der Winzer aussehen wird. Zumindest dann, wenn die künftige Entwicklung so rasch wie in den letzten Jahrzehnten weitergeht. Woran könnten etwa die Zeitgenossen von H.G.-Wells beim Anblick von Traktoren denken, die über die Rebzeile hinwegfahren? Vielleicht würden sie diese Maschinen für dreibeinige Ungeheuer halten, die dem »Krieg der Welten« entsprungen sind. Aber die Dichtung und die Science-fiction-Literatur könnten auch ein falsches Bild entwerfen. Es ist deshalb besser,

Die Retortenkultur eröffnet dem Weinbau neue Perspektiven, weil sie die Produktion von virosefreien Pflanzen im großen Maßstab erlaubt.
Oben: Entwicklung der Mikropflanzen im Reagenzglas.
Rechte Seite: Vorbereitung der Stecklinge für das Beimpfen der Reagenzglaskulturen.

die Zukunftsaussichten anhand der heutigen Realität aufzuzeigen.

Widerstandsfähigere Rebsorten

Eine der interessantesten Perspektiven für die Zukunft ist sicherlich die Verbesserung der Rebsorten hinsichtlich der Resistenz gegenüber Krankheiten. Die Rebsorten der europäischen Art verdanken zwar ihren unbestreitbar guten Ruf den organoleptischen Eigenschaften ihrer Weine, aber sie sind auch durch eine große Anfälligkeit für zahlreiche Parasiten gekennzeichnet, was einen ständigen Kampf mit Hilfe von chemischen Mitteln, Fungiziden und Insektiziden, notwendig macht. Ganz abgesehen von den Kosten, ist ihre Verwendung nicht unschädlich für die Umwelt und den Menschen, selbst wenn der Gebrauch dank der Methoden, die Gefahren eines Befalls vorherzusehen, eingeschränkt wird. Es ist aber möglich, diese Krankhei-

ten mit anderen Mitteln zu bekämpfen, die nicht die gleichen Nachteile mit sich bringen, indem man die genetische Resistenz der Rebe voll ausnutzt. Studien, die vor kurzem in dieser Richtung durchgeführt wurden, zeigen Unterschiede zwischen den Rebsorten der *Vitis vinifera* hinsichtlich ihrer Parasitenanfälligkeit. Selbst wenn die dabei erzielten Ergebnisse nicht direkt verwertbar sind, verdienen sie es, eigens herausgestellt zu werden. Dieser Ansatz stimmt übrigens mit der Entdeckung neuer chemischer Moleküle überein, deren Wirkungsweise gegen die Parasiten über eine Stimulierung der natürlichen Schutzmechanismen der Pflanze funktioniert. Zahlreiche Kreuzungen werden notwendig sein, um diese besonderen Eigenschaften von geringerer Anfälligkeit, die bei verschiedenen Rebsorten vorhanden sind, nutzbar zu machen und zu konzentrieren.
Ein weiteres neues Verfahren bietet sich an, um die Fähigkeiten von latenter Resistenz aufzudecken. Man

bedient sich dazu der Regeneration in Retortenkulturen.
Schließlich gibt es noch in mehreren Ländern Forschungen zur Nutzung von Resistenzgenen, die von amerikanischen Arten stammen. Ihre Resultate sprechen dafür, daß die Resistenz gegenüber Parasiten mit der Qualität der Trauben und des Weins vereinbar ist, im Gegensatz zu dem, was man bisher aufgrund der schlechten Erfahrung mit Hybriden als Direktträgern geglaubt hatte.
Eine künftige Konzeption für den Schutz des Weinbergs muß also gegen Parasiten widerstandsfähige Sorten mit einem begrenzten Anwendungsprogramm von Fungiziden kombinieren. Lediglich die leistungsfähigsten Sorten werden dann noch benutzt werden. Dieser Plan nimmt schon Gestalt an: Neue Sorten, die bislang nur zum Zeitvertreib gezüchtet werden, dienen hier als Vorbild. Dank ihrer guten Widerstandsfähigkeit erfordert der Anbau dieser Sorten nur zwei- bis dreimal im Jahr eine polyvalente Behandlung.

Entwicklungen auf dem Gebiet der Mikrobiologie und der Biochemie. Heute bedient sie sich der Biotechnik, der Molekularbiologie und der Gentechnologie. Die Forschungen auf diesem Gebiet sind zahlreich und vielversprechend. Beispielsweise kann man hoffen, Hefen zu produzieren, die imstande sind, die natürlichen Eiweiße der Traube, Ursache der Instabilität bei den Weißweinen, durch Wasser zu spalten (Hydrolyse). Man könnte so die Verwendung von Bentonit vermeiden. Laboratorien arbeiten bereits am Klonen des Gens für die malolaktische Gärung der Bakterien, um es in Hefen einzubauen und so die alkoholische und die malolaktische Gärung gleichzeitig durchzuführen.

Es wird möglich, industrialisierte Methoden ins Auge zu fassen, die eine perfekte Kontrolle der Gärprozesse und ein Produkt von standardisierter Qualität erlauben, wobei die Beschaffenheit der Traube nur noch von sekundärer Bedeutung ist. Aber selbst

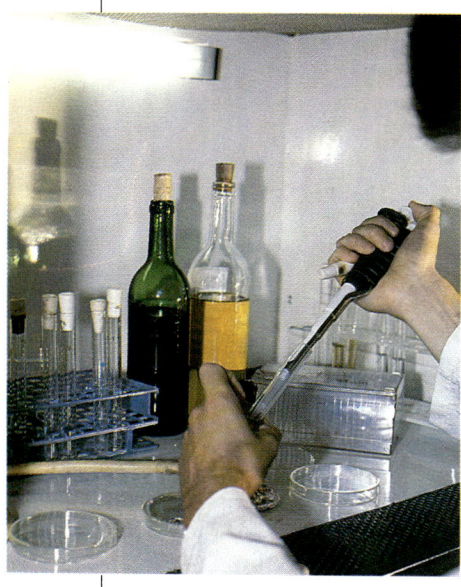

Seit langem ist die chemische Analyse ein bevorzugtes Mittel für die Kontrolle der Qualität.

dann, so groß die Fortschritte der Biotechnik auch sein mögen, kann man die Wichtigkeit der natürlichen Voraussetzungen bei der Erzeugung der großen Weine nicht bestreiten. Dennoch ist für diese auch eine hochentwickelte Mikrobiologie unverzichtbar, um die Qualität des Leseguts zu erhöhen. Die Önologie der Qualitätsweine hat mit den Mitteln der Mikrobiologie und der Chemie viel zur Verbesserung der Kenntnisse und zur Entwicklung der technischen Methoden beigetragen; von diesen Errungenschaften konnten auch die einfacheren Weine profitieren.

Die Modernisierung der Weinherstellung

Im Laufe der letzten Jahrzehnte hat eine außerordentliche Modernisierung der Weinherstellung stattgefunden, die — alles deutet darauf hin — sich noch weiter fortsetzen dürfte.

Diese Fortschritte resultieren zunächst aus der Mechanisierung, die es ermöglicht, die Arbeitsvorgänge zu vereinfachen und den Anteil der Handarbeit zu verringern. Es genügt schon, die zeitgenössischen Illustrationen in Arbeiten über den Wein zu betrachten, die zu Beginn dieses Jahrhunderts verfaßt wurden, und sie mit den heutigen Verhältnissen zu vergleichen, um festzustellen, daß man damals zehn Leute für eine Arbeit brauchte, die heute von einem einzelnen bewältigt wird. Diese Entwicklung muß sich auch in Zukunft fortsetzen, aber nur unter der Bedingung, daß sie nicht auf Kosten der Qualität geht.

Es gibt auch Entwicklungsmöglichkeiten bei den Geräten für die Weinbereitung hinsichtlich einer besseren Kontrolle der einzelnen Abläufe, die bis zu ihrer vollständigen Automatisierung hingehen können. Man kann vor allem beobachten, daß die klassischen Gärbehälter allmählich durch moderne Gärtanks aus Stahl ersetzt werden, die mit den entsprechenden Apparaturen ausgerüstet sind. Die Kontrolle der Gärtemperatur war ein bemerkenswertes Beispiel. Die Wärmeregulatoren, Geräte, die einfach Wärme und Kälte erzeugen, setzen sich in den Kellereien immer mehr durch. Kombiniert mit Temperaturfühlern, die in den Gärbehältern ständig arbeiten, halten sie die ganze Zeit automatisch die ideale Temperatur aufrecht, die vom Ablauf der Weinbereitung abhängt.

Eine andere bemerkenswerte Neuerung für die Technik der Weinherstellung ist die elektronische Datenverarbeitung, die bereits seit längerem in der Lagerhaltung der Weinkeller weit verbreitet ist. Sie ist auch geeignet, bei der Weinbereitung selbst mitzuwirken, vor allem bei der Kontrolle der Gärprozesse. Aber sicherlich wird ihre wichtigste Rolle darin bestehen, daß sie der Forschung völlig neue Perspektiven eröffnet.

So erlaubt zum Beispiel die elektronische Datenverarbeitung bei der klassischen chemischen Analye, daß man mit Hilfe der Mehrbereichsanalyse eine Klassifizierung der Weine nach ihrer Herkunft, ihrer Rebsorte oder ihrem Jahrgang anstrebt.

Die neuen Produkte der Weinrebe

Die medienträchtigste Umwälzung könnte die Entwicklung von »alkoholfreien« Weinen sein, oder eher von solchen, die nicht mehr der gesetzlichen Definition von Wein entsprechen: Getränke, die aus Traubensaft hergestellt sind, aber kein Wein sind. Schon Mitte der fünfziger Jahre wurde ein Versuch in dieser Richtung durchgeführt, der auf längere Sicht durchaus erfolgreich war: der »Pétillant de Raisin«. In jüngerer Zeit tauchten außerdem Getränke auf, die auf Traubensaft basieren und mit Hilfe verschiedener Früchte aromatisiert sind. Diese »*Wine Coolers*« sind das Ergebnis eines Versuchs, der Mitte der siebziger Jahre in Kalifornien unternommen wurde, um ein Erfrischungsgetränk aus Weißwein, Mineralwasser, Zitrone und Fruchtsaft herzustellen. Die *Wine Coolers,* die 1981 auf den Markt kamen, hatten einen beachtlichen Erfolg. Man kann auch in Betracht ziehen, andere mikrobiologische Prozesse als die alkoholische Gärung zu nutzen, um ein Getränk mit geringem Kalorienwert zu erhalten. Wenn man den Traubensaft bei niedriger Temperatur oder in Form von konzentriertem Most lagert, wäre er das gesamte Jahr über nutzbar; eine solche Pro-

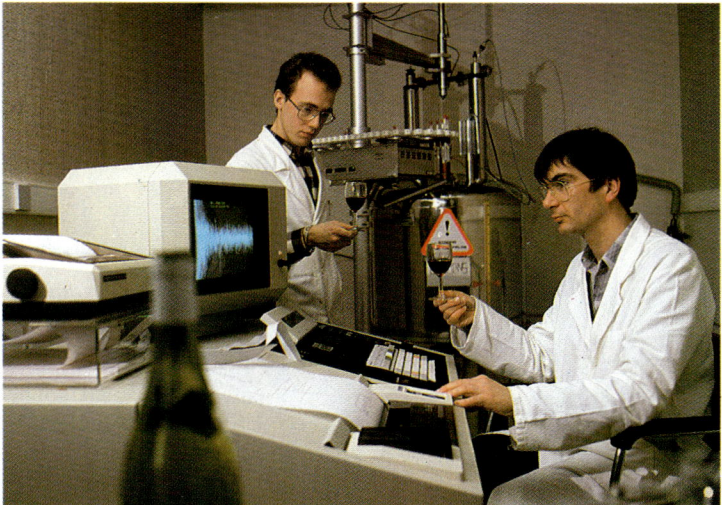

Die von der Önologie genutzte magnetische Kernresonanz macht es möglich, die Beschaffenheit und die Menge des Zuckers zu ermitteln, der von der Hefe in Alkohol umgewandelt worden ist.

duktion könnte dann industrialisiert werden.

In Zukunft ist es also durchaus denkbar, daß die Rebe nicht mehr ausschließlich dazu dient, Wein oder Tafeltrauben zu erzeugen. Es ist nicht abwegig, auch Gelee und Konfitüre aus Trauben oder sogar »Traubenbier« anzustreben. Ebenso könnten einige Abfallprodukte des Weins (Weinhefe, Weinstein und Trester) besser verwertet werden. Der Trester beispielsweise könnte als Tiernah-

rung verwendet werden oder – nach der Destillierung – Dünger liefern. Diese verschiedenen Absatzmärkte werden bestimmt von Nutzen sein, um der Entwicklung des Weinkosums in der Welt zu begegnen. Wenn auch die Nachfrage beim Qualitätswein steigt, so geht sie doch bei den Tischweinen deutlich zurück. Eine Gefahr ist das Verschwinden einiger Weinbaugebiete. Aber man darf sich nicht täuschen: Die neuen Produkte der Weinrebe können den Wein nicht ersetzen, von dem sie sich grundlegend unterscheiden.

Zweifellos werden sich die Methoden der Weinbereitung und die Apparaturen dafür noch weiter verändern. Aber der Anteil des Menschen und die Art und Weise, wie er sie einsetzt, werden immer eine entscheidende Rolle spielen. Manchmal gelingen die Weine in handwerklich ausgerichteten Kellereien besser als in den großen, ultramodernen Kellereien, die über die höchstentwickelten Geräte verfügen. Bei der Önologie und der Weinbereitung kann man nämlich von keiner Revolution sprechen.

Die wissenschaftlichen und technischen Fortschritte sind kontinuierlich. Die Forschung erweitert das Wissen über das Produkt und macht es so möglich, natürliche Erzeugnisse von großer Komplexität zu optimieren. Deshalb wird der Geschmack

des Weins sicherlich auch in der Zukunft nicht sehr weit vom heutigen entfernt sein. Aber ist das nicht gerade der größte Wunsch aller wahren Weinfreunde?

Die Kunst des Trinkens

Im alten Rom versammelten sich am 23. April die offiziellen Weinprüfer, um die *Vinalia* zu feiern. Bei diesem Anlaß mußten sie nach einem vorgeschriebenen Ritual den neuen Wein beurteilen: Sie durften vorher keine Speisen mit aufdringlichem Geschmack zu sich nehmen, mußten den Wein, den sie prüften, wieder ausspucken und mußten danach ihre Meinung zur Farbe, zum Geruch und zum Geschmack in einem genauen Begriffsvokabular abgeben. Die Zeremonie endete schließlich mit der Aufhebung des sakralen Charakters des Weins, der im Altertum als heiliges Getränk betrachtet wurde.

Das Alter des Weins: links Weißweine, rechts Rotweine, jeweils junge und alte.

Weinprobe oder Sinnenprüfung?

Auch wenn die Verkostung heute ihren religiösen Nimbus verloren hat, so kann sie doch nach zwei verschiedenen Auffassungen durchgeführt werden: Die eine besteht darin, den Wein zum privaten Vergnügen zu probieren; die andere gibt sich wissenschaftlich, entweder im Dienst der Erzeugung, bei der Herstellung des Weins, oder der Verbraucher, wenn es darum geht, ihn zu testen. Um zu einem objektiven Urteil kommen zu können, braucht man zunächst eine Umgebung, die in keiner Weise geeignet ist, die Entscheidung zu beeinflussen. Die Weinprobe wird dann zu einer echten »Sinnenprüfung«, einer einfachen und zugleich schwierigen Übung.

Einfach, weil sie nicht – wie man oft meint – besonders außergewöhnliche Fähigkeiten erfordert: ein Mindestmaß an Lernfähigkeit, Aufmerksamkeit und eine ausreichend geübtes Gedächtnis, um Vergleiche anzustellen. Aber das reicht noch lange nicht aus: Die sensorische Beurteilung beschränkt sich nicht auf die Bestätigung eines anziehenden oder abstoßenden Eindrucks, den der Koster hat; sie hat die Aufgabe, die organoleptischen Eigenschaften, ihre Intensität, ihre Wechselwirkungen und ihren Grad an Übereinstimmung mit einem Modell zu ermitteln und zu beschreiben. Dieses Modell kann von den persönlichen Vorlieben des einzelnen Prüfers abweichen oder ihnen sogar zuwiderlaufen. Die Degustation setzt somit ein Bemühen um Objektivität, aber auch einen gewissen Altruismus voraus.

Aber das ist nicht die einzige Forderung: Wir sind alle viel empfindlicher gegenüber den äußeren Bedingungen, gegenüber der Umgebung, als wir glauben.

Dieses Phänomen war Gegenstand einer bedeutsamen Beobachtung von Pasteur. Da er wissen wollte, welche Auswirkungen die Sterilisierung durch Erhitzen auf den Geschmack des Weins hatte, beschloß er, zunächst die Prüfer zu testen, die er ausgewählt hatte. Er setzte ihnen zwei Kostproben des gleichen Weins vor und ließ sie glauben, daß eine von ihnen erhitzt worden wäre. Das Resultat war bezeichnend. Alle fanden im besten Glauben einen wirklichen Unterschied heraus. Eine weitere Schwierigkeit hängt mit der körperlichen und psychischen Verfassung des Prüfers zusammen. Bewußt oder unbewußt kann sein Urteil aufgrund von bestimmten Umständen weniger unparteiisch ausfallen; eine Verärgerung, ein unbedeutender fiebriger Anfall, eine leichte Magenverstimmung oder sogar ein simpler Schnupfen können die Sinnesempfindungen stören. Auch um solche nachteiligen Folgen zu vermeiden, finden jeweils mehrere Weinproben statt.

Bei der Vorbereitung einer erfolgreichen Weinprobe müssen drei Voraussetzungen erfüllt werden: Die Weine müssen die richtige Temperatur haben; das Urteil sollte nicht durch die Wirkung einer Kostprobe auf die anderen beeinflußt werden; der Prüfer ist verpflichtet, sein Urteil zu begründen.

Die richtige Temperatur ist wichtig, weil sonst Fehler überdeckt oder die Empfindungsqualitäten beeinträchtigt werden könnten. Die empfohlene Temperatur beträgt 8°C für

Die Weinprobe umfaßt die Beurteilung der Farbe (Tönung, Intensität, Klarheit), des Geruchs und des Buketts sowie des Geschmacks.

Schaumweine und Süßweine, 12°C für trockene Weißweine und Roséweine, 16°C für junge Rotweine und 18°C für alte Rotweine. Ein wesentlicher Punkt ist auch, daß man die Weine in der Reihenfolge präsentiert, in der das entscheidende Merkmal der geprüften Weine stärker hervortritt. Häufig handelt es sich um Tannin- oder Zuckerreichtum, aber es kann auch den Alkoholgehalt oder die Intensität des Dufts betreffen.

Wird die Weinprobe zu einem günstigen Zeitpunkt vorgenommen, im allgemeinen am späten Morgen, wenn sich der Appetit ankündigt,

und werden die Urteile auf mehr oder weniger komplizierten Degustationsblättern notiert, so bestehen gute Aussichten, daß der Anteil der Subjektivität begrenzt wird, falls man diese Vorschriften beachtet.

Die Durchführung der Weinprobe

Die Beherrschung der Techniken der sensorischen Beurteilung kann man schwerlich nur durch Bücherwissen erlernen. Nur durch Probieren von Weinen wird man Weinprüfer. Die Prüfer, die durch eine gewisse Praxis ordnungsgemäß unterwiesen sind, müssen vor der Probe Speisen, Getränke, Zahnpflegemittel und parfümierte Eaux de toilette vermeiden.

Die Kunst der Weinprobe beginnt mit der visuellen Prüfung, wobei man das Glas am Stiel hält: Beurteilung der Intensität der Farbe, der Farbtöne, der Klarheit und eventuell der Dauerhaftigkeit des Schaums. Durch eine Drehung des zu einem Drittel gefüllten Glases wird der Wein an der Innenwand entlangbewegt, so daß man feststellen kann, wie dick die lichtbrechenden Spuren sind, die die Flüssigkeit beim Abfließen hinterläßt.

Dann ist die Nase an der Reihe, vor und nach einer kreisenden Bewegung des Glases. Beurteilt werden sollen die Natur des Aromas, durch Vergleich mit allgemein bekannten Düften, seine Finesse, seine Intensität und seine Stärke.

Schließlich nimmt man einen Schluck, spült ihn sorgfältig im gesamten Mundraum hin und her, saugt schlürfend etwas Luft ein, um der Flüssigkeit Sauerstoff zuzuführen, und spuckt den Wein wieder aus. Während der Wein im Kontakt mit dem Gaumen ist, beurteilt man die Probe nach den gleichen Kriterien von Klarheit, Finesse, Intensität und Ausgewogenheit. Zuletzt bewertet man noch die Dauer dieser Empfindungen und den Nachgeschmack.

Zum Vergnügen

Die sensorische Beurteilung, wie sie hier beschrieben wird, ist bei technischen, privaten oder offiziellen Weinproben üblich. Dabei muß alles getan werden, um zu verhindern, daß das Urteil positiv oder negativ beeinflußt wird. Wenn der Wein dagegen zum Essen serviert und allein zu dem

Zweck probiert wird, um ihn zu genießen, sollte man besonderen Wert auf die richtige Zusammenstellung der Gerichte und der Weine legen. Abgesehen von Ausnahmen wie dem Aperitif, dem Cocktail oder dem Glas Likörwein zur Teestunde, trinkt man den Wein im allgemeinen bei einer Mahlzeit.

Die erste Sorge muß dem äußeren Rahmen gelten. Niemand, der nur etwas Verstand besitzt, würde eine Knoblauchmayonnaise zusammen

»Frühstück im Freien« von Claude Monet, 1865/66 (Musée d'Orsay, Paris). Unten: Eine Festtafel.

mit einem frischen Roséwein bei einem Galadiner, mit Brokattischdecke, kostbarem Porzellan, Baccarat-Kristallgläsern und glänzendem Silberbesteck servieren. Ebenso töricht wäre es, bei einem Picknick eine Languste Thermidor auf Papp-

tellern und dazu einen Château d'Yquem im Plastikbecker anzubieten. Schließlich müssen noch, wie allgemein bekannt ist, die Speisen und die Weine miteinander harmonieren. So manchen Amphytrion beunruhigte diese Frage, mußte er eines Tages einen – zu Recht oder zu Unrecht – berühmten Weinkenner ohne Vorurteile empfangen. Aber in Wirklichkeit sind die Unvereinbarkeiten, die in der Regel offensichtlich sind, seltener, als man glaubt. Es ist oft bedauerlich, daß man Angst davor hat, etwas Neues zu wagen, denn manche Experimente können sich durchaus als erfolgreich herausstellen. Es gibt beispielsweise Rotweine, die recht gut zu Austern passen. Ebenso darf man sich nicht verpflichtet fühlen, die Verbindung von regionalen Spezialitäten mit Weinen derselben Herkunft grundsätzlich ablehnen oder übernehmen zu müssen. Selbst wenn oft wirklich eine Harmonie zwischen beiden besteht.

Obwohl man sich vor Dogmen und willkürlichen Ausschließungen hüten muß, vor allem in einer Zeit, in der jeden Tag neue Lebensmittel auf den Tisch kommen, sollte man die hauptsächlichen, übrigens ziemlich seltenen Fälle von Unvereinbarkeit kennen: Rotwein zu Ölsardinen (und anderen Fischkonserven) oder zu Schokolade, Vinaigrette zu einem zarten Wein, ein großer Rotwein zu einem Schimmelkäse oder ein herber Schaumwein zu einem sehr süßen Dessert.

Wenn man weiß, was man vermeiden muß, kann man seine Phantasie spielen lassen, damit sie dem Vergnügen dient, das ja das Endziel des Weins und des Weingenusses ist.

Für den Geniesser: Was zu welchem Wein?

»Die fünf Sinne« von Abraham Bosse 17. Jh. (Musée des Beaux-Arts, Tours).

Die Weine aus dem Elsaß

Tokay Pinot Gris Selection de Grains
Nobles – *Gänseleber Brioche*
Riesling – *Sauerkraut*
Sylvaner – *Baeckeoffe*
Muscat – *Spargel mit Sauce
Mousseline*
Pinot Noir – *Fleisch- und Wurst-
waren*

Die Weine des Beaujolais

Beaujolais – *Pot-au-Feu*
Beaujolais Villages – *Spanferkel in
Aspik*
Moulin-à-Vent – *Lammschulter auf
Bäckerart*
Côte de Brouilly – *Eintopf aus geräu-*
chertem Schweinefleisch, Gemüsen
und Kartoffeln
Chiroubles – *Kalbfleisch Orlow*
Juliénas – *Poularde mit
Champignons*
Chenas – *Drosseln in Genever*
Saint-Amour – *Weinbergschnecken*
Fleurie – *Beaujolaiser Schlickwurst*
Morgon – *Coq au Vin (Hähnchen in
Rotwein)*
Régnié – *Überbackene
Hechtklößchen nach Lyoner Art*

Die Bourgogne-Weine

Bourgogne Rouge – *Eier in Sauce
Meurette*
Bourgogne Blanc – *Gebratener
Kapaun*
Bourgogne Aligoté Bouzeron – *Räu-
cherpfanne mit Muscheln und Spinat*
Chablis – *Gemischte Meeresfrüchte*
Chablis Grand Cru – *Seezungenfilet
normannischer Art; Jakobsmuscheln*
Marsannay – *Hammelragout mit
Rüben, Karotten und Zwiebeln*
Chambertin – *Wildschweinkeule in
Sauce Venaison*
Morey-Saint-Denis – *Rehnüßchen*
Clos de la Roche – *Sautierte Nieren*
Chambol le Masigny – *Hasenrücken
in Sauce Saupiquet*
Clos de Vougeot – *Wachteln mit
Weinbeeren*
Vosne-Romanée – *Gebratenes
Rebhuhn*
Nuits-Saint-Georges – *Rebhuhn*
Corton Rouge – *Rehkeule Oberjäger-
meisterart*
Corton Charlemagne – *Lachs in
weißer Butter*
Savigny lès Beaune – *Bœuf
Bourgignon (Burgunderbraten)*
Beaune – *Champignons*
Pommard – *Rehkeule mit drei ver-
schiedenen Pürees*
Volnay – *Fasan Kartäuser Art*
Monthélie – *Truthahn am Spieß*
Auxey-Duresses – *Gegrillter See-
barsch*
Meursault – *Steinbutt in normanni-
scher Sauce*
Pouligny-Montrachet – *Glattbutt
nach Art von Dieppe*
Chevalier Montrachet – *Steinbuttpa-
stete*
Bâtard Montrachet – *Soufflé
Nantua*
Chassagne-Montrachet – *Forelle mit
Mandeln*
Santenay – *Saint Marcelin*
Rully – *Schweinebraten mit Salbei*
Mercurey – *Lammfilet im Teigman-
tel*
Mâcon Blanc – *Schlickwurst aus dem
Mâconnais*
Mâcon-Villages – *Seeteufel*

Pouilly-Puissé – *Gegrillter Hummer*
Echezeaux – *Rouener Ente*

Bordeaux-Weine

Bordeaux Sec – *Dorade mit Champignons*
Bordeaux Supérieur – *Stockentenragout*
Bordeaux Rouge – *Neunauge Bordelaiser Art*
Entre Deux Mers – *Meeresfrüchte*
Côtes de Blaye Blanc – *Hasenfrikasse*
Premières Côtes de Blaye – *Hähnchen, flambiert mit Armagnac*
Côte de Bourg – *Entrecôte Bordelaiser Art*
Canon-Fronsac – *Ente mit Oliven*
Fronsac – *Rinderkotelett mit Ochsenmark*
Pomerol – *Kalbsnüßchen mit Trüffeln*
Saint-Émilion – *Tauben-Suprème*
Saint-Émilion Grand Cru – *Gefüllte Ente*
Graves Blanc – *Steinbuttkarree*
Graves Rouge – *Gebratene Rebhühner mit Weinblättern*
Pessac-Léognan – *Fasan nach Kokotte-Art*
Médoc – *Tauben-Salmi*
Haut Medoc – *Lammrücken aus dem Ofen*
Moulis en Médoc – *Tournedos im Teigmantel*
Listrac-Médoc – *Poularde in Salzkruste*
Margaux – *Kalbsbries Finanzmannsart*
Pauillac – *Flambierte Schnepfe*
Saint Julien – *Lammkarree Marly*

Weinglas mit Emaille-Dekor von Joseph Brocard, 1877 (Musée national, Limoges).

Saint Estèphe – *Perlhuhn in Armagnac*
Sauternes Barsac – *Gänseleber Nature*

Weine der Champagne

Champagne Brut – *Gegrillter Fisch mit Kaviarbutter*
Champagne Blanc de Blancs – *Geschmorter Zander in Champagner*
Champagne Rosé – *Curryhuhn*
Coteaux Champenois Blanc – *Austern in Champagner*
Champagne Millésime – *Kalbsmedaillon mit Frikassee von wilden Champignons*
Coteaux Champenois – *Aal-Matelote*

Die Weine des Jura

Arbois Jaune – *Hummer nach amerikanischer Art*
Arbois Rouge – *Kiebitz-Salmi*
Château Chalon – *Krebse in jungem Wein*
Côtes du Jura Rouge – *Gefüllte Kalbsbrust*

Die Wein aus Savoyen

Crépy – *Barschfilet*
Vin de Savoie Apremont – *Languste nach Bellevue-Art*
Vin de Savoie Rouge – *Beaufort*
Bugey Blanc – *Avocados*

Die Weine des Languedoc

Blanquette de Limoux – *Krustentiere*
Clairette du Languedoc – *Fischsuppe nach Art von Sète*
Corbières – *Frischlingspfeffer*
Fitou – *Hammel vom Holzkohlengrill*
Minervois – *Cassoulet*
Saint-Chinian – *Kalbsleber mit Zwiebeln*
Faugères – *Entrecôte Winzerart*
Coteaux du Languedoc Rouge – *Schweinegeschnetzeltes mit Weinbeeren*
Coteaux du Languedoc Blanc – *Tielle*

Die Weine des Roussillon

Côtes du Roussillon Rouge – *Muschelsuppe*
Côtes du Roussillon Rosé –

Geschmortes Räucherfleisch auf katalanische Art
Collioure – *Hase Königinart*
Banyuls – *Schokoladendessert*
Rivesaltes – *Heiße Stopfleber*
Maury – *Roquefort*

Die Weine der Provence

Côtes de Provence Rosé – *Kalbsblanquette alte Art*
Côtes de Provence Blanc – *Gebratenes Kaninchen mit Senfsauce*
Côtes de Provence Rouge – *Geschmortes Lamm*
Bandol – *Wildschweinfilet*
Coteaux d'Aix Rosé – *Artischocken Barigoule*
Bellet – *Mangoldtorte*
Cassis – *Bouillabaisse*

Weinglas 16. Jh. (Musée du Louvre, Paris).

Die Weine Korsikas

Patrimonio – *Lammrücken mit Kräutern*
Ajaccio – *Drosseln auf korsische Art*
Vins de Corse – *Schafskäse*

Die Weine Südwestfrankreichs

Cahors – *Gänseconfit*
Gaillac Rosé – *Gefüllte Tintenfische*
Gaillac Vin de Voile – *Sautierte Nieren*
Côtes du Frontonnais – *Cassoulet*
Jurançon Sec – *Krabbencocktail*
Jurançon Moelleux – *Halbgegarte Stopfleber*
Madiran – *Gänseconfit mit Steinpilzen*
Bergerac Sec – *Muschelteller*
Bergerac Rouge – *Tauben-Salmi*
Pacherenc du Vic Bil'h – *Gegrillte Fische*
Monbazillac – *Früchteteller*
Pécharmant – *Gegrilltes Magret*

Côte de Duras – *Gebratenes Zicklein mit Kräutern*

Die Loire-Weine

Muscadet – *Seeteufelspießchen*
Muscadet de Sèvre et Maine – *Langostinos in Cognacsauce*
Gros-Plant – *Aalpfanne mit Petersiliensauce*
Rosé de Loire – *Alse mit Sauerampfer*
Anjou Blanc – *Gefüllte Venusmuscheln*
Cabernet d'Anjou – *Gefüllte Gans*
Savennières – *Poularde*
Coteaux du Layon – *Stopfleber*
Saumur Blanc – *Zander in heller Butter*
Saumur Champigny – *Kalbsnieren mit Ochsenmark*
Touraine Sauvignon – *Froschschenkel*
Touraine Gamay – *Saltimbocca alla Romana*
Tourgueil – *Magret mit grünem Pfeffer*
Saint-Nicholas-de-Bourgueil – *Helle Leberterrine*
Chinon – *Spießchen mit Entenherzen*
Vouvray Sec – *Hecht mit Butter Nantua*
Haut Poitou Sauvignon – *Kräutermayonnaise*
Sancerre Blanc – *Geräucherter Wildschweinschinken*
Pouilly Fumé – *Räucherlachs*
Quincy – *Meeresfrüchte-Salmi*
Reuilly – *Meeresfrüchte-Pastetchen*
Menetou-Salon – *Hammel- bzw. Schweinebug mit Sauvignon-Sauce*

Die Rhône-Weine

Côtes du Rhône Blanc – *Krebse Nature*
Côtes du Rhône Rouge – *Hase mit Backpflaumen*
Côtes du Rhône-Villages – *Chateaubriand*
Côte Rotie – *Rinderfilet Herzoginart*
Condrieu – *Stopfleber mit Weinbeeren*
Saint-Joseph – *Hase Königinnenart*
Crozes-Hermitage Rouge – *Stubenküken Frühlingsart*
Hermitage Blanc – *Gegrillte Zwergbarbe*
Cornas – *Rebhuhn mit Weißkraut*
Gigondas – *Geschmortes Lamm auf provenzialische Art*
Châteauneuf-du-Pape Rouge – *Reh*
Châteauneuf-du-Pape Blanc – *Gegrillte Fische*
Lirac Rouge – *Kalbskotelett*
Lirac Blanc – *Seezungenfilet*
Tavel – *Tagliatelle alla Carbonara*

Der Wein in der

Der Wein ist in der französischen Kunst ein so häufiges Motiv, weil er einen echten nationalen Mythos, einen wesentlichen Bestandteil der Kultur bildet. Er kann in seiner alltäglichen Bedeutung ebenso wie durch eine Vielzahl von Symbolen dargestellt sein, für weltliche oder sakrale Zwecke.

Die unmittelbarste Art und Weise, in der sich die Kunst diesem Thema zuwendet, besteht in der Darstellung von Alltagsszenen, die auch unterstreichen, wie tief der Wein im Leben der Bauern und Kaufleute verankert ist. Alle Abschnitte der Weinherstellung werden gezeigt: die Wahl der Rebsorten, die Weinlese, das Keltern, das Einfüllen in Fässer, die Weinprobe und der Verkauf.

Weinberge und Weinlese

Die Darstellung der Weinlese taucht oft in herbstlichen Stimmungsbildern auf und gehört zum Zyklus der Jahreszeiten. Im Stundenbuch »Les Très Riches Heures du Duc de Berry« der Brüder Limbourg symbolisiert sie den Monat September: Esel und von Rindern gezogene Karren bringen die Trauben zu dem Schloß, das im Hintergrund zu sehen ist. Solche Szenen erfreuten sich übri-

Die Entstehung des Weins

gens fast in allen Jahrhunderten großer Beliebtheit; ganz ähnliche Kompositionen findet man heutzutage auf den Etiketten. Die Silhouette eines Kirchturms hebt sich dann im Hintergrund einer Landschaft mit Weinbergen ab. Oder die Hügel werden von dem Schloß überragt, daś dem Wein seinen Namen gibt; manchmal entsteht dabei auch durch die schrägen Linien eines halb geöffneten Portals eine gewisse Tiefenwirkung. Die Gestalt des Winzers bei der Lese ist auch das Thema zahlreicher Kirchenkapitelle, etwa in der Abtei von Mozat in der Auvergne: Diesmal tritt die Landschaft zurück und wird nur durch einen einzigen Rebstock angedeutet, während das Hauptgewicht auf den Personen und der Darstellung der Trauben liegt. Anmerken muß man hierzu noch, daß das Motiv der Weintraube vorwiegend in der Bildhauerei Verwendung findet, weil Skulpturen von vornherein die Form in den Vordergrund stellen; der Wein dagegen, der sich in Stein schwieriger darstellen läßt, wird aufgrund seiner Farbe von den Glaskünstlern und den Malern bevorzugt.

Kirchenfenster, 12./13. Jh. Kathedrale von Chartres.

französischen Kunst

Der Winzer bei der Lese erscheint als dekoratives Motiv auf Tellern, mit der Bütte als Attribut. In Raoul Dufys Aquarell »Weinlese« dient die Szene als Vorwand für ein Spiel mit Licht und Formen: Nur die Ovale der Hüte und das Karomotiv der Hemden bleiben davon bei Dufy vor dem Hintergrund der Hügel übrig.

»Die Weinlese« von Raoul Dufy, (Musée des Beaux-Arts, Nizza). – Rechts: Chorgestühl der Kirche Saint-Nicolas in Rilly-la-Montagne.

Linke Seite: »Das Stundenbuch der Herzogin von Burgund: August«, um 1450 (Musée Condé, Chantilly). Oben: »Die Lese«, 16. Jh. (Musée de Cluny, Paris).

In der Romanliteratur haben die Weinlandschaften zumeist eine mehr anekdotische Funktion; sie können als Kulisse für die Handlung dienen, wie bei Giono oder Pagnol. Aber manchmal gilt das Interesse des Dichters auch ihnen selbst, beispielsweise in »Alkohol«, wo Apollinaire das Weinbaugebiet malerisch mit Bezeichnungen von Farben (»Und die Hügel, wo die Reben da hinten sich röten«) und Formen (»Die Weinberge mit den sich windenden Reben«) beschreibt.

Die Weinberufe

Die einzelnen Phasen der Weinherstellung im eigentlichen Sinne werden mehr unter dem Gesichtspunkt der Technik dargestellt, Zualler erst das heikle Problem des Verschneidens der Rebsorten: José Frappa malt »Dom Pérignon, der die Trauben vor dem Keltern probiert«. Danach folgen Darstellungen vom Keltern, etwa die auf dem Wandteppich des Museums von Cluny, die

»Les Vendanges« betitelt sind. Der Teppich zeigt entsprechend der mittelalterlichen Tradition Vorgänge gleichzeitig, die in Wirklichkeit zeitlich aufeinanderfolgen. Eine Person keltert die Trauben, während auf der zweiten Ebene der Wein aus einer Presse in einen Bottich fließt. Eine Frau füllt einen großen Tonkrug; daneben entleert ein anderer einen ähnlichen Krug in ein Faß. Dieses Motiv der Fässer wird von den Weinhändlern oft für die Kirchenfenster verwendet, die ihre Zunftkapellen schmücken; so lassen sich die mit dem Wein verbundenen Berufe in ihrem alltäglichen Tätigkeitsbereich darstellen. Auf einem Glasfenster der Seitenkapelle von Saint-Jean-l'Hospitalier in Chartres beispielsweise kann man das Binden der Fässer sehen. Jean-François Millet greift dieses Motiv mit seinem »Küfer« auf. Der Verkauf des Weins findet seine bildliche Darstellung in den Szenen der Weinprobe bei den Weinhändlern, wie sie die Lithographien von Daumier zeigen, in der Aufreihung der Händler auf dem Gemälde »Port von Bordeaux« von Eugène Boudin oder in der Gestalt des Lieferanten, verkörpert durch die Person Nektars, die Dransy für die Nicolas-Plakate entworfen hat. Erscheint Nektar bei Dransy als Silhouette vor einem neutralen Hintergrund, so wird er von

Loupot und Cassandre in eine Kellerei versetzt oder dargestellt, wie er an der Tür eines Kunden läutet. Den Beruf des Weinprüfers schildert Charles Martin auf Prospekten für Nicolas; er benutzt dabei das gesamte Blatt für eine Serie von Porträtskizzen, die den Ablauf einer Weinprobe chronologisch nachzeichnen. Die Berufe der Weinbranche sind also in den künstlerischen Darstellungen reichlich vertreten, vor allem innerhalb der bildenden Künste.

Der zweite große Bereich für die künstlerische Darstellung des Weins in seiner alltäglichen Dimension ist das Motiv des Trinkens. Bei zahlreichen Darstellungen von Mahlzeiten ist der Wein das gemeinsame Element.

Das Stilleben zeigt Ausschnitte des Tisches, Mahlzeiten ohne Personen.

»Erfrischungen« von Jean-Baptiste Chardin, 18. Jh. (Museum of Fine Arts, Springfield).

Das weltliche Mahl

Oben: »Stilleben vor einem Fenster« von Pablo Picasso, 1924 (Musée Picasso, Paris).
Links: »Der Waffelnachtisch« von Lubin Baugin, 17. Jh. (Musée du Louvre, Paris).
Nebenstehend: »Stilleben mit Flasche« von Georges Braque, 1910/11 (Musée d'Orsay, Paris).

Der Kubismus kehrt zum Zeichnerischen zurück, aber mit einer Geometrisierung der Formen, die zur Abstraktion führt: »Die Sinne verformen, aber der Geist formt«, behauptet Georges Braque und benutzt auf diese Weise das Stilleben dazu, um das Geistige darzustellen. Für Mouton Rothschild entwirft er 1955 ein Etikett, das ein halbvolles Glas und eine Traube zeigt. Juan Gris unterstreicht diese Geometrie des Blicks: »Aus einem Zylinder mache ich eine Flasche.«

Es konzentriert sich also ganz auf Gegenstände.

Das Stilleben

Die Stilleben mit Weinglas haben zumeist eine dekorative Funktion und sind für Speisezimmer bestimmt, wo sie spielerisch auf den Zweck dieses Raums verweisen. Beispiele dafür sind das Bild von Vispré, das Pfirsiche in einer Schale, ein Weinglas und einen Zwieback zeigt, oder die Gemälde von Chardin, Desportes oder Jean-Baptiste Oudry. Bisweilen kann sogar das Anbaugebiet des Weins genau bestimmt werden, so auf dem »Stilleben mit Austern und Chablis« im Museum von Saint-Brieux (19. Jahrhundert). Der Themenbereich Desserts, bäuerliche Tische und Küchentische entfaltet sich im 18. Jahrhundert; die Weingläser und Karaffen sind hier Anlaß für eine Studie der Lichtreflexe, wobei vor allem das Motiv der Spie-

gelung im Fenster häufig wiederkehrt. Man findet dieses selbe Interesse für das Licht in der Beschreibung, die Don Balthazar in der letzten Szene des ersten Tages in Claudels »Der seidene Schuh« gibt; aus einem Imbiß wird dabei ein echtes Stilleben: »Diese Pfirsiche wie Bälle aus Nektar …, dieser Wein mit dem köstlichen Aroma, in einer funkelnden Karaffe.«

Das Stilleben des 18. Jahrhunderts

beruht auf der Technik der Zeichnung. Mit Monet gibt sie dieses wesentliche Element auf: Der Gegenstand, der als Vorbild dient, hat keine eigene Form mehr, sondern besteht nur noch aus Lichtflecken. Das gilt etwa für die Trauben, Flaschen und Gläser des Gemäldes »Frühstück im Freien« aus dem Jahre 1865; sie bilden ein kleines Stilleben, wobei auch das Motiv des schräg liegenden Messers wiederaufgenommen wird.

Der Wein im Alltag und bei Festen

Der Wein, der auf den Tischen der Stilleben steht, bildet auch den gemeinsamen Nenner aller Darstellungen von Mahlzeiten, ob sie nun bäuerlich, bürgerlich oder vornehm sind. In ihrer »Bauernmahlzeit« bedienen sich Antoine und Louis Le Nain einer Stilisierung, die an die Techniken des Stillebens erinnert: Eines der Weingläser befindet sich im Mittelpunkt der Komposition, umgeben von den Bauern in einem dunklen Interieur. Das Brot und der Wein repräsentieren darin das Alltagsleben, aber die Ausgewogenheit der Proportionen und der Farben, die Verteilung des Rots, verleihen der Szene etwas Unwirkliches. Die bäuerlichen Mahlzeiten finden oft auch im Freien statt, das sind die ländlichen Feste, wie sie etwa in der »Dorfhochzeit« von Watteau erscheinen. Manchmal nimmt dabei das Fest eine historische Färbung an: Das »Fest der Befreiung im Jahre 1945«, ein naives Gemälde von André Bauchant, stellt ein volkstümliches Fest in einer Berglandschaft dar. Die Flaschen stehen auf den Tischen und in Körben; zwei Musikanten sitzen auf einem Faß.

Im Gegensatz zu den dunklen Innenräumen oder den einfachen Landschaftsdarstellungen der bäuerlichen Mahlzeiten verwenden die Gemälde bei der Darstellung eines vornehmen Mahls äußerste Sorgfalt auf die Gestaltung des Interieurs. Auf dem Bild »Austernfrühstück« von Jean-François Troy sind die Gesichter dem Korken einer Flasche zugewandt, die geleert werden soll; deutlich hebt er sich von dem Hintergrund der Marmorsäulen und Wandgemälde ab. Als

Zeichen von Luxus erscheint die Vielzahl der Gläser auf dem Gemälde »Abendessen beim Fürsten Conti im Temple« von Michel Barthélémy Ollivier. Die vielen Flaschen auf den Tischen von Hoffbauers »Bankett im großen Festsaal des Rathauses« finden eine Entsprechung in den Gläsern, die die Personen in der Hand halten. Bei diesen vornehmen Mahlzeiten wird der Wein zumeist durch eine sehr große Zahl von Gläsern und Flaschen repräsentiert, während er beim bäuerlichen Essen den alleinigen Mittelpunkt bildet, um den herum das Gemälde aufgebaut ist. Der Wein ändert somit seine Bedeutung: Es ist nicht mehr — zusammen mit dem Brot — ein »Grundnahrungsmittel«, sondern wird zum äußeren Zeichen von Reichtum.

Der Wein erscheint auch im Themenkreis der Wirtshäuser, Gasthöfe und Ausflugslokale. Da er mit der Welt des Spiels verbunden ist, übernimmt er eine wichtige Rolle in »Die Wahrsagerin« von Valentin de Boulogne oder von »Der Falschspieler« von Georges de La Tour. Der Saal der »Bar in den Folies Bergères« wird im

Spiegel hinter der mit Flaschen gefüllten Theke reflektiert. In Offenbachs »Pariser Leben« wird ständig der Champagner erwähnt. Puccini läßt »Manon Lescaut« in einem Gasthof in Amiens beginnen, wo man singt und trinkt. Auf dem Tisch von Renoirs »Das Frühstück der Ruderer« stehen fünf Flaschen hinter einem Korb mit Früchten, aus dem Weintrauben heraushängen, so daß das Ganze überladen wirkt. Die zentrale Rolle des Weins bei der Mahlzeit wird auch in den Trinkliedern von Clément Janequin, Orlando di Lasso oder Philippus de Monte thematisiert, die genauso polyphon aufgebaut sind wie ihre Messen und Motetten. Poulenc verwendet dieses Thema später wieder in seinen »Chansons gaillardes«.

Oben: »Treffen in einer Kneipe« (Ausschnitt) von Valentin de Boulogne (Musée du Louvre, Paris).
Links: »Die Tischecke« von Paul-Emile Chabas, um 1904 (Musée des Beaux-Arts, Tourcoing).
Rechts: »Die Kartenspieler« von Paul Cézanne, 1890-95 (Musée d'Orsay, Paris).
Nebenstehend: »Der Falschspieler« von Georges de La Tour, 17. Jh. (Kimbell Art Museum, Fort Worth).
Unten: »Galante Szene« von Nattier, 1744 (Alte Pinakothek, München).

In den Stilleben ebenso wie in den Darstellungen von Mahlzeiten oder den Wirtshausszenen ist der Rotwein viel häufiger vertreten als der Weißwein. Das hat seinen Grund in der ästhetischen Bedeutung der Farbe Rot: In den maltheoretischen Abhandlungen wird sie als *die* Farbe definiert, die den Blick auf sich zieht — im Gegensatz zum Blau. Das ästhetische Vergnügen an dieser Farbe entgeht auch nicht den literarischen Darstellungen: Zu einer der Mahlzeiten in Daudets »Briefe aus meiner Mühle« trinkt man »diesen guten Château-

neuf-du-Pape, der im Glas eine so schöne Farbe zeigt«. In diesen Darstellungen von Mahlzeiten verbindet sich das ästhetische Vergnügen an der Farbgebung, der literarischen Beschreibung oder der musikalischen Schilderung mit dem Vergnügen, das der Wein bereitet. Dies stimmt mit seiner Darstellung als Nahrung für den Leib überein. Aber der Wein ist auch voller Symbole. Zusammen mit dem Brot ist er der Inbegriff der spirituellen Nahrung und berührt die Sphäre des Heiligen.

Der Wein: Symbol und Allegorie

Das heilige Mahl ist in der christlichen Religion zunächst das der Hochzeit von Kana mit der wunderbaren Verwandlung von Wasser in Wein. Die mittelalterlichen Theologen interpretierten die sechs biblischen Weinkrüge, die dabei häufig auf Gemälden dargestellt wurden, als die sechs Zeitalter der Welt, die Adam, Noah, Abraham, David, Jechonias, Johannes dem Täufer und zuletzt Christus entsprechen. Das Wunder symbolisierte den Übergang vom Alten Testament (Sinnbild Wasser) zum Neuen Testament (Wein).

schen Aspekt des Weins. Die symbolische Bedeutung des Abendmahls ist die Erlösungsfunktion des Weins, als Analogie zum Blut Christi. Die Darstellungen von Christus an der Kelter, etwa in der Kirche Saint-Nicolas-de-Haguenau, bemühen das gleiche Bild: Jesus läßt zu seinen Füßen den Wein der Erlösung entspringen. Die literarischen Darstellungen des Abendmahls sind oft Parodien, wie diejenigen, die Barbey d'Aurévilly beschreibt, der sich in »Die Teuflischen« als »christlicher Moralist« ausgibt: Das Festmahl, das die zwölf Frauen der »schönsten

Liebe von Don Juan« für Ravila de Ravilès veranstalten, versammelt die dreizehn Gäste um eine Tafel, auf der Champagner den Rotwein ersetzt. Die Erwähnung des Glases, das man hebt, hat hier auch eine narrative Funktion; sie ermöglicht es der Person, ihren Bericht zu verzögern und so die Neugier der Zuhörerinnen zu steigern. Nach dem gleichen Muster verlaufen freitags die blasphemischen Mahle, die Pater Mesnilgrand in »Das Mahl der Gottlosen« anordnet: Die »verdammten Gäste« werden hier »von berauschenden Weinen entflammt«. Der Wein

tritt also in diesen »verweltlichten« Gastmahlen als parodistisches Element auf.

Die mystische Rebe

Das Bild von der Rebe dient auch dazu, die Bindungen zwischen Christus, Gott und den Menschen zu beschreiben: »Ich bin der wahre Weinstock, und mein Vater ist der Weingärtner. ... Ich bin der Weinstock, und ihr die Rebzweige« (Joh. XV, 1 – 7). Diese bildliche Vorstellung war bereits im Alten Testament vorhanden: mit der wunderbaren Riesentraube, die die von Moses ausgesandten Kundschafter aus dem Verheißenen Land zurückbrachten. Diese Traube, die an einer Stange hing und von zwei Männern getragen wurde, ist ein geläufiges Motiv der Kirchenfenster, wie etwa auf einem Fenster von Saint-Etienne-de-Mulhouse. Sie erscheint wieder in Poussins Gemälde »Der Herbst«, das zweifellos Derain zitiert, um den Luxus des Lokals Chez Nicolas zu veranschaulichen, denn man kann hier bei den beiden Trägern die gleiche Körperhaltung beobachten. Im Mittelalter wurde diese Traube als der am Kreuz hängende Jesus interpretiert. Der heilige Augustinus erklärt das Motiv, indem er Jesus als die Traube des Verheißenen Landes definiert.

Links: »Das Letzte Abendmahl« von Philippe de Champaigne, 17. Jh. (Musée du Louvre, Paris). Unten: »Der Herbst« (Ausschnitt) von Nicolas Poussin, 17. Jh. (Musée du Louvre, Paris).

Das Abendmahl

Die Abendmahlsdarstellungen haben als obligatorische Attribute Brot und Wein, häufig in das Zentrum des Bildes gerückt. In der von Philippe de Champaigne gemalten Fassung für den Hauptaltar der Kirche Port-Royal des Champs (1648) zieht der Weinkelch den Blick auf sich: Er ist leicht versetzt gegenüber dem Fluchtpunkt, der im Gesicht von Christus liegt und dessen Vertikale durch das Brot verläuft. Heute erinnern die Kelche auf den Etiketten von Henry Moore für Mouton Rothschild an diesen rituellen und liturgi-

Das Bacchanal

Die religiöse Funktion des Weins war bereits in der griechischen Mythologie vorhanden. Archäologen haben die Verwandlung von Wasser in Wein bei der Hochzeit zu Kana mit der alljährlichen Erneuerung des Wassers zu Wein im Tempel des Dionysos, des Gottes des Weins, auf der Insel Andros gleichgesetzt. Den Christusgestalten an der Kelter entsprechen die Darstellungen von Brunnen, an denen Bacchus die Trauben keltert. Die symbolische Bedeutung ist jedoch sehr verschieden: Im ersten Fall ist der Wein ein Sinnbild für das erlösende Blut Christi, während er im zweiten Fall das Getränk verkörpert, das in Ekstase versetzt. Aber die ikonographischen Motive zeigen deutliche Ähnlichkeiten. Die bacchantischen Themen werden oft in der Musik genutzt. Die »Carmina Burana« aus dem 11. Jahrhundert sind Anrufungen von Bacchus (»Bacche, bene venies«), die das Vorbild der Hymnen auf Iakhos (griechischer Name für Bacchus und anderer Name für Dionysos) nachahmen, die bei den Mysterien von Eleusis gesungen wurden. Jean-Philippe Rameau verbindet den Chor von »Platée« mit der Bacchusfeier. In der französischen Malerei verlieren die bacchantischen Szenen ihre ursprüngliche religiöse Bedeutung und laden nur mehr zur Lust ein. »Die Kindheit des Bacchus«, ein Gemälde, das lange Zeit Poussin zugeschrieben wurde, stellt den Gott dar, wie er Wein aus einer goldenen Schale trinkt, die ein Faun hält, während eine Bacchantin und ein Kind, beide schlafend, an Venus und Cupido erinnern. Der Vergleich geht manchmal bis zur Gleichsetzung, wie in dem französischen Gedicht von Rainer Maria Rilke, das den Titel »Eros« trägt und in dem der Gott der Liebe mit Bacchus verwechselt wird: »Là, sous la treille, parmi le feuillage / Il nous arrive de le deviner: / Son front rustique d'enfant sauvage / Et son antique bouche mutilée / La grappe devant lui devient pesante.« Von diesen Bacchusdarstellungen stammt das Motiv des Weins in den galanten Szenen, wie etwa bei Nattier oder in Chagalls »Die Liebenden mit Weinglas«: Der Wein, das Vermächtnis des Dionysoskults, wird zum Symbol der verliebten Trunkenheit.

So wird aus einem religiösen Symbol ein profanes Sinnbild. Der Wein dient oft nur mehr als Allegorie.

Rechts: »Die Apokalypse des Johannes« von Nicolas Bataille, 14. Jh. (Château d'Angers).

»Lot und seine Töchter« (Pokaldeckel) von Pierre Reymond, 1544 (Musée de Cluny, Paris).
Rechts: »Die Klugheit bringt Frieden und Überfluß« (Ausschnitt) von Simont Vouet, 17. Jh. (Musée du Louvre, Paris).

Die Allegorie des Geschmackssinns

Das Stilleben, das spielerisch das natürliche Vorbild nachahmt, versteht sich auch als eine Darstellung der inneren Welt. Es verbindet die Allegorien der fünf Sinne: Während die Blumen für den Geruchssinn, die Karten oder die Würfel für den Tastsinn, die Musikinstrumente für das Gehör und die Bücher oder die optischen Geräte für den Gesichtssinn stehen, ist der Wein ein Sinnbild des Geschmackssinns. Er erscheint in Gestalt einer Korbflasche oder eines halbvollen Glases auf dem Gemälde »Die fünf Sinne« von Linard ebenso wie in Baugins »Stilleben mit Schachbrett«, wo die Nelken den Geruchssinn, die Laute den Hörsinn, das Schachbrett den Tastsinn und der Spiegel den Gesichtssinn darstellen. Wenn der Wein ein Sinnbild für den Geschmack ist, so kommt seine symbolische Bedeutung zweifellos der alltäglichen am nächsten, denn diese liegt gerade in dem Vergnügen, ihn zu kosten. Aber der Wein kann auch eine abstraktere Idee verkörpern: den Begriff des Friedens, vor allem des sozialen Friedens.

Die Brüderlichkeit

Das Firmenschild eines Weinhändlers im ausgehenden 18. Jahrhundert zeigt den Wein als Faktor einer gesellschaftlichen Einheit und trägt die Überschrift: »Den drei vereinigten Ständen.« Die Schaukel, auf der sich eine adlige Frau festhält, wird von einem Mann des dritten Standes angestoßen. Ein Mann mit Perücke legt seine Hand auf eine Frau, die aus dem Volk stammt, was an ihrer Frisur zu erkennen ist. Auf der linken Seite hebt ein Soldat sein Glas, während ein Priester Wein ausschenkt. Dieses Thema findet sich wieder bei Baudelaire, wo es in den »Künstlichen Paradiesen« durch den Wein verkörpert wird und ein Sinnbild für Brüderlichkeit und Geselligkeit ist.

Als Garant für den sozialen Frieden kennzeichnet der Wein auch den Frieden zwischen den Völkern. In der »Allegorie des Friedens« von Simon Vouet spannen Cupidos Trauben auf, die den Überfluß in Friedenszeiten darstellen. Dieses Gemälde steht somit in einer langen Tradition, die mit Aristophanes beginnt: Dikaipolis, der Held der Komödie »Die Acharner«, entscheidet sich mitten im Peloponnesischen Krieg, Frieden zu schließen, und benutzt dafür das Wort »spondai«, das gleichzeitig

den »Frieden« und das »Weingelage« bezeichnet. Am Ende des Stücks verletzt sich der Krieger Lamachos, ein echter Maulheld, an einem Rebenpfahl, was so den Sieg des Weins über den Krieg sichtbar bestätigt. Kurz nach dem Zweiten Weltkrieg greift das Etikett von Jean Hugo für Mouton Rothschild die Assoziation von Wein und Frieden wieder auf; abgebildet ist darauf eine Taube, die einen Olivenbaumzweig über einer Landschaft mit Weinbergen im Schnabel hält.

Der Wein ist nicht nur Friedensstifter, sondern auch Anregung für die Phantasie: Oft wird er als auslösendes Element im künstlerischen Schaffensprozeß dargestellt.

Inspiration und Kreativität

Der Wein ist das Hilfsmittel für die Kreativität schlechthin. Baudelaire zitiert in den »Künstlichen Paradiesen« Hoffmann, der regelrechte Rezepte für die musikalische Schöpfung vorschlägt: »Der gewissenhafte Musiker muß sich des Champagners bedienen, um eine komische Oper zu komponieren. Er wird darin die schäumende und leichte Heiterkeit finden, die das Genre fordert. Die geistliche Musik verlangt Rheinwein oder Jurançonwein. Wie auf dem Grunde tiefer Ideen gibt es dort eine ernüchternde Bitterkeit. Aber die heroische Musik kann nicht am Burgunderwein vorübergehen. Er besitzt das ernste Feuer und die Begeisterung des Patriotismus.«

Diese Macht des Weins findet sich in der Farbskala der Malerei wieder. »Das rote Atelier« von Matisse stellt diese Übertragung dar: Die rote Farbe des Weins breitet sich durch eine ansteckende Wirkung auf das ganze Atelier aus, das für den Maler der Ort der Schöpfung ist. Auf diese Weise wird der Prozeß der Inspiration bildhaft gezeigt. In der Theorie der Malerei dient die Traube als Modell, um die Regeln des Lichts zu definieren: Die Akademie empfiehlt mit Roger de Piles, das Licht über das gesamte Bild zu verteilen, wie bei einer Traube, d.h. indem man es auf den Mittelpunkt konzentriert, während die Ränder dunkler sind. Es handelt sich somit nicht mehr um einen magischen Vorgang, um eine Geheimkunst, sondern um ein Muster, das eine Regel für die künstlerische Schöpfung liefert.

Das Geheimnis des Einsseins

Die Verbindung von Wein und Inspiration ist bei der literarischen Schöpfung noch stärker entwickelt. Das Orakel der Göttlichen Flasche, das Pantagruel am Ende der langen Reise, die er unternommen hat, um in Erfahrung zu bringen, ob er heiraten solle oder nicht, mit einer Einladung zum Trinken antwortet, enthält im weiteren Sinne das Geheimnis der Schrift – und vielleicht auch der Lektüre, denn in seiner Vorrede bestimmt Rabelais den Wein als Prinzip und als einziges Mittel, um eine Gemeinschaft zwischen ihm und seinen Leser zu begründen.

Baudelaire läßt in den »Künstlichen Paradiesen« den Wein ausdrücklich sagen: »Unsere innige Vereinigung wird Poesie hervorbringen.« Diesen Satz greift er in den »Blumen des Bösen« wieder auf mit der Rede des Weins in dem Gedicht »Die Seele des Weins«: »Auf daß unsrer Liebe die Poesie entspringe.« Zweifellos vertieft Apollinaire in »Alkohol« am stärksten diese Theorie vom heimlichen Einverständnis zwischen dem Künstler und dem Wein. Das »Gedicht, vorgetragen bei der Hochzeit von André Salmon« bildet eine kleine Poetik. Es definiert den schöpferischen Akt mit einer Initiation durch den Wein, die untrennbar verbunden ist mit einer Ästhetik des Lachens: »Die Gläser fielen / zerbrachen / Und wir lernten lachen.« Ein entsprechender Satz findet sich im letzten Vers der »Rheinischen Nacht«: »Mein Glas zerbrach wie schallendes Gelächter.« Es handelt sich sehr wohl um ein schöpferisches Lachen, für das der Wein verantwortlich ist und das »die Dichter in eine ganz neue lyrische Stimmung versetzt« (»Der neue Geist

Oben: »Der kürzeste Weg«
von Préscence Panchounette, 1983
(Galerie de Paris).

und die Dichter«). Die Assoziation von Wein und Lachen als Schöpfer von Poesie verbindet sich mit dem Wortspiel: Der Gleichklang von »verre« (Glas) und »vers« (Vers) erweckt mit dem Bild des zerbrechenden Glases den Eindruck, daß der Vers bei Apollinaire zerbricht.

Die in Wein verwandelte Welt

Das Gedicht, das die Sammlung beschließt, »Vendémiaire« (der Monat der Weinlese), legt die Betonung auf die kosmische Dimension der dichterischen Trunkenheit: Als förmliche Geographie des Weins beschwört der Text nach der Bitte: »Ich habe Durst, Städte Frankreichs, Europas und der Welt, / Fließet alle in meine tiefe Kehle«, die Städte des Westens, dann des Nordens, danach der Rhône und der Saône, allgemeiner die Städte des Südens, darauf der Mosel und des Rheins, von denen jede ihren Wein bringt.

Die Poesie ist ein Festmahl, bei dem der Dichter die in Wein verwandelte Welt trinkt (»Die ganze Welt in diesem Wein zusammengefaßt«) und dadurch universales Wissen gewinnt: »Aber ich wußte schon seit langem, welchen Geschmack die Welt hat.« Die »tiefe Kehle« ist somit diejenige, die den Wein trinkt, wie auch die Kehle, der das dichterische Wort entspringt.

Der Wein, der die Wahrheit enthält, gemäß dem lateinischen Sprichwort »In vino veritas« — nicht zu vergessen Voltaires Ausspruch: »Nur im Wein erkennt man die Wahrheit« — führt auch zum Imaginären. Das ist auch ganz naheliegend, denn der Wein erweist sich als Gehilfe der Kunst, d.h. einer paradoxen Wahrheit, der der Fiktion.

Etiketten: Konventionen und Schöpfung

Die Abbildungen auf den Etiketten beruhen auf Archetypen: Weinlandschaften, Darstellung des Schlosses oder seiner Weinkeller, Kampfszenen, Rüstungen ... bis hin zur Kalligraphie, die ebenfalls konventionalisiert zu sein scheint: Gotische Buchstaben werden am häufigsten für die Weine der Côtes-du-Rhône, aus Châteauneuf-du-Pape und aus Burgund verwendet. Als erster versucht Baron Philippe de Rothschild mit dieser Stereotypie zu brechen, indem er berühmte Künstler mit der Gestaltung der Etiketten beauftragt: Picasso, Marie Laurencin, Georges Braque oder André Masson. Die überraschendsten Themen werden dabei manchmal dargestellt, wie etwa das Motiv der Schrauben, das César 1967 vorschlug. Öfter sind es bacchantische Darstellungen, wie die von Picasso aus dem Jahre 1973, oder die Lust der Zecher: ein in die Länge gezogener Mann inmitten von Trauben bei André Masson im Jahre 1957, ein tanzender Hammel von John Huston 1982.

Die siebte Kunstform

Der Wein — die Flasche, das Glas, die Handbewegung des Trinkens, das freundschaftliche Einverständnis der Trinkenden — gehört in einem Maße zur französischen Gesellschaft, daß man ihn selbstverständlich seit neunzig Jahren auch im Film wiederfindet. In den Komödien aus der Frühzeit des Kinos, in den erbaulichen Melodramen, die Pathé und Gaumont produzierten und in die ganze Welt verkauften, ist weniger der Wein von Bedeutung als das damit verbundene Verhalten, die warmherzige Unterhaltung, die sich in der Kneipe oder am heimischen Tisch entspinnt. Als elementare Zeichen von Geselligkeit sind die Flasche, die man entkorkt, das Glas, das man erhebt, und der Ehrentrunk auf der Leinwand rasch zu Konventionen erstarrt, zu einem armseligen Realismus, den der französische Zuschauer ungerührt über sich ergehen läßt, der aber noch immer den angelsächsischen Betrachter erstaunt, der darin eine rührende Exotik erkennt (»so French«). Konvention ist auch, vor allem in den zwanziger und dreißiger Jahren, die Flasche Champagner, die ein immer wiederkehrender Diener mit gestreifter Weste auf einem Tablett serviert. Sie ist nur die Übertragung auf die Leinwand, das elementare und (für den Produzenten) relativ billige Zeichen des »großen Lebens«: wie die Reichen, die feine Gesellschaft und die Halbwelt leben oder wie sich der Provinzler, der nach Paris kommt, um einmal ganz groß auszugehen, Luxus vorstellt — so sehr ist dieses Bild der großen, mit rotem Samt verkleideten Säle beim breiten Publikums zu einem Klischee geworden. Der Champagner nährte ganz nebenbei den Traum vom festlichen Samstagabend.

Wenn der Wein eine Rolle spielt

Wenige Filmregisseure haben dagegen dem Wein eine wirkliche Bedeutung gegeben und ihn auf der Leinwand als kulturelles Faktum dargestellt. Der aus dem Languedoc stammende Louis Feuillade hatte 1918, einige Monate vor dem Ende des Kriegs, für Gaumont den Film »Vendémiaire« gedreht. Hinter einer fiktiven Handlung, die sich vor der Kulisse einer Weinlese entwickelt, verbirgt sich eine Allegorie in symbolistischer Manier: eine Parallele zwischen dem Wein, den die Arbeit der Menschen dem Boden entreißt, und dem Blut, das der Krieg in den Schützengräben vergießt.

»Brennende Begierde« von Claude Faraldo (1986). – Rechts: »Masken« von Claude Chabrol (1987). – Unten: »Vendémiaire« von Louis Feuillade (1918).

Im Tonfilm ist der Wein in spärlichen, oft flüchtigen Szenen wirklich das Thema; bisweilen sind die Szenen auch gewichtiger wie die in »Stürmische Jugend« von Claude Autant-Lara aus dem Jahre 1946, wo ein Pommard entkorkt wird. Zu Beginn des Films (die Handlung spielt im Juni 1917) wird Micheline Presle von einem Schüler, der um sie wirbt, Gérard Philippe, in das Lokal Le Véfour eingeladen. Er bestellt einen Pommard Jahrgang 1906. Man bringt ihnen mit vielen Entschuldigungen einen 1905er. Zum Spaß rufen sie den Kellner: »Dieser Wein korkt.« Prüfung, Verlegenheit. Der Geschäftsführer, ein alter Ober, danach der Besitzer kommen hinzu. Gérard Philippe bleibt fest. Micheline Presle betrachtet ihn verliebt und amüsiert zugleich. Die Flasche wird ausgewechselt. Viel später, vor dem tragischen Ausgang, trifft sich das Paar an einem Novembertag des Jahres 1918 an demselben Tisch wieder. Der Weinkellner ist immer noch da. Gérard Philippe: »Ich will Ihnen alles gestehen, er korkte nicht.« Das Gesicht des Kellners hellt sich auf.

Die Filmregisseure, bei denen der Wein eine Rolle spielt, sind nicht zahlreich: Claude Sautet, Bertrand Tavernier, Claude Chabrol, Claude Faraldo. Miteinander gemein haben sie die Gabe, über einen edlen Tropfen zu reden (indem sie die Schauspieler darüber sprechen lassen), die Gabe, die richtigen Gesten zu verlangen: den Wein im Licht zu dekantieren, ihn einzugießen, an ihm zu riechen, ihn im Mund zu halten. Ein Château Margaux 1947 steht am Anfang von Sautets »Mado«: Während eine kleine Gesellschaft Bridge spielt, erhält der Gastgeber, den jeder »Papa« nennt, eine Kiste mit Wein. Er öffnet sie vorsichtig, bedau-

ert dann, bevor er die Gläser reicht: »Eigentlich bräuchte er noch etwas Zeit, um sich zu erholen.« In »Masken« von Chabrol ist es ein Burgunder, den der Diener von Philippe Noiret in eine Kristallkaraffe umfüllt, bevor er ihn serviert.

Der Wein taucht dort auf, wo man ihn am wenigsten erwartet: Verdanken wir nicht dem Regisseur Alain Resnais bzw. seinem bekannten englischen Drehbuchautor David Mercer in »Providence« das Leitmotiv der Flasche Chablis, welche die Phantasie und häufig auch den Wahn des alten Schriftstellers Clive Langham erregt?

VENDEMIAIRE

Wein und Tourismus

Zeichen der Zeit: Man »macht« heute die Châteaus des Bordelais, die burgundischen Clos oder die elsässische Weinstraße ebenso wie die Höhlen des Périgord, das Tal der Loire oder Paris bei Nacht. Die Entdeckungsreise durch die Weinbaugebiete ist zu einer echten Touristenattraktion geworden.

Schon Jefferson

Die Idee, durch die Weinländer zu reisen, ist keine moderne Erfindung. So verführte in Bordeaux schon unter dem Ancien régime das Ansehen der Weine die Reisenden dazu, in die Graves-Region zu fahren und das Weingut Haut-Brion zu besichtigen. In Pessac lockten die Jesuitenmönche, die dort Besitzer eines Weinberges waren, sogar die Neugierigen an, indem sie ihnen eine Rebfläche zeigten, die der Erzbischof von Bordeaux, Bertrand de Got, angepflanzt hatte, bevor aus ihm Papst Clemens V. wurde.

Einige unternahmen gelegentlich noch weitere Entdeckungsreisen. Im 18. Jahrhundert etwa nutzte Thomas Jefferson, ein Bewunderer der Physiokraten und begeisterter Liebhaber der Weinreben, eine Kur im Thermalbad von Aix-en-Provence im Jahre 1787 dazu aus, um eine Entdeckungsreise durch die französischen Weinbaugebiete zu unternehmen. Er besuchte nacheinander Burgund, das

Bordelais, Südfrankreich, dann Norditalien, das Rheintal und die Champagne, wobei er regelmäßig ein Tagebuch führte, das ein wertvolles Dokument für die Weinhistoriker darstellt.

Um die Mitte des 19. Jahrhunderts erschien 1846 in London die erste Ausgabe von »Bordeaux, Its Wines and The Claret Country« (Bordeaux, seine Weine und das Land des Claret) von Charles Cocks, das zum berühmten Féret führen sollte.

Die Weinstraßen

Obwohl das touristische Interesse an den Weinbaugebieten bereits seit langer Zeit bestand, dauerte es noch Jahre, bis sich die Verantwortlichen des Fremdenverkehrswesens mit den Vertretern der Weinbranche zusammentaten, um die Welt des Weinbaus besser bekannt zu machen. Auf diese Weise entstanden in ganz Frankreich die Weinstraßen, die jeweils markiert sind mit Hilfe von graphischen Symbolen oder von Tafeln, die von berühmten Malern gestaltet wurden, wie etwa von Mathieu für das Tal der Rhône. Diese Routen verbinden Stationen des Weinbaus und der Weinbereitung (Weinberge, Kellereien und Weinkeller) mit den mehr klassischen touristischen Zielen (Naturschönheiten, Schlösser, Kirchen usw.).

Die erste Weinstraße wurde 1951 im

Elsaß geschaffen. Sie führt von Marlenheim nach Thann und benutzt dabei eine alte Route aus dem Mittelalter. Diesem Beispiel folgten angesehene Appellationen, etwa die Champagne, die drei Weinstraßen anbietet, und andere Regionen, die besonders touristisch orientiert, aber weniger bekannt für ihre Weine sind, beispielsweise das Gebiet von Bergerac und das Languedoc-Roussillon. Im Elsaß wurden außerdem noch Weinlehrpfade angelegt, auf denen man im Laufe eines Spaziergangs die Rebsorten und ihre besondere Anpassung an die Umgebung kennenlernen kann.

Die Besitzer der Weingüter selbst haben den Besuchern ihre Weinkeller geöffnet, wobei sie manchmal kleine Weinbaumuseen eingerichtet haben.

Eine kulturelle Tatsache

In den Städten sind anspruchsvollere Sammlungen entstanden: in Bordeaux das Musée d'Aquitaine oder in Béziers das Musée du Vieux Biterrois. Oft besitzt der Wein ein Museum für sich allein. In Beaune hat er seinen Platz im historischen Rahmen des alten Hôtel des Ducs (15./16. Jahrhundert), während das Museum von Epernay seine Berühmtheit von einer Traubenpresse aus dem 18. Jahrhundert ableitet. Ebenso bemerkenswert ist die elsässische Kellerei des Museums von Colmar. Viele andere

Werk von Georges Mathieu, der die Markierungen für die Weinstraßen der Côtes du Rhône und des Languedoc-Roussillon geschaffen hat.

Museumsgründungen würden es verdienen, hier ebenfalls erwähnt zu werden. Eine Besonderheit bildet jedoch das Musée de Mouton-Rothschild, das originellerweise keine Gegenstände ausstellt, die zum Weinbau oder zur Weinbereitung dienen, sondern Kunstwerke, die vom Wein inspiriert worden sind. Die Touristen blicken mit neuen Augen auf die mit dem Wein verbundene Architektur. So sind die Châteaus nicht mehr nur Namen, die auf Etiketten erscheinen. Da sie zumeist aus dem 19. Jahrhundert stammen, profitieren sie heute vom wiedererwachten Interesse der Allgemeinheit für diese Epoche.

Man sieht sogar Spaziergänger, die sich für den Baustil der Weinkeller und der Gebäude von Weingütern interessieren. In Burgund hat man sich die Mühe gemacht, die alten Keltern herauszustellen, indem man ihnen einen eigenen Rundgang gewidmet hat. Im Médoc verfügen die Besucher über einen Architekturführer, der sich mit den Lager- und Gärkellern befaßt.

Aber die wichtigste Entwicklung neben den Weinstraßen war zweifellos das Auftauchen neuer touristischer Angebote wie beispielsweise Rundfahrten mit Führer, *Wine Tours* oder Degustationskurse, die auch miteinander kombiniert werden können. Erstere bieten in dreierlei Hinsicht einen Vorteil gegenüber der Rundreise im eigenen Auto: Man erhält Zugang zu Örtlichkeiten, die Besuchern ohne Begleitung verschlossen bleiben; man muß nicht selbst fahren und kann deshalb die Weine unbesorgt probieren; dank der Anwesenheit eines berufsmäßigen Führers kann man das Anbaugebiet, den Wein und ihr Umfeld besser verstehen. Anspruchsvoller und auch teurer sind die Weinreisen, richtige organisierte Rundreisen, die von Appellation zu Appellation führen. Einige gehen sogar so weit, daß sie zu diesem Zweck das Privatflugzeug, die Limousine und den Helikopter kombinieren.

Weniger extravagant, aber sicherlich gezielter, was das Wissen über den Wein betrifft, sind die Degustationskurse. Das Önologische Institut der Universität von Bordeaux war in den fünfziger Jahren der Initiator für diesen Bildungstyp, indem es den Winzern und den Weinliebhabern die Ergebnisse seiner Forschungen zur Verfügung stellte. Solche Lehrgänge

Ein Weinbaugebiet am Etang de Diana nordöstlich von Cateraggio auf Korsika.
Darunter: Minerve, die Felsenstadt.

werden jetzt in den meisten Regionen veranstaltet, so in Suze-la-Rousse, wo die prächtige Festung heute die Weinuniversität beherbergt. Diese betrachtet sich nicht nur als Degustationsschule, sondern versteht sich auch als Zentrum für die Einführung in die Weinkultur.

Anbaugebiete auf eigene Faust entdecken

Obwohl alle diese organisierten Unternehmungen in hohem Maße geholfen haben, die Weine und ihre Anbaugebiete bekannt zu machen, ziehen es manche immer noch vor, die Anbaugebiete auf eigene Faust zu entdecken. So genügt es in Burgund schon, die Weinstraße in der Nähe von Santenay zu verlassen und auf den schmalen Wegen am Fuße des Hügels spazierenzugehen, um sich von den Dörfern mit den schönen Winzerhäusern des Couches- und des Maranges-Gebiets verzaubern zu lassen; dazu gehören auch Dezize-lès-Maranges und Sampigny-lès-Maranges, wo eine riesige Traubenpresse aus dem 18. Jahrhundert erhalten ist. Das im 16. Jahrhundert erbaute Château de Dracy-lès-Couches besitzt einen großartigen Weinkeller, der siebzehn Gärfässer enthält.

Weniger bekannt ist das Weinbaugebiet des Minervois, in dem man romanische Bauwerke von strenger Schönheit findet: die Kirche Saint-Saturnin von Pouzols, die Kapelle Saint-Etienne von Vaissière, drei Kilometer südwestlich von Azille, die Kirche Notre-Dame und das Schloß von Puichéric, natürlich Rieux-Minervois und seine siebeneckige Kirche Saint-Pierre-et-Saint-Paul mit den herrlichen Kapitellen.

Zwischen Corbières und Roussillon empfängt das Oberland des Fenouillèdes, von Saint-Paul-di-Fenouillet bis Montalba-le-Château, die Besucher, die sich dorthin wagen, mit der Süße seiner Weine und der Wildheit seiner Landschaft. Dort versteckt sich auch eine Sehenswürdigkeit, ein vergessenes Monument und dennoch eines der größten römischen Bauwerke des Languedoc-Roussillon: der Aquädukt von Ansignan.

In den Weinbergen der Touraine, vor allem in Bléré, ragen ungewöhnliche Bauwerke auf: die »Grottes« oder »Lubits«. Diese Unterkünfte, genaue Nachbildungen der Winzerhäuser in Miniaturform, sind aus Tuffstein errichtet, dem Baumaterial für die Loireschlösser, zu denen sie einen merkwürdigen Kontrast bilden.

Der Fiumorbo, den sein erst vor kurzem angelegtes Anbaugebiet vielleicht aus seiner Abgeschiedenheit befreien wird – das ist Korsika, wie man es sich vorstellt und doch kaum kennt: ein alter Schlupfwinkel von wilden Banditen, mit einer bemerkenswerten Landschaft und Dörfern, wie etwa Prunelli di Fiumorbo, von wo aus der Blick die gesamte östliche Ebene und das Meer umfaßt.

In Villars-sur-Var in der Provence besitzt jedes Haus einen Weinkeller mit Traubenpresse und Holzfässern, um den einheimischen Wein zu lagern, der nur in geringer Menge produziert wird. Man kann ihn probieren, bevor man ein anderes bemerkenswertes Werk bewundert, das ebenso unbekannt ist: die Statue von Johannes dem Täufer, die im Jahre 1524 von Mathieu d'Anvers geschaffen wurde und in der schönen Kirche Saint-Jean-Baptiste steht.

Während der Weintourismus dazu tendiert, den Wein zum Selbstzweck zu erheben, erinnert dieser so an seine Haupttugend: die Menschen miteinander zu verbinden. Wenn man auf die Suche nach ihm geht, entdeckt man Frankreich. Denn, wie Fernand Braudel betonte, »der Wein bedeutet Gesellschaft, politische Macht, außerordentliches Arbeitsfeld, Zivilisation«.

Anbaugebiete
und
Weine

Die Weinbaugebiete Frankreichs

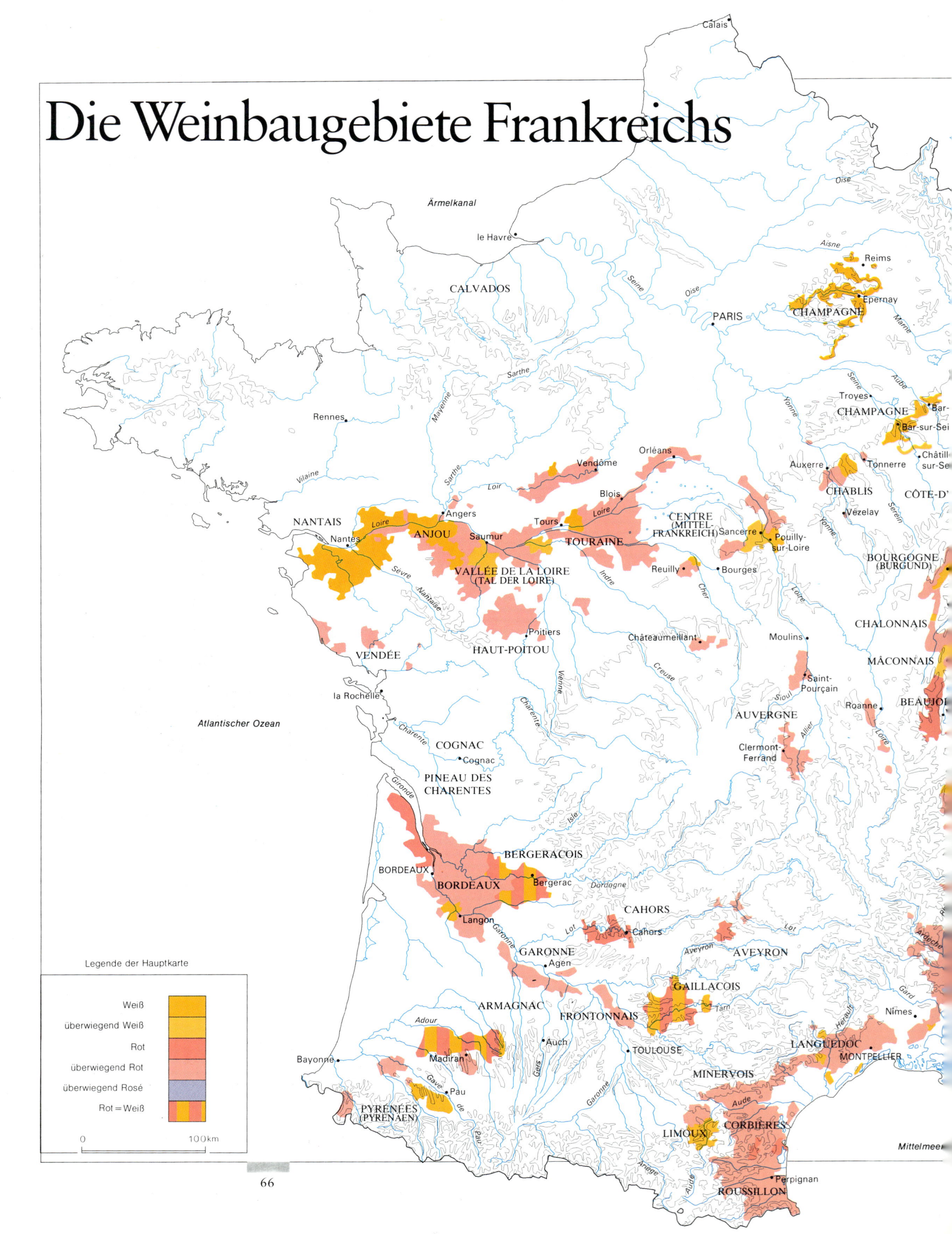

Legende der Hauptkarte

Weiß
überwiegend Weiß
Rot
überwiegend Rot
überwiegend Rosé
Rot = Weiß

0   100 km

Ärmelkanal
le Havre
CALVADOS
PARIS
Seine
Oise
Oise
Aisne
Reims
CHAMPAGNE
Epernay
Marne
Sarthe
Troyes
CHAMPAGNE
Bar-
Aube
Bar-sur-Sei
Rennes
Orléans
Vendôme
Châtill-
sur-Se
Mayenne
Sarthe
Loir
Blois
Auxerre
Tonnerre
CHABLIS
CÔTE-D'
Loire
Loir
Vézelay
Serein
NANTAIS
Angers
Tours
CENTRE
(MITTEL-
FRANKREICH)
Sancerre
Pouilly-
sur-Loire
Yonne
BOURGOGNE
(BURGUND)
Nantes
ANJOU
Saumur
TOURAINE
Loire
Sèvre
VALLÉE DE LA LOIRE
(TAL DER LOIRE)
Reuilly
Indre
Bourges
Nantaise
Cher
Loire
CHALONNAIS
Poitiers
Châteaumeillant
Moulins
MÂCONNAIS
VENDÉE
HAUT-POITOU
Vienne
Creuse
Saint-
Pourçain
BEAUJOI
la Rochelle
AUVERGNE
Roanne
Charente
Sioul
Atlantischer Ozean
Charente
COGNAC
Clermont-
Ferrand
Allier
Loire
Cognac
PINEAU DES
CHARENTES
Gironde
Isle
BERGERACOIS
BORDEAUX
Bergerac
Dordogne
BORDEAUX
Langon
CAHORS
Garonne
Lot
Cahors
Lot
Aveyron
AVEYRON
GARONNE
Agen
Gard
Ardèch
GAILLACOIS
ARMAGNAC
FRONTONNAIS
Tarn
Nîmes
Adour
Auch
TOULOUSE
Garonne
LANGUEDOC
Bayonne
Madiran
Hérault
MONTPELLIER
Pau
MINERVOIS
Gave
de
Gers
PYRÉNÉES
(PYRENÄEN)
Aude
Pau
CORBIÈRES
LIMOUX
Ariège
Mittelmee
66
Aude
Perpignan
ROUSSILLON

Allgemeine Bildlegenden der Karten

Die Farben geben den Weintyp an (Rot, Weiß oder Rosé).
Der Farbwert zeigt die Rangfolge der Appellation an (kommunale, subregionale und regionale).

Burgund	Andere Regionen										
kommunale App. Grand Cru	kommunale Appellation										
kommunale App. 1er Cru			*								
kommunale Appellation	subregionale Appellation										
regionale Appellation	regionale Appellation										
	WEINE	**Rot**	**Weiß**	**Rot +Weiß**	**Weiß +Rot**	**Rot =Weiß**	**Rosé**	**Rosé +Rot**	**Rot +Rosé**	**Rot +Rosé und Weiß**	**Weiß +Rot und Rosé**	**Rosé +Rot und Weiß**

* Diese Farbe steht aus Gründen der Übersichtlichkeit auch für die regionalen Appellationen Alsace, Champagne und Jurançon.

Die Skala der Crus der Champagne erscheint in der Legende der Karte S. 129.

CH. HAUT-BRION ■ Premier Cru Classé

CH. OLIVIER ■ Anderer Cru Classé

CH. FORTIA □ Nicht eingestufter Cru

Bourgueil Kommunale Appellation
In Burgund: Kommunale A.O.C., 1er Cru oder Grand Cru

Clos du Roi Einzellage (Burgund)

Rivesaltes Subregionale Appellation

Bourgueil Angrenzende Appellation

Chalonnais Anbaubereich

⎯⎯ Appellationsgrenze   - -

⎯⎯ Grenze der Einzellage (Burgund)

⎯⎯ Weinstraße

▦ ᴸ Weinbaugebiet

▩ Angrenzende Appellation

▧ V.D.Q.S.-Weine (Farben wie bei den regionalen Appellationen)

◩ V.D.N.

◖ Genossenschaftskellerei

◠ Probierkeller

⎍ Cuvage des Compagnons du Beaujolais

⌂ Kapelle

○ Dorf aus »goldenem Stein«

⎱ Betrifft nur Beaujolais

REIMS Regionaler Hauptort

Vienne Andere Stadt oder Gemeinde

Chevrette Reblage

DRÔME Departement

- - - - Gemeinde oder Departementsgrenze

▦ 2 1 Wald   2 Weide

LORRAINE (LOTHRINGEN)
Maas
Mosel
• Metz
Toul • • Nancy
• Strasbourg
ALSACE (ELSASS)
• Colmar
Rhein
Mosel
Saône
Doubs
• Arbois
JURA
• GENÈVE (GENF)
Ain
SAVOIE (SAVOYEN)
Rhône
Chambéry •
Isère
Isère
Drôme
Durance
LÉE HÔNE
Var
PROVENCE
• Nice (Nizza)
Durance
• Aix-en-Provence
EILLE
Saint-Tropez
• Toulon

CORSE (KORSIKA)
• Bastia
CORSE (KORSIKA)
Ajaccio •
Tavaro
• Bonifacio

© Hachette · Institut Géographique National · Paris 1986

Elsaß

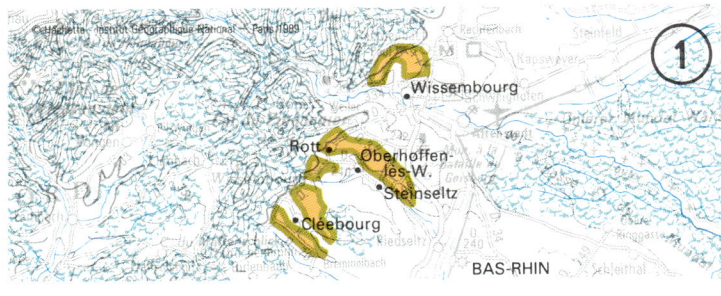

regionale A.O.C.		Im ganzen Elsaß kann Pinot d'Alsace (Rotwein) erzeugt werden
WEIN	**Weiß**	

0   10 km

Als ein Kind einmal spazierenging, begegnete es einem Bären. Dieser fraß gierig Beeren, die bis dahin keiner kannte. Nachdem man den Bären erlegt hatte, entdeckte man bald die Vorzüge dieser Beeren. Der Legende nach entstand so der Weinbau im Elsaß. Auch wenn sich das elsässische Weinbaugebiet durch seine reiche Folklore auszeichnet, von der die vielen farbenfrohen Volksfeste zeugen, so ist es doch innerhalb des französischen Anbaugebiets durch seine nördliche Lage, seine Zugehörigkeit zu den rheinischen Regionen, seine auf Rebsorten beruhende gesetzliche Regelung (was aber nicht bedeutet, daß nicht auch die Lagen wichtig wären) und seine wechselhafte Geschichte geprägt.

»Ach, was für ein schöner Garten!«

Das elsässische Weinbaugebiet erstreckt sich auf den Vorbergen der Vogesen und bildet so das Bindeglied zwischen der Rheinebene und dem Gebirge. Seine Entwicklung wurde durch die Geschehnisse beeinflußt, die den Verlauf der Geschichte dieser manchmal heftig umkämpften Provinz bestimmten. Eine erste Blütezeit erlebt der Weinbau während der Herrschaft der Römer. Aber erst nach dem Ende der großen Invasionen konnte er sich dank der bischöflichen und klösterlichen Güter erneut ausbreiten. Die Nähe zum Rhein, einem der Hauptverkehrswege im Mittelalter, förderte schon damals den Export elsässischer Weine in die Länder, die an den Ufern des Flusses und jenseits seiner Mündung lagen. Begünstigt wurde dies durch den Handel der Hansestädte mit Skandinavien und England.

Seine größte Ausdehnung scheint das Anbaugebiet im 16. Jahrhundert erreicht zu haben. Mit mehr als 180 registrierten Weinbauorten reichte es zu jener Zeit weit in die Rheinebene hinein. Es war schon damals unter einer Vielzahl von Besitzern aufgeteilt, die in reichen Ortschaften lebten. Unter dem Einfluß der Renaissance bildeten diese Marktflekken trotz ihrer Befestigungsmauern eine perfekte Symbiose mit der sie umgebenden Natur. Die meisten dieser architektonischen Schmuckstücke blieben glücklicherweise von den verschiedenen Kriegen verschont. Einer der schrecklichsten war sicherlich der Dreißigjährige Krieg (1618 — 48), der die Bevölkerung dezimierte und das Weinbaugebiet verwüstete. Nach Beendigung dieses Krieges fiel das Elsaß an Frankreich. Ludwig XIV. war damals weitblickend genug, neue Siedler aus der alemannischen Schweiz und dem österreichischen Tirol, d.h. aus damals übervölkerten Regionen, die aber kulturell der einheimischen Bevölkerung sehr nahestanden, ins Land zu holen. Die Situation des Weinbaus und der Provinz insgesamt verbesserte sich teilweise wieder, so daß der Sonnenkönig 1673 auf seiner ersten Reise durch das Elsaß, als er von der Zaberner Steige das Land überblickte, ausrufen konnte: »Ach, was für ein schöner Garten!«

Leider wurde das Weinbaugebiet durch die Französische Revolution erneut in Mitleidenschaft gezogen. Die Säkularisierung der kirchlichen Güter beraubte es seiner traditionellen Absatzmärkte und führte zu einem Qualitätsrückgang der Produktion.

Diese Situation wurde noch durch ein Gesetz von 1822 verschärft, das den Binnenmarkt schützen sollte, aber gleichzeitig die Ausfuhr elsässischer Weine erschwerte. Von 70 000 hl im Jahre 1822 sanken die

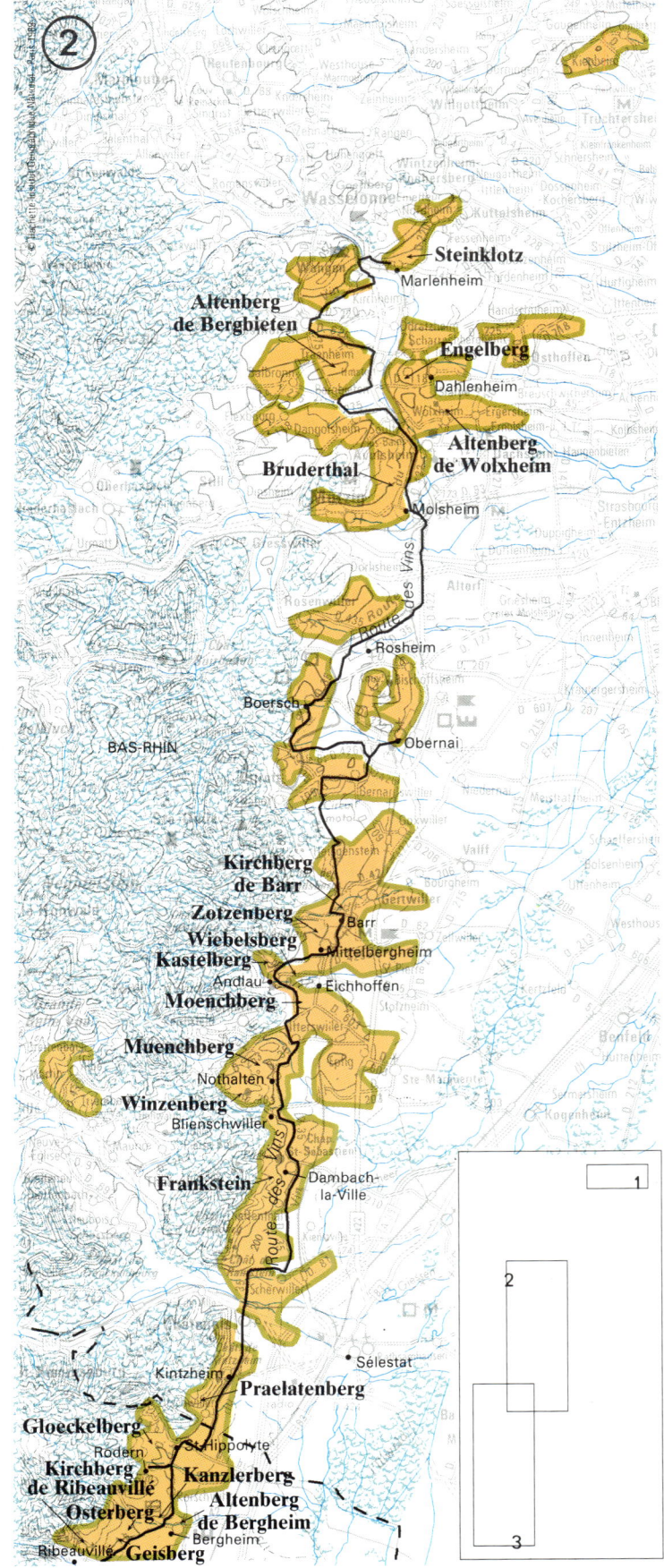

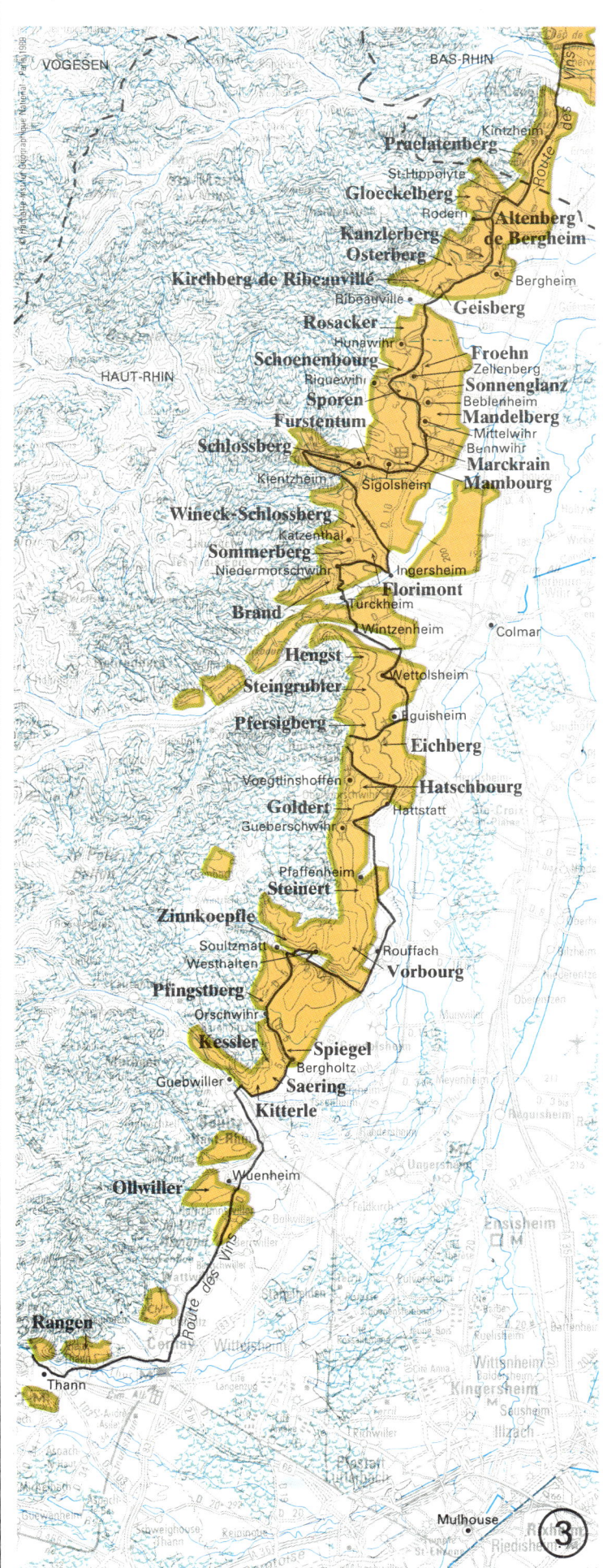

Exporte auf 38 000 hl im darauffolgenden Jahr. Außerdem machten die Weine aus Südfrankreich den elsässischen zunehmend Konkurrenz. Die Annexion des Elsaß durch das Deutsche Reich veränderte jedoch ziemlich bald diese Ausgangssituation. Innerhalb des neuen Staates wurde das elsässische Weinbaugebiet von einem nördlichen Anbaugebiet, das es bis dahin gewesen war, zu einem südlichen. Bis 1918 blieb der Wein ein Massenprodukt, das vor Ort verkauft oder zur Verbesserung deutscher Weine verwendet wurde. 1893 umfaßte das elsässische Weinbaugebiet insgesamt 24 835 ha, auf denen durchschnittlich mehr als 1 Million Hektoliter pro Jahr erzeugt wurden. Als das Elsaß nach dem Ersten Weltkrieg an Frankreich zurückfiel, standen die Erzeuger vor einer heiklen Entscheidung. Ihr Weitblick brachte sie dazu, den zwar schwierigeren, langfristig aber sichereren Weg zu wählen: sie setzten auf Qualität. Dazu mußten sie wieder edle Rebsorten anpflanzen und die Weinlagen im Flachland zugunsten der Hügellagen aufgeben.

Ein geschichtlich bedingtes Gleichgewicht

Mehrere charakteristische Merkmale des elsässischen Weinbaugebiets sind eine Folge der stürmischen Geschichte dieser Provinz. Die Häufigkeit der kriegerischen Auseinandersetzungen erklärt vor allem auch die Zergliederung des Anbaugebiets und seine Aufteilung unter viele Besitzer: Um möglichen Gefahren besser begegnen zu können, schlossen sich die Einwohner sehr oft in befestigten Dörfern zusammen. Diese Siedlungsform förderte jedoch die Erbteilung des Landbesitzes im Laufe der verschiedenen Generationen. So kam es zu der extremen Zerstückelung, die man heute beobachten kann: 8163 zur Lese zugelassene Winzer bei 12 600 ha Anbaufläche (1985). Die Durchschnittsgröße der bepflanzten Parzellen liegt bei 10 a, was jede Flurbereinigung oder Umstrukturierung schwierig, ja fast unmöglich macht.

Kriege und Annektierung haben auch die Organisationsformen bei der Weinherstellung nachhaltig beeinflußt. So begünstigte die Zugehörigkeit zum Deutschen Reich schon zu Beginn dieses Jahrhunderts die Entstehung von Winzergenossenschaften. Die Zerstörungen, die durch die Gefechte an der Einbruchstelle von Colmar während des Zweiten Weltkriegs verursacht wurden, zwangen später die Einwohner von Bennwihr und Sigolsheim dazu, ihre Dörfer vollständig neu aufzubauen. Sie faßten damals den Entschluß, sich zu organisieren und zwei neue Genossenschaften zu gründen.

Obwohl die historisch bedingten Veränderungen wiederholt Kurswechsel in der Nutzung der Weinberge zur Folge hatten und auf diese Weise eine konsequente Durchführung der Qualitätspolitik bis in die 20er Jahre verzögerten, hatten sie nicht nur negative Auswirkungen. Sie erschlossen dem Elsaß neue Absatzmärkte in den am Rhein liegenden Ländern, in den Benelux-Staaten, Großbritannien und Dänemark. Indem sie die Entwicklung eines kooperativen Systems förderten, führten sie letztlich zu dem heute bestehenden Gleichgewicht zwischen Weinhandel, Einzelerzeugern und Genossenschaften, die zu gleichen Teilen die Vermarktung der Produktion bestreiten.

Faß (Musée du Vin, Kientzheim).

Die Kunst in den Weinkellern

Der elsässische Winzer ist stolz auf seinen Beruf; schon von jeher war er sich seiner Zugehörigkeit zu einer alten Kultur bewußt. Er empfand früher eine ganz besondere Ehrfurcht vor seinen Werkzeugen, die mehr als nur simple Gebrauchsgegenstände waren und in seinen Augen ein Vermächtnis darstellten, das ihm seine Vorfahren hinterlassen hatten. Unter diesen Geräten nahm das Holzfaß stets einen besonderen Platz ein. Ob es nun rund ist wie die »Sainte-Catherine« aus dem Jahre 1715, das älteste noch verwendete Faß in einer alten Kellerei von Riquewihr, oder oval — das Faß eignet sich in jedem Fall sehr gut für die Schnitzkunst. Die reichsten Winzer ließen die Vorderseite kunstvoll bearbeiten, während sich die anderen mit der Verzierung des Faßriegels begnügten. Die Motive wurden der griechischen (Sirenen) oder römischen Mythologie (Bacchus) entlehnt.

Eine von der Natur privilegierte Umgebung

Als sonnenreiche »Balkone«, die das Rheintal überragen, bilden die Hügelketten der Vorvogesen ein besonders günstiges Gebiet für den Weinbau und seine heitere Kultur. Es handelt sich dabei um eine außergewöhnliche Gegend, sowohl dem geologischen Aufbau wie auch der Lage nach.

Ein komplexes Anbaugebiet

Wie das gesamte Elsaß sind auch die Vorberge der Vogesen das Resultat einer Einsenkung des Rheingrabens, einer gewaltigen geologischen Umwälzung, die vor 5 bis 30 Millionen Jahren das alte Massiv Vogesen-Schwarzwald in zwei große Teile zerschnitt. Die beiden Bruchlinien in Nord-Süd-Richtung, die diesen Graben begrenzten, ließen ein weites Netz von primären und sekundären Verwerfungen entstehen, die ein regelrechtes Mosaik von mehr oder weniger tief eingesunkenen Schollen bildeten: wie die Tasten eines Klaviers und von sehr vielfältiger geologischer Beschaffenheit. Auf der elsässischen Seite sind aus diesen Bruchschollen, die zwischen der vogesischen und der rheinischen Verwerfung eingelagert sind (jenseits der letzteren breitet sich die Ebene des Elsaß aus, die eine gewaltige Masse von Ablagerungen bedeckt), Hügel entstanden, das Hauptanbaugebiet des Weins. Aber der Wein wächst auch beiderseits davon, am

Der Brand in Turkheim.

Fuß des Mittelgebirges, d. h. auf dem hercynischen Grundgebirge, ebenso wie auf den Schwemmkegeln der Vogesentäler.

Das Weinbaugebiet hat sich somit auf einem äußerst komplexen Untergrund ausgebildet. Dennoch können drei große Gebiete unterschieden werden: der Rand des Gebirges, die Hügel der Vorvogesen und die alluviale Ebene.

Die Ränder des Mittelgebirges, wo die Höhe der Weinbauzone selten 400 m übersteigt, umfassen Anbauflächen granitischen oder gneissischen Ursprungs, die sich in Nord-Süd-Richtung erstrecken. Die Böden sind hier sandig, recht sauer, wasserdurchlässig und nicht sehr tiefgründig (besonders an den steilen Stellen); das Gefälle ist oft so stark, daß sich die Winzer, wie in Guebwil-

ler, gezwungen sahen, Terrassen anzulegen. In diese Kategorie fallen auch die schieferführenden Gebiete, die in der Gegend von Andlau liegen, die Gebiete vulkanischen Ursprungs (in Thann) und schließlich noch die relativ weitverbreiteten Sandsteingebiete.

In den Hügeln der Vorvogesen trifft man auf die typische elsässische Weinlandschaft mit großen, schönen Dörfern, die an mit Wein bewachsenen Hängen liegen und deren Häuser mit Geranien geschmückt sind. Das Wechselspiel von Verwerfungen und Erosion hat in diesem Abschnitt sehr vielfältige Böden hervorgebracht; auf engstem Raum treten große Unterschiede in der Bodenbeschaffenheit auf, vor allem in den großen Bruchfeldern von Saverne (Zabern), Ribeauvillé, Wettolsheim-Guebwiller und Thann. Die Böden der Vorberge der Vogesen sind ziemlich kalk- oder lehmhaltig und von unterschiedlicher Tiefe, die jeweils von der Lage und der Höhe (zwischen 200 und 300 m) abhängt. Zu diesen recht entwickelten Böden aus dem Mesozoikum, kalkhaltiger Braunerde oder Böden vom Rendzina-Typ auf Kalkstein, kommen Konglomerate und zwischengeschichtete Mergel an der Grenze zum Teritär hinzu, besonders in der Gegend von Rouffach. Dieses Gebiet besitzt einen sehr günstigen geologischen Aufbau, mit Böden, die über einen guten Wasserabzug verfügen und dadurch jederzeit ein gutes Gedeihen des Rebstocks gewährlei-

sten. Im alluvialen Flachland (zwischen 170 und 220 m hoch liegend) findet man eine Mischung aus Sand, Kies und quarzhaltigen Geröllen, die entweder von Schwemmkegeln oder von fluvialen Terrassen herrühren. Diese wenig entwickelten Böden, die nur einen geringen Anteil an Lehm enthalten, sind stark wasserdurchlässig und neigen zu saurem Charakter. Stellenweise sind sie von äolischen, d. h. vom Wind herantransportierten Sedimenten (Lößschichten) bedeckt, was ihre Fruchtbarkeit erhöht.

Heiratstruhe aus dem 17. Jh.
(Kellerei Boeckel, Mittelbergheim)

Eine Sonne von südlicher Glut

Während das Rheintal für die »Binnenfranzosen«, d. h. die Franzosen, die nicht im Elsaß leben, im Norden liegt, wird es von den Deutschen als eine Art von sonnenverwöhntem Garten angesehen, der bereits südlichen Charakter besitzt. Jede dieser beiden Sehweisen hat ihre Richtigkeit in einem Land, wo das semikon-

Die Böden der Vorvogesen, das bevorzugte Gebiet des elsässischen Weinbaus.

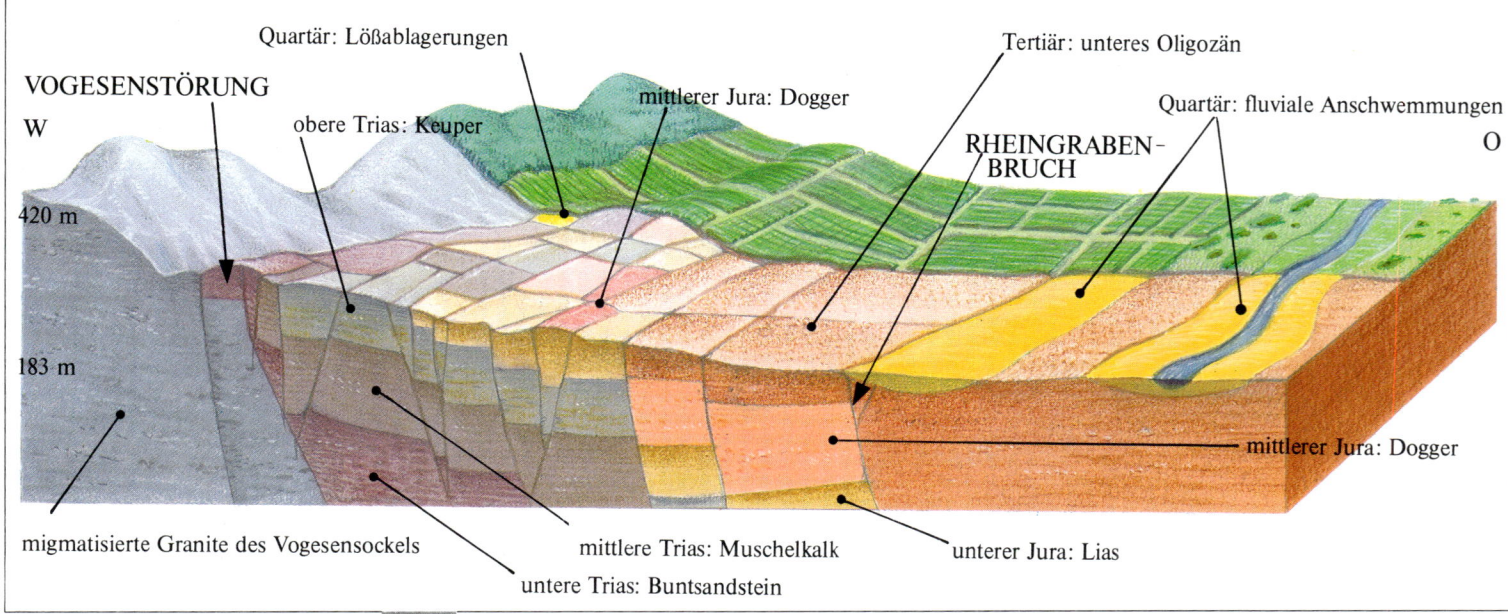

VOGESENSTÖRUNG

W

Quartär: Lößablagerungen

obere Trias: Keuper

mittlerer Jura: Dogger

Tertiär: unteres Oligozän

Quartär: fluviale Anschwemmungen

RHEINGRABEN-BRUCH

O

420 m

183 m

migmatisierte Granite des Vogesensockels

mittlere Trias: Muschelkalk

untere Trias: Buntsandstein

unterer Jura: Lias

mittlerer Jura: Dogger

tinentale Klima zwei sehr unterschiedliche Gesichter zeigt. Ein Land des Nordens — im Winter trifft das auf das Elsaß mit seiner Schneedecke sicherlich zu. Aber man braucht nur an einem schönen Sommertag in einem menschenleeren, von Hitze und Licht durchfluteten Gäßchen spazierengehen, um zu spüren, daß die Sonne hier immer noch mit südlicher Kraft strahlt.

Verantwortlich für dieses günstige Mikroklima sind die Vogesen, die als Barriere die ozeanischen Einflüsse abschirmen, so daß die Region in den Genuß von besonders warmen und sonnenreichen Sommern kommt. Aus diesem Grund liegt die Durchschnittstemperatur in Colmar im Juli über 20°C. Zählt man die wachstumswirksamen Tagestemperaturen (d. h. höher als 10°C während der vegetativen Periode (vom 1. April bis zum 30. September) zusammen, so erreichen sie hier 1253°C gegenüber

Oben links: Niedermorschwihr.
Oben rechts: Rangen in Thann.
Unten: Saint Urbain (Kellerei
Boeckel, Mittelbergheim).

Urban
Schutzpatron der Weingärtner

1129°C in Angers und 1175°C in Dijon.

Auch wenn die Sommer heiß sind, so gibt es doch strenge Winter, die sich aber nicht schädlich auf den Weinbau auswirken. Nachtfröste sind hier eher selten: Ernste Frostschäden wurden eigentlich nur 1956 und 1985 verzeichnet. Frühjahrsfröste kommen zwar vor, werden aber durch die Öffnung des Rheintals ziemlich begrenzt und betreffen tatsächlich nur den Ausgang der Vogesentäler.

Eine noch wichtigere regulierende Rolle spielt die vogesische Barriere für die Niederschlagsmenge: Die ozeanischen Luftmassen verlieren ihre Feuchtigkeit, wenn sie an den Westhängen und über die Gipfel des Massivs aufsteigen. Wenn sie dann an der elsässischen Flanke wieder absinken, erwärmt sich die Luft; die Niederschläge nehmen immer mehr ab, bis sie in der Gegend von Colmar mit

500 mm pro Jahr ihr Minimum erreichen. Im gesamten Weinbaugebiet liegen sie zwischen 500 und 650 mm, was eine natürliche Begrenzung der Wasserversorgung der Pflanze garantiert und die Voraussetzungen für die Sonneneinstrahlung optimiert. Hervorheben muß man auch die guten Bedingungen des Spätherbstes: Sie erlauben eine verfeinerte Reifung und eine späte Lese. Das wiederum steigert die aromatische Ausdruckskraft des Weins und verleiht ihm seine besondere Originalität.

Gute klimatische Bedingungen und günstige Eigenheiten der Topographie und der Bodenbeschaffenheit machen die Hügel der Vorvogesen zu einem idealen Weinbaugebiet. Die Elsässer haben es obendrein verstanden, diese natürlichen Voraussetzungen optimal zu nutzen, indem sie Rebsorten einführten, die sich perfekt an die regionalen Gegebenheiten anpassen.

Charakteristische Rebsorten

Muscat d'Alsace.

In der Champagne adelt die Handelsmarke das Etikett, in der Bordeaux-Gegend ist es der Name des Château, in Burgund die Lagenbezeichnung. Die Hauptrolle im Elsaß spielt unbestritten die Rebsorte, zumal auf die Herkunftsbezeichnung fast immer der Name der Rebsorte folgt: Ist es nicht üblich, einen Riesling oder einen Sylvaner zu kaufen?

Vom Anbaugebiet zur Rebsorte

Das war aber nicht immer so. Im Mittelalter waren die Weine in erster Linie durch ihre Herkunftsgemeinde bestimmt, und bis zur Reblauskrise wurden die Rebsorten häufig gemischt angebaut. Der berühmte Rebsortenkundler Stolz vermerkte 1852, daß man in den Hauptweinbauorten des Haut-Rhin Traminer zusammen mit Riesling, Pinot Gris, Pinot Blanc oder Chasselas anbaute. Das ergebe, meinte er, die besten »Edel« der Gegend. Dennoch spielte die Rebsorte schon damals eine wichtige Rolle im elsässischen Weinbau. Die Rheinebene, dieser bedeutende Verkehrs- und Handelsweg, begünstigte im Laufe der Jahrhunderte den Anbau zahlreicher Rebsorten. Die Vielfalt der Böden und Mikroklimate ermöglichte es hier jeder Sorte, die für ihre optimale Entfaltung notwendigen Bedingungen zu finden. Aber die Suche nach der idealen Kombination von Boden, Rebsorte und Klima wurde bisweilen durch politische Entscheidungen beeinflußt. Beispielsweise wurde vorgeschrieben, auch Trollinger anzupflanzen, eine heute ganz verschwundene Rebsorte, die noch im letzten Jahrhundert einen Großteil der Rotweinproduktion sicherte.

Auch wenn die Reblausinvasion leider zur Folge hatte, daß die alten traditionellen Rebsorten zunehmend durch Hybride ersetzt wurden, so führte die Vorschrift, veredelte Gewächse zu verwenden, im weiteren Verlauf glücklicherweise dazu, daß man allmählich darauf verzichtete, in

Riesling.

Mischkultur anzubauen. An ihre Stelle trat der reinsortige Anbau. Naturgemäß bewies der typische Charakter, den jede Rebsorte besitzt und der durch das jeweilige Klima noch verstärkt wird, seine Überlegenheit, so daß man sich entschloß, die Herstellung und den Verkauf der Weine nach Sorten allgemein durchzusetzen.

Von den Grundsorten . . .

Üblicherweise teilt man die elsässischen Rebsorten in zwei Gruppen ein; die eine umfaßt die Grundsorten und die andere die edleren Rebsorten, die auch die angesehensten Weine hervorbringen.

Der Chasselas oder Gutedel erschien bereits gegen Ende des 18. Jahrhunderts im Haut-Rhin. Im Laufe der letzten Jahrzehnte ging sein Anbau zurück, so daß er heute nur mehr rund 2,5% der Anbaufläche einnimmt. Es handelt sich bei ihm um eine frühreifende Rebsorte, die sich recht unterschiedlichen Bedingungen angepaßt hat. Sie erzeugt leichte, frische Weine, die neutraler als die meisten an der Herstellung des Edelzwickers beteiligten Traubensorten sind.

Der Edelzwicker, was in der elsässischen Mundart »edler Verschnitt« be-

deutet, ist keine einzelne Rebsorte, sondern ein Verschnitt aus verschiedenen Traubensorten, vor allem Pinot oder Sylvaner, die durch aromatischere Sorten mit je nach Jahrgang unterschiedlichem Anteil unterstützt werden.

Der aus Österreich stammende Sylvaner ist im Elsaß seit dem 18. Jahrhundert bekannt. Er nimmt etwa 20% der Anbaufläche, hauptsächlich im Bas-Rhin, ein. Er ist eher spätreifend und gedeiht auf tiefen Sand- und Kalkböden, die reich an Feinstoffen sind. Zusammen mit dem Riesling ist er dem Ertrag nach die regelmäßigste Rebsorte, wobei der

Pinot Blanc.

durchschnittliche Ertrag mit 97 hl/ha ziemlich hoch ist. Er liefert leichte, ziemlich lebhafte und fruchtige Weine, die aber bisweilen in bestimmten Anbaugebieten, wie beispielsweise in der Gemarkung Mittelbergheim, auch kräftiger ausfallen können.

Pinot Blanc und Auxerrois sind zwei genetisch verschiedene Rebsorten, die aber im Sprachgebrauch aufgrund der Ähnlichkeit ihrer Produkte unter der Bezeichnung Pinot oder Klevner vermengt wurden. Während der Pinot Blanc in dieser Gegend schon im 16. Jahrhundert vorkam, trat der Auxerrois, der zweifellos aus Laquenexy in Lothringen stammt, erst später auf. Diese beiden Rebsorten, die ihren Anteil von 11% der Anbaufläche im Jahre 1969 auf heute 19% ausgeweitet haben, verdanken ihre Verbreitung ihrem relativ frühreifenden Charakter. Ihr Wein, dem man eine gewisse Qualität nicht absprechen kann, ist im allgemeinen kräftig gebaut und besitzt ein feines Bukett.

. . . zu den großen Namen

Ihren stark ausgeprägten Charakter und ihren guten Ruf verdanken die elsässischen Weine aber nicht den Grundsorten, sondern den vornehmsten Rebsorten. An erster Stelle steht dabei der Riesling, ein echtes Lieblingskind der Elsässer und bestimmt die älteste Rebsorte dieser Gegend. Er wird bereits in einer bedeutenden botanischen Abhandlung aus dem Jahre 1551, dem »Kreuterbuch« von Bock, erwähnt. Gegenwärtig nimmt er etwa 21% der Anbaufläche ein. Er ist eine spätreifende Sorte, die wunderbar auf sandig-lehmigen Böden oder auf Schlickböden gedeiht, die reich an groben Gesteinspartikeln sind. Im Ertrag ist er sehr regelmäßig und liefert sehr typische Weine, die besonders wegen ihrer Spritzigkeit, ihrer aromatischen Feinheit und ihrer großen Eleganz geschätzt werden.

Der ebenfalls schon im 16. Jahrhun-

Sylvaner.

dert erwähnte Muscat ist in Wirklichkeit ein Verschnitt aus zwei Traubensorten: dem Muscat d'Alsace (weiß mit kleinen Beeren), der älteren Rebsorte, und dem Muscat Ottonel, der wahrscheinlich von einer Chasselas-Kreuzung herrührt und jünger und frühreifender ist. Die erste Sorte liefert relativ säuerliche Weine, die aber ein gutes, intensives Aroma besitzen. Die zweite ist durch die Feinheit ihres Buketts gekennzeichnet. Die harmonische Mischung beider Traubensorten bringt trockene, frische und sehr bukettreiche Weine hervor, die wirklich den Eindruck erwecken, als würde man in Trauben beißen. Der Muscat nimmt heute nur mehr 3% der Anbaufläche ein, weil ihm die Erzeuger seine zu große Unregelmäßigkeit im Ertrag übelnehmen.

Der Legende (siehe Kasten) zufolge aus Ungarn, in Wirklichkeit jedoch zweifellos aus Burgund stammt der Tokay d'Alsace oder Pinot Gris, der im Elsaß seit dem Ende des 17. Jahrhunderts beheimatet ist. Mit nur rund 5% Anteil an der Gesamtanbaufläche ist er noch selten, befindet sich aber auf dem Vormarsch. Obwohl er vor allem die Tertiärböden (wo Sand und Lehm dominieren) in der Gegend von Cleebourg, im Norden der Provinz, bevorzugt, gedeiht er auch auf Kalkböden und entfaltet seine ganze Klasse auf vulkanischen Hängen. Seine hochgeschätzten Weine, die durch ihre Stärke auffallen, zeichnen sich auch durch ihren Körperreichtum und ihre Alterungsfähigkeit aus.

Der Gewürztraminer ist eine aromatische Spielart des alten Traminers, der seit ältester Zeit bekannt ist. Diese Traubensorte mit dem stark durch ihren würzigen Geschmack geprägten Bukett kam im Elsaß gegen Ende des 19. Jahrhunderts auf und trat schrittweise an die Stelle des alten Traminers. Mit 20% Anteil an der Anbaufläche ist der Gewürztraminer ziemlich weit verbreitet, obwohl er recht anfällig gegenüber klimatischen Unbilden und nicht sehr ertragreich (55 hl/ha) ist. Er ist eine frühreifende Rebsorte, die bevorzugt auf Mergelböden wächst,

Haut-Koenigsbourg.

Gewürztraminer.

die relativ tief und durchschnittlich kalkhaltig sind. Trotz der rosaroten Färbung seiner Beeren bringt er Weißweine mit goldenen Reflexen hervor, die sich als vollmundig und kräftig gebaut erweisen und durch ein sehr intensives Bukett auszeich-

VIN D'ALSACE

GEWURZTRAMINER 70 cl

MISE A LA PROPRIÉTÉ PAR:
J.-PH. & M BECKER, VITICULTEURS A ZELLENBERG 68340 - FRANCE

Pinot Noir.

Tokay Pinot Gris.

nen. Da er sich perfekt an die Hanglagen der Vorvogesen angepaßt hat, erreicht er im Elsaß zweifellos seine optimale Qualität.

Der Klevner von Heiligenstein ist nichts anderes als der alte Traminer, der in Heiligenstein und fünf Nachbargemarkungen überlebt hat. Er nimmt nur mehr eine begrenzte Anbaufläche ein, liefert aber elegante, kräftig gebaute Weine. Der Pinot Noir, der sehr früh aus Burgund eingeführt wurde, ist eine edle rote Traubensorte, die im Mittelalter eine überaus wichtige Rolle spielte. Im Laufe der Jahrhunderte ging er stark zurück und wurde schließlich nur noch an wenigen Orten (wie Ottrott, Rodern, Marlenheim usw.) angebaut. Aber seit etwa fünfzehn Jahren erlebte er eine echte »Renaissance« und nimmt heute 6,5% der Anbaufläche ein. Es handelt sich dabei um eine eher spätreifende Rebsorte, die sich gut für Sand- oder Kalkböden eignet und im Elsaß die einzige Sorte ist, aus der Rot- und Roséweine hergestellt werden. Auch wenn er anfangs für die Herstellung von frischen, fruchtigen Roséweinen verwendet wurde, so sind die Erzeuger doch seit einigen Jahren bemüht, die Gärdauer zu verlängern, um aus den Pinot-Noir-Trauben bei der Weinbereitung kräftigere Rotweine zu gewinnen.

Die Legende vom Tokay d'Alsace
Der Tokay d'Alsace oder Pinot Gris ist ein Wein, der durch seine schöne gelbe Farbe ebenso wie durch seine Vollmundigkeit auffällt. Es ist daher nicht erstaunlich, daß sich um seine Herkunft Legenden ranken. So wird erzählt, daß Baron Lazarus von Schwendi, General der kaiserlich österreichischen Armee, die Grundherrschaft von Kientzheim nahe Colmar im Jahre 1563 erwarb. Zwei Jahre später eroberte er die Stadt Tokaj in Ungarn und entdeckte dort wunderbare Weine. Er entschloß sich, Gewächse von dort mitzunehmen, um sie in seinen elsässischen Weinbergen weiterzuzüchten. Seitdem wurde der Name Tokaj in dieser Gegend immer wieder verwendet, wobei er vor allem den Pinot Gris bezeichnete.

Auf der Weinstraße

Auf einer Strecke von rund 180 km trennt das dünne Band der Weinberge der Appellation Alsace die Rheinebene von den vogesischen »Belchen«, die hie und da von den Ruinen geschichtsträchtiger und legendenumwobener Burgen aus dem Mittelalter bekrönt sind. Der Wein, dessen Anbauflächen von Wäldern eingeschlossen sind, die der Herbst zur Zeit der Weinlese in warme Farben kleidet, ist vollkommen in die elsässische Landschaft integriert.

Das ganze Jahr hindurch ist der traditionelle Arbeitsablauf im Weinberg identisch mit dem im übrigen Rheintal. Auch hier werden die Rebstöcke jeweils auf einer Grundfläche von 1,5 m auf 1,5 m angepflanzt und in derselben Weise zurückgeschnitten, auf zwei lange Fruchthölzer je Stock, wobei diese Hölzer gebogen sind, um das Aufbrechen der ersten Knospen zu erleichtern. Die Vorschrift legt fest, daß beim Rebschnitt nicht mehr als 12 Augen (Knospen) pro Quadratmeter belassen werden dürfen. Die sehr hohe Erziehung schließlich läßt die Reben auf zwei Meter über den Boden emporwachsen, was sich als sehr vorteilhaft für die Photosynthese erweist.

Wissembourg

Im Norden tritt der Wein schon an der Grenze in Erscheinung, in Wissembourg, wo eine kleine Weinbauinsel das Anbaugebiet der Pfalz verlängerte, gleichsam als Erinnerung daran, daß das Elsaß zum Rheinland gehört. Die gesamte Produktion des Gebiets von Wissembourg ist in der Genossenschaft von Cleebourg zusammengefaßt, die für ihre Tokay- und Auxerrois-Weine berühmt ist. Aber in diesem reizvollen Landstrich, einem wahren Museum heimischer Traditionen, wo man zwischen Authentizität und Folklore unterscheiden kann, ist der Wein, der an vielen Orten von Obstbäumen abgelöst wird, nicht der Alleinherrscher. Ähnlich sieht es in einer anderen traditionsreichen Region aus, im kleinen Weinbaugebiet von Kienheim und Gimbrett, das weiter südlich in der Gegend von Kochersberg liegt, wo die Dörfer manchmal an alte Stiche erinnern.

Oben: Riquewihr, von Schoenenbourg aus gesehen.
Rechts: Kapitell der Kirche von Marmoutier.

Die elsässische Weinstraße

In Marlenheim, einer Stadt mit berühmten Roséweinen, beginnt die Weinstraße; gleichzeitig setzt sich das Weinbaugebiet fort. Man findet dort auch einen ersten Weinlehrpfad (weitere gibt es in Bergheim, Pfaffenheim und Turckheim); dank einer Markierung kann man die elsässischen Rebsorten in ihrer natürlichen Umwelt (hier Kalkstein und Kalksandstein) erleben.

Das Gebiet von Molsheim, einer alten Bischofsstadt, gehört zum Bruchfeld von Saverne. Im Gegensatz zur allgemeinen Ausbreitung der Weinberge in Nord-Süd-Richtung erstreckt sich hier das Weinbaugebiet von Osten nach Westen, was auch das Vorhandensein von landwirtschaftlichen Betrieben mit Mischkultur erklärt, obwohl der Direktverkauf gegenwärtig zunimmt.

Hinter Wangen, wo am Sonntag, der auf den 3. Juli folgt, der Wein in Strömen aus dem Brunnen vor der Kirche fließt, könnten Soultz-les-Bains mit seiner salzhaltigen Quelle und Obernai mit seinen Brasseries vielleicht als Ausnahmen an der Weinstraße gelten. Aber der Wein ist immer noch da!

In Barr, sagt man, gibt es jeden Sonntag ein Fest; man dringt hier ein in die Zone der echten Weinmonokultur, was besonders augenfällig ist, weil der Wein fast zwei Meter Höhe erreicht. Die Rebsorte Sylvaner hat hier einen recht großen Anteil an der Produktion, die nicht mehr ausschließlich von den in dieser Gegend ansässigen Weinbauern verkauft wird: Von Barr an trifft man auf die ersten Weinhandelshäuser. Südlich von Barr sollte man das malerische kleine Dorf Mittelbergheim mit seinen hübschen Winzerhäusern besuchen. Aber dieser Ort ist nicht nur für Touristen von Interesse: Hier wird der Sylvaner auf verschieden aufgebauten Böden angepflanzt und beweist so die Bedeutung des Anbaugebiets für die Qualität der Weine. Obwohl er auf Böden, die von Ablagerungen am Fuß der Hänge gebildet werden, weniger Persönlichkeit besitzt, bringt er auf den vielfältigen

(aus Kalken bestehenden) Böden, die nordwestlich des Dorfes liegen, seine Frische und seine Rundheit voll zur Geltung. Noch mehr gilt das für Stein, südlich von Mittelbergheim, dessen gute Kalksteinhänge ihm außergewöhnliche Reifungsvoraussetzungen bieten. Danach verengt sich der Saum der vogesischen Vorberge bis zur Einmündung des Giessentals auf der Höhe von Selestat.

Die Weinstuben

Eine kleine Untreue gegenüber der Weinstraße kann eigentlich keine allzu schwere Sünde sein, besonders dann, wenn es sich um einen Abstecher nach Illhaeusern handelt, wo die Auberge de l'Ill, eine der Hochburgen der französischen Gastronomie, steht. Denn sicherlich ist das eine gute Gelegenheit, um kulinarische Spitzenleistungen kennenzulernen. Hinter die Geheimnisse der elsässischen Weine kommt man jedoch auf andere Weise: Man besucht eine der hier häufig anzutreffenden Weinstuben. Dort erwarten die Elsässer den Besucher mit einem Glas in der Hand, um ihm ihre Weine mit warmherziger Sympathie zu kredenzen.

Die Herrschaft der Tradition

In Colmar nimmt der Wein ebenso wie in Turckheim eine große Anbaufläche auf dem breiten Schwemmkegel der Fecht ein. Südlich von Colmar führt die Weinstraße nach Rouffach und Westhalten, zwei Gemarkungen, wo man um die Besonderheit des elsässischen Klimas weiß; auf den Kuppen der Hügel erinnert eine sehr eigentümliche (heute unter Naturschutz stehende) Flora ein wenig an die Pflanzenwelt des Mittelmeerraums. Nach Süden hin wird aus dem Weinbaugebiet, das hier starke Konkurrenz durch eine seit sehr alten Zeiten bestehende Industrie erhält, ein länglicher Streifen.

Als »Rückgrat« des Elsaß ermöglicht es die auf halbem Weg zwischen Vogesen und Rheinebene verlaufende Weinstraße nicht nur, daß man die ganze Gegend gleichzeitig mit dem Weinbaugebiet entdeckt. Entlang der Weinstraße finden – zeitlich aufeinanderfolgend – auch zahlreiche traditionsreiche Veranstaltungen statt, an denen die Elsässer sehr hängen. Auf diese Weise ist sie auch ein lebendiges Museum des Winzerberufs und zweifellos eine der interessantesten touristischen Reiserouten.

Die »drei Perlen« des Weinbaugebiets

Beherrscht von der mächtigen Silhouette des Haut-Koenigsbourg auf seinem von den Vogesen abgelösten Gipfel, setzen sich die Vorberge wieder in Saint-Hippolyte fort. Der Wein profitiert davon, indem er sich weiter ausbreitet; der Gewürztraminer erobert die Mergelböden, während der Riesling die Granithänge beherrscht.

In dieser Landschaft verbergen sich auch »drei seltene Perlen, drei berühmte, zauberhafte Marktflecken«: Ribeauvillé, wo die Häuser, die der Handwerker ebenso wie die der Winzer, und die Renaissancebrunnen daran erinnern, daß der vom Wein herrührende Wohlstand nicht neuen Datums ist; Riquewihr, eine immer noch mittelalterlich anmutende Stadt ohne Autos und Stromleitungen; und Kaysersberg, der Geburtsort von Albert Schweitzer, dem berühmten Tropenarzt und Theologen. Aber über dem Reiz, den diese Orte auf Touristen ausüben, darf man nicht ihre Bedeutung für den Weinbau vergessen: Orte wie Ribeauvillé und Riquewihr besitzen einige der ältesten Weinunternehmen im

ganzen Elsaß, obwohl man im gesamten Weinbaugebiet des Haut-Rhin ein ziemlich dichtes Netz von Genossenschaften findet.
Beachtung verdient zwar auch das Weinmuseum in Kientzheim, aber das größte Interesse zieht Colmar auf sich. Als wahre Hauptstadt des elsässischen Weinbaugebiets ist sie Sitz verschiedener Berufsorganisationen und der Weinbörse (in der Maison des Têtes, dem »Haus der Köpfe«, das aus der Zeit der Renaissance stammt).

Oben: Kaysersberg und der Schloßberg.
Rechts: Weinfest in Dambach.
Unten: Portalsturz in Aloi.

Ein anspruchsvoller Wein

Das elsässische Weinbaugebiet unterscheidet sich von der übrigen französischen Weinbaulandschaft durch sehr viele Eigenheiten.
So ist es das einzige Anbaugebiet, dessen Weine seit 1972 in der Region selbst in Flaschen abgefüllt werden müssen. Um diese Vorschrift beneiden es viele Appellationen. Eine andere Besonderheit ist die ausschließliche Verwendung der berühmten Flasche mit dem langen Hals, der »Rheinflöte«.
Zu allen Zeiten war der Zeitpunkt für den Beginn der Weinlese behördlich festgelegt. Die Ernten finden im Elsaß später als anderswo statt, weil man die klimatischen Bedingungen des Herbstes ausnutzen will, die günstig für eine langsame Reifung der Trauben sind, was wiederum der harmonischen Aromaentwicklung zugute kommt. Um dieses aromatische Potential zu bewahren, keltert man das Lesegut rasch, damit Oxidations- und Vermaischungserscheinungen begrenzt werden. Die alkoholische Gärung wird bei einer ausreichend niedrigen Temperatur durchgeführt, damit das Aroma nicht entweichen kann. Schließlich muß noch das Einsetzen der malolaktischen Gärung vermieden werden, die schädlich für das Säuregleichgewicht der Weine und für die Ausdruckskraft ihres Buketts wäre.

Die tausend Nuancen des Elsaß

Lange Zeit besaß das elsässische Weinbaugebiet ausschließlich eine regionale Appellation. Heute versuchen die Erzeuger, die sich der Vorzüge ihres Anbaugebiets bewußt sind, ihre Produkte zu diversifizieren. Mit der kontrollierten Herkunftsbezeichnung Alsace Grand Cru kehrt verstärkt die Lagenbezeichnung zurück. Mit den »Spätlesen« und »Beerenauslesen« lebt die alte Tradition überreifer Beeren wieder auf. Mit dem Crémant d'Alsace tritt in dieser Region auch ein festlicher Wein auf.

Die Grands Crus

Der Hauptstreifen des elsässischen Weinbaugebiets ist zwar nur 1,5 bis 3 km breit, dehnt sich aber auf einer Länge von etwa 110 km Luftlinie von Norden nach Süden aus. Böden und Mikroklimate wechseln hier häufig und verleihen den Weinen tausend Nuancen, die in jedem anderen Anbaugebiet ihren Aus-

druck in den Vorschriften durch die Existenz von Lagenbezeichnungen gefunden hätten. Aber hier datiert ihre Entstehung — vielleicht wegen der demokratischen Tradition, die in den rheinischen Landen seit langem verwurzelt sind — erst aus dem Jahre 1975 mit der offiziellen Festlegung einer Appellation Grand Cru. Diese Entscheidung führte im November 1983 zur Abgrenzung einer ersten Gruppe von 25 Anbaugebieten mit Flurnamen (von 6 bis 80 ha Größe, mit einer Durchschnittsanbaufläche von 35 ha). Das wesentliche Merkmal dieser Appellation ist die Originalität jedes der berücksichtigten Anbaugebiete. Diese sind charakterisiert durch ihren Boden (siehe Tafel), aber auch durch ihre Ausrichtung und ihre Lage. Insgesamt passen sie vollkommen zu den elsässischen Edeltraubensorten (Riesling, Muscat, Pinot Gris und Gewürztraminer), die allein Anrecht auf diese Appellation haben. Der Ertrag pro Hektar (70 hl) ist sehr viel geringer als bei der regionalen Appellation und

erlaubt es so, daß sich der typische Charakter der Weine, der noch durch die besonderen Bedingungen der Lage differenziert wird, voll entfaltet. Übrigens dürfen diese Weine nur aus Trauben erzeugt werden, die vor jeglicher Anreicherung einen Mindestalkoholgehalt von 10° für die beiden erstgenannten Sorten und von 11° für die restlichen aufweisen.

Spätlesen und Beerenauslesen

Die klimatischen Bedingungen im Herbst, die im Elsaß ähnlich wie im gesamten Rheintal häufig günstig für die Entwicklung der Edelfäule und die Zuckerkonzentration der Beeren sind, haben seit langem die Produktion von Weinen zugelassen, die von überreifem Traubengut stammen. Der delikate, zufallsbedingte Charakter der Produktion und der Vinifizierung dieses Lesetyps, der notwendigerweise mit einem sehr hohen Gestehungspreis verbunden ist, er-

Die Jahreszeiten im Elsaß. Rechts: Hunawihr.

klärt jedoch, warum in den letzten Jahrzehnten nur einige große elsässische Häuser an dieser Produktion interessiert waren.

Diese hätte durchaus eine nur begrenzte Zukunft haben können, wenn nicht schließlich die Qualitätsforschung und der gesunde Wettbewerb, der sich im Anbaugebiet entwickelte, triumphiert hätten. Seinen Ausdruck fand das in der Anerkennung und Festlegung der Bezeichnungen »Vendanges Tardives« (Spätlese) und »Sélection de Grains Nobles« (Beerenauslese) durch ein Dekret im März 1984.

Diese beiden Bezeichnungen können ebenso auf Weine der Appellation Alsace wie der Appellation Alsace Grand Cru angewendet werden, jedoch nur unter der Bedingung, daß sie allein von edlen Rebsorten (Riesling, Muscat, Pinot Gris und Gewürztraminer) stammen. Die Vorschriften, die den Winzern dabei auferlegt werden, sind übrigens sehr streng, da der Mindestalkoholgehalt zusammen mit den Strohweinen des Juras der höchste aller französischen AOC-Weine ist. Für die Spätlesen liegt er nämlich bei 12,9° für Riesling und Muscat und bei 14,3° für Pinot Gris und Gewürztraminer. Für die Beerenauslese beträgt er 15,1° bzw. 16,4°. Ebenso streng wie die Vorschriften ist auch ihre Überwachung; diese Produktionen sind einer systematischen Kontrolle zum Zeitpunkt der Lese unterworfen. Sie wird von Bevollmächtigten der I. N. A. O. durchgeführt und kann so die Unverfälschtheit der Weine garantieren, die nicht angereichert werden dürfen. Außerdem dürfen sie nicht in den Handel gebracht werden, ohne daß sie vorher eine analytische Prüfung und eine Sinnenprobe durchlaufen, die 18 Monate nach der Lese stattfinden. Das Ergebnis sind Weine, deren großer Reiz in der bemerkenswerten Konzentration und der seltenen aromatischen Nachhaltigkeit liegt.

»Trinken Sie Elsässer!«

Trinken Sie Elsässer! Dieser schlagkräftige Slogan diente einer großen Werbekampagne als Motto; er machte die »Binnenfranzosen« mit dem Crémant d'Alsace, einem unkomplizierten Schaumwein (weiß oder rosé), bekannt. Das Anbaugebiet dieser Appellation, das sich mit dem der regionalen Appellation Alsace überschneidet, erstreckt sich in Nord-Süd-Richtung. Die Weine können aus verschiedenen Traubensorten hergestellt werden: Pinot

Rechts: Ammerschwihr.
Unten: Eine Illustration von Hansi, entnommen aus »Les Clochers dans les vignes«.

Blanc, Auxerrois, Pinot Gris, Pinot Noir, Chardonnay und Riesling.
Im Unterschied zu den Weinen der Appellationen Alsace und Alsace Grand Cru werden die Crémants selten unter dem Namen der Rebsorte angeboten; zumeist bestehen sie aus einem Verschnitt von Traubensorten mit je nach Jahrgang unterschiedlichen Anteilen, um eine gewisse Beständigkeit beim Säuregleichgewicht der Weine sicherzustellen. Hergestellt werden sie nach den in der Champagne gebräuchlichen Prinzipien. Die Trauben müssen unverletzt in die Pressen gelangen, damit eine gute Mostqualität garantiert ist. Der Extrahierungsanteil darf nicht 100 l AOC-Wein je 150 kg Lesegut übersteigen. Die zweite Gärung muß in der Flasche stattfinden und eine Mindestdauer von neun Monaten auf der Hefe haben.
Um die Nachfrage besser befriedigen zu können, bietet die Crémantproduktion eine gewisse Vielfalt an Weinen. Die einen, die vom Riesling stammen, sind durch ihr sehr ausgeprägtes Bukett gekennzeichnet, während andere, die aus Auxerrois oder Pinot Blanc hergestellt sind, mehr Rundheit und eine bessere Alterungsfähigkeit besitzen. Daneben gibt es auch einen Rosé-Crémant, der aus Pinot-Noir-Trauben erzeugt wird. Dank dieser Anpassung an den Markt und einer klugen Qualitätspolitik ist die Appellation Crémant d'Alsace heute ein echter kommerzieller Erfolg, was auch die Verkaufs-

ziffern belegen, die von einigen tausend Hektolitern im Jahre 1975 auf mehr als 16 000 hl im Jahr 1982 anstiegen und 1987 schon 80 000 hl erreichten.
Das elsässische Weinbaugebiet wird noch immer verkannt. Dafür gibt es vor allem zwei Gründe: zunächst die wechselhaften historischen Geschehnisse, die viele Jahrzehnte ein Hindernis auf dem Weg zu einem qualitätsorientierten Weinbau darstellten, und dann die Vielfalt seiner Produkte. Tatsächlich aber sind die Verbraucher heute auf der Suche nach echter Qualität. Das ist eine große Chance für das Elsaß, denn was bisher als Nachteil angesehen wurde, wird nun zu einem Trumpf für die Zukunft.

HUNAWIHR

HANSI

Die Mahlzeit des heiligen Stephanus

Jedes Jahr am Tag nach dem Weihnachtsfest, d.h. am Tag des heiligen Stephanus (Saint-Etienne), mußte der Vorsitzende der »Herrenstubengesellschaft« von Ammerschwihr seinen Mitbrüdern eine üppige Mahlzeit auftragen lassen. Daher auch der Name »Confrèrie Saint-Etienne«, den diese fröhliche Gesellschaft annahm. Sie wurde im 14. Jahrhundert gegründet, um die Qualität der im Gebiet der Pfarrei erzeugten Weine zu kontrollieren. 1848 verschwand sie und erstand fast hundert Jahre später, im Jahre 1947, wieder auf. Den Anstoß dazu gab Joseph Dreyer, als er seine Werbeaktivitäten auf die gesamte elsässische Weinproduktion ausdehnte. Seit 1972 hat sie ihren Sitz im Schloß von Kientzheim, der alten Residenz der Barone von Schwendi, das damit zu einem wichtigen Weinzentrum geworden ist. Vier feierliche Kapitel werden alljährlich in Kientzheim abgehalten, außerdem zahlreiche kommentierte Weinproben. Die Bruderschaft zählt mehrere tausend Mitglieder, die sich ein wenig als Botschafter des Elsaß und seiner Weine in der übrigen Welt verstehen. Aus Treue gegenüber der ursprünglichen Bestimmung der alten Gesellschaft, deren Erbe sie ist, organisiert sie jedes Jahr einen Weinwettbewerb, bei dem die besten Weine mit der Verleihung eines »Siegels« ausgezeichnet werden. Schließlich besitzt sie noch die schönste Sammlung elsässischer Weine mit mehr als 60 000 Flaschen, von denen die ältesten aus dem Jahre 1834 stammen.

Das Bordelais

Von Bordeaux . . .

Es fällt schwer, sich die Kais von Bordeaux ohne Weinfässer vorzustellen. Denn wer erinnert sich nicht an eine der vielen Radierungen, auf denen diese Fässer sauber aufgestapelt zu sehen sind? Die Fässer sind allerdings schon lange aus dem Port de la Lune verschwunden, und die großen Weinhändler haben ihre Lager von Chartrons in die Vororte verlegt. Auch die illustren Namen, die einst das im Norden der Stadt gelegene Viertel berühmt machten, haben den Schildern von Firmen Platz gemacht, die jedoch meist anonym bleiben, da sie oft zu einem der großen multinationalen Konzer-

. . . zum Bordelais

Die Welt des Weins zeigt in der Gironde weit mehr Kontraste und Verschiedenheiten, als es auf den ersten Blick scheinen mag. Mit 86 000 ha Fläche ist das Bordelais das größte AOC-Gebiet Frankreichs. Infolge dieser immensen Ausdehnung sind auch die anderen, mit den Bordeaux-Weinen verbundenen Zahlen recht eindrucksvoll: Die durchschnittliche jährliche Produktionsmenge hat sich bei 5 Millionen Hektoliter Wein eingependelt, was 650 Millionen Flaschen entspricht. Es gibt an die 20 000 Weinbauern, 150 Weinmakler und 400 Handelshäuser. Ungefähr 6000 Menschen,

mündung der Gironde, in Blaye oder Bourg, nur einige wenige Hektar bewirtschaftet. Spricht man über den Weinbau in der Gironde, so vergißt man oft, die vielen kleinen Weinbauern zu erwähnen, die das Land doch so reich machen, da sie es dem Weinfreund ermöglichen, auch zu niederen Preisen gute Weine zu finden.

Nuancen und Reichtümer eines Weinbaugebiets

Das Bordelais wirkt zwar, was Boden und Menschen angeht, einheitlich, erscheint aber wegen seiner Natur sehr unterschiedlich. So verleihen die Böden den verschiedenen Gegenden ihren eigenen Charakter. Da ist zunächst die wohl berühmteste Bodenart, der Kiessand. Von ihm erhielt eine ganze Region, nämlich Graves, ihren Namen. Man findet ihn jedoch auf dem gesamten linken Gironde-Ufer und im Libournais bei Pomerol und in einem Teil von Saint-Émilion. Kiessand läßt die Wurzeln tief eindringen und sorgt zugleich dafür, daß das Wasser gut abfließen kann. So entsteht ein idealer Boden für den Weinstock. In Saint-Émilion, Sauternes und den Côtes schaffen Kalk- und Tonmergelböden ebenfalls einen für den Weinbau idealen Boden. In einigen Gebieten schließlich finden sich auch »Boulbènes«, Molassen und Anschwemmungen aus jüngerer Zeit. Letztere sind typisch für die Flußufer und werden im Gebiet der Gironde als »Palus« bezeichnet.

Die Reichhaltigkeit der Böden des Bordelais erlaubt es, hier eine Vielzahl von Rebsorten zu kultivieren. Ohne die Schaumweine mitzuzählen, nennt man offiziell sechs große Gruppen von Weinen: Die roten und weißen Bordeaux- und Bordeaux-Supérieurs-Weine (Rot- und Roséweine), von denen pro Jahr durchschnittlich annähernd zwei Millionen Hektoliter erzeugt werden; die Côtes-Weine mit 550 000 hl Produktionsmenge; die Médoc- und Graves-Weine, die mit 750 000 hl zu Buche schlagen; die Weine aus dem Libournais (Saint-Émilion, Pomerol und Fronsac) mit 550 000 hl Produktionsmenge; die trockenen Weißweine mit 900 000 hl Produktionsmenge und schließlich die weißen Süßweine mit 150 000 hl Produktionsmenge.

»Der Hafen von Bordeaux« von Yves Le Gouaz, 18. Jh., aus: »Nouvelles Vues et Perspectives des Ports de France.«

ne der Nahrungsmittelindustrie gehören.

Sicher werden einige das Verschwinden einer folkloristisch angehauchten Atmosphäre bedauern. Vor Ort, in der aquitanischen Metropole, wird mancher Einwohner erklären, daß dieses traditionelle Bild gerade durch sein Verschwinden den Blick freigemacht hat für eine wesentlich realistischere Einschätzung der Stadt, des Landes, ja der ganzen vom Weinbau geprägten Gesellschaft.

also einer von sechs Bewohnern der Gironde, arbeiten in der Weinindustrie.

Obwohl das Bordelais reich an Nuancen ist, wird es auch durch die Einheitlichkeit des Ökosystems geprägt, bei der dem Klima eine wichtige Rolle zukommt. Da es besonders mild ist, erlaubt es zwar den Anbau von Wein, begünstigt ihn aber keineswegs besonders. Die Merkmale des Bodens und der einzelnen Jahrgänge sind jeweils sehr ausgeprägt. Das Klima macht den Weinbauern das Leben nicht immer leicht, verschafft ihnen aber durch einen oft sehr sonnenreichen Herbst einen beachtlichen Vorteil, der besonders den

großen Jahrgängen zugute kommt. Ohne sie gäbe es keine Weine aus Bordeaux.

In der Tat spricht man im Bordelais nicht von einer Familie, die mit dem Wein befaßt ist, sondern von mehreren »Weinfamilien«. Oft stellt man die Weinbauern den Weinhändlern gegenüber. Innerhalb jeder Gruppe gibt es jedoch gewaltige Unterschiede zwischen den »Großen« und den »Kleinen«. Man findet keine Berührungspunkte zwischen einem Gutsbesitzer, der mehrere Grands Crus Classés in den kommunalen Appellationen des Haut Médoc sein eigen nennt, und dem kleinen Winzer, der auf der anderen Seite der Trichter-

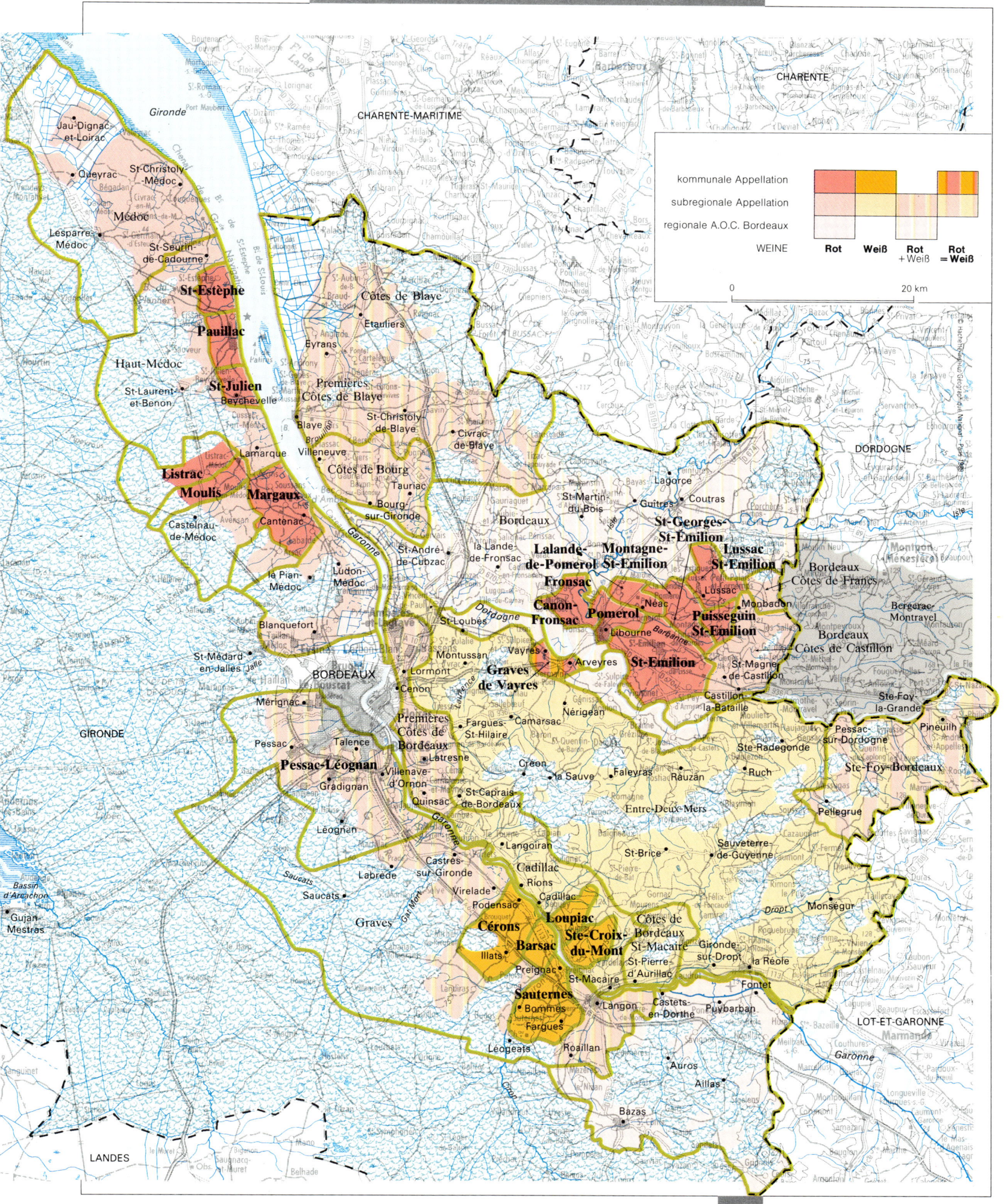

kommunale Appellation
subregionale Appellation
regionale A.O.C. Bordeaux
WEINE
Rot | **Weiß** | **Rot + Weiß** | **Rot = Weiß**

0   20 km

Das Erbe

Das Weinbaugebiet des Bordelais verdankt seiner Natur viel, hat aber eine interessante Geschichte. Diese begann, was ziemlich einzigartig ist, schon sehr früh und ist eng mit einem historischen Ereignis verbunden. Über diese Tatsache sind sich alle Historiker einig. Weniger Einmütigkeit herrscht jedoch, wenn es darum geht, dieses Ereignis näher zu definieren.

Eine fruchtbare Verbindung

Manche Historiker berufen sich auf das Jahr 1152, in dem Eléonore von Aquitanien Heinrich Plantagenet, den späteren König von England, ehelichte. Diese Union, durch die das mächtige englisch-gascognische Herzogtum entstand, ist sicher von ganz entscheidender Bedeutung. Andere Historiker setzen das »Anfangsdatum« jedoch viel später an. Für sie hat alles erst mit der Eroberung von La Rochelle durch die Truppen des französischen Königs im Jahre 1224 angefangen. Bis dahin waren alle englisch-aquitanischen Geschäfte über den Hafen von Aunis abgewickelt worden. Nachdem Bordeaux, die Hauptstadt der Gascogne, auf diese Art ihre Rivalin losgeworden war, etablierte sie sich für über zwei Jahrhunderte als wichtigster Handelspartner Londons. Damals bestand auch eine enorme Nachfrage nach Wein, da Tee, Kaffee und Kakao, die heute von den Briten favorisierten Getränke, in Europa noch unbekannt waren.

Im Bordelais drehte sich alles um die Wünsche der Engländer, und das Weinbaugebiet begann sich zu entwickeln. Es trat ein in der Geschichte äußerst seltener Glücksfall ein: Sobald es um die Belange der aquitanischen Bauernschaft oder des Großbürgertums vom Bordeaux ging, herrschte zwischen Landesherr und Untertanen perfekte Übereinstimmung. Die Gascogner erkannten schon bald, welche Vorteile ihnen durch die königliche Union erwuchsen, und waren weit davon entfernt, sich »besetzt« zu fühlen. Im Land entstand Weinberg um Weinberg. Die kleinen Häfen an den Ufern von Garonne, Dordogne und Gironde entwickelten sich zu wichtigen Umschlagplätzen für die für Bordeaux und Libourne bestimmten Weine. Schließlich starteten jedes Jahr zwei große Schiffskonvois, die »Herbst-« und die »Osterflotte«. Sie passierten eilends die Küste der bretonischen Halbinsel, um die dort lauernden nautischen und militärischen Gefahren zu umschiffen, überquerten den Kanal und trennten sich schließlich, um die englischen Bestimmungshäfen London, Bristol und Hull anzulaufen. Und sie hatten in der Tat eine ansehnliche Fracht an Bord: Pro Jahr wechselten 50000 bis 100000-Fässer mit 450000 bis 900000 hl Wein auf diese Weise den Besitzer. Dieser Warenaustausch wurde zum bedeutendsten »Seegeschäft« des Mittelalters und war ebenso wichtig wie heute der Transport von Kohlenwasserstoff — wie sich doch die Zeiten ändern!

Wenn ein fremder Geschmack zum Segen wird

Die Verbindung mit Holland ist zwar weniger bekannt, als die Verbindung zu England war aber für das Weinbaugebiet der Gironde ebenfalls von großer Bedeutung. Dies begann im 17. Jahrhundert, als die Generalstaaten zum Hauptabnehmer für die Weine aus Südwestfrankreich wurden, und somit kommerzielle und technische Neuerungen notwendig machten. Es bestand eine rege Nachfrage nach Weinen der verschiedensten Qualitätsklassen, vom einfachsten Weißwein, der für die Herstellung von Schnaps verwendet wurde, bis hin zum gehobenen und Spitzenerzeugnis. So sah sich das Bordelais genötigt, neue Anbauflächen zu erschließen und damit anzufangen, seine Weine nach Qualitätskriterien zu klassifizieren. Schon bald sprach man von »Médoc-, Graves-, Côtes- oder Palus-Weinen«. Man begann, nach und nach die einzelnen Gemeinden nach der Qualität ihrer Produkte einzustufen und, als nächsten Schritt, die Anbauflächen nochmals zu unterteilen. Das führte zur Entstehung der Crus. Im 18. Jahrhundert ermutigte die ständig steigende englische Nachfrage nach ausgezeichneten Weinen die Winzer von Médoc und Sauternes dazu, ihren Wein in Eichenfässern altern zu lassen. Später ging man, diesmal unter dem Einfluß der Holländer, dazu über, den Alterungsprozeß auch in Flaschen ablaufen zu lassen.

So war der Weg frei zur Entwicklung des großen, Qualitätsweinbaugebiets, das wir heute kennen.

Fayence aus der Manufaktur Henry in Rouen, 1780 (Musée des Arts Décoratifs, Bordeaux). Unten: Die Böden von Saint-Emilion.

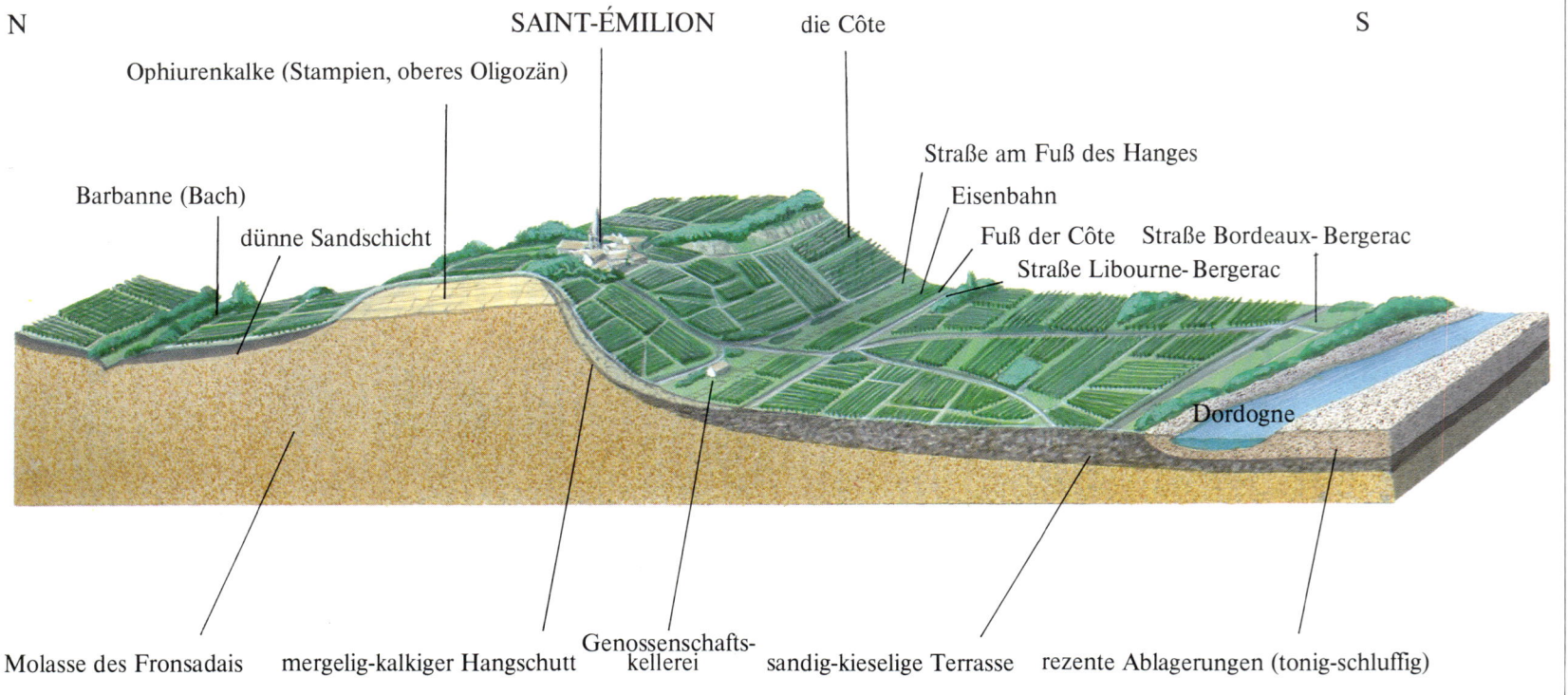

N   SAINT-ÉMILION   die Côte   S

Ophiurenkalke (Stampien, oberes Oligozän)

Straße am Fuß des Hanges

Barbanne (Bach)

Eisenbahn

dünne Sandschicht

Fuß der Côte   Straße Bordeaux- Bergerac

Straße Libourne- Bergerac

Dordogne

Molasse des Fronsadais   mergelig-kalkiger Hangschutt   Genossenschaftskellerei   sandig-kieselige Terrasse   rezente Ablagerungen (tonig-schluffig)

Die regionale Appellation Bordeaux

Oft wird das Gebiet der regionalen Appellationen Bordeaux und Bordeaux-Supérieur, in dem Rot-, trokkene Weiß-, Rosé- und Schaumweine sowie Clairets entstehen, mit dem Territorium des Departements Gironde verwechselt. Das stimmt jedoch nicht, da die zu feuchten Gebiete in den Tälern und die Sandböden des bewaldeten Massif des Landes ausgespart bleiben.

Die erste Appellation der Gironde

Daß bestimmte Gebiete ausgeschlossen werden, erklärt sich aus der Tatsache, daß nur sorgfältig ausgewählte, für den Weinbau geeignete Böden auch qualitativ hochstehende Weine hervorbringen können. Das läßt sich auf einen einfachen Nenner bringen: Im Departement Gironde dürfen alle Gebiete, die sich für den Weinbau eignen, die Appellation Bordeaux in Anspruch nehmen.
Ganz so einfach ist die Sache bei

Die hellen Rebsorten Sauvignon und Semillon werden im Bordelais kultiviert.

näherer Betrachtung aber auch wieder nicht. Die 30 000 ha Fläche der regionalen Appellation verteilen sich nämlich auf ein Gebiet von einigen 100 Kilometer Länge. Das bedeutet, daß Bordeaux-Weine auf verschiedenen Bodentypen erzeugt werden können. In bestimmten Fällen

handelt es sich dabei um Gebiete, die kein Recht auf eine bestimmte Appellation haben. Dazu gehören die »Palus« (jüngere Anschwemmungen an den Ufern der Flüsse) und gewisse Teile des Libournais. Rote Bordeaux- und Bordeaux-Supérieur-Weine können aber auch aus Regionen stammen, die nur eine eigene Appellation für Weißweine beanspruchen. Dazu gehören beispielsweise Entre-Deux-Mers und Sauternes. Umgekehrt produziert man aber in Gebieten von AOC-Rotweinen auch Weißweine. Bestes Beispiel für dieses Phänomen ist die Weißweinproduktion von Médoc, die mengenmäßig zwar gering, dafür aber sehr alt und

Oben: Cabernet-Sauvignon.
Rechts: Merlot.

qualitativ recht respektabel ist. Gleichgültig jedoch, ob sich die einzelnen Weinbaugebiete nun in der Ebene ausbreiten, an einen Kalkfelsen klammern oder an den Hang eines Hügels schmiegen — sie sind ausnahmslos strengen, den Ertrag und die Bestok-

kung betreffenden Vorschriften unterworfen. Für die Rotweine sind beispielsweise ausschließlich sechs edle Rebsorten zugelassen: Cabernet-Sauvignon und Cabernet-Franc, Carmenère, Merlot-Noir, Malbec, auch Cot genannt, und Petit Verdot. Dabei sind Cabernet-Reben und Merlot die am stärksten vertretenen Sorten.
Die Produktion des regionalen Bordeaux-Typs verteilt sich auf sechs Appellationen, die alle ihren eigenen Charakter haben, und umfaßt mehr als 300 Millionen Flaschen pro Jahr. Mit 220 Millionen Flaschen bilden die Bordeaux- und Bordeaux-Supérieur-Weine jedoch die wichtigste Gruppe. Die Bordeaux-Weine sind ausgewogen, harmonisch und delikat und müssen, da sie dazu bestimmt sind, jung getrunken zu werden, fruchtig und nicht zu kräftig sein. Die Bordeaux-Supérieur-Weine entstammen keinem besonderen Gebiet, sondern entstehen vielmehr durch eine Auswahl aus den Bordeaux-Weinen. Sie zeichnen sich durch einen kraftvollen, vollendeten Charakter

aus. Die Verwendung bester Traubensorten und eine besonders sorgfältige Vinifizierung sichern ihnen eine gewisse Langlebigkeit.
Die Rosé- und Clairet-Weine haben mit 2 Millionen Flaschen einen wesentlich geringeren Marktanteil, sind frisch und ziemlich lieblich und dazu bestimmt, im Jahr nach der Lese konsumiert zu werden. Clairets entstehen durch kurze Maischegärung dunkler Traubensorten und besitzen deshalb eine intensivere Farbe.
Die trockenen Bordeaux-Weißweine kommen in 85 Millionen Flaschen auf den Markt und profitierten in der jüngeren Vergangenheit von den Fortschritten, die in der Vinifikationstechnik gemacht wurden. Typisch für sie sind Fruchtigkeit und Nervigkeit. Augenfällig ist in diesem Zusammenhang, daß die Produktion der lieblichen, öligen Bordeaux-Supérieur-Weißweine stark begrenzt ist.
Die Schaumweine (Weiß und Rosé) werden durch eine zweite Gärung in der Flasche hergestellt und kommen in 2,5 Millionen Flaschen auf den Markt.

Tausend Châteaus

Die flächenmäßige Ausdehnung der regionalen Appellationen des Bordelais wird auch an der Existenz einer großen Zahl von Weingütern unterschiedlicher Größe deutlich. In Bordeaux nennt man sie die »Appellation des Mille Châteaux«, also die »Appellation der Tausend Châteaus«. Das bedeutendste ist zweifelsohne Le Bouilh, ein leider unvollendet gebliebenes Meisterwerk des Neoklassizismus. In der Regel handelt es sich jedoch um ansehnliche, gut bürgerliche Anwesen oder aber um einfache bäuerliche Betriebe mit »Échoppes«, wie die typischen niederen Häuser der Winzer im Bordelais genannt werden.
Ihre bescheidenen Ausmaße bewahren ihnen den familiären Charakter, der sie so anziehend macht. In den Familien der Eigentümer hat der Winzerberuf meist eine lange Tradition, und sie sind im Sommer Weinbauern und im Winter Kellermeister. Der Ruf dieser »Petits Châteaux« (kleinen Châteaus) gründet sich meist darauf, daß sie den Wein selbst abfüllen, was durch die Weiterentwicklung der Vinifikationstechniken ermöglicht wurde.

Die Rebsorten des Bordelais
Die Bordeaux-Weine, besonders die Rotweine, werden in der Regel nicht aus einer einzigen Rebsorte hergestellt. Je nach Region sind dies die traditionellen Sorten Cabernet-Sauvignon bzw. Cabernet-Franc. Sie werden einerseits mit der weniger säuerlichen Merlot-Traube kombiniert, die dem Wein in einem Jahr schwieriger Reifebedingungen Weichheit verleiht. Zum anderen kommen Petit Verdot und Malbec hinzu, säuerliche Traubensorten, die in einem warmen Jahr, das gute Reifebedingungen bietet, dem Wein Frische verleihen. In jüngerer Zeit haben jedoch die Nachfrage nach geschmeidigen Weinen und die durch die technischen Voraussetzungen gegebenen Möglichkeiten, auch Weine mit geringerer Säure zu lagern, zum Verschwinden von Petit Verdot, besonders aber von Malbec, beigetragen, während die Merlot-Traube an Bedeutung gewann.
Merlot und Cabernet ergänzen einander. Erstere ist anfällig gegen das Verrieseln der Blüten und deshalb unregelmäßig im Ertrag. Sie reift auch auf relativ kalten Böden gut, ist aber fäulnisanfällig. Weine aus Merlot-Trauben sind kräftig gebaut, aber nicht aggressiv, entwickeln sich gut und sind rasch trinkfertig. Die Cabernet-Sauvignon-Traube benötigt bessere Böden, reift schwerer, ist dafür aber nicht so fäulnisanfällig. Die stark tanninhaltigen Weine benötigen mehrere Jahre, um sich voll entfalten zu können.

Das Médoc

Die in schnurgeraden Reihen gezogenen Rebstöcke des Médoc sehen aus wie eine Armee, die zur Parade angetreten ist. Am Ende jeder dieser Reihen setzt oft anstelle eines Grenzzauns ein Rosenstrauch einen farbigen, diskret eleganten Akzent. Den Hintergrund zu diesem malerischen Landschaftsbild bilden oft vornehm wirkende, inmitten von Baumgruppen stehende »Châteaux de Vin«, deren Architektur alle Spielarten vom strengsten Klassizismus bis hin zu den verrücktesten Phantasieformen umfaßt.

Tausende von Kleinigkeiten machen das Médoc zu einem Paradebeispiel für ein hervorragendes Weinbaugebiet. Seine traditionelle Art, sich zu präsentieren, hat überall in der Welt eine Klischeevorstellung vom Médoc entstehen lassen, die aber eine wesentlich vielschichtigere Realität verschleiert.

Die berühmte Halbinsel ist in der Tat weit davon entfernt, sich auf ein bestimmtes Image festlegen zu lassen — egal, wie berühmt dies auch sein mag. So könnte man beispielsweise leicht vergessen, daß die Region aus verschiedenen kleinen Landschaften besteht. Denn hier liegen nur wenige Kilometer zwischen den Pinienwäldern (Pignada) und Mooren und Koogen an den Ufern der Gironde. Innerhalb dieser heterogenen Landschaft nimmt der Wein lediglich einen 5 bis 12 Kilometer breiten Streifen an der Grenze der Girondemündung ein.

Eine geologische Geschichte voller Gegensätze

Die geringe Größe erklärt sich aus dem Vorhandensein eines schmalen Bandes aus besonders für den Weinbau geeigneten Böden, das zwischen Blanquefort und Saint-Vivian verläuft. Dabei handelt es sich in der Tat um ein sehr charakteristisches Terrain, dessen Hauptmerkmal zahlreiche Kiessandschichten sind. Diese entstammen den Pyrenäen und, zu einem wesentlich geringeren Teil,

Oben: Die Mühle von Château La Tour Haut-Caussan.
Unten rechts: Plakat von Capiello, 1905 (Bibliothèque des Arts Décoratifs, Paris).

dem Massif Central, und wurden durch die Vorgänger der Garonne und der Dordogne hierhergebracht. Der Einfachheit halber unterscheidet man zwei große Hauptperioden, in denen der Kiessand ins Bordelais transportiert wurde: Im Pliozän (oberste Stufe des Tertiärs) kam der Kiessand aus den Pyrenäen. Wildwasserähnliche Sturzbäche wuschen die Berge aus und ließen aus Bruchmaterialien bestehende Schichten in Richtung Bordelais gleiten, die sich aus Kiessand, Sand und grünem Lehm zusammensetzten. Während der Günzstufe der Eiszeit im frühen Quartär breitete sich nach der Garonne benannter Kiessand aus der alten Garonne und Dordogne aus.

Die Wirklichkeit ist jedoch wesentlich komplexer. Es scheint, als ob die »Katastrophe«, die riesige Schichten aus den Pyrenäen abgleiten ließ, der Phantasie entsprungen sei, und die Kiessandhügel durch langsames Anschwemmen und eine darauffolgende Inversion des Reliefs entstanden. Dieses Phänomen wurde von kleinen Flüssen ausgelöst, die hier vor dem Entstehen der Garonne während des ganzen Quartärs verliefen, das durch seine geologische Geschichte den Boden der Gironde prägte. Die Qualität des am linken Ufer von Garonne und Gironde abgelagerten Kiessands erklärt sich dadurch, daß die langen Flüsse auf ihrem Weg das massigste, widerstandsfähigste und, natürlich,

beste Material mitnahmen und es aufgrund des Gezeitenwechsels schichtweise ablagerten.

Die besten Rebkulturen blicken auf den Fluß

Die Unterschiede der einzelnen Kiessandtypen sind nicht nur für den Geologen, sondern auch für den Önologen und den Weinfreund interessant. Sie alle eignen sich ganz offensichtlich hervorragend für den Anbau von Wein. Das liegt daran, daß sie den Ablauf des Wassers begünstigen, die Wärme speichern und die Luft gut zirkulieren lassen. Die ältesten Kiessandschichten können es dabei allerdings nicht mit denen aufnehmen, die, folgt man der klassischen österreichischen Chronologie, die allerdings nur schlecht auf das Bordelais anwendbar ist, aus der Günzeiszeit stammen. Die jüngsten Ablagerungen finden sich hauptsächlich in der Nähe des Mündungs-

gebietes der Flüsse. So erklärt sich auch die Feststellung, daß »im Médoc die besten Rebkulturen auf den Fluß blicken«.

Kiessand gibt es aber nicht nur im Médoc und im Bordelais. Manche Menschen behaupten, die schönsten Kiessandterrassen Europas lägen zwischen Saint-Gaudens und Pamiers am Fuß der Pyrenäen. Es besteht auch ein großer Unterschied zwischen den Schichten der Piedmontfläche der Pyrenäen und denen des Médoc. Im ersten Fall handelt es sich um intakte, von Schlamm bedeckte Schichten, während die Kiessandge-

biete im Bordelais die Form von Hügeln mit mehr oder weniger abgerundeten Kuppen haben. Dieses Phänomen, das dem Weinbau durchaus zugute kommt, kann der aufmerksame Beobachter an verschiedenen Orten der Halbinsel entdecken, beispielweise in La Lagune, Le Tertre, Grand-Poujeaux und Loudenne. Durch die Topographie und die Ausgewogenheit zwischen Boden und Unterboden entstehen ausgezeichnete Drainagemöglichkeiten und Voraussetzungen für die Versorgung der Pflanzen mit Wasser.

Dies ist einer der Schlüssel zum Erfolg des Médoc, aber bei weitem nicht der einzige. Auch das Klima, das wegen der Nähe des Atlantiks und der Girondemündung besonders gemäßigt ist, spielt eine Rolle. Und da sind, natürlich, die Rebsorten Cabernet-Sauvignon und Merlot, die dank ihres natürlichen Umfeldes hier perfekt reifen und ganz entscheidend zur Entwicklung des typischen Charakters der Médoc-Weine beitragen. Das kommt in der typischen rubinroten Farbe und im fruchtigen Bukett zum Ausdruck, das durch das Aroma von Gewürzen und Vanille angereichert wird.

Im Médoc gibt es neben berühmten kommunalen Appellationen auch zwei subregionale Appellationen. Die Appellation Médoc ist nach der Region benannt und erstreckt sich auf die nördlich von Saint-Seurin-de-Cardonne gelegenen Gemeinden. Die Appellation liegt im Einzugsgebiet von Lesparre und erstreckt sich aber auch östlich der kleinen Stadt. Sie wird geprägt vom starken Einfluß des atlantischen Klimas. Die hier erzeugten Weine sind in der Regel rund und bukettreich, und die besten stammen von den isoliert gelegenen Kiessandhügeln.

Die Appellation Haut-Médoc liegt zwischen Saint-Seurin und Blanquefort und ist mit einer durchschnittlichen Jahresproduktion von 155 000 hl Wein fast ebenso groß wie Médoc mit 175 000 hl. Sie unterscheidet sich jedoch von dieser Appellation durch die Qualität der Böden und der Weine, wovon auch die Existenz von fünf Crus Classés zeugt. Hier gibt es wesentlich mehr Kiessandhügel, und die Cabernet-Sauvignon-Rebe hat einen größeren Anteil am Gesamtbestand. Diese Gegebenheiten erklären auch die Kraft und den Tanninreichtum der Weine, die deshalb auch ganz besonders alterungsfähig sind. Diese Alterungsfähigkeit machte aber auch die Crus des Médoc, besonders aber die der kommunalen Appellationen, so berühmt.

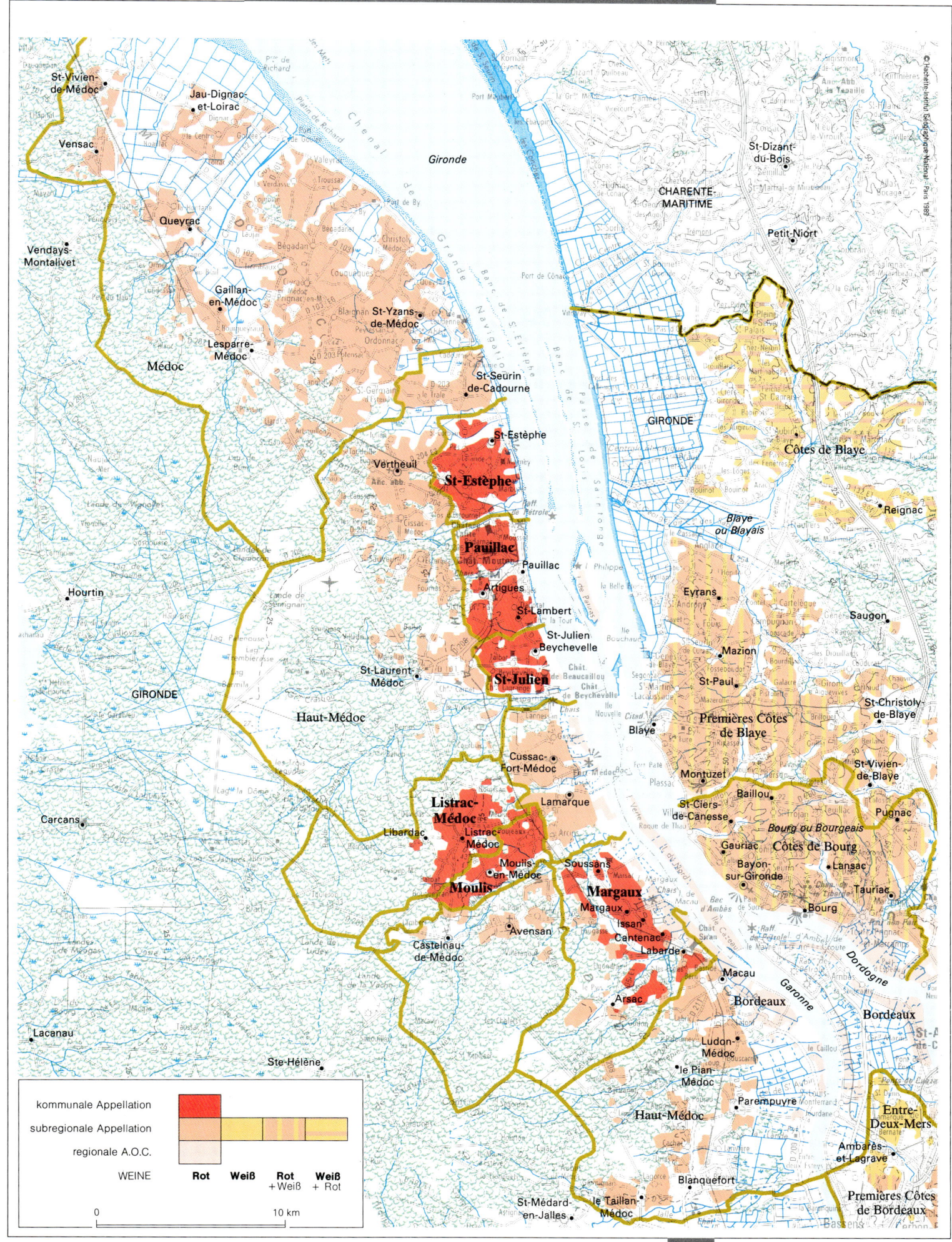

kommunale Appellation
subregionale Appellation
regionale A.O.C.

WEINE **Rot** **Weiß** **Rot** **Weiß**
+Weiß + Rot

0   10 km

Margaux

Nur wenige Dörfer können den Besucher so verwirren wie Margaux. Schlösser des 19. Jahrhunderts, einige Bürgerhäuser und Échoppes verleihen ihm fast schon städtischen Charakter. Dieser Ort, dessen bebaute Fläche an einigen Stellen von Rebzeilen durchbrochen wird, ist aber weit davon entfernt, sich selbst in den Rang einer Stadt zu erheben. Das liegt vielleicht auch daran, daß alle Gebäude, ja selbst die Kirche, die sich, wie ein Symbol, isoliert inmitten von Weinstöcken erhebt, eher wie »Zutaten« erscheinen. Denn in Margaux ist der Wein das wichtigste. Er bestimmt das Leben in der Gemeinde und dehnt sich, da deren Grenzen doch ziemlich eng gezogen sind, auch auf das Gebiet der Nachbargemeinden Contenat, Soussans, Labarde und einen Teil von Arsac aus, die alle zum Appellationsgebiet gehören. Deshalb ist Margaux mit 1200 ha Anbaufläche auch die größte kommunale Appellation des Médoc und steht mit einer Produktion von 30 000 bis 60 000 hl auch hier an der Spitze.

Die Ausdehnung der Appellation mag erstaunen und die Frage nach der Homogenität aufwerfen. Das hieße jedoch vergessen, daß sie bei weitem nicht alle Böden nutzt, sondern sich nur die besten auswählt. Das hieße auch vergessen, daß sie einige der schönsten und besten Kiessandböden des Bordelais besitzt. Zu diesen kommen noch Kalk-, Mergel- und Sandbänke, die den Margaux-Weinen große aromatische Finesse,

Château Giscours.

Oben: Château Margaux.

Harmonie und Alterungsfähigkeit verleihen. Diese Qualitäten finden sich zwar in allen Weinen der Appellation, sind sie aber besonders charakteristisch für die 23 Grands Crus Classés.

Die Kiessandböden bilden hier einen Archipel aus Hügeln, die von Bächen, Talmulden, ja sogar von Torfmooren und »Palus« getrennt werden. Einige dieser Erhebungen haben Orten ihren Namen gegeben. Dazu gehört der Hügel, auf dem das Château du Tertre von Arsac steht und der mit 24 m den höchsten Punkt der Appellation markiert. Geht man weiter nach Osten zum kleinen Bach Moulinat, so trifft man auf eine weitere Reihe von Erhebungen. Hier verschmilzt das reizvolle, aus dem 18. Jahrhundert stammende Château d'Angladet mit seiner grünen Umgebung zu einem romantischen Bild.

Von Labarde nach Soussans

Einen Katzensprung unterhalb führt eine niedriger gelegene Wald- und Moorlandschaft nach Labarde. Diese Gemeinde konzentriert 66% ihres Weinbaugebiets innerhalb von drei Crus, Giscours, Dauzac und Siran. Hierbei handelt es sich um große Weingüter. Die Weine von Labarde, die recht charakteristische Merkmale aufweisen, entstehen auf

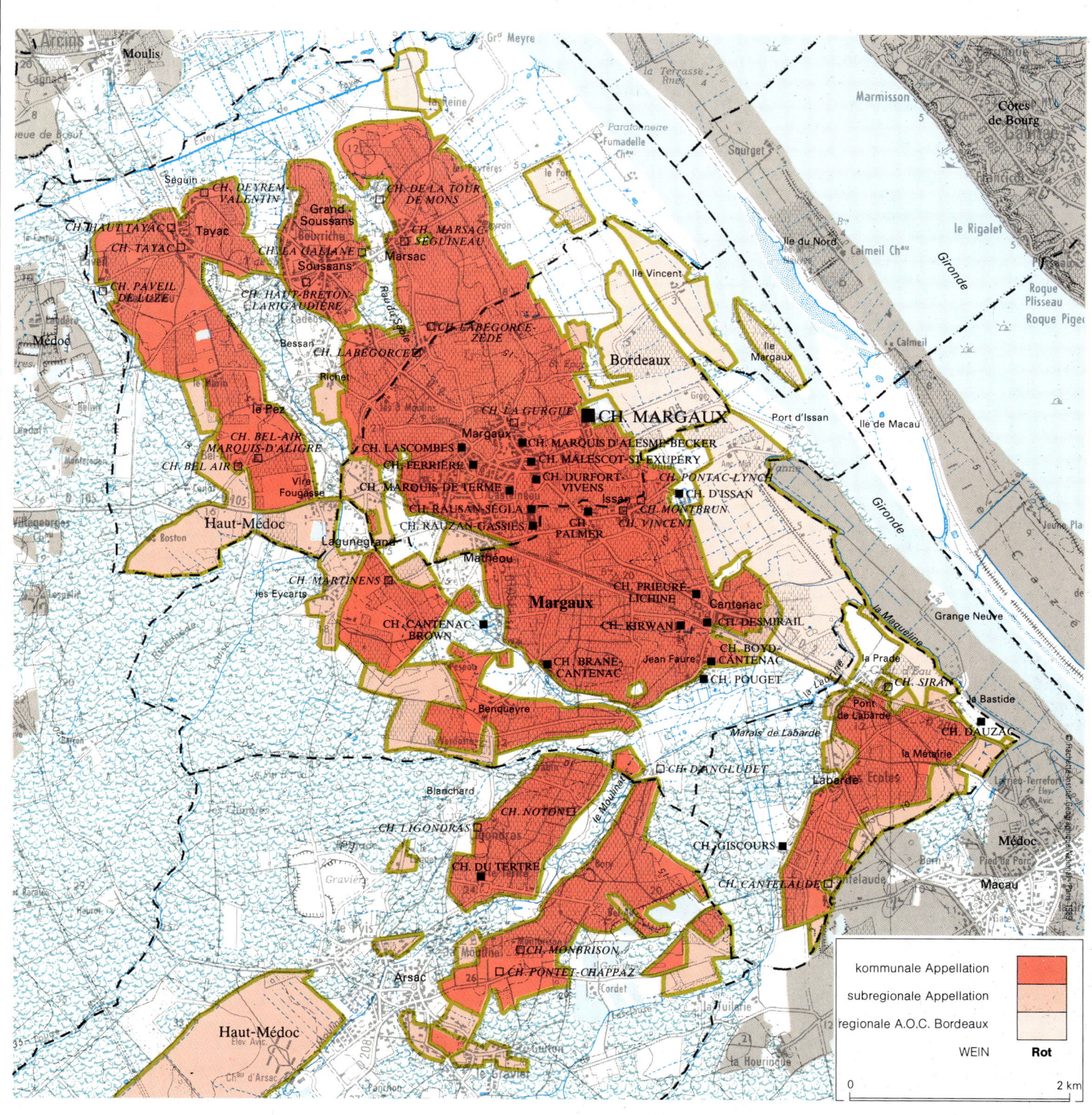

Kiessand aus der Günzeiszeit und aus den Pyrenäen und entsprechen durch ihren kräftigen aromatischen Charakter der traditionellen Weinbereitung von Margaux. Giscours, das bedeutendste Château der Gemeinde, zieht außerdem die Aufmerksamkeit durch ein ausgedehntes Wildgehege auf sich. Das wie überall im Bordelais aufgeforstete Gebiet umgibt eine 12 ha große Wasserfläche und wurde, um die natürliche Drainage zu verbessern, mehrmals aufgegraben.

Das Gebäudeensemble aus Château, Kellern und Personalwohnungen zeugt heute noch davon, wie reich das Weinbaugebiet des Médoc in der zweiten Hälfte des 19. Jahrhunderts war.

Der gegenüber von Labarde gelegene Nordteil der Appellation, in dem Soussans liegt, ist das Reich der kleinen Weingüter. Diese starke Zergliederung der Rebflächen wird besonders im westlichen Teil der Gemarkung deutlich. Man befindet sich hier, von einigen Ausnahmen abgesehen, in einem bäuerlich geprägten Weinbaugebiet, in dem die Hügel sanfter und niedriger sind als im übrigen Margaux.

Soussans ist ein Musterbeispiel für die ländlichen Siedlungen des Médoc. Auf den Anhöhen, die den Ort umgeben, findet man nicht weniger als sechs Weiler, die von ihm durch Wälder oder Weinberge getrennt sind: Le Pez, Bessan-Richet, Marsac, das größer ist als der zentrale Markt-flecken, Grand Soussans, Bourriche und Tayac-Seguin. Große Güter, sog. »Châteaux«, die meist aus dem 19. Jahrhundert stammen und sich aus Hauptgebäude, Wirtschaftsgebäuden und den Wohnungen der Arbeiter zusammensetzen, runden das Bild ab.

Die Bodenstruktur der Appellation ist sehr vielfältig. Mehr als drei von vier Gütern haben, dank ihrer Größe, die Möglichkeit, den Wein selbst abzufüllen. Man befindet sich sozusagen im »Reich der Qualität«, die nicht auf einige einzelne Güter im Herzen der Appellation beschränkt ist, wo sich die berühmtesten Crus befinden.

Zwei Gemeinden im Herzen der Appellation

Zwei Gemeinden, Cantenac und Margaux, bilden das »Herz« der Appellation. Sie liegen auf einem durch eine Reihe von Hügeln geformten Plateau, das für die Erzeugung großer Weine wie geschaffen ist. Davon zeugt die Tatsache, daß es hier 18 Crus Classés gibt.

Alle diese Hügel sind Teil einer Terrasse, die sich im Quartär bildete, wenn die Garonne Hochwasser führte und viele Schichten von stark abgerollten Kiesen und »graviers« (Kiese und Sande) ablagerte, die hauptsächlich aus den Pyrenäen, aber auch aus dem Massif Central ausge-

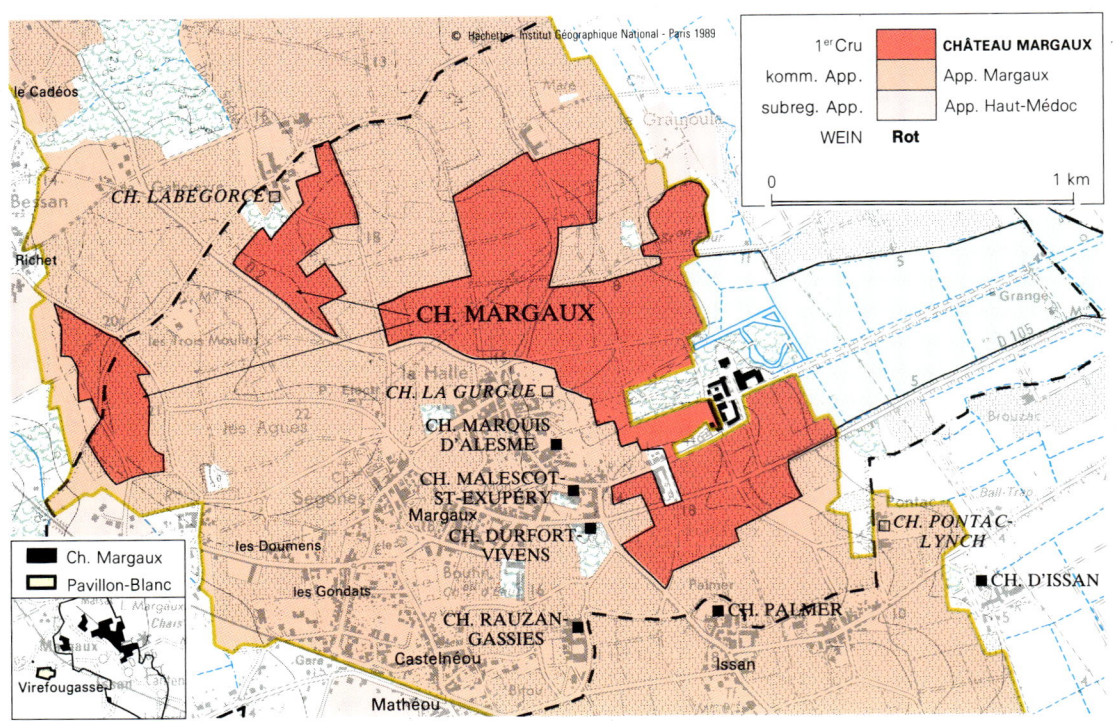

Links: Das Château Palmer wurde 1856 von den Brüdern Pereire erbaut: Das Weinbaugebiet war jedoch schon zur Zeit Ludwigs XV. berühmt.

waschen wurden und von einer mehr oder weniger starken Sand- oder Schlickschicht umhüllt sind. Trotz oder vielleicht sogar wegen der langen Zeit, die ihnen einen manchmal von der Feuchtigkeit noch erhöhten Glanz verliehen hat, findet der Geologe hier schwarzen Lydit, intensiv grünen oder marmorfarbenen Sandstein aus den Pyrenäen, weißen oder bläulichen Quarz, der zweifellos aus dem Limousin stammt, sowie schwarzen oder dunkelbraunen Feu-

erstein, der möglicherweise aus dem Périgord kommt.

Diese Böden sind arm an Humus und Lehm und speichern das Wasser schlecht, so daß der Rebstock sich die Feuchtigkeit aus der Tiefe holen muß. So sind die Hänge mit einem gut ausgebildeten Drainagesystem und die Gipfel der Hügel, wo der phreatische Grundwasserspiegel sehr hoch liegt und das Wurzelsystem der Pflanzen stark verzweigt ist, die für den Weinbau am besten geeigneten

Gebiete. Man versteht, warum die Rebstöcke in Margaux keine Angst vor der Trockenheit zu haben brauchen, da sich das Wurzelgeflecht vor allem der alten Stöcke unterirdisch einige Meter weit verzweigt hat. Außer bei sehr starken Regengüssen kann das Wasser hier auch rasch in den Boden sickern, und die oberirdischen Teile der Pflanzen werden nicht »ertränkt«.

Diese äußeren Bedingungen kommen den Rebstöcken vor allem dort

zugute, wo sie wenig Nährstoffe enthalten. Je dicker und massiger der Kiessand ist, desto besser eignet sich der Boden für den Anbau großer Weine. Die Qualität der Böden in den Grands Crus von Margaux beruht auf zwei Grundfaktoren, der großen Dichte der Böden, auf denen Rebstöcke angepflanzt werden können, aufgrund der Höhe des phreatischen Grundwasserspiegels, und auf der starken Wasserdurchlässigkeit. Sieht man von den »Palus« und dem Streifen des Landes ab, so eignet sich das Gebiet von Cantenac und Margaux hervorragend für den Anbau qualitativ sehr hochstehender Rebsorten. Wie überall am linken Ufer der Garonne und der Gironde hat auch hier der Ursprung der Kiessandhügel (durch Anschwemmung) dem Men-

Richtung des Wassers gerichtet ist, profitiert von einer ähnlich guten Lage wie die beiden eben genannten Weingüter.

Die Rede ist von der südlichen Seite des Plateaus von Cantenac, wo sich so berühmte Crus wie Poget und Brane-Cantenac befinden. Letzterer umfaßt zwei sehr ausgezeichnete Böden an der Grenze des Plateaus und auf dem Gipfel der Hügel, die auch andere Seconds Crus Classés der Appellation tragen: Rausan-Ségla, Rausan-Gassies, Durfort-Vivans und Lascombes.

Im Zentrum der Appellation trifft man jedoch nicht nur auf Crus Classés. Einige kleine Anwesen haben sich einfach zwischen diese geschmuggelt — zum Glück für den Weinfreund, der dort ausgezeichnete Weine zu sehr günstigen Preisen erstehen kann.

So trifft man beispielsweise in Issan Güter wie Château Vivant, einen von den Anbauflächen von Palmer umschlossenen Cru Bourgeois, und der

hier der Ursprung der Kiessandhügel (durch Anschwemmung) dem Menschen die Möglichkeit eröffnet, die einzelnen Teile des Gebiets zu individualisieren und die Böden nach ihrer Qualität zu klassifizieren.

Die Châteaus von Margaux

Niemand wird erstaunt darüber sein, daß das Weinbaugebiet des Château Margaux sich auch der besten Lage erfreut. Es erstreckt sich halbkreisförmig im Osten und Norden des Dorfes vom Château selbst bis zur Reblage La Bégorce. Ein Umweg über die Ortsnamenkunde und das Viertel von Puch Sem Peyre erklärt am besten, warum das Gebiet der berühmten Domäne so interessant ist. Der gascognische Name bedeutet »Puits-sans-Pierre« (Brunnen ohne Steine) und erklärt sich aus der großen Zahl von Kieselsteinen, die die Brunnen (Puits) von Stein freigehalten haben. Diese Kiesel sind kleiner als im Norden bei Saint-Julien und Pauillac und machen diese relativ geringe Größe durch ihre große Anzahl wett. Dies ist aber nicht die einzige Eigenart von Château

Margaux. Man muß auch seine Lage am Ostrand des Plateaus und das Vorhandensein von Kalkstein im Unterboden berücksichtigen.

Wendet man sich von Château Margaux am Rande des Plateaus nach Süden, so trifft man auf zwei Güter, Château Palmer und Château d'Issan, die ebenfalls eine bemerkenswerte Lage haben. Die Hügellage stellt eine ausgezeichnete Drainage des Bodens und eine gewisse Wasserversorgung der Wurzeln sicher. Château d'Issan entstand bereits im Mittelalter und ist damit eines der ältesten Güter der Region. Vor langer Zeit trug es den Namen La Mothe-de Cantenac, während sich Château Margaux La Mothe Margaux nannte.

Die beiden Anwesen haben jedoch mehr als nur diese alte Bezeichnung gemein. Das reizvolle Château d'Issan ist im Louis-seize-Stil errichtet, sein nördlicher Nachbar besticht durch die Ausmaße seiner neoklassizistischen Bauten. Beide liegen an der Grenze der Senkung und der für den Weinbau geeigneten Hänge. Dies erklärt sich aus der Tatsache, daß beide Anwesen an der Stelle mittelalterlicher Festungen errichtet wurden, welche die Girondemün-

Oben: Château Issan.
Unten: Château Rausan-Ségla.

dung, eine mögliche Invasionsroute, vor fremdem Eindringlingen schützen sollten.

Auch ein anderes Gebiet, das gen das Moor von Labarde und nicht in

Die Diamanten des Médoc
Eine alte Legende berichtet, daß der Comte d'Hargicourt sich an den Hof Ludwigs XVI. in einem Mantel begeben habe, dessen Knöpfe glitzerten, als ob sie Edelsteine wären. Als der König sich über diese kostbare Aufmachung wunderte, erklärte ihm der Herzog, er trage nur »die Diamanten seiner Heimat«. Die gleiche Geschichte erzählt man sich auch in Latour — nur ist diesmal der Marquis de Séguer die Hauptperson. Die Antwort des Comte d'Hargicourt erscheint nicht unwahrscheinlich: Schneidet man den Quarz aus den Kiessandböden des Médoc zu und poliert ihn, so kann er durchaus als Schmuckstück Verwendung finden.

kleine einfache Cru Les Trois Chardons liegt neben Rausan-Ségla, Palmer und Brane. Diese kleinen Crus sind ein sehr großer Gewinn für die Appellation, da diese so ihre Grands Crus Classés durch eine breite Palette von anderen Weinen ergänzen kann.

Moulis en Médoc

Moulis erstaunt durch seine längliche Form, überrascht durch seine Lage im Westen der anderen kommunalen Appellationen und erschreckt durch die Entfernung zur Trichtermündung der Gironde. Moulis ist mit ungefähr 350 ha Fläche nicht nur die kleinste Appellation des Médoc, es kann den Reisenden oder etwas neugierigen Weinfreund beunruhigen, ja sogar aus der Fassung bringen.

Klein ist nicht gleich einfach

Moulis ist mit Sicherheit weder einfach noch »klassisch«. Dennoch muß diese Appellation kein Rätsel bleiben. Hier macht die Landschaft mit ihren kleinen Tälern und dem schwach ausgeprägten Relief glauben, daß die Natur diesem Teil der Halbinsel Médoc ein besonderes Gepräge gegeben hat. Des Rätsels Lösung liegt jedoch unter dieser Oberfläche. Im Herzen des Gemein-

Weinetikett der Appellation Moulis-en-Médoc.

degebietes hat ein tektonisches Ereignis, eine Antiklinale (Sattel einer Falte), die ruhige Anlage des geologischen Untergrundes des Médoc gestört. Diese unterirdische Falte hat die darüberliegende Kalkschicht aufgewölbt, die an anderen Orten horizontal verläuft.
Diese Verteilung des Gesteins im Untergrund, die auch in Listrac vorkommt, kommt jedoch nicht in der Topographie zum Ausdruck. Paradoxerweise sieht die antiklinale Wölbung, deren Zentrum sich bei einem Ort namens Peyrelebade in der Gemeinde Listrac befindet, oberirdisch wie eine Senke aus. Das liegt an der Erosion, die hier einen Kessel entstehen ließ.

Weinlese im Bordelais.

Eine vielfältige Palette von Böden . . .

Das eben beschriebene tektonische Ereignis hat der Appellation eine vielfältige Palette von Böden beschert. Im Zentrum finden sich bei Moulis Tonmergelböden. Im Osten der Gemeinde verläuft eine ausgedehnte Hügelkette aus Garonne-Kiessand, wobei den Hügeln von Grand-Poujeaux, Meaucaillou und Brillette die größte Bedeutung zukommt. Auf den beiden erstge-

nannten, die infolge ihres Gefälles über eine gute Drainage verfügen, liegen schon seit langer Zeit bedeutende Crus, zu denen auch Château Chasse-Spleen gehört, das Lord Byron seinen Namen verdankt.
In Richtung Bouqueyran im Westen der Appellation schließlich liegt ein kleines Gebiet auf den Hängen der Antiklinale und auf der Böschung, die zur Senke der umgekehrten Wölbung hinunterführt. Auch hier

trifft man auf für den Weinbau gut geeignete Böden. Der Hang trägt Pyrenäen-Kiessand mit kleinen Kieseln, die denen der Graves ähneln. Und an der Böschung, die einen Kalkgrat auf einer Mergelschicht überlagert, trifft man auf die für die Côte typische Unterlage, die allerdings infolge der Erosion, die das Ganze geschaffen hat, über eine noch bessere Drainage verfügt.

. . . für eine reiche Auswahl an Weinen

Die Verschiedenheit der Böden hat zu einer Anpassung der einzelnen Rebsorten an die unterschiedlichen Bedingungen geführt. So macht Cabernet-Sauvignon, die traditionelle Rebsorte des Médoc, zwischen 50 und 70% des Gesamtbestandes aus, während Merlot, je nach Umgebung, mit 20 bis 40% und Cabernet-Franc mit 5 bis 10% zu Buche schlagen. Petit Verdot, dem ein bestimmtes Mikroklima bekommt, ist schließlich an manchen Orten mit 5% Anteil vertreten. Obwohl die Anzahl der Erzeuger auf etwa dreißig beschränkt wurde, gibt es doch auch sehr verschiedenartige Weine. Es kann sich dabei um »typische« Médoc-Weine handeln, die beispielsweise auf den Kiessandplateaus im Osten entstehen, oder um fleischigere, rustikalere Weine. Allen gemeinsam ist jedoch ein reiches Bukett und eine lange Lagerfähigkeit.

Die Böden des zentralen Médoc.

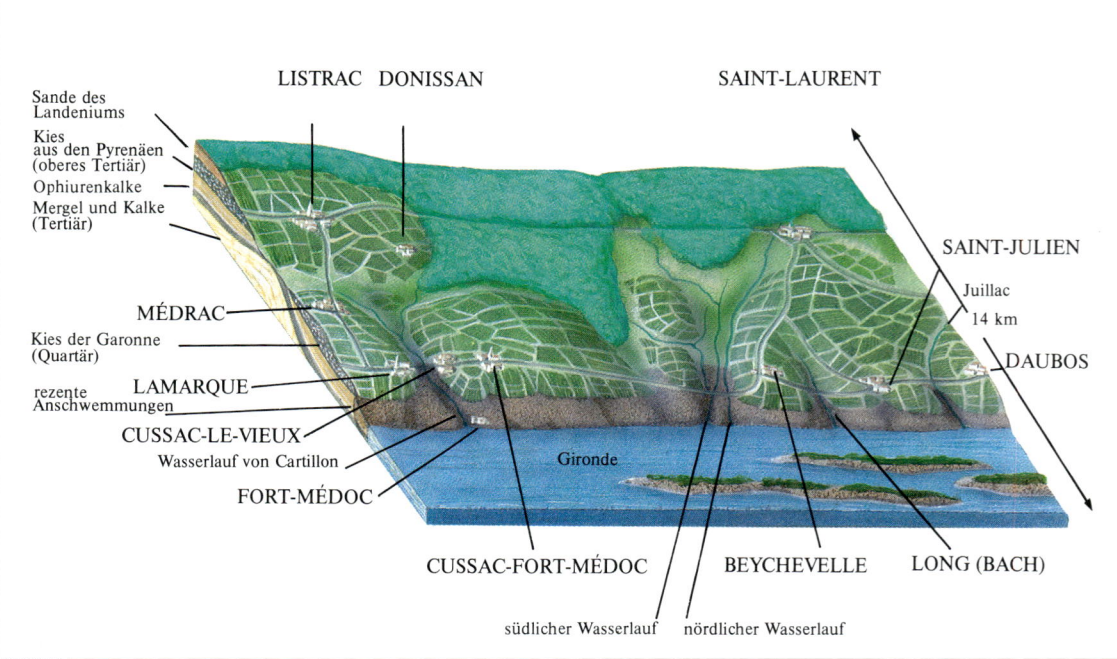

Listrac-Médoc

Das Weinbaugebiet von La Lisière

Das Wort »Listrac« bedeutet soviel wie »Rand« und erklärt die Eigenart der Appellation. Die Gemeinde liegt in der Tat am Rand des Weinbau- und des Waldgebiets des Médoc. Die Grenze verläuft hier jedoch viel weiter westlich als in den übrigen Regionen der Halbinsel. Der Autofahrer, der die Nationalstraße 215, die Straße von Soulac, entlangfährt, kann sich davon überzeugen: Überall sieht er eine flache Landschaft, in der es keinen Wein gibt. Aber zwischen Bouqueyran und Listrac findet er sich plötzlich inmitten von Hügeln wieder, die über und über mit Rebstöcken bedeckt sind. Bei genauerem Hinsehen stellt er dann fest, daß sich die Straße und der Verlauf des Hü-

gelkamms trennen und letzterer viel weiter westlich verläuft.

Das Weinbaugebiet, das man von der Nationalstraße aus sieht, liegt auf dem westlichen Hang der deutlich erkennbaren Wölbung von Listrac. Wie das in Moulis setzt es sich aus einem Plateau mit alten Kiessandböden zusammen, das auf der Höhe von Listrac an eine steil abfallende Böschung grenzt. Diese Kombination, die im Listrac wesentlich ausgedehnter ist als in Moulis, besitzt für den Weinbau gut geeignete Böden.

Die Ebene von Odilon Redon

Das gleiche gilt auch für das Zentralgebiet, die Ebene von Peyrelebarde, die den größten Teil der Appellation bildet. Wie die hohe Kuppe besteht sie aus Tonmergelböden auf einer Kalkunterlage. Sie ist jedoch nicht nur wegen ihrer geologischen Eigenart bekannt: Der Maler Odilon Redon ließ sich hier gerne inspirieren. Im Osten und Norden schließlich trifft man auf Hügel aus Garonne-Kiessand, die hier allerdings nicht so ausgedehnt sind wie in Moulis. Der bekannteste unter ihnen ist der Hügel von Médrac, die nördliche Verlängerung des Plateaus von Grand Poujeaux.

Das Weinbaugebiet von Listrac ist mit 550 ha Fläche größer als sein südlicher Nachbar und verteilt sich auf eine größere Anzahl von Weinbauern. Hier leben an die 150 Familien vom Weinbau, von denen 99 Güter besitzen. Das heißt aber keineswegs, daß die Weine von Listrac nicht ziemlich homogen wären. Sie zeichnen sich durch ihre Kraft aus. Sie sind farbintensiv, tanninhaltig, fleischig und von »männlichem« Charakter. Wegen ihrer festen Struktur sollte man diese Weine »kauen«. Da sie sich in ihrer Jugend noch als etwas rauh erweisen können, muß man ihnen unbedingt einige Zeit lassen, sich zu entwickeln.

Die Gründe für die Homogenität

Ein Element, das die Appellation eint, ist zweifelsohne die Existenz der großen zentralen Zone mit Tonmergelböden. Daraus erklärt sich auch zum Teil der »männliche« Charakter der Weine. Ein zweites Element könnte die im Haut-Médoc starke Präsenz der Merlot-Rebe sein. Aber die Homogenität der Listrac-Weine erklärt sich auch aus der Geschichte, die stark von der Rolle der Genossenschaftskellerei geprägt ist. Diese wurde gegründet, um den Absatzschwierigkeiten der dreißiger Jahre zu begegnen, und sicherte einen neuen Aufschwung, indem sie in der Compagnie des Wagons-Lits, der Schlafwagengesellschaft, einen originellen neuen Kunden fand. Heute sind die Weine der Appellation allerdings schon längst nicht mehr auf die SNCF, die staatliche französische Eisenbahngesellschaft, angewiesen. Das Centre Oenologique des Château Clarke und eine neue Generation junger und äußerst unternehmungslustiger Winzer rühren die Werbetrommel für die ohnehin schon berühmten Weine weit effektiver.

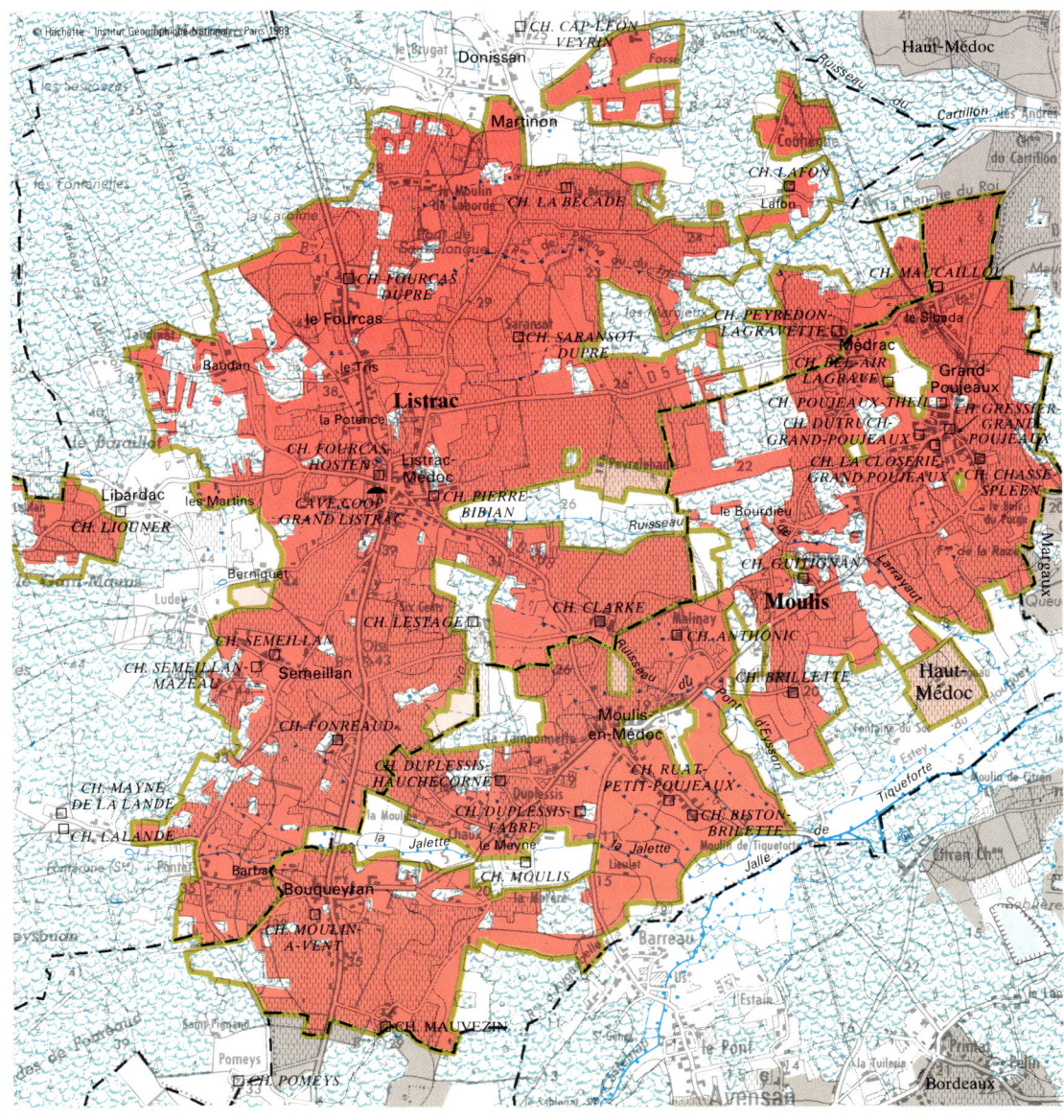

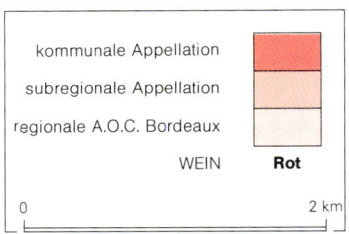

kommunale Appellation	
subregionale Appellation	
regionale A.O.C. Bordeaux	
WEIN	**Rot**

0   2 km

Saint-Julien

Um das Weinbaugebiet von Saint-Julien zu entdecken, geht man am besten auf die gewohnte Weise vor. Die Weinstraße verläuft in Richtung Bordeaux-Pauillac. Bei der Ankunft in der Appellation kommt man zunächst zum schönsten Punkt in der Weinlandschaft des Médoc. Nach einem Ausflug in die fremde Welt der niedriger gelegenen Regionen, Palus und Moore, bei denen man ahnen kann, daß sie die Phantasie beflügeln, schlängelt sich die Straße zielsicher eine Hügelkette hinauf, so als könne sie es gar nicht erwarten, die ausgedehnten und schönen Gebäude des Weingutes von Beychevelle zu erreichen.

Die Einheit in der Dualität

Das elegante, imposante Château aus dem 19. Jahrhundert ist das beste Aushängeschild, das Saint-Julien sich wünschen kann, und eine der vornehmsten Appellationen im Bordelais, ja vielleicht sogar in ganz Frankreich. Gleichzeitig wird man hier aber auch daran erinnert, daß das kleine Médoc-Gebiet ein zwiespältiges Land ist. Davon legt auch der offizielle Name der Gegend, Saint-Julien-Beychevelle, Zeugnis ab. Diese Bezeichnung entspricht eher der Realität als der Name der Appellation. In der Tat lernt der Reisende zwei gleich große Dörfer kennen. Das eine, Saint-Julien, unterstreicht, wenn auch auf sehr diskrete Art, seine Vormachtstellung durch den Besitz einer Kirche. Das Gotteshaus und der kleine Kirchplatz liegen jedoch abseits der großen Departementstraße. Das mag vielleicht nur ein Zufall sein — dennoch könnte man sich versucht fühlen, darin das Symbol für die in Saint-Julien bestehende Kohärenz zu sehen.

Die Appellation hat nichts Künstliches, sondern liegt vielmehr auf einem homogenen Gebiet von etwas mehr als 700 ha Größe. Das Kiessandplateau von Saint-Julien wird durch die ausgedehnte Moorlandschaft von Beychevelle, die mehr als 4 km in die Region hineinragt, von Cussac getrennt und erstreckt sich 3,5 km entlang der Gironde. Das Gebiet ist auch 3,5 km breit und

Oben: Château Gruaud-Larose.
Unten: Château Langoa.

Das Portal des Clos Léoville Las Cases.

besteht aus sanften Erhebungen, die von kleinen Tälern durchschnitten werden. Das Ganze besteht aus Garonne-Kiessand (der traditionellen Klassifikation nach aus der Günzeiszeit) und wird durch eine West-Ost-Neigung begünstigt. Man steigt von der 22 m hoch gelegenen Grenze des Waldgebiets hinunter zu den 16 m hoch gelegenen Palus. Das begünstigt eine gute natürliche Entwässerung, die an den Grenzen der Plattform durch die Existenz von konvexen, steil abfallenden Hängen noch begünstigt wird.

Alle diese Umstände schufen ein für den Weinbau hervorragend geeignetes Land. Das Material des Unterbodens ist sehr homogen und besteht aus Kalksedimenten aus der Lud-Stufe des Tertiärs (Kalk von Saint-Estèphe). So können die Wurzeln der Rebstöcke, besonders die der alten, Feuchtigkeit aus der Tiefe holen und sogar bis zur oberen Grenze des phreatischen Grundwasserspiegels vordringen.

Die Appellation der Grands Crus

Die Qualität der Böden erklärt auch die Größe der Grands Crus Classés

der Appellation und läßt sich aus der Landschaft ersehen. Zum einen spannen sich die großen Parzellen wie Netze über das Land, deren schnurgerade Fäden topographische Gegebenheiten ignorieren. Zum anderen machen die riesigen Güter den Eindruck, als ob sie nicht einfach in diese von bäuerlichen Anwesen geprägte Landschaft gebaut sein könnten. Einige wirken fast schon wie Denkmäler.

Das gilt besonders für Beychevelle mit seinem langgestreckten, niedrigen Untergeschoß und den beiden Seitenpavillons, das zu Recht als einer der schönsten Bauten in ganz Aquitanien gilt. Es wurde 1757 für den Duc d'Épernon errichtet, der damals Gouverneur von Guyenne und Admiral Frankreichs war, und stellt ein ausgezeichnetes Beispiel für die eleganten Landhäuser dar, die sich die Reichen und Vornehmen im 18. Jahrhundert im Bordelais errichten ließen. Eine Terrasse, ein Park im französischen Stil und für die Erbauungszeit typische Weinkeller runden das Bild ab und machen Beychevelle zu einem mustergültigen Weingut, einem Muß für Touristen und einem jener Orte, die das Phantasiebild der Gironde prägten. Das Gut ist aber dennoch nicht das einzige architektonische Meisterwerk in Saint-Julien.

Zahlreiche andere Weingüter erreichen zwar nicht seine vollendete Schönheit, verdienen jedoch wegen

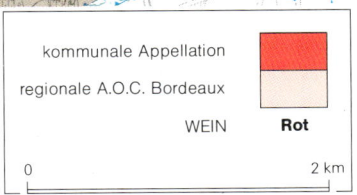

ihrer Bauten durchaus ebenfalls Erwähnung. Über der Architektur sollte man jedoch nicht das Wichtigste vergessen, den Reichtum der Böden. An die südlichen Hänge reihen sich oberhalb der Moorlandschaft vier Crus Classés in Ost-West-Richtung: Branaire-Ducru, Gruaud-Larose, Lagrange und Saint-Pierre. Der etwas niedriger gelegene

Ostrand überragt die Weidegründe der Palus und trägt drei Grands Crus: Beychevelle, Ducru-Beaucaillou und Langoa. Im Norden schließlich liegt die Domäne der Trois Léoville, zu der der »Clos« von Las Cases gehört, der unterhalb von Saint-Julien einen besonders guten Platz auf einem isolierten Hügel einnimmt.

Die Weine all dieser Crus besitzen,

wenn sie ihren Höhepunkt erreicht haben, all die Qualitäten, die die Weine von Saint-Julien zu einer Kombination bestimmter Eigenschaften der Margaux- und Pauillac-Weine gemacht haben. An die Margaux-Weine erinnert die Finesse, während der Körper an die Produkte von Pauillac denken läßt. Das bedeutet aber keineswegs, daß die Weine aus Saint-Julien nicht auch ihren eigenen Charakter hätten. Dieser kommt vor allem in der intensiven Farbe und der Eleganz zum Ausdruck. Ihr Ruf und der Stellenwert der Crus Classés, die 75% der 5,5 Millionen alljährlich gelieferten Flaschen produzieren, könnte zu dem Schluß verleiten, daß Weine aus Saint-Julien unerschwinglich seien. Glücklicherweise gibt es in der Appellation der Grands Crus auch einige bäuerliche Betriebe, die oft nicht größer als das vielzitierte Taschentuch sind, aber vielfach über ausgezeichnete Kiessandböden verfügen und die »Ausnahmeweine« zu erschwinglichen Preisen anbieten.

Château Beychevelle, ein elegantes Bauwerk des 18. Jh.

Pauillac

Auf den ersten Blick unterscheidet sich Pauillac von den anderen Weinbaugemeinden des Médoc. Das liegt vielleicht daran, daß Pauillac, sieht man einmal von den Badeorten an der Atlantikküste ab, die einzige Gemeinde der Region ist, die als Stadt gelten könnte, und nicht den Eindruck macht, als wolle sie der Girondemündung die kalte Schulter zeigen.

Vom Meer . . .

Dies zeigt ein Blick auf die Landkarte. Betrachtet man beispielsweise Margaux, Saint-Julien, Saint-Estèphe, aber auch Macau, Lamarque und Saint-Seurin-de-Cadorne, so sieht man Dörfer, die die Ufer zu meiden scheinen. Die Dörfer von Pauillac dagegen flüchten sich nicht in den Schutz der Umgebung und hinter die natürlichen Wälle, die das Moor und die Palus errichtet haben. Sie suchen vielmehr die unmittelbare Nähe von »la Rivière«, wie man oft in viel zu großer Bescheidenheit den Fluß nennt, der sich hier in diesem Gebiet eher ausnimmt wie ein kleines Binnenmeer.

Das Leben und Treiben konzentriert sich auf die großen Kais, die der Ansiedlung den Charakter eines ländlichen Hafens verleihen. Dieser Hafen hat für die Wirtschaft der kleinen, auf halbem Weg zwischen Bordeaux und Grave gelegenen Stadt schon immer eine wichtige Rolle gespielt. Er stand am Anfang seiner Entwicklung und bescherte dem Städtchen seine Sternstunden. Einst pflegten die Familien der umliegenden Güter Ankunft und Abfahrt der großen Überseedampfer von ihren Kutschen aus zu beobachten. Und die großen Regatten, die halb sportliche, halb gesellschaftliche Ereignisse waren, schmückten das Wasser zum allgemeinen Vergnügen mit den Segeln der prächtigen Rennboote.

. . . zum Wein

Heute dominiert im Hafen, von dem aus sich ein herrlicher Blick auf die Girondemündung bietet und wo man auf den Terrassen der Cafés die »Bichettes«, wie die kleinen Crevetten hier genannt werden, genießen kann, zwar das Geschäft mit der Freizeit. Es scheint aber trotzdem, als habe man akzeptiert, daß der Wein die wichtigste Rolle spielt.

Denn Pauillac ist mit achtzehn Crus Classés, von denen drei als Premiers und zwei als Seconds Crus eingestuft sind, und mit 150 Weinbauern nicht

nur die Weinmetropole des Médoc, sondern auch ein Aushängeschild des Weinbaus.

Wie im südlich gelegenen Saint-Julien entspricht auch hier die Appellation dem Gemeindegebiet und wird von einer starken Homogenität der ausgezeichneten Böden charakterisiert. Diese kulminieren im Westen und steigen sanft in Richtung Girondemündung ab. Die Böden hier bestehen aus verschiedenen Kiessandanschwemmungen und wurden, wie überall im Médoc, vom Hochwasser der Vorläufer der Garonne abgelagert, die oberhalb des Systems von Lehmböden und Kalk von Saint-Estèphe eine Reihe von schönen Hügeln formte. Da diese Kiessandanschwemmungen aus verschiedenen Perioden stammen, sind sie auch sehr vielfältig. Man kann sie aufgrund ihrer Größe, die von großen Steinen bis zu kleinen Kieseln reicht, und durch ihre Farbe, die hell oder dunkel sein kann, unterscheiden.

Die Folge der einzelnen Anschwemmungsphasen und der Erosion hat den Hängen im oberen Teil eine konvexe, im unteren Teil eine konkave Form gegeben. Diese Gestalt geht auf die Solifluktionsströme zurück. Lehm und Schlamm wurden dabei vom Wasser auf den Grund der Talwege transportiert, während die größeren Kiesel blieben. So entwickelte sich die ungleiche Struktur der Anhöhen von Pauillac. Korngrößenbestimmungen haben bestätigt, daß feine Fraktionen seltener sind.

Die ziemlich steilen Kiessanderhebungen von Pauillac sehen manchmal aus wie Hügel und formen eine reizvolle Landschaft. In die Mulde hat sich das kleine Tal mit der Fahrrinne von Gahet eingegraben, die in der Vergangenheit von Vergnügungsschiffen und Ozeandampfern befahren wurde.

Eine derartige Topographie begünstigt eine ausgezeichnete Entwässerung. Diese wird dadurch verbessert, daß die Appellation sowohl in Richtung Girondemündung blickt, als auchnach Norden hin auf den Bach von Breuil weist, der das Gebiet von Saint-Estèphe trennt.

Ein großes Weinbaugebiet und große Weingüter

Das Weinbaugebiet von Pauillac erstreckt sich über 1000 ha Fläche und zeigt Unterschiede in der Grundstruktur. Auch hier gibt es kleine Anwesen. Sie liegen im zergliederten Gebiet im Westen einer Linie von Dörfern, die von Dauprat nach Bages verläuft, und um den Höhenzug, der sich von Pouyalet nach Anseillan erstreckt. Diese Streuung läßt vermuten, daß die hier erzeugten Weine, die in bis zu sechs Millionen Flaschen pro Jahr auf den Markt kommen, eine gewisse Unterschiedlichkeit aufweisen. Diese Annahme hieße jedoch vergessen, daß die Genossenschaftskellerei, in der 5000 hl Wein herge-

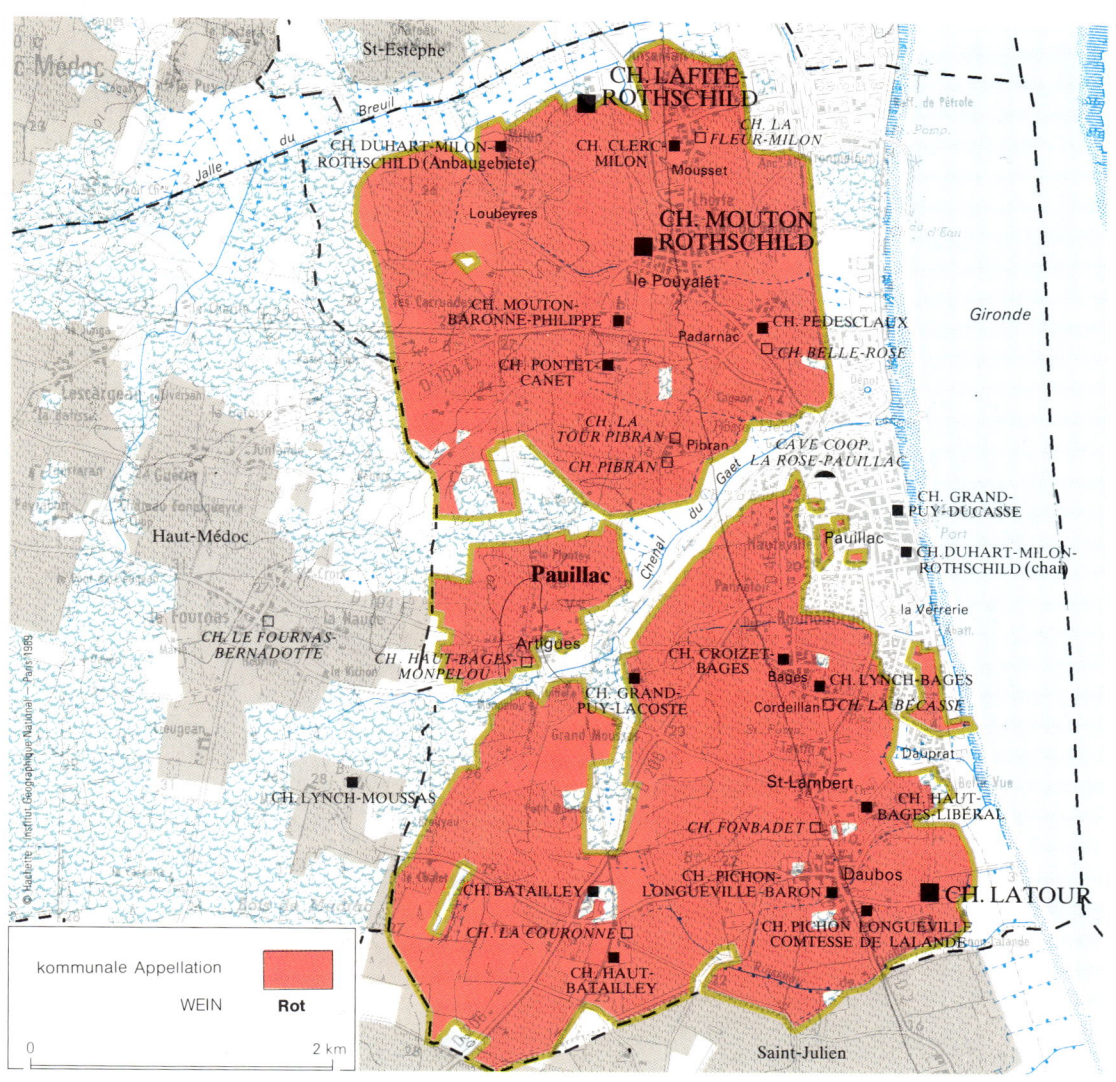

kommunale Appellation

WEIN **Rot**

0   2 km

stellt werden, eine wichtige Rolle spielt, die Cabernet-Sauvignon-Rebe, die im Durchschnitt 70% des Rebenbestandes in den Crus Classés ausmacht, hier stark vertreten ist, und daß es auch zahlreiche große Weingüter gibt. Diese großen Betriebe geben den Ton an und machen die kleinen Anwesen zu Inseln, die sich um die Hauptorte des Gemeindegebiets gruppieren.

Das Ergebnis ist die Entwicklung bestimmter Charakteristika, die die ganze Produktion kennzeichnen. Die Pauillac-Weine sind kräftig gebaut und körperreich und besitzen kraftvolle Tannine, was sie zu ausgezeichneten Lagerweinen macht. Sie sind zugleich aber auch fein, und oft ist es gerade eine ganz bestimmte Art von Delikatesse, die den einzelnen Crus ihre typische und ganz eigene Persönlichkeit verleiht.

Linke Seite oben: Château Latour; unten: Château Mouton Rothschild. Links: Die Keller von Ricardo Bofill im Château Lafite- Rothschild, schön und funktionell.

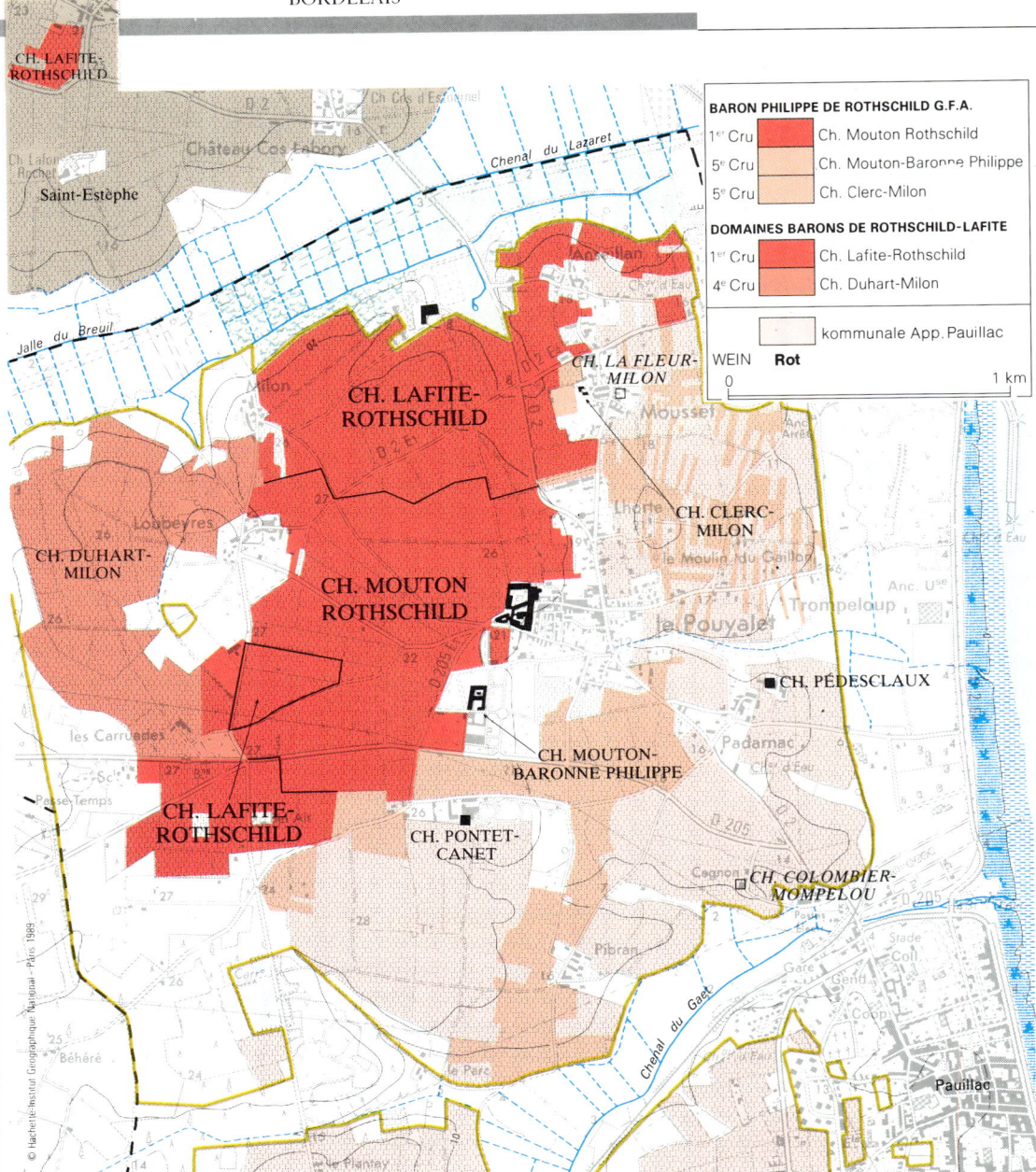

Die Appellation der Premiers Crus Classés

In der Regel liegen die bekanntesten Crus, auf die sich auch meist der Ruhm einer Appellation gründet, im Zentrum dieses Gebiets. In Pauillac ist das jedoch nicht der Fall. Im Gegenteil die bekanntesten Güter liegen hier am Nord- und Südrand. Alle Premiers Crus Classés, Lafite, Mouton, Latour, befinden sich an der Peripherie, die sich auch die beiden Seconds Crus Classés, Pichon Longueille Baron und Pichon Longueville Comtesse de Lalande, teilen. Diese Verteilung erklärt sich einmal durch die Tatsache, daß sich im Zentrum von Pauillac das kleine Tal des Gahet eingegraben hat, das im Norden der Stadt auf das Mündungsgebiet zuläuft und der Arbeit der Erosion sozusagen als »Versorgungsbasis« diente. Die Verteilung erklärt sich aber auch durch die Nähe der natürlichen Entwässerungskanäle, die von den Bächen oder vom Fluß selbst geschaffen wurden, die diese Crus begrenzen.

So kommt es, daß die besten Anbaugebiete, nämlich die von Saint-Lambert und Pouyalet, an Saint-Julien bzw. an Saint-Estèphe grenzen. Diese unmittelbare Nachbarschaft hat dazu verleitet, daß die südlichen Crus, Latour und die beiden Crus von Pichon, mit ihren südlichen Nachbarn, besonders den drei Crus von Léoville, verglichen wurden, während man Lafite und Mouton Ähnlichkeit mit Saint-Estèphe, und zwar mit den gefragten Weinen von Cos d'Estournel, zusprach. So reizvoll und wahrscheinlich diese möglichen verwandtschaftlichen Beziehungen auch sein mögen — durch eine Weinprobe wurden sie bisher noch nicht bestätigt. Der wirklich entscheidende Faktor ist in Pauillac die Homogenität der gesamten Appellation, die sich am besten in den Premiers und Seconds Grands Crus ausdrückt. Es ist auch nicht übertrieben, wenn man in Betracht zieht, daß durch die Präsenz des sehr reinen Garonne-Kiessands eine gewisse Analogie zwischen dem Nord- und Südplateau besteht.

Le Pouyalet im Norden

Dieser nördliche Sektor ist auch der am höchsten gelegene. Die Höhe, die bei Mouton 30 m erreicht, macht die Region zu einem Unikum innerhalb des Médoc. Die ziemlich steil abfallenden Hänge sind mit feinerem und gröberem Kiessand bedeckt, der auf einem lehmig-sandigen, sandig-kiesigen oder kalkigen Unterboden liegt. Anscheinend verdanken zwei Premiers Grands Crus der Harmonie, die hier zwischen Pedologie und Geologie herrscht, ihren eigenständigen Charakter. In diesem Zusammenhang muß auch erwähnt werden, daß der unterschiedliche Unterboden die Trennungslinie zwischen Mouton Rothschild und seinen südlichen Nachbarn markiert, von denen hier besonders die südlich der Straße Pauillac-Hourtin liegenden gemeint sind. Lafite-Rothschild ist infolge der guten Drainage nicht nur ein ausgezeichnetes Weinbaugebiet, sondern macht auch durch seine Gebäude von sich reden. Das Château stammt zwar aus dem 18. Jahrhundert, wirkt aber keineswegs streng im Sinne des Klassizismus — es sieht vielmehr aus wie eine gemütliche italienische Villa. Aber natürlich ist das Haus nicht das Wichtigste. Das Schmuckstück des Anwesens sind zweifellos die Weinkeller, ein einheitliches Ensemble, das eine spektakuläre unterirdische Konstruktion des Architekten Ricardo Bofill ergänzt.

Die Weinkeller von Château Pontet-Canet.

Aus diesen hervorragenden natürlichen Gegebenheiten erklärt sich der Erfolg der Appellation. Aber das ist auch in Pauillac nicht alles. Man muß in diesem Zusammenhang unbedingt festhalten, daß die Weinbauern der kleinen Weinhauptstadt des Médoc stets technische Pioniere waren. Das galt für die Bodenentwässerung, als sie im 19. Jahrhundert tönerne Drainageröhren bauten, für das Ausschwefeln der Fässer, das sie im 18. Jahrhundert nach holländischem Vorbild durchführten, für die Vereinheitlichung der malolaktischen Gärung, und gilt heute für den Einsatz der Datenverarbeitung.

Links: Château Batailley.
Unten: Château Pichon Longueville
Comtesse de Lalande.

Mouton Rothschild besitzt ein Château des 19. Jahrhunderts, das jedoch architektonisch unbedeutend ist, hinterläßt aber beim Besucher ebenfalls einen großartigen und harmonischen Gesamteindruck. Von besonderem Interesse ist hier ein von Baron Philippe de Rothschild eingerichtetes Kunstmuseum im Zentrum der Anlage.

Saint-Lambert im Süden

Die Antwort des Südens auf die anmutigen und eleganten Weine von Lafite und Mouton sind die Weine von Latour mit ihrem Tanninreichtum. Die Domäne ist unbestritten das Aushängeschild des Plateaus von Saint-Lambert und verdankt ihre einzigartigen Weine dem sehr günstigen Gleichgewicht zwischen dem Boden, der aus großen Erhebungen aus massigem Kiessand besteht, und dem Unterboden aus Lehm und Mergel. Ein großer Vorteil für die beiden Nachbarn Pichon Longueville Baron und Pichon Longueville Comtesse de Lalande scheint die Rolle zu sein, die das Tal des Juillac bei der Entwässerung spielt.

Saint-Estèphe

Appellation, wo auch das berühmte Château Cos d'Estournel steht. Der Cru verdankt seinen guten Ruf den architektonisch interessanten Kellern des Gebäudes und den ausgezeichneten, aus Günz-Kiessand bestehenden Böden.

Ein orientalischer Palast für den Wein

Die Niederungen sind das Reich der Wiesen und schnurgeraden Baumreihen. Da der Boden zu fett ist, findet man hier keinen Wein. Aber oberhalb dieser Landschaft erheben sich die Rebstöcke vor dem Horizont. Die berühmtesten Crus profitieren hier von den konvexen Abhängen des Plateaus. Am Rand der Erhebungen garantieren die Hänge eine intensivere Sonneneinstrahlung und einen ausgezeichneten natürlichen Wasserabzug.

Andere Teile der Appellation besitzen schöne Kiessanderhebungen. Zu den bekanntesten zählt das im Süden gelegene Gebiet von Marbuzet, das sich rings um ein reizvolles Château erstreckt. Außerdem trifft man hier

Die Kalender strafen diesen Heiligen mit Verachtung. Ganze drei Gemeinden, alle im Südwesten Frankreichs gelegen, haben ihn zu ihrem Schutzpatron erkoren. Die Quellen haben nicht ohne Herablassung festgestellt, daß es sich bei dem Namen Estèphe um eine Variante, um nicht zu sagen Verballhornung der Namen Etienne oder Stephan handelt. Der Wein aber hat Saint-Estèphe zu großem Ruhm verholfen.

Schon wieder ein anderes Gesicht des Médoc

Auf den ersten Blick scheint sich die Gemeinde nicht von den anderen Gemeinden des Médoc zu unterscheiden. Ein kurzer Blick zeigt, daß sie sich im ganzen betrachtet, als ein über die Gironde aufragendes Plateau präsentiert und als Grenzlinien im Süden und Norden zwei Bäche besitzt: Die Jalle de Breuil markiert die Grenze zu Pauillac, der Estay d'Un die zu Saint-Seurin-de-Cadourne. Man muß jedoch die Karte vergessen, ja sich sogar von der klassischen Weinstraße entfernen. Man muß sich in Richtung der Girondemündung, der Palus und der Moore begeben, die die Bocage-Landschaft formen, die durch den Einfluß des Atlantischen Ozeans zu einem Teil des

Médoc wird. Die Fischer ziehen ihre Netze durch das Wasser, und weiter im Landesinneren widmen sich die Taubenzüchter ihrer Liebhaberei und lassen so auf eine stärker von bäuerlichen Traditionen geprägte Landschaft schließen, als man sie weiter im Süden antrifft, wo die großen Châteaus des 19. Jahrhunderts zu finden sind. Dieses für die Qualität der Weine günstige Umfeld findet sich besonders im südlichsten Teil der

Ganz oben: Château Cos d'Estournel. -- Oben: Château Montrose. Rechte Seite: »Weinlese im Médoc« von Clément Boulanger, 19. Jh. (Musée des Beaux-Arts, Bordeaux).

Die Laune des Louis Gaspard d'Estournel

Louis Gaspard d'Estournel war Anfang des 19. Jahrhunderts Herr auf dem Weingut Cos und hatte drei Leidenschaften: Pferde, die Seefahrt und den Wein. Auf seinen zahlreichen Reisen durch den Indischen Ozean kam ihm die Idee, ein Château zu errichten, das nicht einfach nur dem Geschmack der damaligen Zeit entsprach, sondern es auch mit riesigen Weinkellern auszustatten, die den Stil des europäischen Klassizismus mit orientalischen Einflüssen vermischten. So entstand Cos d'Estournel, das Stendhal bei seiner Reise durch das Médoc zu der folgenden Bemerkung veranlaßte: »Ein hochelegantes Gebäude von strahlend gelber Farbe, das keiner bestimmten Stilrichtung zuzuordnen ist. Es ist weder griechisch noch gotisch, es ist viel heiterer und erinnert mehr an den chinesischen Stil.«

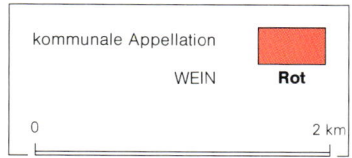

kommunale Appellation

WEIN   **Rot**

0   2 km

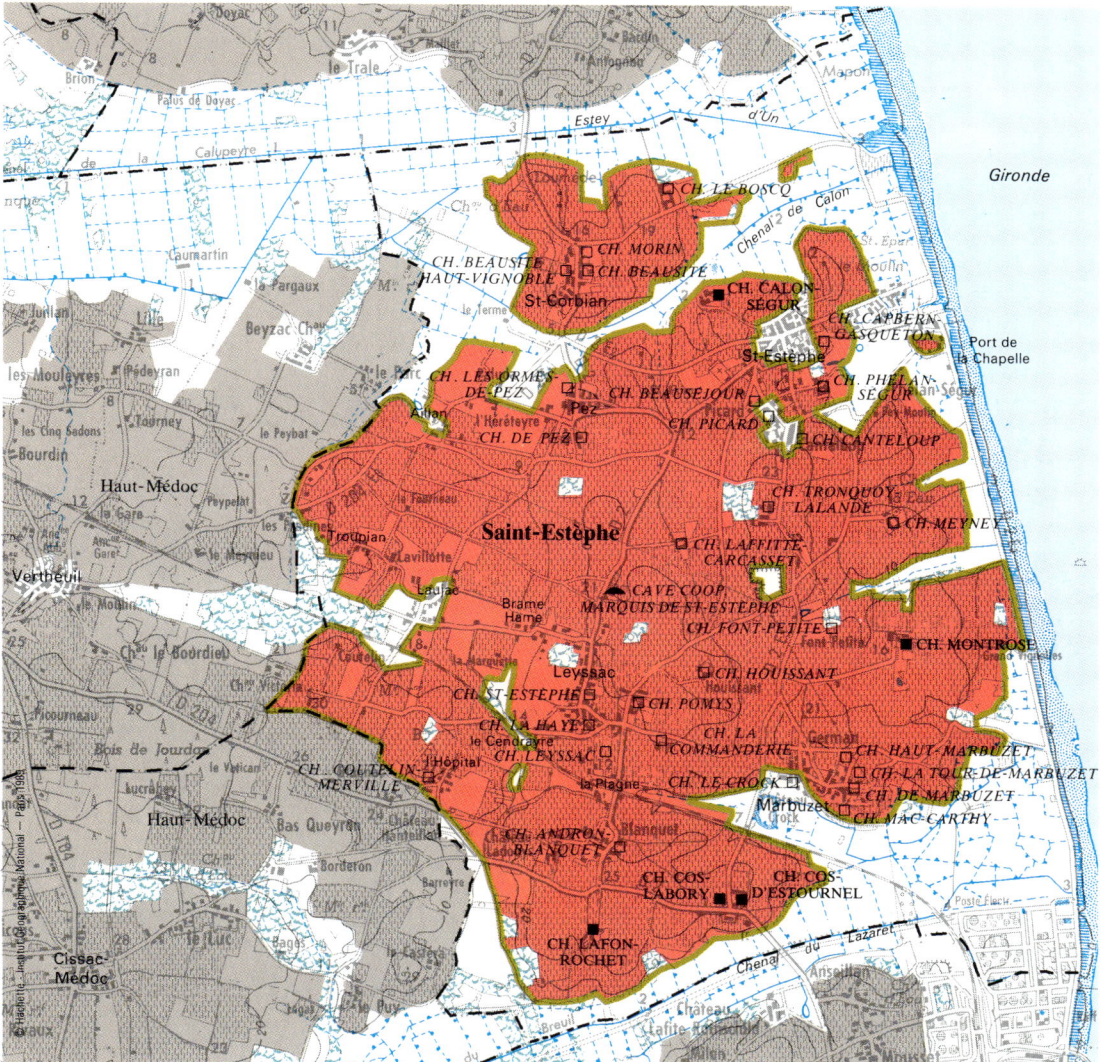

auf einen friedlichen kleinen Ort, dessen Einwohner ihr Wasser früher alle am öffentlichen Brunnen holten. Im Norden findet man auf den drei hier das Gemeindegebiet begrenzenden Hügelketten die Châteaus Le Pez, Le Boscq und Calon-Ségur, während Meyney und Montrose auf die Girondemündung hinunterblicken.

Diese Erhebungen erinnern, ähnlich wie ihre Pendants in den südlicher gelegenen Appellationen, jedoch noch viel ausgeprägter, an Inseln, die sich inmitten von oft wesentlich lehmigeren Niederungen erheben. Die Originalität dieser Landschaft macht jedoch das Vorhandensein von Saint-Estèphe-Kalk und mit fossilen Austernschalen durchsetzten Mergeln unter einer Kiesschicht aus. Sie traten an die Stelle des Kalks der Stampien-Stufe (Oberstes Tertiär), der im Bordelais am häufigsten vorkommenden Sedimentablagerung, die hier aufgelöst wurde. So können die Wurzeln der Rebstöcke auf ihrer Suche nach Wasser und Nährstoffen tief in den Boden eindringen, und jede Erdfalte bietet ihnen ausgezeichnete Versorgungsmöglichkeiten.

Saint-Estèphe bietet eine durch viele Bodenwellen abwechslungsreiche Landschaft. Auf rund 1000 ha Fläche

werden pro Jahr an die 70 000 hl Wein erzeugt. Mehr als ein Viertel dieser Menge entstammt der großen Genossenschaftskellerei, während die fünf Anbaugebiete der Crus Classés weniger als 20% Anteil an der Gesamtmenge haben. Das bedeutet, daß die Crus Bourgeois und die kleinen Weinbauern hier eine wichtige Rolle spielen und einen wesentlichen Beitrag zur Vielfältigkeit der Weine leisten. Es ist auch viel schwieriger, die Weine von Saint-Estèphe so zu kategorisieren, wie man das etwa mit den Weinen aus Margaux, Pauillac und Saint-Julien tun kann. Trotzdem besitzen die Weine von Saint-Estèphe einen recht »familiären« Charakter, der vielleicht auf den lehmigeren Unterboden zurückzuführen ist. In der Regel enthalten sie noch reichlich Säure, besitzen eine intensive Farbe und sind oft besonders tanninreich. Sie eignen sich besonders für eine längere Alterung und entwickeln nach einigen Jahren ein sehr komplexes Bukett, während die Tannine sich zugunsten eines sehr harmonischen Gesamteindrucks auflösen.

Graves

Die Zeit, in der die Einwohner von Bordeaux zu Pferd oder per Bahn nach Graves reisten, ist längst vorbei. Aber diese Region hat immer noch eine enge Verbindung zur Hauptstadt Aquitaniens. Das ist aber nicht ihr einziger hervorstechender Charakterzug. Das Weinbaugebiet erhielt seinen Namen von seinem Boden, was in Frankreich eine einmalige Sache ist. Das liegt vielleicht daran, daß man schon früh erkannte, wie hervorragend sich dieses rauhe und unfruchtbare Land für den Anbau von Rebstöcken eignet, die einen geringen Ertrag und somit ausgezeichnete Qualität liefern.

Eindruck, der allerdings nicht der Wahrheit entspricht.

Die Farben der Erde

Das weitläufige Appellationsgebiet erstreckt sich vom Süden von Langon bis zur Jalle de Blanquefort im Norden von Eyzines, das bereits zu den Vororten von Bordeaux gehört, der »Grenzstadt« des Médoc. Die ein-

nie durchstreift, weiße Böden, die aus nicht zu grobem Kies bestehen. Hierbei handelt es sich um Pyrenäen-Kiessand, der das Licht so stark reflektiert, daß einem die Augen schmerzen, wenn man diesen Boden längere Zeit ohne Sonnenbrille betrachtet. Die Böden im Osten sind dagegen wesentlich jüngeren Ursprungs, bestehen aus sehr großen Komponenten und tendieren oft zu Ockertönen.

Diese verschieden geartete Land-

Oben: »Weinlese« von Gérard Leroux, 19. Jh. (Jardin Public, Bordeaux). – Links: Château Budos.

terboden Sand und Lehm mischen. Zwei subregionale Appellationen teilen sich die ungefähr 3000 ha Rebfläche von Graves (einschließlich Pessac-Leognan): Graves (trockene Rot- und Weißweine) und Graves Supérieurs (liebliche Weißweine). Ein hervorstechendes Merkmal der Rotweine, von denen jährlich im Durchschnitt 92 000 hl produziert werden, ist in der Regel das rauchige Aroma mit einem Hauch von Veilchenduft. Hierbei handelt es sich, um mit einem alten Begriff aus der Zeit der Aufklärung zu sprechen, um Weine voll Feuer. Die Weißweine verdanken ihren traditionell guten Ruf ihrem Körper und ihrer Nervigkeit.

Die Appellation wird von der Garonne begrenzt, von einer Eisenbahnlinie und Autobahnen durchschnitten, die von Bordeaux nach Toulouse und vom Atlantik zum Mittelmeer führen, und es scheint, als gäbe es hier kein Geheimnis mehr zu entdecken. Alle Verkehrsverbindungen erstrecken sich entlang des Nordrands. So stellt sich die Region als monotones Plateau dar — ein

zelnen Gebiete entstanden durch die fortwährende langsame Verlagerung des Flußbettes der Garonne und ihrer Vorläufer entlang von Gebietsstreifen, die heute mehr oder weniger parallel zum Fluß verlaufen. Und sie alle zeichnen sich durch eine charakteristische Farbe aus. So sieht der Wanderer, der die Anhöhen östlich einer von Illats-Jeansotte nach Labrède-Martillac verlaufenden Li-

schaft bietet nicht nur einen reizvollen Anblick, sondern eignet sich auch ausgezeichnet für den Weinbau. Besonders die dunklen Rebsorten finden günstige Bedingungen auf den kiesigen Erhebungen vor, die aus den alten Betten der Wasseradern entsprungen sind. Diese von Bächen durchschnittenen Hügel sind besonders zahlreich im nördlichen Teil der Appellation, der im Norden von La Brède liegt. Die Erosion legte hier Kalkschichten und »faluns«, tertiären Muschelsand, frei, was in der Gegend von Graves die Produktion einer sehr vielfältig gearteten Qualität der Weine erlaubt. Dazu gehören auch sehr gute Weißweine. Die für diese verwendeten Rebsorten fühlen sich besonders dort wohl, wo sich im Un-

Cérons

Die Süßwein-Appellation Cérons liegt im Nordwesten von Barsac und liefert sowohl rote als auch weiße Graves-Weine. Die Landschaft unterscheidet sich vom übrigen Gebiet durch hohe Kiesterrassen, auf denen früher zahlreiche Windmühlen standen. Neben den von der Erosion unberührten Terrassen finden sich in Cérons auch Kiessanderhebungen und ein Boden, der dem von Barsac, also dem Rand des kahlen Kalkplateaus, ähnelt. Die hier produzierten Weine stellen eine Verbindung zwischen Graves-Supérieur und Barsac-Weinen dar. Dies ist aber nicht ihr einziges Charakteristikum. Sie zeichnen sich auch durch einen besonders feurigen Charakter aus.

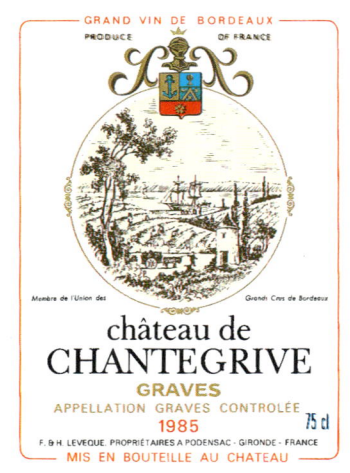

GRAND VIN DE BORDEAUX

PRODUCE — OF FRANCE

Membre de l'Union des — Grands Crus de Bordeaux

château de
CHANTEGRIVE
GRAVES
APPELLATION GRAVES CONTROLÉE
1985 — 75 cl
F. & H. LEVEQUE, PROPRIÉTAIRES A PODENSAC · GIRONDE · FRANCE
MIS EN BOUTEILLE AU CHATEAU

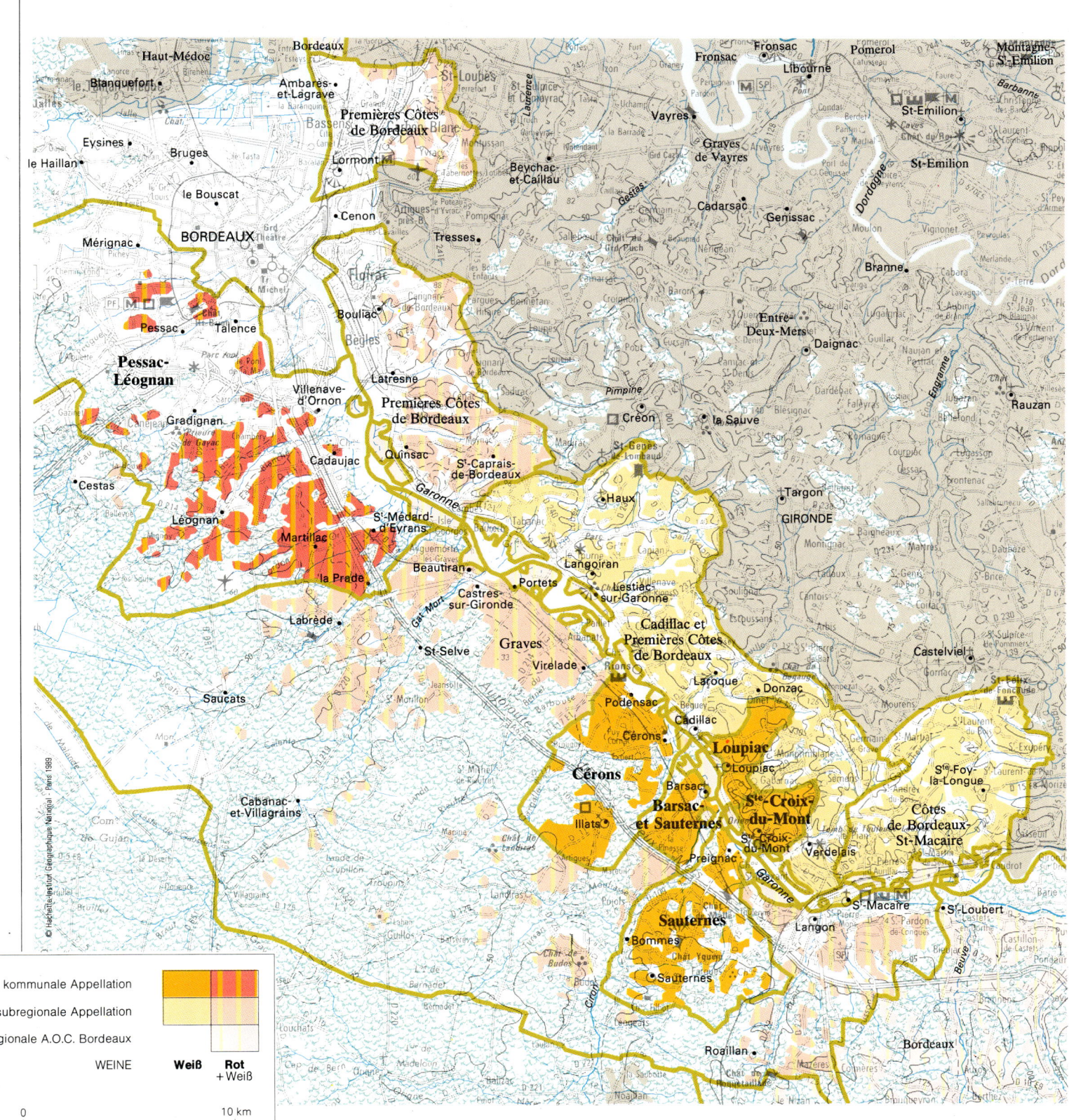

Die Weinberge am rechten und linken Ufer der Garonne.

Legende:
- kommunale Appellation
- subregionale Appellation
- regionale A.O.C. Bordeaux

WEINE — Weiß — Rot + Weiß

0 — 10 km

Das Bordelais – Weinbaugebiet par excellence

Graves besitzt nicht nur Böden aus für den Anbau von Weinstöcken gut geeigneten Materialien und günstige Lagen, es ist auch *das* Weinbaugebiet des Bordelais schlechthin und eng mit dem Beginn der Weinbautradition von Bordeaux verbunden. Grabas de Burdeus, das Ursprungsgebiet des Weinbaus von Bordeaux, war die Heimat der Clarets, die nach England, der neuen Heimat von Eleonore von Aquitanien, exportiert wurden. Die Hauptanbaugebiete der Stadt lagen vorwiegend im nördlichen Teil der Appellation und spezialisierten sich schon sehr bald auf die Herstellung von qualitativ hochstehenden Produkten. Auf einigen Gütern arbeitete man mit von Ochsen gezogenen Pflügen, band die Rebstöcke mit Weidenruten an den Pfählen fest und schnitt die überflüssigen Triebe ab.

Die Graves-Weine waren im 18. und 19. Jahrhundert ebenso berühmt wie gewinnbringend, wie die Klassifizierung von Haut-Brion im Jahre 1855 der beiden Crus des Médoc belegt, und erhielten im 20. Jahrhundert durch die Klassifizierungen von 1953 und 1959 Anerkennung für die Qualität ihrer Produktion. Heute ist die Region jedoch im Umbruch begriffen. Das zeigt die Entstehung der Appellation Pessac-Léognan im September 1987, die auch einen Bruch zwischen Graves-Nord und Graves-Süd markiert. Der südliche Teil behält die Appellation Graves, während die in der neuen Appellation zusammengefaßten Weinbaugemeinden des Nordens künftig das Recht haben, die Bezeichnung Vin de Graves zu führen.

Pessac-Léognan

Hautes hat man sie genannt, »du Nord«, »de Bordeaux«, »de Pessac« oder »de Léognan« – so als ob man nicht recht wüßte, wie man sie eigentlich einordnen soll. Aber die Weinbaugebiete der nördlichen Graves besaßen schon ihren typischen Charakter, bevor man sie zur Appellation Pessac-Léognan zusammengefaßt hat.

Die Geologie spielt verrückt

Die Weine von Pessac-Léognan verdanken ihren eigenständigen Charakter dem Boden, dem sie entstammen. Das liegt daran, daß die Rebstöcke auf den schönen Kiessandböden wachsen, denen das linke Ufer der Garonne und die Girondemündung ihren ausgezeichneten Ruf verdanken. Das liegt aber auch daran, daß man sich hier des Eindrucks nicht erwehren kann, die Geologie habe verrückt gespielt und eine jeder vernünftigen Regel widersprechende Landschaft geschaffen.

Die Einzigartigkeit des Gebiets liegt in der Landschaft — sofern man einmal mehr dazu bereit ist, die großen Hauptverkehrsadern zu verlassen, die die Appellation zwar berühren, sich aber zu scheuen scheinen, tatsächlich in ihr Gebiet einzudringen. Streift man durch Léognan oder Martillac, so entdeckt man eine ganz eigene Welt, die durch das Grün der Talniederungen ihren besonderen Reiz erhält.

Das Relief ist nicht sehr stark zerklüftet und wacht über eine nicht besonders hoch gelegene Region. Verantwortlich dafür ist eine Laune der Vorläufer der Gironde. Die ältesten Wasserläufe scheinen sich hier nämlich, aus welchem Grund auch immer, in östliche Richtung verzweigt zu haben. So mischten sich dann die Anschwemmungen späterer Flüsse mit bereits vorhandenen Abla-

Oben: Château Haut-Brion.
Unten: Château de la Brede.

gerungen. Dieser Vorgang und die Erosion haben vermutlich durch eine Umschichtung einen neuen Typ von Kiessand geschaffen, dessen Vorhandensein erklärt, warum sich gerade in diesem Gebiet so viele Crus Classés befinden. Die Rebstöcke profitieren hier nämlich von einem ausgezeichneten armen Boden und von einer Landschaft, die durch sehr klar umrissene Erhebungen geprägt wird. Beispielhaft sind die Anhöhen, auf die man auf dem Weg von Léognan nach Malartic-la-Gravièse und Fieuzal stößt. Als besondere Vorteile bietet das Appellationsgebiet den Weinstöcken ausgezeichnete Lagen, eine hervorragende Drainage infolge steil abfallender Hänge und ein gut ausgebautes Netz von Wasseradern. Die beachtlichen natürlichen Gegebenheiten des Gebiets von Pessac-Léognan unterscheiden es auch ganz erheblich von seinen südlichen und nördlichen Nachbarn. Die wichtigste Folgeerscheinung ist die Tatsache,

daß bestimmte Böden hier für die Produktion von Weißweinen geradezu prädestiniert sind.

Die Eigentümer der großen Weingüter des Bordelais waren sich bereits zur Zeit des Ancien régime darüber klar, über welch vielfältige Böden sie verfügten. So bauten sie bereits damals an Qualität orientierte Güter auf und stellten sicher, daß diese auch wirklich die besten Parzellen einschlossen. Das erklärt, warum heute die Grenzen bestimmter Grands Crus zerrissen sind, die sich vor allem durch ihre Einbindung in das Stadtgebiet hervorheben. In der Tat kann bereits eine kleine Wasserader, eine geringe Veränderung der Neigung oder Lage eines Terrains den Wert des Bodens vollkommen verändern. Davon kann man sich im Herbst oder gegen Ende des Winters bei Haut-Brion überzeugen.

Die Nivellierung ist nicht besonders stark, und der Rhythmus, in dem sich die Vegetation entwickelt, schwankt in den oberen und unteren Gebieten ganz erheblich.

Das Anbaugebiet von Pessac-Léognan und den umliegenden zehn Gemeinden besitzt eine starke eigene Persönlichkeit. Innerhalb von 20 Jahren hat sich die Anbaufläche von 500 auf 900 ha vergrößert und liefert pro Jahr 5 Millionen Flaschen Wein.

Von der Stadt gefährdet

Obwohl sich das Weinbaugebiet von Pessac-Léognan in einer Phase des Umbruchs befindet, wird immer noch ein jahrhundertealtes Gleichgewicht aufrechterhalten. Dies betrifft besonders das traditionelle Verhält-

nis zwischen Rot- und Weißweinen, wobei erstere vier Fünftel der Produktionsmenge ausmachen. Die Erzeuger bewahren besonders durch die Wahl des Rebguts auch den typischen Charakter der Weine. Cabernet-Sauvignon ist die dominierende Rebsorte und wird für Rotweine mit etwas Merlot und Cabernet-Franc verschnitten, während man für die Weißweine Sauvignon und Sémillon verbindet.

In der Tat verdanken die Weine von Pessac-Léognan ihre Einzigartigkeit einem besonders ausgeprägten Charakter. Bei den Rotweinen kann man sogar sehr charakteristische Ursprungsgebiete unterscheiden. Die einen heben sich durch die außerordentliche Komplexität des Buketts und ihre rauchige Note hervor. Andere erinnern durch ihren Tanningehalt an die Médoc-Weine und infolge einer samtigen Note und der Tannine an bestimmte Pomerol-Weine.

Château La Louvière.

Die trockenen Weißweine eignen sich hervorragend für die Alterung im Holzfaß und entwickeln ein Bukett, dessen feine und lebendige Nuancen an Ginster und Lindenblüten erinnern.

75% der Pessac-Léognan-Weine gehen in den Export und erweisen sich als ausgezeichnete Botschafter des Weinlandes Frankreich. Paradoxer weise ist jedoch dieses berühmte Weinbaugebiet, das der Nähe zu Bordeaux so viel verdankt, gerade durch die Entwicklung dieser Stadt bedroht. So bietet sich 6 km vom Stadtkern von Bordeaux entfernt ein recht erstaunliches Bild: So bekannte Crus wie Château Haut-Brion, La Mission Haut-Brion, Laville Haut-Brion und Pape Clément sind vollkommen zwischen Häusern eingeschlossen, und Weinberge werden nicht nur von Gemeindewegen, sondern auch von Straßen durchkreuzt.

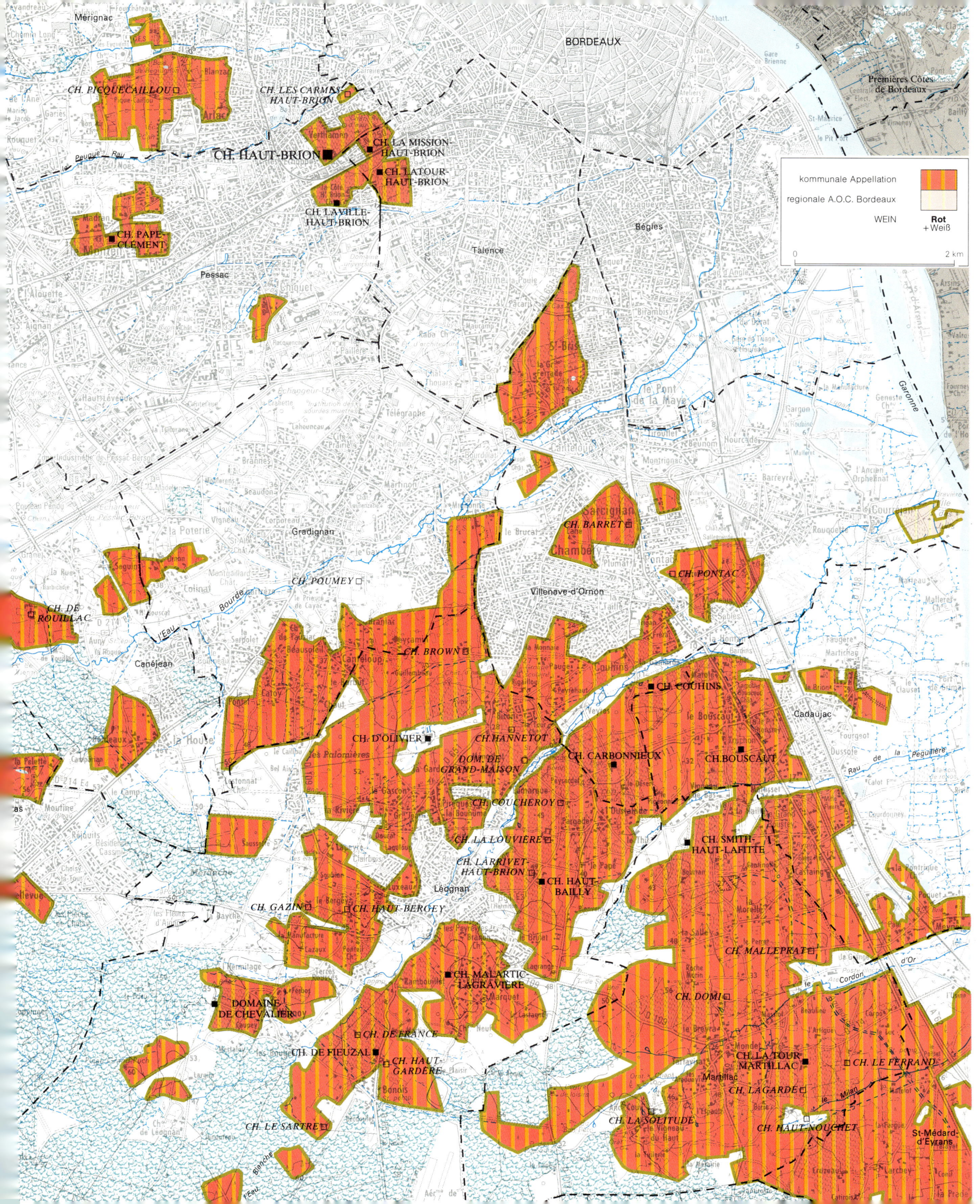

BORDEAUX

CH. PICQUECAILLOU
Mérignac

CH. LES CARMES HAUT-BRION

CH. HAUT-BRION

CH. LA MISSION-HAUT-BRION

CH. LATOUR-HAUT-BRION

CH. LAVILLE-HAUT-BRION

CH. PAPE-CLÉMENT

Pessac

Talence

Bègles

Premières Côtes de Bordeaux

St-Maurice

Garonne

	kommunale Appellation
	regionale A.O.C. Bordeaux
WEIN	**Rot** + Weiß

0   2 km

Gradignan

Villenave-d'Ornon

CH. BARRET

CH. PONTAC

CH. POUMEY

CH. DE ROUILLAC

CH. BROWN

Canéjean

CH. COUHINS

Cadaujac

CH. D'OLIVIER

CH. HANNETOT

DOM. DE GRAND-MAISON

CH. CARBONNIEUX

CH. BOUSCAUT

CH. COUCHEROY

CH. LA LOUVIÈRE

CH. SMITH-HAUT-LAFITTE

CH. LARRIVET-HAUT-BRION

CH. HAUT-BAILLY

CH. GAZIN

CH. HAUT-BERGEY

Léognan

CH. MALLEPRAT

CH. MALARTIC-LAGRAVIÈRE

CH. DOMI

DOMAINE DE CHEVALIER

CH. DE FRANCE

CH. LA TOUR MARTILLAC

CH. LE FERRAND

CH. DE FIEUZAL

Martillac

CH. HAUT-GARDÈRE

CH. LAGARDE

CH. LE SARTRE

CH. LA SOLITUDE

CH. HAUT-NOUCHET

St-Médard-d'Eyrans

Sauternes – Barsac

Es gibt wenige Weine, über die so viel geschrieben worden ist wie über die Weine aus Sauternes und Barsac. Fast jeder Schriftsteller, Journalist oder Historiker entwickelte seine eigene Theorie über den zweifellos außergewöhnlichen Ursprung dieser Weine.

Das Geheimnis der Sauternes-Weine

In der Tat weiß niemand genau zu sagen, wann die ersten Sauternes-Weine entstanden, das heißt, wann man zum ersten Mal Süßweine aus überreifem Traubengut herstellte. Denn obwohl das Weinbaugebiet von Sauternes bereits uralt ist, ja vielleicht bereits zur Zeit der Römer entstand, produzierte man hier lange Zeit nur Clairets. Eine Ausnahme machten lediglich die von den Klöstern bewirtschafteten Güter, die bereits im Mittelalter einen süßen Weißwein herstellten, der an die Weine des Mittelmeerraums erinnerte.

Da es keine für den Historiker aufschlußreichen schriftlichen Zeugnisse gibt, ist man versucht, sich auf die mündliche Überlieferung zu stützen. Diese ist zwar reichhaltig und sehr interessant, liefert aber keine schlüssigen Erklärungen. Die wohl stichhaltigste Hypothese entwickelte sich um das 17. Jahrhundert und erklärt, daß

man durch eine späte Lese überreifes Traubengut erhielt. Wenigstens für diesen Zeitraum verfügt man auch über schriftliche Aufzeichnungen, und man weiß, daß die Region, möglicherweise unter dem Einfluß der Holländer, bereits liebliche Weine exportierte.

Von allen süßen Weinen, besonders aber den weißen Bordeaux-Weinen, die nach den Niederlanden und Nordeuropa geliefert wurden, waren die Produkte von Sauternes, Barsac, Bommes und Preignac die bei weitem begehrtesten. Diese Vormachtstellung konnten sie im Zeitalter der Aufklärung noch ausbauen. Daran hatte die Aristokratie der Region, alteingesessene und neuernannte Adlige, einen maßgeblichen Anteil. Sie führte nämlich das Aussortieren der Trauben ein und verbesserte die Vinifikationsmethoden.

Der Ruhm der Weine überschritt bald die Grenzen Frankreichs und verbreitete sich auch jenseits der Ozeane. Hier eine bekannte Anekdote: 1787 besuchte Thomas Jefferson auf seinem Weg nach Bordeaux Yquem und orderte 250 Flaschen des Jahrgangs 1784. Bei seiner Rückkehr in die Vereinigten Staaten bot er eine davon George Washington an. Der war so begeistert, daß er selbst gleich 30 Dutzend bestellte.

Die ganz spezielle Legende

Der wirklich außergewöhnliche Wein von Sauternes ist von einem wahren Mythenzyklus umgeben, der sich besonders um seine Entstehung rankt. Jedes Weingut hat seine ganz spezielle Legende, die die Geburt dieses Weines in seine Mauern verlegt. Zwischen dem 18. und der Mitte des 19. Jahrhunderts änderte sich die Szene ebenso wie die Akteure, die vom französischen Edelmann zum deutschen Händler wurden. Die Handlung bleibt jedoch immer die gleiche: Es kommt das Jahr, in dem der Eigentümer des Weinguts, der verfügt hat, daß die Lese nur in seiner Anwesenheit durchgeführt werden darf, just zu diesem Zeitpunkt abwesend ist. Tage und Wochen gehen ins Land, und die Edelfäule legt sich über die Trauben. Da endlich kehrt der Herr des Hauses heim und beschließt, daß man trotzdem mit der Lese beginnen solle. Und, siehe da, was bereits verdorben und unbrauchbar schien, ergibt einen herausragenden Jahrgang, der sich besonders durch seine Süße auszeichnet …

Die Klassifizierung »Impérial« – eine Ehre besonderer Art

Der Aufstieg der Weine aus Sauternes und Barsac hatte bereits vor der Französischen Revolution begonnen und setzte sich in der ersten Hälfte des 19. Jahrhunderts unaufhaltsam fort. Die Geschichte bemächtigte sich der mündlichen Überlieferung, und die Arbeitsmethoden im Weinberg, die bis dahin nur auf einige wenige Anwesen beschränkt waren, wurden generalisiert und systematisiert. Auf einigen Gütern ging man sogar dazu über, den Wein in Fässern aus Eichen- oder Akazienholz reifen zu lassen, bevor man ihn auf Flaschen abzog. Schließlich führte Mitte des Jahrhunderts die Ausbreitung des Mehltaus zur Entwicklung von Sémillon, einer für die Herstellung von Süßweinen hervorragend geeigneten Rebsorte.

Das Sauternais ist auch wegen seiner reizvollen Bauwerke bekannt. Unten: Château Filhot von 1845. Links: Château de Malle (17. Jh.).

Fast alle gekrönten Häupter Europas ließen sich Sauternes liefern, der sich mittlerweile zu einem gesuchten »Festtagswein« entwickelt hatte. Die Preise stiegen und stiegen. So orderte beispielsweise Großfürst Konstantin von Rußland im Jahre 1847, ohne mit der Wimper zu zucken, ein ganzes Faß Yquem zu einem Phantasiepreis, der heute dem Gegenwert von rund 40 000 DM entspricht. Die Weine waren so erfolgreich, daß sie 1855 mit der Klassifizierung »Impérial« geehrt wurden. In der Tat waren die Sauternes-Weine die einzigen Weißweine aus der Gironde, die an

die roten Côtes-du-Médoc- und Haut-Brion-Weine heranreichten.

Die Geduld des Winzers

Durch ihre Geheimnisse und Ungereimtheiten zeigt die Geschichte der Sauternes- und Barsac-Weine, daß die Herstellung so großartiger Weine mit ziemlich hohem natürlichem Alkoholgehalt beileibe keine einfache Sache ist. Das wichtigste ist dabei wohl die Selektion, das heißt, das vorsichtige Einsammeln des Leseguts

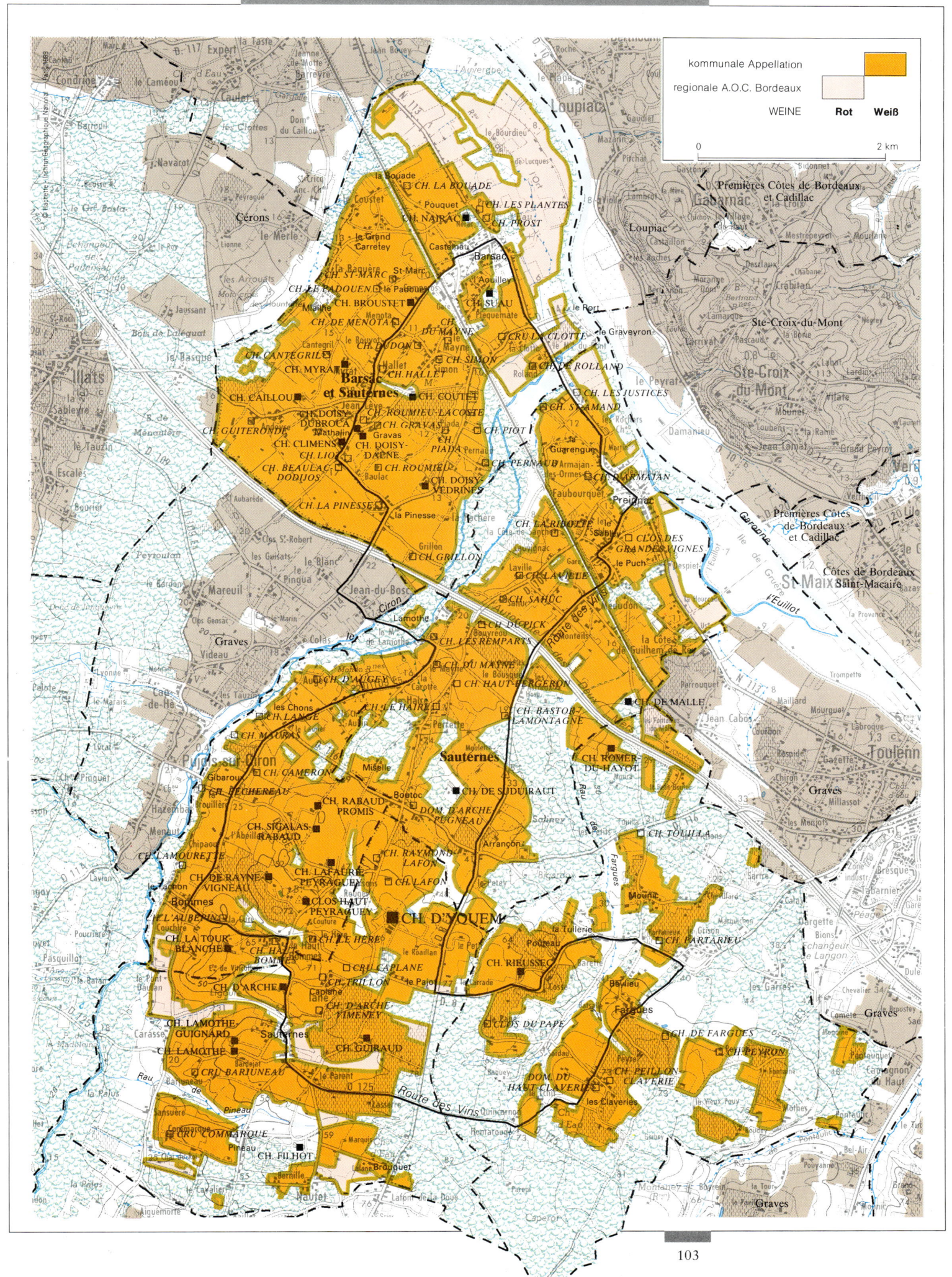

kommunale Appellation

regionale A.O.C. Bordeaux

WEINE   **Rot**   **Weiß**

0   2 km

Ort verantwortlich, wo sich die Garonne mit dem Ciron vereinigt, einem kleinen Fluß, der aus den Landes kommt. Beim Betrachten der Karte der Gironde wird man feststellen, daß alle Appellationen, die Süßweine produzieren, sich am Zusammenfluß der beiden Gewässer befinden. Dabei handelt es sich keineswegs um einen Zufall, und der Ciron spielt eine ganz wichtige Rolle. Auf seinem ganzen Weg schlängelt er sich nämlich unter einem dichten Blätterdach dahin. Sein Wasser sieht also praktisch nie das Tageslicht und ist sehr kalt. Vereinigt es sich nun mit dem wesentlich wärmeren Wasser der Garonne, so entstehen die für das Mündungsgebiet typischen Morgennebel.

bei genau dem richtigen Reifegrad, was Traube für Traube geschehen muß. Und genau daran erkennt man den »echten« Weinbauern. Aber alle Arbeit und Mühen wären umsonst, hätte die Natur nicht das passende Umfeld geschaffen.

Ein verblüffendes Paradoxon

Das Gebiet von Sauternes und Barsac verfügt über ein ganz außergewöhnliches Klima, das allein die Entwicklung der Edelfäule garantiert. Diese wird durch einen mikroskopisch kleinen Pilz, *Botrytis cinerea,* hervorgerufen. Der Befall der Traube äußert sich durch verschiedene chemische und biochemische Veränderungen, von denen besonders die Zunahme des Zuckergehalts der Beeren und das teilweise Verdunsten der im Fruchtfleisch enthaltenen Flüssigkeit zu nennen sind. Dieser Prozeß hat normalerweise schlicht und einfach zur Folge, daß die Traube fault und von einer

Oben: Château Yquem.
Unten: Château Coutet.
Rechts: Lafaurie - Peyraguey.
Rechte Seite: Entwicklung der Edelfäule auf der Sauvignon-Traube.

grauen Schimmelschicht überzogen wird. Im Sauternais verläuft dieser Prozeß jedoch ganz anders. Die Trauben schrumpfen, trocknen aus und überziehen sich mit einem feinen, dunkelbraunen Flaum, den man »Edelfäule« nennt. Die Erklärung für dieses Phänomen liefert das Herbstklima. Es erweist sich nämlich verblüffenderweise als feucht genug, um das Wachstum des Pilzes zu fördern, zugleich aber auch als so warm, daß die Traube austrocknen kann. Deshalb wird der Besucher, der im Oktober nach Sauternes kommt, auch erstaunt feststellen, daß die Vormittage diesig und feucht, die Nachmittage aber warm und sonnig sind. Ein solcher Tag bietet also alle Wettervarianten an. Für dieses Klima ist das natürliche Umfeld an diesem

Die Probleme des Botrytis-Pilzes
Obwohl sich dieser Pilz im Sauternais als ein Segen erwiesen hat, stellt er die Weinbauern auch vor zahlreiche Probleme. Denn wenn bestimmte Voraussetzungen fehlen, ruft er keineswegs die begehrte Edelfäule hervor. Zum einen muß er sich auf einer vollreifen und ganz gesunden Traube einnisten. Nach dem Befall dringt der winzige Pilz dann ins Innere der Traube vor. Die zerstörte Haut schrumpft und wird braun. Die Beere verhält sich dabei wie ein Schwamm und verliert ihre Flüssigkeit durch Verdunstung. Die Zuckerkonzentration wird nicht von einer entsprechenden Säurekonzentration begleitet. Es entwickelt sich ein charakteristisches Aroma. Das Hauptproblem ist jedoch, daß der Pilz Botrytis cinerea nicht an allen Trauben gleichzeitig auftritt. Er entwickelt sich von Traube zu Traube, ja von Beere zu Beere unterschiedlich. Das erklärt die Selektion: Die Beeren müssen dabei Stück für Stück nacheinander abgenommen werden, was sich über eine längere Zeitspanne hinzieht. Dabei muß der Winzer peinlich genau darauf achten, daß er nur diejenigen Trauben abnimmt, die aussehen wie »geröstet«, sich also im idealen Stadium der Edelfäule befinden.

Zwei große Anbaugebiete

Das Sauternais verfügt nicht nur über ein außergewöhnliches Klima, sondern auch über einen ungewöhnlichen Boden und Untergrund. Daraus erklärt sich auch das Bestehen von zwei Appellationen. Die Crus von Barsac haben dabei das Recht, ihre Produkte auch unter dem Namen Sauternes auf den Markt zu bringen.

Die Eigenständigkeit von Barsac gründet sich auf seinen Boden. Die Landschaft ist nicht so hügelig und wird von kleinen Mauern geprägt, die die einzelnen Weinberge umschließen. Auch dafür gibt es eine äußerst einfache Erklärung: Barsac gleicht einer topographischen Senke. Diese ist das Ergebnis der Erosion, die die Kalkstufen der Stamp-Stufe

freilegte. So entstanden im Zentrum der Appellation Böden, in denen sich roter Sand mit Kalksplittern mischt und die sich hervorragend für den Anbau von Weißweinreben eignen. Ein Beweis dafür sind die zahlreichen bekannten Crus Classés. Ein typisches Charakteristikum der Barsac-Weine ist ihr sehr aromatisches Bukett.

Die Appellation Sauternes ist nicht nur größer, sondern auch weniger homogen. Sie besitzt jedoch einen Boden von unerreichter Qualität, der aus einer Reihe schöner kiesiger Hügel besteht, die man in der Umgebung von Yquem sehen kann. Diese steinigen Hügel sind höher (im Westen werden im Gebiet von Rayne-Vigneu Höhen von 30 bis 50 m, im Osten bei Rieusse sogar über 70 m erreicht) und welliger und erinnern, vom Standpunkt des Geologen aus betrachtet, an die Hügel des Haut-Médoc. Sie schließen jedoch auch tonhaltigere Flächen ein. So werden sie zu einem besonders hervorragend für die Erzeugung von weißen Süßweinen geeigneten Terrain. Alle Weine der Region, die des Barsac eingeschlossen, erkennt man an ihrer goldenen Farbe, dem

»Röstaroma«, das während des Alterungsprozesses an Intensität zunimmt, und an einer leichten Öligkeit.

Eine alte Struktur

Die Sauternes- und Barsac-Weine werden aus drei Rebsorten gewonnen: Sémillon (70 bis 80% Anteil), Sauvignon (20 bis 30% Anteil) und Muscadelle. Der Aufwand für eine geringe Ertragsmenge ist dabei enorm. Die pro Hektar zugelassene Ertragsmenge beläuft sich auf nur 25 hl. Auch die Entwicklung der Überreife ist oft nicht abzusehen, da sie ganz von den klimatischen Bedingungen abhängt. Trotzdem konnte das Sauternais sein im vergangenen

Jahrhundert entwickeltes Gesicht fast unverändert bewahren, was in der Gironde Seltenheitswert besitzt. In Barsac und Preignac trifft man immer noch auf zahlreiche mittelgroße Anwesen, die über 12 oder 15 ha Anbaufläche verfügen. Andernorts teilen dagegen große ehemalige Adelsgüter wie Yquem und winzige Familienbetriebe mit nur 1

oder 2 ha Anbaufläche das Land unter sich auf. Ihre Keller findet man in Bommes oder Fargues. So trifft der Weinfreund hier immer wieder auf kleine Anwesen, die ganz von den Grands Crus Classés umschlossen werden. Als Beispiele seien Gravas (vormals Doisy-Gravas) in Barsac und Lafont in Sauternes genannt, das von Yquem umgrenzt ist.

Diese Kontinuität erstaunt, wenn man die Geschichte des Weinbaugebiets betrachtet. Sie erklärt sich aber auch aus der Tatsache, daß die meisten Weinbergbesitzer des Sauternais auch Weinberge in Graves und Wälder in den benachbarten Landes ihr eigen nennen. So können sie allen möglicherweise auftretenden wirtschaftlichen Problemen gelassen ins Auge sehen und die Identität dieses Gebiets wahren.

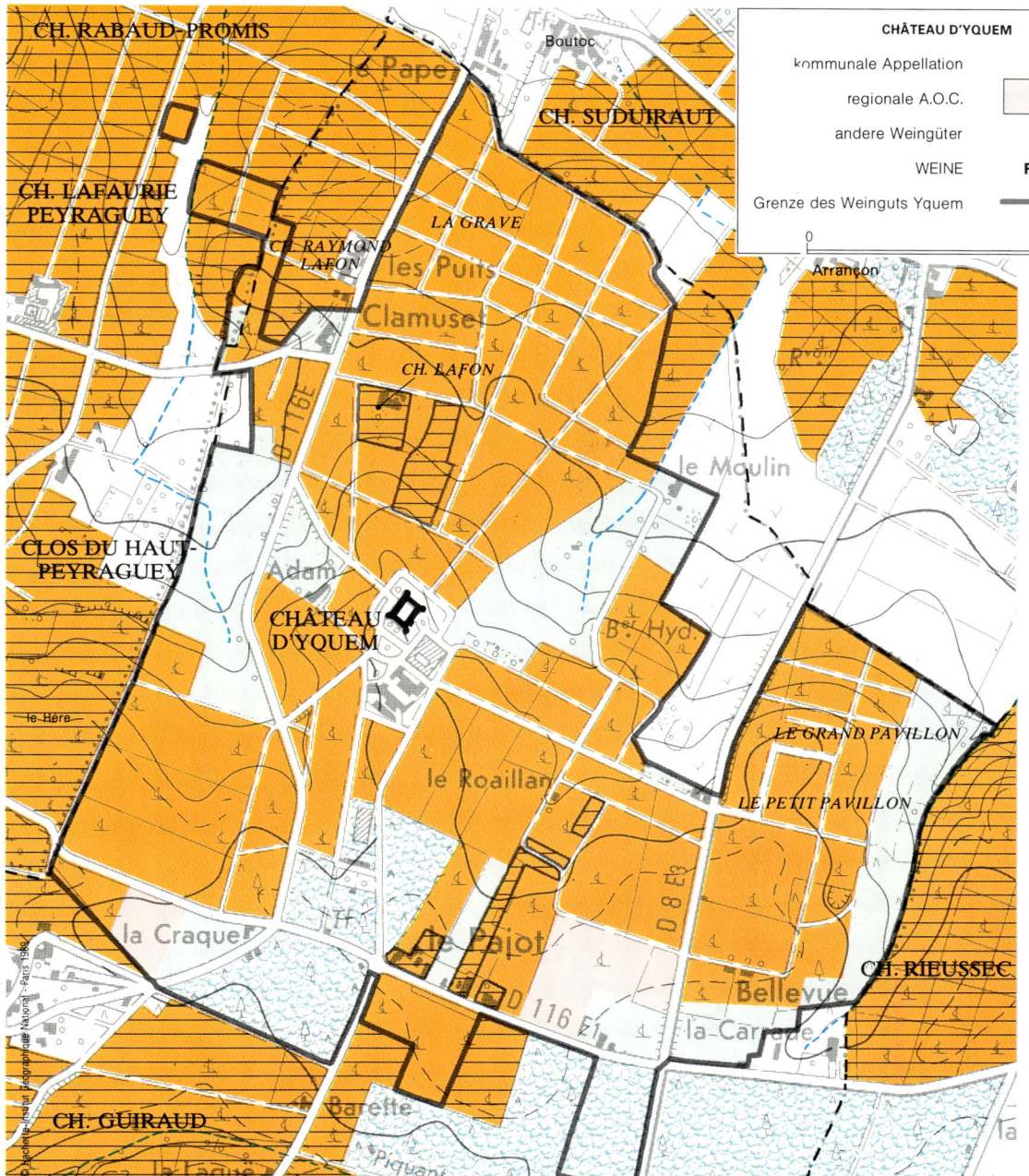

Entre-Deux-Mers

Das große Kalkplateau wird oft auch das »Périgord des Departements Gironde« genannt und unterscheidet sich vom übrigen Bordelais durch sein stark zerklüftetes Relief. Entre-Deux-Mers ist das genaue Gegenteil eines klassischen Weinbaugebiets. Wiesen, Wälder und Rebflächen teilen das Gebiet unter sich auf und lassen so eine kleine, hügelige Welt für sich entstehen.

Im Mittelalter standen hier befestigte Mühlen, Bastionen, Templerkirchen, Abteien und befestigte Häuser. Den unteren Teil des Plateaus bildet mit fossilen Seesternen durchsetzter Kalk aus dem Tertiär. Er fand früher als Baumaterial Verwendung, so daß an manchen Stellen wahre unterirdische Stollen entstanden. An der Oberfläche ist der Fels oft zerbröckelt oder wird von jüngeren Formationen bedeckt. Dies ist vor allem an der Südseite des Plateaus der Fall, oder im Gebiet der ersten Hügel, die steil zur Garonne hin abfallen. Die Folge sind viele verschiedene Einzelgebiete, die sich zu einem gigantischen Puzzle zusammenfügen lassen. Das Gebiet von Entre-Deux-Mers konnte im Schutz seiner isolierten Lage und Zergliederung seinen ländlichen Charakter bewahren.

Zehn Appellationen

Das zwischen Dordogne und Garonne gelegene Weinbaugebiet umfaßt 23 000 ha und teilt sich in zehn Appellationen. Dabei nehmen die Appellationen Bordeaux und Bordeaux Supérieur den größten Teil des Territoriums ein. Am charakteristischsten ist jedoch die Appellation Entre-Deux-Mers. Sie erstreckt sich vom Zusammenfluß der Garonne und Dordogne im Westen bis zur Grenze des Departements Lot-et-Garonne im Osten und liefert trockene Weißweine. Neun Gemeinden, die alle in der Umgebung von Targon liegen, haben das Recht, der Appellation Entre-Deux-Mers die Bezeichnung Haut-Benauge hinzuzufügen. Das Gebiet der Appellation Entre-Deux-Mers ist nicht vollkommen identisch mit dem geographischen Gebiet gleichen Namens, da es einige Teile ausschließt, die zu subregionalen Appellationen gehören. So entstand im Nordwesten des Plateaus auf dem Gebiet von Vayers und Arvayers die kleine Appellation Graves de Vayers. Das Kiessandterrain umfaßt 650 ha Anbaufläche für Rot- und 350 ha Anbaufläche für Weißweine. Sainte-Foy-la-Grande im Nordosten wird zur Hälfte vom Departement Dordogne eingeschlossen. Die hier erzeugten Rot- und Weißweine haben das Recht auf die Appellation Sainte-Foy-Bordeaux, kommen aber meist als Bordeaux- oder Bordeaux-Supérieur-Weine auf den Markt.

Das Gebiet der Premières Côtes de Bordeaux hat dagegen keinen Symbolcharakter. Diese Appellation trennt das Weinland von Entre-Deux-Mers von der Garonne und verfügt über 3600 ha Anbaufläche für Rot- und 2700 ha Anbaufläche für Weißweinreben. Letztere beanspruchen jedoch nicht alle die Appellation. Nur die lieblichen Weißweine tragen diese Bezeichnung, während die trockenen sich an die Bordeaux-Weine der regionalen Appellation anschließen. Die Appellation der Premières Côtes wird in südlicher Richtung durch das Appellationgebiet Côtes-de-Bordeaux-Saint-Marcaire verlängert. Schließlich blicken noch am rechten Ufer drei von den Premières Côtes umschlossene Süßweinappellationen, Sainte-Croix-du-Mont, Loupiac und Cadillac, auf das Sauternais und nach Cérons.

Oben: Ein Weinberg in der Gegend von Camblanes.
Unten: Das Weinbaugebiet von Cazaugitat, auf gascognisch »hingeworfener Garten« genannt. Hier wachsen Tulpen wild in den Weingärten und auf den Feldern.

Von der Landschaft zum Wein

Im Zentrum des geographischen Gebietes Entre-Deux-Mers liegt die große Appellation gleichen Namens unmittelbar neben den Appellationen Bordeaux und Bordeaux-Supérieur. Die Böden bestehen hauptsächlich aus Tonkalk und bieten den Weißweinreben Sémillon, Sauvignon und Muscadelle ebenso günstige Bedingungen wie den Merlot- und

unter bestimmten Voraussetzungen auch den Cabernet-Reben. Hier sind die Rotweinanbaugebiete in der Überzahl. Die Weine ähneln den Weißweinen der AOC Entre-Deux-Mers, in denen man den Charakter der Sauvignon- und die Süße der Sémillon-Rebe findet.

Der wichtigste Teil des Plateaus von Entre-Deux-Mers umfaßt die Kantone Pellegrue, Sauveterre und Targon und besteht aus einer Lehmschicht, die sehr typische Böden und »Boulbènes« geschaffen hat, die besonders den Weißweinreben, und hier wiederum der Sémillon-Rebe, behagen. Deren Blüten sind hier so zart, daß man geneigt ist, sie mit den

Blumen zu verwechseln, die hier tatsächlich blühen. Das Weinbaugebiet der Premières Côtes, das sich auf dem südlichen Rand des Plateaus ausbreitet, entdeckt man am besten auf einem Wochenendausflug im Frühling oder Herbst. Man trifft dann auch zahlreiche Ausflügler aus der Hauptstadt des Departements und versteht, wie typisch gerade diese Region für das Weinbaugebiet des Bordelais ist. Die Ausflügler werden durch die Schönheit des Château de Cadillac angezogen, das man auch das »Fontainebleau des Departements Gironde« nennt. Sie freuen sich an den zahlreichen kleinen Häfen und Siedlungen am Ufer der Garonne und genießen die eigenartige Atmosphäre dieses Gebiets, das sich, ähnlich wie Entre-Deux-Mers, hauptsächlich aus kleinen Anwesen zusammensetzt.

Die Tonmergelböden erlauben es den Weinbauern, verschiedene Rotwein- (hauptsächlich Merlot mit 55% und Cabernet-Sauvignon mit 25% Anteil) und Weißweinreben zu kultivieren. Die lieblichen Weißweine schmecken rund und harmonisch, während die trockenen Weißweine oft von ausgezeichneter Qualität sind und als AOC Bordeaux auf den Markt kommen.

Die Süßweine des rechten Ufers

Die steil abfallenden Hänge erheben sich hier über die Garonne und besitzen gute Kalkböden mit Kiessandzonen, die besonders für die Erzeugung von lieblichen und süßen Weißweinen geeignet sind. Letztere finden hier auch ein Mikroklima vor, das die Entwicklung des *Botrytis*-Pilzes fördert. So entstanden die Appellationen Cadillac, Loupiac und Sainte-Croix-du-Mont.

Die Klassifikation »Impérial«

E in Charakteristikum für das Weinbaugebiet des Bordelais stellt die strenge Hierarchie der verschiedenen Crus der großen Appellationen dar, die bereits eine Institution geworden ist.

Bevor alle diese Klassifikationen erreicht waren, verging allerdings eine Menge Zeit.

Die ältesten sind die des Médoc und von Sauternais, die während des Zweiten Kaiserreiches durchgeführt wurden. Im Jahre 1855 beschloß der Monarch nämlich, auf den Champs-Élysées eine Ausstellung zu organisieren, die aller Welt die großen Errungenschaften Frankreichs sozusagen auf einen Blick vor Augen führen sollte. Zu diesen Errungenschaften gehörten natürlich auch die Weine des Bordelais. Um festzulegen, welche Crus bei diesem denkwürdigen Anlaß vertreten sein sollten, ersuchte die Handelskammer von Bordeaux den Hof, eine Liste der besten Crus des Departements zusammenzustellen, wobei der Preis, den diese Produkte erzielten, die Grundlage bilden sollte. So kann man eigentlich noch nicht von einer Klassifizierung nach Qualitätskriterien sprechen. Aber die Liste machte schon bald deutlich, daß die höchsten Preise auch für die beste Qualität gezahlt wurden. Man muß sogar feststellen, daß zwischen der Liste von 1855 und den Aufstellungen eine große Ähnlichkeit bestand, die Reisende und Höflinge bereits vorher gemacht hatten, und bei der sie sich an der Beschaffenheit des Herkunftsgebiets der jeweiligen Weine und an den Ergebnissen von Weinproben orientiert hatten – also an den Voraussetzungen für Qualität und an der Nachfrage.

DIE KLASSIFIKATION VON 1855, ERNEUERT 1973

PREMIERS CRUS
Château Lafite-Rothschild (Pauillac)
Château Latour (Pauillac)
Château Margaux (Margaux)
Château Mouton Rothschild (Pauillac)
Château Haut-Brion (Graves)

SECONDS CRUS
Château Brane-Cantenac (Margaux)
Château Cos-d'Estournel (Saint-Estèphe)
Château Ducru-Beaucaillou (Saint-Julien)
Château Durfort-Vivens (Margaux)
Château Gruaud-Larose (Saint-Julien)
Château Lascombes (Margaux)
Château Léoville Las Cases (Saint-Julien)
Château Léoville-Poyferré (Saint-Julien)
Château Léoville-Barton (Saint-Julien)
Château Montrose (Saint-Estèphe)
Château Pichon Longueville Baron (Pauillac)
Château Pichon Longueville-
Comtesse de Lalande (Pauillac)
Château Rausan-Ségla (Margaux)
Château Rauzan-Gassies (Margaux)

TROISIÈMES CRUS
Château Boyd-Cantenac (Margaux)
Château Cantenac-Brown (Margaux
Château Calon-Ségur (Saint-Estèphe)
Château Desmirail (Margaux)
Château Ferrière (Margaux)
Château Giscours (Margaux)
Château d'Issan (Margaux)
Château Kirwan (Margaux)
Château Lagrange (Saint-Julien)
Château La Lagune (Haut-Médoc)
Château Langoa (Saint-Julien)

Château Malescot-Saint-Exupéry (Margaux)
Château Marquis d'Alesme-Becker (Margaux)
Château Palmer (Margaux)

QUATRIÈMES CRUS
Château Beychevelle (Saint-Julien)
Château Branaire-Ducru (Saint-Julien)
Château Duhart-Milon-Rothschild (Pauillac)
Château Lafon-Rochet (Saint-Estèphe)
Château Marquis de Terme (Margaux)
Château Pouget (Margaux)
Château Prieuré-Lichine (Margaux)
Château Saint-Pierre (Saint-Julien)
Château Talbot (Saint-Julien)
Château La Tour-Carnet (Haut-Médoc)

CINQUIÈMES CRUS
Château Batailley (Pauillac)
Château Haut-Batailley (Pauillac)
Château Belgrave (Haut-Médoc)
Château Camensac (Haut-Médoc)
Château Cantemerle (Haut-Médoc)
Château Clerc-Milon (Pauillac)
Château Cos-Labory (Saint-Estèphe)
Château Croizet-Bages (Pauillac)
Château Dauzac (Margaux)
Château Grand-Puy-Ducasse (Pauillac)
Château Grand-Puy-Lacoste (Pauillac)
Château Haut-Bages-Libéral (Pauillac)
Château Lynch-Bages (Pauillac)
Château Lynch-Moussas (Pauillac)
Château Mouton-Baronne-Philippe (Pauillac)
Château Pedesclaux (Pauillac)
Château Pontet-Canet (Pauillac)
Château du Tertre (Margaux)

DIE CRUS CLASSÉS DES SAUTERNAIS IM JAHRE 1855

PREMIER CRU SUPÉRIEUR
Château d'Yquem

PREMIERS CRUS
Château Climens
Château Coutet
Château Guiraud
Château Lafaurie-Peyraguey
Clos Haut-Peyraguey
Château Rayne-Vigneau
Château Rabaud-Promis
Château Sigalas-Rabaud
Château Rieussec
Château Suduiraut
Château La Tour-Blanche

SECONDS CRUS
Château d'Arche
Château Broustet
Château Nairac
Château Caillou
Château Doisy-Daëne
Château Doisy-Dubroca
Château Doisy-Védrines
Château Filhot
Château Lamothe (Despujols)
Château Lamothe (Guignard)
Château de Malle
Château Myrat
Château Romer
Château Romer-Du Hayot
Château Suau

DIE CRUS CLASSÉS VON GRAVES

Château Bouscaut (Rot- und Weißweine)
Château Carabonnieux (Rot- und Weißweine)
Domaine de Chevalier
(Rot- und Weißweine)
Château Couhins (Weißweine)
Château Couhins-Lurton (Weißweine)
Château Fieuzal (Rotweine)
Château Haut-Bailly (Rotweine)
Château Haut-Brion (Rotweine)

Château Laville-Haut-Brion (Weißweine)
Château Malarctic-Lagravière
(Rot- und Weißweine)
Château La Mission Haut-Brion (Rotweine)
Château Olivier (Rot- und Weißweine)
Château Pape-Clément (Rotweine)
Château Smith-Haut-Lafitte (Rotweine)
Château Latour-Haut-Brion (Rotweine)
Château La Tour-Martillac (Rot- und Weißweine)

KLASSIFIZIERUNG DER GRANDS CRUS VON SAINT-ÉMILION
(Verfügung vom 11. Januar 1984, Beschluß vom 23. Mai 1986)

SAINT ÉMILION PREMIERS GRANDS CRUS CLASSÉS

A Château Ausone
    ChâteauCheval Blanc

B Château Beau-Séjour (Duffau-Lagarrosse)
    Château Belair
    ChâteauCanon

Château Clos Fourtet
Château Figeac
Château La Gaffelière
Château Magdelaine
Château Pavie
Château Trottevieille

SAINT ÉMILION, GRANDS CRUS CLASSÉS

Château Balestard La Tonnelle
Château Beauséjour (Bécot)
Château Bellevue
Château Bergat
Château Berliquet
Château Cadet-Piola
Château Canon-La Gaffelière
Château Cap de Mourlin
Château Chauvin
Clos des Jacobins
Clos La Madeleine
Clos de L'Oratoire
Clos Saint-Martin
Château Corbin
Château Corbin-Michotte
Château Couvent des Jacobins
Château Croque-Michotte
Château Curé Bon La Madeleine
Château Dassault
Château Faurie de Souchard
Château Fonplegade
Château Fonroque
Château Franc-Mayne
Château Grand-Barrail-
Lamarzelle-Figeac
Château Grand-Corbin
Château Grand-Corbin-Despagne
Château Grand-Mayne
Château Grand-Pontet
Château Guade- Saint-Julien
Château Haut-Corbin
Château Haut-Sarpe
Château La Clotte

Château La Clusière
Château La Dominique
Château L'Angelus
Château Laniote
Château Larcis-Ducasse
Château Lamarzelle
Château Larmande
Château Laroze
Château L'Arrosée
Château La Serre
Château La Tour du Pin-Figeac
    (Giraud-Belivier)
Château La Tour du Pin-Figeac
    (Moueix)
Château La Tour-Figeac
Château Le Châtelet
Château Le Prieuré
Château Matras
Château Mauvezin
Château Moulin du Cadet
Château Pavie-Decesse
Château Pavie-Macquin
Château Pavillon-Cadet
Château Petit-Faurie de Soutard
Château Ripeau
Château Sansonnet
Château Saint-Georges-Côte Pavie
Château Soutard
Château Tertre Daugay
Château Trimoulet
Château Troplong-Mondot
Château Villemaurine
Château Yon-Figeac

Libournais

Libourne ist eine »Patentochter« von Bordeaux, die ihre große Verwandte manchmal eifersüchtig, manchmal auch verachtungsvoll betrachtet, stets aber darauf bedacht ist, ihre eigene Persönlichkeit hervorzukehren. Die Menschen hier sind sehr dynamisch, und es ist ihnen gelungen, aus ihrer Region einen Eckpfeiler des Weinbaus der Gironde zu machen, wovon ganz besonders die Appellationen Saint-Émilion und Pomerol Zeugnis ablegen. Im Gegensatz zu Bordeaux, wo die Weinindustrie nur eine von vielen ist, steht der Weinbau hier, in der 1269 von Roger de Leyburn gegründeten Stadt, unbestritten an erster Stelle. Das mag auch daran liegen, daß hier nur 27 000 Menschen leben.

Wie wichtig der Weinbau für Libourne ist, sieht man am deutlichsten, wenn man die Kais am Ufer der Dordogne betrachtet. Hier reiht sich im rechten Winkel zum Fluß Keller an Keller und läßt so ein wahres »Weinviertel« entstehen. Hätte das Ganze nicht seine typisch ländliche Atmosphäre bewahrt, die es zu einem Teil seines Umlandes werden läßt — man könnte glauben, man befände sich im alten Chartrons-Viertel von Bordeaux.

Die Station auf dem Weg der Dordogne

Wieder einmal ist im Libournais ein Fluß, nämlich die Dordogne, verantwortlich dafür, daß sich eine Weinbaukultur entwickeln konnte. Libourne ist vor Bec d'Ambès die letzte wichtige Station auf dem Weg des Flusses zum Meer und profitiert so von seiner günstigen Position am Zusammenfluß von Dordogne und Isle. Hier erreichten die Weine der Gironde und des Périgord am Fuße von mittelalterlichen Festungsanlagen, die auch heute noch auf einen

Landschaften im Libournais.
Oben: Die Dordogne, gesäumt von Weinbergen.

Teil des Flusses hinunterblicken, das Meer, ohne in Bordeaux Zwischenstation machen zu müssen. So kamen sie nicht mit dem Vorrecht in Konflikt, das die Hauptstadt des Herzogtums Aquitanien den Weinen der Seneschalls per Erlaß eingeräumt hatte, die auf der Garonne transportiert wurden. Und so konnte sich das Libournais auch ziemlich eigenständig entwickeln und Handel mit Nordfrankreich, also der Bretagne und der Normandie, und mit Flandern treiben. Seine günstige Lage an der Achse Bordeaux – Paris ermöglichte es Libourne auch, eine bedeutende Rolle im Weinhandel zu spielen, die allerdings verlorenging, als die Segelschif-

fe verschwanden und sich der Seehandel auf La Lune konzentrierte. Später übernahm dann die Eisenbahn die Versorgung der traditionellen Kundschaft.

Eine seltene Kollektion von Böden

Im Libournais hätte sich ohne dafür geeignete Böden keine Weinbautradition entwickeln können. Am Anfang stehen die herrlichen Côtes (Höhenzüge). Der von fossilen Seesternen durchsetzte Kalk, der häufig ein durch das ganze Bordelais verlaufendes Band geformt hat, konnte in

dieser Appellation nur in Höhen von 60 bis 90 m der Erosion standhalten. So entstanden komplexe Böden, die teilweise dicht, teilweise dünn erscheinen und im westlichen Teil durch die Hand des Menschen verändert wurden. Viel wichtiger ist jedoch, daß die Formation von Castillon und die darunter liegenden Molassen, die ebenfalls aus dem Tertiär stammen, auf ihrem Platz um den Kalkkern herum verblieben. Diese manchmal steil abfallenden

kommunale Appellation		
subregionale Appellation		
regionale A.O.C. Bordeaux		
WEINE	**Rot**	**Rot + Weiß**

0   4 km

Die Corréziens

Um das Jahr 1830 tauchten im Libournais immer häufiger fliegende Händler auf, die aus dem Departement Corrèze, genauer gesagt, vom Plateau de Millevaches in der Gegend von Meymac, kamen. Diese fröhlichen Gesellen brachten den Wein des Libournais nach Nordfrankreich, wobei ihnen besonders die Tatsache zugute kam, daß sich einige ihrer Zunftgenossen in Paris fest niedergelassen hatten. Diese Händler waren aber nicht nur tüchtig, sondern auch recht gerissen. So ist überliefert, daß die Bürger der Gironde sie vor Gericht brachten, weil sie ihre Weine als »Händler aus Meymac, in der Nähe von Bordeaux« vertrieben hatten.

Anfang dieses Jahrhunderts erschien eine neue Gerneration von »Corréziens«, die immer noch aus Meymac, aber auch aus Argentat stammte. Sie waren echte Profis, kompetenter und auch gewissenhafter als ihre Vorgänger, ließen sich in Libourne, aber auch in Belgien, in den Niederlanden und im Rheinland nieder. Sie machten ausgezeichnete Werbung für die Weine aus dem Norden der Gironde, integrierten sich voll in ihre neue Heimat und erwarben zusätzlich zu ihren Kellern in der Stadt auch Weingüter in Pomerol und Saint-Émilion.

Anbaugebiete erkennt man besonders deutlich an der südlichen Côte. Im übrigen Teil des Weinbaugebiets sind die Molassen in Höhen unter 40 m durch die Anschwemmungen bedeckt, die Isle und Dordogne im Quartär ablagerten. Sie bestehen hin und wieder aus massigem Material, zumeist aber aus Sand. Eine Besonderheit der letztgenannten Schichten ist das Vorhandensein einer phreatischen Wasserschicht, die einen großen Teil des Jahres über dicht unter der Oberfläche bleibt. Zu erwähnen ist außerdem, daß ein Teil dieser Sande in jüngster Zeit vom Wind teilweise bis zur Kalkschicht hin abgetragen wurde. Dies ist vor allem an der Nordseite der Fall. Das Weinbaugebiet des Libournais wird also durch den Kalk geprägt, der den Weinen Festigkeit, Fleisch und Fruchtigkeit verleiht. Das Gebiet unterscheidet sich aber vom restlichen Bordelais auch durch sein Klima. Es wird weniger vom Atlantik beeinflußt als das linke Ufer der Garonne und zeichnet sich im Sommer durch eine größere Trockenheit und Tagestemperaturen aus. Auch das städtische Umfeld wirkt hier als Charakteristikum. In diesem Zusammenhang spielen nicht nur die bereits erwähnten »Correzières« eine Rolle. Man stellt auch fest, daß der Wein fast schon in Monokultur wächst und daß die Arbeit überwiegend von Familienbetrieben geleistet wird. Schon sehr bald erwiesen sich nämlich die Bürger von Libourne und die Bauern aus der Umgegend als hervorragende Winzer. Sie berücksichtigten bei ihrer Arbeit die natürlichen Gegebenheiten und räumten schon bald innerhalb einer breiten Palette der bestechenden Merlot-Rebe einen Stammplatz ein. Zu ihr gesellte sich dann auch die Cabernet-Franc-Rebe. Sie wird hier oft auch als Bouchet bezeichnet, gedeiht ausgezeichnet auf den Kalkböden und liefert farbintensive Weine mit kräftigem Bukett.

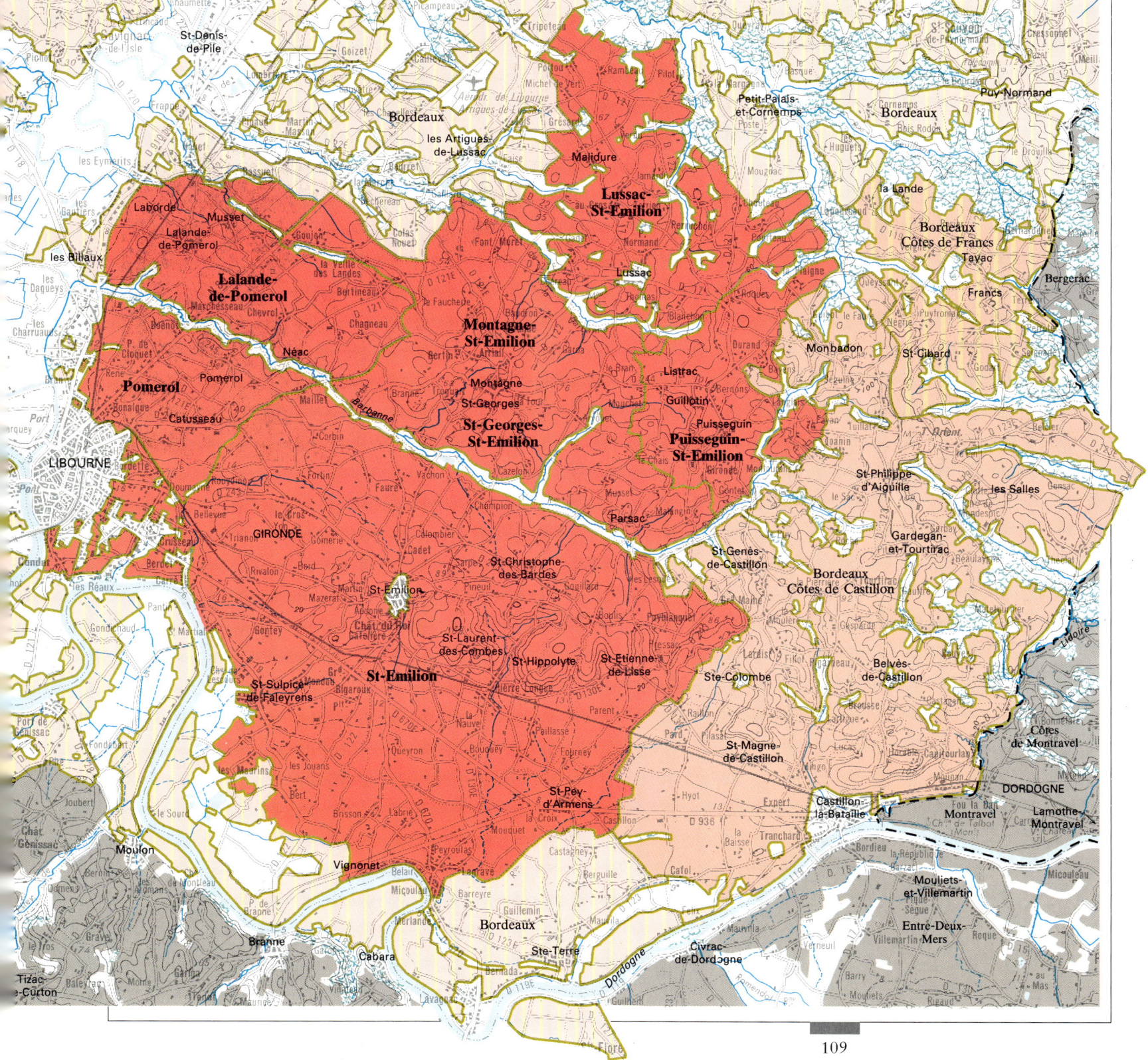

Saint-Émilion

Libourne ist Geschäftsstadt, Verwaltungssitz und Wirtschaftszentrum der nach ihr benannten Region und bestimmt das Weinbaugebiet im Nordosten des Departements Gironde. Dennoch trägt keine Appellation ihren Namen, wurde sie nie zu einem Aushängeschild des Weinbaus. Dieses Mißgeschick verdankt die Stadt zweifelsohne ihrer Nachbarin Saint-Émilion.

Aus Höhlen gewachsen

Beim ersten Blick auf diese alte Stadt, die sich auf einem Hügel erhebt, hat man bereits das Gefühl, daß ihre Ursprünge weit in die Vergangenheit reichen. Die Provinzstadt Libourne war eine ziemlich späte, von der Verwaltung verordnete Gründung. Saint-Émilion dagegen entstand bereits Ende des 8. Jahrhunderts, als der bretonische Mönch Emilianus sich in einer Felsspalte eine Klause einrichtete. Seine Schüler suchten den Fels nach weiteren Schlupfwinkeln ab, und schon bald

Römische Säule in Ausone, Château La Gaffieliere.

entwickelte sich ein Dorf. Keiner dieser frommen Einsiedler konnte jedoch ahnen, was später einmal aus ihrem Zufluchtsort werden würde: nämlich ein kleines architektonisches Schmuckkästlein, mit reizvollen Sakral- und Festungsbauten und — viel, viel später — das Zentrum eines überall auf der Welt gerühmten Weinbaugebiets.
Die mittelalterliche Vergangenheit ist auch heute noch in der Stadt lebendig, die einen Teil der alten Festungsanlagen und Gebäude aus anderen Epochen bewahrt hat. Man

muß sich einfach treiben lassen, durch die Gassen schlendern und die Eindrücke des Augenblicks genießen. Erst dann findet man Zugang zur Seele und zum Charme dieser Stadt. Und erst dann versteht man auch das Weinbaugebiet. Denn dieses paßt sich ganz den alten Regeln an. Außer Saint-Émilion gehören zur Appellation noch weitere sieben Gemeinden – Saint-Christophe-des-Bardes, Saint-Étienne-de-Lisse, Saint-Hippolyte, Saint-Laurent-des-Combes, Saint-Pey-d'Armens, Saint-Sulpice-de-Falyrens und Vignonet – sowie ein Teil von Libourne. Daraus erklären sich die Größe der Appellation, die mit 5200 ha Fläche an die 6% des Weinbaugebiets des Bordelais umfaßt, und ihre Vielfalt.

Eine originelle Klassifizierung

Die Verschiedenheit der Crus hat eine der wichtigsten Besonderheiten von Saint-Émilion zur Folge: Hier existieren und vermischen sich zwei Appellationen, und es gibt eine recht eigenständige Klassifizierung.
Auch wenn alle hier erzeugten AOC-Weine das Recht auf die Appellation Saint-Émilion haben, so dürfen sich doch nur die besten mit der Bezeichnung Saint-Émilion Grand Cru schmücken. Diese ist nicht an ein bestimmtes Gebiet gebunden, wie das sonst in der Regel der Fall ist, sondern gründet sich auf eine an der Qualität orientierte Auswahl, die regelmäßig geändert wird. Dabei legt man sehr strenge Maßstäbe an, und die Auswahl richtet sich nach dem Ergebnis einer Weinprobe.
Innerhalb dieser Grand-Cru-Appellation haben auch bestimmte Weingüter eine Klassifizierung. Insgesamt

zählt man 74 Crus Classés, die 63 Grands Crus Classés und 11 Premiers Grand Crus Classés einschließen. Diese teilen sich wiederum in eine Neunergruppe mit der Bezeichnung »B« und eine Zweiergruppe mit der Bezeichnung »A«. Die Klassifikation von Saint-Émilion stammt von 1955, ist also noch ziemlich neu. Bei früheren Klassifizierungen, die zur Zeit der Klassifikation der Bordeaux-Weine anläßlich der Pariser Weltausstellung durchgeführt wurden, fehlen Saint-Émilion und das ganze Libournais. Dies hat zwei Gründe: Erstens wurde diese Auswahl von den Weinmaklern des

Bordelais getroffen. Und diese hatten mit dem Norden des Departements Gironde wenig zu tun, da dieser unter die Zuständigkeit der Handelskammer von Libourne fiel. Zweitens gab es praktisch, selbst im Kiessandgebiet von Saint-Émilion, keine großen Crus.
Die verspätete Festschreibung einer Hierarchie der hiesigen Weine wird von vielen als Handicap betrachtet, brachte aber in Wirklichkeit nur ein paar Ungelegenheiten mit sich. Die Klassifizierung von Saint-Émilion ist nämlich bei weitem keine Wiederholung dessen, was hundert Jahre zuvor

Links: Die Jurade de Saint-Émilion gibt den Beginn der Weinlese bekannt.
Unten: Die Weinkeller des Château Ausone.

mit den Weinen des Médoc und von Sauternes geschehen war. Mit der regelmäßigen Neufestlegung der Preisträger (die letzte fand 1986 statt) wurde vielmehr etwas ganz Neues, Eigenständiges geschaffen.

Weißweine aus Saint-Émilion

Das Weinbaugebiet von Saint-Émilion entwickelte sich seit dem Mittelalter vollkommen eigenständig, wobei auch die Rolle, die die Religion und die Verehrung des heiligen Emilianus für die Stadt spielte, ohne Bedeutung blieb. Die Stadt hatte damals mit Pierrefitte auch ihren eigenen Hafen, der allerdings nach der Gründung von Libourne gehörige Konkurrenz bekam. Der Wein zählte zu den wichtigsten Gütern, die auf der Dordogne verschifft wurden. Die Weine von Saint-Émilion fanden als einzige Weine des Südwestens Erwähnung in Texten, Fabeln oder Gedichten des 13. Jahrhunderts, die sich mit Wein befaßten. Aus einem dieser Werke, das von Jofroi de Watersford stammt, geht hervor, daß es sich dabei um Weißweine handelte, die nach England exportiert wurden. Er behauptet außerdem, daß Saint-Émilion-Weine »einen sanften Schlaf ohne Kopf- oder Herzschmerzen schenken«.

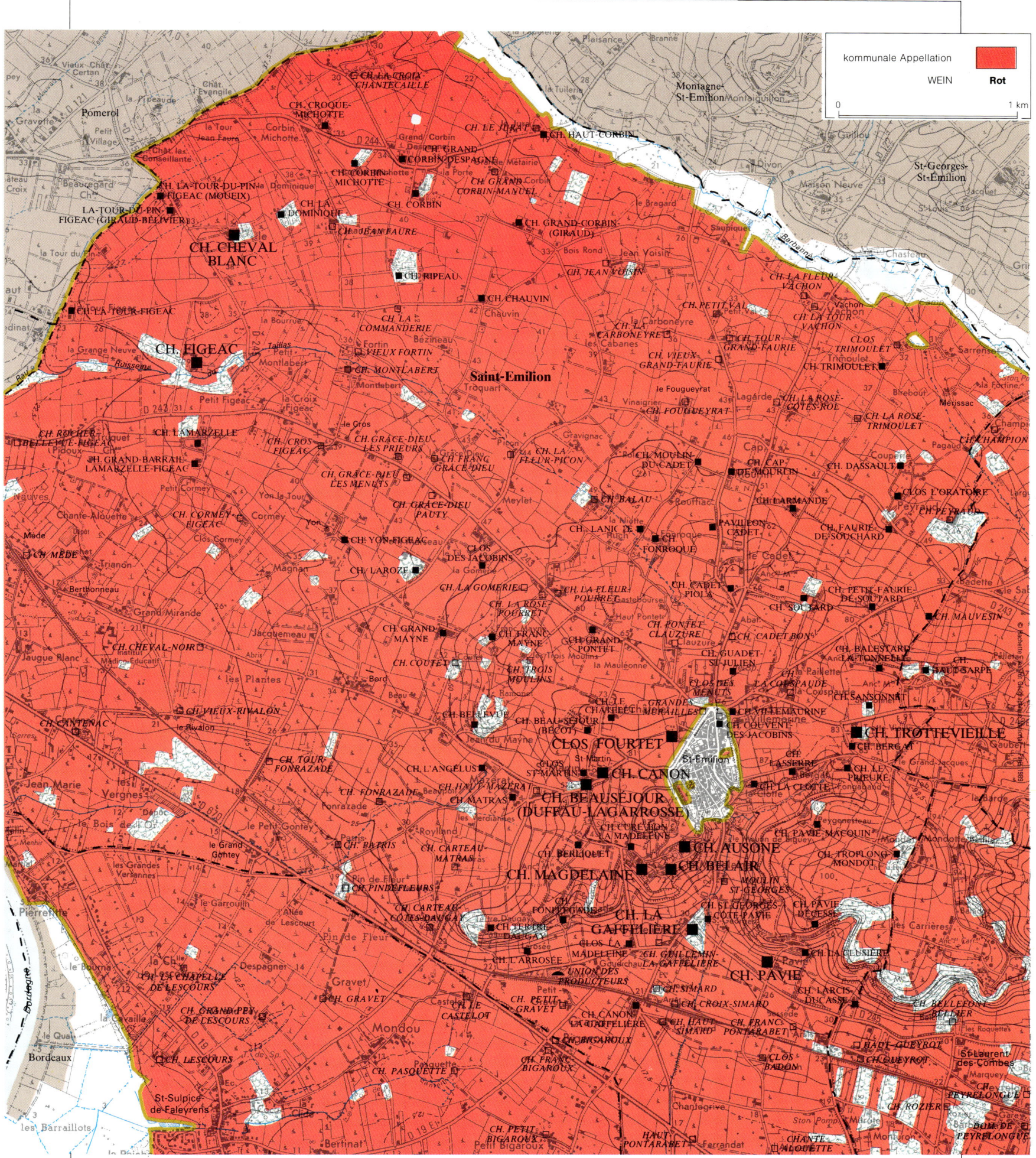

kommunale Appellation

WEIN **Rot**

0   1 km

Jeder Cru hat seinen eigenen Charakter

Die Größe der Anbaufläche von Saint-Émilion drückt sich nicht nur durch das Bestehen von zwei Appellationen aus. Sie bedingt auch die Vielfalt der Weine, die rund um die mittelalterliche Stadt erzeugt werden. Wie könnte das bei 230 000 hl durchschnittlicher Jahresproduktion auch anders sein? Die Verschiedenheit der Weine ist vor allem der Verschiedenartigkeit der Böden zuzuschreiben. In der Landschaft zwischen der im Norden fließenden Isle und der im Süden verlaufenden Dordogne ist die Weinrebe unumschränkt Herrscherin. Sie verwischt aber keineswegs den Kontrast zwischen Plateaus, Tälern, Anhöhen und Ebenen.

Diese topographische Vielfalt ist aber auch eine Augenweide. Die Unterschiede zwischen den einzelnen Bodentypen machen jedoch auch

deutlich, wie schwer es ist, sie eindeutig zu bestimmen. Nach Meinung der einschlägigen Literatur soll es zwischen drei und sieben verschiedene Bodentypen geben. Der Einfachheit halber kann man sie aber auch in vier Hauptgruppen zusammenfassen: das Kalkplateau, die Kiessandterrassen an der Grenze zu Pomerol und die Ebene. Diese verläuft entlang der Dordogne und setzt sich aus verschiedenen Bestandteilen zusammen, von denen einige für den Weinbau nicht ohne Bedeutung sind. Dazu

Oben: Château Canon.
Ganz oben: Château Cheval-Blanc.

gehört besonders die Kiessandzone, die mehrere Meter mächtig sein kann. In diesem Sektor gibt es jedoch keinen bestimmten Weintyp – zahlreiche Weine haben vielmehr ihren ganz eigenen Charakter. Sie alle sind jedoch lieblich, geschmeidig und fruchtig.

Mehr als nur eine Region blickt neidvoll auf die guten Böden des Sandgebiets und der Ebene. Ihre Qualität reicht jedoch nicht an die Qualität des Kalkplateaus heran. Dieses umfaßt 2000 ha der 5200 ha von Saint-Émilion und ist nicht nur das Zentrum, sondern auch das Herz der Appellation.

Das Plateau erhebt sich zwischen Saint-Émilion und Castillon-la-Bataille über das Tal der Dordogne und wird von einer gigantischen Platte aus Kalk der Stamp-Stufe gebildet. Diese ist bei Saint-Martin-de-Mazerat ziemlich kahl und umfaßt

im Osten, Richtung Saint-Hippolyte und Saint-Étienne-de-Lisse, verwitterte Böden. Im ganzen stellt es jedoch ein hervorragend für den Weinbau geeignetes Terrain dar. Das beweist der hier gelegene Premier Cru Trottevieille. Die hiesigen Weine sind fruchtig, delikat und reichhaltig. Aber das »Musterland« hochkarätiger Weine bildet den Südwest- und Südrand des Plateaus. Hier versteckt sich praktisch in jeder Felsspalte ein Cru mit illustrem Namen. Dem Dorf am nächsten liegt dabei der Clos Fourtet, dessen Name durch das Vorhandensein einiger niederer Mauern gerechtfertigt wird. In diesem Gebiet liegen immerhin acht der elf Premiers Crus: Ausone, Beauséjour, Belair, Clos Fourtet, La Gaffelière, Magdelaine und Pavie.

Jeder dieser Crus hat seinen eigenen Charakter, der sich großenteils auf den Teil des Bodens, auf dem er liegt, und auf die Ausrichtung gründet. In der Tat gibt es viele Unterschiede zwischen dem hochgelegenen Teil mit dünnen schluffig-kalkigen Böden und dem mittleren Teil, in dem sich der vom Wind herbeigewehte Sand mit Molasse mischt. Dazu

kommen noch die Varianten des Mikroklimas, die wiederum von der Ausrichtung abhängen. Das interessanteste Beispiel dafür ist die Vegetation bei Pavie. Hier trifft man auch heute noch auf herrliche alte Steineichen.

Früher wuchsen hier auch Pfirsichbäume, und man konnte sich zum Wein ihre aromatischen Früchte schmecken lassen. Überall finden die Rebstöcke eine ausgezeichnete Drainage vor, die der Produktion von Qualität besonders förderlich ist.

Der gute Ruf der in dieser Gegend erzeugten Weine gründet sich besonders auf ihre heitere Note und ihre

angepaßt, und es dominieren Cabernet-Franc- und Cabernet-Sauvignon. Die hier erzeugten Weine werden oft als Bindeglied zwischen den Pomerol-Weinen und den Weinen vom Plateau von Saint-Émilion angesehen. Sie zeichnen sich durch einen kräftigen Bau und eine gute Alterungsfähigkeit aus. Daß das Anbaugebiet von ausgezeichneter Qualität ist, beweisen auch die hier gelegenen Premiers Grands Crus. Château Cheval-Blanc kultiviert hauptsächlich Cabernet-Franc-Reben und gehört der »A«-Gruppe an, während beim Château Figeac Cabernet-Sau-

Häuser des 18. und 19. Jahrhunderts sind überwiegend gutsituierte Weingüter, die 5 bis 15 ha Fläche bearbeiten und hauptsächlich als Crus eingestuft werden. Weiter im Westen, an der Grenze zu Libourne und Pomerol, trifft man auf große Anwesen, Landgüter und Landhäuser, die oft von Parkanlagen umgeben sind. Auch an anderen Orten,

Das Innere der Monolith-Kirche von Saint-Émilion. Dieses in Europa einzigartige Bauwerk wurde im 11. und 13. Jh. in den Kalkstein gehauen.

nen Weinberge beträgt im Durchschnitt selten mehr als 10 ha.

Eine derartige Zergliederung des Bodens könnte zu dem Schluß verleiten, daß es auch den Weinen an Homogenität fehlt. Dennoch haben sich viele Einzelfaktoren zu einem typischen »Saint-Émilion-Stil« zusammengefunden. Da ist einmal das häufige Vorkommen der Merlot-Rebe. Diese fühlt sich auf dem Boden der Appellation, besonders aber auf dem Kalkboden, ausgesprochen wohl und liefert geschmeidige, alterungsfähige Weine. Auch das starke Zusammengehörigkeitsgefühl der

ders auf ihre heitere Note und ihre Geschmeidigkeit. Dazu kommen noch eine aromatische Reichhaltigkeit und ein großer Alkoholreichtum, der auch eine gute Alterungsfähigkeit garantiert. Alle diese Eigenschaften vereinen die Weine von Ausone am perfektesten. Das Château und der Weinberg zählen überdies zu den landschaftlich reizvollsten Plätzen der Appellation.

Der letzte Bodentyp sind die Kiessandböden an der Grenze zu Pomerol. Hier, am äußersten Punkt der Isle-Terrassen, hat sich der Weinbau vollkommen an das Terrain

vignon die dominierende Rebsorte ist.

Die Frage nach den typischen Charakterzügen

Stellt man die Verschiedenheit der Böden heraus, so muß bemerkt werden, daß auch die Eigentumsstrukturen und das soziale Umfeld hier vielfältig sind. Davon kann man sich bei einem Blick auf die Siedlungen überzeugen. Die vor den Toren es mittelalterlichen Saint-Émilion gelegenen

besonders aber in den Gemeinden am Rand, überwiegen die bäuerlichen Anwesen, die entweder zweistöckig oder aber flach und langgestreckt sind.

Selbst wenn das Baumaterial, der weiche Kalkstein der Region, und der ausgezeichnete Zustand der Gebäude ein Zeichen für Einheitlichkeit sind, so erinnern doch alle diese Wein-Châteaus daran, daß Saint-Émilion ein Gebiet der Kleinbetriebe ist. Oft sind die Eigentümer auch tatsächlich Winzer von Beruf und arbeiten in ihrem Weingarten wie Künstler an ihren Werken. Die Größe der einzel-

Menschen spielt eine nicht unwichtige Rolle bei der Vereinheitlichung der Region. Auch dafür gibt es Beispiele: das Festhalten an alten Traditionen wie der Jurade, die zahlreichen mit Wein befaßten Vereinigungen und das Gewicht der Genossenschaftskellerei, in der über 400 Weinbauern und über 1000 ha Weinbaufläche zusammengeschlossen sind. Die Bedeutung dieser Genossenschaftskellerei und die Qualität ihrer Produktion sind ein ausgezeichnetes Beispiel für die Dynamik und die starke Eigenständigkeit der Appellation.

Die Umgebung von Saint-Émilion

Im Norden und Osten von Saint-Émilion bilden mehrere Appellationen den Übergang vom Kalkplateau von Haut-Saint-Émilion zu den aus dem Miozän stammenden Sandböden des Périgord. Ihre geographische Lage, die geologische Formation und die besonderen örtlichen Bräuche haben zu einer Einteilung in zwei Gruppen geführt, von denen jede ihre typischen Eigenheiten besitzt: die »Satelliten« von Saint-Émilion und die Côtes de Castillon und die Côtes de Francs.

Die »Satelliten« von Saint-Émilion

Nördlich des kleinen Flusses Barbanne liegen Montagne, Puisseguin und Lussac, drei Gemeinden, die man unter dem Oberbegriff »Satelliten von Saint-Émilion« zusammengefaßt hat. Montagne hat dabei zwei alte Gemeinden annektiert; insgesamt teilen sich fünf Appellationen das Anbaugebiet:

Montagne-Saint-Émilion,
Lussac-Saint-Émilion,

Das Château Saint-Georges in Saint-Georges-de-Montagne wurde im 18. Jh. von Victor Louis erbaut.

Château de Francs, das im 11. und 16. Jh. auf dem Colline de Francs errichtet wurde.

Puisseguin-Saint-Émilion,
Saint-Georges-Saint-Émilion
Parsac Saint Émilion.

Im Gegensatz zu den südlich der Barbanne gelegenen Gebieten wächst der Wein hier nicht in Monokultur. Der Weinbau beansprucht bei einer Gesamtfläche von 6200 ha lediglich 3100 ha und liefert im Jahr durchschnittlich 200 000 hl Wein.

Côtes de Castillon und Côtes de Francs

Im Osten von Saint-Émilion liegen die Côtes de Castillon, eine Appellation mit historischem Namen. Hier, in der Nähe der kleinen, an der Grenze des Périgord gelegenen Stadt, fand im Juli 1453 mit der Niederlage des englischen Generals Talbot der Hundertjährige Krieg sein Ende.
Die Appellation ist auf die Dordogne hin ausgerichtet und sehr homogen. Man kann hier zwei Bodentypen unterscheiden: eine Ebene von ausgezeichneter Beschaffenheit, die sich 5 bis 10 m über den Fluß erhebt, einen Abhang und ein Plateau. In der Ebene entstehen feurige und geschmeidige Weine, während man in den anderen Gebieten infolge der Limitierung der Ertragsmenge robustere und lagerfähigere Weine produziert.
Die Appellation Côtes de Francs schließt sich im Norden an die Côtes de Castillon an und befindet sich gerade in einem Stadium der Erneue-

Der Wein muß sich hier die Landschaft mit Wiesen und Wäldern teilen, was einen wesentlich abwechslungsreicheren Gesamteindruck zur Folge hat. Zwischen den Hügeln, die ziemlich ungeordnet aufsteigen, liegen zahlreiche Binnentäler, die manchmal von Wasserläufen durchzogen werden. Das Land hat hier im wahrsten Sinne des Wortes Höhen und Tiefen. So entstehen ein recht pittoreskes, zerrissenes Relief, aber auch Böden, die sich hervorragend für den Weinbau eignen.

rung. Ihre Weine sind alkoholreicher und kräftiger gebaut. Hier trifft man auf zahlreiche kleinere Betriebe, die entweder unabhängig arbeiten oder in Genossenschaften zusammengeschlossen sind. Es gibt aber auch größere Châteaus, die teilweise durch ihr Äußeres auffallen. Dazu gehören Château Tours, das von Viollet-le-Duc restauriert wurde, und Château Saint-Georg, errichtet im Louisseize-Stil. Die hiesigen Weine spiegeln die Verschiedenheit des Anbaugebiets und der Eigentumsstrukturen wider. Allen gemein ist jedoch ein lieblicher, manchmal auch etwas lebhafter Charakter. Im Süden des Appellationsgebiets entstehen die eigenständigsten Weine, und die Crus haben eine starke Affinität mit den Saint-Émilion-Weinen. Diese erklärt sich aus der Verwandtschaft der Böden und der Rebsorten.

Das Musée du Paysan Vigneron
Der Wein ist hier nicht nur eine Pflanze, er prägt auch eine ganze Kultur. Davon kann man sich im Ecomusée du Paysan Vigneron de Montagne-Saint-Émilion überzeugen. Es wurde 1985 von den »Freunden der Kunst und Tradition des Libournais« eröffnet und präsentiert auf 600 qm Ausstellungsfläche eine reichhaltige Sammlung von Gerätschaften und Dokumenten, die über das Leben der Weinbauern der Region bis zum Zweiten Weltkrieg informieren. Man kann hier die Entwicklung des ländlichen Lebens und der Weinbautechniken verfolgen. Da genügend Platz ist, lernt man aber zugleich auch das Leben und die Arbeit des Weinbauern kennen, sein Haus, den Keller, die Werkstatt eines Böttchers und sogar einen Taubenschlag.

Fronsadais

Auch Fronsac, das als großer bewaldeter Höhenzug über den Wiesen und Palus am Zusammenfluß von Dordogne und Isle aufragt, ist eine geschichtträchtige Gegend. Auch ohne das Portal zu durchschreiten, das in das auf dem Gipfel gelegene Château führt, kann man sich ohne Mühe vorstellen, daß dieser Hügel Generationen von Strategen beschäftigt hat.

Der Weinbau als Fortsetzung einer großen Geschichte

Der Biograph Eginhard berichtet, daß Karl der Große im Jahre 769 auf diesem Hügel, von dem aus man die Straßen nach Bordeaux und ins Périgord übersehen konnte, eine Festung errichtete. Von ihr blieb jedoch ebensowenig erhalten, wie von einem im Mittelalter hier aufgebauten Landschloß. Das riesige Bauwerk, in dem im 16. Jahrhundert zahlreiche Protestanten Zuflucht fanden, wurde abgetragen und durch das bestehende, recht unscheinbare Gebäude ersetzt. Heute hat die Geschichte Fronsac vergessen. Aber das Land brachte sich durch den Weinbau wieder in Erinnerung. Denn die Natur hat die Region mit Böden bedacht, die sich hervorragend hierfür eignen. Die Landschaft gehört zu den schönsten Fleckchen des Bordelais und hat mehr zu bieten, als nur diesen einen Felsen. Sie setzt sich zusammen aus Hügeln und schroffen Abhängen.

Das Weinbaugebiet von Fronsac.

Geologisch erklärt sich das aus dem für das Libournais typischen Nebeneinander von mit fossilen Seesternen durchsetztem Kalk der Stamp-Stufe und Molasse der Sannois-Stufe. Dieses weiche Felsgestein aus Ton, Sand und Kalkzwischenlagen heißt hier Molasse du Fronsadais und wirkt ganz besonders reizvoll.

Im südöstlichen Teil, bei Fronsac, ist dieses System jedoch am stärksten zerstört und löst sich in einer Folge von Felsen mit steilen Hängen und guten Böden auf. Weiter im Norden und Westen erscheint ein Kalkplateau, das mit einem rötlichen Boden durchsetzt ist.

Das ganze Gebiet durchziehen Grasfluren, Wald und schöne Ebenen. Es besteht ein starker Kontrast zwischen den großen Molassehängen, die von Kalkfelsen überragt werden, und den flachen Grasebenen der Bocage, die im Winter oft unter Wasser stehen.

Eine »aufsässige« Region

Diese »aufsässige« Region mit ihren Höhen und Tiefen gehört zwei Appellationen. Fronsac umfaßt sechs Gemarkungen und liefert pro Jahr 5,4 Millionen Flaschen Wein. Zu Canon-Fronsac gehören die Coteaux de Fronsac und Saint-Michel-de-Fronsac, die aus Tonmergelböden auf einer Bank aus mit fossilen Seesternen durchsetztem Kalk bestehen.

Die Appellation ist flächenmäßig kleiner und liefert deshalb auch nur an die 2 Millionen Flaschen Wein im Jahr.

Auch in diesen beiden Appellationen findet man, wie überall im Libournais, nur vier Rebsorten: Cabernet-Franc, Cabernet-Sauvignon, Malbec, auch Cot genannt, und Merlot. Letztere kommt am häufigsten vor und hat sich den natürlichen Gegebenheiten ausgezeichnet angepaßt.

Die AOC-Weine des Fronsadais wurden lange Zeit etwas vernachlässigt und standen im Schatten der Weine aus Saint-Émilion und Pomerol. Sie haben jedoch eine sehr eigenständige Persönlichkeit, viel Körper und Finesse. Wegen ihrer intensiven Farbe verwendete man sie lange als »Medizinweine«, die mit den Produkten anderer Appellationen verschnitten wurden, um so etwaige Schwächen in Farbe und Körper zu korrigieren. Außerdem sind sie alkoholreich und sehr alterungsfähig. Die Canon-Fronsac-Weine zeichnen sich zusätzlich durch einen intensiven Duft und den zarten Geschmack nach Gewürzen aus.

Aber das Fronsadais ist nicht nur für Weinfreunde von Interesse. Der Tourist findet hier herrliche romanische Kirchen und einige elegante Schlösser und Landsitze, zu denen das große Anwesen von La Rivière gehört.

Unten: Das stark veränderte Château La Rivièrè entstand im 14. Jh. und besitzt schöne, in den Kalkstein gehauene Weinkeller.

Die Kirche von Saint-Aignan. Rechts: Das Château de Charles liefert nicht nur einen großen Wein, der Name des Gutes ist auch mit zahlreichen großen französischen Schriftstellern verbunden.

GRAND VIN DE BORDEAUX

1985

CHATEAU DE CARLES

FRONSAC

APPELLATION FRONSAC CONTRÔLÉE

S.C.E.V. DU CHATEAU DE CARLES, PROPRIÉTAIRE A SAILLANS (GIRONDE)

MIS EN BOUTEILLE AU CHATEAU

Pomerol und Lalande de Pomerol

Pomerol ist ein Zauberwort für Weinfreunde, da in der Appellation Weine entstehen, die zu den teuersten der Welt gehören. Eigenartigerweise blieb diese Tatsache jedoch lange ein Geheimnis. Dies ist aber nur eine der vielen Besonderheiten der Appellation.

Eine Gemeinde mit nichtssagendem Namen

Am seltsamsten mutet wohl an, daß es hier kein Dorf gibt, kein beachtenswertes Gebäude, keine Spuren aus der Zeit der Romanik oder der Gotik. Das ist um so erstaunlicher, als das Libournais mehr als reichlich mit Zeugnissen alter Kulturen gesegnet ist. Überraschend ist auch, daß es in dieser berühmten Appellation keine Bauwerke gibt, die man als Schloß bezeichnen könnte. Einzig Sales am Ende einer langen Allee, die herrliche Kartause von Beauregard und Vieux-Château-Certan sind dazu angetan, den Kulturfreund ins Schwärmen geraten zu lassen.

Bei den Gebäuden, die man im Pomerol antrifft, handelt es sich überwiegend um einfache Winzerhäuser, wie man sie im Bordelais zu Tausenden findet. Schlimmer noch — beim Anblick so kleiner Siedlungen wie des alten Böttcherdorfes Catussan hat man fast das Gefühl, sich

in einem Vorort von Libourne zu befinden. Aber ist dies nicht auch eine Art, sich innerhalb einer nichtssagenden Landschaft hervorzutun? Denn die Appellation Pomerol ist, im Gegensatz zu ihren Nachbarn, platt und flach.

Aber man darf sich von diesem Eindruck nicht täuschen lassen. Hinter einer eintönigen Landschaft verbirgt sich nämlich ein hervorragender

Boden. Wie durch ein Wunder ist hier der Kalkpanzer, der andernorts an den Abhängen gelegenen Weinberge bildet, einfach verschwunden. Er hat einem riesigen Kiessandhaufen Platz gemacht, der eine große Terrasse formte, die sich stromaufwärts von Libourne entlang des linken Ufers der Isle erstreckt. Zwischen den Kiessandflächen liegen sehr dünne tonige Schichten, und eine

davon tritt am höchsten Punkt der Appellation fast zutage.

Die Touristen, die heute mit dem Boot auf dem friedlichen Fluß dahinfahren, können sich sicher nur schwer vorstellen, welche Arbeit er im Laufe der großen klimatischen Umbrüche zu Beginn des Quartärs leisten mußte. Er mußte nämlich die Kalkformation ganz abtragen, bevor er sich in westlicher Richtung in einem Bett dahinschlängeln konnte, das er sich selbst geschaffen hatte. In etwas jüngerer Zeit — vor einer Million Jahre — lagerten gigantische Hochwasserwellen Kiesschichten ab, die hauptsächlich aus Quarz und Feuerstein bestanden. Diese wurden dann später durch die Erosionstätigkeit umgelagert. Neue klimatische Veränderungen brachten schließlich wechselweise trockene Kälte und Hitzeperioden. So gruben sich in aufeinanderfolgenden Phasen Höhlungen in die alten Anschwemmungen, und es kamen neue Kiesablagerungen hinzu.

Oben: Der Weinkeller von Château Gazin.
Ganz oben: Château de Sales.

Das Ergebnis dieser verschiedenen Umschichtungen war schließlich ein verschachteltes Terrassensystem aus Kiessand oder Kiesgeröll, die oft von weither, aus dem Massif Central, kamen. Aber das ist immer noch

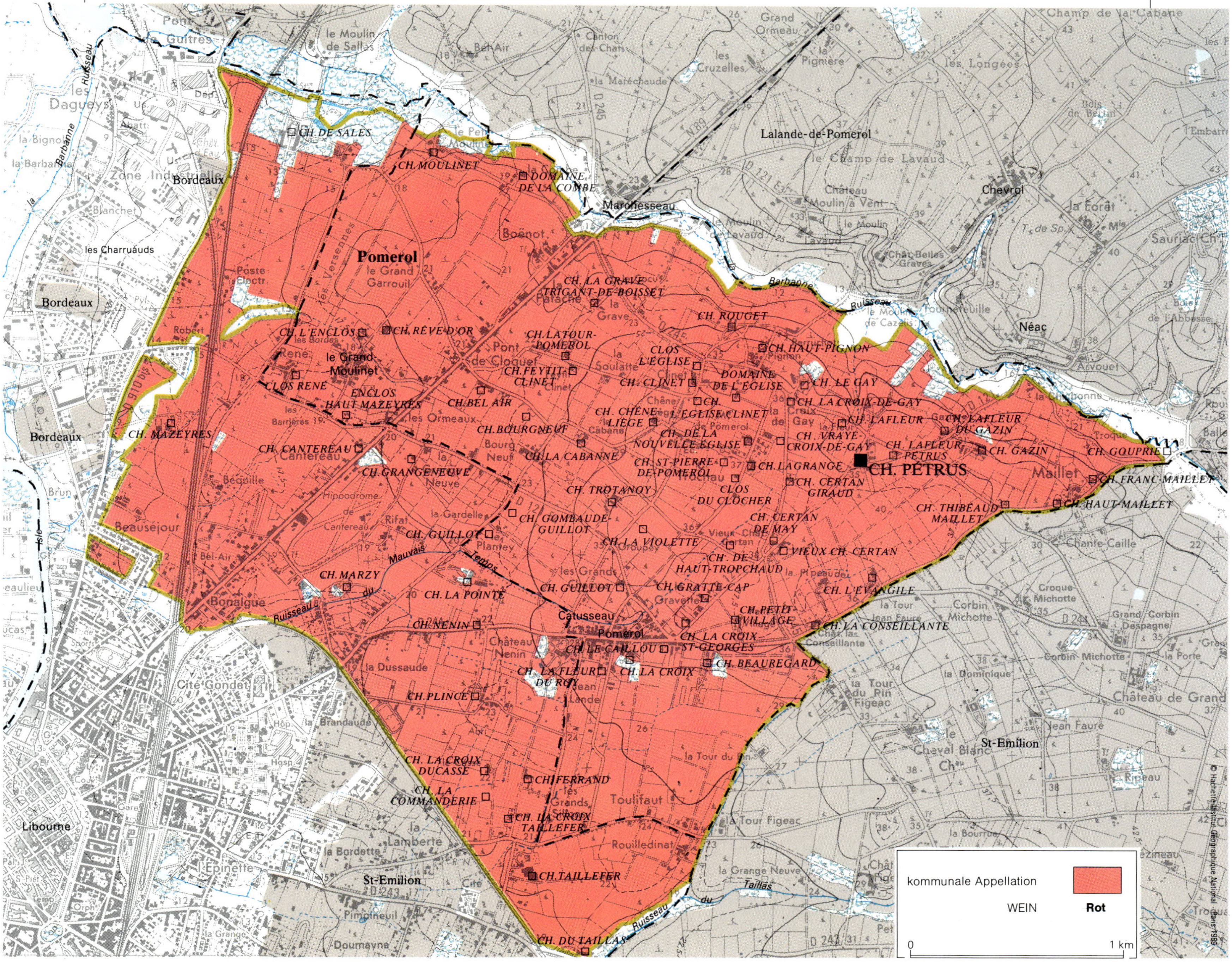

(Karte: Pomerol)

Champ de la Cabane · Grand Ormeau · les Cruzelles · la Pignière · les Longées · Canton des Chats · la Maréchaude

CH. DE SALES · CH. MOULINET · Lalande-de-Pomerol · Chevrol · la Forêt

DOMAINE DE LA COMBE · Marchesseau · Boënot · Néac

Pomerol · le Grand Garrouil

CH. LA GRAVE TRIGANT-DE-BOISSET · CH. ROUGET · CH. HAUT-PIGNON

CH. L'ENCLOS · CH. RÊVE-D'OR · CH. LATOUR-POMEROL · CLOS L'EGLISE · DOMAINE DE L'EGLISE · CH. LE GAY

le Grand Moulinet · CH. FEYTIT-CLINET · CH. CLINET · CH. LA CROIX-DE-GAY · CH. LAFLEUR DU GAZIN

CLOS RENÉ · ENCLOS HAUT MAZEYRES · CH. BEL AIR · CH. CHÊNE-LIÈGE · CH. EGLISE-CLINET · CH. DE LA NOUVELLE-EGLISE · CH. LAFLEUR · PÉTRUS · CH. GAZIN · CH. GOUPRIE

CH. MAZEYRES · CH. CANTEREAU · CH. BOURGNEUF · CH. ST-PIERRE DE POMEROL · CH. VRAYE-CROIX-DE-GAY · CH. LAGRANGE · **CH. PÉTRUS** · Maillet · CH. FRANC-MAILLET

CH. GRANGENEUVE · CH. LA CABANE · CH. TROTANOY · CLOS DU CLOCHER · CH. CERTAN GIRAUD · CH. THIBEAUD MAILLET · CH. HAUT-MAILLET

CH. GUILLOT · CH. GOMBAUDE-GUILLOT · CH. LA VIOLETTE · CH. CERTAN DE MAY · VIEUX CH. CERTAN

CH. MARZY · CH. LA POINTE · CH. GUILLOT · CH. DE HAUT-TROPCHAUD · CH. GRATTE-CAP · CH. L'ÉVANGILE

CH. NENIN · Catusseau · CH. PETIT-VILLAGE · CH. LA CONSEILLANTE

CH. LE CAILLOU · CH. LA CROIX ST-GEORGES · CH. LA CROIX · CH. BEAUREGARD

CH. LA FLEUR DU GAY · CH. PLINCE

CH. LA CROIX DUCASSE · CH. FERRAND · CH. LA COMMANDERIE · CH. LA CROIX TAILLEFER · Toulifaut · CH. TAILLEFER · St-Emilion · CH. DU TAILLAS

Libourne · St-Emilion

kommunale Appellation	
WEIN	**Rot**

0 ——— 1 km

---

nicht alles. Der Wind brachte Sand herbei, der sich stellenweise zu einer Art von Eisensandstein formte. Diesen nennen die Bauern im Pomerol seit dem vergangenen Jahrhundert »Crasse de Fer« (Eisendreck).

Weinetikett der AOC Pomerol.

Ein ländliches Gemeinwesen

Das natürliche Umfeld der Region ist zwar ideal für den Weinbau, begünstigt jedoch weniger andere landwirtschaftliche Aktivitäten. Daraus erklärt sich auch der Charakter der Menschen von Pomerol, das wie ein ländliches Gemeinwesen anmutet.
Zur Zeit des Ancien régime konnte sich infolge der Trockenheit der Sand- und Kiessandböden keine blühende Landwirtschaft entfalten. Außerdem befand sich das Land im Besitz zahlreicher Bürger und Honoratioren von Libourne, die die Arbeit Teilpächtern überließen. Die Möglichkeiten der Böden des Pomerol erwiesen sich jedoch als sehr begrenzt. Das Fehlen einer aristokratischen Oberschicht und die starke Zergliederung des Landes waren lange Zeit dafür verantwortlich, daß die Weine relativ unbekannt blieben.
In den Klassifizierungen und Texten der Reisenden und Fachleute des späten 18. und frühen 19. Jahrhunderts blieb Pomerol unerwähnt. Erst als nach 1850 die »Joualles« (das Bebauen der Fläche zwischen den Rebzeilen mit anderen Pflanzen) abgeschafft und bessere Vinifizierungsmethoden eingeführt wurden, begann auch der Aufstieg dieser Appellation.

Große Weine, aber keine Klassifizierung

Heute erfreuen sich die Weine aus Pomerol eines ausgezeichneten Rufes. Das wird besonders deutlich, wenn man sich vor Augen hält, wie

Das Malteserkreuz im Château de la Commanderie.

Vieux-Château-Certan.

Lalande de Pomerol

Lalande de Pomerol ist mit 890 ha Anbaufläche und einer Produktionsmenge von ca. 6 Millionen Flaschen seiner südlichen Nachbarin leicht überlegen, wo auf 735 ha Fläche 5 Millionen Flaschen Wein erzeugt werden. Sonst sind sich beide Gebiete jedoch ziemlich ähnlich. auch in dieser Appellation befinden sich die Weingüter schon seit Generationen in den Händen von Weinbauern, die sich niemals ihrer Zugehörigkeit zum Bauernstand geschämt haben.

Das Plateau von Lalande wird durch die Barbanne vom Plateau von Pomerol getrennt und besitzt im Südteil ausgezeichnete Böden, deren Entwässerung im Sommer kein Problem darstellt. Die Weine ähneln den Pomerol-Weinen, sind jedoch etwas weniger elegant. Ihre Kraft und Farbe und das Bukett machen sie jedoch ebenfalls zu einem qualitativ sehr hochstehenden Produkt.

bekannt die wichtigsten Crus sind und welche Preise sie erzielen. Wie andere Appellationen hat auch Pomerol sein »Zugpferd«: Château Pétrus. Das ist aber beileibe nicht der einzige große Name, der sich mit dieser Region verbindet: L'Évangile, Trotanoy, Lafleur Vieux-Château-Certan, Certan de Mays und Lafleur Pétrus sind ebenfalls nicht nur wohltönend, sondern stehen auch für ausgezeichnete Qualität.

Alle diese Weine haben dasselbe hohe Niveau wie die Crus Classés von Saint-Émilion und Médoc. Trotzdem hat man hier nie eine Klassifizierung durchgeführt – vielleicht, weil man den engen Zusammenhalt des kleinen ländlichen Gemeinwesens von Pomerol nicht gefährden wollte. Diese Eigentümlichkeit ist jedoch lediglich dazu angetan, die Qualität der Weine von Pomerol noch herauszuheben. Sie sind sehr kraftvoll, bukettreich, manchmal auch samtweich, und von ausgezeichneter Alterungsfähigkeit. Man ist oft versucht, sie als eine Art

Rechts: Die Keller von Château Pétrus.
Château Siaurac.

»Mittelding« zwischen den Saint-Émilion- und den Médoc-Weinen anzusehen. Das ist sicher nicht ganz falsch, wird ihnen aber keinesfalls voll gerecht. Sie zeichnen sich nämlich vor allem durch ihren perfekten Reifegrad aus. Nach rund fünf Jahren erreichen sie nämlich genau die Komplexität und Reichhaltigkeit, die nur das Alter geben kann. Das ist sicher auch ein Grund dafür, daß die Pomerol-Weine sich einen Platz unter den Spitzenweinen der Welt erobern konnten.

Pétrus, eine Ausnahmerscheinung

Woher der Name des Château Pétrus kommt, bleibt auch weiterhin ungeklärt. Typisch für die Appellation ist es wegen der geringen Größe seines Weinbergs (11 ha) und wegen seines bescheidenen Äußeren. Nichts aber deutete in der Vergangenheit darauf hin, wozu dieses »Puppenhaus« mit den türkisfarbenen Fenstern berufen war. Trotz des unscheinbaren Aussehens hat es nämlich einige außerordentliche Vorzüge. Da ist einmal der Boden, der größtenteils in einem sehr lehmigen Gebiet liegt. Und da sind die Winzer, die hier seit Generationen wirken: Auf die Familie Arnaud folgten die Familien Loubat und Moueux. Sie wachten stets eifersüchtig darüber, daß immer nur die Trauben alter Rebstöcke Verwendung fanden. Und die Lese wird stets im genau richtigen Augenblick durchgeführt. Zieht man außerdem in Betracht, daß die entrappte Menge gering gehalten wird, die Gärzeit lange dauert und der Wein zwischen zwei und zweieinhalb Jahren im neuen Holzfaß altern darf, so versteht man sicher, warum der Erfolg des Château Pétrus keine Laune des Zufalls ist.

Bourgeais und Blayais

An der Grenze zum Departement Charente erstrecken sich am rechten Ufer der Gironde Blayais und Bourgeais, zwei kleine Gebiete mit relativ hohen Erhebungen von etwa 100 m Höhe. Sie bilden eine Brücke zwischen den Wäldern der Saintonge und den schlammigen Wassern der Gironde-Mündung.

Im Innern: Fine de Bordeaux und Gavaches

Die beiden Regionen sind eine Verlängerung des Kalkplateaus des Libournais und unterscheiden sich von den übrigen Gebieten des Departements Gironde. Das Innere erinnert besonders durch die Herkunft der Bewohner, die zum Teil noch die »Langue d'oil« sprechen, an das Departement Charente. Früher produzierten diese Gabailhs oder Gavaches, wie die Gascogner sie nannten, lange Zeit über Cognac. Auch heute noch, dank des 1974 eingeführten Fine de Bordeaux, stellen viele kleine Betriebe Branntwein her.

Auf diesem Innenplateau, das mit einer mehr oder weniger dicken Sandschicht bedeckt ist, entstehen ordentliche, trockene Weißweine, die als AOC Blaye in den Handel kommen. Eigentlich aber ist die Region ein Gebiet, in dem die Bauern lieber Getreide und Spargel anbauen und Vieh züchten, als Weinbau zu betreiben.

Ein Weinbaugebiet auf Hügeln

Das Weinbaugebiet liegt am Rand des Plateaus. Die Hügel mit ihren oft steil abfallenden Hängen blicken auf die Gironde hinunter und sind mit Höhlen und Steinbrüchen durchsetzt, aus denen in vergangenen Zeiten das Baumaterial für viele Städte und Dörfer des Departements geholt wurde. An ihrer Rückseite breitet sich eine reizvolle, von zahlreichen Tälern durchschnittene Landschaft aus, die auch den Beinamen »Schweiz des Departements Gironde« trägt. Dieses Gebiet teilt sich in die Appellationen Côtes de Bourg und Côtes de Blaye und wird ausschließlich nur für den Weinbau genutzt.

Die Weine waren jedoch lange Zeit

Oben: Côtes de Bourg und die Gironde.
Unten: Die Zitadelle von Blaye.

kaum bekannt, und besonders die Produkte von Bourg fanden als »Medizinweine« Verwendung. Infolge einer mutigeren Handelspolitik, die sich vor allem auf die Erzeugerabfüllung stützt, der Alterung und des direkten Verkaufs konnten sie sich jedoch in letzter Zeit einen festen Platz unter den französischen Weinen sichern.

Sowohl in Blaye als auch in Bourg produziert man hauptsächlich Rotweine. Die Premières Côtes de Blaye umfassen eine Jahresproduktion von 130 000 hl Rot- und 11 000 hl Weißwein, während in Bourg 157 000 hl Rot- und 3000 hl Weißwein erzeugt werden.

Die Côtes de Bourg und Côtes de Blaye sind zwar Nachbarn, was aber keineswegs bedeutet, daß diese beiden Gebiete auch vollkommen identisch wären.

Die trockenen Weißweine aus dem Blayais sind frischer und leichter, während die Produkte aus Bourg charakteristischer sind und sich durch ihr Bukett auszeichnen. Die Rotweine beider Appellationen sind fruchtig und farbintensiv. Bei den Côtes-de-Bourg-Weinen fallen jedoch Körper und Tannine auf, während man bei den Côtes-de-Blaye-Weinen eine größere Finesse notieren kann.

Die Verbindung von Geschichte, Tourismus und Wein

Beide Gebiete sind reich an historischen Bauten und Naturwundern. Dazu gehören die Zitadellen von Bourg und Blaye, die prähistorische Grotte von Pair-Non-Pair und die Gironde. Die Menschen von Bourg und Blaye sind gleichermaßen stolz auf ihre Vergangenheit und verstehen es, Nutzen aus ihr zu ziehen. Dabei kommt der Tourismus, der sich allmählich auch in dieser Region entwickelt, natürlich dem Wein sehr zugute.

Diese Symbiose von Geschichte, Fremdenverkehr und Wein zeigt sich besonders deutlich an zwei Beispielen: Der berühmte Clos de l'Echauguette macht selbst vor den Mauern der Zitadelle von Blaye nicht halt. Bourg wurde als Tagungsort für die Europäische Weinkonferenz ausersehen, die im Juni 1988 erstmals in Bourg-sur-Gironde zusammentrat.

Champagne

Champagner kann man sich nur schlecht ohne eine festliche Kulisse vorstellen. Doch obwohl er ein Sinnbild der Fröhlichkeit und Ausgelassenheit ist, entsteht er in einer kargen und ernsten Umgebung. Dieses hügelige Weinbaugebiet erstreckt sich auf einer Länge von etwa 200 km am Fuße eines Vorsprungs der Ile-de-France, 120 km östlich von Paris, und entlang dem Tal der Marne. Es bildet ein schmales, nur 200 m bis 3 km breites Band, das seine Farbe im Rhythmus der Jahreszeiten ändert, zwischen der bewaldeten Hochfläche und der Ebene, die sich hier bis zum Horizont ausbreitet. Nach Lothringen zu ist die Landschaft ein einziger riesiger Kornspeicher. In Richtung Hauptstadt ist das Relief ausgeprägter; die Landschaft gibt sich abwechslungsreicher und besteht aus Wäldern, Wiesen und Weihern.

Der Boden wirkt unscheinbar. Der Wein wächst hier auf Kreide, Ablagerung eines Meeres, das sich vor 100 Millionen Jahren ganz allmählich zurückgezogen hat. Die sandigen oder lehmigen Böden, die sich darüber gebildet haben, sind nicht sehr tief und können die Pflanzen nicht ausreichend mit Nährstoffen versorgen. Man muß sie daher fortwährend anreichern. Die Wurzeln sind gezwungen, sich weiter in den Kreideuntergrund vorzuarbeiten, der 100 m und manchmal sogar 200 m tief hinabreichen kann. Die Kreide absorbiert dabei übermäßige Feuchtigkeit und speichert auch Wärme, die sie wiederum an die Rebstöcke weitergibt. Dieses Gebiet wirkt nicht gerade einladend; es scheint vielmehr den Reisenden dazu aufzufordern, daß er rasch seinen Weg fortsetzt. Die Champagne ist das Land der großen Messen des Mittelalters, das Land der Invasionen und Kriege. Aber der Wein liebt, was hart ist, was ihm Widerstand leistet. Andererseits ist er auch nicht so großmütig, wie man bisweilen glaubt. Oft zeigt er einen schroffen Charakter.

Oben: »Das Leben des heiligen Rémi«, Tapisserie, 16. Jh. (Musée Archéologique Saint-Rémi, Reims). – Oben links: »Junger Zecher« von Quentin de La Tour, 18. Jh. (Musée Lécuyer, Saint-Quentin). – Unten: Karte des Weinbaugebiets des Departements Aube.

Dann plötzlich wieder fließt er über vor Liebenswürdigkeit wie der Engel der Verheißung in der Kathedrale von Reims. Ebenso ist die Landschaft: eingebettet zwischen sanfte Hänge und Hügel, wie eine Mutter, die beruhigend und gleichmäßig murmelnd ihr Kind in den Schlaf wiegt. Eine grobe braune Kutte im Winter und ein leuchtend grünes Kleid im Sommer. Wenn der Frühling ins Land zieht, kann man sehen, wie dieses große, graue Leinentuch, das schmutzig-weiß und hart auf dem nackten Boden ausgebreitet ist, zu neuem Leben erwacht und aufblüht, als ob die Weinreben die ganze Landschaft umranken würden.

In der Nähe von Sézanne hat man fossile Weinblätter gefunden, die 60 Millionen Jahre alt sind. Schon die Römer wußten, daß der Wein unter schwierigen klimatischen Bedingungen hervorragend gedeiht. Seit dem 4. Jahrhundert v. Chr. breiten sich die Rebflächen — wenn auch nicht kontinuierlich — in der alten Grafschaft Champagne aus, die 1361 dem Königreich Frankreich eingegliedert wurde. Nur die deutschen Weinbaugebiete besitzen teilweise eine noch nördlichere Lage und ebenso rauhe natürliche Voraussetzungen. Die mittlere Jahrestemperatur liegt hier bei 10,4°C. Bei einer Temperatur unter 9,6°C jedoch reifen die Trauben im allgemeinen nicht mehr.

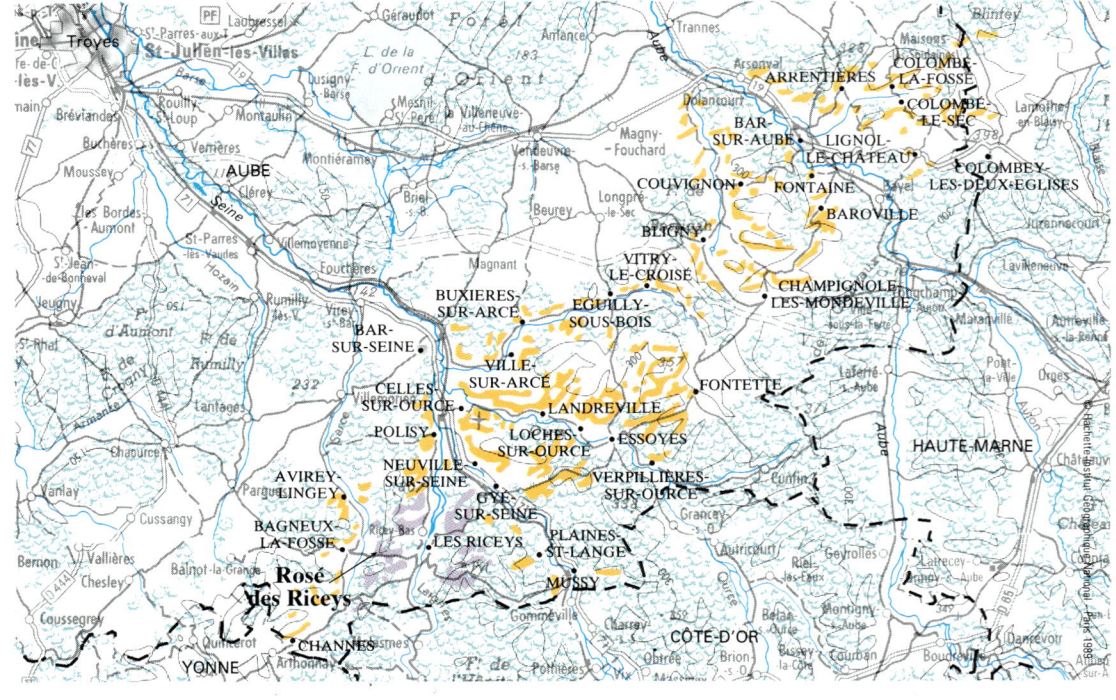

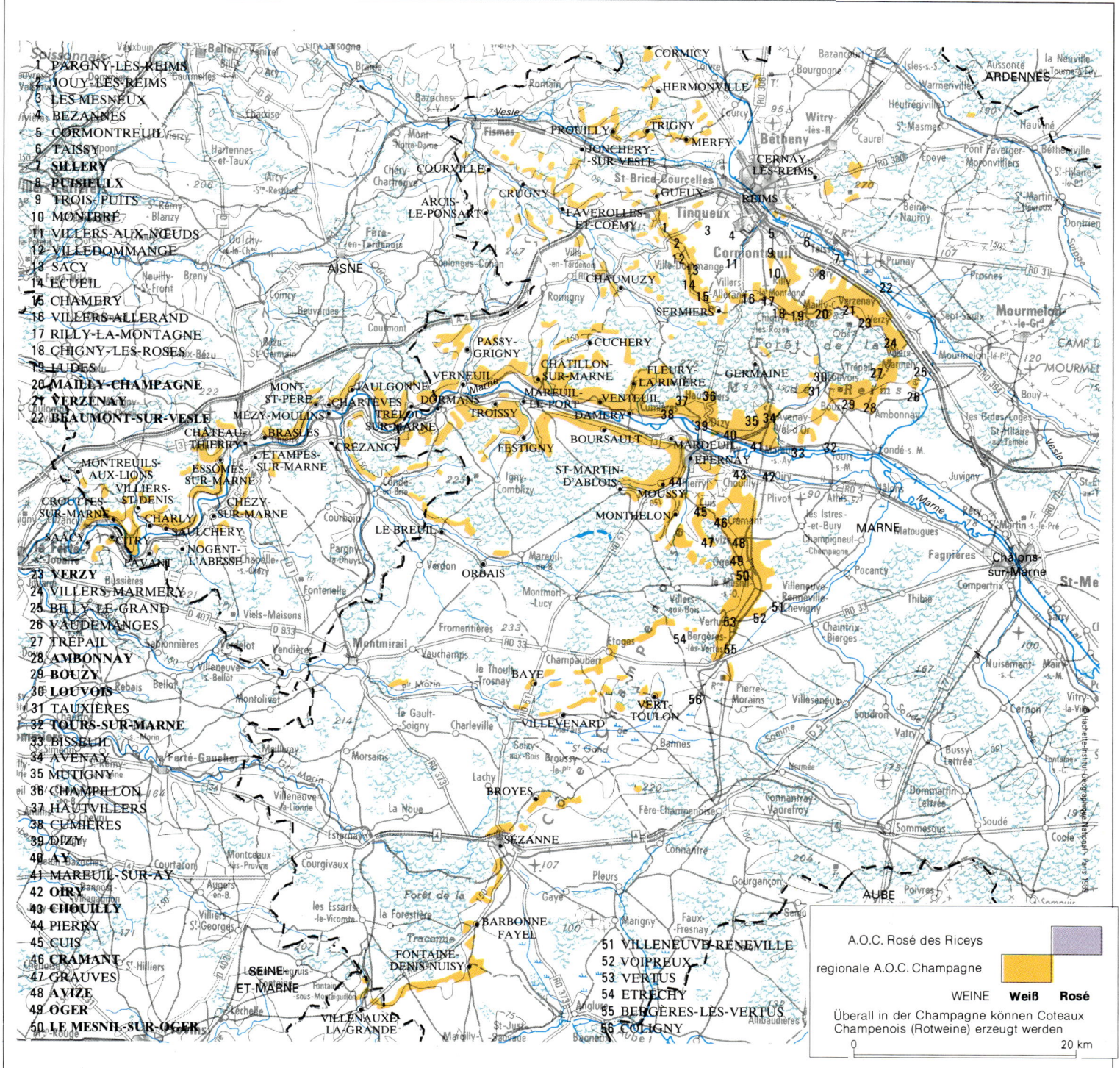

1 PARGNY-LES-REIMS
2 JOUY-LES-REIMS
3 LES MESNEUX
4 BEZANNES
5 CORMONTREUIL
6 TAISSY
7 SILLERY
8 PUISIEULX
9 TROIS-PUITS
10 MONTBRÉ
11 VILLERS-AUX-NŒUDS
12 VILLEDOMMANGE
13 SACY
14 ECUEIL
15 CHAMERY
16 VILLERS-ALLERAND
17 RILLY-LA-MONTAGNE
18 CHIGNY-LES-ROSES
19 LUDES
20 MAILLY-CHAMPAGNE
21 VERZENAY
22 BEAUMONT-SUR-VESLE
23 VERZY
24 VILLERS-MARMERY
25 BILLY-LE-GRAND
26 VAUDEMANGES
27 TRÉPAIL
28 AMBONNAY
29 BOUZY
30 LOUVOIS
31 TAUXIÈRES
32 TOURS-SUR-MARNE
33 BISSEUIL
34 AVENAY
35 MUTIGNY
36 CHAMPILLON
37 HAUTVILLERS
38 CUMIÈRES
39 DIZY
40 AŸ
41 MAREUIL-SUR-AŸ
42 OIRY
43 CHOUILLY
44 PIERRY
45 CUIS
46 CRAMANT
47 GRAUVES
48 AVIZE
49 OGER
50 LE MESNIL-SUR-OGER

51 VILLENEUVE-RENNEVILLE
52 VOIPREUX
53 VERTUS
54 ETRÉCHY
55 BERGÈRES-LÈS-VERTUS
56 COLIGNY

A.O.C. Rosé des Riceys

regionale A.O.C. Champagne

WEINE   **Weiß**   **Rosé**

Überall in der Champagne können Coteaux
Champenois (Rotweine) erzeugt werden

0   20 km

Die Leiden der Reben

Das Weinbaugebiet der Champagne
leidet unter der Kälte. Im
Winter 1985 und 1986 sank das
Thermometer auf minus 25°C; trotz
der erstaunlichen Widerstandsfähigkeit der Reben wurden damals Hunderte von Hektar Rebflächen zerstört. Solche Katastrophen bedeuten
lange Jahre des Wartens, bis eine
neue Ernte eingebracht werden kann.
Die Frühjahrsfröste gefährden Knospen und junge Trauben; in manchen
Nächten muß man sogar ein Öfchen
bei jedem Rebstock aufstellen.
Herbstfröste sind seltener, können

aber bisweilen — wie etwa im Jahre
1972 — nicht wiedergutzumachen-
de Schäden anrichten.
Obwohl die jährliche Insolation nur
1550 Stunden pro Jahr beträgt,
fallen die Niederschläge reichlich
(670 mm im Jahr). Wenn sie kalt sind
und während der Zeit der Blüte an-
dauern, führen sie zu Verrieseln und
Samenbruch, so daß die Traubenbil-
dung behindert wird (wie 1980). Die
Gewitterregen im August verwüsten
manchmal ein ganzes Dorf. Beträchtliche Fortschritte sind im Kampf
gegen die Feinde der Reben, nämlich
Krankheiten und Parasiten, erzielt
worden. Dagegen bleiben die Natur-
gewalten auch weiterhin der ärgste

Gegner des Weinbaus: Einmal in fünf
Jahren vernichtet Hagel eine Ernte;
durchschnittlich alle sieben Jahre
richten Winterfröste und alle drei
Jahre Frühjahrsfröste schwere Schäden an. Das erklärt auch die enormen
Schwankungen bei den Erträgen;
weniger als 600 000 hl im Jahre
1978 stehen über 2,2 Millionen hl im
Jahre 1983 gegenüber.
Das Anbaugebiet der Champagne erstreckt sich auf drei Departements.
Im Departement Marne, wo mit
20 530 ha die größten Rebflächen
liegen, bilden die Montagne de
Reims, das Marne-Tal und die Côte
des Blancs das historische Kernstück.
Der Wein wächst hier überall: west-

lich von Reims, in den ländlichen
Tälern der Ardre und der Vesle, im
Süden zwischen Epernay und
Sézanne, im Osten in der Nähe von
Vitry-le-François. Im Departement
Aube (5700 ha) sind die Rebflächen
rund um Bar-sur-Seine und Bar-sur-
Aube sowie in der Nähe von Troyes
entstanden. Wein wird außerdem
auch noch beiderseits von Château-
Thierry, im Departement Aisne
(2400 ha), angebaut. Schließlich
wachsen noch ein paar Rebstöcke in
den Departements Haute-Marne
(40 ha) und Seine-et-Marne (30 ha).
Das registrierte Erzeugergebiet
bezieht sich nur auf die günstigen
Anbaugebiete, d. h. auf 34000 ha.

Milliarden von Bläschen:

Ein Heer von 100 000 Erntehelfern bestreitet jedes Jahr die mit der Hand durchgeführte Weinlese. Vollautomatische Erntemaschinen sind hier untersagt, weil man ganze, unverletzte Trauben in die Pressen schütten muß. Da man dabei Weißwein überwiegend aus dunklen Trauben bereitet, stellt das Keltern einen überaus diffizilen Vorgang dar. Die in der Beerenhaut enthaltenen Farbstoffe dürfen den Saft nicht »verschmutzen«. Um lange Transportwege und damit eine eventuelle Beeinträchtigung des Leseguts zu vermeiden, sind in allen Weinbauorten zahlreiche

man später gewinnt (zweite oder dritte Pressung bzw. »Taille«).

Nach dem Abpressen durchlaufen die Moste eine erste Gärung, die als alkoholische Gärung bezeichnet wird. Ausgelöst wird sie durch Hefepilze, die den Zucker der Weintrauben in Alkohol, Kohlensäure und verschiedene, für die organoleptischen Eigenschaften des Weins verantwortliche Bestandteile (Ester, höhere Alkohole) umwandeln. Im November oder Dezember tritt die malolaktische Gärung ein, wobei die Äpfelsäure in Milchsäure umgewandelt wird. Das ermöglicht eine biologische Stabilisierung des Weins; außerdem verleiht ihm die Verminderung seines Säuregehalts eine größere Milde.

Oben: Traubenpresse bei Moët et Chandon.
Mitte oben: Die Auswahl der Weine für den Verschnitt bei Krug.
Rechts: Zusatz von Tirage-Likör bei Bollinger, einem der seltenen Fälle, wo der Wein noch in Holzfässern bereitet wird.

Traubenpressen eines speziellen Typs aufgestellt. Denn man muß schnell machen: die beschädigten oder verfaulten Trauben aussortieren und danach den Saft abpressen. Nur ein Teil des Saftes, den man dabei erhält, darf die Appellation Champagne beanspruchen.

Eine Qualitätsgarantie bietet die Teilung des Mostes, eine im ausgehenden 17. Jahrhundert eingeführte Praxis. Die Moste von der ersten Pressung (die sogenannten »Cuvées«) werden von den Mosten getrennt, die

Eine glückliche Verbindung

Das Verschneiden findet statt, bevor der Wein auf Flaschen abgezogen wird. Bei diesem Verfahren werden Weine unterschiedlicher Jahrgänge, Herkunftsgebiete und Rebsorten miteinander vermischt. So entstehen die »Grundweine«. Die Chardonnay-Traube liefert einen Wein, der einen goldgrünen Farbton besitzt, fein und lang im Geschmack ist und in der Jugend einen etwas nervigen Biß zeigt, sich aber nach der zweiten Gärung in der Flasche harmonisch entwickelt. Die Pinot-Noir-Rebe erzeugt, wenn sie als Weißwein vinifiziert wird, einen blaßgelben Wein, der intensiv duftet, aber nicht wuchtig wirkt, Körper und Alkoholreichtum hat und gut altern kann. Die Meunier-Traube, die leicht rosafarben schimmert, verleiht nicht den kräftigen Bau des Pinot Noir; ihr

Wein schmeckt jedoch vollmundiger, weil er runder und fruchtiger ist. Außer diesen drei Rebsorten sorgen 302 verschiedene Crus und ein halbes Dutzend Weinlesen für eine ungeheuer breite Palette, aus der jeder Hersteller auswählen kann, um seine ganz eigene Cuvée zu komponieren. Jedes dieser Elemente spielt seine eigene Stimme der Partitur. Getrennt käme keiner der Weine voll zur Geltung und würde etwas unfertig wirken. Aber vereint unter der Anleitung des Kellermeisters, der den Taktstock des Dirigenten in der Hand hält, ergeben diese Weine eine harmonische Symphonie voller Feinheiten.

Jeder Hersteller bewahrt ängstlich das Geheimnis der Komposition und der einzelnen Anteile dieser Mischung. Man begreift jetzt vielleicht besser, warum jeder Champagner

einzigartig in seinem Charakter ist. Manchmal benötigt man 50 oder 70 verschiedene Weine, bevor man die richtige Mischung erhält. Der ganze Zauber des Champagner besteht gerade darin, die Kunst solcher Zusammenstellungen zu bewahren.

Kräftig gerüttelt

Nachdem der Champagner auf Flaschen abgezogen worden ist, durchläuft er eine neuerliche Gärung. Diese entspricht im Prinzip der ersten, jedoch mit einem entscheidenden Unterschied: Die Kohlensäure entweicht nicht mehr, sondern verbleibt in der Flasche und bewirkt dort die Schaumbildung. Gleichzeitig entwickelt sich dabei das Aroma des Weins. Dieses Phänomen ist das Er-

Die Rangordnung der Crus

Die 302 Weinbaugemeinden haben sich auf eine Rangordnung der Anbaugebiete geeinigt, die dazu dient, nach der Lese den Kilopreis für die Trauben bei Transaktionen zwischen Winzern und Weinhändlern festzulegen. Ausgehend von Erfahrungswerten bei den Verkäufen, ist diese Skala nach und nach verfeinert worden, bevor sie im Jahre 1911 erstmals schriftlich fixiert wurde. Alle Gemeinden sind von 100% bis 80% eingestuft. 100%: Ambonnay, Avize, Ay, Beaumont-sur-Vesle, Bouzy, Chouilly, Cramant, Louvois, Mailly-Champagne, Le Mesnil-sur-Oger, Oger, Oiry, Puisieulx, Sillery, Tours-sur-Marne, Verzenay, Verzy. 99%: Mareuil-sur-Ay und Tauxières; 95%: Bergères-les-Vertus, Billy-le-Grand, Bisseuil, Cuis, Dizy, Grauves, Trépail, Vaudemanges, Vertus, Villeneuve-Renneville, Villers-Marmery und Voipreux; 94%: Chigny-les-Roses, Cormontreuil, Ludes, Montbré, Rilly-la-Montagne, Taissy und Trois-Puits; 93%: Avenay, Champillon, Cumières, Hautvillers und Mutigny; 90%: Bezannes, Chamery, Coligny, Ecueil, Etrechy, Jouy-les-Reims, Les Mesneux, Pargny-les-Reims, Pierry, Sacy, Villedommange, Villers-Allerand und Villers-aux-Nœuds. Die Verwendung der Bezeichnung »Premier Cru« ist Weinen aus Gemeinden vorbehalten, die mit 100% bis 90% eingestuft sind; »Grand Cru« entspricht Weinen, die ausschließlich aus Gemeinden stammen, die mit 100% klassifiziert sind. Da aber die meisten Champagner Verschnitte sind, werden diese Bezeichnungen nur selten benutzt.

Die Alchimie des Champagner

Die verschiedenen Champagner-Typen

Nach dem Zuckergehalt des Weins ist ein Champagner:
- *extra-brut oder extra-herb (zwischen 0 und 6 g/l),*
- *brut oder herb (weniger als 15 g/l),*
- *extra-dry oder extra-trocken (zwischen 12 und 20 g/l),*
- *sec oder trocken (zwischen 17 und 35 g/l),*
- *demi-sec oder halbtrocken (zwischen 33 und 55 g/l).*

Die Bezeichnung »Blanc de Blancs« (Weißwein aus hellen Trauben) meint einen Champagner, der ausschließlich aus Chardonnay-Trauben hergestellt ist. Da 65% der Rebflächen mit Rebsorten bepflanzt sind, die dunkle Trauben liefern (Pinot Noir und Meunier), entsteht der Champagner zumeist aus einem Verschnitt von hellen und dunklen Trauben. Wenn er nur Weine enthält, die von dunklen Trauben stammen, kann man ihm als »Blanc de Noirs« bezeichnen. Roten Champagner gibt es nicht. Eine alte Tradition hingegen besitzt der Rosé-Champagner, der seit einigen Jahren stark in Mode gekommen ist. Man erhält ihn, indem man die Trauben, die entrappt sein können, aber nicht müssen, vor dem Abpressen kurz an der Maische gären läßt. Abstich und Separieren des Tresters werden vorgenommen, wenn die rosa Farbe erreicht ist. Aber er kann auch das Resultat eines Verschnitts vor der Abfüllung auf Flaschen sein; dabei mischt man Rotwein (der im allgemeinen aus den angesehensten Crus der Montage de Reims stammt), mit einem Anteil von 15 bis 20%, und Weißwein, der von dunklen oder hellen Trauben und aus verschiedenen Anbaugebieten der Champagne stammt. Die Champagne ist das einzige französische Weinbaugebiet, in dem man Roséwein durch Verschneiden von Rot- und Weißwein herstellen darf.

Oben: Rüttler bei Laurent-Perrier. Unten: Vereistes Depot vor dem Degorgieren.

gebnis des Tirage-Likörs, der bei der Flaschenabfüllung hinzugefügt wird: Rohrzucker, aufgelöst in Wein aus der Champagne, und ausgewählte Hefen.

Der Champagner bleibt lange in der Flasche. Die Hefepilze laugen zunächst den Wein aus, indem sie ihm alle Substanzen entziehen, die sie zum Leben benötigen. Dann zerstören sie sich selbst unter der Wirkung ihrer Enzyme und geben dabei nach und nach wertvolle Stoffe ab. Dieser Austausch entfaltet ein Höchstmaß an Geruchs- und Geschmacksstoffen, die für die Qualität des Champagner von großer Bedeutung sind. Deshalb werden die Weine in der Champagne auch erst durchschnittlich drei Jahre nach der Lese auf den Markt gebracht, teilweise sogar noch später, wenn es sich um Jahrgangsweine handelt.

Während der Lagerung im Keller, ehe der Wein verkauft werden kann, muß die Flasche gerüttelt und gedreht werden. In jeder Flasche bildet sich nämlich ein Depot. Geduldig sorgt man dafür, daß diese Ablagerungen immer weiter in den Flaschenhals hinunterrutschen. Das Degorgieren besteht darin, dieses Depot zu entfernen. Früher wurde das Rütteln, das zunehmend automatisiert wird, ausschließlich von Hand durchgeführt. Ein guter Rüttler kann in der Stunde mehr als 35 000 Flaschen drehen! Bevor die Flasche endgültig verkorkt wird, gibt man den Dosage-Likör hinzu: eine Lösung aus Rohrzucker und Wein aus der Champagne

Das Degorgieren »im Flug« wurde durch Degorgieren mit Vereisung ersetzt.

Dom Pérignon, Vater des Champagner?

Vor dem Auftauchen der Schaumweine waren die Winzer in der Champagne die ersten gewesen, die Weißwein von dunklen Trauben kelterten und Weine aus verschiedenen Lagen mit sich ergänzenden Eigenschaften verschnitten. Dom Pérignon, ein Kellermeister der Mönche der Benediktinerabtei von Hautvillers, soll um 1695 das Geheimnis des Champagner entdeckt haben. Wahrscheinlich handelt es sich aber dabei um eine Errungenschaft, die schrittweise von mehreren Personen entwickelt worden ist und zu der auch Dom Pérignon seinen Teil beigetragen hat. Heute gilt Dom Pérignon als Erfinder des Champagner. Legende oder Wahrheit? Wie dem auch sei, es steht fest, daß der Schaumwein gegen Ende des 17. Jahrhunderts in der Gegend von Epernay auftauchte und daß die Klöster dabei eine wichtige Rolle spielten. Wirklich bekannt wurden diese Weine jedoch erst im 18. Jahrhundert. Im darauffolgenden Jahrhundert schließlich erwarb der Champagner weltweite Anerkennung.

CHAMPAGNE
MUMM de CRAMANT
Blanc de Blancs
Brut

G.H. MUMM & CIE
REIMS

750 ml   PRODUCT OF FRANCE   N M - 257-001   PRODUIT DE FRANCE   12 % vol.

Die Champagner-Häuser

Um die Mitte des letzten Jahrhunderts traf in Paris ein Brief aus Rußland ein. Auf dem Umschlag standen nur die schlichten Worte: An den größten Dichter Frankreichs. Man leitete ihn weiter an Victor Hugo. Dieser schickte ihn bescheiden weiter an Lamartine. Schließlich öffnete man den Brief: Der russische Fürst Sirow hatte ihn an den Besitzer eines der berühmtesten Champagner-Häuser gerichtet: M. Moët.
Denn man sagt »Häuser«, so tief sind die familiären Bindungen der Firmen in diesem Land verwurzelt. Ihnen ist auch die weltweite Ausstrahlung des Champagner zu verdanken, wobei sich Talent und wissenschaftliche Methodik ergänzt haben. Ein hervorragendes Produkt wäre sinnlos ohne die Fähigkeit, es auch zu verkaufen. Der Champagner hat eine der bemerkenswertesten Public-Relations-Unternehmungen aller Zeiten hervorgebracht.

Der burgundische Wein ist seit dem hohen Mittelalter bekannt und geschätzt. Der Champagner existiert seit kaum mehr als zwei Jahrhunderten, aber er hat diesen Vorsprung rasch aufgeholt. Einige tausend Flaschen wurden im Jahre 1760 ausgeliefert, mehrere Millionen im Jahre 1860 und mehr als 200 Millionen heute!

Ein reiselustiger Wein

Nachdem man die Herstellung beherrschte und sich die hervorragende Qualität des Produkts bestätigt hatte, machten sich einige hartnäckige Weinhändler aus Reims und Epernay im 19. Jahrhundert daran, die Welt damit zu erobern. Man traf sie damals überall an, in Rußland und in den Vereinigten Staaten von Amerika. Sie erleiden Schiffbruch, werden eingesperrt, verlieren ihr Gepäck oder verlieben sich unterwegs, aber sie werden immer nur von einem Gedanken getrieben: die fünf Kontinente für ihren

Florent Heidsieck bei Marie-Antoinette (Sammlung Piper-Heidsieck).

Die Weinkeller der Champagne
Der Kalksteinuntergrund der Champagne ist ideal für den Anbau von Wein; er begünstigt aber auch die Flaschengärung und die langsame Alterung des Weins. In 10 bis 15 m Tiefe, im Inneren eines Labyrinths aus Stollen, die in die Kreide gegraben sind, bei einer konstanten Temperatur von 8 bis 12°C und geschützt gegen Licht und Lärm, erwirbt der Champagner nach und nach alle seine Qualitäten. Mehrere hundert Millionen Flaschen warten so geduldig auf ihre perfekte Reife. Aneinandergereiht hätten all diese Stollen von Reims und Epernay eine Länge von 300 km. Einige Weinhändler besitzen Keller, die mehrere zehn Kilometer lang sind, so daß man sich dort mit Elektrofahrzeugen fortbewegt. In Reims sind mehrere Weinkeller in den Kreidefelsen angelegt worden, die bereits in der gallo-romanischen Zeit als Steinbrüche für den Bau der Stadt gedient hatten; einige davon wurden unter Denkmalschutz gestellt. Die Anderen wurden vom Ende des 17. Jahrhunderts an mit der Hand gegraben.

Die Kellerei von Deutz.

Schaumwein zu gewinnen. Diese im 18. oder 19. Jahrhundert gegründeten Unternehmen exportierten schon vor 100 Jahren drei Viertel der 30 Millionen Flaschen, die pro Jahr hergestellt wurden. Sie waren vor allem für die Engländer, Amerikaner, Belgier, Deutschen und Russen bestimmt. Nur eine kleine Minderheit konnte ihn sich damals in Frankreich leisten. Der Preis für eine Flasche Champagner entsprach um 1900 dem Wochenlohn eines Arbeiters!
Danach stieß die weitere Expansion des Champagner ein halbes Jahrhundert lang auf ernste Hindernisse: die Kriege, die Russische Revolution und die Prohibition in den Vereinigten Staaten. Aber bereits in den fünfziger Jahren unternahm der Champagner einen erneuten Angriff auf die Märkte. Aus 50 Millionen Flaschen im Jahre 1960 wurden 100 Millionen 1970, 150 Millionen 1976 und 218 Millionen 1987. Die Zunahme der bepflanzten Anbauflächen und die verbesserte Technik bei der Erzeugung und bei der Herstellung erklären diesen Aufschwung, ebenso die Steigerung der Kaufkraft in Frankreich: Eine Flasche Champagner kostete 1988 nur mehr den Gegenwert von zwei Arbeitsstunden. Der französische Markt bleibt mit 136 Millionen Flaschen der größte Abnehmer für Champagner.
Hinzu kommt noch der Durst der übrigen Welt. Der Champagner garantiert die glänzendste Auslandsvertretung Frankreichs, denn 40% der Produktion werden exportiert. Acht von zehn im Ausland verkauften Flaschen entfallen dabei auf rund zehn Länder: Großbritannien und die Vereinigten Staaten liegen (mit jeweils

mehr als 15 Millionen Flaschen) an der Spitze, gefolgt von der Bundesrepublik, der Schweiz, Italien, Belgien, Australien, den Niederlanden, Kanada, Spanien und Japan.
Die zu Beginn der achtziger Jahre vorgenommenen Neupflanzungen machen es möglich, daß jedes Jahr 230 bis 260 Millionen Flaschen produziert werden. Heute übersteigen die Lagervorräte 700 Millionen Flaschen. Aneinandergereiht ergeben sie eine Strecke, die fast von der Erde bis zum Mond reicht.
Bei nur 2,9% Anteil am französi-

Die Rebflächen von Laurent-Perrier.

schen Weinbaugebiet (5,7%, wenn man nur die AOC-Gebiete rechnet) repräsentiert die Champagne umsatzmäßig 25% der Weine und Spirituosen, ein Drittel der Exporte von AOC-Weinen oder 0,6% der französischen Gesamtexporte. Was für ein Mehrwert!

Von den berühmten Familien zu den großen Häusern

Im Halbdunkel ihrer Weinkeller, die manchmal so groß sind, daß man sie nur mit einer elektrischen Bahn besichtigen kann, oder in der Fin-de-Siècle-Atmosphäre ihrer holzgetäfelten und mit Samt verkleideten Salons, in der Loge der Börse oder bei der Weinlese — immer sind die Familien würdig vertreten. Die großen Unternehmen, die manchmal zurückgekauft oder weiterverkauft wurden, aber stolz auf ihre Ahnen mit dem entschlossenen Blick und

Der Jahrgang

Champagner wird zumeist aus Weinen zusammengestellt, die aus mehreren Jahrgängen stammen; auf dem Etikett steht deshalb auch keine Jahreszahl. Wenn die Traubenqualität und später der Wein in einem bestimmten Jahr offenkundig besonders gut ausfallen, können sich die Hersteller dennoch dazu entschließen, bei diesem Champagner den Jahrgang anzugeben. Nur ein Teil der Weine wird auf diese Weise verwertet; der Rest dagegen wird mit anderen Ernten verschnitten.
Diese Jahrgangschampagner machen kaum 10% des Gesamtumsatzes aus. Unter den großen Jahrgängen aus jüngster Zeit kann man nennen: 1976 (aromatische Wucht), 1979 (Eleganz und Bukett), 1982 (harmonische Struktur) und 1983 (Ausgewogenheit und gute Alterungsfähigkeit).

etwa 100 Weinhändlern. Seit 1950 stellen jedoch immer mehr ihren eigenen Wein her und verkaufen ihn auch selbst. Diese Erzeuger, die selbst ihre Produkte vertreiben, versenden jeder durchschnittlich etwas weniger als 12000 Flaschen pro Jahr. Einige Dutzend Genossenschaften stellen ebenfalls ihren eigenen Champagner her. Zusammen stehen sie beim Absatz im Inland mit 47%, beim Export aber nur mit 7% zu Buche.

Nebenstehend: Ein in den Kalkstein gehauenes Basrelief bei Pommery.
Links: Dom Pérignon bei Moët et Chandon.

dem Wohlstandsbauch sind, bleiben ihrem Anspruch treu: Wenn man den Namen eines Champagner trägt, muß man sich seiner würdig erweisen.
So setzte sich etwa die Witwe Clicquot mit ihrer ganzen Person für ihren Champagner ein; zwischen 1806 und 1860 verzwanzigfachte sie den Umsatz. Was für eine Frau! Aber es gibt noch viele andere Frauen in der Champagne: Louise Pommery, Mathilde Laurent-Perrier, Elisabeth Bollinger. Wenn man hier nicht von einer Witwe abstammt, so dann sicher von einem Mönch (wie Ruinart, das 1729 als erstes Unternehmen gegründet wurde und in seiner Ahnenreihe Dom Thierry Ruinart hat). Oder auch von einem Einwanderer (die Familie Krug kommt ebenso aus Deutschland wie die Familien Heidsieck, Mumm oder Roederer). Schließlich kann man auch ganz einfach seit Generationen in der Champagne beheimatet sein (Henriot, Pol Roger, Lanson usw.). Der Champagner entsteht also aus einer überaus gelungenen Mischung.

Die größten Handelshäuser haben die Kontrolle über vielfältige Gesellschaften übernommen, deren Aktivitäten — auch wenn sie sich stark davon unterscheiden — dem Prestige des Champagner keineswegs schaden, sondern sogar eine Zusammenarbeit in den verschiedenen Bereichen begünstigen. So ist Taittinger zum Besitzer der führenden Hotelkette in Frankreich geworden, zu der auch mehrere Luxushotels wie das 1758 erbaute Hôtel de Crillon in Paris gehören. Nach seiner Einführung an der Pariser Börse schloß sich Moët et Chandon 1971 mit dem Cognac-Hersteller Hennessy zusammen — ein Beispiel für die Umsetzung einer Diversifizierungsstrategie in die Praxis. 1987 kamen die Gruppen Moët-Hennessy und Louis Vuitton überein, die erste internationale Gesellschaft für Luxusartikel zu gründen, die einen Umsatz von 13 Milliarden Franc hat. In der Champagne repräsentiert das neue Konsortium (Moët et Chandon, Mercier, Ruinart, Veuve Clicquot-Ponsardin, Cancard-Duchêne, Hen-

riot) 30% des Versandhandels und 20% des Gesamtumsatzes. Es ist aber auch beteiligt am Geschäft mit Cognac (Hennessy, Hine), Calvados (Père Magloire), Schaumweinen (in Kalifornien, Australien und Argentinien), nichtschäumenden Weinen (in Deutschland), Portwein (Rozès), Parfüms und Kosmetika (Dior, Givenchy, Roc), Koffern und Lederwaren (Louis Vuitton), der Haute Couture, dem Vertrieb alkoholischer Getränke, dem Gartenbau sowie der Bio- und Gentechnologie.
Die meisten der 15000 Winzer, die 87% der Anbauflächen in der Champagne bewirtschaften, überlassen alle oder einen Teil ihrer Trauben den

Oben: La Marquetterie (Taittinger).
Unten: Madame Veuve Clicquot, geborene Ponsardin, von Léon Cogniet gemalt.

Damit das Fest beginnen kann!

Jeden Augenblick knallen auf dem Erdball sieben Champagnerkorken. Das ist bestimmt nicht der schlechteste Dienst, den man der Menschheit erweisen kann! Der Champagner tanzte unter der Regentschaft Philipps von Orléans und wurde später zum Maßstab der Kultiviertheit, auf die keine Gesellschaft verzichten kann. Wenn man ihn so fröhlich, spontan und impulsiv erlebt, könnte man ihn für sorglos und leichtlebig halten. Er scheint wie geschaffen für das Kino, das Theater und die Revuen. Bei allen Festen, Zeremonien und offiziellen Einweihungen ist er dabei. Er beherrscht die Szene. Er besetzt alle Rollen. Er ist voller kluger Worte. Und weil er prickelt, gesteht man ihm Esprit zu.

Gefühle

Aber der Champagner ist auch ein großer Wein, der Seele und Charakter besitzt. Er ist elegant, harmonisch und komplex. Glücksgefühl und echte Freude passen zu ihm besser als Ansprachen oder Hymnen. Das freudige Ereignis einer Taufe oder das zärtliche Beisammensein von Verliebten – er ist der aufmerksame und verschwiegene Zeuge all dieser kleinen Sternstunden des Lebens, die er noch heller erstrahlen läßt.
Kein Wein ist mehr mit Symbolen, Bildern, Empfindungen und Erinnerungen verknüpft. Man zerschmet-

Links: Reklame für Moët et Chandon um die Jahrhundertwende. Oben: Greta Garbo in »Love« von Edmund Goulding (1927/28).

tert eine Champagnerflasche am Rumpf eines Schiffes, das beim Stapellauf zum ersten Mal ins Wasser gleitet, damit sie ihm Glück bringen soll. Und was geschieht bei einer Flugzeugtaufe? Man trinkt im Inneren der Maschine Champagner. Man entkorkt eine Flasche Champagner, um einen Sieg bei einem großen Automobilrennen zu feiern. Oder um sich über den Durchfall einer Oper hinwegzutrösten. Auf diese Weise fand Richard Wagner nach dem Mißerfolg seines »Tannhäuser« wieder Geschmack am Leben. Ernest Hemingway trank gern allein zum Frühstück eine Flasche Champagner.

Aber dieser Wein liebt vor allem die Gesellschaft. »Zivilisierend«, sagte Talleyrand dazu. Ein anderer berühmter Diplomat und Zeitgenosse, Fürst von Metternich, beteuerte, daß die besten Verträge eher durch Champagner als durch den Einsatz von Kanonen zustande kämen. Der Frieden hat ihm viel zu verdanken. Der Champagner erfüllt die Sinne und inspiriert sie bisweilen. »Der einzige Wein, bei dem Frauen auch nach dem Trinken noch schön bleiben«, behauptete die Marquise de Pompadour. Das Champagnerbad, das Barras und Danton während der Französischen Revolution praktizierten, verführte in der Belle Epoque Tänzerinnen und Schauspielerinnen. Nach Alice Ozy genoß Sarah Bernhardt diese Huldigung. Marilyn Monroe ließ eines Abends ihre Bade-

wanne mit 250 Flaschen Champagner füllen.

Der Wein, der singt und tanzt

Er singt in der »Ode an die Freude« von Beethoven, in »La Traviata« von Verdi und in »Arabella« von Richard Strauss. Natürlich auch in der »Lustigen Witwe« von Léhar und in der »Fledermaus« von Johann Strauß, bei Offenbach und im amerikanischen Musical »Gigi«. Er ist Hauptdarsteller in unzähligen Filmen: bei King Vidor, Jean Delannoy, Billy Wilder, Andrej Wajda, Jacques Demy, Joseph Losey, John Ford, René Clair, George Cukor oder David Lean, um nur die bekanntesten Regisseure zu nennen. Was wäre aus dem Film wohl ohne Champagner geworden? Man begegnet ihm auf Plakaten von Capiello und Mucha, auf Gemälden wie »Bar in den Folies-Bergères« von Manet oder »Das Lied der Welt« von Lurçat. Watteau verbindet dieses Thema mit seiner »Liebe auf dem französischen Theater«.

Jean de La Fontaine, der aus Château-Thierry stammte, hätte seine Feder in ein Glas Champagner getaucht, wenn er damals schon existiert hätte! Voltaire tat es:

»Er geht hoch bis an die Zimmerdecke, im Spaß.

Der prickelnde Schaum dieses spritzigen Weins

Die Kunst des Champagnertrinkens

Eine Flasche Champagner zu entkorken ist leichter, als man manchmal glaubt. Es genügt, den Korken mit einer Hand festzuhalten und mit der anderen Hand die Flasche zu drehen, die in einem Winkel von 45° geneigt ist, wobei man die Kohlensäure langsam entweichen läßt. Bei einem störrischen Korken kann eine Spezialzange helfen. Die Distinktion erfordert Diskretion: kein lauter Knall. Soll man den Champagner »niedermachen«? Das ist eine Sache des Temperaments. Besser ist es, wenn man ihn in großen Schlücken trinkt, ohne Glas in einem einzigen Zug zu leeren. Seine ideale Temperatur liegt zwischen 6 und 9°C. Der Champagnerkübel, der Wasser mit Eis mischt, ist dem Kühlschrank vorzuziehen. Der Ausdruck »Champagner eisgekühlt«, bezieht sich auf die Eisstückchen im Wasser, die die Flasche kühlen sollen. Im Laufe der Zeiten haben sich die Champagnergläser verändert, bis sie ihre heutige Form erreichten: eine Tulpenform, länglich, damit der Schaum und seine Bläschen besser zur Geltung kommen, breiter als die »Sektflöte«, um das Aroma genießen zu können, und schmäler und höher als die Schale, damit sich nichts verflüchtigt. Ein feiner, schlanker Stiel macht es möglich, daß man das Glas elegant in der Hand hält, ohne den Wein zu erwärmen. Soll es aus Kristallglas bestehen? Selbstverständlich!

des Champagner Revue passieren läßt, liest sich das wie der *Gotha,* das *Diplomatische Jahrbuch* oder das *Who's Who.* Überall auf der Welt genießt man diesen Wein.

Der Champagner, ein AOC-Wein, gehört zum großen Erbe Frankreichs und der Champagne. Der Name und das Produkt werden in der Welt kopiert und nachgeahmt. Auf den fünf Kontinenten werden Schaumweine als Champagner verkauft. Man tauft sogar Sodawasser, Cidre, ein Schaumbad oder eine Zigarettenmarke auf den Namen »Champagner«. Obwohl das Herstellungsverfahren Schule gemacht hat und

Oben: Gläser aus dem 18. Jh. Nebenstehend: »Austernfrühstück« von Jean-François De Troy (Musée Condé, Chantilly)
Rechts: Stab von Saint Vincent, 18. Jh. (Ay).

Ist von uns Franzosen das strahlende Sinnbild.«

Oder auch Stendhal: »Das Souper endete, alles strahlend vom Champagner« (»Lucien Leuwen«).

Balzac, Zola, Maupassant, George Bernard Shaw, Paul Fort, Apollinaire, Colette oder Hemingway — es gibt keine gute Literatur, keine große Lyrik ohne Champagner! Byron beschwört genußvoll den Champagner, »dessen prickelnde Bläschen so weiß waren wie die Perlen auf Kleopatras Haut«. In seinem »Don Juan« vergleicht er das Verblassen eines schönen Tages mit »dem letzten Glas Champagner, aber ohne den Schaum, der seine makellose Schale krönte«. Kein Stil mißfällt ihm. Er fühlt sich wohl bei den Soupers des Regenten Philipp von Orléans im *Maxim's,* beim Marquis des 18. Jahrhunderts mit Perücke und Spitzenjabot oder beim russischen Fürsten um die Jahrhundertwende mit Zylinder und Monokel. Der Frack steht ihm gut, das Zwanglose ebenso. »Im Schaum von Ay leuchtet der Glanz eines Glücksgefühls« (Vigny).

Wenn man die berühmten Liebhaber

daraus verschiedene Schaumweine entstanden sind (vor allem die Crémants), gibt es nur einen einzigen Champagner, nämlich den Wein, der aus den Anbaugebieten der Champagne stammt. Mit wechselndem Glück, aber unverzagter Zuversicht, kämpft der Champagner dafür, daß man seinen Namen und seinen besonderen Charakter respektiert. Der unablässige Kampf, den er führen muß, ist nur der Preis, den er für den Erfolg ohnegleichen bezahlen muß.

Auf den Wegen des Champagner

Weinberge auf Kalksteinboden in Ay.

Die Mühle von Verzenay auf der Montagne de Reims.

Wenn man die Champagne schnell durchquert, kann es geschehen, daß man dabei nur recht wenig vom Wein sieht. Die Rebflächen liegen nicht an den großen Verkehrsachsen, sondern entziehen sich den Blicken und verstecken sich in den verschiedenen Winkeln der Landschaft. Man muß sich Zeit nehmen, ein wenig auf Abenteuer aus sein und einfache, kurvenreiche Straßen wählen, ehe man den Wein auf seinen nicht allzu hohen Hügeln entdeckt. Er wächst an ziemlich sanften Hängen, in langen, nicht sehr breiten Streifen. Fast überall bedeckt ein Eichen- oder Fichtenwald die Kuppe oder die Hochfläche, und ein geruhsamer Fluß schlängelt sich durch das Tal. Diese Wald- und Feuchtzonen vermindern extreme Temperaturunterschiede, indem sie den Reben, wenn sie es nötig haben, etwas mehr

Wärme und Kühlung verschaffen. Im allgemeinen sind die Parzellen nach Osten oder Südosten ausgerichtet, aber eigentlich findet man hier alle Lagen: Einige Weinberge bei Epernay liegen nach Süden, andere in der Nähe von Reims sogar nach Norden. Die Wahl der geeigneten Reblagen ist immer das Ergebnis einer jahrhundertelangen Erfahrung der Winzer bei der Suche nach dem idealen Standort.

Von der Höhe von Villedommange

Hier gibt es keine einzeln stehenden Häuser, Weingüter oder Schlösser, sondern nur Dörfer, die sich in eine Talmulde kauern oder auf einem Hügel liegen. Das Anbaugebiet wirkt einfach und geradlinig. Der Weg ist übersät mit Erinnerungen an den Ersten Weltkrieg (Schauplatz der Marneschlacht). Zwischen Reims und Epernay krümmt sich die Montagne de Reims hufeisenförmig. Am Fuße des Hügels liegen einige große, wohlhabende Weinbauorte, die Pinot Noir anpflanzen. Legen Sie hier einen Halt ein, Villedommange bietet ein eindrucksvolles Panorama: Von einem gallo-romanischen Hügelgrab, über dem im 12. Jahrhundert eine dem Einsiedler Saint Lié geweihte Kapelle errichtet wurde, umspannt der Blick das Weinbaugebiet und die Ebene von Reims. Ein anderer Aussichtspunkt ist die alte Windmühle von Verzenay. Die Weinberge von Ambonnay (wo am 22. Januar voller Inbrunst das Fest des heiligen Vinzenz gefeiert wird) und von

Bouzy (Weinfest im Juni) bilden den Übergang zum Tal der Marne.
Kurz vor Château-Thierry sind die Rebflächen auf beiden Seiten des Flusses zu sehen. Dieser gleitet in Richtung Epernay gemächlich an stolzen Schlössern (Dormans, Boursault, Mareuil-sur-Ay) und schönen Kirchen (Mézy-Moulins, Œilly, Vauciennes) vorüber. In Châtillon-sur-Marne erinnert eine Statue daran, daß hier Papst Urban II. geboren wurde, der zum ersten Kreuzzug (1095) aufrief. Der Mönch Dom Pérignon lebte in der Benediktinerabtei von Hautvillers, die im Jahre 650 gegründet wurde. Sein Grab befindet sich in der Kirche dieses blumengeschmückten, für die Champagne typischen Dorfes, das ebenso wie Champillon und Mutigny einen herrlichen Blick über das Tal bietet. In Ay, einem alten Dorf mit engen Gassen

Oben: Cumières.
Links: Hautvillers.
Rechte Seite: Der Weinkeller von Ruinart in Kalksteinstollen aus römischer Zeit.

und einer spätgotischen Kirche, sollen Papst Leo X., Franz I., der englische König Heinrich VIII., Karl V. und Heinrich IV. Rebflächen besessen haben. Außer hier, dem Land der Pinot-Noir-Rebe, wird in den Weinbergen des Marne-Tals vor allem die Rebsorte Meunier angebaut.

Der Berg des Zaren

Die Chardonnay-Rebe dagegen ist die berühmte Traubensorte der Côte des Blancs. Dieser Steilabbruch überragt mit seinem bewaldeten Gipfel die rebenbewachsenen Hänge. Die Straße führt hier in tausend Biegungen und Windungen durch das Anbaugebiet. Oft drängen sich die Dörfer um eine romanische Kirche (Cuis, Chouilly, Cramant, Avize, Oger, Le Mesnil-sur-Oger). In Vertus, dem Heimatort des Dichters Eustache Deschamps (14. Jahrhundert), gewinnt die Pinot-Noir-Rebe wieder die Oberhand. Ein Stück weiter, ganz von Rebflächen umschlossen, hat der Mont Aimé etwas Unheimliches an sich: Er war nacheinander gallisches Lager, römisches Oppidum, uneinnehmbare Festung und gigantischer Scheiterhaufen, auf dem im Jahre 1259 die Katharer der Champagne verbrannt wurden. Außerdem diente er als Kulisse für eine der größten Militärparaden aller Zeiten, nämlich die von Zar Alexander I., der hier 1815 den Sieg der Verbündeten über Napoleon feierte. In Bergères-les-Vertus behaupten die Winzer scherzhaft: »Schäferinnen (bergères) gibt es kaum noch, Tugenden (vertus) besitzen sie auch nicht mehr!« Der Wein ist im Süden überall zu finden, rund um Bar-sur-Aube und Bar-sur-Seine, zwei geschäftigen Städtchen mit reichem Kulturerbe. In Essoyes präsentiert das Haus des Weins eine volkskundliche Ausstel-

lung sowie Erinnerungsstücke von Auguste Renoir, der hier lebte. Noch weiter im Süden liegt Les Riceys, ein Dorf mit drei Kirchen. Dieses größte Anbaugebiet der Champagne (über 600 ha) kann allein drei Appellationen für sich in Anspruch nehmen (Champagne, Coteaux Champenois und Rosé des Riceys). An der Grenze des Weinbaugebiets befindet sich Colombey-les-Deux-Eglises, ein Ort, der nichts mehr mit Wein zu tun hat, aber von geschichtlicher Bedeutung ist: In diesem Dorf lebte General de Gaulle, und hier ist er in der Erde der Champagne begraben.

Die Stadt der Königskrönungen

Reims ist die Stadt, in der die französischen Könige gekrönt wurden; sie ist aber auch das Wirtschaftszentrum und die Universitätsstadt der Champagne. Die im 13. Jahrhundert erbaute Kathedrale ist ein Meisterwerk an Ausgewogenheit und Harmonie. Ein modernes Kirchenfenster zeigt die mit dem Champagner verbundenen Berufszweige. Weitere Sehenswürdigkeiten sind die Basilika Saint-Rémi, das Palais du Tau und das Museum Saint-Denis. Im Viertel Champ-de-Mars befinden sich die Champagner-Häuser, die ihre Weinkeller in den Kreidefelsen der Butte Nicaise haben. Der Champagner bestimmt auch den Lebensrhythmus von Epernay, das mitten im Weinbaugebiet liegt. Das Champagner-Museum und mehrere bedeutende Champagner-Häuser reihen sich hier entlang der gewaltigen Avenue de Champagne aneinander.

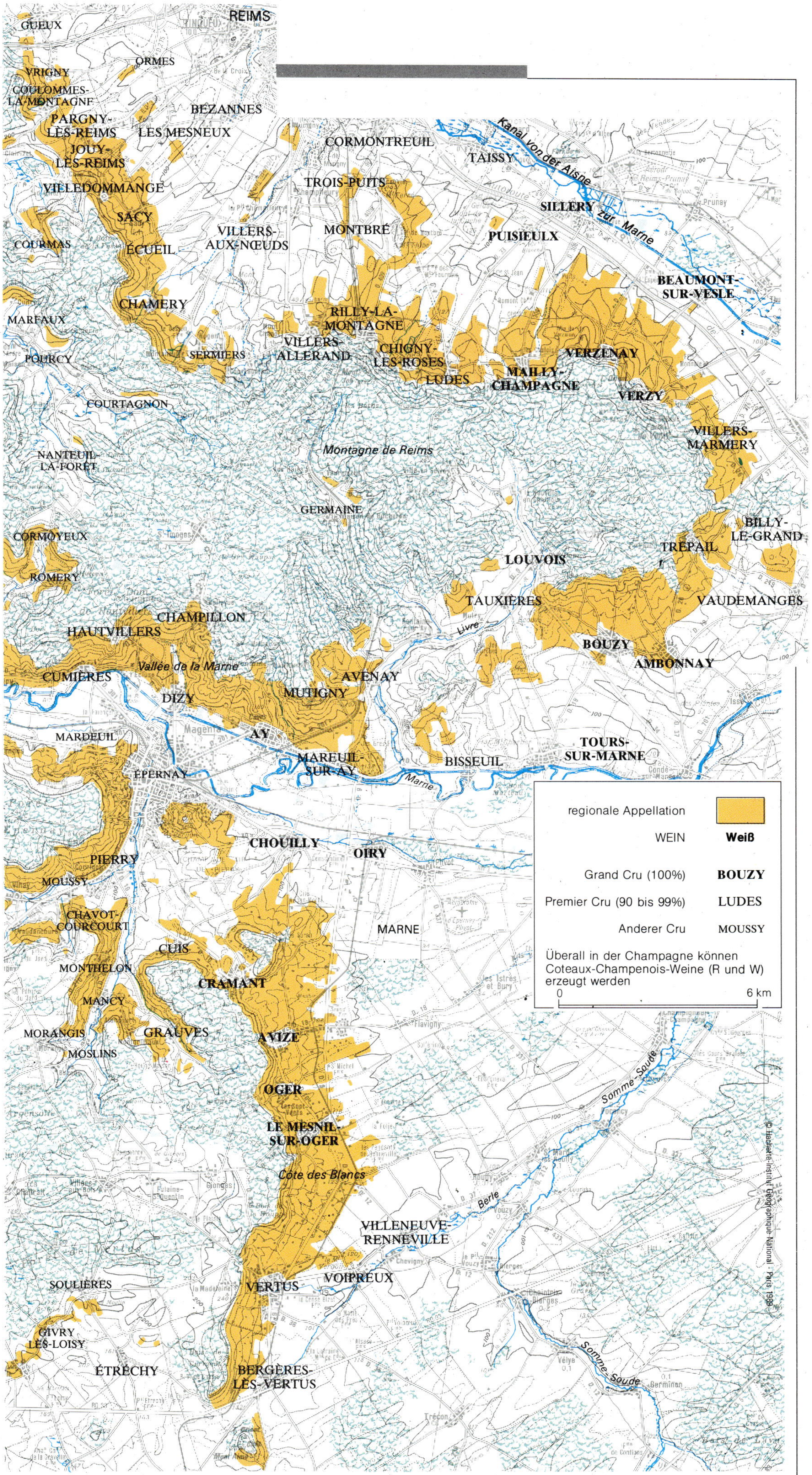

regionale Appellation	⬛
WEIN	**Weiß**
Grand Cru (100%)	**BOUZY**
Premier Cru (90 bis 99%)	LUDES
Anderer Cru	MOUSSY

Überall in der Champagne können Coteaux-Champenois-Weine (R und W) erzeugt werden

0 _____ 6 km

Bourgogne

»Der Burgunder strahlt aber heute wieder kräftig!« stöhnte einmal ein Winzer, als er in der Hitze der Nachmittagssonne seine Bütte fallen ließ. Und wirklich, die Sonne hat etwas vom Burgunder an sich: die gleißenden Dächer des Hôtel-Dieu in Beaune, das plötzliche Feuer des Weinlaubs im Herbst und ein überaus hohes Ansehen, das vor allem auf den Ruhm der großen abendländischen Herzöge und des Ordens vom Goldenen Vlies zurückgeht.

Obwohl das Schicksal Burgunds zweimal in der Geschichte mit dem von Europa verschmolz (Cluny und Cîteaux vom 10. bis 12. Jh., später das Herzogtum Valois im 14. und 15. Jh.), kann sein Wein – wie Raymond Dumay schrieb – auf die längste Herrschaftsperiode in der Geschichte zurückblicken. Das Burgund des Weinbaus umfaßt die Departements Yonne, Côte-d'Or, Saône-et-Loire, gemäß der auch heute noch gültigen Abgrenzung aus dem Jahre 1935. Diese Ausdehnung unterscheidet sich kaum von der in der königlichen Verordnung von 1416 festgelegten Abgrenzung, die als burgundisch die Weine anerkannte, welche aus Weinbergen zwischen der Brücke von Sens und dem Mâconnais stammen. Dennoch wurde das Beaujolais (Departement Rhône und Kanton La Chapelle-de-Guinchay im Departement Saône-et-Loire) 1935 nicht wirklich abgetrennt. Man spricht deswegen auch heute noch von »Groß-Burgund« (Grande Bourgogne) und meint damit das Gesamtgebiet, das von Burgund und Beaujolais gebildet wird.

In Groß-Burgund

Dieses Groß-Burgund erstreckt sich über ein Gebiet von 40 000 ha (kaum mehr als 10% des französischen AOC-Anbaugebiets). Seine durchschnittliche Produktion liegt bei 2,3 Millionen hl pro Jahr (300 Millionen Flaschen). Die regionalen Appellationen liefern 66% der Erträge, die kommunalen Appellationen 33% und die Crus nur 1%. Die großen Weine aus Burgund sind somit nur ein Tropfen im Ozean der Weine. Zu verdanken ist ihr Erfolg dem Anbau besonders edler Rebsorten, die perfekt zum burgundischen Anbaugebiet passen, der

»Die Lese« (Ausschnitt) von Jean-Baptiste Lallemand, 18. Jh. (Musée des Beaux-Arts, Dijon).

Durchsetzung der Weinlagen und der menschlichen Anstrengung seit mehr als 1500 Jahren. In Burgund gibt es fast 10 000 Weingüter, die sich zumeist in Familienbesitz befinden. Ihre durchschnittliche Größe liegt bei 4 ha. 44 Genossenschaftskellereien, die vor allem im Süden des Anbaugebiets ansässig sind, vinifizieren ein Viertel der Gesamtproduktion. Der Weinhandel, der teilweise auch selbst junge Weine ausbaut (165 Unternehmen), vermarktet 75% der Weine dieser Region, während der Rest von den Weinbauern selbst verkauft wird; dieses Verhältnis kann sich bei den einzelnen Lagen etwas verschieben. Mehr als die Hälfte davon geht in den Export.

Die Vielzahl der burgundischen Appellationen wirkt oft verwirrend. Aber diese Petit-point-Stickerei entspricht dem besonderen Charakter der *Climats* (der burgundische Ausdruck für Einzellagen, der die Übereinstimmung einer oder mehrerer Fluren bezüglich Boden, Untergrund, Lage und Mikroklima bezeichnet) und den heimischen Bräuchen, die sich eingebürgert haben und gleichgeblieben sind, sowie der Aufsplitterung des Besitzes. Bei der Einführung der kontrollierten Herkunftsbezeichnungen entschieden sich andere

Weinbaugebiete für die Marke, das Weingut oder die Rebsorte als Ergänzung auf dem Etikett. Burgund wählte klugerweise entsprechend seinen natürlichen Voraussetzungen die Reblage.

Burgund besitzt eine große landschaftliche Vielfalt, weil die Grenzen des Weinbaugebiets 300 km auseinanderliegen. An der Côte-d'Or wirken die Weinberge so gepflegt, als würden die Reben dort gekämmt und rasiert werden. Das war jedoch nicht immer so. Bis zur Reblauskrise wurde der Wein regellos, d. h. nicht in Rebzeilen, angebaut. Erst das Pferd und später der Traktor zwangen die Winzer dazu, die Rebstöcke in geraden Reihen anzupflanzen und mit Draht zu spalieren. Auch der Fortschritt hat sein Gutes, wenn er bewußt akzeptiert wird.

Groß-Burgund läßt sich in vier Untergebiete unterteilen:

– die Anbaugebiete von Auxerre, Chablis, Tonnerre und Vézelay im Departement Yonne,
– die Anbaugebiete der Côte und der Hautes Côtes im Departement Côte-d'Or (hinzu kommt noch das wiederaufblühende Châtillonnais),
– die Anbaugebiete von Chalon-sur-Saône und Couches sowie das Mâ-

connais im Departement Sâone-et-Loire,
– das Beaujolais, hauptsächlich im Departement Rhône.

Diese verstreut liegenden Gebiete gehören dennoch zusammen, zumal mehrere Faktoren einen relativ einheitlichen Charakter sicherstellen; dabei weist das Beaujolais offensichtlich besondere Eigenheiten auf.

Das Weinbaugebiet des Departements Yonne, das sich weiter ausbreitet, umfaßt etwas mehr als 3000 ha. Im Departement Côte-d'Or nehmen die Rebflächen kaum zu; sie erstrecken sich auf 7500 ha. Begrenzte Ausdehnungsmöglichkeiten bestehen noch bei den regionalen Appellationen in den Hautes Côtes und in geringerem Maße im Châtillonnais. Im Departement Saône-et-Loire (10 000 ha) konzentriert sich die Expansion auf das Mâconnais. Die restlichen 20 000 ha befinden sich im Beaujolais.

Die anderen Rebflächen, auf denen einfache Tafelweine erzeugt wurden, sind praktisch verschwunden. Eine Ausnahme bildet lediglich ein kleines Anbaugebiet in der Ebene, in der Umgebung von Beaune und Chalon-sur-Saône.

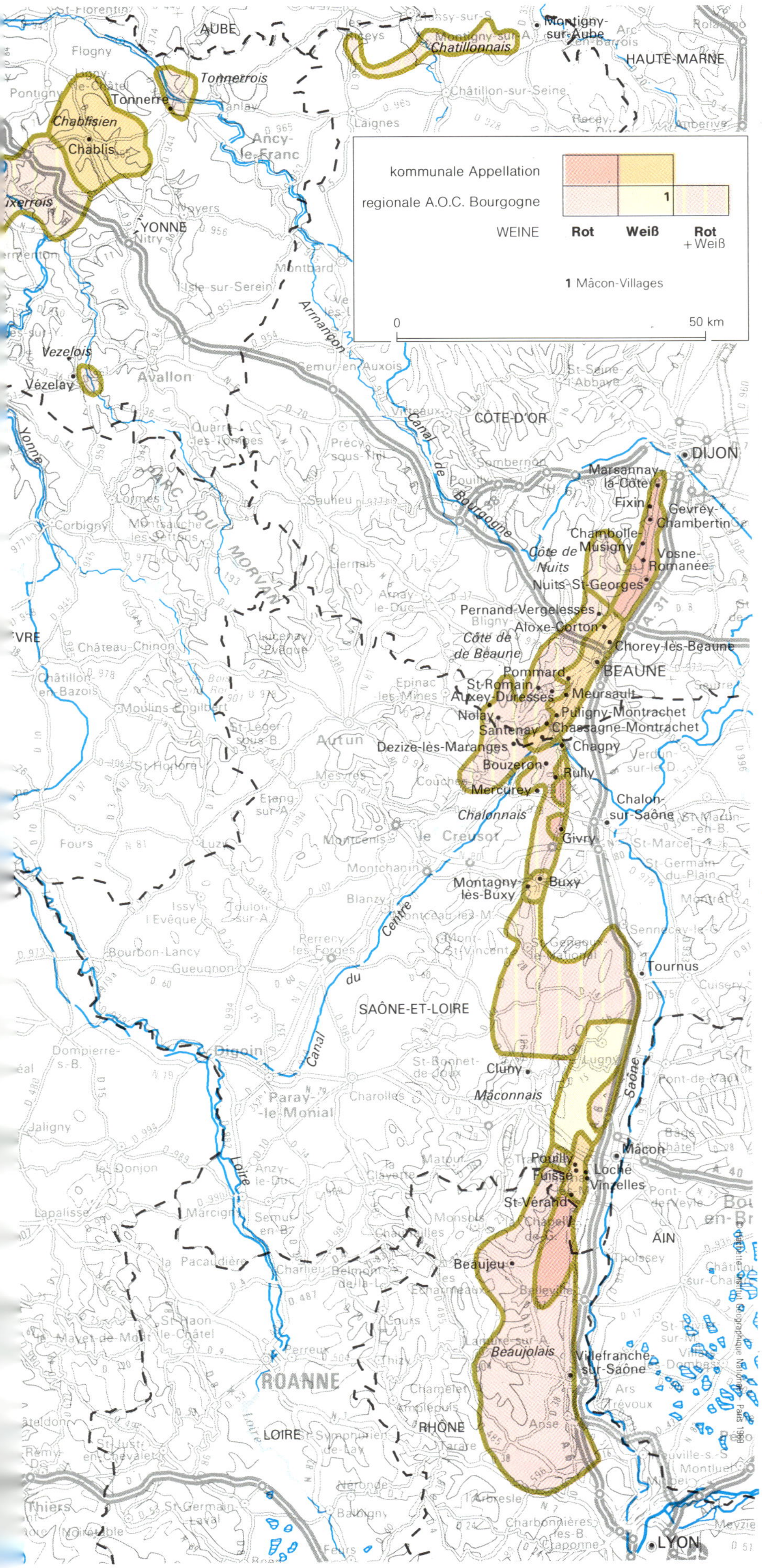

Ein hügeliges Weinbaugebiet

Das semi-kontinentale, nördliche Klima zeigt einige Schwankungen, die auf die große räumliche Ausdehnung des Anbaugebiets zurückzuführen sind. Der Einfluß des Mittelmeers ist bis zur Côte de Beaune spürbar, während nördlich von Dijon das Relief und die Höhe das Klima beeinflussen. Wie überall haben die jährlichen klimatischen Schwankungen große Auswirkungen auf den Ertrag: 1,4 Millionen hl im Jahre 1981 stehen 2,6 Millionen hl 1982 gegenüber.

Es handelt sich in erster Linie um ein Anbaugebiet, das aus Hügeln besteht: Die besten Lagen sind nach Osten und Süden hin ausgerichtet. Günstige örtliche Bedingungen erlauben jedoch auch den Anbau von Wein an Hängen, die leicht nach Norden liegen, entweder im Osten oder Westen des Weinbaugebiets. Die Höhe schwankt zwischen 150 m in den Tälern des Serein und der Yonne und 400 m und mehr in den Hautes Côtes und im Departement Saône-et-Loire. Oft nur bescheidene Wasserläufe schlängeln sich an den Weinbergen vorbei und bilden günstige »Wärmepuffer«.

Der Charakter der Weine wird auch sehr stark vom Muttergestein der Böden geprägt: Kalkstein in Burgund, Granit oder Schiefer im Beaujolais.

Die Rebsorten

Drei Rebsorten sind hervorragend auf die Möglichkeiten des Anbaugebiets abgestimmt. Auf fast allen Kalkböden bringt die Pinot-Noir-Rebe Weine hervor, die nicht immer sehr farbintensiv sind, aber einen ausgeprägten Charakter zeigen. Da es sich bei ihnen um lagerfähige Weine handelt, kommt ihre Finesse erst nach einigen Jahren zum Ausdruck. Die Chardonnay-Rebe eignet sich gut für kohlensaure Böden, aber sie braucht Mergelböden, um großartige trockene Weißweine zu erzeugen. Die rote Gamay-Traube wächst auf Quarzsand und Schiefer, wo sie dem Verbraucher schon Mitte November gefällige, vollmundige Primeur-Weine bietet. Die »Villages« und die »Crus« aus dem Beaujolais können jedoch durchaus altern. Sie entfalten dann ein Aroma, das sich dem Burgunder-Typ annähert. Rätsel der Natur!

Außerdem werden noch drei weitere Rebsorten angebaut: Aligoté, der leichte, lebhafte und angenehme

Oben: Chardonnay.
Unten: Pinot Noir.

Weißweine liefert, sowie Sacy für Weißweine und César für Rotweine (Yonne); während die trockenen Sacy-Weine zumeist für die Herstellung von Schaumweinen verwendet werden, sind die César-Weine tanninreich und kräftig. Im Departement Yonne wird die Rebsorte Melon (für Weißweine) immer seltener angebaut; der Tressot (für Rotweine) ist bereits ganz verschwunden.

Durch seine extreme Aufsplitterung wirkt das Weinbaugebiet auf den Hängen wie ein unregelmäßiges Schachbrett, auf dem je nach Gelände oft winzige Parzellen miteinander verwoben sind. Betrachtet man die alten Mauern, so möchte man glauben, daß der Wein hier schon immer existiert hat. Wenn sein Ursprung auch unbestimmt bleibt, läßt er sich doch seit der gallo-romanischen Epoche nachweisen. Bereits im Mittelalter war er weitverbreitet; der Clos de Vougeot etwa wurde zu Beginn des 12. Jahrhunderts angelegt.

Map legend

	Rot	Weiß	Rot + Weiß
kommunale Appellation			
regionale A.O.C. Bourgogne			
WEINE			

1 Mâcon-Villages

0 _____ 50 km

Alte Bräuche

Die Burgunder haben die Beschlüsse der Französischen Revolution nie anerkannt. Selbst die Notare rechnen weiterhin in »Ouvrées« und »Pièces«. Die »Ouvrée« (0,04 bis 0,28 Ar), die der Fläche entspricht, die ein Mann mit dem »Fessou«, der Hacke, während eines Tages bearbeitet, bleibt das Flächenmaß der Winzer an der Côte-d'Or. Ein »Journal« entspricht 4 Ouvrées. »Pièce« (228 l) und »Feuillette« (114 l) sind die Maßeinheiten für das Volumen, nach denen auch die Preise festgelegt werden; das Fassungsvermögen variiert jedoch von Chablis bis Villefranche-sur-Saône.

Bei der Weinbereitung hält man sich an die alten Traditionen: Man schneidet die Trauben, gibt sie ins Gärfaß oder keltert sie. Man stößt den »Tre-

sterhut«, der sich im Verlauf der alkoholischen Gärung an der Oberfläche des Gärgutes bildet, unter. Man wartet die Vergärung ab. Schließlich sticht man ab und baut die Weine aus. Alles geschieht gemäß den Gesetzen der Natur. Die moderne Önologie dient zwar der Qualität, aber sie ist kein Wundermittel für alles.

Die Klassifizierung der Weinlagen und der Cuvées, die sich ausschließlich auf die Fähigkeit der Anbaugebiete gründet, gute Weine hervorzubringen, ist ebenfalls alt; ihre Prinzipien waren schon um die Mitte des 19. Jahrhunderts bekannt. Sie diente auch als Anregung, als man die gegenwärtige Reihenfolge der Herkunftsbezeichnungen aufstellte: Der

Name, den das einzelne Erzeugnis erhält, stammt von einem einheitlichen Anbaugebiet. Mögliche Abweichungen in der Qualität sind begrenzt, weil in jede Cuvée nur eine einzige Rebsorte eingeht.

In steigendem Maße einschränkende Bedingungen legen die Reihenfolge fest, die von den regionalen Appellationen bis zu den kontrollierten Herkunftsbezeichnungen der Grands Crus reicht. Bei den regionalen Appellationen gibt es zudem noch zwei »Stufen« sowie einige Varianten. Diese Stufen beziehen sich auf die Abgrenzung der Parzellen: Bourgogne Aligoté, Bourgogne Grand Ordinaire, eine Appellation mit ungewisser Zukunft, und Bourgogne Passetoutgrains, hergestellt aus einer Mischung von mindestens einem Drittel Pinot Noir und ansonsten Gamay-Trauben, bilden das am weitesten gefaßte Erzeugergebiet. Darüber hinaus dürfen als Appellation Bourgogne von Pinot Noir Rotweine und von Chardonnay Weißweine erzeugt werden. Dieser

Bezeichnung kann der Name eines Untergebiets (beispielsweise Hautes Côtes de Nuits oder Hautes Côtes de Beaune) oder seltener der einer Gemeinde (Irancy oder Saint-Bris) hinzugefügt werden. Bouzeron stellt noch eine zusätzliche Besonderheit dar; sein Name darf nämlich mit einer Bezeichnung der ersten Stufe verbunden werden: Bourgogne Aligoté. Bei den kommunalen Appellationen werden die besten Reblagen, deren Weine bestimmten Anforderungen hinsichtlich des Alkoholgehalts entsprechen und deren Abgrenzung enger gefaßt ist, als Premiers Crus eingestuft. Ihr Name kann auf dem Etikett zusätzlich zum Namen der Appellation erscheinen.

Chablis

Das Weinbaugebiet von Chablis paßt sich auf einer Länge von etwa 20 km dem Tal des Serein an: Es besteht aus sanften Tälern und Hügeln, die häufig von einem Kalksteinhang und einem Wäldchen beherrscht werden. In dem ganz dem Wein geweihten Städtchen, der »goldenen Pforte von Burgund«, befindet sich auch eine schöne Kellerei aus dem 12. Jahrhundert; Petit-Pontigny wurde von den Zisterziensermönchen der Nachbarabtei erbaut, als sie hier den Weinberg La Vieille Plante anlegten.

Chablis bildet das Hauptweinbaugebiet des Departements Yonne. Früher unterhielt man einen bedeutenden Weinhandel mit Paris und dem Norden von Frankreich, der auf dem Wasserweg abgewickelt wurde. Aber die Reblaus zerstörte Ende des letzten Jahrhunderts den gesamten Rebenbestand auf den 40 000 ha. Nur die günstigsten Anbaugebiete konnten sich behaupten; teilweise entwickelten sich dort sogar neue Winzeraktivitäten. Die Rebfläche hat sich in Chablis während der letzten fünfzehn Jahre mehr als verdoppelt und umfaßt heute über 2500 ha.

Das hohe Ansehen der Weinberge von Chablis blieb somit bewahrt. Der Name »Chablis« ist in der ganzen Welt zu einem Allgemeinbegriff für Weißwein geworden und wird leider häufig mißbraucht. Aber die echten Chablis-Weine werden nur hier erzeugt.

Frühjahrsfröste waren lange Zeit der hartnäckigste Feind dieses Weinbaugebiets. Man bekämpft sie heute mit Hilfe von Beregnungsanlagen: Der Wein wird mit einem Wassernebel besprüht, um die Reben vor Frost zu schützen. Im Schutze eines Eiskokons widersteht die Knospe auch der grimmigsten Kälte. Deshalb stößt man in dieser Landschaft auch immer wieder auf größere Wasserflächen. Manchmal sieht man hier sogar Schwäne. Die 1938 festgelegte kontrollierte Herkunftsbezeichnung Chablis bietet mehrere Besonderheiten: Sie gilt als kommunale Appellation, obwohl die Produktionsbedingungen, die sie definieren, denen der regionalen Appellationen entsprechen, und bildet einen einheitlich aufgebauten, abgeschlossenen Weinbaubereich innerhalb von Burgund. Chablis steht für die gesamte Produktion, jedoch hat sich innerhalb davon eine Hierarchie vom »burgundischen Typ« mit Premiers Crus und Grands Crus herausgebildet. Der

Erlaß von 1938 bezieht außerdem noch eine geologische Stufe (Kimmeridge) in die Definition des Anbaugebiets ein, was sehr selten bei der Festlegung von kontrollierten Herkunftsbezeichnungen ist. Diese scheinbar harmlose Präzisierung dürfte letztlich beträchtliche Konsequenzen für den Weinbau haben. Für die Winzer stellt sich die Kimmeridge-Stufe (oberes Jura) als Mergelfazies dar, die sehr gut zur Chardonnay-Rebe paßt. Mergelschichten im Wechsel mit dünnen Kalksteinbänken: Diese Schicht kann bis zu 80 m dick sein und formt im Relief die sanften Hänge aus, auf denen das historische Weinbaugebiet von Chablis entstanden ist.

Nach langer Expertenvorarbeit wurde die Definition der Appellation 1978 durch einen neuen Erlaß abgeändert, der die Bedingungen für die verschiedenen Anbauflächen der Appellation mit Ausnahme der Grands Crus korrigiert. Der Begriff »Kimmeridge« wird durch einen Komplex von Kriterien (Relief, Untergrund, Boden, Lage, landwirtschaftliche Eignung) ersetzt, die für die Erzeugung von Qualitätsweinen notwendig sind. Zwar wurden die Grenzen stellenweise modifiziert und nach Westen hin ausgedehnt (Maligny, La Chapelle-Vaupelteigne, Beine usw.), aber andererseits wurden große Flächen, die sich eher für eine landwirtschaftliche Nutzung eignen, ihrer ursprünglichen Bestimmung zurückgegeben (Préhy und Viviers).

Chablis Grand Cru

Das Anbaugebiet des Chablis Grand Cru umfaßt nahezu 100 ha, die fast vollständig bestockt sind und ausschließlich in der Gemarkung Chablis liegen. Diese Weinberge befinden sich auf dem rechten Ufer des Serein; im allgemeinen besitzen sie eine West-Südwest-Lage, manchmal auch, je nach Laune der Täler, eine Südost- bis Nordwest-Lage. Mit Ausnahme eines winzigen Teils am Fuße von Les Clos und Blanchots bestehen die Böden aus grauer Rendzina-Erde auf Kimmeridge-Mergel. Auf dem oberen Teil des Hangs sind

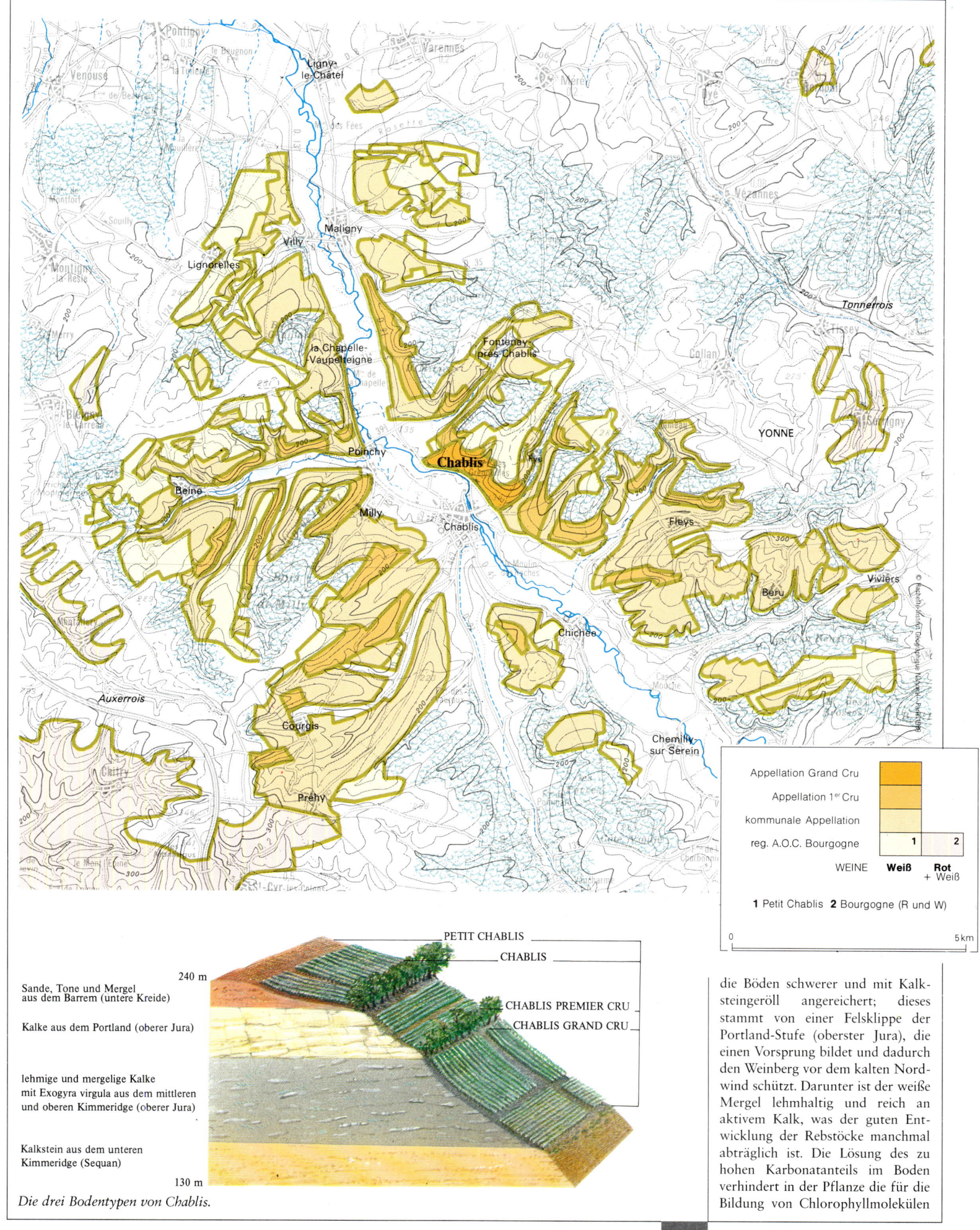

Sande, Tone und Mergel
aus dem Barrem (untere Kreide)

Kalke aus dem Portland (oberer Jura)

lehmige und mergelige Kalke
mit Exogyra virgula aus dem mittleren
und oberen Kimmeridge (oberer Jura)

Kalkstein aus dem unteren
Kimmeridge (Sequan)

240 m

130 m

PETIT CHABLIS

CHABLIS

CHABLIS PREMIER CRU
CHABLIS GRAND CRU

Die drei Bodentypen von Chablis.

Appellation Grand Cru
Appellation 1er Cru
kommunale Appellation
reg. A.O.C. Bourgogne

WEINE   **Weiß**   **Rot**
                     + Weiß

1 Petit Chablis **2** Bourgogne (R und W)

0   5km

die Böden schwerer und mit Kalksteingeröll angereichert; dieses
stammt von einer Felsklippe der
Portland-Stufe (oberster Jura), die
einen Vorsprung bildet und dadurch
den Weinberg vor dem kalten Nordwind schützt. Darunter ist der weiße
Mergel lehmhaltig und reich an
aktivem Kalk, was der guten Entwicklung der Rebstöcke manchmal
abträglich ist. Die Lösung des zu
hohen Karbonatanteils im Boden
verhindert in der Pflanze die für die
Bildung von Chlorophyllmolekülen

(die die grüne Farbe bewirken) notwendige Wanderung der Eisenatome. Ohne Chlorophyll leidet die Pflanze an Chlorose, d.h. sie bleibt gelb und verkümmert. Die Umwandlung mineralischer Stoffe aus dem Boden kann in der Pflanze nicht mehr stattfinden, so daß eine normale Entwicklung und eine Zuckerherstellung nicht mehr möglich sind. Man spricht dann von einer zu stark bleichenden Kraft der Böden. Um dieser mißlichen Situation zu begegnen – denn schließlich liefert das Anbaugebiet hier die besten Grand-Cru-Weine –, wird die Chardonnay-Rebe mit einer kalziphilen Unterlage verbunden, die die Wirkungen des Kalks mildert.

Der Hang ist steil; der »schwere«

hang liegt, bringt leichte, feine Weine hervor. Bougros oder Bouguerots im äußersten Westen ist aufgrund seiner Nähe zum Fluß häufiger Frösten ausgesetzt; es besitzt eine Steilhanglage, die an den meisten Stellen nur schwierig zu bearbeiten ist, belohnt aber die Winzer durch den Reichtum seiner im allgemeinen harten Weine. Die Weine von Les Preuses werden oft als die zartesten angesehen. Vaudésir und Valmur, die nahe beieinanderliegen, sind am vielfältigsten, die Weine ebenso wie ihr Anbaugebiet,

Rechte Seite: Saint Vincent (Confrérie des Trois Ceps, Saint-Bris-le-Vineux).
Unten: Schöne Hügelkuppe in Chablis.

und Poilly-sur-Serein) und im Süden (Chemilly-sur-Serein, Chichée und Préhy) dieselbe Höhe, während sie im Zentrum der Appellation hauptsächlich auf den Hügeln auftritt. Je tiefer man in das Tal der Serein hinabsteigt, desto deutlicher bemerkt man die aus hartem Kalkstein bestehende Felswand der Portland-Stufe: steile Hänge, auf deren nicht sehr tiefen Böden manchmal auch Wein wächst. Diese Felsschicht am Rande der Hochebene ist nie mächtiger als einige Meter. Sie wird nur selten in das Anbaugebiet des Chablis Premier Cru einbezogen, das sich im allgemeinen auf den Mergelhängen befindet. Obwohl sich die Böden alle ähneln, bewirkt die jeweilige Lage merkliche Unterschiede. Über 30 000 hl wer-

L'Homme Mort (auf dem Gebiet von Maligny, danach Fourchaume (in der Gemarkung La Chapelle-Vaupelteigne) sowie Poinchy und Vaupulent (im Gebiet von Poinchy) einen gleichmäßigen Höhenzug mit sanfter südwestlicher Hanglage. Weine, die unter dem Namen der Reblage Fourchaume auf den Markt kommen, werden auch auf beiden Seiten des Tals erzeugt, in dem Fontenay-près-Chablis liegt; die Côte de Fontenay nimmt den Südosthang ein, während Les Vaulorent unterschiedliche Lagen besitzt. Es handelt sich dabei um Weine von bemerkenswerter Finesse und Eleganz, deren Aroma vor allem an Wiesenblumen und frisches Heu erinnert.

Östlich von den Grands Crus, entlang der Straße, die nach Fyé führt, das zu einem Weiler von Chablis geworden ist, bilden Chapelots, ein großer Südhang, Montée de Tonnerre, darüber Pied d'Aloup und Côte de Bréchain die Weinlage, die sich Montée de Tonnerre nennen darf. Die Weine sind voller Finesse, zeigen aber auch einen soliden Bau und Herbheit, was sie lagerfähig macht. Der Hügel des Mont de Milieu, der früher die Grenze zwischen den Provinzen Burgund und Champagne bildete, stellt den Premiers Crus, den festesten und kräftigsten Weinen, seinen Südhang zur Verfügung. Bei Fleys kommt man auf die Hochebene des Gebiets von Tonnerre, wo Getreide angebaut wird. Man muß erst weiter südlich in das Tal von Béru nach Viviers zurückfinden, bevor man wieder hügeliges Weinbaugebiet betritt. Dort ist lediglich Vaucoupins in der Gemarkung Chichée als Premier Cru eingestuft. Die Landschaft bleibt trotzdem reizvoll; die Winzerdörfer bezeugen überdies, daß hier in der Vergangenheit Wein angebaut wurde.

Zahlreiche Reblagen sind als Premiers Crus klassifiziert: auf dem linken Sereinufer Butteaux, Montmains, Malinots, Roncières, Les Epinottes ... Auf dem Gebiet von Chablis Les Lys und in der Gemarkung Milly Côte de Léchet. Schließlich noch Troemes (mit guter Südlage), Vau de Vey und Vaux Ragons, die trockenere Weine liefern.

Boden, der mit Fossilien, kleinen, hakenförmig gebogenen Austern *(Exogyra virgula),* übersät ist, klebt am Stiefel. Ein weiterer günstiger Faktor für die Erzeugung von erstklassigen Weinen ist die Nähe des Flusses.

Jeder der sieben Grands Crus besitzt sein eigenes Temperament. Grenouilles liegt in der Mitte, an einem Steilhang am Fuße des Hügels, und ist ziemlich einheitlich aufgebaut; seine Weine sind vollständig, alkoholreich und ansprechend. Les Clos, flächenmäßig am größten, aber der Lage nach am einheitlichsten, befindet sich auf einem gleichmäßig abfallenden Südwesthang; es liefert feste Weine, die ihren vollen Charakter erst im Verlauf der Alterung erreichen. Blanchots, das an einem Steil-

wo die manchmal gegensätzlichen Lagen zu Weinen mit unterschiedlichen Eigenheiten führen. Zumeist sind sie kräftig gebaut; der erste ist dabei oft nerviger, der zweite reizvoller, aber beide können gut altern. In seiner Jugend ist der Chablis Grand Cru von kristallgrüner Farbe, doch später wird er hellgelb. Sein Aroma ist von vollendeter Eleganz.

Die Premiers Crus von Chablis

Die sedimentären Schichten, die die geologischen Formationen bilden, fallen leicht in Richtung Pariser Becken hin ein. So besitzt die mergelige Kimmeridge-Stufe auf der Hochebene im Osten (Viviers, Béru

den auf einem Gebiet von fast 600 ha in zehn Gemarkungen erzeugt.

Das Etikett für die Produktion der als Premiers Crus eingestuften Anbaugebiete erlaubt die Angabe des Namens der Weinlage nach der Bezeichnung Chablis Premier Cru. Nach der Neufestsetzung der Abgrenzung wurden 79 Reblagen ganz oder teilweise klassifiziert. Die Winzer nahmen eine Zusammenlegung verschiedener Lagen vor, so daß nur mehr 17 Namen Verwendung finden (Fourchaume, Montée de Tonnerre, Mont de Milieu usw.). Die besser gelegenen Premiers Crus auf dem rechten Flußufer genießen zu Recht ein höheres Ansehen. Zu beiden Seiten der Grands Crus findet man eine Reihe von Hängen mit begehrten Namen. Im Westen bilden

Chablis und Petit Chablis

Die nicht landwirtschaftlich nutzbaren Hochflächen sind mit Wald bedeckt. Wenn die leichte Hanglage eine Bewirtschaftung ohne große Mühen zuläßt und wenn die fruchtbare Bodenschicht dick genug und

Zwischen Yonne und Armançon

der Lehm von guter Zusammensetzung ist, besiedelt der Wein auch das Gebiet im weiteren Umkreis um die Appellationen Chablis Grand Cru und Chablis Premier Cru. Die Lagen, die ein Höchstmaß an günstigen Faktoren vereinen, wurden als AOC Chablis eingestuft (rund 1400 ha für 70 000 hl auf dem Gebiet von 20 Gemeinden). Als Petit Chablis wurden die Lagen aufgenommen, wo nur Wein von befriedigender Qualität erzeugt werden kann (140 ha bestockt, 6000 hl).

Der Chablis stammt von Mergelhängen (Viviers, Béru), vom Rand der Portlandkalk-Hochebene (Fontenay, Maligny, Beine) oder von lehmigen Hochflächen aus dem Tertiär (Lignorelles). Im ersten Fall ist er fest, hart und alterungsfähig, in den beiden anderen Fällen gefälliger und schon jünger trinkfertig.

Der Anbau der Chardonnay-Rebe im Chablis-Weinbaugebiet scheint eine ziemlich junge Errungenschaft zu sein; zweifellos wurde sie erst bei der Neubestockung des Anbaugebiets nach der Reblauskrise eingeführt. Seit 1970 hat sich der Wein in aufsehenerregendem Maße ausgebreitet. Verantwortlich dafür ist außer einem wirksamen Schutz der Rebstöcke die Spezialisierung der landwirtschaftlichen Betriebe. Der Weinhandel, der sich somit ausreichend mit Weinen versorgt weiß, hat parallel dazu stabile Absatzmärkte geschaffen. Schließlich kam noch die wachsende Beliebtheit der Weißweine, vor allem in den USA, hinzu. Dieser Wein ist immer »trocken und leicht«. Sein aromatischer Reichtum ist unvergleichlich. Außerdem besitzt er eine bemerkenswerte Alterungsfähigkeit. Häufig dominiert das Aroma des Musseronpilzes; der Duft erinnert zusätzlich an Trüffeln, Jod und pflanzliche Gerüche. Auch die Vinifizierungstechniken haben sich weiterentwickelt. Das Feuillette-Faß aus Kastanienholz mit 136 l Fassungsvermögen wurde durch den Stahltank abgelöst, der eine einheitliche Weinbereitung in größeren Mengen erlaubt. Einige Betriebe bauen die Weine in neuen burgundischen Pièce-Fässern aus, das bedeutet hier eine Neuerung und verleiht dem Wein eine leichte Holznote, was bei einem Chablis ungewohnt ist.

Weine, Steine und Feste

Das Chablis-Gebiet ist sehr reizvoll. Die Landschaft strahlt Ruhe und Sanftheit aus. Von Béru hat man eine weite Sicht auf die gesamte Gegend. Die Kirche von Ligny-la-Châtel, die halb im romanischen und halb im Renaissancestil erbaut ist, birgt eine schöne Madonna mit Weintrauben (16. Jahrhundert); die Kirche von Poilly-sur-Serein (15./16. Jahrhundert) besitzt ein mit Weinreben verziertes Portal. Maligny weist ein wuchtiges Schloß und berühmte Markthallen auf. Will man ein altes Winzerdorf sehen, so bietet sich Courgis an. Die 19 Gemeinden dieses Anbaugebiets veranstalten abwechselnd ein Sankt-Vinzenz-Fest. Das ist auch die Gelegenheit für die Confrérie des Piliers Chablisiens, ihre Freunde einzuführen.

Das Gebiet von Auxerre

Man kann das Departement Yonne durchqueren, ohne auch nur einen einzigen Weinstock zu Gesicht zu bekommen. Die Hauptstraßen verlaufen nämlich auf den Hochflächen, die mit Getreidefeldern bedeckt sind, so weit das Auge reicht. In der Umgebung von Auxerre trifft man auf große Kirschbaumplantagen, die im Frühjahr die Hügel mit Pastellfarben überziehen und sich häufig mit dem Wein vermischen.

Die Autobahn Paris—Lyon folgt zwischen Auxerre und Nitry der Kammlinie, die das Becken des Serein von dem der Yonne trennt. Sie führt hier durch den äußersten Rand des oberen Jura. Im Westen stößt man wieder auf die Böden und die Lagen des Chablis-Gebiets. Das erklärt auch die alten Winzerdörfer, die sich hier befinden: Chitry und Saint-Bris-le-Vineux. Weiter nördlich liefern die für den Weinbau weniger günstigen Anbauflächen nur mehr wenig Wein. Eine Ausnahme bildet der VDQS Sauvignon de Saint-Bris, der einzige Burgunderwein von der Sauvignon-Rebe, die früher »Epicier« hieß. Dieser duftige Weißwein, der nicht so lebhaft wie ein Sancerre ist und nach burgundischen Vinifizierungsmethoden hergestellt wird, ist trotz

St. Vincent

der geringen Produktion (3000 hl) recht erfolgreich.

Weiter südlich setzen Irancy und seine kleinen Ausläufer auf dem Gebiet von Cravant (Côte de Palotte) und Vincelottes die Rotweintradition fort. Der Name Irancy darf mit der Bezeichnung Bourgogne verbunden werden. Die Rebsorte César oder Romain, die hier schon seit sehr langer Zeit heimisch ist, wird noch immer für einige Cuvées verwendet, weil sie für die Alterung günstige Tannine einbringt.

Die Weinberge auf dem rechten Ufer der Yonne liegen auf Mergelböden in den Hanglagen und auf hartem Kalkgestein am Rande der Hochebene, wo Chardonnay und Pinot Noir ausgezeichnete Burgunderweine hervorbringen. Ansprechende Weine liefert die Aligoté-Rebe. Die Sacy-Rebe, die früher angebaut wurde, weil sie sich besonders gut für die Schaumweinherstellung eignete, macht immer mehr edleren Traubensorten Platz. Diese Gegend war eine der Wiegen der Appellation Crémant de Bourgogne.

Die Winzer schlossen sich nämlich zusammen, um das zum Überleben des Weinbaugebiets notwendige Kapital aufbringen zu können. Bailly besitzt außergewöhnliche unterirdische Stollen; von dort stammen auch die Steine zum Bau der Kathedrale von Auxerre und des Panthéon in Paris. Auf einer 3 ha großen Fläche unter der Erde verarbeiten die Winzer ihre Grundweine zu Schaumweinen. Sie können dort mehr als 10 Millionen Flaschen lagern.

Ähnliche Weine erzeugen auf dem anderen Ufer der Yonne auch Jussy und Coulanges-la-Vineuse, wo man eine Kelter aus dem 18. Jahrhundert besichtigen kann. Auxerre, im 18. und 19. Jahrhundert ein bedeutender Weinbauort, besitzt heute nur mehr den Clos de la Chaînette. Die nach der Reblausinvasion aufgegebenen Weinberge sind der sich ausdehnenden Stadt zum Opfer gefallen.

Vierzehn weitere Gemeinden dieser Gegend besitzen klassifizierte Anbauflächen; aber es handelt sich dabei nur um verstreut liegende Weinberge ohne besonderen Ruf.

Das Gebiet von Tonnerre

Zehn Gemeinden der Region von Tonnerre haben ebenfalls Anrecht auf die regionale Appellation Bour-

gogne, aber dieses kleine Weinbaugebiet, das unmittelbar westlich des Chablis-Gebiets liegt, umfaßt gegenwärtig nur etwa 50 ha, die sich vorwiegend in der Gemarkung Epineuil befinden. »Tonnerre liefert den Namen, Epineuil die Klasse«, pflegte man zu sagen. Die Weine aus Tonnerre und seinem Umland, die hier an den Ufern des Armançon erzeugt wurden, genossen großes Ansehen. Die Weißweine, die als die besten des Departements Yonne galten, waren voller »Finesse und Weingeist«; sie wurden mit den besten Weinen von Chablis verglichen und »kamen den besten Cuvées von Meursault nahe«. In Tonnerre baute man die roten und weißen »Pineau«-Rebsorten an, während die weiße Morillon-Rebe die Weißweine von Epineuil und Dannemoine lieferte. Die besseren Rotweine stammten vom »Pineau«. Aus diesen Rebsorten stellte man auch Schaumweine her.

Das Gebiet von Joigny

Der Armançon und der Serein fließen bei Joigny in die Yonne. Offensichtlich kamen mit diesen Flüssen auch gute Anbaumethoden für den Wein ins Land, denn im 18. Jahrhundert galten die Weine aus Joigny als »gutbürgerlich«. Der Kalksinter, ein besonders günstiger Boden für Cabernet-Franc (Touraine), bringt hier den »grauen« Wein der Côte Saint-Jacques hervor, das einzige Zeugnis dieses Weinbaugebiets der Appellation Bourgogne.

Das Gebiet von Vézelay

Die wunderschöne Hügelkette von Vézelay schmückt sich nach und nach mit einer Girlande aus Wein. In Saint-Père-sous-Vézelay, Vézelay, Asquins und Tharoiseau hat der Wein seit etwa zehn Jahren überaus reizvolle Hänge zurückerobert. Pinot Noir und Chardonnay werden hier in Anbaugebieten angepflanzt, die nahezu die gleichen wie im übrigen Burgund sind (Hänge, Lagen, Böden auf hartem Kalkstein und Kalkmergel aus dem Lias).

Dank diesen günstigen Voraussetzungen war es möglich, den kleinen Anbaubereich dem burgundischen Weinbaugebiet anzugliedern.

Côte de Nuits – Hautes Côtes de Nuits

Ein bescheidener Steilabbruch zwischen zwei gleichförmigen Gebieten, den burgundischen Hochflächen und der Saône-Ebene — eigentlich ist die Côte nicht viel mehr als eine Zierleiste in der Landschaft. In der Ferne blickt ihr nach Osten hin abfallender Hang auf den Jura. Die Weinberge nehmen ein schmales Band ein, das vom Hügel bis zum Piedmont reicht und selten breiter als einen Kilometer ist; dieser Streifen zieht sich zunächst von Norden nach Süden bis Nuits-Saint-Georges und macht dann einen Bogen von Nordosten nach Südosten. Die Höhenlage schwankt zwischen 230 und 260 m im Süden und 270 bis 300 m in der Umgebung von Dijon.

Trotzdem stellt dies die »Champs-Élysées von Burgund« dar, eine Weinstraße, von der man auf allen fünf Kontinenten jeden Dorfnamen und jede Reblage kennt. Der Mensch scheint die Côte erobert zu haben, die wie das Werk eines eigenwilligen Genies wirkt. Der Wein stößt nämlich auf bewaldete Massive (Gevrey-Chambertin), später auf arides Brachland, wo verkümmerte Eichen neben mageren Wacholdersträuchern wurzeln (Vosne-Romanée, Nuits-Saint-Georges). Im Flachland treten rasch Felder und Wälder an die Stelle des Weins.

Von Dorf zu Dorf zerschneiden Erosionstäler (Trockentäler, die an die Steiltäler des Jura erinnern) die Côte und führen zu den Hautes Côtes, einer Hochebene, die zwischen der Côte und dem Ouchetal liegt. Ihr ernster, abgeschiedener Charakter, der sich erst mildert, wenn man nach Süden hin absteigt, steht im Kontrast zur lebhaften, lauten Côte.

Die Steine sind vielleicht das Bemerkenswerteste: die Mauern der umfriedeten Weinberge (Clos Saint-Jacques in Gevrey-Chambertin, Clos de Vougeot), die »Murgers« (Geröllhaufen, deren Steine der Wein im Laufe der Jahrhunderte aus der Erde herausgeholt hat und in denen gern Nattern schlummern), die Lavasteindächer der Kirchen, Häuser und Waschhäuser (Fixin) und die imposanten Abbauwände von Marmorsteinbrüchen (Becken von Comblanchien). Die Dörfer besitzen eine recht ausgeprägte Persönlichkeit; ihre schönen Winzerhäuser verschanzen sich hinter hohen Mauern: Schließlich macht man ja den Wein nicht auf dem Marktplatz. Die Reben lieben Steine. Sie wachsen hier auf Kalken und Kalkmergeln des Bathon (mittlerer Jura). Die Täler, die von den Gletschern der Eiszeit gegraben wurden, haben auf ihrem Grund Erdreich angesammelt, wo der Mensch und der Wein gleichermaßen Wurzeln geschlagen haben. Wenn man in den Weinbergen spazierengeht, findet man nicht selten fossile Muschelschalen, eine Hinterlassenschaft des Meeres, das sich hier in vorgeschichtlicher Zeit ausdehnte.

Man kann vier geographische Anbaubereiche unterscheiden. Von Dijon bis Marsannay-la-Côte ist das früher bedeutende Weinbaugebiet zum großen Teil der Urbanisierung gewichen. Les Montreculs zeugen noch von der Vitalität des Anbaugebiets von Dijon, das früher ähnlich

Die bewaldeten Hügel von Vosne-Romanée.

berühmt war wie Meursault bei den Weißweinen. Chenôve bewahrt seinen Clos du Roy ebenso wie den alten Gärkeller der burgundischen Herzöge. Von Marsannay an ergreift der Wein wirklich Besitz von der Côte. Bis zum Tal von Lavaux in Gevrey-Chambertin breitet sich das Gebiet der kommunalen Appellationen aus. Von hier bis zum Serréetal (Nuits-Saint-Georges) zählt man nicht weniger als 22 Grands Crus. Bis zum Tal von Magny schließlich klettert der Wein bis zu den Steinbrüchen hinauf: Das ist die Côte des Pierres. Am kleinen Weg unmittelbar vor Buisson hört die Côte de Nuits auf. Die vier Gebiete weisen Unterschiede auf, aber ihr Stil ist der gleiche. Man erkennt ihn bereits bei La Corvée auf dem Gebiet von Ladoix: Côte-de-Nuits-Weine, sauber, lebhaft, fest, etwas hart, aber immer sehr duftig, mit dem Aroma von roten Früchten, die ein wenig altern müssen. Dieser Stil kehrt überall wieder, mit einer Vielzahl von Nuancen, die von den örtlichen Besonderheiten des jeweiligen Anbaugebiets, dem Jahrgang und der persönlichen »Handschrift« des Winzers abhängen.

Westlich der Côte eignen sich einige Hänge im Hinterland, einer durch Hügel und Täler aufgelockerten Hochebene, recht gut für den Weinbau. Auf den am besten gelegenen Hängen besitzen die Weine die regionale Appellation Bourgogne, der die geographische Herkunftsbezeichnung Hautes Côtes de Nuits angehängt wird. Die Aligoté-Rebe, die häufig in weniger günstigen Lagen angebaut wird, bringt einen trockenen, lebhaften und nervigen Weißwein hervor, der jung sehr angenehm schmeckt (Villers-la-Faye, Magny-

Karte

Appellation Grand Cru
Appellation 1er Cru
kommunale Appellation
regionale A.O.C. Bourgogne

WEINE   **Rot**   **Rot + Weiß**

0   5 km

Route des Grands Crus

nach Dijon

Marsannay-la-Côte

Fixin

Côte de Nuits-Villages

Gevrey-Chambertin

Morey-St-Denis

Chambolle-Musigny

Vougeot

Vosne-Romanée

Nuits-St-Georges

Côte de Beaune

Hautes Côtes de Beaune
nach Beaune

Côte de Nuits-Villages

© Hachette – Institut Géographique National – Paris 1999

les-Villers, Marey-les-Fussey). In Villars-Fontaine, Meuilley und Echevronne liefern Pinot Noir und Chardonnay hervorragende Burgunderweine. Der Name Vergy (Reulle-Vergy, Curtil-Vergy und L'Étang-Vergy) erinnert an eine im Mittelalter berühmte burgundische Familie; die Priore von Saint-Vivant besaßen hochgerühmte Weinberge an der Côte (Romanée-Saint-Vivant). In Bévy wurde ein Weinbaugebiet wieder angelegt.

Das Klima der Hautes Côtes de Nuits ist rauher als das an der Côte. Der Weinbau geht nicht über den Breitengrad von Chambolle-Musigny hinaus, so daß sich das Anbaugebiet auf das Dreieck Chambolle — Bévy — Magny-les-Villers beschränkt. Die Rebknospen brechen an der Côte de Nuits später als an der Côte de Beaune auf, der Wein blüht und reift hier einige Tage später.

Die Appellation Côte-de-Nuits-Villages

Obwohl die Reblagen ihr hohes Ansehen zum größten Teil schon seit mehreren Jahrhunderten genießen, sind die kommunalen Appellationen erst im Laufe des vorigen Jahrhunderts und in ihrer heutigen Form sogar erst zu Beginn dieses Jahrhunderts entstanden.

Jede Gemeinde der Côte de Nuits besitzt ihre eigene Appellation mit teilweise sehr kleinen Anbauflächen wie etwa Vougeot. Die Appellation Côte-de-Nuits-Villages war für die Produktion von fünf Gemarkungen bestimmt: im Norden Fixin, das auch seinen Namen verwenden kann, und der Teil von Brochon, der nicht als AOC Gevrey-Chambertin eingestuft ist, im Süden ein Teil von Prissey sowie Comblanchien und Corgoloin. Die Bedingungen für die Erzeugungen sind denen der kommunalen Appellationen ähnlich; erzeugt werden Rotweine von sehr guter Qualität (6400 hl).

Südlich des Tals von Orveau.

Marsanny und Fixin

Marsannay

Auf dem Hügel von Marsannay-la-Côte hatte die Gamay-Rebe die Rebsorte Pinot Noir vor und nach der Reblauskrise ersetzt. Die Nähe zum Ballungsraum von Dijon machte es möglich, ohne Schwierigkeiten Tafelweine abzusetzen, so daß die Winzer nicht die günstigen Voraussetzungen nutzten, um eine Appellation vom kommunalen Typ zu erlangen. Sie versuchten vergeblich, sich der Appellation Côte-de-Nuits-Villages anzuschließen. Nach einer Umstellung des Anbaugebiets, bei der die Rebsorten Pinot Noir und Chardonnay ihren angestammten Platz zurückerhielten, definiert ein Erlaß von 1987 die Produktionsbedingungen für die AOC Marsannay folgendermaßen: Weiß- und Rotweine werden oberhalb der Straße der Grands Crus in einem Gebiet erzeugt, das auf Chenôve, Marsannay-la-Côte und Couchey begrenzt ist. Seit 1965 hat sich Marsannay jedoch einen guten Ruf durch eine ganz und gar eigenständige Produktion von eleganten Roséweinen erworben, die nahezu einzigartig in Burgund ist. Diese Weine der Appellation Bourgogne durften die kontrollierte Herkunftsbezeichnung Bourgogne, gefolgt vom Namen Marsannay, tragen. Um ihre Eigenständigkeit anzuerkennen, wird die kommunale Appellation auch auf die Roséweine angewendet, wobei aber die Anbaufläche weiter gefaßt ist als die obige. Die Hänge sind einheitlich (Lage und Bodentyp); die von oben herabgeschwemmte Schotterschicht ist ziemlich dick.

Fixin

In Fixin beherrscht der Clos de la Perrière den Hang. Er gehörte früher den Mönchen von Cîteaux; die ältesten Bauten stammen aus dem 11. Jahrhundert. Dieser umfriedete Weinberg beachtet nicht die Gemeindegrenzen, sondern reicht in das Gebiet der Gemarkung Brochon hinein. Die Einzellage genießt seit langer Zeit ein hohes Ansehen. Zwischen 1741 und 1843 war sie im Besitz der Marquis de Montmort; ihre Rotweine wurden zum gleichen Preis wie die Weine aus Chambertin verkauft.

Die Weine von Fixin (1150 hl) sind kräftig und tanninreich und besitzen eine gute Lagerfähigkeit. Die Rebla-

gen Les Arvelets, Les Hervelets und Clos du Chapitre sind zusammen mit dem Clos de la Perrière die bemerkenswertesten Lagen, ebenso wie der Clos, der früher Noisot gehörte (Clos Napoléon). Noisot, ein Veteran der Kriege des Kaiserreichs und leidenschaftlicher Verehrer Napoleons, beauftragte den Dijoner Bildhauer François Rude damit, den »Traum Napoleons« in seinem Park zu gestalten, der Besuchern zugänglich ist.

Fixin.

Der Clos des Marcs d'Or

Der Clos des Marcs d'Or, eine alte Rebfläche der burgundischen Herzöge, später des Königs von Frankreich, ist einer der ältesten Weinberge der Côte-d'Or (vor dem 6. Jahrhundert angelegt). Dieses 5,33 ha große Weingut fiel 1967 der Sanierung des Stadtviertels Fontaine-d'Ouche zum Opfer. 1981 wurden 42 Ar mit der Rebsorte Chardonnay neu bestockt (Appellation Bourgogne Blanc). Das ist seither der Clos de la Ville de Dijon.

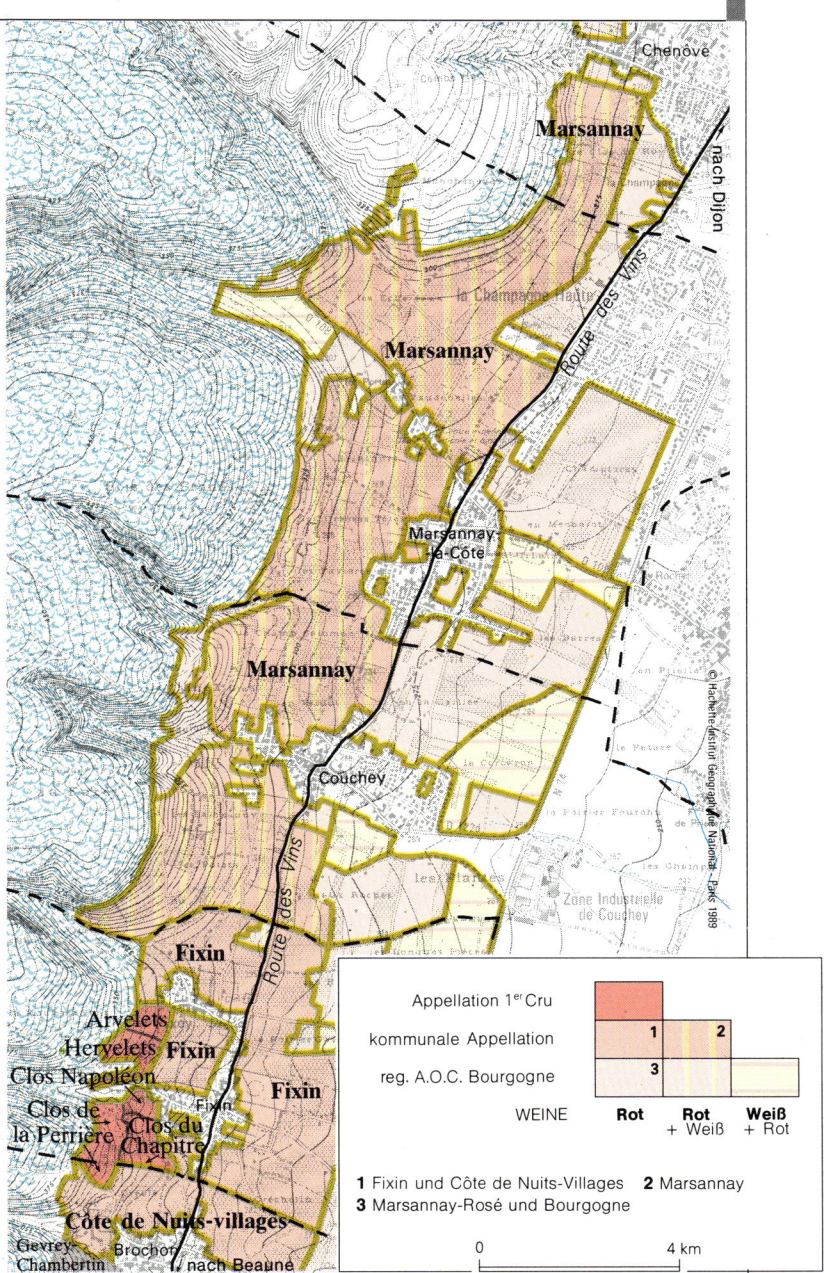

Appellation 1er Cru		
kommunale Appellation	1	2
reg. A.O.C. Bourgogne	3	
WEINE	**Rot**	**Rot** **Weiß** + Weiß + Rot

1 Fixin und Côte de Nuits-Villages   **2** Marsannay
3 Marsannay-Rosé und Bourgogne

0   4 km

Gevrey-Chambertin

Das Schloß von Gevrey-Chambertin.

Das alte Dorf Gevrey-Chambertin liegt im Tal von Lavaux, einer kühlen, tiefen Schlucht, die von den Hautes Côtes abfällt und einen Übergang zur Côte de Nuits bildet. Der rosarote Zement der Kirche verdankt seine Farbe angeblich dem Wein, der hier ausgeschüttet worden sein soll. Das Schloß, das ein Abt von Cluny errichtet hat, um den Ertrag seiner Weinlese zu bergen, wirkt wie eine »befestigte Kellerei«. Der Kapitelsaal etwa ist ein herrlicher romanischer Weinkeller. Weiter unten, im Herzen von Gevrey, drängen sich entlang der schmalen Gassen hinter hohen Mauern Häuser, Gärkeller und »Läden« (die Nebengebäude). Efeu und Glyzinien schmücken vereinzelt die Fassaden. An der Straße der Grands Crus erinnert das schöne Hotel Jobert-de-Chambertin an den Mann, der den Chambertin im 18. Jahrhundert über die Grenzen von Frankreich hinaus bekannt machte. Noch weiter unten, jenseits der Nationalstraße und des Viertels Les Baraques, ist seit etwa 20 Jahren das »neue Gevrey« entstanden. Hier gibt es keine Winzer mehr. Die Gemeinde zählt insgesamt 2500 Einwohner, von denen 80 Familien Rebflächen bewirtschaften.

Vom Grand Cru zum »kleinen« Wein

Die Côte beginnt zwar schon bei Dijon, aber erst in Gevrey-Chambertin wird sie breiter. Der Weinbau prägt die Landschaft und erobert jedes Fleckchen Erde. In engen Rebzeilen steigt der Wein die steinigen Hänge hinauf, die von den Eisenoxiden rot gefärbt sind.

Gevrey-Chambertin besitzt die gesamte Hierarchie der burgundischen Appellationen. Das fängt an bei den Grands Crus mit dem Chambertin und den sieben umliegenden, ebenfalls als Grands Crus eingestuften Lagen. Gevrey-Chambertin bildet die größte kommunale Appellation. Diese reicht übrigens weit in den südlichen Teil der Gemarkung Brochon (mehr als 50 ha) hinein. Die Natio-

nalstraße 74 markiert die Grenze zwischen den Weinen gehobener Qualität und den einfachen Tafelweinen. Aber hier reicht die kommunale Appellation nach Osten weit über die Hauptstraße hinaus. Geologisch gesehen, liegt Gevrey-Chambertin mitten auf dem Sattel der Côte de Nuits. Deshalb streichen hier auch verschiedene Formationen aus, die wiederum zu unterschiedlichen Bodentypen führen. Der gewaltige Schwemmkegel des Tals von Lavaux erklärt die große räumliche Ausdehnung des Weinbaugebiets in der Ebene.

Diesen natürlichen Einflüssen sind auch die Weine unterworfen: Die Hügel tragen die Grands Crus und die Premiers Crus, während die Appellation Gevrey-Chambertin, die überwiegend am Fuße des Hangs gelegen ist, Weine hervorbringt, deren unterschiedliche Eigenschaften von der Bodenbeschaffenheit abhängen.

Auf dem im Norden des Tals von Lavaux gelegenen Hang streichen Mergelschichten aus dem mittleren Jura aus (Mergel mit *Ostrea acuminata*). Bedeckt sind sie oft mit Geröll und manchmal auch mit rotem Schlick, der von der Hochebene stammt; das ist etwa der Fall bei Les Etournelles, Clos Saint-Jacques und Les Cazetiers, die alle als Premiers Crus eingestuft sind. Die Kiesböden verleihen den Weinen Finesse und Eleganz, während der darunterliegende lehmhaltigere Mergel sie alterungsfähig macht und auf diese Weise vollendete Weine hervorbringt.

Die Mönche von Cluny, die früher die bedeutendsten Eigentümer von Gevrey-Chambertin waren, gaben ihren Namen einem Premier Cru: La Combe aux Moines. Les Champeaux sind ebenfalls berühmt, ebenso wie Les Evocelles auf dem Gebiet von Brochon, wenn auch nicht als Premier Cru klassifiziert. Alle diese Weinlagen sind der aufgehenden Sonne zugewandt. Von der südlichen Hälfte von Les Cazetiers an besitzen sie eine Südostlage. Der Clos Saint-Jacques, der von einer schönen Steinmauer umgeben ist, liefert Weine von beachtlicher Qualität, die bei der Verkostung regelmäßig dem Vergleich mit den benachbarten Grands Crus standhalten. Der Clos du Chapitre schließlich, der auf der Höhe des Dorfes liegt, ist ebenfalls ein geschichtsträchtiger Weinberg. Er ist ein Zeitgenosse des Clos de Vougeot und wurde von den Mönchen von

Bèze dem Kapitel von Langres abgetreten, zu dem Dijon gehörte.

Der große Burgunder

Auf dem Südhang, der schmäler als der im Norden liegende Hang ist, befinden sich alle Grands Crus. Die Chambertin-Lage, die sich mit Romanée-Conti und dem Clos de Vougeot den ersten Rang in der Geschichte der burgundischen Rotweine teilt, schließt den Clos de Bèze mit ein (insgesamt 28 ha, 650 hl). Chambertin und Chambertin-Clos de Bèze bilden nämlich eine einzige Appellation. Sie erstreckt sich zwischen dem Wald und der Straße der Grands Crus und nimmt den besten Teil des Hangs ein. Hier sind alle Voraussetzungen für die Erzeugung von voll entwickelten Weinen erfüllt: zutage tretender Kalkstein als Muttergestein, nicht sehr tiefgründige Böden, sanfte Hangneigung und eine Ostlage, so daß der Wein schon von Sonnenaufgang an alle Sonnenstrahlen einfangen kann. Körper, Farbe,

Bukett, Finesse und Kraft, dem Chambertin fehlt es an nichts. »Ihm allein gebührt der Rang des großartigsten Burgunders«, rühmte der Schriftsteller Gaston Roupnel.

Die anderen Grands Crus nehmen im Norden und Süden die angrenzenden Lagen ein (73 ha, 2000 hl); die Appellationen Mazis-Chambertin und Latricières-Chambertin kommen dabei in jeder Hinsicht dem Chambertin nahe. Ruchottes-Chambertin ist ein Fall für sich: eine kleine Anbaufläche und ein flachgründigerer, kiesreicherer Boden, bei dem der Kalkstein näher an der Oberfläche liegt. Seine Weine sind im allgemeinen elegant und voller Feinheiten. Östlich der Straße der Grands Crus nutzen Chapelle-Chambertin und Griotte-Chambertin (dessen Wein

Gevrey-Chambertin.

Der Wein Napoleons

Napoleon I. blieb sein ganzes Leben lang dem Chambertin treu, den ihm seine Ärzte empfohlen hatten. Dieser Wein wurde ihm in Flaschen geliefert, die in Sèvres hergestellt und durch ein großes N mit einer Krone darüber gekennzeichnet wurden. Der Wein war fünf bis sechs Jahre alt. Der Kaiser trank ihn mit Wasser verdünnt. Nie mehr als eine halbe Flasche im Laufe einer Mahlzeit. Ein Wagen, der der »große Weinkeller« genannt wurde, begleitete Napoleon auf seinen Feldzügen und machte es ihm so möglich, einem Verwundeten auf dem Schlachtfeld ein Glas seines eigenen Weins zu schicken ...

Claude Jobert de Chambertin

Niemand besitzt in Burgund das Recht, den Namen eines Grand Cru zu tragen. Wenn es eine Romanée-Conti oder einen Corton-Grancey gibt, so hat stets die Familie der Weinlage ihren Namen gegeben. Der umgekehrte Fall hingegen widerspricht allen Gepflogenheiten. Claude Jobert (1701 - 1768) wagte es dennoch. Als Pächter der Domherren von Langres gelang es ihm, ein schönes Stück der Chambertin-Lage und des Clos de Bèze in seinen Besitz zu bekommen. Er verkaufte seinen Wein an die deutschen Königs- und Fürstenhöfe. Nachdem er ein Vermögen erworben hatte, ließ e sich Jobert de Chambertin nennen. Doch mangels Nachkommen erlosch dieser Name schon eine Generation später.

wirklich an Kirschen erinnert) einen Kessel aus, der ein günstiges Durchschnittsklima hat. Beim Charmes-Chambertin und beim Mazoyères-Chambertin ist die Lage hingegen nicht mehr ganz so gut. Die Hanglage ändert sich nach oben hin, so daß die höher gelegenen Rebflächen Weine von besserer Qualität liefern als die im unteren Teil, der stellenweise an die Nationalstraße grenzt. Seit 1945 dürfen sich die Mazoyères-Weine auch Charmes-Chambertin nennen.

Unter den Premiers Crus (85 ha, 2500 hl) ragen einige Lagen heraus, die sich in der Nachbarschaft der Chambertin-Lagen befinden: etwa Fontenay oder Les Corbeaux sowie Les Combottes, das zwischen Les Latricières und dem Clos de la Roche liegt.

Les Goulots in Gevrey-Chambertin.

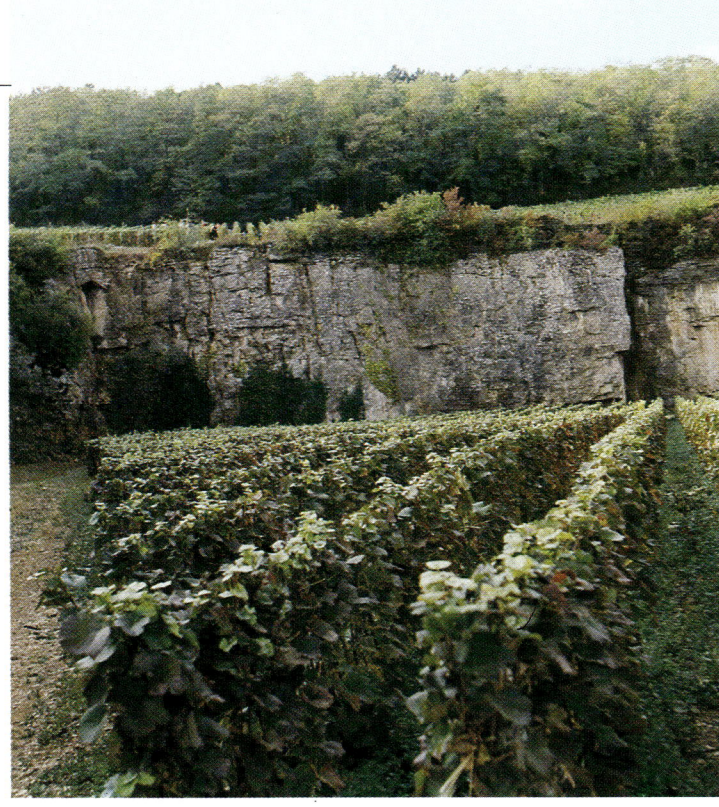

Innerhalb des Anbaugebiets der AOC Gevrey-Chambertin (350 ha, 10 000 hl) sind die Weine vom Fuße des Hangs, zwischen den Premiers Crus und der Nationalstraße 74, ziemlich kräftig, tanninreich und von guter Lagerfähigkeit, während die Weine, die östlich von dieser Straße auf dem Schwemmkegel des Tals von Lavaux auf kieshaltigeren Böden erzeugt werden, ihre aromatischen Qualitäten und ihre Finesse schon von frühester Jugend an entfalten. Die Mischung beider Cuvéetypen liefert die vollkommensten Weine. Allerdings gibt es auch Ausnahmen: So können die Weine von Les Crais durchaus auf eigenen Füßen stehen.

1963 waren die Erzeuger so weitsichtig, daß sie das Anbaugebiet der kommunalen Appellation am Fuße des Hangs überprüften und dabei die Parzellen ausschieden, die sie als unwürdig für die AOC erachteten.

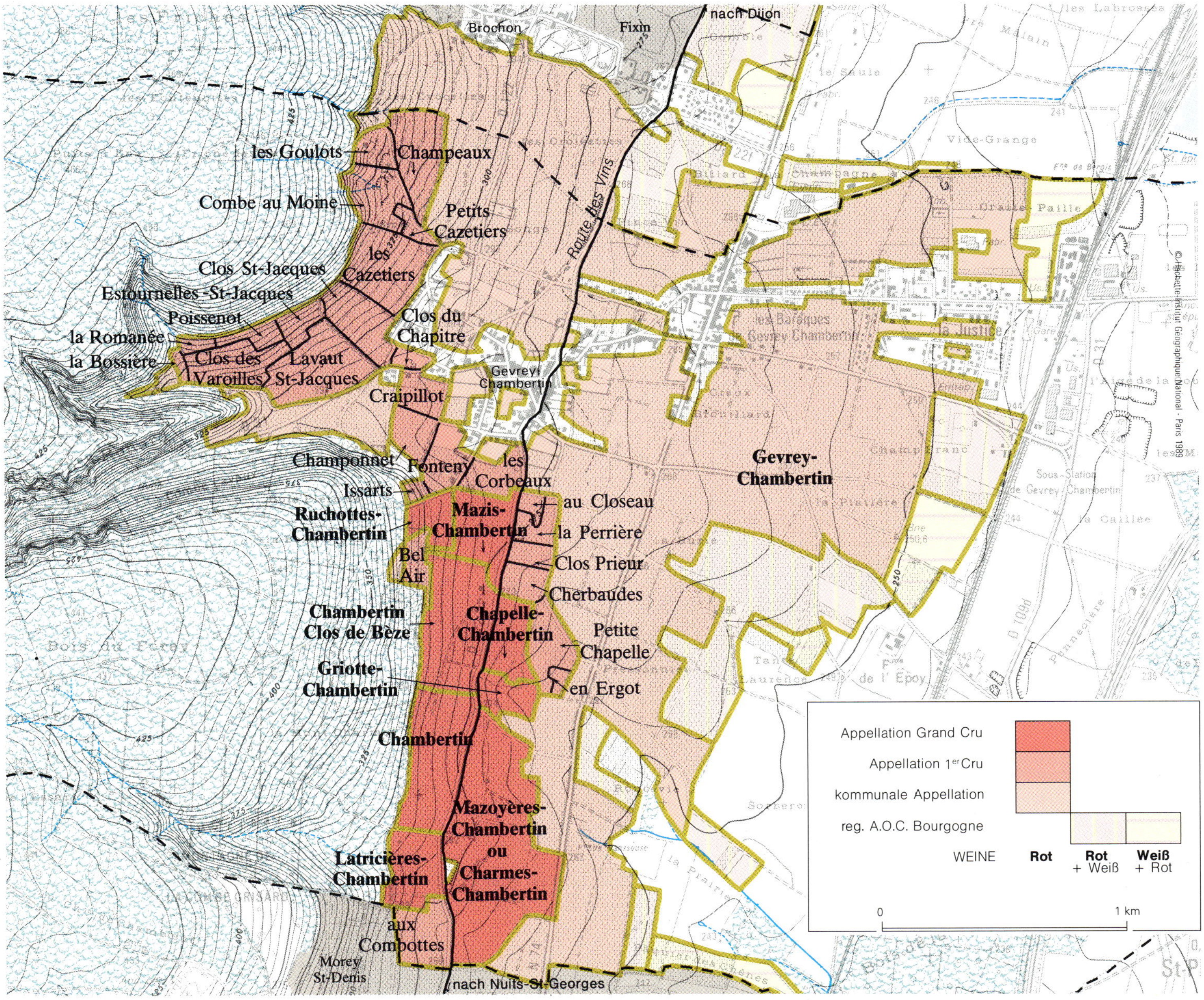
nach Dijon
Brochon
Fixin
les Goulots
Champeaux
Combe au Moine
Petits Cazetiers
les Cazetiers
Route des Vins
Clos St-Jacques
Estournelles-St-Jacques
Poissenot
la Romanée
la Bossière
Clos des Varoilles
Lavaut St-Jacques
Clos du Chapitre
Gevrey-Chambertin
Craipillot
Champonnet
Fonteny
les Corbeaux
Issarts
Ruchottes-Chambertin
Mazis-Chambertin
au Closeau
la Perrière
Bel Air
Clos Prieur
Cherbaudes
Chambertin Clos de Bèze
Chapelle-Chambertin
Petite Chapelle
Griotte-Chambertin
en Ergot
Chambertin
Mazoyères-Chambertin ou Charmes-Chambertin
Latricières-Chambertin
aux Combottes
Morey St-Denis
nach Nuits-St-Georges
Gevrey-Chambertin
la Justice
Appellation Grand Cru
Appellation 1er Cru
kommunale Appellation
reg. A.O.C. Bourgogne
WEINE
Rot
Rot + Weiß
Weiß + Rot
0
1 km
© Hachette-Institut Géographique National - Paris 1989

Morey-Saint-Denis

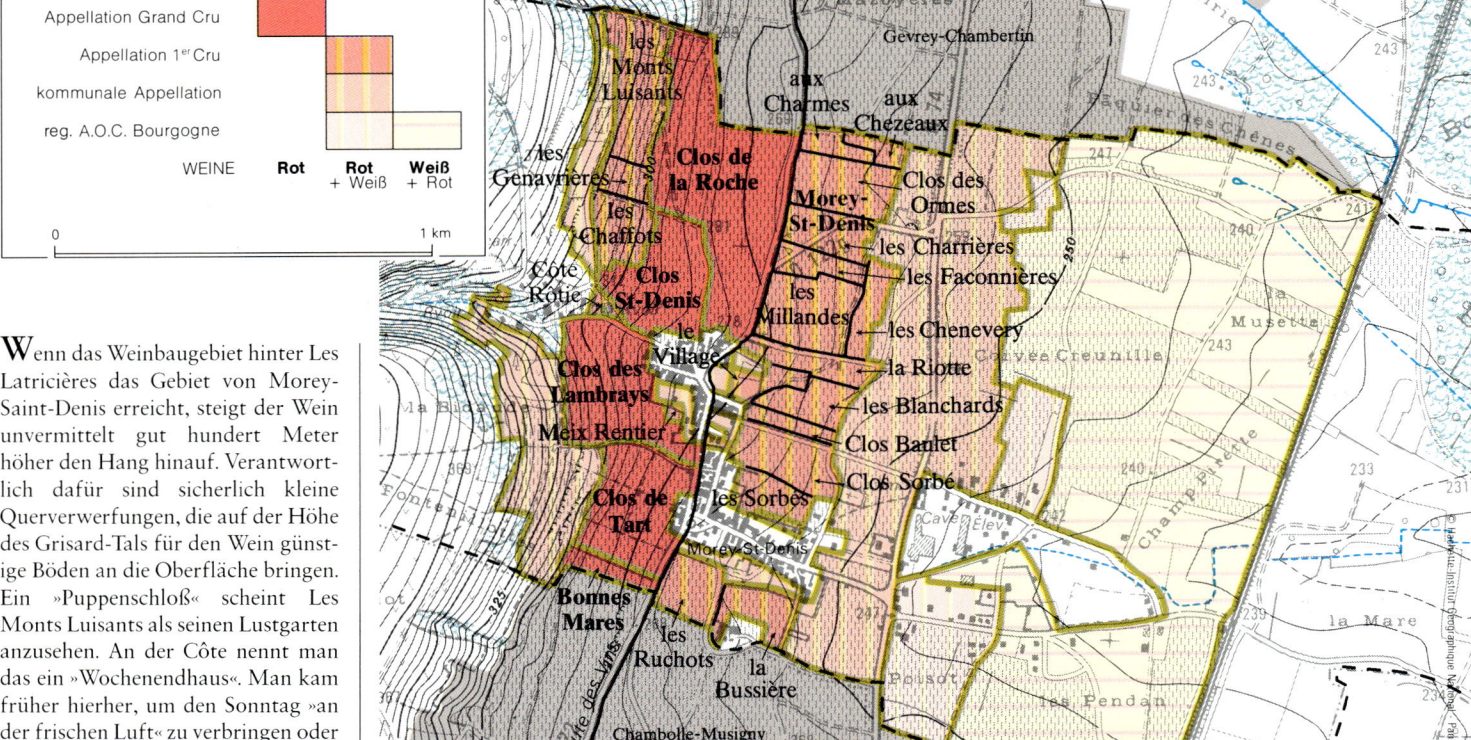

Wenn das Weinbaugebiet hinter Les Latricières das Gebiet von Morey-Saint-Denis erreicht, steigt der Wein unvermittelt gut hundert Meter höher den Hang hinauf. Verantwortlich dafür sind sicherlich kleine Querverwerfungen, die auf der Höhe des Grisard-Tals für den Wein günstige Böden an die Oberfläche bringen. Ein »Puppenschloß« scheint Les Monts Luisants als seinen Lustgarten anzusehen. An der Côte nennt man das ein »Wochenendhaus«. Man kam früher hierher, um den Sonntag »an der frischen Luft« zu verbringen oder sein (recht reichlich bemessenes) Vesperbrot zu verzehren.

Da die Weinberge früher Abteien (Cîteaux, La Bussière, Saint-Germain-des-Prés in Paris) gehörten, rodeten die Winzer den Hang weiter oben und pflanzten dort Wein an, um auf diese Weise ihre eigenen Weingüter anzulegen. Große, von modernen Mauern umsäumte Parzellen steigern heute allerdings kaum den Liebreiz der Landschaft! Das Grisard-Tal trennt Gevrey und Morey. Hier entspringt ein Bach namens Manssouse, der jedoch keinerlei Einfluß auf die Bildung der für den Weinbau geeigneten Böden hat. Das andere Tal hingegen, das über dem Dorf liegt, beeinflußt sehr wohl das Anbaugebiet: Auf dem Hang sind andere Lagen als sonst üblich entstanden, während sich am Fuße des Hangs östlich der Nationalstraße die Anbauflächen der kommunalen Appellation ausbreiten.

Morey-Saint-Denis ist eine kleine Gemarkung; ihre Rebfläche umfaßt rund 275 ha, von denen nur 150 ha als kommunale Appellationen, Premiers Crus und Grands Crus und der Rest als regionale Appellationen eingestuft sind. Erzeugt werden in erster Linie Rotweine, aber die kommunale Appellation kann auch für Weißweine in Anspruch genommen werden. Die Monts-Luisants-Lage genießt beim Premier Cru einen guten Ruf.

Der Letztgeborene

Die Familie der Grands Crus, die schon aus dem Clos de la Roche, dem Clos de Tart, dem Clos Saint-Denis und einem Teil von Bonnes-Mares bestand, wurde 1981 um den Clos des Lambrays bereichert. Man kann den Park des Gutes besichtigen, der die Vorliebe bürgerlicher Familien für schöne Bäume und steinernen Zierat belegt.

Der erste dieser Grands Crus, der Clos de la Roche, liegt nördlich von Gevrey-Chambertin; er ist mit mehr als 16 ha der größte und erzeugt 450 hl. Ihren Namen verdankt die Reblage, die sich aus acht verschiedenen Einzellagen zusammensetzt, einer Flur, die etwas mehr als 4,5 ha umfaßt. Wie der Clos de Bèze in Gevrey ist der Weinberg nicht von Mauern umgeben. Seine Anbaufläche wurde 1969 um fast einen Hektar vergrößert, indem eine Parzelle der Genavrières-Lage und eine kleine Parzelle von Les Chaffots hinzukamen.

Auch der Clos Saint-Denis ist von keiner Mauer umgeben. Sein Name geht zurück auf das Stift Saint-Denis von Vergy in den Hautes Côtes. 1927 wurde der Name dieser Lage dem von Morey hinzugefügt, woraus die Gemarkung Morey-Saint-Denis entstand. Die 6,6 ha große Reblage (170 hl) nimmt den mittleren Teil des Hangs zwischen dem Clos de la Roche und dem Dorf ein. Sie ist weniger bekannt als die obige und liefert volle, fleischige Weine von guter Lagerfähigkeit. Der südliche Teil ist mehr nach Süden hin ausgerichtet, was dazu beiträgt, daß hier »wärmere« Weine erzeugt werden.

Die umgekehrte Wirkung hat das durch das Erosionstal aufgelockerte Relief auf den anderen Hang, der nach Nord-Nordosten liegt. Hier befindet sich der Clos des Lambrays. Er liegt höher auf dem Hang. Seine Umfriedung ist für die Rebstöcke notwendig, weil sie die Unverfälschtheit des Clos garantiert. Seine Weine sind lebhaft und besitzen eine beachtliche Alterungsfähigkeit.

Im Süden der Gemarkung findet diese vornehme Ahnengalerie von Morey-Saint-Denis ihren Abschluß mit dem Clos de Tart und einem kleinen Teil von Bonnes-Mares. Der Clos de Tart (7,5 ha, 200 hl) befindet sich fast im Alleinbesitz. Dieser Grand Cru ist schon seit alten Zeiten berühmt; angelegt wurde er im Mittelalter von den Bernhardinermönchen der Abtei von Tart, einem kleinen Dorf im Osten der Côte, in der Ebene der Tilles. Die Mauer des Clos wurde erst gegen Ende des 19. Jahrhunderts errichtet. Seine Weine sind elegant und sehr fruchtig; sie altern sehr gut, ohne dabei ihren delikaten Charakter einzubüßen.

Neben diesen Grands Crus liefern zehn Premiers Crus, darunter Les Charmes, der obere Teil des Clos des Ormes, Les Millandes, Les Ruchots und Les Sorbés, Weine von großer Klasse.

Die Appellation Morey-Saint-Denis ist noch nicht sehr lange bekannt, aber sie hat keinen Grund, auf ihre Nachbarn neidisch zu sein. Bevor sie sich einen eigenen Namen erwarb, wurden ihre Weine oft unter dem Namen von Gevrey oder Chambolle auf den Markt gebracht. Zu verdanken ist ihre Bekanntheit auch den Werbeaktivitäten der Erzeuger selbst. Der Carrefour de Dionysos, eine Veranstaltung, die jedes Frühjahr am Freitag nach der großen Versteigerung der Weine des Hospizes von Nuits-Saint-Georges organisiert wird, hat maßgeblichen Anteil daran. Die Weine von Morey-Saint-Denis sind fest und fleischig, wenn sie vom oberen Teil oder vom Fuße des Hangs, ober- und unterhalb der Crus, stammen. Werden sie auf Kiesböden erzeugt, die vom Tal herabgeschwemmt wurden, so sind sie leichter.

Chambolle-Musigny

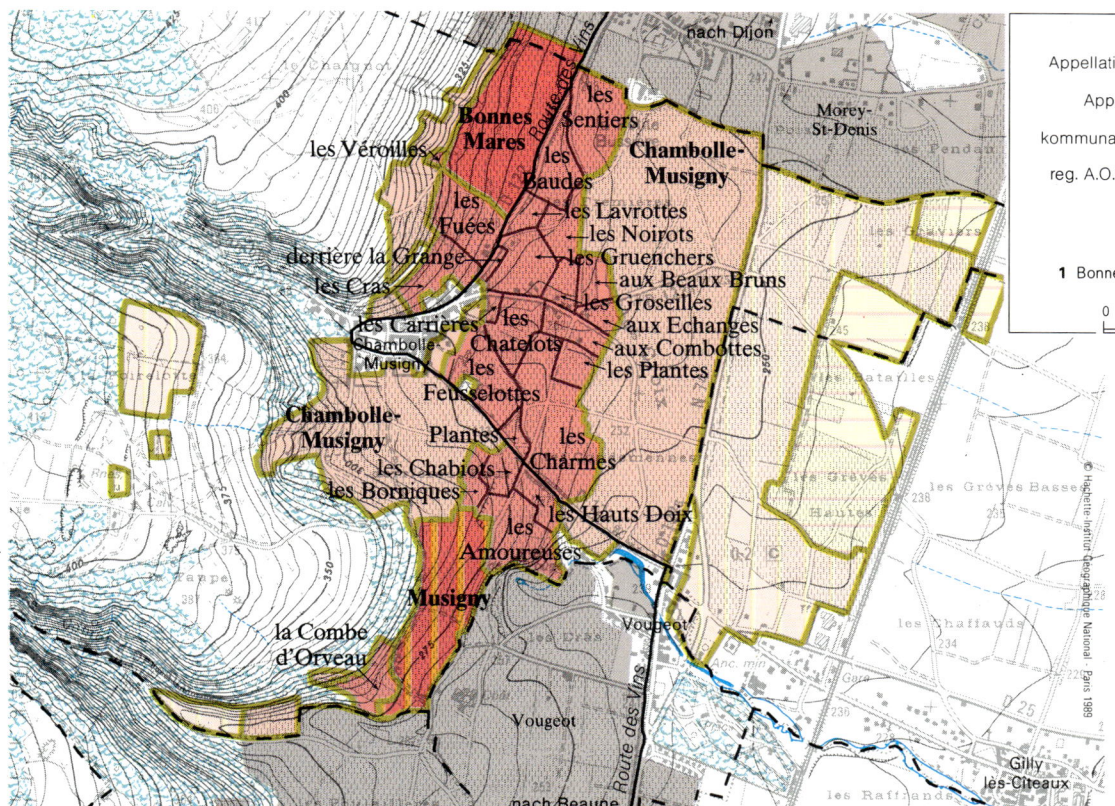

Appellation Grand Cru

Appellation 1er Cru

kommunale Appellation

reg. A.O.C. Bourgogne

WEINE **Rot** **Rot** **Weiß**
+ Weiß + Rot

1 Bonnes Mares **2** Musigny

0   1 km

tanninreichere Weine. Die Rebstöcke wachsen hier fast auf dem Felsen. Eine Besonderheit stellt die Weißweinproduktion der Appellation Musigny dar: eine winzige Insel der Chardonnay-Rebe an der Côte de Nuits (10 hl).

Berühmte »Liebende«

Mehrere Premiers Crus mit einer Rebfläche von insgesamt 20 ha, bestehend aus Les Plantes, dem unteren Teil von Les Charmes, Les Hauts Doix und Les Amoureuses, bilden hinsichtlich Lage und Bodenbeschaffenheit ein einheitliches Anbaugebiet. Die Weine dort sind reich und elegant. Nicht zuletzt dank ihres bedeutungsvollen Namens haben die Weine der Amoureuses-Lage, die voller Finesse, dabei jedoch von beachtlicher Festigkeit sind, eine Berühmtheit erlangt, die dem Ruf der Grands Crus gleichkommt. Ganz in der Nähe von Les Musigny liefern Les Chabiots und Les Borniques ebenfalls Weine von großer Qualität. Bemerkenswert kräftig gebaut sind auch die Weine der Lagen Les Fuées, Les Gruenchers, Les Cras, Les Lavrottes, Les Baudes, Les Feusselottes, Les Chatelots und Les Combottes, alle in nächster Nähe zu Bonnes-Mares. So halten auf einer Anbaufläche von 200 ha, die Weine gehobener Qualität hervorbringen, mehr als 80 ha Premiers Crus und Grands Crus das Ansehen dieser Gemarkung hoch.

Wirkt Gevrey wie ein großer Marktflecken und Morey wie ein Dorf, so scheint sich Chambolle-Musigny ganz klein zu machen. Der Ort erstreckt sich nur entlang einer Straße in der Längsrichtung des Tals. Eine oder zwei Häuserreihen — dann beginnt schon der Wein. Chambolle, der ehemalige Weiler von Gilly, hat sich einen schönen Platz an der Sonne der Grands Crus erkämpft. 1882 wurde sein Name zu Chambolle-Musigny erweitert.

Die Weine dieses Dorfes, das sich ganz dem Weinbau verschrieben hat, sind berühmt für ihre Eleganz. Der Hauptgrund dafür liegt in der geringen Mächtigkeit des Bodens; fast überall liegt das Muttergestein nahe an der Oberfläche. Auf dem Hügel tritt der harte Kalkstein sogar stellenweise zutage. Der mittlere Teil des Hangs bringt die Grands Crus und Premiers Crus hervor. Auf dem Schwemmkegel des Tals liegt der aus Kalksteinblöcken und -geröll gebildete Sockel ebenfalls dicht unter der Oberfläche, was eine gute Entwässerung sicherstellt, auch wenn die topographische Lage weniger günstig zu sein scheint.

Etwas oberhalb des Dorfes vereinigt sich die Combotte mit dem Ambin-Tal; im Quartär wurde hier am Fuße des Hangs Material abgeladen, das

von der Hochebene stammt und einheitlich weichen Kalkstein des Bathon bedeckt. Dieses Tal teilt auch die Gemarkung Chambolle-Musigny in zwei Hälften. Der nördliche Teil bildet die Fortsetzung des Anbaugebiets von Morey-Saint-Denis. Im südlichen Teil unterscheiden sich das Gelände, die Lagen und die Böden etwas.

Bonnes-Mares und Musigny

Die Weinlage Bonnes-Mares schließt im Süden an die Mauer des Clos de Tart an. Mit seinen 15 ha Rebfläche (1,5 ha auf dem Gebiet von Morey, der Rest in der Gemarkung Chambolle) vereinigt dieser Grand Cru (410 hl) alle Qualitäten der Côte de Nuits. Seine Weine (ausschließlich Rotweine) stammen von Lagen, deren Einheitlichkeit fast vollkommen ist; sie sind gleichzeitig kräftig, fleischig und harmonisch durch ihre Finesse. Lediglich der kleine Steinbruch, der am Rande der Straße der Grands Crus liegt, zeigt abweichende Merkmale, aber seine Anbaufläche ist nicht sehr groß.

Der andere Hügel, zwischen dem Tal von Chambolle-Musigny und dem von Orveau, trägt den zweiten Grand

Cru der Gemarkung, den vornehmsten und feinsten der gesamten Côte: den Musigny. Er bedeckt 10,7 ha (270 hl) und umfaßt drei Einzellagen: Les Musigny, Les Petits-Musigny und La Combe d'Orveau. Die Unterschiede in der Lage und der Bodenbeschaffenheit führen auch zu verschiedenen Cuvées. Les Musigny besitzt eine etwas steilere Hanglage; der Boden besteht aus rotem Schlick, der von der Hochebene stammt. Der Anteil an kryoklastischem Schotter (der auf eiszeitliche Gletscher zurückgeht) ist groß. Diese leichten Böden sind sehr günstig für die Erzeugung von eleganten Weinen. Da sie eher nährstoffarm sind, bringen sie nur kleine Erträge. In der Lage Les Petits-Musigny hingegen gibt es weder Kies noch Schlick. Die Böden sind etwas tiefgründiger und liefern

Chambolle-Musigny.

Vougeot

Im Herzen der Côte de Nuits nehmen der Clos de Vougeot und sein Schloß die gesamte Landschaft ein. Man könnte auch sagen, die ganze Bühne, denn dieser Weinberg wirkt wie eine herrliche Theaterkulisse. Vougeot, eine winzige Gemarkung, erstreckt sich über nur 88 ha, von denen 69 ha mit Wein bepflanzt sind, davon 51 ha allein für diesen Grand Cru.

Dieser wahrhaftige Clos, der ganz von einer einzigen Mauer umschlossen wird, ist der größte umfriedete Weinberg von Burgund. Leider führt heute die kurvenreiche Nationalstraße direkt daran vorbei. Auch die Instandhaltung der Mauer läßt zu wünschen übrig. Aber der einheitliche Charakter dieses großen Weinbergs beeindruckt immer wieder, ebenso wie das Schloß, ein seltenes burgundisches Beispiel für einen Sommersitz, der wunderschön inmitten der Reben erbaut wurde. Es erdrückt den Wein nicht durch Selbstgefälligkeit, die hier auch fehl am Platze wäre. Denn der Wein ist hier der wahre Herr. Nirgendwo sonst in dieser Gegend kann man auch so gut die Harmonie von Geschichte und Geographie bewundern.

Ein historisches Monument

Der Clos de Vougeot, der um 1100 von der Abtei von Cîteaux gegründet wurde, ist das Werk dieser Mönche. Er blieb 680 Jahre lang in ihrem Besitz. Als sich der Orden an diesem Ort niederließ, wollten die Mönche auch die Quellen der Vouge, eines in Vougeot entspringenden Flüßchens, das die Abtei mit Wasser versorgte, kontrollieren. Sie suchten hier am Hang auch nach Steinen für den Bau ihres Klosters. Der Clos de Vougeot, der von einer langen, mehrere Jahrhunderte dauernden Flurbereinigung herrührt, entspringt dem Streben nach Grundbesitz.

Er liegt am Fuße des Hangs, wo die Ebene beginnt, und ist somit der am tiefsten gelegene Grand Cru. Auf beiden Seiten davon befinden sich auf dem Hügel die sonnigen Lagen von Musigny und Echézeaux, während die Vegetation oberhalb des Clos kaum reichhaltiger als in der Wüste von Arizona ist.

Gewöhnlich unterscheidet man im Clos drei Abschnitte: den oberen Teil in sanfter Hanglage, der reich an Geröll ist und eine dünne Schicht Erdreich über einer Kalksteinplatte aufweist, den mittleren Teil an einem leichten Hang, wo unter dem braunen, lehmigen Boden Kalkschotter liegt, und den unteren Teil, wo ein tiefgründiger, brauner Boden über einer Mergelschicht entstanden ist. Diese Bodentypen müßten drei Weintypen hervorbringen, deren Qualität zum oberen Abschnitt hin steigen sollte; die Verkostung bestätigt nicht immer diese Regel, obwohl die mittleren Parzellen im allgemeinen sehr gute Weine erzeugen.

Früher gab es innerhalb des Clos zahlreiche Einzellagen mit eigenen Flurnamen (Musigny, Plante-l'Abbé, Chioures usw.), die jedoch zugunsten des übergreifenden Namens verschwunden sind.

Der Wein des Clos de Vougeot genoß schon im 17. Jahrhundert ein sehr großes Ansehen in Burgund; das verdankt er nicht nur der Abtei von Cîteaux, deren Ausstrahlung sich auf die gesamte Christenheit erstreckte, sondern auch seinen eigenen Qualitäten. Während der Französischen Revolution wurde der Weinberg ver-

Clos de Vougeot.

staatlicht und verkauft; er ging durch mehrere Hände, bevor er Eigentum von J. Ouvrard wurde. Er und seine Erben behielten ihn bis 1889 im Alleinbesitz, bis es zu einer ersten Aufteilung kam. Heute umfaßt der Clos etwa 90 Parzellen, die sich auf 80 Besitzer verteilen. Durch Zusammenschlüsse sind rund 60 Produktionseinheiten daraus entstanden (1500 hl). Einige Besitzer haben sich Portale als Zugang zu ihren Rebflächen errichten lassen, so daß diese ein wenig wie Privatkapellen in einer Kathedrale wirken …

Für den gesamten Weinberg gibt es eine einzige Appellation Clos de Vougeot. Man hätte vielleicht auch eine andere Entscheidung treffen können, denn im unteren Teil hängen die angrenzenden Parzellen der kommunalen Appellationen mit dem Clos zusammen. Aber die Ehrerbietung, die auf diese Weise dem berühmten

Kleiner Krug (Museum des burgundischen Lebens, Perrin-de-Puycousin, Dijon).

Namen erwiesen wird, der Symbolcharakter in Burgund besitzt, scheint ebenfalls berechtigt zu sein.

Der Rotwein des Clos de Vougeot ist voll, fleischig und lange lagerfähig. Gaston Roupnel entdeckte an ihm eine »prächtige Samtrobe, die die üppige Nacktheit einer Rubens-Schönheit umhüllt«. Er erinnert an Trüffeln, Veilchen und wilde Minze. Das ist ein Wein, den man sich erst verdienen muß und der Sie nicht mit offenen Armen empfängt. Die Länge im Mund ist bemerkenswert. Wie sein Schloß verkörpert dieser Wein

ein historisches Denkmal. Der romanische Weinkeller stammt aus dem 13. Jahrhundert. Er ist ebenerdig erbaut und stellt mit seinen stark geneigten Dächern ein architektonisches Vorbild dar, weil diese im Winter wie im Sommer eine für die Lagerung des Weins günstige, absolut konstante Temperatur aufrechterhalten. Der später errichtete Gärkeller mit seinen riesigen Traubenpressen in den vier Ecken erscheint ebenfalls wie ein Musterbeispiel für rationale Nutzung. Das Schloß, das um 1900 von L. Bocquet, später von der Confrérie des Chevaliers du Tastevin restauriert wurde, ist das Werk eines Abts von Cîteaux aus der Zeit um 1550: Der Renaissancestil wird hier auf burgundische Art interpretiert.

Der Clos Blanc

Auf der anderen Seite der Mauer, im Norden, stellt der Clos Blanc eine Besonderheit an der Côte de Nuits dar.

Hier hat die Chardonnay-Rebe überlebt, während sie ansonsten fast vollständig aus dem Clos de Vougeot verschwunden ist; noch zu Beginn des 19. Jahrhunderts wurde sie mit der Noirien-Rebe (Pinot Noir) verschnitten, um dem Wein Finesse zu geben. Sie wurde zunächst durch die Beurot-Rebe ergänzt, die ebenfalls Finesse verlieh, ohne aber die Farbe aufzuhellen, und machte schließlich ganz der Pinot-Noir-Rebe Platz. Die Lage heißt La Vigne Blanche nach einer unglücklichen Änderung des Katasternamens; der Cru bleibt jedoch der Clos Blanc. Dasselbe gilt für den Clos de la Perrière, einen ehemaligen Steinbruch in der Reblage Les Petits Vougeots. Wie in der restlichen Petits-Vougeots-Lage und in Les Cras sind die Rotweine als Premiers Crus eingestuft. Einige Parzellen um das Dorf herum und im unteren Teil von Les Petits Vougeots besitzen die kommunale Appellation Vougeot, die auf eine Anbaufläche von etwas mehr als 5 ha begrenzt ist. Mit einer so kleinen Rebfläche stellt diese Appellation eine echte Kuriosität dar.

Eine Kelter aus dem 12. Jh. im Schloß des Clos de Vougeot.

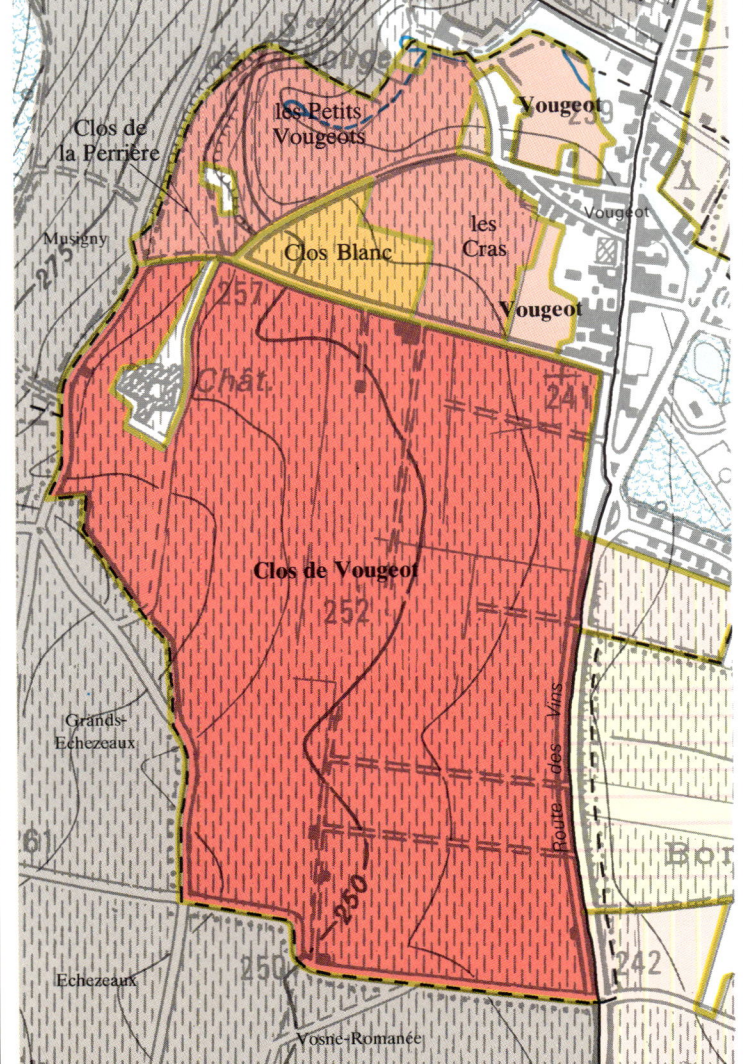

Die Chevaliers du Tastevin

Die Confrérie des Chevaliers du Tastevin wurde 1934 gegründet und ist die ranghöchste aller Weinbruderschaften; seit 1945 hat sie ihren Sitz im Schloß des Clos de Vougeot. Sie zelebriert hier ihre Kapitel (etwa 20 Veranstaltungen pro Jahr, wobei jedesmal 500 Gäste eingeladen werden). Sie zählt 10000 Mitglieder in der ganzen Welt. Alle haben geschworen, »von untadeliger Weinmoral« zu sein, bevor sie das purpurne oder goldene Band empfangen, an dem ein »Tastevin« (Probierbecher), das Arbeitsgerät des Klosters, befestigt ist: »Im Namen von Noah, dem Vater des Wein, von Bacchus, dem Gott des Weins, und von Sankt Vinzenz, dem Schutzheiligen der Winzer, schlagen Euch zum Ritter des Tastevin!«

Tastevins (Sammlung des Château du Clos de Vougeot).

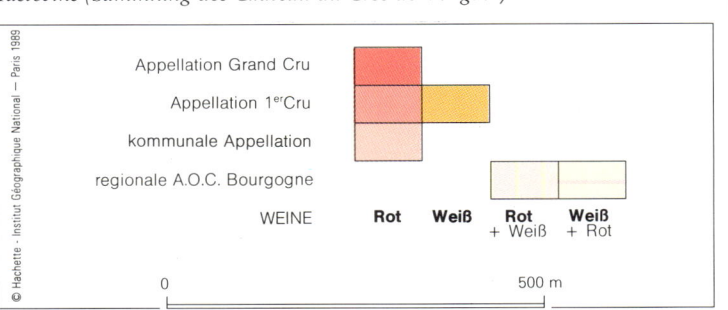

Vosne-Romanée

Die Kirche Saint-Martin in Vosne-Romanée.
Rechts: Wärmebehandlung der Fässer.

Zwischen Vosne-Romanée und Nuits-Saint-Georges bestehen die Gipfel der Côte aus kahlem Fels. Bei ihrem Anblick fühlt man sich an die Worte Stendhals erinnert: »Ohne ihre wunderbaren Weine würde ich nichts in der Welt häßlicher finden als diese berühmte Côte.« Der Wein hört auf halber Höhe des Hangs auf, wenn der Boden nur mehr aus Felsgestein besteht. Und dennoch wird hier der Wein der Appellation La Romanée-Conti erzeugt.

In Vosne-Romanée, pflegt man zu sagen, gibt es keine gewöhnliche Appellation. Und in der Tat, das ist kein Dorf, sondern ein Perlenkollier: La Romanée, Romanée-Conti, Romanée-Saint-Vivant, Richebourg, La Tâche, Echézeaux, Grands Echézeaux … Das Gebiet ist wohlhabend. Orientieren Sie sich an der Kirche und nehmen Sie den Weg rechts davon. Er führt direkt zur Weinlage Romanée-Conti, dieser kleinen Rebfläche, die hinter einem 1804 aufge-

stellten Kreuz ihrem Ruhm gegenüber gleichgültig zu sein scheint.

Flagey-Echézeaux, das in der Ebene liegt, hängt mit Vosne-Romanée zusammen. Die Grands-Echézeaux-Lage, ein Grand Cru, ist einheitlich aufgebaut. Mit etwas mehr als 9 ha (250 hl) ist ihre Anbaufläche nicht sehr groß. Die Nähe zum Clos de Vougeot bedingt eine gewisse Ähnlichkeit mit den Weinen des oberen Teils des Clos und mit den Bonnes-Mares-Weinen: Kraft, Vornehmheit und Langlebigkeit sind die wesentlichen Merkmale. Alle diese Qualitäten finden sich auch bei der sanften Hanglage im Mittelteil des Hügels. Echézeaux hingegen umfaßt eine viel größere Anbaufläche, fast 40 ha (1000 hl) auf dem Gebiet von elf verschiedenen Lagen mit Flurnamen, die ganz oder teilweise in das Anbaugebiet einbezogen sind. 80 Erzeuger

stellen die Weine dieser Appellation her; die meisten dieser Cuvées sind den besten Premiers Crus der Côte vergleichbar. Auch dort verstärkt die topographische Lage die Unterschiede. Combe d'Orveau, eines der seltenen Täler der Côte, die teilweise mit Wein bepflanzt sind, besitzt mit En Orveau eine für einen Grand Cru ungewöhnliche Lage, die sich vom Rest dieses Cru völlig unterscheidet.

Geht man weiter nach Süden, so kommt man durch die ausgezeichnete Premier-Cru-Lage Les Suchots, bevor man sich erneut in vornehmer Gesellschaft befindet: Romanée-Saint-Vivant, Richebourg, La Romanée, Romanée-Conti und schließlich La Tâche.

Drei dieser Weinlagen sind im Alleinbesitz: La Tâche und Romanée-Conti gehören zur Domäne Romanée-Conti, La Romanée dem Kanonikus

J. Liger-Belair. La Tâche umfaßt 6 ha (170 hl), aber zu Beginn des Jahrhunderts war ihre Anbaufläche noch geringer, bevor man ihr 1924 die Reblage Les Gaudichots angliederte. Richebourg erstreckt sich über 8 ha (230 hl).

La Romanée, Romanée-Conti, Romanée-Saint-Vivant

Andere Dörfer besitzen ebenfalls eine Romanée-Lage (Gevrey-Chambertin, davon ein Teil als Premier Cru eingestuft, und Chassagne-Montrachet). Diese Reblagen befinden sich immer auf dem Hügel.

Die Weinberge von Vosne-Romanée waren im Mittelalter sehr begehrt. Die Mönche von Saint-Vivant besaßen im 12. Jahrhundert eine Parzelle mit Wein in Romanée. Weitere Parzellen kamen später zu ihrem Besitz hinzu, vor allem als Geschenke der Herzogin von Burgund, Alix de Vergy. Es ist daher wahrscheinlich, daß Saint-Vivant schon damals die drei heutigen Grands Crus sein eigen nannte.

Die Reblagen La Romanée (84 a, 27 hl) und Romanée-Conti (1,80 ha, 52 hl) sind innerhalb ihrer Grenzen eng miteinander verflochten, so daß sie eigentlich nur eine einzige Weinlage bilden. Eine Mauer umgibt diese Rebfläche auf drei Seiten. Nur ein Teil des Clos wurde vor der Französischen Revolution vom Prinzen von Conti erworben, der ihm seinen Namen gab.

Romanée-Conti genoß schon im 18. Jahrhundert eine weitverbreitete Berühmtheit, die den Ruf von La

Die Böden der Côte und der Hautes Côtes auf der Höhe von Vosne-Romanée.

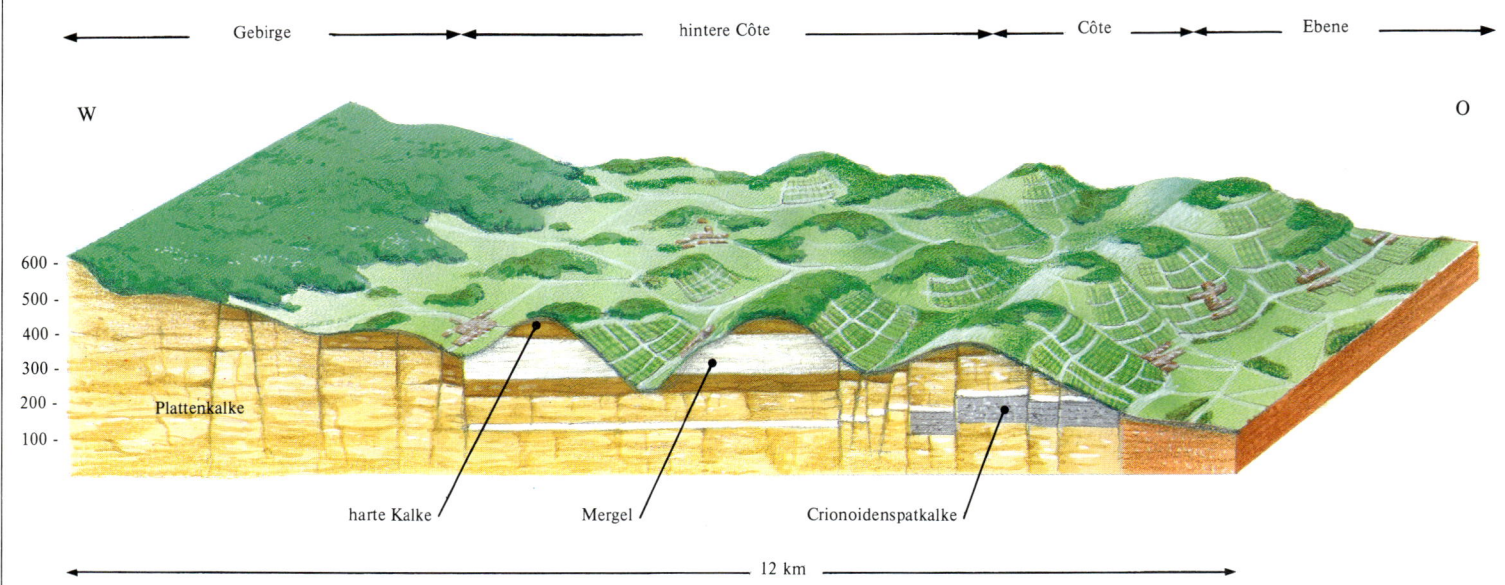

Romanée etwas überschattete. Dennoch sind beide Appellationen bemerkenswert. Ihre Lage ist ideal, ihre Weine sind prachtvoll. La Romanée besitzt eine etwas steilere Lage; vielleicht rührt der besondere Charakter der Weine dieser Appellation von dieser natürlichen Gegebenheit her.

Romanée-Saint-Vivant (9,4 ha, 250 hl) trägt den Namen des Klosters, in dessen Besitz die Reblage bis zur Französischen Revolution war. Die Lage unterscheidet sich ein wenig von der der anderen Grands Crus des Dorfes. Im oberen Teil findet man Mergelböden, im unteren Teil trifft man wieder auf die Böden von Romanée-Conti und Richebourg. Die Weine sind adstringierend; da sie körperreich sind, können sie gut altern. Ihr Aroma entwickelt sich dann hin zu Noten vom animalischen Typ.

Die anderen Grands Crus, die etwas höher auf dem Hang liegen, befinden sich auf Horizonten von hartem Kalkstein und besitzen Böden, die im allgemeinen kieshaltig und nicht sehr tiefgründig sind. In Richebourg ist die Lage leicht nach Nordosten hin ausgerichtet. Diese Weine haben große Rasse; sie sind etwas hingebungsvoll, wenn sie jung sind, aber für eine lange Lagerung gewappnet. Vosne besitzt noch zusätzlich mehrere bemerkenswerte Premiers Crus: Suchots, Beaumonts, Malconsorts und La Grande Rue, zwischen Romanée und La Tâche.

Die Appellation Vosne-Romanée reicht in das Gebiet der Gemarkung Flagey-Echézeaux hinein. Sie ist vielfältiger.

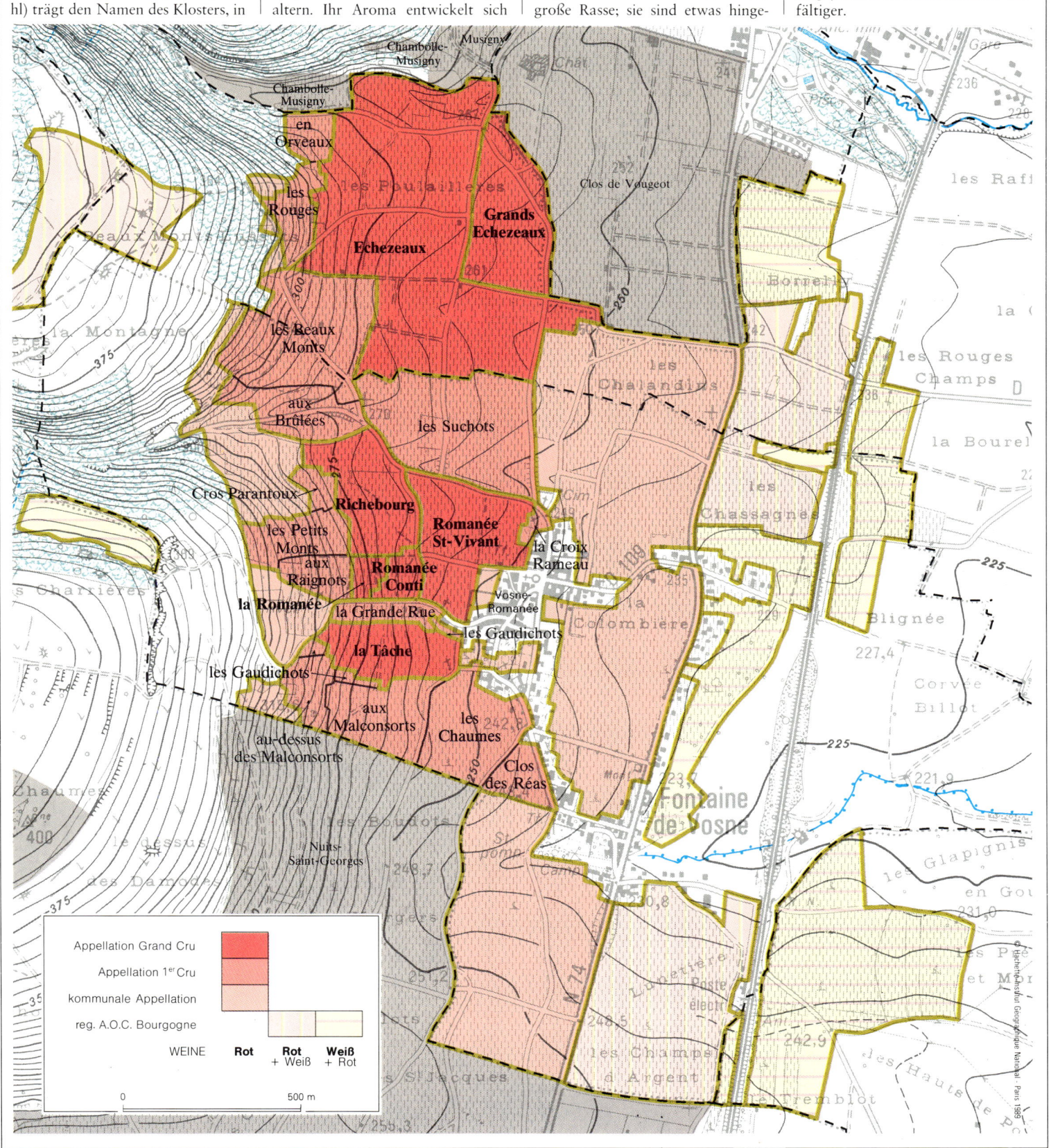

	Appellation Grand Cru
	Appellation 1er Cru
	kommunale Appellation
	reg. A.O.C. Bourgogne

WEINE **Rot**   Rot + Weiß   Weiß + Rot

0   500 m

Nuits-Saint-Georges

Alte Bräuche und reicher Handel. So charakterisierte Gaston Roupnel das liebenswürdige Städtchen Nuits-Saint-Georges. Der Bergfried aus dem 17. Jahrhundert überragt die Häuser der betriebsamen Firmen, die Weine ausbauen und verkaufen. Mehr als 5000 Einwohner und eine expandierende Wirtschaft. Der Meuzin fließt von den Hautes Côtes durch das reizvolle Tal der Serrée herab, aber Nuits nimmt sein ganzes Bett in Beschlag. Am Ortsausgang in Richtung Beaune setzt das Château Gris, das sich am Hang des Hügels erhebt, der Landschaft einen schönen architektonischen Tupfer auf.

Im Norden der Gemarkung ähnelt das Weinbaugebiet dem von Vosne-Romanée: ein steiler Hügel, aber danach ein sanfter Hang bis zur Hauptstraße. Die Lage hat sich seit Gevrey-Chambertin nicht verändert. Erst im Süden nimmt die Côte einen anderen Verlauf: Die Hänge liegen nunmehr nach Ost-Südosten. Gute Böden sind seltener, der Wein wächst spärlicher. Die Hauptstraße, die noch immer die Grenze für das Anbaugebiet der Weine gehobener Qualität bildet, nähert sich dem Hügel. Auf die kahlen Gipfel von Vosne und im Norden von Nuits folgen bewaldete Höhenzüge. In der Gemarkung Prémeaux, die Teil des geographischen Anbaugebiets der AOC Nuits-Saint-Georges ist, bereichern mehrere umfriedete Weinberge, die entlang der Hauptstraße liegen, die Appellation. Im Jahre 1892 hat Nuits an seinen Namen den von Saint-Georges angehängt. Es ist nach Beaune das wichtigste Zentrum des burgundischen Weinhandels. Zahlreiche damit verbundene Betriebe sind hier angesiedelt: Erzeuger von Schaumweinen (Crémant de Bourgogne) und Fruchtsäften, Unternehmen für die Verpackung und Etikettierung der Weine.

Die Nähe der Hautes Côtes, wo Beerenfrüchte (Johannisbeeren, Himbeeren usw.) wachsen, und der alltägliche Pendelverkehr nach Nuits begünstigten die Ansiedlung von Likörherstellern, die Fruchtliköre, vor allem Crème de Cassis, fabrizieren. Alterung und Verkauf von Tresterschnäpsen und Branntweinen bilden einen weiteren wichtigen Wirtschaftszweig im Gebiet von Nuits.

Premiers Crus von großer Klasse

Die Weine hier besitzen alle Qualitäten, die man bei großen Burgundern finden kann. Im allgemeinen sind sie fest und halten sich gut. Sie sind oft hart, wenn sie jung sind. Es gibt zwar hier keine Grands Crus, aber einige der Premiers Crus (100 ha, 3000 hl) können sich auf-

Weinlese in Nuits-Saint-Georges.

grund ihrer Qualität ganz dicht hinter den Grands Crus der Côte de Nuits plazieren: Les Saint-Georges, Les Vaucrains und vor allem Les Cailles. Die Unterschiede der Böden und der Lagen zwischen den Anbaugebieten nördlich und südlich von Nuits haben auch eine Vielfalt bei den Weinen zur Folge.

Im Norden liefern Les Damodes, Aux Boudots, La Richemone, Aux Chaignots, Clos de Thorey, Aux Murgers und Aux Vignerondes Weine fast desselben Stils, wenn auch mit einigen Nuancen; sie sind den Weinen von Vosne-Romanée ähnlich, die vom selben Hügel stammen.

Der Krater Saint-Georges

In seiner »Reise um den Mond« läßt Jules Verne seine Helden eine Flasche Wein aus Nuits trinken, um die »Union der Erde mit ihrem Satelliten« zu feiern. Die Besatzung von »Apollo XV« gedachte am 25. Juli 1971 dieser Geste, indem sie ein Kraterloch auf dem Mond offiziell »Krater Saint-Georges« taufte. Die Einwohner von Nuits ihrerseits gaben den Namen des Kraters Saint-Georges einem ihrer Plätze, der 1973 von den amerikanischen Astronauten eingeweiht wurde. Nuits rühmt sich deshalb zu Recht, daß es den einzigen Wein in der Welt besitzt, der sowohl auf der Erde wie auch auf dem Mond bekannt ist.

Der mergelige Untergrund ist noch immer vorhanden; die Wurzeln ziehen daraus das, was den Weinen eine leichte Adstringenz verleiht und Langlebigkeit garantiert. Im oberen Teil des Hangs erhalten die Weine aufgrund der geringen Mächtigkeit und der Leichtheit des Bodens mehr Finesse. Zahlreiche unbebaubare Parzellen sind über den ganzen Hügel verstreut. Durch die Erosion ist das für die Rebstöcke notwendige fruchtbare Erdreich abgetragen worden. In einigen Fällen hat man das Felsgestein zerstoßen, um Wein anbauen zu können, aber das Verbot, Erdreich heranzuschaffen, begrenzt die Anlage neuer Rebflächen.

Im südlichen Teil liefern Les Prulliers, Les Procès, Rue de Chaux und Roncière elegante Weine, die in ihrer Jugend angenehm schmecken. Wie die Weine der Appellation Nuits-Saint-Georges insgesamt (170 ha, 4500 hl) altern sie gut. Die Porets-Weine gewinnen ihren wilden Charakter, der an kleine Birnen erinnert, sicherlich aus dem rosafarbenen Kalkstein von Prémeaux, während Les Vaucrains, Les Cailles und Les Saint-Georges (eine Reblage, die schon im Jahre 1000 existierte) ihre Kraft aus dem Kies ziehen müssen, der aus dem kleinen Nachbartal stammt, damit ihre Weine der Zeit trotzen können. Oberhalb davon liegen Les Perrières, Les Crots und Les Poulettes direkt auf dem Felsgestein.

Prémeaux-Prissey (42 ha Premiers Crus, 1800 hl) ist das Gebiet der umfriedeten Weinberge: Clos des Forêts-Saint-Georges in der Reblage Les Forêts, Clos des Corvées, Clos des Corvées Pagets, Clos Saint-Marc, alle nahe der Kirche in der Weinlage Aux Corvées, Clos des Argillières, Clos des Grandes Vignes, Clos de l'Arlot, der mitten in Prémeaux liegt und so steil ist, daß ein Teil davon nur mit der Hand bewirtschaftet werden kann, und schließlich Clos de la Maréchale, der mit seinem überaus roten Boden einen schönen, einheitlichen Charakter besitzt. Mit Ausnahme von zwei Fluren beschränkt sich die Appellation Nuits-Saint-Georges auf diese Gemarkung. Ihre Einheitlichkeit ist aber nicht vollkommen. Die Weine aus dem südlichen Teil der Gemarkung, die auf Geröll von der Hochebene erzeugt werden, unterscheiden sich von denen des nördlichen Teils, die wie im Anbaugebiet des Dorfes Vosne-Romanée von jüngeren Formationen aus dem Oligozän stammen. Nuits-Saint-Georges hat seinen Namen auch einer regionalen Appellation gegeben: Côte-de-Nuits-Villages.

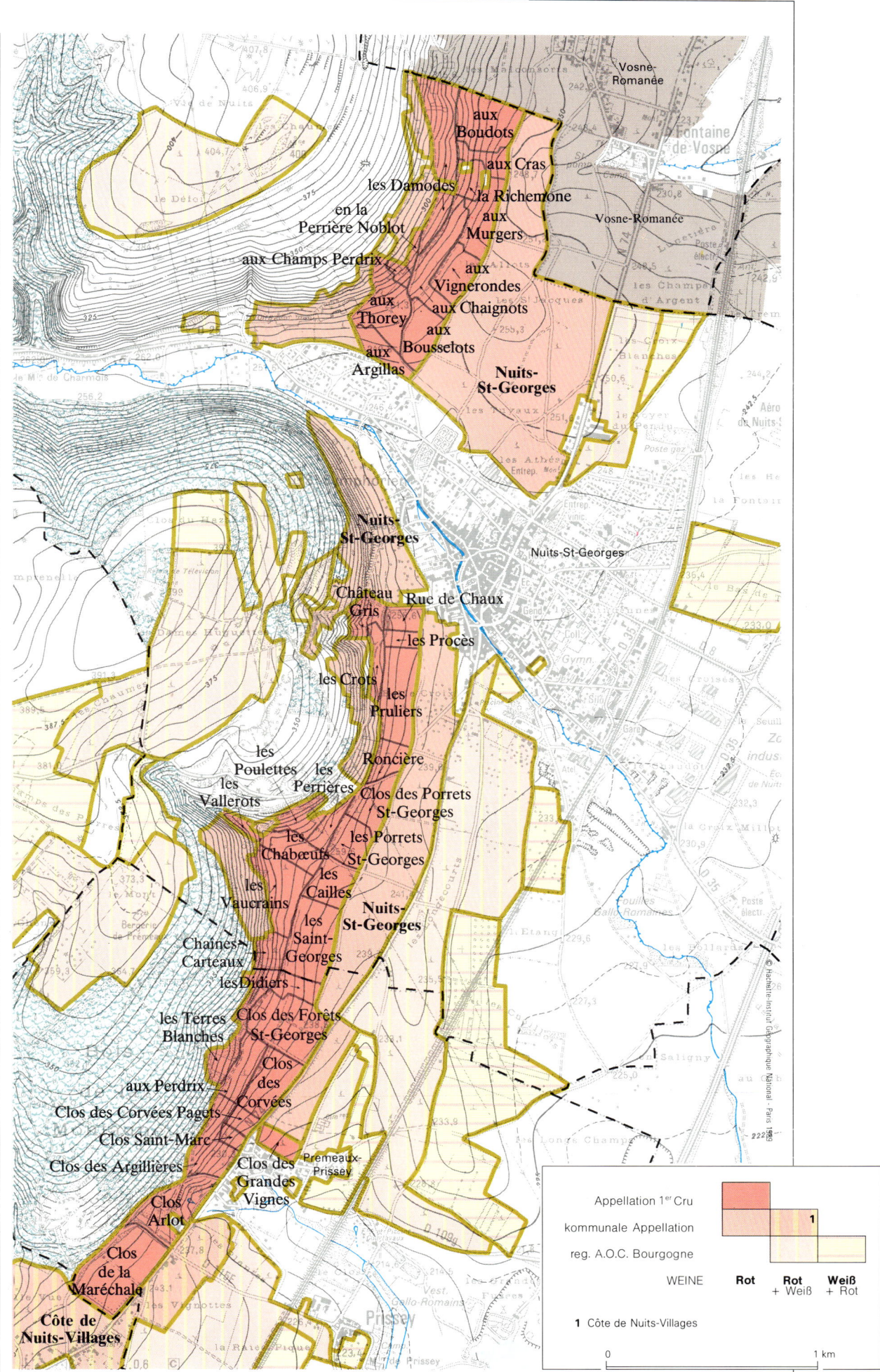

Appellation 1er Cru

kommunale Appellation

reg. A.O.C. Bourgogne

WEINE | **Rot** | **Rot** + Weiß | **Weiß** + Rot

1 Côte de Nuits-Villages

0   1 km

Côte de Beaune – Hautes Côtes de Beaune

Kurz hinter Corgoloin wirkt die gesamte Côte de Beaune wie eine lange, gerade Hügelkette, die vom Corton-Hügel bis zur Pyramide des Camp de Chassey gegenüber den Maranges-Dörfern reicht. Etwa 20 km trennen diese beiden Anbaugebiete. Die Côte ist hier breiter und weniger steil; sie wird von tiefen Tälern durchschnitten. Fast überall wächst hier Wein. Weichere geologische Formationen bilden ein sanfter geformtes Relief aus.

Einheit und Vielfalt

Der einheitliche Charakter schließt in Burgund unterschiedliche Ausprägungen nicht aus. Die Hänge des Corton-Hügels vereinigen auf engstem Raum alle Lagen, die man an der Côte de Beaune finden kann. Der Wein nimmt den Hügel fast bis zum Gipfel in Besitz, der beinahe überall von Eichen- oder Kiefernwald bedeckt ist. Die Mergelschicht reicht tief in den Boden hinein, so daß langgezogene Hänge entstanden sind. Der untere Teil der Hänge, der aus härterem Kalkstein besteht, geht allmählich in die Verlandung der Saône-Ebene über. Die Böden sind hier mit Geröll bedeckt, das von der Hochebene stammt; sie bringen die Weine der kommunalen und später der regionalen Appellationen hervor. Die Lagen sind hier unterschiedlicher als an der Côte de Nuits.

Eigentlich handelt es sich um keinen geschlossenen Höhenzug, sondern um eine Kette von Hügeln, zwischen denen sich breite Täler erstrecken. Da die Bodentypen und die Lagen häufig wechseln, kommt bei den Rebsorten die Chardonnay-Rebe hinzu, die an der Côte de Nuits nur selten zu finden ist. Sollte man deshalb glauben, daß die Weißweintrauben bevorzugt auf hellen Böden wachsen? Das trifft auf Charlemagne und Saint-Romain zu, aber dort gibt es auch ausgezeichnete Rotweine, wie etwa die von Volnay und Pommard, die ebenfalls auf hellen Böden erzeugt werden. Die Weine von Meursault stammen ebenso wie die von Montrachet von anderen Böden.

Während die Rotweine von der Côte de Nuits alterungsfähig sind, reifen die von der Côte de Beaune oft etwas früher.

Beaune ist unbestritten die Hauptstadt der Burgunderweine. Überragt wird sie von der Montagne de Beaune, einer bewaldeten Anhöhe, deren Bäume kühlen Schatten spenden. Zu Beginn des 19. Jahrhunderts hatte die Stadt fast genauso viele Einwohner wie Dijon. Aber sie zog es vor, bis in die jüngste Zeit nicht weiterzuwachsen und bewahrte das enge Korsett ihrer Stadtmauern, ganz dem Wein, ihrer einzigen Leidenschaft, geweiht. Die wichtigsten Aktivitäten auf diesem Gebiet spielen sich nämlich in Beaune ab, wo zahlreiche Handelshäuser ihren Sitz und ihre Kellereien haben.

Früher sagte man »Weine aus Beaune« und bezeichnete damit alle Weine dieses Teils der Côte. Aber heute sind die Appellationen strenger gefaßt. Unter der kontrollierten Herkunftsbezeichnung Côte-de-Beaune-Villages werden die Rotweine aller kommunalen Appellationen der Côte de Beaune außer Aloxe-Corton, Beaune, Pommard und Volnay verkauft. Es besteht also ein deutlicher Unterschied zur vergleichbaren Appellation an der Côte de Nuits, die auf die Gemeinden im äußersten Norden und Süden begrenzt ist. Die Weine der AOC Côte de Beaune, die auf einer 50 ha großen Rebfläche im

Gebiet von Beaune selbst erzeugt werden, besitzen diese Möglichkeit übrigens nicht. Dagegen muß die Bezeichnung Côte de Beaune zusätzlich zur kommunalen AOC genannt werden, wenn ein Wein als AOC Côte-de-Beaune-Villages verkauft werden soll.

Wiedergeburt

Die Hautes Côtes de Beaune sind weniger herb als die Hautes Côtes de Nuits, deren Schönheit von Würde geprägt ist; sie sind etwa 30 km lang und 5 bis 6 km breit. Das ist keine fest umrissene Hochfläche mehr zwischen der Côte und dem Ouchetal, mit Weinbau im Osten und Wald im Westen, sondern eine Naturlandschaft mit abwechslungsreichem Gelände. Unzählige Täler zerschneiden sie in allen Richtungen. Die Reben wachsen auf Hügeln, die zwischen 300 und 400 m hoch und manchmal noch höher sind. Formationen aus dem Lias (unterer Jura), die in den Hautes Côtes de Nuits fehlen, bestimmen hier das geologische Erscheinungsbild.

Der Wein senkt seine Wurzeln tief in die Vergangenheit. Man trank Wein aus Meloisey bereits bei der Salbung von Philipp August (1180-1223). Ähnlich wie in den Hautes Côtes de

La Rochepot.

Nuits wurde auch dieses Weinbaugebiet durch die Reblauskrise, die Überproduktion, die Konkurrenz der Weine aus Südfrankreich und Algerien, Absatzschwierigkeiten, den Ersten Weltkrieg und den Bevölkerungsrückgang erheblich verkleinert. Es kam jedoch zu einem erneuten Aufschwung, der zur Gründung der Genossenschaft der Hautes Côtes führte. Qualitative Anstrengungen ermöglichten es dieser Region, 1961 die Appellationen Bourgogne Hautes Côtes (de Nuits und de Beaune) zu erlangen, nachdem sie zunächst bei der Vergabe der kontrollierten Herkunftsbezeichnungen übergangen worden war. Die Rebflächen, die 1914 in den Hautes Côtes 3000 ha und 1963 nur noch 770 ha bedeckten, erholten sich allmählich wieder und umfassen heute mehr als 1000 ha. Die strenge Abgrenzung der besten Anbaugebiete, die Neubestockung der am besten gelegenen Hänge, die Wahl der Rebsorten Pinot Noir und Chardonnay, manchmal kombiniert mit Gamay und Aligoté, und die Tüchtigkeit der jungen Winzer, die sich auf das Wagnis eingelassen haben, hier zu bleiben, begünstigen die Expansion dieses tapferen Weinbaugebiets. Seine Weine besitzen viel Frucht. Sie schmecken bereits jung angenehm, aber dank ihrer Festigkeit kann man sie auch einige Jahre lagern.

Eine heilige Quelle

Beaune verdankt dem Wasser seinen Ursprung und auch seinen Namen. Die Stadt entstand vor unserer Zeitrechnung nahe der heiligen Quelle der Wassergottheit Belena und unter dem Schutz von Belenos, dem Gott des Wildwassers. Die Römer ersetzten diesen Kult durch den Apollokult. Danach breitete sich das Christentum aus. Beaune verbleibt unter dem Schutz der Heiligen Jungfrau, die auf seinem Wappen erscheint. Sie reicht dem Jesuskind eine Weintraube, damit man ja nicht vergißt, woher der ganze Reichtum stammt.

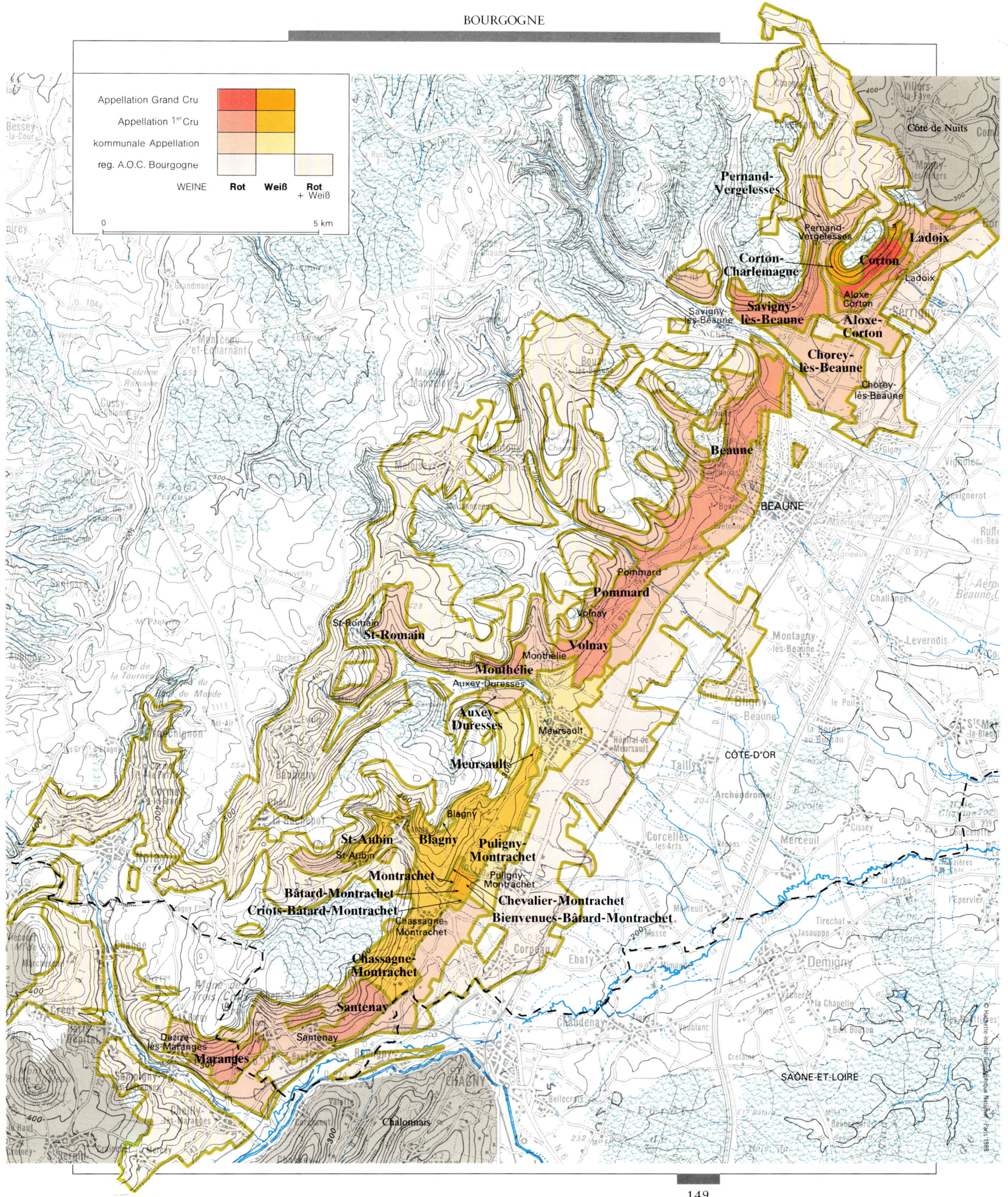

Appellation Grand Cru
Appellation 1er Cru
kommunale Appellation
reg. A.O.C. Bourgogne

WEINE   Rot   Weiß   Rot + Weiß

0   5 km

Côte de Nuits

Pernand-Vergelesses

Pernand-Vergelesses

Ladoix

Corton-Charlemagne

Corton

Ladoix

Savigny-lès-Beaune

Aloxe-Corton

Savigny-lès-Beaune

Aloxe-Corton

Chorey-lès-Beaune

Chorey-lès-Beaune

Beaune

BEAUNE

Pommard

Pommard

Volnay

Volnay

St-Romain

St-Romain

Monthelie

Mouthélie

Auxey-Duresses

Auxey-Duresses

Meursault

Meursault

CÔTE-D'OR

Blagny

St-Aubin

Blagny

St-Aubin

Puligny-Montrachet

Montrachet

Puligny-Montrachet

Bâtard-Montrachet

Chevalier-Montrachet

Criots-Bâtard-Montrachet

Bienvenues-Bâtard-Montrachet

Chassagne-Montrachet

Chassagne-Montrachet

Santenay

Santenay

Dezize-les-Maranges

Maranges

SAÔNE-ET-LOIRE

Chalonnais

Rund un

Der nach Südosten und Südwesten liegende Corton-»Berg«, von dem aus man den nördlichen Teil des Gebiets von Beaune überschauen kann, überragt diese sanfte Landschaft mit den abgerundeten Kanten. Der Wein nutzt das aus. Er breitet sich im Flachland aus und erobert die Täler, ohne an Qualität einzubüßen. Die Dörfer liegen nicht mehr brav entlang der Côte aufgereiht, sondern haben sich weiter vorgeschoben: in die Ebene hinein (Chorey-lès-Beaune), in die Tiefe eines freundlichen Tals hinunter (Savigny-lès-Beaune) oder auf einen Hang hinauf (Pernand-Vergelesses).

Ladoix-Serrigny

Serrigny ist ein bäuerlicher Weiler in der Ebene, Ladoix der Name der wichtigsten kommunalen Appellation, die vor allem für Rotweine gilt (135 ha, 2200 hl, hauptsächlich Rotweine). Abgeleitet ist der Name vom alten Wort »douix« für Quelle, womit die Lauve gemeint ist, ein Flüßchen, das am Fuße des Corton-Hügels entspringt. Aber das wirkliche Weinbauland liegt um den Weiler Buisson herum. Dieses echte kleine Winzerdorf, dessen enge Gassen sich nur mühsam zwischen den Häusern durchwinden, stellt die Pforte zur Côte de Beaune dar.
Der harte Kalkstein der Côte de

Lese in Aloxe-Corton. – Unten: Das Schloß von Corton-André.

Nuits taucht unter den Mergel des Corton. Unterhalb des Bergwaldes ähneln die Weine denen der Côte de Nuits; sie sind alkoholreich und besitzen Charme. Der Rest befindet sich am Fuße des Corton-Berges und auf dem Hügel, der den Hang im Norden verlängert. Die Weine vom Piedmont, die wie die weiter nördlich erzeugten von der Pinot-Noir-Rebe stammen, sind anders; sie sind härter und brauchen länger, um sich zu entfalten. Im Tal von Magny findet man lehmhaltigere Böden, die reich an Feuerstein sind: Les Chaillots.
Der Hügel, der die Fortsetzung der Corton-Lagen bildet, liefert ausgezeichnete Rotweine, von denen einige als Premiers Crus eingestuft sind (Le Bois Roussot). Oberhalb davon ist der Mergel günstig für die Produktion von erstklassigen Weißweinen (Les Grêchons). Die meiste Aufmerk-

samkeit bei den erst vor kurzem als Premiers Crus klassifizierten Lagen erregt aber der Teil von Les Basses und Hautes Mourottes, der nicht als Grand Cru eingestuft wurde, und vor allem La Corvée; ihre Weine sind in einem anderen Stil gehalten.

Aloxe-Corton

Die besten Einzellagen der Gemarkung sind in die Grands Crus und Premiers Crus einbezogen. Die Böden bestehen hier aus Mergel und fast offen zutage tretendem Kalkstein. Der untere Teil unterscheidet sich davon; er ist überwiegend von Material bedeckt, das durch das Tal von Pernand herantransportiert wurde und in hohem Maße mit Feuerstein vermengt ist.
Die Weine hier zeigen den gleichen Stil wie die von Les Chaillots (Ladoix); sie sind im allgemeinen hart, wenn sie jung sind, so daß man sie noch lagern muß. Die Boutières-Lage unterscheidet sich durch ihre Lehmböden, die ziemlich ausgewaschen sind und Weine von geringerer Qualität hervorbringen.
An der Grenze zu Ladoix, oben auf der Côte gegenüber der sehr schönen Kapelle Notre-Dame-du-Chemin, der Schutzpatronin der Reisenden, befindet sich ein Mergelausläufer der Bresse in der AOC Aloxe-Corton.

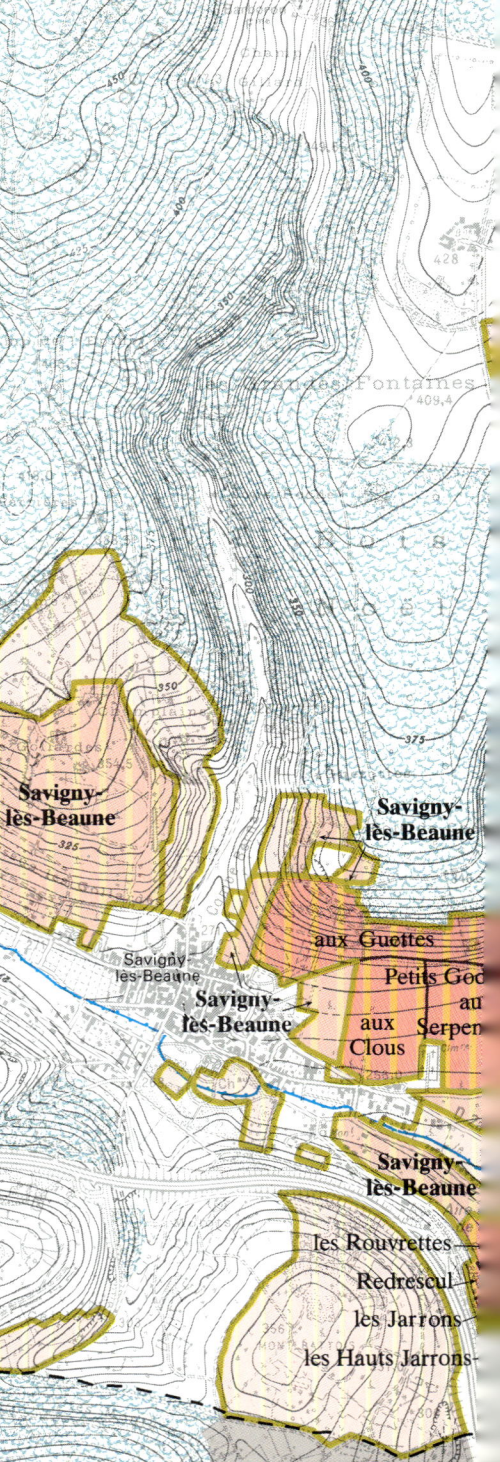

den Corton

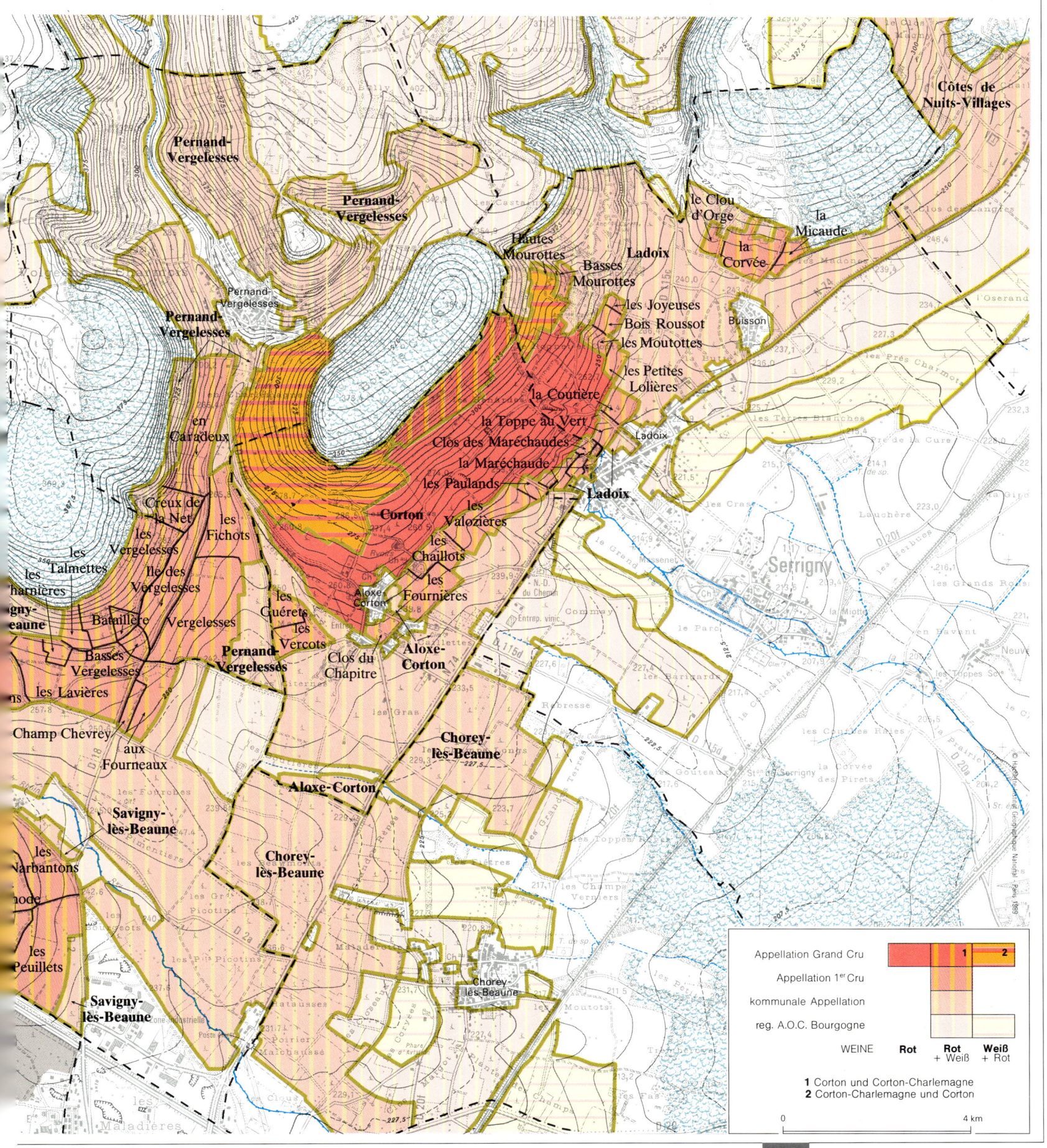

Côtes de Nuits-Villages

Pernand-Vergelesses

Pernand-Vergelesses

Pernand-Vergelesses

Pernand-Vergelesses

Pernand-Vergelesses

Hautes Mourottes

Basses Mourottes

les Joyeuses

Bois Roussot

les Moutottes

les Petites Lolières

la Coutière

la Toppe au Vert

Clos des Maréchaudes

la Maréchaude

les Paulands

les Valozières

les Chaillots

les Fournières

la Corvée

la Micaude

le Clou d'Orge

Ladoix

Buisson

Ladoix

Ladoix

Serrigny

en Caradeux

Creux de la Net

les Fichots

les Vergelesses

Île des Vergelesses

les Talmettes

les Charnières

Bataillère

Vergelesses

Basses Vergelesses

les Lavières

Corton

Aloxe-Corton

les Guérets

les Vercots

Clos du Chapitre

Aloxe-Corton

Champ Chevrey aux Fourneaux

Aloxe-Corton

Savigny-lès-Beaune

Chorey-lès-Beaune

Chorey-lès-Beaune

Chorey-lès-Beaune

les Narbantons

les Peuillets

Savigny-lès-Beaune

Appellation Grand Cru		1	2
Appellation 1er Cru			
kommunale Appellation			
reg. A.O.C. Bourgogne			

WEINE	Rot	Rot + Weiß	Weiß + Rot

1 Corton und Corton-Charlemagne
2 Corton-Charlemagne und Corton

0   4 km

Corton-Charlemagne

APPELLATION CONTROLÉE

Mis en bouteille par
LOUIS LATOUR, Négociant à Beaune (Côte-d'Or)

Pernand-Vergelesses

Wenn man Pernand sieht, ist man noch lange nicht dort: Man muß nämlich klettern, um dorthin zu gelangen. Dieses Winzerdorf scheint, wie P. Poupon meint, für eine Theaterkulisse gemalt worden zu sein. In dem großen Haus an der Straße wohnte Jacques Copeau, der Gründer des Théâtre du Vieux-Colombier in Paris und Erneuerer der dramatischen Kunst, von 1925 bis zu seinem Tod im Jahre 1949. Seine Idee war es, für das Theater ein »französisches Bayreuth« zu schaffen.

Pernand-Vergelesses ist Mitbesitzer des Corton-Hügels. Sein Südwesthang trägt die Grands Crus Corton-Charlemagne und Charlemagne. Den jeweiligen Gegebenheiten entsprechend können in der gleichen Lage auch Weine der AOC Corton (Rotweine), der AOC Aloxe-Corton und der AOC Pernand-Vergelesses (Rot- und Weißweine) erzeugt werden.

Die Gemeinde (195 ha, 3500 hl, davon 2000 hl Rotweine) ist berühmt für ihre Aligoté-Weine; diese werden heute auf dem Hügel erzeugt, während früher die Aligoté-Rebe bis innerhalb der Charlemagne-Lage angebaut wurde. Der Aligoté hat zumeist dem Chardonnay oder dem Pinot Noir Platz gemacht, weil man hier auch exzellente Weißweine und – in größerer Menge – Rotweine herstellt. Die Weine der kommunalen Appellation sind fest und robust in ihrer Jugend, aber sie entwickeln sich gut: »bäuerliche« Weine im besten Sinne des Wortes.

Savigny-lès-Beaune

Pernand teilt sich mit Savigny-lès-Beaune die Weinlage Les Vergelesses. (Als Karl der Große diesen Wein trank, soll er das Wortspiel geprägt haben: »Vin je bois, verre je laisse!« Den Wein trinke ich, das Glas lasse ich übrig!) Sie dehnt sich als Premier Cru auf dem Gebiet beider Gemarkungen aus, aber die beste Cuvée kommt aus dem Herzen der Lage, wo die Ile des Hautes Vergelesse wie eine Insel aus dem Rebenmeer

aufragt. Wenn diese Weine sehr »weiblich« sind, so besitzt diese Frau doch schon alle Vorzüge der Reife: Charme und Eleganz.

Der Rhoin fließt von Bouilland, einem malerischen Dorf der Hautes Côtes, herab. Sein Tal schließt an das von Pernand an und bildet eine Terrasse, auf der der Wein fast bis zum Dorf Chorey-lès-Beaune in der Ebene hinabreicht. Dort ist das Weinbaugebiet am breitesten. Die Rotweine, die auf herabgeschwemmtem Geröll erzeugt werden, besitzen eine bemerkenswerte Leichtheit. Sein Ansehen verdankt Savigny aber den Premiers Crus, die durch ihre Finesse gekennzeichnet sind. Im Süden folgen auf die Vergelesses-Lage Les Lavières, die den unteren Teil des Hügels einnehmen. Die Rebstöcke, die auf »Lava« – grobkörnigem Kalkstein aus kleinen,

mehrere Zentimeter dicken Platten – wachsen, liefern elegante, leichte Weine (375 ha, 11 500 hl, vor allem Rotweine).

Auf der anderen Seite erhebt sich die »Montagne« de Beaune; unterhalb der Autobahn bringen hier die Reblagen Les Narbatons und Les Jarrons, die stellenweise mit Weißweintrauben bepflanzt sind, festere, lebhaftere Weine (sowohl weiße wie auch rote) hervor. Die Weine der Marconnets-Lage nähern sich den Weinen von Beaune an.

Chorey-lès-Beaune

Je weiter man sich von der Côte in östlicher Richtung entfernt, desto mehr unterliegen die Böden den Einflüssen der Bresse; gleichzeitig läßt die Feinheit der Weine nach. Zwei verschiedene Typen treten in Chorey-lès-Beaune auf: die südlichen Weine, die auf Kalksteingeröll entstanden sind, das wahrscheinlich durch die Täler von Pernand und Bouilland, nahe der Appellation Savigny, heran-

transportiert wurde, und die nördlichen, die auf Lehmböden mit Feuersteinen erzeugt werden und den Weinen der Nachbarappellation Aloxe-Corton ähnlich sind (140 ha, 5500 hl Rotweine).

Corton und Corton-Charlemagne

Der Wald von Corton krönt majestätisch das schönste Weinbaugebiet der Côte. Man spricht sogar vom »Berg« Corton, obwohl er nur 400 m hoch ist. Aloxe-Corton, Pernand-Vergelesses und Ladoix-Serrigny haben teil an diesem wunderschönen Anbaugebiet, das als einziges sowohl einen roten Grand Cru (den Corton) wie auch einen weißen Grand Cru

(den Corton-Charlemagne) erzeugt. Auf dem Gebiet der Gemarkung Pernand-Vergelesses hat der Wald die Form einer Bohne. Neben dem am besten gelegenen Hang bildet er eine kleine Steilwand, die die obere Grenze des Weinbaugebiets festlegt. Der Boden, der aus feinem, kompaktem Kalkstein (oberes Oxford) besteht, verfügt nicht über genug Nährstoffe, damit der Rebstock seine Trauben versorgen kann. Für Grands Crus ist die Lage übrigens etwas zu hoch.

Unterhalb davon wächst der Wein auf gut gelegenen Hängen. Die Lagen reichen von Ost- über Süd- bis zu West-Nordwest-Lagen. Die Reben steigen in fast gleichmäßiger Hangneigung von 250 m auf 350 m hinauf, was an der burgundischen Côte ziemlich selten ist.

Die relativ einheitlichen geologischen Formationen prägen auch die Bestockung, die Weintypen und die Appellationen.

Direkt unterhalb des Waldes besteht der obere Teil des Hangs aus einer dicken Mergelschicht, die einen hohen Kalkanteil (bis zu 45%) hat, und einer kräftigen Schicht feinen Quarzsandes. Dieser kaum von Erdreich bedeckte Mergel erscheint weißlich, unterbrochen von winzigen Kalksteinbänken. Die Chardonnay-Rebe liefert hier Weißweine von hoher Qualität.

Wenn man tiefer hinabsteigt, etwas unterhalb von 300 m, wird das Gelände weniger steil. Man stößt auf

Oben: Pernand-Vergelesses, ein typisches burgundisches Dorf.
Darunter: Der Corton-Hügel, auf dem die Chardonnay-Rebe voll zur Geltung kommt.

Warum Karl der Große?

Kaiser Karl der Große besaß ein Gut zwischen Aloxe und Pernand, das er mit Wein bepflanzen ließ und im Jahre 775 dem Stift von Saulieu schenkte. Darauf geht der Name der Lage En Charlemagne zurück. Warum aber ein Weißwein? Weil der Kaiser seinen wallenden Bart nicht mit Rotwein beflecken wollte...
Zahlreiche Flurnamen leiten sich von Familiennamen her (z. B. Bertin bei Chambertin, Boudriot bei La Boudriotte, Commarin bei La Commaraine oder Bressand bei Les Bressandes).

kompakteres Kalkgestein, wo die Erosion weniger wirksam ist. Die obere Kalksteinschicht, die nicht sehr dick ist, enthält sandige Mergel. Sie liegt über einer Schicht gelber oder roter Erde, die oolithisch und reich an Eisen ist (Eisenoolith) und auf dem Südhang zutage tritt. Unterhalb davon befindet sich wieder Kalkgestein (die »Perlmuttplatte«, die wegen der zahlreichen fossilen Muscheln so genannt wird). Diese Kalksteinschichten sind häufig von feinen Ablagerungen bedeckt. Sie eignen sich gut für die Pinot-Noir-Rebe.

Die Trennlinie zwischen Mergel und hartem Kalkstein kommt jedoch in der Bestockung nicht so deutlich zum Ausdruck. Die Pinot-Noir-Rebe tritt beispielsweise neben der Chardonnay-Rebe im oberen Teil des Hangs auf, während das umgekehrt nicht der Fall ist.

Die Böden auf Mergel sind oft nicht sehr tiefgründig (graue Rendzina). Der Chardonnay reift hier besser als der Pinot Noir, weil die Böden kälter sind. Er kann auch auf braunen, kalkhaltigen Böden wachsen, aber er

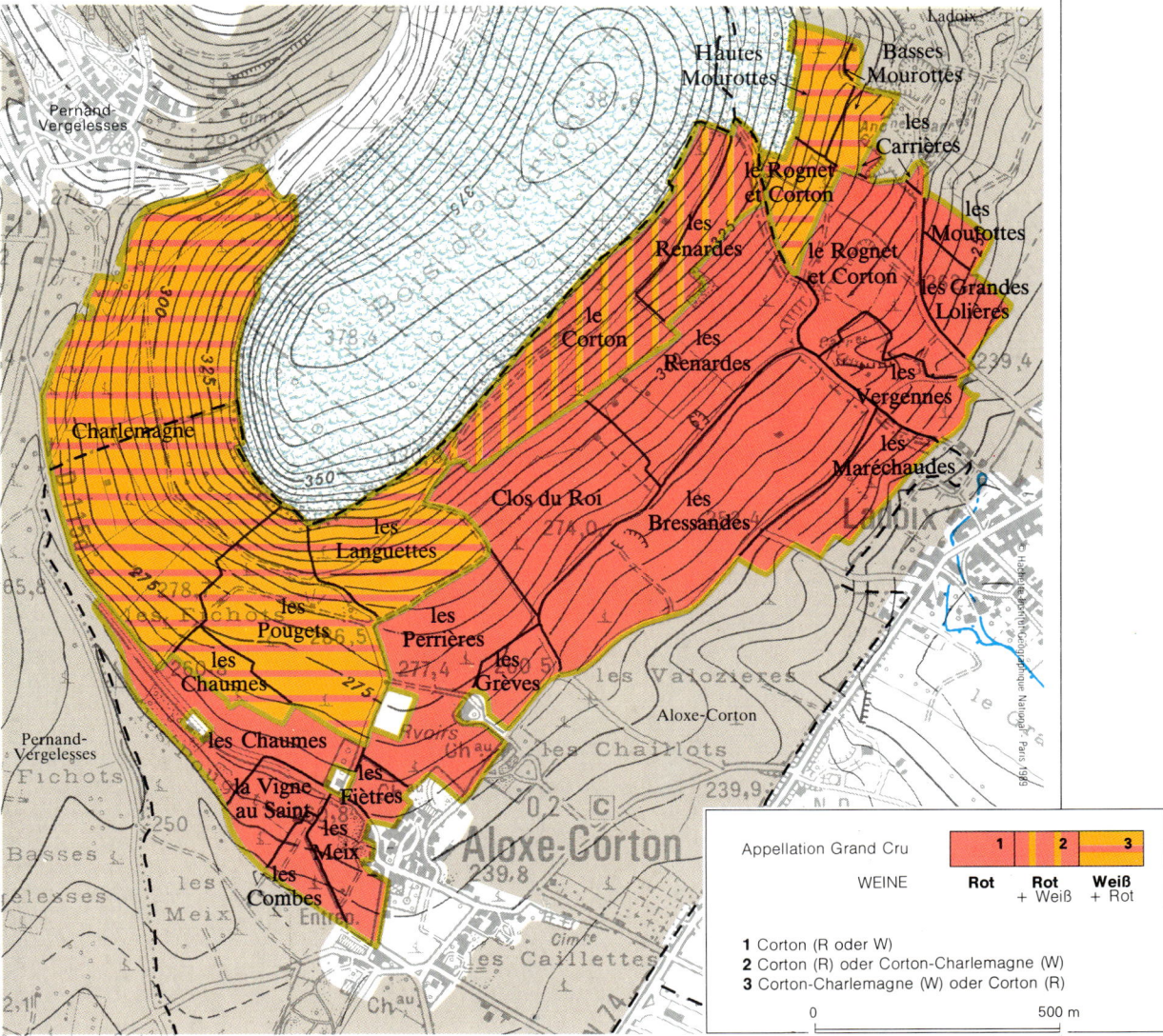

Unterstoßen des Leseguts in Aloxe-Corton.

würde dann vielleicht zu zarte Weine mit ungenügendem Säuregehalt liefern. Der Pinot Noir hingegen reift sehr gut auf Formationen, die dicht an der Oberfläche liegen; dann holt er aus dem Boden die ganze aromatische Finesse großer Burgunder heraus. Tiefe Mergelböden verleihen ihm Kraft, Biß (d.h. Adstringenz) und Körper, nicht nur einfach Tannine, so daß der Wein in seiner Jugend an die Herbheit von Lehm erinnert. Man findet das bei allen burgundischen Rotweinen wieder, die von ebensolchen lehmreichen Böden stammen; bei der Alterung entwickeln sie »wilde« Noten, die an tieri-

Freiluftbrenner

sche Gerüche und Unterholz denken lassen.

Auf dem ziemlich mergeligen, rissigen Kalkstein, der nicht sehr tiefgründig ist, erscheinen die Böden rötlicher; die Pinot-Noir-Rebe bringt hier sehr vornehme Weine hervor.

Während auf dem Corton-Hügel nur ein einziger großer Weißwein erzeugt wird, entstehen dort gleichzeitig mehrere Typen von Rotweinen.

Daraus haben sich mehrere Appellationen entwickelt: Die wichtigste ist der Corton, hauptsächlich Rotweine (160 ha, 3000 hl), die bekannteste beim Weißwein der Corton-Charlemagne (72 ha, 1300 hl), aber es gibt auch eine Appellation Charlemagne, die allerdings nicht benutzt wird.

Der Ursprung dieser Appellationen kann der Existenz einer Reblage En Charlemagne auf dem Gebiet von Pernand zugeschrieben werden, die aufgrund ihrer Bodenbeschaffenheit und ihrer Lage günstiger für die Erzeugnug von Weißweinen war. Bis 1948 konnten die Weine der Appellation Charlemagne von der Rebsorte Aligoté gekeltert werden, die auf diesem Hügel wuchs.

Da die Rotweine ziemlich unterschiedlich ausfallen, haben es sich die Winzer angewöhnt, ihrer Appellation Corton den Lagennamen anzuhängen, was jedoch nicht mit einem Markennamen verwechselt werden darf, der mit der Appellation verbun-

den ist. Die Bedeutung des Namens der Einzellage, der der AOC Corton angefügt wird, variiert je nach Lage und Weintyp. So entwickeln sich die Rotweine der Reblagen Les Languettes, Clos du Roy, Le Corton und Les Renardes (auf dem Gebiet von Aloxe-Corton) sowie Les Hautes und Basses Mourottes (Gemarkung Ladoix-Serrigny), die viel mehr Körper besitzen, sehr verschieden von den Weinen der Einzellagen Les Perrières, Les Bressandes, Les Maréchaudes (Gemarkung Aloxe-Corton) und Les Vergennes und Les Lolières (Gemarkung Ladoix-Serrigny).

Beaune

An einem Autobahnkreuz hat sich Beaune mit seinem Hôtel-Dieu zu einer touristischen Hochburg entwickelt. Die Stadt ist auch die Weinhauptstadt von Burgund. Stadtmauern und Befestigungen, stille Straßen, kunstvoll gearbeitete Gitter, hohe Häuserwände, Efeu und Glyzinien — Beaune lebt und arbeitet auf Weinkellern, in denen Millionen von Flaschen schlummern ...

Die Rebflächen leisten der sich ausdehnenden Stadt Widerstand und drängen die neu entstehenden Viertel (wie Saint-Jacques) in Richtung Ebene zurück. Man hatte befürchtet, daß der Aderlaß durch die Autobahn Paris – Lyon, die von Savigny aus in das Gebiet von Beaune eintaucht, unheilbar wäre. Glücklicherweise trifft das nicht zu, so daß Beaune den Zauber seines Berges behält. Der große Hügel, der die Stadt überragt, trägt keinen Grand Cru, besitzt dafür aber die größte Anbaufläche an Premier-Cru-Lagen der gesamten Côte (320 ha). Hinzu kommt noch

Hospices de Beaune.

die AOC Beaune (130 ha). Insgesamt 12 000 hl, hauptsächlich Rotweine. Die Weine von Beaune, ob weiß oder rot, besitzen einen recht ausgeprägten Charakter. Die Weißweine erinnern an Akazien, Geißblatt, Honig und gebrannte Mandeln, ähnlich wie die Weine von Pernand und Savigny. Die Rotweine entfalten ein reiches Aroma, in dem Damwildnoten den für Burgund klassischen Duft von roten Früchten ergänzen.

Zwischen den einzelnen Premiers Crus bestehen jedoch merkliche Unterschiede; beispielsweise werden auf einem sandigen Boden wie in der Lage Les Grèves ziemlich leichte Weine erzeugt. Hier befindet sich Vigne de L'Enfant Jésus, ein ehemaliger Karmeliterbesitz. Der Clos des Mouches verdankt seinen Namen dem Vorkommen von Wespen oder Bienen, die früher als »Fliegen« (*Mouches*) bezeichnet wurden.

Die AOC Côte de Beaune (50 ha, 220 hl) ist weder eine kommunale noch eine regionale Appellation. Sie nimmt den oberen Teil des Hügels ein (Les Mondes Rondes, La Grande Châtelaine). Aufgrund der Höhenlage reifen die Trauben hier etwas später. Die Weine ähneln denen der kommunalen Appellation. Côte-de-Beaune-Weine dürfen heute nicht unter dem Namen Côte-de-Beaune-Villages verkauft werden.

Im Schatten des Hôtel-Dieu

Das 1443 vom burgundischen Kanzler Nicolas Rolin errichtete Hôtel-Dieu, das ehemalige Alten- und Siechenheim, ist die Verkörperung der burgundischen Baukunst par excellence. Sein spätgotischer Stil, seine mit bunten Ziegeln gedeckten Dächer, das Polyptychon »Das Jüngste Gericht« von Rogier van der Weyden und die große Salle des Pôvres machen es zum Inbegriff dieser Gegend, wie sie sich zur Blütezeit der großen abendländischen Herzöge darstellte. Die Versteigerung der Weine der Hospices de Beaune (am dritten Sonntag im November) ist heute ein Weltereignis. Diese Weinbaudomäne erstreckt sich über 58 ha an der Côte de Beaune, mit Ausnahme einer Rebfläche in Mazis-Chambertin. Die Cuvées tragen die Namen der Stifter. Die Gebote, die traditionell »bei Kerzenlicht« abgegeben werden, erreichen oft astronomische Summen, die heute keinen Bezug mehr zu den Marktkursen haben.

Map labels

Savigny-Chorey
Côte de Beaune
Beaune
les Marconnets
en l'Orme
les Perrières
Blanches Fleurs
Clos de l'Ecu
en Genet
à l'Ecu
Clos du Roi
les Fèves
Côte de Beaune
les Bressandes
les Cent Vignes
les Toussaints
sur les Grèves
les Grèves
Beaune
Beaune
Clos de la Féguine
le Bas des Teurons
aux Coucherias
Montée Rouge
aux Cras
les Teurons
la Mignotte
les Seurey
Clos des Avaux
le Clos de la Mousse
Champs Pimont
les Sizies
aux Avaux
les Reversées
les Aigrots
les Sceaux
Pertuisots
les Bélissand
BEAUNE
le Clos des Ursules
les Tuvilains
Beaune
les Montrevenots
les Vignes Franches
Clos St-Landry
le Clos des Mouches
les Chouacheux
les Boucherottes
les Epenotes
Pommard

Legend
Appellation 1er Cru
kommunale Appellation
reg. A.O.C. Bourgogne
WEINE   Rot   Rot + Weiß   Weiß + Rot
1 Côte de Beaune
0   1 km

Pommard

Auf dem Weg von Beaune nach Chagny war Pommard früher durch seine Furt bekannt, die durch ein Kreuz gekennzeichnet war. Wenn man in Burgund sagt: »Du bist noch nicht am Kreuz von Pommard«, meint man damit: »Du bist noch lange nicht am Ende deiner Mühen angekommen!«

Dieser Marktflecken, der am Hang liegt (280 m hoch), wird von der Vandaine durchflossen, einem Bach, der in die Dheune mündet.

Das schon im Mittelalter von den geistlichen Orden genutzte Anbaugebiet bringt feste, tanninreiche Rotweine hervor, die kräftiger als die von Beaune sind und oft eine dunkelrote Farbe besitzen. Ihr Bukett erinnert an Leder oder Pflaumen. Sie sind berühmt für ihren sauberen Charakter und halten sich gut. Das Dorf besitzt keine Grands Crus, was ungerecht erscheinen mag. Les Epenots, Les Rugiens, Clos de la Commaraine, Clos Blanc und Les Chanlins bei den Premiers Crus liefern nämlich ausgezeichnete Weine, ebenso wie Les Noizons bei der kommunalen Appellation (insgesamt 350 ha, davon 125 ha Premiers Crus, 10 500 hl Rotweine). Der Wein steigt bis zu den Kiefern hinauf, die auf dem Gipfel der Côte wachsen. Die Böden enthalten mehr Lehm als in Beaune. Das fette, oft durch Eisenoxide rot gefärbte (Ursprung von Les Rugiens) Erdreich erklärt auch die Festigkeit dieser Weine. Die Lagen wechseln entsprechend dem Verlauf des Geländes zu beiden Seiten des Tals, das die Vandaine gegraben hat. So liegen Les Charmots, Les Arvelets und La Chanière ganz nach Süden.

Das restliche Weinbaugebiet auf dem Hügel besitzt eine Südostlage. Die umfriedeten Weinberge behindern mit ihren Mauern häufig die Luftzirkulation. Zweifellos rühren davon die Wärme und der Alkoholreichtum der Pommard-Weine her.

Das Château von Pommard ist von einem zusammenhängenden Clos umgeben, eine einzigartige Erscheinung an der Côte d'Or, der etwa 20 ha umfaßt. Die Weinkeller in La Commaraine stammen aus dem 12. Jahrhundert.

Traditionelle Traubenpresse der Genossenschaftskellerei von Pommard.

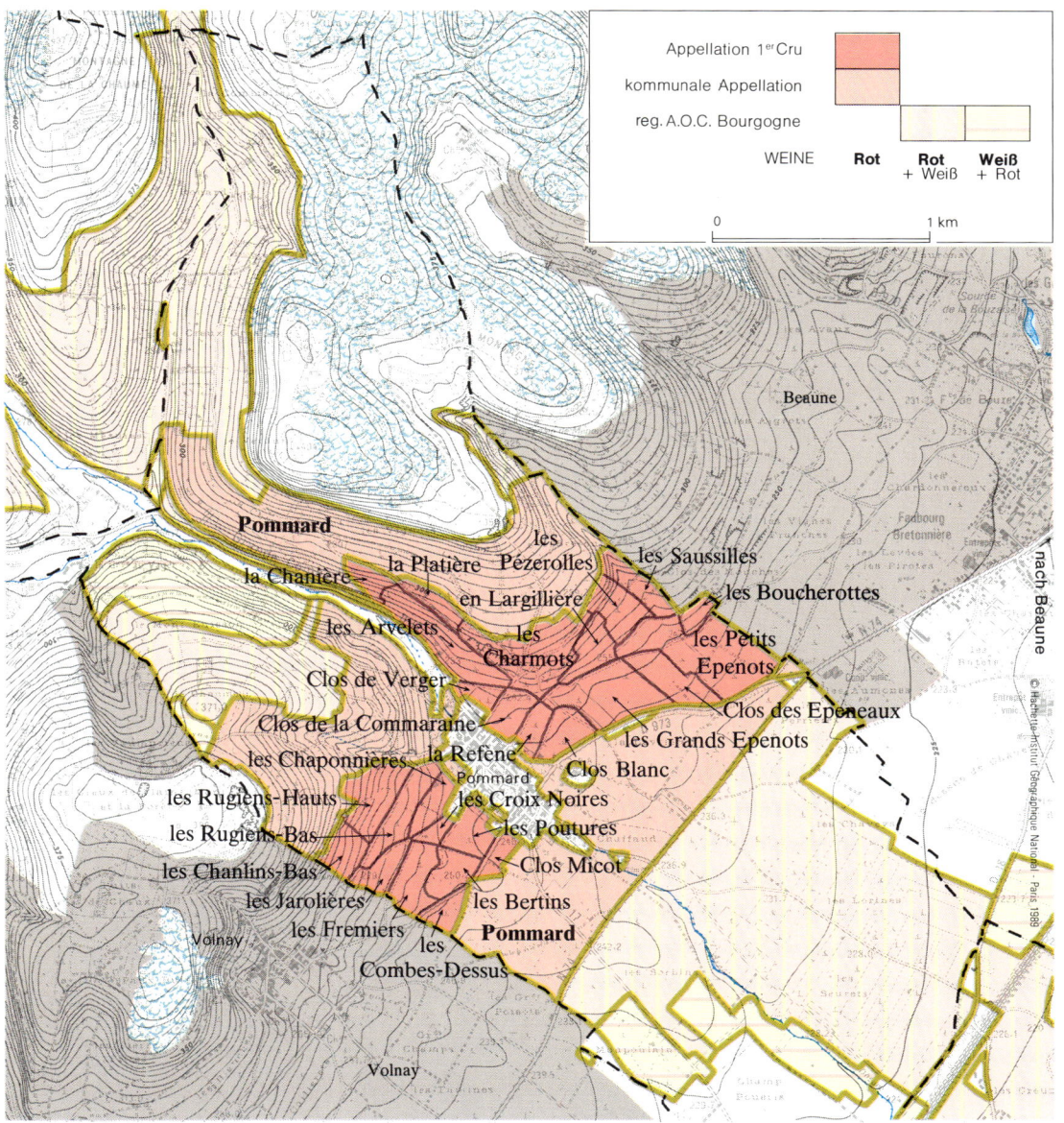

Appellation 1er Cru

kommunale Appellation

reg. A.O.C. Bourgogne

WEINE **Rot** **Rot** + Weiß **Weiß** + Rot

0   1 km

nach Beaune

© Hachette–Institut Géographique National · Paris 1989

Beaune

Pommard
la Chanière
la Platière
les Pézerolles
les Saussilles
en Largillière
les Boucherottes
les Arvelets
les Charmots
les Petits Epenots
Clos de Verger
Clos des Epeneaux
Clos de la Commaraine
les Grands Epenots
les Chaponnières
la Refène
Clos Blanc
Pommard
les Rugiens-Hauts
les Croix Noires
les Rugiens-Bas
les Poutures
les Chanlins-Bas
Clos Micot
les Jarolières
les Bertins
Volnay
les Fremiers
Pommard
les Combes-Dessus

Volnay

POMMARD-CLOS DE VERGER
PREMIER CRU
APPELLATION POMMARD CONTROLÉE

Domaine BILLARD-GONNET
PROPRIÉTAIRE A POMMARD, CÔTE-D'OR, FRANCE
MIS EN BOUTEILLE AU DOMAINE
75 cl

Volnay

Während die meisten Dörfer der Côte de Nuits im Tal liegen und sich zur Ebene hin ausdehnen, klettern die Dörfer an der Côte de Beaune gern den Hügel hinauf. Das hochgelegene Volnay mit seinen schmalen, steilen Straßen befindet sich am kleinen Chaignot-Berg. Wie Pernand ist es ein echtes Winzerdorf.

Der größte Teil seiner Weinberge mit Südostlage besteht aus tiefreichenden Kalkmergelschichten. Diese sind großflächig von verschiedenen Böden bedeckt, die kiesigen oder »sandigen« Charakter haben. Zweifellos gilt Volnay deshalb als Erzeuger der feinsten Weine der Côte de Beaune. Sie bilden das Gegenstück zu den Weinen von Chambolle-Musigny an der Côte de Nuits. Diese Einschätzung muß jedoch etwas differenziert werden, denn Volnay und Chambolle unterscheiden sich deutlich im An-

baugebiet und im Klima, ebenso wie es auch bedeutsame Unterschiede innerhalb der Gemarkung Volnay gibt (220 ha, davon 114 ha Premiers Crus, insgesamt 7400 hl Rotweine).

Kalkstein und roter Lehm

Der Nordteil des Anbaugebiets ist durch das Vorhandensein von eher leichtem rotem Lehm gekennzeichnet; er ist ziemlich einheitlich und ähnelt in jeder Hinsicht dem Anbaugebiet von Pommard (Chanlins und Frémiets). Im unteren Teil bedeckt lehmig-kalkiges Geschiebe, das aus dem Tal des Dorfes stammt, den gesamten Hang von Norden bis Süden. Die Weine der Appellation Volnay werden hauptsächlich auf diesem braunen Kalksteinboden erzeugt. Dazwischen liegen auf Mergelausstreichungen in der Umgebung des Dorfes die als Premiers Crus eingestuften Reblagen Les Pitures-Dessus

und Clos des Ducs; ihre Weine besitzen Kraft und Körper.

Roten Lehm findet man auch noch bei den Premiers Crus im Süden: Les Caillerets (darin liegt der Clos des Soixantes Ouvrées), Champans und direkt oberhalb der Straße von Autun der untere Teil des Taille-Pieds und des Clos des Chênes. Diese Weine kommen im Charakter den Chanlins-Weinen nahe. Der obere Teil des Taille-Pieds und des Clos des Chênes besteht aus Lehm und ziemlich dicken Kiesablagerungen auf lehmigem Mergel. Die Weine können lange lagerfähig sein. Ihr Aroma entwickelt oft wie bei einigen Corton-Weinen (Renardes-Lage) an Unterholz erinnernde Noten.

Die Santenots-Weine, die auf dem Gebiet der Gemarkung Meursault erzeugt werden, aber zur kontrollierten Herkunftsbezeichnung Volnay gehören, ähneln den Weinen der Caillerets-Lage. Die gleichen Merkmale weisen Clos d'Or, Clos de la Barre und Les Angles auf.

In Richtung Saint-Romain

Bei Monthélie durchschneidet der Paß harten Kalkstein. Dahinter gelangt man in das Tal von Saint-Romain. Die Pinot-Noir-Rebe wird hier vom Chardonnay abgelöst. Die Landschaft wird plötzlich breiter, tritt klarer hervor und wirkt vielfältiger; sie greift auf die Hautes Côtes über. Befindet sich hier der Ursprung des burgundischen Weinbaus? Fast möchte man es glauben.

Im Westen schließt das Anbaugebiet von Monthélie auf beiden Seiten des Tals von Anay an die Weinberge von Auxey-Duresses an. Früher handelte es sich um zwei Weiler, Auxey-le-Grand und Auxey-le-Petit. Sie haben den Namen der Reblage Les Duresses angenommen. Alle diese Dörfer besitzen viel Charme, und ihre Einwohner sind von einer einfachen, anziehenden Ungezwungenheit.

Monthélie, das auf dem Westhang des Hügels von Volnay erbaut ist, hat Anbaugebiete (Sur la Velle und Les Vignes Rondes), deren Weine denen des Clos des Chênes auf dem Gebiet von Volnay ähnlich sind. Die Lage Champs Fulliots, die im unteren Teil ganz merklich aus Kalkgestein besteht, erzeugt ebenfalls Weine, bei denen eine extreme Finesse über den Körper dominiert (140 ha, davon 31 ha Premiers Crus, insgesamt 2850 hl, in erster Linie Rotweine).

Auf dem Südosthang der Montage du Bourdon bilden die Reblagen Les Duresses und Climat du Val, südlich von La Combe, den besten Teil der Appellation Auxey-Duresses. Ein natürlicher, günstig gelegener Kessel und Böden mit einer dicken Kiesschicht sind dafür verantwortlich, daß man manchmal die Val-Weine denen der Duresses-Lage vorzieht, so rassig wirken diese Weine (170 ha, davon 32 ha Premiers Crus, insgesamt 4050 hl, zu drei Vierteln Rotweine).

Der Nordwesthang besitzt herrliche Steilwände, an denen sich kleine Winzerdörfer festklammern: Saint-Romain, Orches, Evelle und Baubigny. Aufgrund der Qualität seiner Weißweine hat nur das erstgenannte Dorf in den Hautes Côtes Anrecht auf eine kommunale Appellation. Wie das so oft der Fall in Burgund ist, gibt es in Saint-Romain zwei Anbaugebiete: im Westen kalte, lehmige Böden aus dem Lias, wo man auf dicken Geröllschichten Weine der regionalen Appellationen erzeugt, wenn die Lage dafür günstig ist. Dieser Graben reicht von Bouilland bis Nolay. Im Osten dagegen, auf Böden aus dem Jura, eignet sich der

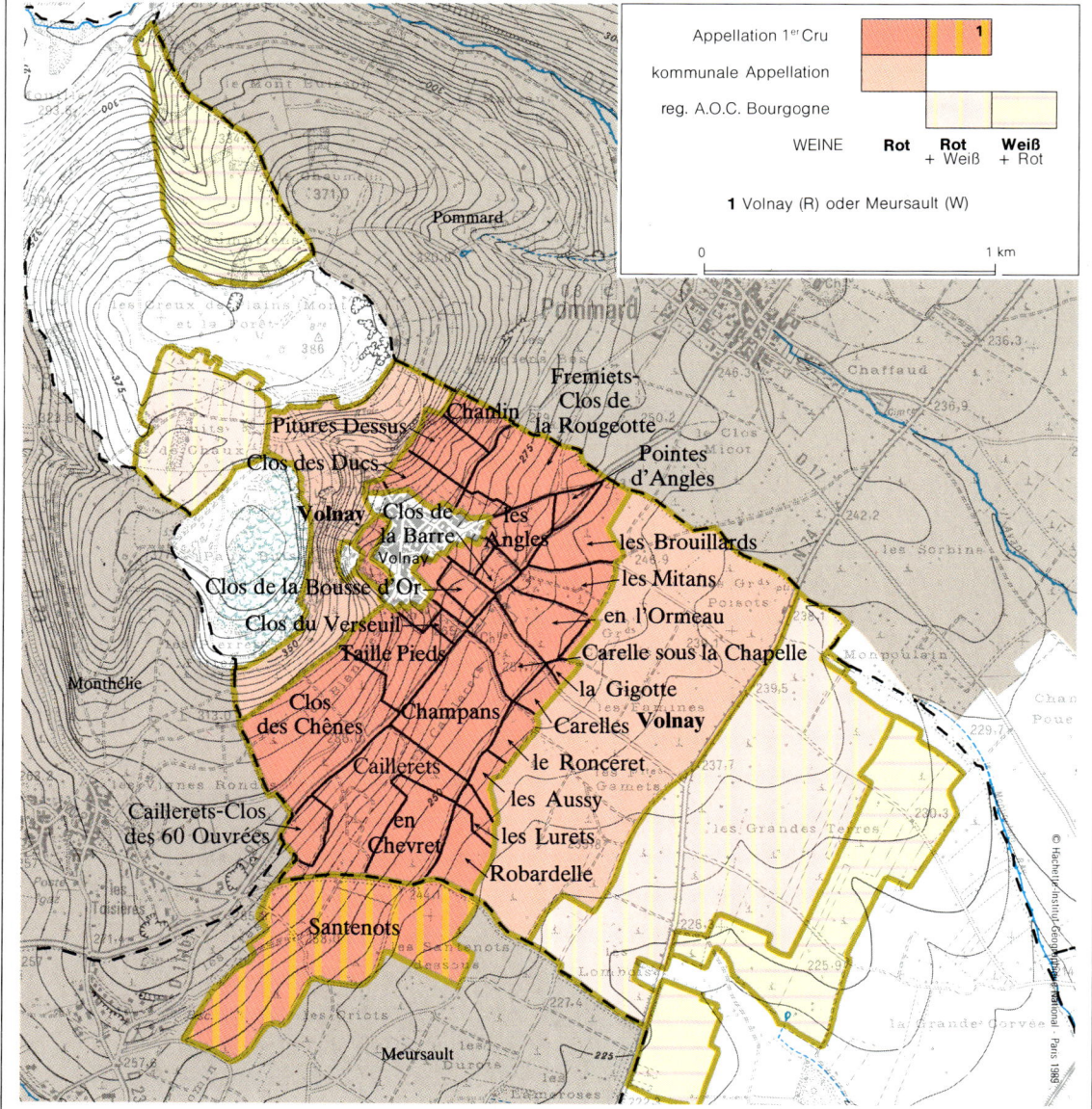

Appellation 1ᵉʳ Cru
kommunale Appellation
reg. A.O.C. Bourgogne

WEINE **Rot** **Rot + Weiß** **Weiß + Rot**

1 Volnay (R) oder Meursault (W)

0   1 km

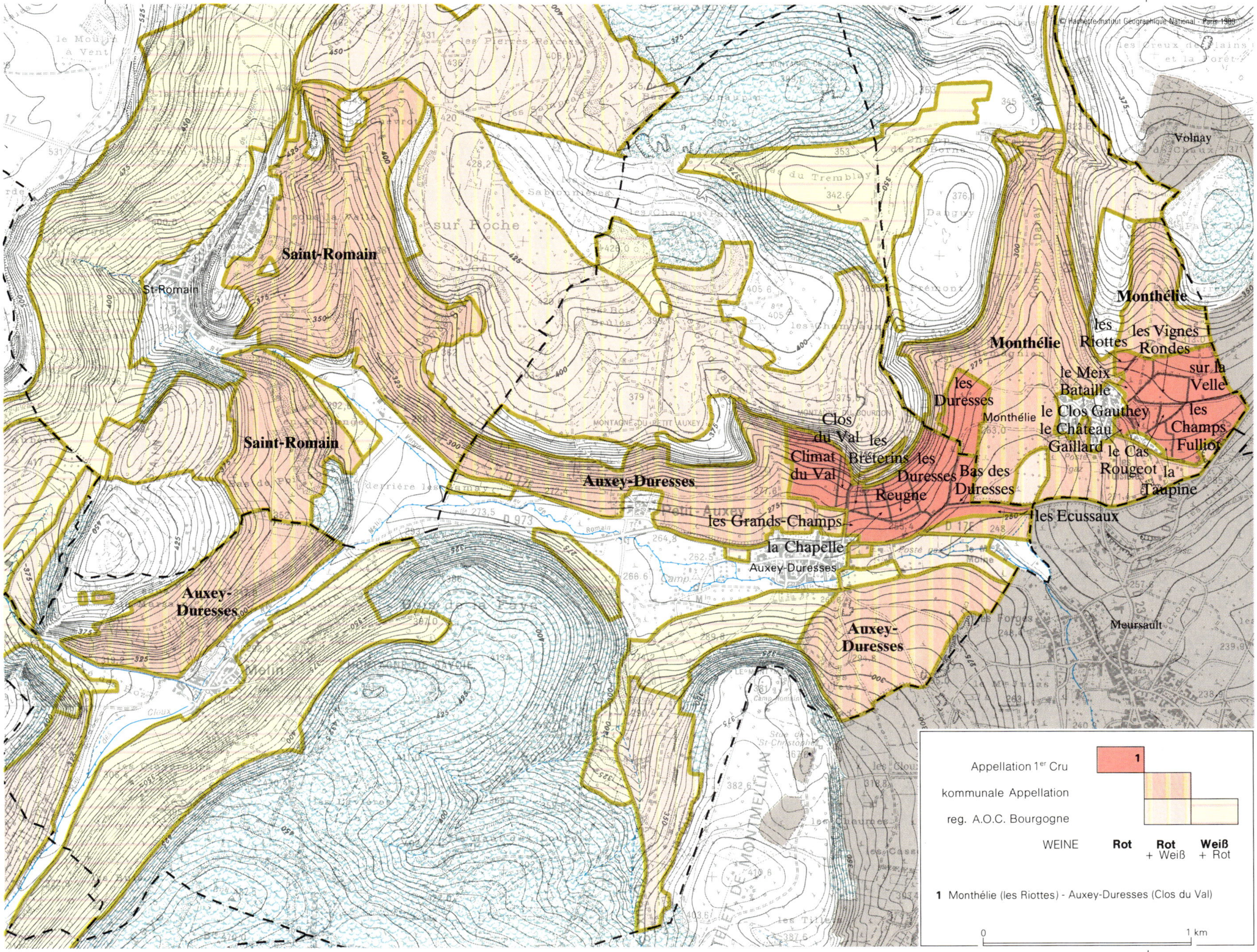
Saint-Romain
St-Romain
Saint-Romain
Auxey-Duresses
Auxey-Duresses
Auxey-Duresses
Auxey-Duresses
Clos du Val
Climat du Val
les Bréterins
les Duresses
Reugne
les Grands-Champs
la Chapelle
les Duresses
Bas des Duresses
Monthélie
Monthélie
Monthélie
les Riottes
les Vignes Rondes
le Meix Bataille
le Clos Gauthey
le Château Gaillard
le Cas Rougeot
sur la Velle
les Champs Fulliot
la Taupine
les Ecussaux
Volnay
Meursault
© Hachette-Institut Géographique National - Paris 1988
Appellation 1er Cru
kommunale Appellation
reg. A.O.C. Bourgogne
WEINE
Rot
Rot + Weiß
Weiß + Rot
1 Monthélie (les Riottes) - Auxey-Duresses (Clos du Val)
0
1 km

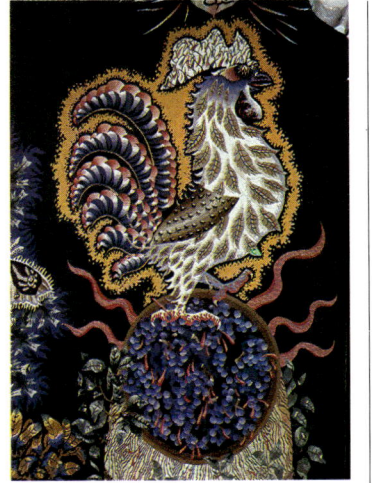

Links: Wandteppich von Lurçat, Ausschnitt (Musée du Vin, Beaune). Rechts: Saint-Romain im Winter.

Mergel sehr gut für die Chardonnay-Rebe, die hier trockene, fruchtige und ziemlich lebhafte Weine mit wirklich eigenständigem Stil liefert (135 ha, 1900 hl, jeweils zur Hälfte Weiß- und Rotweine).

Wenn man wieder umkehrt, findet man in der Gemarkung Auxey-Duresses ein Anbaugebiet in sanfter, nordöstlicher Hanglage, ganz in der Nähe von Meursault. Seine Weißweine haben viel gemein mit denen des berühmten Nachbarn.

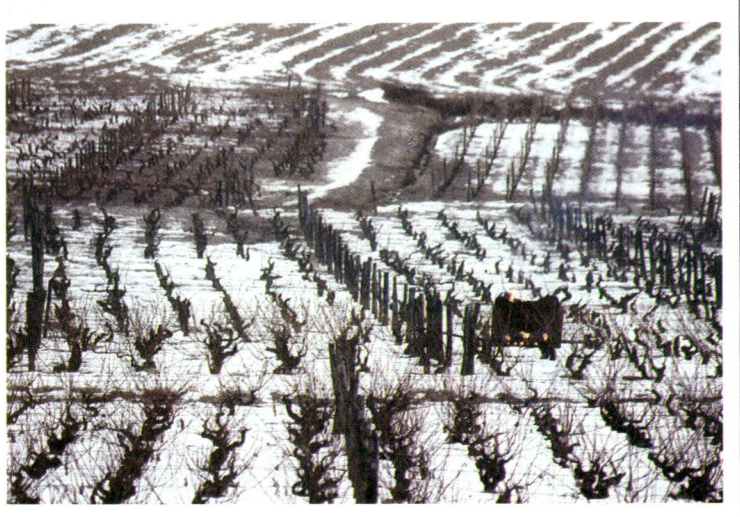

Meursault

Die Côte de Beaune besteht entweder aus kleinen Dörfern, die sich eng um ihren Kirchturm scharen, oder aus größeren Gemeinden. Wie Gevrey-Chambertin gehört auch Meursault zu dieser zweiten Gruppe. Dieses große Dorf macht sich wirklich breit: eine bunte Mischung aus engen Gassen und breiten Straßen, kleinen Winzerhäusern und stattlichen Bürgerhäusern, einem Schloß mit herrlichen Weinkellern, Rebflächen, Blumen- und Obstgärten sowie Parks. Der Glockenturm scheint das Werk von Feen zu sein: eine 53 m hohe Nadel, die im 15. Jahrhundert aus Haustein errichtet wurde.

Die erste Rebfläche der Abtei von Cîteaux, die noch älter als der Clos de Vougeot ist, befand sich in Meursault. Dieses Anbaugebiet verdankt, wie Doktor J. Morelot 1831 schrieb, »seine alte Reputation seinen Weißweinen«. Um die Mitte des letzten Jahrhunderts stellte ihre Erzeugung die wichtigste und angesehenste Produktion dar. Dennoch waren die guten Weinberge schon damals zweigeteilt, denn es gibt in Meursault auch Rotweine, sogar höchst beachtliche, obwohl die bekanntesten davon nicht diesen Namen tragen.

Zwischen Rotweinen und Weißweinen

Abseits der Nationalstraße 74, die sich immer weiter von der Côte entfernt, liegt Meursault auf beiden Seiten des Baches Les Cloux in einem Tal, das eine Verlängerung des Tals von Auxey-Duresses darstellt und die Grenze zwischen dem Rotwein-Anbaugebiet im Norden und dem Anbaugebiet für Weißweine im Süden festlegt. Die Reblage Les Santenots (30 ha), die die Weinberge von Volnay fortsetzt, liefert die besten Rotweine von Meursault. Les Santenots du Milieu waren bereits 1855 als »Spitzencuvée« eingestuft. Ein Urteil des Gerichts von Beaune erkannte dieser Lage das Recht zu, sich nicht Meursault, sondern Volnay Santenots zu nennen. Die Pinot-Noir-Rebe wurde hier weiter angebaut. Die Weine, die nicht den Namen Volnay Santenots tragen, kommen in den Genuß der AOC Meursault Côte de Beaune.

Die kleine Parzelle Les Caillerets hätte ebenso wie die Reblage Les Cras normalerweise ebenfalls die AOC Volnay erhalten müssen, so ähnlich fallen ihre Weine aus.

Oben: Das Schloß von Meursalt.
Rechts: Herstellung der Fässer.

Der Südhang zeigt zwei Schichten, die durch kleine, früher als Steinbrüche genutzte Steilwände getrennt sind. Hier tritt der mittlere Jura (Stein von Comblanchien) wieder zutage, nachdem er in Buisson (Ladoix-Serrigny) unter die Erde getaucht war, um eine Synklinale zu bilden, deren Mittelachse die Geologen in Volnay ansetzen. Der Kalkstein hat jedoch seinen Charakter verändert; auf den harten »Marmor«-Kalk folgt Dolomitkalk. Dolomit wurde in dieser Gegend für die Glasherstellung verwendet.

Oberhalb dieser Steilklippen bis hin zum bewaldeten oder vegetationslosen Gipfel der Côte, zwischen 260 und 270 m hoch, wächst die Chardonnay-Rebe auf ziemlich mergeligem Kalkstein, der ungleichmäßig hart und von Rissen durchzogen ist. Die Dicke der Bodenkrume ist gering, aber ausreichend. Die Weine sind elegant und fein und besitzen in der kommunalen Appellation eine gute Qualität, wobei einige Lagennamen herausragen (Les Chevalières und Les Luchets). Die Tillets-Lage breitet sich auf Terrassen mit Kalkmergelböden aus. Es handelt sich dabei um die Grenze der Appellation, die jedoch etwas hoch liegt.

Eine ideale Lage

Unterhalb der Steinbrüche liegen die feinsten Weinberge. Der Wein wächst hier auf mergelhaltigeren Böden, an deren Oberfläche entwickelte Braunerde sogar mit Muttergestein oder feinen Ablagerungen alterniert. Das ist eine ideale Lage; zum Boden kommt noch ein windgeschütztes Klima hinzu, so daß hier herrliche Weine entstehen können. Zunächst wäre da Les Perrières, eine Reblage mit einem überaus prägnanten Charakter, der Charme und Finesse vereint. Ihre Weine sind voll und reich, trocken und mild. In guten Jahrgängen erreichen sie ihre volle Reife nach etwa zehn Jahren. Les Genevrières-Dessus, Le Porusot-Dessus (oberer Teil) und Les Bouches-Chères, heute Les Bouchères genannt (oberer Teil), besitzen ähnliche Eigenschaften.

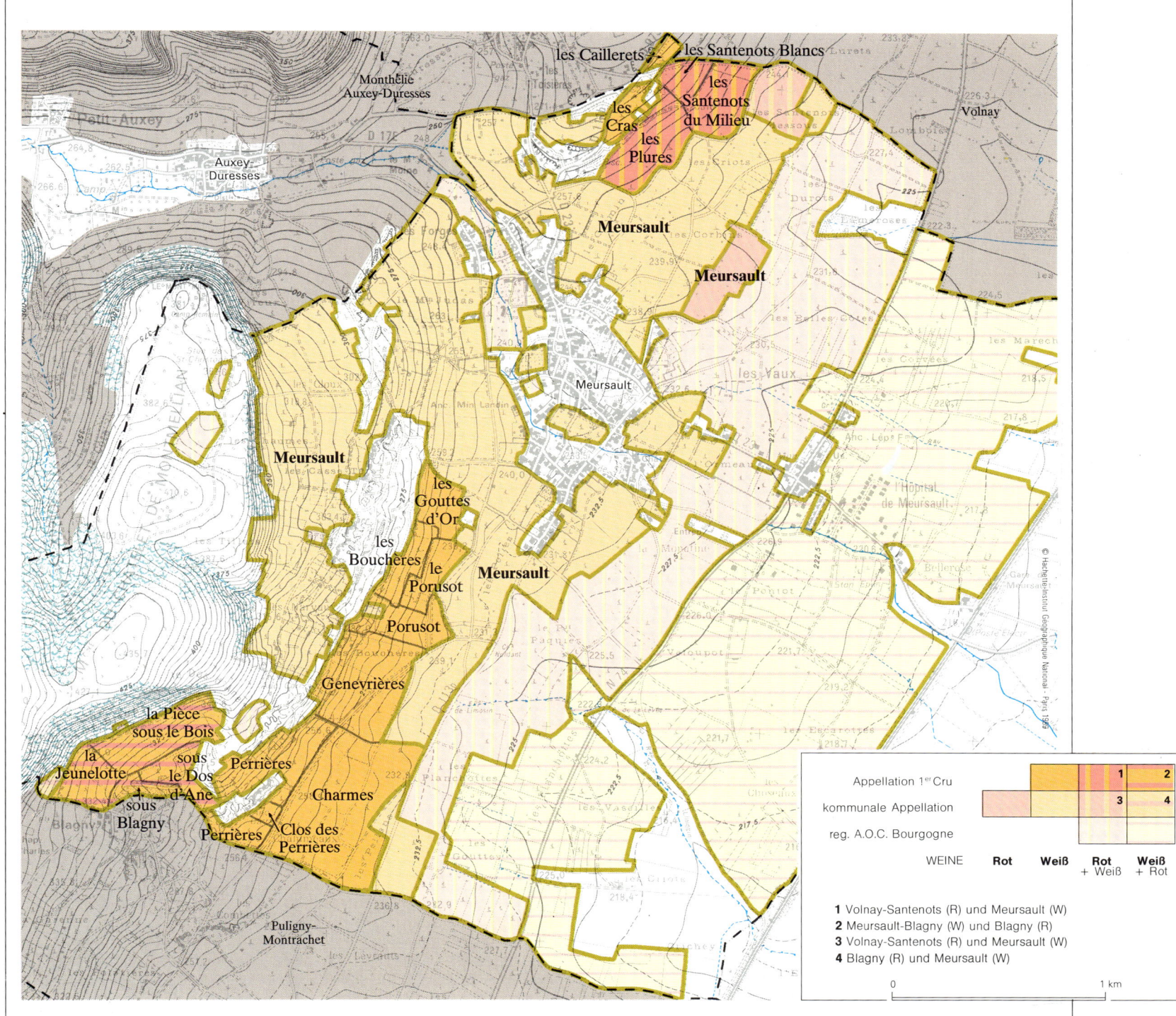

les Caillerets · les Santenots Blancs
les Cras · les Santenots du Milieu
les Plures
Volnay
Monthélie
Auxey-Duresses
Petit-Auxey
Auxey-Duresses
Meursault
Meursault
Meursault
Meursault
les Vaux
Hôpital de Meursault
les
Gouttes
d'Or
les
Bouchères
le
Porusot
Meursault
Porusot
Genevrières
la Pièce
sous le Bois
la
Jeunelotte
sous
le Dos
d'Ane
Perrières
sous
Blagny
Charmes
Perrières
Clos des
Perrières
Puligny-
Montrachet

Appellation 1ᵉʳ Cru
kommunale Appellation
reg. A.O.C. Bourgogne
WEINE Rot Weiß Rot + Weiß Weiß + Rot

1 Volnay-Santenots (R) und Meursault (W)
2 Meursault-Blagny (W) und Blagny (R)
3 Volnay-Santenots (R) und Meursault (W)
4 Blagny (R) und Meursault (W)

0   1 km

Die tiefer gelegenen Anbauflächen befinden sich auf Kieshängen, die leichtere Weine hervorbringen. Die Eleganz gewinnt hier die Oberhand über den Körper (oberer Teil von Les Charmes, Les Genevrières-Dessous und Le Porusot). Weiter im Norden bildet die Lage Les Gouttes d'Or zusammen mit dem unteren Teil von Les Bouchères ein kleines Anbaugebiet, in dem weniger tiefe Böden die Erzeugung von trockenen Weinen begünstigen, die kräftig gebaut und fett sind, »butterzart«, wie die Einheimischen sagen. Les Petits und Grands Charrons sind zwar nicht als Premiers Crus eingestuft, liefern aber Weine von hoher Qualität. Der Pied-

mont läuft gegen Osten hin in einem sanften Hang aus; manchmal reicht das Weinbaugebiet sogar bis zur Nationalstraße 74. Wenn man sich vom Hügel entfernt, machen die Kalksteinblöcke und das Geröll, das in großer Menge am Fuße des Hangs liegt, lehmhaltigeren Böden Platz (130 ha Premiers Crus).

Die kommunale Appellation Meursault (305 ha) ist klugerweise oberhalb der Straße von Puligny geblieben; lediglich unterhalb des Dorfes (Sous la Velle) geht sie etwas darüber hinaus. In der Umgebung des Dorfes werden einige passable Weine der regionalen Appellation Bourgogne erzeugt.

Blagny

Ein paar Häuser oberhalb der Steinbrüche, zwischen Meursault und Puligny, nahe der Montrachet-Lagen, bilden den Weiler Blagny. Die Steine für die Treppen des Hôtel-Dieu in Beaune stammen von hier. Der Wein wächst auf einer großen Terrasse mit Mergelböden, die nach Süden liegt; die Bäume und eine Felswand schirmen sie gegen den Nord- und den Westwind ab. Dieses Gebiet besitzt ein besonderes Mikroklima.

Die Appellation Blagny ist Rotweinen vorbehalten (54 ha, davon 44,4 ha Premiers Crus; durchschnittlich

260 hl). Die Weine sind oft etwas hart, verströmen aber immer einen hervorragenden Duft mit einer wilden Note, die ihnen einen unverwechselbaren Charakter verleiht. Sie zählen zu den am meisten geschätzten Weinen der Côte de Beaune.

Die Weißweine werden entweder unter dem Namen Meursault, gefolgt vom Namen der Einzellage, oder unter dem Namen Puligny-Montrachet verkauft.

La Pièce sous le Bois, Sous le Dos d'Ane und La Jeunelotte sind die bekanntesten Lagen. Sie bringen sowohl Rot- wie auch Weißweine hervor. Alle besitzen einen sehr ausgeprägten Charakter.

Montrachet

Der Montrachet, der schon immer den ersten Rang in der Welt bei den trockenen Weißweinen einnahm, gedeiht auf einem mageren Hügel, der gänzlich unbedeutend wirkt. Kurzes Gras und einige kümmerliche Sträucher bedecken seinen Gipfel. Man sagte früher »Mont-Rachat« (kahler Berg). Die steinernen Portale, die den Eingang zum Clos bilden, sind gerade richtig für Fußgänger. Sie haben nicht die stolze Größe der Pforten des Clos de Vougeot. Mit anderen Worten: Der Wein gibt sich hier bescheiden und diskret. Nichts deutet auf seine Berühmtheit hin.

Am unteren Ende der Côte de Beaune, die hier auf Chagny in der Ebene und nach Süden hin auf die Côte Chalonnaise blickt, haben die Gemeinden Chassagne-Montrachet und Puligny-Montrachet an diesem Grand Cru teil. Im Gegensatz zu den meisten umfriedeten Weinbergen befand sich dieser Clos nie in Alleinbesitz. Er wurde erstmals im Mittelalter angelegt und blühte im 17. Jahrhundert auf. Die Parzelle des Marquis de Languiche ist eine der seltenen burgundischen Rebflächen, die seit mehreren Jahrhunderten im Besitz ein und derselben Familie geblieben sind.

Es gibt hier zahlreiche Steinhaufen. Auf dem Gebiet von Chassagne beweist die Abbauwand eines Steinbruches, daß der Stein ebenfalls zu den Reichtümern dieses Landes zählt. Die gegenwärtige Abgrenzung der Montrachet-Lage (etwas weniger als 8 ha) geht auf ein Urteil des Gerichts von Beaune aus dem Jahre 1921 zurück. Damals wurde entschieden,

Oben: Bacchus (Musée du Château de Tanlay).
Mitte: Clos de la Pucelle in Puligny-Montrachet.

daß außer dem historischen Clos noch 50 Ar in der Nachbarlage Les Dents de Chien Anrecht auf diese Appellation hätten.

Der Ritter, der Bastard und der älteste Sohn

Die anderen Grands Crus (Chevalier-Montrachet mit 7,3 ha, Bâtard-Montrachet mit 11,8 ha, Bienvenues-Bâtard-Montrachet mit 3,6 ha und Criots-Bâtard-Montrachet mit 1,6 ha) wurden 1938 bei der Einführung der kontrollierten Herkunftsbezeichnungen festgelegt. Während die beiden erstgenannten Appellationen schon im 18. Jahrhundert unter diesem Doppelnamen bekannt waren, erschienen die beiden anderen wie Kompromißentscheidungen zwischen den Ansprüchen der verschiedenen Gemeinden. Eine Parzelle der Cailleret-Lage (Les Demoiselles)

wurde damals in das Gebiet der Chevalier-Montrachet-Lage auf Verlangen von Handelshäusern in Beaune einbezogen, die sich auf bestehende Verkaufsgepflogenheiten und notarielle Akten beriefen. Man wies jedoch den Vorschlag zurück, eine Reblage Blanchots-Bâtard-Montrachet zu schaffen.

Schließlich hat die INAO 1974 der Chevalier-Montrachet-Lage noch eine weitere Parzelle von Le Cailleret eingefügt.

Der Ursprung der Namen »Chevalier« und »Bâtard« ist unbekannt. Sie werden seit langer Zeit benutzt, sicherlich auch wegen der Lage dieser Crus im Verhältnis zum Montrachet, den man früher den »alten«, »großen« oder »wahren Montrachet« nannte. Er bleibt weiter »der« Montrachet. Woher rührt der außerordentliche Erfolg der Chardonnay-Rebe in diesem Anbaugebiet, das so alltäglich, ja sogar undankbar wirkt? In Wirklichkeit sind die natürlichen

Faktoren sehr günstig. Die Ost- und Südostlage ermöglicht eine optimale Sonneneinstrahlung; außerdem schmilzt in der Montrachet-Lage, die ein Klima mit semimediterranem Charakter besitzt, zuerst der Schnee. Die Chevalier-Montrachet-Lage auf dem Gebiet von Puligny liegt dabei am höchsten (265 bis 290 m). Sie befindet sich auf einem gleichmäßigen, ziemlich steilen Hang (20% Steigung) und weist keine allzu tiefen Böden auf. Die Montrachet-Lage (rund 260 m hoch) schmiegt sich an den schon sanfter abfallenden Hang des Hügels (bis 10%, im unteren Teil fast horizontal). An der Südgrenze des Clos wendet sich der Wein ganz nach Südosten. Man hat behauptet, daß diese leichten Unterschiede in der Lage innerhalb von Le Montrachet ihren Ausdruck in besonderen Nuancen im Wein finden. Die Verkostung bestätigt das nicht.

Links von der Straße, die nach Chassagne-Montrachet führt, verfügen der Bâtard-Montrachet und danach im unteren Teil der Bienvenues-Bâtard-Montrachet auf dem Gebiet von Puligny-Montrachet über keine Hanglage mehr. Auch die Lage wechselt nicht mehr. Der Criots-Bâtard-Montrachet besetzt den kleinen Süd-Südosthang eines Hügels, der sich an die Bâtard-Lage anschließt und 240 m hoch ist.

Die Reblagen Chevalier-Montrachet und Montrachet fassen auf dem Bathon-Sockel Fuß, die Fazies unterscheiden sich. Im oberen Teil wechselt Mergel mit mehr oder weniger magnesiumhaltigem Kalkstein (Chevalier). In der Montrachet-Lage ist er nicht mehr vorhanden; dort besteht der untere Teil am Rande der Straße aus Geröll unter braunen, kalkhaltigen Böden.

In der Reblage Bâtard-Montrachet sind die aus Geröll bestehenden Böden neben der Straße nicht verschieden von denen der Montrachet-Lage. Die Böden des Bienvenues Bâtard-Montrachet und der restlichen Bâtard-Lage enthalten jedoch mehr Lehm und Schlick sowie Feuerstein. Diese tiefgründigen Böden, die nicht so reich an Kalksteinschotter und Karbonaten sind, behindern den Abfluß des Wassers.

Zur Rechten des Herrn

Der Montrachet offenbart seine Qualitäten nicht sofort. Um was für einen Jahrgang es sich auch handelt, seine Rasse, sein Alkoholreichtum und seine Länge im Mund stellen ihn »zur Rechten des Herrn«. Er ist gold-

grün und verbindet Eleganz und Kraft mit großem aromatischem Reichtum. Man kann ihn lange lagern. Der Chevalier besitzt einen kräftigen Körper, aber er scheint seine Rüstung abgelegt zu haben. Die leichten Böden verleihen ihm eine großartige aromatische Finesse, die schon von frühester Jugend an zur Entfaltung kommt.

Der Bâtard wirkt manchmal etwas dick. Er ist zwar liebenswürdig, hat jedoch noch Erde an den Schuhen. Aber diese Eigenschaften, die auf schwere Böden zurückgehen, geben ihm eine erstaunliche Langlebigkeit.

Weinkeller in Chassagne-Montrachet, wo große Weißweine Burgunds altern.

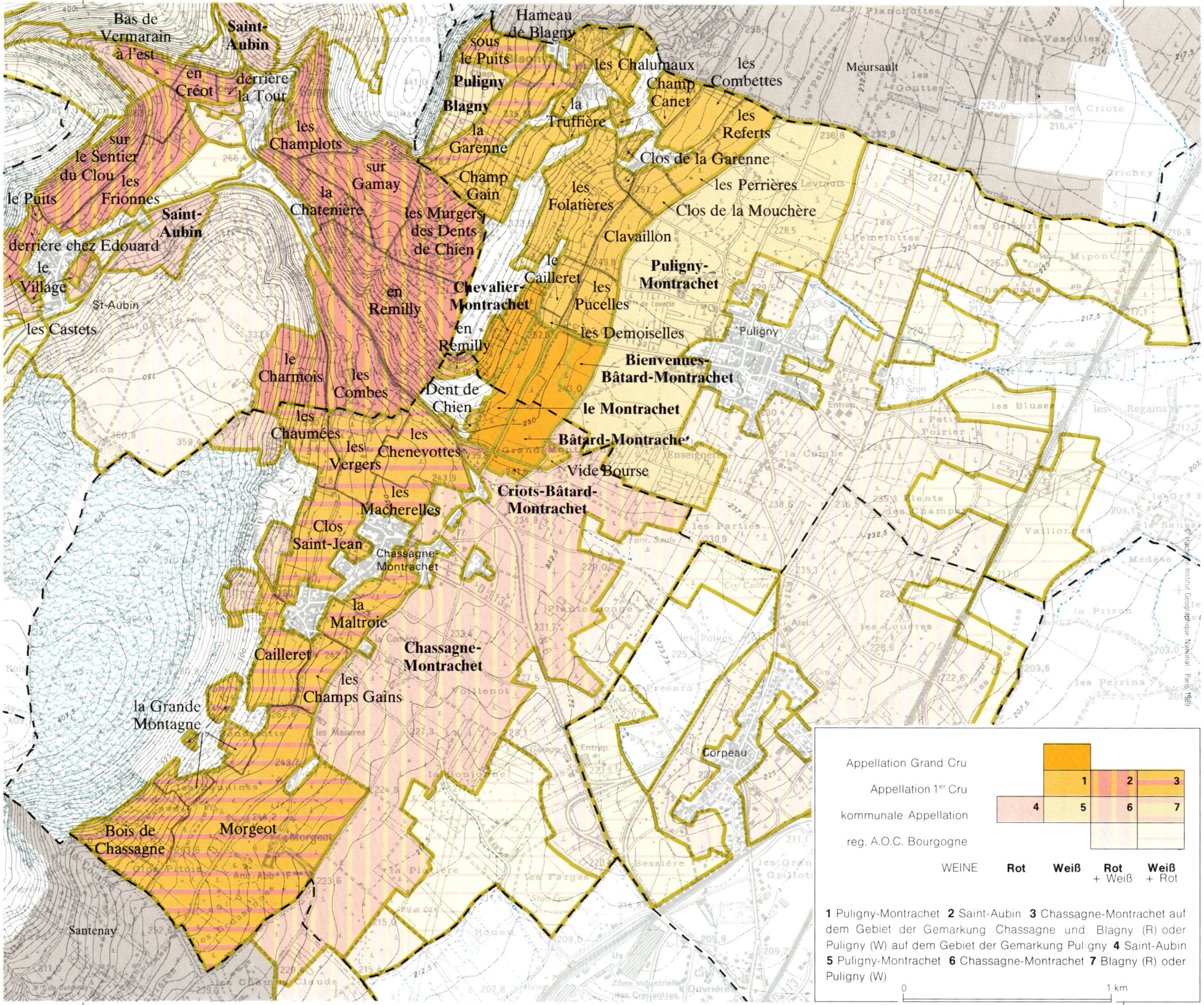

Appellation Grand Cru
Appellation 1er Cru
kommunale Appellation
reg. A.O.C. Bourgogne

WEINE	Rot	Weiß	Rot + Weiß	Weiß + Rot
		1	2	3
	4	5	6	7

1 Puligny-Montrachet **2** Saint-Aubin **3** Chassagne-Montrachet auf dem Gebiet der Gemarkung Chassagne und Blagny (R) oder Puligny (W) auf dem Gebiet der Gemarkung Puligny **4** Saint-Aubin **5** Puligny-Montrachet **6** Chassagne-Montrachet **7** Blagny (R) oder Puligny (W)

Criots- und Bienvenues-Weine sind sehr ähnlich; erstere sind etwas trockener, letztere leichter.

Die Grands Crus umfassen kaum mehr als insgesamt 30 ha (850 hl, davon 230 hl Montrachet-Weine).

Puligny-Montrachet und Chassagne-Montrachet

Während Puligny im letzten Jahrhundert vor allem Rotweine erzeugte, widmet sich diese Gemeinde heute fast ganz den Weißweinen. Ihre Premiers Crus (100 ha von insgesamt 215 ha Rebflächen) sind auf etwas mehr als zehn Einzellagen konzentriert, die sich auf dem Hügel zwischen Meursault und den Montrachet-Lagen befinden. Einige davon (Les Combettes, Les Pucelles und Le

Oben: Domaine Thénard in Montrachet.
Unten: Chassagne-Montrachet.

Clavoillon) bringen Weine von bemerkenswerter Finesse hervor, die in der Folatières-Lage sogar einen »ätherischen« Charakter annehmen. Le Cailleret grenzt an die Montrachet-Lagen an. Champ-Gain, Champ-Canet und La Garenne liefern ausgezeichnete Rotweine.

Wie der Weiler Blagny, der hoch oben in einer verdeckten Senke liegt, erzeugt auch Chassagne-Montrachet Weiß- und Rotweine.

Die kleine Insel der großen burgundischen Weißweine findet ihre Fortsetzung etwas jenseits des Dorfes. Der Hügel zeigt die gleichen Formationen. Les Grandes Ruchottes, En Virodot und Les Caillerets sind besonders gute Weißweinlagen. Die Chardonnay-Rebe entfaltet hier ihre ganze Feinheit. Zwischen Chassagne und Santenay, in der Nähe von Morgeot, wo noch die Überreste

eines Gutes von Mönchen der Abtei von Maizières zu finden sind, entstehen wunderbare Weißweine.

Das restliche Anbaugebiet eignet sich besser für Rotweine (Morgeot). Der Clos Saint-Jean liefert dank einer stellenweise dicken Schicht von feinen Ablagerungen erlesene Weine. Dieses Dorf, wo früher die Rebsorte Beurot angepflanzt wurde, weist zusammen mit Santenay die Besonderheit auf, daß die Winzer hier eine Rebschnittart übernommen haben, die sich von der übrigen Côte unterscheidet. Zahlreiche Reben werden bevorzugt im Cordon-de-Royat-Schnitt und nicht im Guyot-Schnitt erzogen: Dadurch können sich im Stamm des Rebstocks viele Reserven ansammeln, die den künftigen Trauben zur Verfügung stehen. Diese Praxis ist sicherlich nicht schlecht für die Qualität der Weine.

Saint-Aubin, Santenay und Les Maranges

Die Gemarkung Saint-Aubin, die hinter der Côte liegt, besitzt eine etwas höhere Lage als Chassagne und Puligny-Montrachet; das Klima ist daher trockener und kälter. Die Weinberge erstrecken sich auf mehr als 150 ha (2800 hl). Les Murgers des Dents de Chien und La Chatenière, die sich ganz in der Nähe der Grands Crus von Montrachet befinden, sind sehr gute Lagen für Weißweine. Die Weine von Saint-Aubin sind alkoholreich und weich und haben einen charakteristischen Nußgeschmack.

Oberhalb des Weilers Gamay, der seinen Namen der betreffenden Rebsorte gegeben haben soll, begünstigen ähnliche Böden wie die von Blagny die Erzeugung von Rotweinen, die jedoch etwas mehr Wärme als in Blagny besitzen. Gute Weine bringt auch ein gegen kalte Winde geschützter Hügel hinter Saint-Aubin hervor. Die Aligoté-Rebe erzielt hier achtbare Ergebnisse.

Santenay ist zwar bekannt für seine Thermalquellen und sein Casino, die einige Kurgäste und viele Spieler in diesen Ort locken, aber auch seine Weine sind schätzenswert. Das Dorf besteht aus drei Teilen: Santenay-le-Haut, Santenay-le-Bas und Saint-Jean. Die Vielfalt der Böden, die in Chassagne-Montrachet begonnen hat, setzt sich hier fort und kündigt bereits das abwechslungsreiche Relief der Côte Chalonnaise auf dem anderen Ufer der Dheune an (375 ha, 10 200 hl, hauptsächlich Rotweine). Die Rotweine von Santenay haben einen zurückhaltenden Charakter und zeigen beim ersten Schluck gern eine gewisse Rauheit. Mit der Zeit werden sie jedoch milder. Das ist kein leichter Wein, den man rasch trinken sollte. Lassen Sie ihn altern. Das gilt auch für die Weine Beauregard und La Comme, die in ihrer Jugend etwas hart sind, aber dank ihrer Robustheit gut altern können und dann ungeahnte Reize entfalten. Die Pinot-Noir-

Rebe verleiht diesen Weinen ein Aroma, das an Erdbeeren und andere rote Früchte erinnert und mit einem leicht bitteren Geschmack vermischt. Das letzte Glas Santenay ist immer das beste … Die besten Einzellagen befinden sich angeblich östlich der Kirche: Les Gravières und ihr Clos de Tavannes, der Chassagne berührt — ein voller, nerviger Wein. Seine Eleganz stammt sicherlich von den vielen Kies auf dem Mergelboden. Hinter Santenay liegen auf dem Hügel Beaurepaire und La Maladière auf rissigem Kalkstein und dünnen Mergelschichten. Die Gemeinde Remigny, die sich an den Hügel preßt, kommt teilweise in den Genuß der Appellationen Chassagne-Montrachet und Santenay. Weiter im Süden führt Saint-Jean zur südlichen Spitze der Côte de Beaune, die den Übergang zu den Weinbaugebieten des Chalonnais und des Couchois bildet.

Drei Dörfer teilen sich den Südhang der Montagne des Trois Croix. Das

Zusammenspiel verschiedener tektonischer Zufälle ist dafür verantwortlich, daß die geologischen Formationen nicht mehr die gleichen sind. Auf den mittel-oberjurassischen Kalkmergel folgt Mergel aus dem Lias, der lehmreicher und auch kälter ist. Dieser Nachteil wird ausgeglichen durch eine ausgezeichnete Südlage und eine perfekte Entwässerung, die dem starken Gefälle zu verdanken ist. Die Weine besitzen einen unterschiedlichen Stil und eine größere Adstringenz. Nach ein paar Jahren kann man ihren vollen Charakter genießen.

Die drei Gemeinden Dezize-lès-Maranges, Cheilly-lès-Maranges und Sampigny-lès-Maranges haben vor, sich zusammenzuschließen, um nur noch eine einzige kontrollierte Herkunftsbezeichnung, nämlich Les Maranges, zu benutzen. In Sampigny-lès-Maranges kann man eine gewaltige Traubenpresse aus dem 18. Jahrhundert sowie Winzerhäuser mit alten Portalvorbauten sehen.

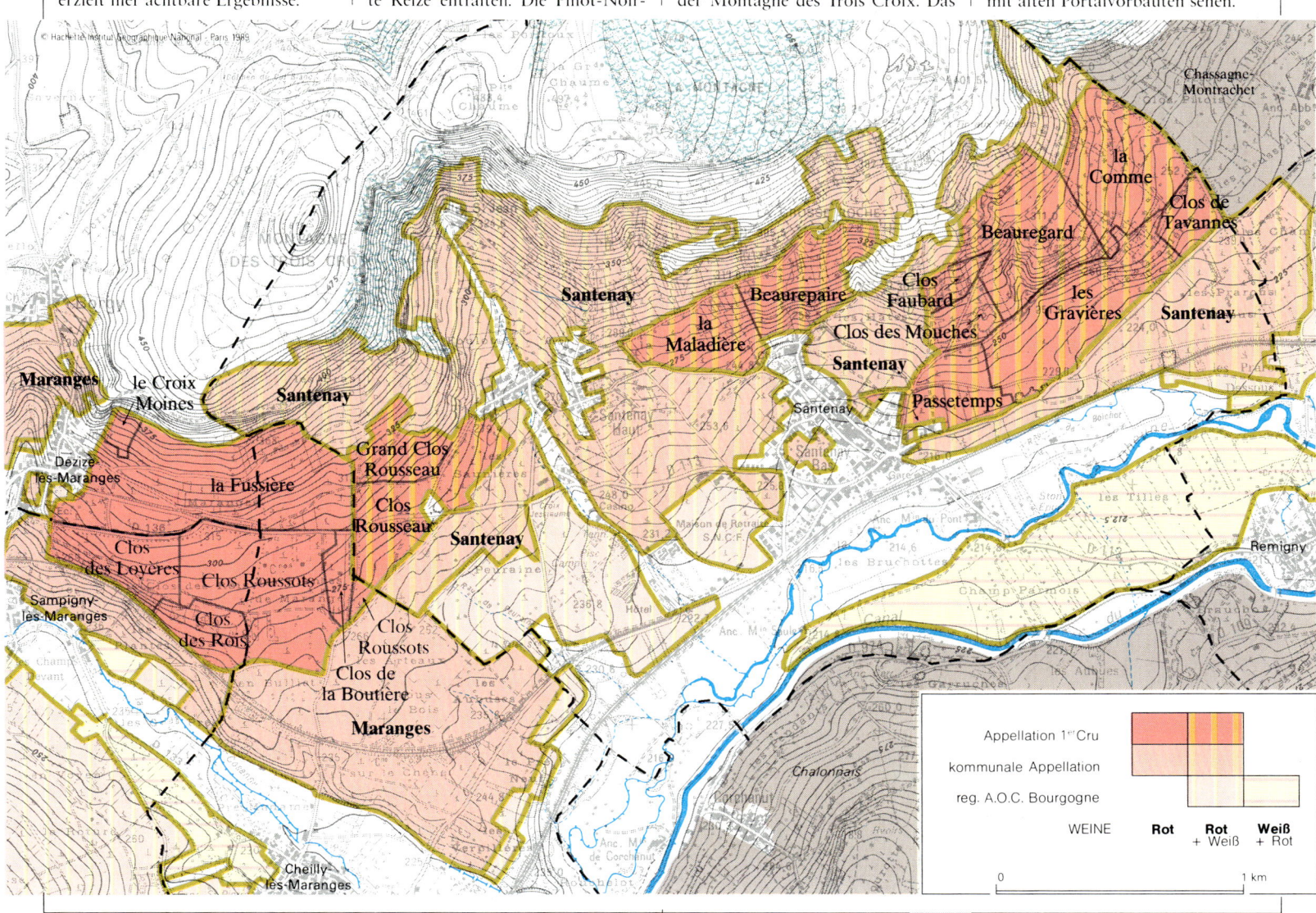

Die Côte Chalonnaise

Sobald man die Dheune überschreitet, sieht alles anders aus. Eine gleichmäßige Hügelkette verlängert zwar die Côte in derselben Achse, aber die Natur wirkt nicht mehr einheitlich, sondern wird zu einem Mosaik eng beieinanderliegender Landschaften. Das Weinbaugebiet der Côte Chalonnaise besetzt einen schmalen Streifen mit sedimentären Böden zwischen Chagny und Saint-Genoux-le-National. Bis Châlon-sur-Saône im Norden findet man herausgebrochene Kalksteinfelsen auf Sand- und Lehmschichten aus der Trias und dem Lias. Zahlreiche Verwerfungen haben eine Landschaft geformt, die dem Wein vielfältige Lagen bietet. Manchmal tritt der kristalline Sockel des Zentralmassivs zutage. Man trifft somit wieder auf sandig-lehmige Böden über Granitgestein, reine oder vermischte Sandböden über Sandstein aus der Trias, ziemlich lehm- und kalkhaltige Mergelböden und Sandstein an Steilabbrüchen oder auf Hügeln. Das Klima ist ebenfalls nicht einheitlich; es zeigt deutliche mediterrane Züge, je weiter man nach Süden kommt.

Dieser natürlichen Vielfalt der Landschaften hat sich auch das Weinbaugebiet angepaßt. Seine Winzer bauen Pinot Noir und Chardonnay ebenso wie Gamay und Aligoté an. Der Hafen von Chalon an der Saône kannte früher einen regen Handel. Erst seit Anfang dieses Jahrhunderts spricht man von »Côte-Chalonnaise«-Weinen, eine Bezeichnung, die später zugunsten der Appellation Bourgogne vernachlässigt wurde. Gegenwärtig ist eine Reform im Gange: Auf dem Gebiet von etwa vierzig Gemarkungen soll entsprechend den Vorschriften dieser Appellation die ergänzende Bezeichnung »Côte Chalonnaise« hinzugefügt werden.

Die Côte Chalonnaise ist in erster Linie für vier Appellationen bekannt: Rully, Mercurey, Givry und Montagny.

Im Lande des Weins ist jedoch nichts ganz so einfach, denn die Gemeindegrenzen stimmen nicht immer mit den Weinbaugrenzen überein. Vier Gemarkungen des Departements Saône-et-Loire, die nahe der Côte-d'Or liegen, werden logischerweise den Hautes Côtes de Beaune zugerechnet. Es handelt sich dabei um Créot, Epertully, Change und Paris-l'Hôpital. Ihre Weine sind genauso tanninhaltig wie die Weine in der Umgebung von Nolay. Man darf sie deshalb nicht zu jung trinken.

Das Gebiet von Couches bildet ebenfalls ein angrenzendes Weinbaugebiet. Seine fünf Gemeinden, die südlich der Hautes Côtes liegen, erzeugten früher gute Weine vom Grand-Ordinaire-Typ für das Bergbaugebiet von Epinac und Montceau. Einige Kalklehmböden liefern heute passable Burgunderweine, während die lehmreicheren Böden feste Weine hervorbringen, denen es in ihrer Jugend bisweilen an Finesse mangelt, die das aber später wieder wettmachen. Auf dem kristallinen Sockel und den Sand- bzw. Sandsteinböden gedeiht die Gamay-Rebe gut und erzeugt leichtere Weine.

Das wiederholt renovierte Schloß von Rully aus dem 12. und 16. Jh. überragt das Anbaugebiet.

Der Bourgogne Aligoté Bouzeron

Die Aligoté-Rebe wurde zu Beginn des Jahrhunderts und vor der Reblauskrise sehr häufig angebaut; damals kelterte man von ihr offene Tischweine (die zum raschen Verbrauch bestimmt waren). Aber ihre Frische und Spritzigkeit führte manchmal dazu, daß man sie den Chardonnay-Weinen von berühmteren Anbaugebieten vorzog. Heute findet man den Aligoté im Flachland, im Gebiet von Auxerre, in den Hautes Côtes und hier in Bouzeron, einer kleinen Gemeinde in der Nähe von Chagny. Die braunen, kalkhaltigen Böden dort sind auf hartem Jura-Kalkstein entstanden. Zwei Hänge liegen einander gegenüber, auf den beiden Seiten eines Tals, das in Nord-

Süd-Richtung verläuft. Die Aligoté-Rebe gedeiht hier so gut, daß allein für dieses Dorf eine eigene regionale Appellation geschaffen wurde. Der Name »Bouzeron« darf der Bezeichnung »Bourgogne Aligoté« angefügt werden (1000 hl). Es gibt kein weiteres derartiges Beispiel.

Rully

Fest verankert auf seinem Hügel, mit seinem von mächtigen Türmen flankierten Schloß, seiner Kirche mit dem eleganten Glockenturm, seinen Häusern und seinen Parks mit den alten, verträumten Bäumen, scheint Rully hier schon seit einer Ewigkeit zu bestehen. Doch das Dorf hatte mehrere Standorte, bevor es endlich den Platz fand, der ihm genehm war. Bei den Weinen von Rully fühlt man sich an die Glätte und die Kühle von Marmor erinnert. Tatsächlich besitzt der Rully mit seinem feinen Aroma, seinem trockenen Geschmack und seinem natürlichen Charme einen ganz eigentümlichen. unverwechselbaren Stil. Man erkennt ihn ziemlich schnell.

Die Rebfläche für Rully-Weine umfaßt nahezu 520 ha, die sich größtenteils auf dem Gebiet von Rully und zu einem kleinen Teil in der Gemarkung Chagny befinden. Die Erträge, die 1955 bei 500 hl lagen, erreichen heute schon rund 10 000 hl bei der kommunalen Appellation sowie fast 2000 hl bei den Premiers Crus. Diese Steigerung gelang erst in jüngerer Zeit; die neuen Rebflächen wurden zu gleichen Teilen mit Chardonnay und Pinot Noir bestockt.

Die geologischen Formationen gehören dem mittleren und oberen Jura an und bestehen aus rissigem Kalkoolith und Mergel. Mehrere Längsverwerfungen, die von Norden nach Süden verlaufen, unterteilen das Anbaugebiet. Die ziemlich homogen aufgebauten Böden, im allgemeinen vom Typ brauner Kalkboden, verleihen der Appellation einen recht einheitlichen Charakter. Die Unterschiede in den Eigenschaften gehen eher auf die wechselnden Lagen und Höhen zurück. Der

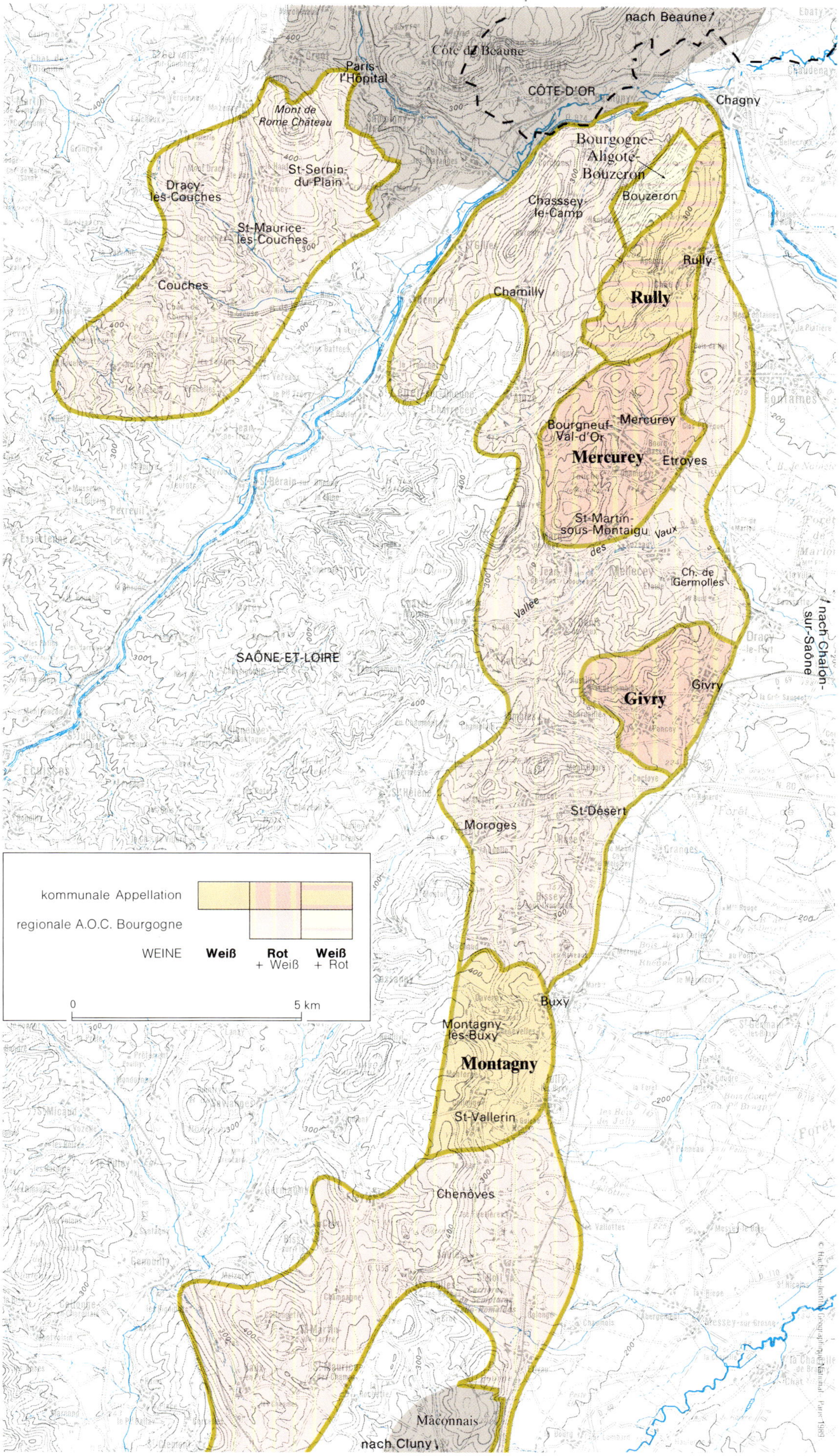

Kartenlegende

kommunale Appellation

regionale A.O.C. Bourgogne

WEINE **Weiß** **Rot + Weiß** **Weiß + Rot**

0   5 km

Osthang, der zur Saône-Ebene hin liegt, ist zweifellos der beste; er wird in einer Höhenlage von etwa 230 bis 300 m bebaut. Die Pinot-Noir-Rebe, die hier häufig wächst, liefert volle, saubere und fleischige Weine, die es mit den besten Gewächsen der Côte de Beaune aufnehmen können. Mehrere Einzellagen haben sich einen besonderen Ruf als Premiers Crus erworben; erwähnen muß man dabei Les Saint-Jacques und Les Cloux. Bei den neuen Rebflächen pflanzte man aufgrund der Höhe (bis 370 m), der topographischen Lage — ein Hügel mit verschiedenen Hanglagen — und der eher lehmigen Böden bevorzugt Chardonnay an. Die Weißweine von Rully sind lebhaft und sehr duftig. In ihrem Aroma ähneln sie den Nachbarwei-

das so treffend benannte Val d'Or hineinreicht, bildet es einen zentralen Ausgangspunkt. Die touristische Rundreise verbindet den Probierkeller mit einer Orientierungstafel und führt an der schönen Kirche von Touches, am Schloß von Montaigu, das oberhalb von Saint-Martin liegt, und an der Heiligen Jungfrau von Mercurey vorbei.

Das ist die wohl bekannteste Appellation der Côte Chalonnaise. Das Anbaugebiet umfaßt 630 ha (25 000 hl Rotwein und ungefähr 1000 hl Weißwein). Es erstreckt sich auf zwei Gemarkungen: Mercurey (1971 wurde Bourgneuf-Val d'Or eingemeindet) und Saint-Martin-sous-Montaigu. Ihren Aufschwung verdankt die Appellation Mercurey, die flächenmäßig kaum größer als Rully

zu guter Reife gelangen, ausgezeichnet ausfallen.

Im südlichen Teil und auf dem Gebiet von Bourgneuf-Val d'Or (Les Montelots) ist die Lage nicht mehr so günstig; sie geht oft nach Norden. Günstigere Lagen findet man wieder ab dem Weiler Touches, wo der Hang nach Osten liegt. Sie setzen sich bis Saint-Martin-sous-Montaigu fort, wo die Weinberge neben dem Schloß eine ideale Lage besitzen. Südlich von diesem Dorf dämpfen mergelige Liasböden die Finesse des Weins. Am Ostrand schließlich (Etroyes) steigt der Wein in die Ebene hinab; er wächst hier auf Pliozänböden (Tertiär) der Bresse, die sich vom Mercurey-Typ entfernen und wieder einheitlicher werden.

Die Confrérie des Compagnons de

nur schlecht Widerstand geleistet. Einige Winzer sind dennoch bestrebt, Givry am Leben zu erhalten.

Seine Lage ist bemerkenswert. Die Einheit der Böden und der Lagen ist fast vollkommen. Nur das kleine Gebiet der Champs Pourot unterscheidet sich hinsichtlich der Böden etwas vom Rest der Appellation. Dasselbe gilt für die kleine Insel von Russilly, das ebenfalls vom Gesamtgebiet abweichende Böden besitzt, aber die Südlage dort gleicht diesen leichten Nachteil aus. Generell bringen die mergelig-kalkigen Böden der Argovien-Stufe (unteres Oxford des oberen Jura) Rotweine hervor, die tanninreich, rund und duftig sind, wobei das Bukett an feuchtes Unterholz erinnert (5000 hl). Daneben gibt es noch eine kleine Weißweinproduktion (weniger als 500 hl).

nen aus der Umgebung von Chassagne-Montrachet. Sie sind ehrlich und ansprechend.

Diese Weine waren früher zur Schaumweinherstellung bestimmt; ihre Erzeugung geht auf die Ansiedlung mehrerer Firmen zurück, die sich auf die Herstellung von Schaumweinen durch Flaschengärung spezialisierten. Seit dem verdienten Erfolg der Appellation Rully bei den nichtschäumenden Weißweinen produzieren diese Unternehmen hauptsächlich Crémant de Bourgogne, wobei sie ihren Bedarf an Trauben in den Nachbargemarkungen decken.

Mercurey

Mercurey liegt fast auf dem Gipfel, 250 bis 300 m hoch, ein großer Marktflecken von 2000 Einwohnern, der sich ganz dem Wein verschrieben hat. Da sich das Dorf auf den Hängen ausbreitet und auch in

ist, der Entstehung mehrerer großer Weingüter sowie den alteingesessenen, aktiven Winzern.

Böden und Mikroklimate bringen hier Weine hervor, deren genereller Stil weniger charakteristisch als in Rully zu sein scheint. Die am häufigsten vorkommenden geologischen Formationen sind jedoch identisch mit den Böden dieser Gemarkung, die sich somit mehr oder weniger deutlich im Norden von Mercurey fortsetzen. Sie eignen sich besser für die Pinot-Noir-Rebe, die erstklassige Rotweine erzeugt: kräftig gebaut und elegant in den guten Lagen, kraftvoll auf Kalkstein, milder auf Lehm. Die Einstufung der Premiers Crus ist noch nicht abgeschlossen. Unbestritten zu den besten zählen aber jetzt schon die Weine, die aus den Lagen Les Champs Martin, Clos l'Evêque und Les Petits und Grands Voyens stammen. Im selben nördlichen Abschnitt liefern einige weniger günstige Lagen (Les Montelots) Weine, die lebhafter sind und nur in Jahrgängen, in denen ihre Trauben

Der Mercurey-Wein: von der Rebe ins Glas.
Links: Château de Chamirey.

Saint-Vincent et Disciples de la Chanteflûte feiert den Stechheber des Winzers ebenso wie die Weine dieser Appellation. Bei ihrer alljährlichen Weinprobe, der Chanteflûtage, werden die besten Weine nach dem Vorbild der Tastevinage ausgezeichnet.

Givry

Givry war lange Zeit der Hauptweinbauort der Côte Chalonnaise. Sein Wein genoß bereits im Mittelalter einen hervorragenden Ruf. Auch Heinrich IV. soll für ihn eine gewisse Schwäche gehabt haben – ebenso wie für die Herrin des Schlosses von Germolles, Gabrielle d'Estrées. Aber dieses Dorf hat der Ausdehnung des Stadtgebiets von Chalon-sur-Saône

Montagny

Montagny, die südlichste Appellation der Côte Chalonnaise, bietet ausschließlich Weißweine, die auf dem Gebiet von vier Gemeinden erzeugt werden: Montagny-lès-Buxy, Saint-Vallerin, Buxy und Jully-lès-Buxy. Die bestockte Anbaufläche umfaßt rund 100 ha (6000 hl), könnte aber größer sein. Das Weinbaugebiet erstreckt sich auf Hügel, deren Höhe von 250 m bis 400 m reicht und die aus Sandstein mit ziemlich ausgeprägtem Relief bestehen, von Montagny an nimmt es fast das gesamte Tal ein.

Die allgemeine Lage geht von Nordosten bis Südwesten, wobei die Ostlage dominiert. Die Böden gehören der Lias- und der Trias-Stufe an und sind sehr verschieden von den Böden der anderen Appellationen der Côte Chalonnaise; sie setzen sich zusammen aus Mergel und mergeligem Sandstein. Montagny bildet nämlich die Pforte zum Mâconnais.

Ein guter Montagny-Wein besitzt ein delikates Bukett, das zumeist zurückhaltend und nur selten offenherzig ist, sowie einen sehr trockenen Geschmack. Die Genossenschaftskellerei von Buxy, die bedeutendste im Norden des Departements Saône-et-Loire, verleiht dieser Appellation wirkliche Dynamik.

Das Mâconnais

Zwischen Tournus und Mâcon vollzieht sich der Übergang von Nord- nach Südfrankreich. Die Dächer werden flacher, die Ziegel runder. Die Häuser schmücken sich mit einer »Galerie«, einer Terrasse mit einem Vordach und hölzernen Pfeilern. Darunter befindet sich der Keller. Der »*Tinailler*« birgt Gärbehälter und Traubenpressen. Der Wein, der nach der Côte Chalonnaise verschwunden war, kommt nämlich in der Umgebung von Mâcon wieder zum Vorschein.

Der Dichter Lamartine hat die Landschaft, die Erde und die Menschen hier besungen. Milly, Pierreclos, Saint-Point und Monceau bilden das »lamartinische Land«. Die Saône, die zu Füßen der Hügel des Mâconnais dahinfließt, wirkt wie ein träger Strom, der offensichtlich glaubt, daß er noch viel Zeit hat, bis er in Lyon in die Rhône mündet. Sie trödelt herum und verläßt gern ihr Bett. Mâcon verdankt diesem Fluß alles. Diese Verwaltungs- und Handelsstadt, die an der äußersten Grenze des Charolais unmittelbar vor der Bresse liegt, ist seit langer Zeit ein wichtiges Zentrum des Weinhandels. »Wein aus Mâcon« nannte man den Wein, der von hier aus verkauft und verschickt wurde.

Das Mâconnais bildet auf der Landkarte ein Rechteck von rund 50 km

Länge in Nord-Süd-Richtung und von etwa 15 km Breite in Ost-West-Richtung. Im Norden und Westen markiert die Grosne die Grenze. Im Osten grenzt die flachkuppige Landschaft der Bresse daran an. Im Süden stößt das Mâconnais an das Massiv des Beaujolais; dort wechselt man in ein anderes Weinbaugebiet über.

Die geologischen Schichten wiederholen sich von West nach Ost, entsprechend drei monoklinalen Bergketten, die in östliche Richtung

schwenken und an deren Rändern Längsverwerfungen verlaufen, die von Nord-Nordost nach Süd-Südwest streichen. Die unterschiedliche Härte des austretenden Gesteins läßt sich an der Landschaft ablesen: ein vielfältiges Relief, das sich wiederholt. Mergel aus dem Lias und vor allem aus dem oberen Jura formen breite, nach Osten hin liegende Hänge, auf denen Wein wächst. Die Westhänge, die in klimatischer Hinsicht weniger günstig sind, bestehen oft aus hartem Kalkstein; sie sind viel steiler, so daß der Wein hier weniger Platz findet. Auf den Gipfeln bilden Wälder einen natürlichen Schutz gegen klimatische Einflüsse. In den Tälern der kleinen Flüsse wird häufig auf den Südhängen Wein angebaut. Die Gamay-Rebe wächst auf dem kristallinen Sockel, über dem Sandsteinformationen (Sande und saurer Quarzsand) liegen, sowie auf Lehmböden. Die anderen geologischen Schichten sind zumeist kalkhaltig. Dort gedeihen die Rebsorten Chardonnay und Aligoté auf den am stärk-

Mâconnais-Wohnhaus in Chasselas.

sten lehmhaltigen Böden, während die Pinot-Noir-Rebe die weniger tiefen, kalkigen Böden bevorzugt.

Obwohl das Klima schon deutlich mediterranen Einflüssen unterliegt, ist es auch in Südburgund immer noch kontinental. Der Wind kommt vorherrschend aus Norden, vor allem im Winter (der kalte Nordwind), und aus Süden (der milde Wind, der den Regen ankündigt). Wein wird hier bis zu einer Höhe von 350 bis 400 m angebaut.

Die Weinberge sind im Mâconnais weniger dicht bepflanzt als an der Côte-d'Or. Gegenüber 10 000 Rebstöcken pro Hektar findet man hier etwa 7000. Auch die Art des Rebschnitts unterscheidet sich; aufgrund des Klimas kommt es nämlich nur bei langem Rebschnitt zu einem regelmäßigen Fruchtansatz. Man nennt diesen Schnitt »taille à queue du Mâconnais«: Das lange Holz ist bogenförmig gekrümmt, wobei es am mitt-

leren Spalierdraht vorbeigeführt und dann wieder zurückgebogen wird, um mit der Spitze am unteren Draht befestigt zu werden.

Mâcon

Mehrere Appellationen tragen diesen Namen, obwohl Mâcon selbst keine Rebflächen besitzt. Rot- und Roséweine der Appellationen Mâcon und Mâcon Supérieur sowie Mâcon, gefolgt vom Namen des Dorfes bei einigen Gemeinden, werden in erster Linie von der Gamay-Rebe, aber auch von der Rebsorte Pinot Noir erzeugt.

Die Weine dieser Appellationen sind von unterschiedlichem Typ, je nach Produktionsort, einmal vom Burgunder-, ein anderes Mal vom Beaujolais-Typ. Sie sind rustikal und tanninreich (70 000 hl).

Beim Weißwein ist die einzige Rebsorte der Chardonnay. Es gibt zwei Appellationen: Mâcon und — innerhalb davon — Mâcon-Villages, wo die Bezeichnung »Villages« an die Stelle des Namens der Erzeugergemeinde treten kann. Fast 80% der Produktion entfallen in diesem Weinbaugebiet auf Genossenschaften; diese tragen auch bei zum Aufschwung der leichten, duftigen Weine, die oft einen Muskatgeschmack haben. Die besten Mâcon-Villages-Weine stammen aus der mergeligen »Furche« des oberen Jura, die ganz im Osten der Côtes du Mâ-

connais liegt und von Hurigny bis
Viré reicht. Ebenfalls einen guten Ruf
haben sich noch weitere Dörfer, wie
etwa Lugny, Prissé oder Cruzille, erworben (insgesamt 120 000 hl).

Pouilly-Fuissé und Saint-Véran

In der Umgebung von Mâcon (8 km
westlich) verleihen die Kalksteinvor-
sprünge von Solutré und Vergisson
der ansonsten so biederen Landschaft unerwarteten Schwung. Als ob
versteinerte Schiffsriesen im Rebenmeer auf Grund gelaufen wären…
Am Fuße des Solutré-Felsens, der
einer prähistorischen Kulturstufe
(etwa 20 000 Jahre vor unserer Zeitrechnung) seinen Namen gegeben
hat, entdeckte man einen riesigen
Haufen von Pferdeknochen, fast
4 ha groß und 2 m dick. Diese Pferde
(mehrere Zehntausend) sind hier von
einem Jägervolk getötet worden, als
die Herden aus der Saône-Ebene ins
Hinterland zogen.
Heute trifft man auf den Pfaden in
den Weinbergen eher auf Ziegen. Sie
liefern die Milch für den ausgezeichneten Käse des Mâconnais. Die
Häuser hier besitzen oft sehr hübsche

*Oben: Das Schloß von Chasselas
und seine drei mittelalterlichen
Türme.*
Links: Der Kalksteinfelsen Solutré.

»Galerien«; ihre sanft geneigten Flach-
dächer folgen den Rundungen der
Hügel. Wuchtige, befestigte Häuser
beweisen, daß dieser Wein schon
immer sehr begehrt war. Solutré teilt
sich mit Fuissé, Chaintré und Vergisson die Reblagen Pouilly-Fuissé,
Pouilly-Loché und Pouilly-Vinzelles.

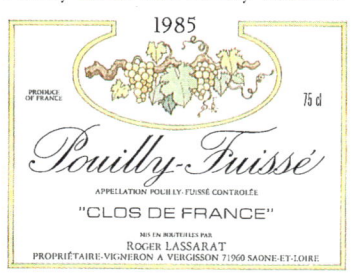

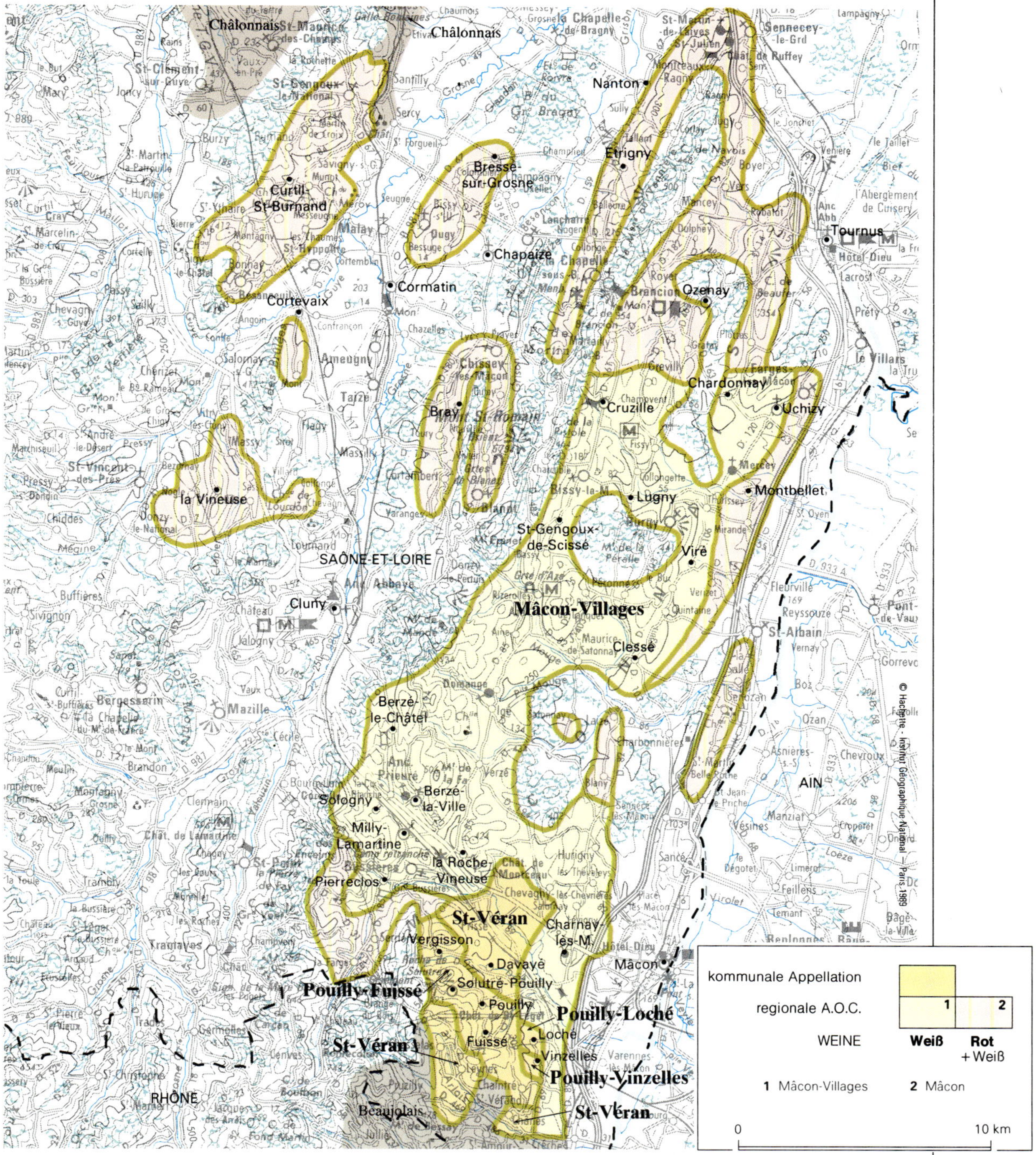

Die Anbaufläche der Appellation Pouilly-Fuissé, die sich auf 750 ha erstreckt, liefert pro Jahr rund 40 000 hl. Ihre Weine sind vor allem in den Vereinigten Staaten sehr angesehen und erregen hier eine wahre Leidenschaft. Sie stammen von der Chardonnay-Traube und haben eine goldgrüne Farbe (nicht zu verwechseln mit den Weinen aus Pouilly-sur-Loire). Sie sind trocken, fein und vornehm. Ihr klares Aroma, das von einem angenehmen Bukett begleitet wird, erinnert oft an Haselnüsse und geröstetes Brot, was auf die Lagerung im Holzfaß zurückzuführen ist. Aufgrund der Vielfalt an Böden kommen jedoch deutliche Unterschiede vor. Kalkstein und Kalkmergel bilden den Osthang der Appellation (Vergisson und Fuissé). Weiter südlich liegt Chaintré nur noch teilweise auf diesen Bodentypen aus dem mittleren und

oberen Jura. Im westlichsten Teil trifft man auf lehmigere Böden, unter denen sich der Granitsockel befindet. Der West-Ost-Hang mischt Mergelböden des Lias mit darübergeschobenen Lehm- und Sandsteinschichten der Trias. Die Höhe schwankt zwischen 225 und mehr als 350 m. Die Rebflächen besitzen nicht alle die gleiche Lage; einige von ihnen liegen sogar nach Norden.

Die winzige Appellation Pouilly-Loché (15 ha) befindet sich auf dem Gebiet des Dorfes Loché. Diese ziemlich seltenen Weine können auch den Namen Pouilly-Vinzelles tragen, eine den Gemeinden Loché und Vinzelles zuerkannte Appellation (60 ha). Sie sind enge Verwandte der Pouilly-Fuissé-Weine.

Saint-Véran

Die kontrollierte Herkunftsbezeichnung Saint-Véran ist jung. Sie entstand 1971 und vereinigt mehrere Gemeinden im Umkreis von Saint-Vérand, das dabei sein »d« verlor.
Es handelt sich um zwei getrennte Zonen beiderseits der Appellation Pouilly-Fuissé. Im Norden umfaßt sie die Dörfer Davayé und Prissé, im

Legende:

kommunale Appellation		
regionale A.O.C.	1	2
WEINE	Weiß	Rot + Weiß
1 Mâcon-Villages		2 Mâcon

0 ———— 10 km

Oben links: Das Wiegen der Trauben.
Links: Die Kirche von Fuissé.

Süden Chânes, Chasselas (das seinen Namen der betreffenden Rebsorte gegeben haben soll, was wahrscheinlicher als der umgekehrte Fall ist), Leynes, Saint-Amour und Saint-Vérand. Die Abgrenzung hat nur Anbaugebiete mit kohlensauren Böden berücksichtigt; daher rührt auch der einheitliche Charakter dieser Weißweine, die von der Chardonnay-Rebe stammen (25 000 hl) und an die Weine von Pouilly-Fuissé erinnern, sich aber vielleicht etwas weniger lang im Geschmack zeigen. Saint-Véran ist es gelungen, sich einen Platz in der Sonne des Mâconnais zu sichern.

Beaujolais

Vom Beaujolais kennt man oft nur den »Beaujolais Nouveau«. Dieser 1951 offiziell anerkannte Weintyp besitzt ein simples, allgemein verbreitetes Image: das eines sehr jungen, fröhlichen und gefälligen Weins. Die ganze Welt wartet schon mit Ungeduld darauf, wenn er endlich aus der Kelter fließt. Der alljährliche Wettlauf, bis er in London oder San Francisco eintrifft, ist inzwischen zum internationalen Ereignis geworden.

Mehr als die Hälfte der Produktion der Appellationen Beaujolais, Beaujolais-Villages und Beaujolais Supérieur gelangt bereits ein paar Wochen nach der Lese als Beaujolais Nouveau auf den Markt: insgesamt 65 Millionen Flaschen! Der neue Beaujolais ist ein echter Primeur-Wein. Er verläßt den Gärkeller Mitte November. Praktiziert wird eine kurze Gärdauer; mitunter entfaltet die Vinifizierung des Beaujolais – die manchmal auch als Semi-Kohlensäuremaischegärung bezeichnet wird, weil die Gärbehälter nicht sofort mit Kohlendioxid gesättigt werden – das Aroma der Frucht im Übermaß.

Dieses Image hat jedoch den Nachteil, daß es die Vielfalt der Beaujolais-Weine und ihre Alterungsfähigkeit überdeckt. Das Beaujolais, das südlich von Mâcon beginnt und mit einer Länge von etwa 50 km bis vor die Tore von Lyon reicht, gehört zum burgundischen Weinbaugebiet (Urteil des Gerichts von Dijon aus dem Jahre 1930). Aufgrund seines besonderen Charakters und des Umfangs seiner Produktion (20 500 ha im Departement Rhône und 1600 ha im Departement Saône-et-Loire, 1,3 Millionen hl oder umgerechnet 170 Millionen Flaschen) bildet es jedoch ein eigenständiges Anbaugebiet.

Es handelt sich dabei um den östlichen Teil eines bergigen Ausläufers des Zentralmassivs. Die zur Saône führenden Flüsse haben darin Täler eingegraben. Das Tal der Ardières steht durch den Echarmeaux-Paß mit dem Tal der Saône und dem der Loire in Verbindung. Obwohl das Gelände am Saint-Rigaud bis 1012 m ansteigt und die Höhen mit Wald bedeckt sind, überschreitet der Wein, der überall auf den Hängen zu sehen ist, selten eine Höhenlage von 500 m. Er wächst auf den Osthängen, die gut gegen den Westwind (die von der Loire her wehende »Traverse«) geschützt sind und zur aufgehenden Sonne hin liegen. Châteaus, Häuser

In der Nähe von Juliénas.

und Nebengebäude der Winzer (wo die Gärkeller untergebracht sind) können sich nur schwer der Macht des Weinbaus entziehen, der sich offensichtlich in diese fruchtbaren Kuppen verliebt hat.

Auf der Höhe von Villefranche-sur-Saône markiert eine Straße die Grenze zwischen den zwei geologischen Regionen des Beaujolais. Im Norden bilden alte Böden der hercynischen Faltungsphase, die aus Granit-, Porphyr- und Schiefertrümmern bestehen und ohne Mitwirkung von Kalkstein entstanden sind, eine sanfte Landschaft mit abgerundeten Formen; schon seit dem 10. Jahrhundert wird hier Wein angebaut. Die Hügel tragen die Rebflächen, während man in den Tälern, die teilweise mit Quarzsand (jenem Sand, der von der Verwitterung von Eruptivgestein herrührt) aufgefüllt sind, Wiesen findet. Im Süden wird die Landschaft uneinheitlicher; die Böden, die auf die Erosion der hercyni-

schen Gebirgskette zurückgehen, bestehen aus jurassischen Ton-kalken und vor allem aus dem berühmten »goldenen Stein«. Hier wachsen Gras und Gestrüpp.

Das Klima ist gemäßigt, selten sehr kalt. Der letzte strenge Winterfrost, der 10% des Weinbaugebiets zerstörte, ereignete sich 1956. Besonders günstig für das Klima wirkt sich die Öffnung zur Saône-Ebene aus, die eine wärmeregulierende Rolle spielt. Während nur durchschnittlich viel Regen fällt, kann der Hagel manchmal eine ganze Ernte vernichten.

Die Herrschaft der Gamay-Rebe

Mit Ausnahme einiger Parzellen, die mit Chardonnay bepflanzt sind (für die Weißweine des Beaujolais, die nur wenig bekannt, aber ansprechend sind), beherrscht die Rebsorte Gamay Noir à Jus Blanc das Anbaugebiet. Sie bevorzugt sichtlich die

sauren Böden des oberen Beaujolais, wo auch die Villages (»Dörfer«) und die Crus liegen. Trägt der Wein somit nicht »reiche Früchte« auf »armen« Böden? Eine besondere Vinifizierungsmethode mit ganzen, unverletzten Trauben ermöglicht die Herstellung von Weinen, die ein reiches, blumig-fruchtiges Aroma besitzen, das an Veilchen, Iris, Pfingstrosen, Pfirsiche, Bananen und rote Beeren erinnert. Sie schließt jegliche Kelterung und Entrappung aus. Auch der Einsatz von vollautomatischen Erntemaschinen kommt nicht in Frage. Die Primeur-Weine verdanken ihre Frische und Natürlichkeit dieser speziellen Weinbereitung, die auch das Aussehen der Häuser im Beaujolais mit ihren abgeflachten Dächern erklärt. Die Gärbehälter stehen erhöht, damit das herantransportierte Lesegut besser hineinfällt. Danach fließt der Wein von selbst aus dem Gärfaß in den Weinkeller. Er wird in Pièce-Fässern mit einem Fassungsvermögen von 214 bis 216 l (je nach Appellation) gelagert.

Das Beaujolais ähnelt seinem Wein. Es verkörpert schlichte Herzlichkeit und ist reich an »Bodengeschmack«. Sein Name leitet sich von den Herren von Beaujeu ab, die es bis 1400 als fast unabhängiges Gebiet in ihrem Besitz hatten. Franz I. gliederte es dem französischen Kronbesitz ein.

Der Charakter des Beaujolais unterscheidet sich vom Burgunds. Seine Hanglinie fällt nach Villefranche und Lyon steiler als nach Beaune hin ab. Es zeigt bereits südliche Züge und entfaltet sich mit mehr Fröhlichkeit und Einfallsreichtum als die Gegend zwischen Mâcon und Dijon. Die wirtschaftlichen Schwierigkeiten (vor der Modewelle der Primeur-Weine) und das Zusammengehörigkeitsgefühl haben hier zur Gründung von etwa zwanzig Genossenschaften geführt, von denen die meisten sehr aktiv sind. Die Probierlokale sind ebenfalls eine Spezialität des Beaujolais, während sie sich in Burgund viel langsamer ausgebreitet haben.

Der Beaujolais

Obwohl 79 Gemeinden des Departements Rhône und 11 des Departements Saône-et-Loire Beaujolais erzeugen dürfen, hat diese 1937 geschaffene Appellation Bedeutung vor allem für 50 Gemarkungen westlich und südlich von Villefranche-sur-Saône, zwischen den Flüssen Nizerand und Azergues.

Die 610 000 hl, die auf 9700 ha Rebfläche erzeugt werden, sind in erster Linie Rot- und Roséweine, die fast ausschließlich von der Gamay-Traube gekeltert werden. Die kalkhaltigeren Böden des Kantons La Chapelle-de-Guinchay liefern drei Viertel der 6000 hl Weißweine, die aus Chardonnay hergestellt werden. Am häufigsten wird der Guyot-Rebschnitt angewendet. Alte Techniken wie Inzision, Verdrehen und Bündelung sind untersagt. Die Trauben müssen unverletzt gelesen werden (keine Erntemaschinen!). Rebstöcke, die jünger als vier Jahre sind, können die AOC nicht in Anspruch nehmen. Die Appellation Beaujolais Supérieur (10 000 hl) betrifft Rot-, Rosé- und Weißweine. Für diese Weine gilt keine besondere räumliche Begrenzung, aber sie müssen einen Mindestalkoholgehalt aufweisen, der leicht über dem des Beaujolais liegt.

Ein schelmischer Wein

Die Beaujolais-Weine besitzen eine rubinrote Farbe mit purpurvioletten Nuancen. Sie sind fruchtig und blumig, frisch und lebendig, einfach und neckisch. Man trinkt sie aus dem »Pot«, einer dickhalsigen Flasche, die seit 1846 den Boulespielern 47 cl Wein bietet und die Kneipen von Lyon ebenso wie die häuslichen Tische dieser Stadt schmückt. Aber in wirtschaftlicher Hinsicht ist Villefranche-sur-Saône, eine Stadt von 30 000 Einwohnern, die Hauptstadt des Weinbaugebiets. Ab 1530 ersetzte Villefranche Beaujeu als Hauptstadt dieser kleinen Region. Seine Einwohner, die »Caladois«, verdanken ihren Namen den »Calades«, den großen Steinplatten, die man auch vor dem Stift Notre-Dame-des-Marais sieht. Die zahlreichen schmalen Schaufenster in der Rue National geben noch Kunde von einer alten Steuer, die nach der Breite der Auslagen berechnet wurde! Ende Januar ist die Stadt voller Veteranen, die hier im Smoking, mit Zylinder und weißen Handschuhen ihre Einberufung vor 20, 30, 40, 50, 60 oder noch mehr Jahren feiern. Die gesamte Gegend ist malerisch und farbenfroh. Vaux-en-Beaujolais ist unsterblich geworden durch Gabriel Chevallier, den Verfasser satirischer Romane. Der Probierkeller dieser Gegend heißt übrigens Clochemerle, genau wie die imaginäre Stadt in seinen Büchern.

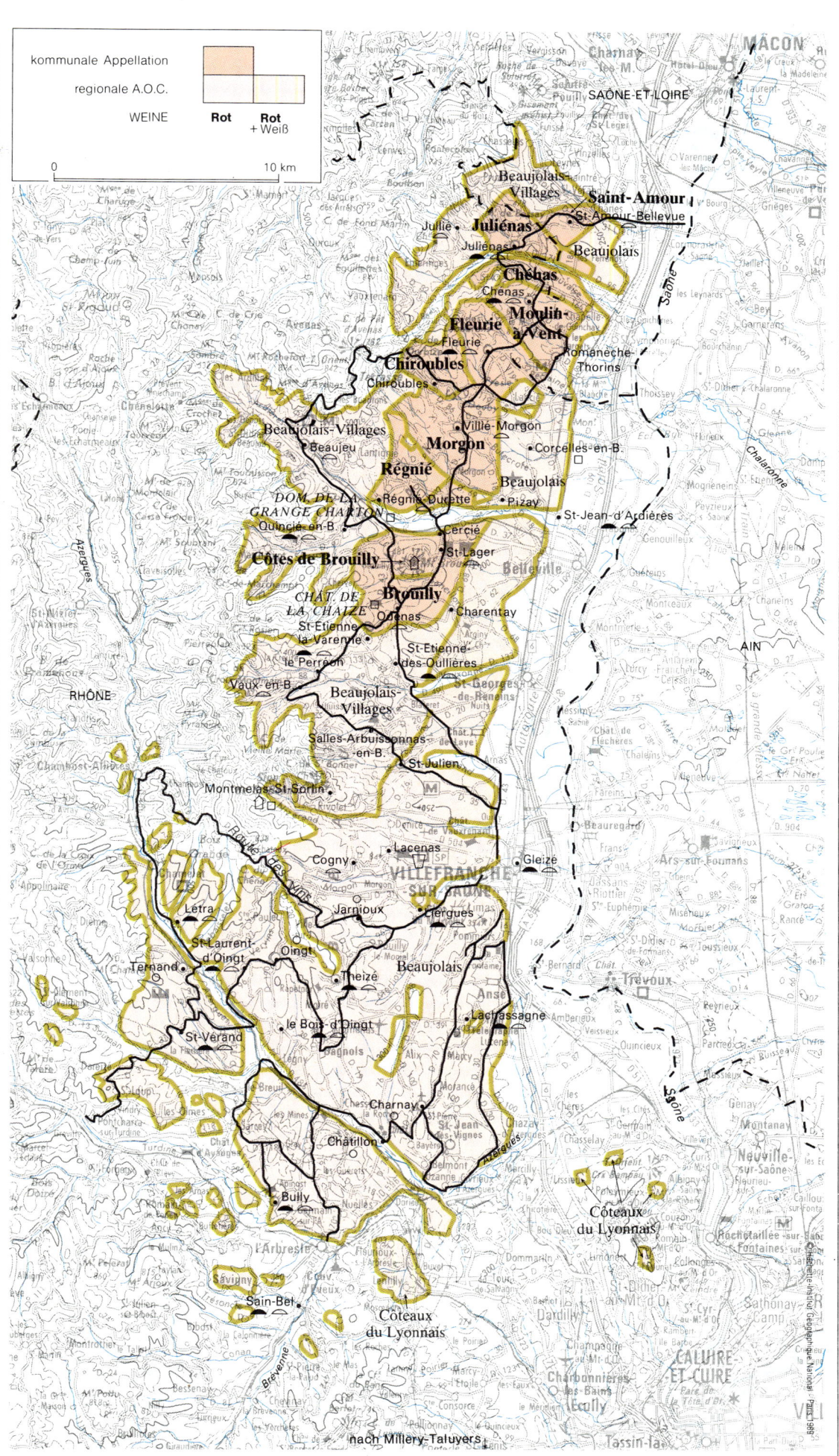

171

Der Beaujolais-Villages

Im Beaujolais bedeckt das Grün der Rebflächen die Berge und die Täler. Die 6200 ha, die nördlich von Villefranche-sur-Saône liegen, bilden das Bindeglied zwischen dem Anbaugebiet der Beaujolais-Weine und den Crus; es sind kalkarme Quarzsandböden. Das Gebiet umfaßt 37 Gemeinden, von denen sich acht im Departement Saône-et-Loire und die übrigen im Departement Rhône befinden. 1946 wurde der gute Ruf dieser Weine mit der Erlaubnis belohnt, den Namen des Erzeugerorts der Bezeichnung Beaujolais anzufügen. Eine Vereinfachung wurde dann 1950 durchgeführt: Die 350 000 hl dieser regionalen Appellation kommen seitdem unter dem Etikett Beaujolais-Villages auf den Markt. Weißweine werden nur in geringer Menge erzeugt (2500 hl). Es handelt sich vor allem um Rot- und Roséweine, die hinsichtlich Rebschnitt und Erzeugung den gleichen Vorschriften wie die Crus unterliegen. Ihre Eigenschaften kündigen bereits die Crus an, aber die leichtesten Böden bringen begehrte Cuvées hervor, die wie Primeur-Weine schmecken.

Oben: Die Rebsorte Gamay Noir à Jus Blanc entfaltet ihren vollen Charakter auf den Böden des Beaujolais.
Bacchustempel in Beaujeu.

Beaujeu, die historische Hauptstadt des Beaujolais, ist heute ein Marktflecken mit 2500 Einwohnern. Vor dem Jahre 1000 befand sich dort eine Festung, die die Straße schützte, so daß man von der Rhône-Furche in den Korridor der Loire gelangen konnte. Die Herren von Beaujeu unterstrichen sehr früh ihre Unabhängigkeit gegenüber den mächtigen Nachbarn, den Grafen von Mâcon, den Äbten von Cluny oder den Erzbischöfen von Lyon, die alle Rebflächen in dieser Gegend besaßen. Beaujeu hat Gnafron, dem Freund von Guignol — beide sind Figuren des Marionettentheaters von Lyon — und einem großen Liebhaber von Beaujolais-Weinen, ein Denkmal gesetzt. Am zweiten Sonntag im Dezember versammeln sich im Hospiz von Beaujeu, das auf das 12. Jahrhundert zurückgeht, die Käufer für die traditionelle Versteigerung seiner Weine. Wie in Beaune werden die Cuvée bei Kerzenlicht an den Mann gebracht. An der Straße nach Juliénas bewahrt der Weiler Les Thévenins das Gedächtnis der Stiftsherren von Mâcon, die hier ihre Weine lagerten.

Saint-Amour – Juliénas

Der Höhenflug der Beaujolais-Primeur-Weine überschattet etwas die kommunalen Appellationen des Beaujolais, die man auch als »Crus« bezeichnet. Gleichwohl handelt es sich um exzellente Weine, die sehr typisch sind, aber Geduld erfordern, denn ihre Qualitäten enthüllen sich nicht schon nach einigen Wochen. Es gibt künftig zehn Crus, weil von 1988 an Régnié zu Saint-Amour, Juliénas, Moulin-à-Vent, Chénas, Fleurie, Chiroubles, Morgon, Brouilly und Côte de Brouilly hinzukommt. Es sind ausschließlich Rotweine aus Gamay-Trauben. Pinot Noir und Pinot Gris können jedoch an der Herstellung der Côte-de-Brouilly-Weine beteiligt sein. Bei jeder dieser Appellationen dürfen 15% Weine von weißen Trauben (Chardonnay, Aligoté oder Pinot Blanc) hinzugefügt werden, aber das kommt heute praktisch nicht mehr vor.

Linke Seite: »Anne de Beaujeu«, Flügel des Bourbonenaltars, gemalt vom Meister von Moulins (Kathedrale von Moulins).
Mitte: Das südliche Beaujolais und seine »Pierre Dorées«.

Die häufigste Rebschnittart ist der Gobelet-Schnitt mit den maximal 12 Augen pro Stock. Langer Schnitt (Guyot) ist ausgeschlossen. Fächerschnitt ist erlaubt, wird aber kaum noch praktiziert.
Das Gebiet der Crus erstreckt sich über rund 20 km. Flurnamen und Einzellagen können manchmal den Namen der Appellation ergänzen.

Saint-Amour

Man kann aus Liebe sterben, aber beim Saint-Amour muß man wiederauferstehen, sagte Louis Dailly, ein leidenschaftlicher Liebhaber dieses Anbaugebiets, das 1946 seine Beaujolais-Appellation erhielt, als letzte vor Régnié, über 40 Jahre früher. Die 280 ha Rebfläche liegen auf dem Gebiet der Gemeinde Saint-Amour-Bellevue im Departement Saône-et-Loire, nordöstlich von Juliénas, an der Grenze zwischen dem kalkigen Mâconnais und dem granitischen Beaujolais.
Ein zum Christentum bekehrter römischer Legionär, der heilige Amator, soll dem Dorf seinen Namen gegeben haben. Seine Statue steht in einer Ecke des Festsaals, nahe der Kirche. Das Weinbaugebiet, das lange Zeit im Besitz der Domherren von Mâcon war, befindet sich auf der Ostseite des Mont de Bessay (478 m) und auf dem Kirchhügel (310 m). Seine nach Osten und Südosten liegenden Hänge fallen sanft zur träge fließenden Saône hin ab. Sie sind zumeist 250 m hoch.
Die auf Granit- und Kieslehmböden, Schotter- und Schieferböden angepflanzten Reben erzeugen 16 000 hl eines purpurroten Weines, dessen fruchtiger Duft Noten von roten Beeren, Aprikosen oder Pfirschen enthält. Der Saint-Amour macht seinem Namen Ehre: Er ist elegant und reizvoll. Obwohl er oft zart ist, besitzt er manchmal ein ziemlich solides Gerüst. Kurz gesagt, er weist unterschiedliche Nuancen auf; diese rühren von den verschiedenen Böden, aber auch von den Vinifizierungsmethoden her, die heute eher eine frühe Trinkreife der Weine begünstigen.
Der Probierkeller stammt aus dem Jahre 1965. Er wurde von einem Lyoner Künstler, Nicolas Janin, ausgeschmückt. Man trifft hier häufig Besucher aus der Schweiz, weil die Hälfte der örtlichen Produktion in die Schweiz exportiert wird.

Juliénas

Die Appellation Juliénas, die den gesamten Mont de Bessay von Südwesten nach Südosten umgürtet, umfaßt 600 ha auf dem Gebiet der Gemeinden Pruzilly (Departement Saône-et-Loire) sowie Emeringes und vor allem Jullié und Juliénas (Departement Rhône). Da es sich um eine geologische Übergangszone handelt, findet man gleichzeitig Granitböden, die unter dem Einfluß von vulkanischer Tätigkeit und durch Ablagerungen entstanden sind, und jüngere Formationen, die reich an Anschwemmungen sind. Die Böden sind dann tiefer und lehmhaltiger. Insgesamt besitzen die Weine (32 000 hl) dieser 1938 geschaffenen Appellation eine feste und robuste, nervige und fleischige Struktur.
Der Juliénas wurde durch die Gastronomen von Lyon bekanntgemacht, die oft auch über eine schriftstellerische Begabung verfügten. Manchmal leidet er unter dem Ruf eines »billigen«, wenn nicht sogar derben Weins. In Wahrheit mangelt es ihm weder an Charakter noch an Stärke. Innerhalb von zwei oder drei Jahren gewinnt er seine ganze Fülle,

Das Alte Haus von La Dîme (16./17. Jh.) in Juliénas.

bewahrt dabei aber ein Himbeer- oder Kirscharoma.
Das Schloß von Juliénas, das früher den Herren von Beaujeu gehörte, besitzt schöne Weinkeller, die die Ernte der Domäne bergen. Das Château du Bois de La Salle ist ein altes Priorat, das 1660 von Mathieu Gayot, dem französischen Schatzminister, errichtet wurde; 1960 entstand hier die Genossenschaftskellerei, die fast ein Drittel der Appellation vinifiziert. Der Cellier de la Vieille Eglise befindet sich in einer seit 100 Jahren profanierten Kirche. Mitten im Dorf liegt heute ein Probierkeller. Seine dionysischen Dekorationen sind das Werk der Lyoner Maler R. Basset und H. Monier. Am zweiten Wochenende im November hallen die ehrwürdigen Gewölbe dieses Gebäudes wider von den Huldigungen für den Juliénas. Vergeben wird der Prix Victor Peyret, dessen Preisträger — ein Künstler oder Journalist — 104 Flaschen Wein erhält, damit er ein ganzes Jahr lang jede Woche zwei Flaschen trinken kann.
Möchten Sie eine Vorstellung davon haben, wie intensiv die vulkanische Tätigkeit in dieser Gegend war? Im Steinbruch von Pruzilly kann man an der Abbauwand das Felsgestein des Untergrunds bewundern, über dem eine mächtige Sandsteinschicht liegt. Man stellt daraus Straßensplit her. Aber bald treten die grünlichen Felsen zurück. Man betritt das Land des rosafarbenen Granits.

Das Beaujolais in der Literatur

Vaux-en-Beaujolais regte Gabriel Chevallier zu seinem berühmten Roman »Clochemerle« an, in dem er voller Urwüchsigkeit das Leben eines Dorfes beschrieb: Sorgen und Freude, heitere Stimmung — und Launen, mit erbitterten Streitgesprächen, die Clochemerle zum Symbol für Dorfstreitigkeiten gemacht haben. Und dennoch sagte Chevallier über den Beaujolais: »Je mehr man davon trinkt, desto liebenswürdiger findet man seine Frau, desto treuer seine Freunde, desto ermutigender die Zukunft und desto erträglicher die Menschheit.« In Salles-en-Beaujolais wollte der Chevalier de Lamartine seine Tante im nicht besonders strengen Konvent der gräflichen Stiftsdamen besuchen und traf dort die junge Alix Des Roys, die hier ihre Erziehung vervollkommnete. Sie heirateten und hatten einen Sohn: den Dichter Alphonse de Lamartine.

Moulin-à-Vent – Chénas

Moulin-à-Vent

Eine schon von weitem sichtbare Windmühle inmitten der Rebflächen kündigt diesen Cru an. Sie wurde vor 300 Jahren auf Wunsch der Bauern errichtet, die hierherkamen, um ihr Getreide mahlen zu lassen. Heute steht sie zwar unter Denkmalschutz, hat aber inzwischen ihre Flügel eingebüßt. Die andere Mühle dieser Gegend steht am Rande der N 6; sie besitzt hingegen seit 1957 alle Reize eines – Probierlokals.

Das Gebiet war häufig ein Streitobjekt zwischen der Abtei von Tournus, zu der Romanèche-Thorins früher gehörte, und der Baronie von Beaujeu, das Chénas und Fleurie in ihrem Besitz hatte; 1924 erhielt es durch ein Gerichtsurteil das Recht zugesprochen, den Namen Moulin-à-Vent vorzugsweise gegenüber von Thorins zu benutzen. Ein Erlaß von 1936 bestätigte diese Sachlage. Moulin-à-Vent ist nämlich kein Gemeindename. Die Anbaufläche erstreckt sich auf 640 ha an der Grenze zweier Departements (Romanèche-Thorins im Departement Saône-et-Loire und Chénas im Departement Rhône).

Seine nach Osten liegenden, sehr sanft (von 280 auf 250 m) abfallenden Hänge besitzen keine sehr tiefen Böden: maximal ein Meter »Gore«, ein lachsrosa Sandstein, der von der Verwitterung des darunterliegenden Granitgesteins herrührt und reich an Mangandioxid ist. Dieses Mineral wurde übrigens im 18. und 19. Jahr-

Moulin-à-Vent: Die Mühle stammt aus dem 17. Jh.

hundert bis zur Mitte des Dorfplatzes abgebaut.

Moulin-à-Vent erzeugt 36 000 hl eines dunkelrubinroten, bisweilen auch granatroten Weins. In seinem harmonischen Aroma mischt sich der Duft von roten Früchten, Veilchen und Rosen. Er ist alkoholreich und kräftig gebaut, aber geschmacklich ausgewogen. Man kann ihn oft zehn Jahre lagern. Mit dem Alter nimmt er einen schweren Duft an, der an Trüffeln, Steinpilze und Wildbret erinnert. Dank des Mangandioxids im Boden bringen die Reben hier sehr kräftige Weine mit eigenständigem Charakter hervor.

Romanèche-Thorins bewahrt liebevoll das Andenken von Benoît Raclet (1780 – 1844), das am letzten Sonntag im Oktober gefeiert wird. Raclet fand ein Mittel, um den Springwurmwickler (den »durchtriebenen Wurm«) zu vernichten, indem er heißes Wasser über die Rebstöcke goß. Ihm ist ein Museum in seinem ehemaligen Wohnhaus gewidmet. Das Museum Guillon beherbergt Meisterwerke der Compagnons du Tour de France. In Romanèche gibt es auch einen sehr schön angelegten Zoo.

Wenn man die Weinlagen Les Guillates, Les Gimarets, Les Bruyères und Champ de Cour durchquert hat, wo die Rebstöcke wie riesige Heere auf den rosafarbenen Sanddünen stehen, kann man in einem in der Mühle eingerichteten Probierlokal Bekanntschaft mit dem Wein schließen und das Panorama von Mâcon bis Belleville-sur-Saône genießen.

Chénas

Man sieht nicht mehr viele Eichen in Chénas, das seinen Namen diesen Bäumen verdankt. Seit dem Mittelalter hat sie der Wein abgelöst; schon Ludwig XIII. holte ihn an seine Tafel. Die Appellation reicht von Westen nach Osten in das Gebiet der Appellation Moulin-à-Vent hinein. Ein Drittel der 200 ha Rebflächen dieses Cru, in der Gemarkung Chénas, sind die Anbaugebiete, die dieser Nachbar nicht erobert hat. Sie liegen nach Osten und Süden, in 250 m Höhe, und schmiegen sich an zwei kleine Berge an, Cabane des Chasseurs und Pic de Rémont, die der Riese Gargantua aufgetürmt haben soll, als er seine Bütte ausleerte. Der andere Teil des Anbaubereichs breitet sich auf den Hügeln und Terrassen der Gemeinde La Chapelle-de-Guinchay aus. Er liegt etwa 210 m hoch, gegenüber dem Tal der Saône. Die Böden bestehen im Westen aus reinem »Gra-

Chénas besitzt noch einige der seltenen Eichenwäldchen.

nitsand«, einem Verwitterungsprodukt des Granits; danach tritt an ihre Stelle schlammiger »Granitsand«, vermischt mit Kies und Geröll. Die Gemeinde besitzt mehrere Weiler.

Die Appellation wurde 1936 geschaffen. Ihr Wein zeigt viele Gemeinsamkeiten mit dem Moulin-à-Vent: eine sehr kräftige rote Farbe und ein fruchtig-blumiges Aroma, das manchmal im Geschmack einen würzigen Hauch von Pfingstrosen enthüllt. Er ist fest gebaut und altert sehr gut. Die durchschnittlichen Erträge liegen bei 13 000 hl.

Die Genossenschaft, die seit 1934 ihren Sitz in einem Nebengebäude des Château des Michaud in Chénas hat, vinifiziert fast 40% der Appellation. Das Kellergewölbe (Korbbögen aus dem 16. Jahrhundert) zählt zu den größten im Beaujolais. Es birgt eine sehr große Zahl von Fässern aus Eichenholz.

Die Teilpacht
Im Beaujolais gibt es etwa 7000 Weingüter. 1955 waren nur 30 davon größer als 10 ha; heute sind es über 80. Die Teilpacht betrifft die Hälfte der bewirtschafteten Rebflächen. Dieser Vertrag, der eine Teilung der Erträge mit dem Eigentümer vorsieht, ist eine sehr alte Praxis. Wirksam wird er an Martini (11. November). Die »Sicherheit« ist ein Weinbauhelfer, der monatlich bezahlt wird und Kost und Logis erhält.

Fleurie – Chiroubles

Fleurie

Wenn man Chénas auf der D 68 in südlicher Richtung verläßt, sieht man bald die Madonnenkapelle, die 1875 erbaut wurde, um der Heiligen Jungfrau dafür zu danken, daß sie den Weinberg vor der deutschen Invasion beschützt hatte. Sie erhebt sich in 425 m Höhe auf dem Gipfel eines Hügels, der ganz mit Wein bedeckt ist. Die Appellation umfaßt 810 ha. Ein Grenzstein aus dem Jahre 1744 an der N 6 im Weiler Les Maisons Blanches zeigt an, daß Fleurie früher ein Grenzdorf zwischen dem Mâconnais und dem Beaujolais war. Seine Rebflächen, vor allem die des Konvents von Arpayé, das zu Cluny gehörte, waren in vergangenen Jahrhunderten Anlaß zu unzähligen Streitigkeiten.

Die Grenzen der 1936 geschaffenen Appellation überschreiten nicht die Gemarkungsgrenzen. Es handelt sich um Hänge mit Ostlage, die rund 300 m hoch sind. Im Westen wächst der Wein auf einem Steilhang, auf einer Granitart (mit großen Biotitkristallen), die man als »Granit von Fleurie« bezeichnet und oft im Beaujolais antrifft. Die Böden sind nicht sehr tief, 30 bis 50 cm, und bestehen aus Sand, einer Art Quarzsand. Sie sind leicht und trocken und müssen regelmäßig mit Humus angereichert werden. Aber der Rückgang der Viehzucht erschwert die Versorgung mit Dünger! Auf der gegenüberliegenden Seite deutet sanfteres Gelände auf einen Schwemmkegel hin, der weithin nach Südosten offen ist. Die Böden bestehen hier aus Kies kristallinen oder vulkanischen Ursprungs, mit einer Matrix aus Sand und Geröll, die im allgemeinen reich an Lehm ist.

Wenn die Weine auf Sandböden erzeugt werden, die sich bis Moulin-à-Vent fortsetzen, entfalten sie Finesse und Feinheit; auf Kies entwickeln sie hingegen mehr Farbe und Kraft. Bei der alljährlichen Verkostung Anfang November kann man den Duft von Iris, Veilchen und Amber entdecken. Dieser lebendige, fruchtige und einschmeichelnde Wein macht seinem Namen alle Ehre. Man nennt ihn auch oft den »femininsten« der Beaujolais-Crus.

Mit 44 000 hl steht Fleurie mengenmäßig an dritter Stelle hinter Brouilly und Morgon. Es gibt hier zwei Probierkeller: einen im Rathaus, den anderen in der Winzergenossenschaft, die 1932 mitten im Dorf errichtet wurde und ein Drittel der Appellation vinifiziert. Ein unter der Erde gelegener Saal, der mit einem Keramikfresko geschmückt ist, ermöglicht auch den Empfang von größeren Gruppen. Diese Probierlokale bieten das gesamte Spektrum der Weine mit vielversprechenden Namen wie La Rochette, La Chapelle des Bois, Les Roches, Grille-Midi oder La Joie du Palais. Besonders zu beachten sind die Weine der Moriers-Lage.

Aus dieser Gegend stammt auch Marguerite Chabert, die als einzige Frau der Genossenschaftskellerei vorstand. Eine urwüchsige Person, deren Familie der Welt die berühmte *Andouillette au Fleurie*, ein Schlackwurstgericht, schenkte.

Chiroubles

Westlich von Fleurie spürt der Wein die Glut der Berge. Wenn man mit den Augen den Rebflächen bis zum Fuß der Hänge folgt, erschließt sich einer der großartigsten Rundblicke auf das Beaujolais. Hinter dem mehr als 700 m hohen Fût d'Avenas liegt das kleine Dorf Avenas an einer alten Römerstraße. Die Kirche besitzt einen schönen romanischen Altar. Bleibt man hingegen auf dem Paß, so bietet das Degustations-Chalet auf der Terrasse ein anderes Panorama: das der Weine von Chiroubles. Eine Orientierungstafel lädt dazu ein, 80 Kirchtürme in der Umgebung zu identifizieren.

Die 350 ha Rebflächen dieser 1936 entstandenen Appellation befinden

Die Kapelle der Hl. Jungfrau überragt die Rebflächen in Fleurie.

Traditionelle Kelter in Fleurie.

sich auf Hügeln, deren Hänge manchmal steil von 480 auf 300 m abfallen. Die Böden bestehen ganz aus Granitsand des Massivs von Fleurie und sind bemerkenswert einheitlich aufgebaut. Dieser sonnige natürliche Talkessel ist sehr günstig für den Wein. Es bedurfte vieler Anstrengungen, um dieses Anbaugebiet urbar zu machen, anzulegen und zu erhalten, vor allem aber gegen die Erosion zu schützen. Die kleinen Trockensteinmauern werden hier »Rases« genannt.

Der Charakter des Chiroubles (18 000 hl) erlaubt es, ihn ohne allzu große Schwierigkeiten zu erkennen. Seine Farbe ist eher leicht, seine Frische sehr zart; Veilchen bestimmen seinen Duft. »Extravaganz des Beaujolais«, sagte Georges Dubœuf über ihn. Außerhalb von Frankreich ist der Chiroubles noch ziemlich unbekannt, obwohl er häufig als der reizvollste und ätherischste Wein unter den Beaujolais-Crus gilt. Die Brassica-Rübe, für die diese Gegend früher ebenfalls berühmt war, wird allerdings nicht mehr angebaut.

Auf dem Kirchplatz erinnert eine Büste an den Rebsortenkundler Victor Pulliat (1827–1896), der auf seiner Domaine de Tempéré mehr als 2000 verschiedene Rebsorten züchtete. Er war auch einer der Vorläufer im Kampf gegen die Reblaus mit Hilfe des Pfropfreises und im Rückgriff auf amerikanische »Hölzer«.

Rund 15 % der Produktion werden von der Maison des Vignerons, der kleinsten Genossenschaft des Beaujolais, vinifiziert. Jedes Frühjahr lockt das Fest der Crus des Beaujolais und des Mâconnais die Genießer nach Chiroubles.

Der dritte Fluß von Lyon
Will man Léon Daudet glauben, so wird Lyon von drei Flüssen gespeist: der Rhône, der Saône und — dem Beaujolais. Seinen Erfolg verdankt dieser Wein in den 30er Jahren Schriftstellern und Journalisten aus Lyon, danach ihren Pariser Kollegen, die sich von 1940 bis 1942 mit ihren Zeitungen in Lyon niederließen. Nach dem Krieg ernannte die satirische Zeitschrift »Le Canard Enchaîné« den Beaujolais zum exklusiven Inspirator ihres Witzes und trug so viel zu seiner Bekanntheit bei.

Morgon – Régnié

Morgon

Wenn man nach Villié-Morgon fährt, auf der D 18 von der Terrasse von Chiroubles aus, durchquert man in Ost-West-Richtung einen großen Teil des Morgon-Anbaubereichs. Auf Niederwald und Wiesen, die die Straße in ihrem oberen Teil säumen, folgt nach dem Weiler Saint-Joseph, dem höchsten Punkt der Gemarkung Villié-Morgon, das 1040 ha große Weinbaugebiet. Seine nach Osten und Westen hin liegenden Hänge fallen sanft von 450 auf 235 m Höhe ab, bis zum Château de Pizay, dessen

mächtiger Bergfried einen berühmten Gärkeller und schöne Gärten mit Baumskulpturen überragt.

Die besten Morgon-Weine kommen von der Montagne de Py. Über einem Meer aus Reben krönt ein einsamer Wald den Gipfel dieses fast perfekt geformten Hügels. Auf dem gesamten Gebiet der 1936 geschaffenen Appellation ziehen die Rebstöcke ihre Kraft aus Böden, die als »vermodert« bezeichnet werden und vulkanisch-sedimentären Ursprungs sind (Basaltgestein, vermischt mit Pyritschiefer und durchsetzt mit Eisenoxid, das hier »*Morgon*« genannt

GRAND VIN DU BEAUJOLAIS

MORGON
Appellation Morgon Contrôlée
LOUIS CL. DESVIGNES
PROPRIÉTAIRE A VILLIÉ-MORGON (RHÔNE)

13% vol   75 cl

Oben: Das Schloß von Pizay und seine französischen Gärten.
Links: Einführungszeremonie bei den Compagnons du Beaujolais.

wird). Sie liefern farbintensive Weine (60 000 hl), die reich an Trockenextrakt sind und ziemlich gut altern. Der Morgon, der manchmal wegen seines männlichen Charakters mit dem Burgunder verglichen wird, besitzt ein kräftiges, jedoch nicht zu festes Gerüst. Er ist voller Fleisch und »morgonisiert«, wie man in dieser Gegend sagt. Eine sorgfältig kontrollierte Gärung entfaltet oft ein Himbeer- oder Kirscharoma. Die Farbe dieser Weine ist ein tiefes, dunkles Granatrot.

Im Osten und auf den weniger steilen Hängen fallen die Weine etwas anders aus. Dort überwiegen nämlich Schotter aus kristallinem oder vulkanischem Gestein und Kieselgestein über Sand und ziemlich lehmreichem Geröll. Im Westen und Norden bildet der Quarzsand Böden, die denen von Fleurie und Chiroubles ähneln.

Der Ort verdankt seinen Namen dem Zusammenschluß des Marktfleckens Villié mit dem Weiler Morgon im Jahre 1867. Es handelt sich dabei um ein sehr altes Winzerdorf. Der Weinbau hat hier vom 10. Jahrhundert an Spuren hinterlassen. Sein Probierkeller, der 1953 erbaut wurde, war der erste im Beaujolais. Errichtet wurde er auf den Fundamenten des Château de Fontcrenne (18. Jahrhundert) in einem Park mitten in Villié-Morgon.

Régnié

Régnié, seit 1988 der zehnte Cru des Beaujolais, mußte lange Jahre kämpfen, bis es diese AOC erhielt. Eine Beförderung, die unbedingt gerechtfertigt erscheint, denn sie ist die Anerkennung für echte, dauerhafte Qualität.

Das Gebiet von Régnié-Durette, das 1973 durch die Vereinigung der Gemeinden Régnié und Durette entstand, schiebt sich wie ein Keil zwischen Morgon im Norden und Westen und Brouilly im Süden. Sein fast 800 ha großes Anbaugebiet liegt nach Südosten, gegenüber der Montagne de Brouilly. Die Rebflächen befinden sich in einer Höhe von 350 m, auf Böden, die auf die Verwitterung des Granitmassivs von Fleurie zurückgehen. Der Wein beherrscht das Tal des Ardières, in dem auch die Straße zwischen Belleville-sur-Saône und Beaujeu verläuft, im Herzen der Crus und der Beaujolais-Dörfer. Vom 17. Jahrhundert an ermöglichte der Kanal von Briare einen leichteren Transport der Beaujolais-Weine, vor allem nach Paris. In der Nähe von Beaujeu bezeugt der aus solidem Gra-

nitstein erbaute Weiler Les Dépôts, wie befahren diese Straße zur damaligen Zeit aufgrund des Weinhandels in dieser Gegend war.

Mit seinen beiden Türmen, die um die Mitte des vorigen Jahrhunderts in einem Stil errichtet wurden, der an die Basilique de Fouvrières in Lyon erinnert, lenkt Régnié-Durette schon von weitem die Aufmerksamkeit auf sich. Die Domaine de la Grange Charton am Rande der D 9 nahe der Kirche wurde 1806 dem Hospiz von Beaujeu vermacht. Dieses benutzt den großen Gärkeller und die Nebengebäude des Guts, um seine Weine herzustellen und zu lagern. Erzeugt wird dieser Wein auf 63 ha Rebflächen, die von elf Winzern bewirtschaftet werden. Wie das Hospiz in Beaune versteigert auch das von Beaujeu seine Weine jedes Jahr.

Die Weine der 88er Lese waren die ersten Crus, die unter dieser neuen kontrollierten Herkunftsbezeichnung auf den Markt kamen. Diese Cuvées (35 000 hl) verführen durch ihre rubinrote Farbe und ihre Fruchtigkeit. Sie sind elegant und weich, nahe Verwandte der Brouilly-Weine. Ihre Stärke kommt manchmal dem Morgon nahe.

Beaujolais-Weinbruderschaften
Die Compagnons du Beaujolais machen ihrem Wahlspruch »Laßt uns die Fässer leeren!« alle Ehre. Diese 1948 gegründete Confrérie besitzt einen Gärkeller in Lacenas nahe Villefranche-sur-Saône, wo ihre Veranstaltungen stattfinden. Ihre Mitglieder reisen in alle Gegenden der Erde, um die Tugenden des Beaujolais-Weins zu besingen. Außerdem organisiert sie den »Grumage«, der dem »Tastevinage« in Burgund vergleichbar ist. Bei dieser Verkostung werden die besonders lagerfähigen Cuvées ausgezeichnet. Man spricht dann von »vins grumés«. Die Confrérie des Grapilleurs de Pierres Dorées entstand 1968, die Confrérie du Gosier Sec 1961.

Brouilly – Côte-de-Brouilly – Coteaux du Lyonnais

Brouilly

Für Edouard Herriot, den ehemaligen Bürgermeister von Lyon, lag das irdische Paradies in Quincié, einer der sechs Gemeinden der Appellation Brouilly.

Die AOC Brouilly, die etwas mehr als 1200 ha Rebflächen umfaßt, ist die größte Appellation des Beaujolais. Im Norden wird sie vom Tal des Ardières, dem traditionellen Handelsweg der Beaujolais-Weine nach Paris, zerschnitten; sie umspannt den Brouilly-Berg, der 484 m hoch aufragt. Der Wein wächst am Fuße des Hangs.

Der Geologe unterscheidet drei

Oben: Der Mont Brouilly.
Oben rechts: Fächermotiv, um 1830 (Bibliothèque des Arts Décoratifs, Paris).
Darunter: Château de la Chaize.

Bänder in Nord-Süd-Richtung. Granit vom Fleurie-Typ kennzeichnet die Böden westlich des Brouilly-Berges, der selbst aus kompaktem Felsgestein besteht. Östlich davon, nahe der alten Terrassen der Saône, brechen Verwerfungen das bis dahin ziemlich einheitliche Gebiet auf, das manchmal von Ablagerungen bedeckt ist.

Diese Vielfalt findet man natürlich auch in den Brouilly-Weinen (70 000 hl). Sie sind teilweise sehr ansprechend, wenn sie jung sind, reifen manchmal aber auch erst später. Die Cuvées, die von Granitböden stammen, haben mehr Frucht und sind ziemlich schnell trinkfertig. Sie besitzen alle notwendigen Voraussetzungen für eine gute Alterung. Wo mehrere Bodenarten zusammentref-

fen, hängt alles vom Fingerspitzengefühl des einzelnen Winzers ab. Der Brouilly erinnert an Heidelbeeren, Äpfel und Brombeeren.

Zwischen Belleville-sur-Saône und Cercié bietet die Weinstraße dem Reisenden zahlreiche Attraktionen. Die Kapelle Saint-Ennemond hält Wache über die Weinlese; der berühmte Hügel Pisse-Vieille gehört dem Hospiz von Beaujeu und bleibt sein besonderes Schmuckstück. In Saint-Lager befindet sich das Degustationslokal der Brouilly- und Côte-de-Brouilly-Weine. Die Tour de la Belle-Mère in Charentay erinnert daran, daß eine Frau von einem 35 m hohen Turm ihren Schwiegersohn beobachtete, damit ihr ja nichts von dem entginge, was er gerade tat. Viele Schlösser säumen den Weg: Sermezy aus dem 18. Jahrhundert, Arginy, das im 12. Jahrhundert von den Templern erbaut wurde, Chaize in der Nähe von Odenas, im 17. Jahrhundert von einem Neffen des Beichtvaters von Ludwig XIV. errichtet und mit dem größten Weinkeller des gesamten Beaujolais (110 m lang) ausgestattet.

Côte-de-Brouilly

Die AOC Côte-de-Brouilly, die den gesamten Brouilly-Berg umschließt, bedeckt etwa 300 ha. Puristen führen sie gern als Beispiel an, so einheitlich scheint sie in geologischer Hinsicht zu sein. Man findet hier Granit und sehr harte Schiefer von blaugrüner Farbe, die als »Cornes vertes« (grüne Hornblendeschiefer) bezeichnet werden. Der Brouilly-Berg, von dem aus man das Tal der Saône, die Dombes und die ersten Häuser von Lyon sieht, ist mit Wald bedeckt. Die Kapelle, die Unserer Lieben Frau der Weintrauben geweiht ist und 1857 errichtet wurde, erinnert an den Kampf gegen den Mehltau.

Das Weinbaugebiet, das aufgrund seiner kreisförmigen Ausdehnung sehr unterschiedliche Lagen besitzt, erzeugt 17 000 hl farbintensive, feurige Weine, die von dunkelpurpurroter Farbe sind und nach Beerenfrüchten, wie roten Johannisbeeren, Himbeeren oder auch Heidelbeeren, duften. Sie sind fest und altern ziemlich gut. Wegen der starken Sonneneinstrahlung auf den Hängen ist ihr Alkoholgehalt der höchste aller Beaujolais-Crus.

Die Coteaux du Lyonnais

An der Landschaft, einer Folge von Tälern und Hügeln, kann man die Coteaux du Lyonnais kaum von den zwei Weinbaugebieten unterscheiden, die sich daran anschließen: Beaujolais und Côtes du Rhône. Zudem umfaßt diese 1984 entstandene AOC nur 250 ha und ist nahezu unbekannt. Außer in Lyon natürlich, wo sich die Boulespieler bei einem Schluck dieser leichten, fruchtigen und vollmundigen Weine erholen.

Der Aufschwung des Weinbaus in den Bergen des Lyonnais geht auf das Mittelalter zurück. Der Wein, der in der zweiten Hälfte des 19. Jahrhunderts 12 000 ha bedeckte, verschwand nach und nach. Heute wächst er nur mehr auf zwei kleinen Inseln. Die eine befindet sich an der äußersten Grenze des Beaujolais, nordwestlich von Lyon, die andere südwestlich der Stadt im Rhônetal. Die Bodenbeschaffenheit ist vielfäl-

tig: Man stößt hier auf Granit, metamorphes Gestein, Sedimentärgestein, Schlick und Anschwemmungen. Die Böden sind leicht und wasserdurchlässig, mit Ausnahme der Berge von Or, wo sie lehmig und kalkig sind. Die Rebflächen liegen zwischen 200 und 500 m hoch. Die Gamay-Rebe erzeugt hier 13 000 hl Rot- und Roséweine, die im Charakter den Beaujolais-Weinen ähnlich sind. Außerdem liefern Chardonnay und Aligoté eine kleine Menge Weißwein (400 hl).

Jura

Kleine Dörfer mit großen Dächern und Kirchen mit den für die Franche-Comté typischen Zwiebeltürmen — das ist das Departement Jura. Es war zuerst burgundisch, danach spanisch, ehe es unter Ludwig XIV. wieder französisch wurde. Sein Weinbaugebiet, das Revermont, erstreckt sich auf die geologische Verwerfung, die die Bresse-Ebene von der ersten Hochfläche der Jura-Berge trennt. Es ist rund 80 km lang und etwa 10 km breit: eine Kette aus Weinbergen. Die steilwandigen Täler bilden felsige, bewaldete Treppenstufen. Sie verleihen dieser Landschaft, die bereits rauh und schwermütig wirkt, ihren ganz eigenen, unverwechselbaren Charakter; nur die mit Reben bepflanzten Hügel mildern diesen Eindruck. Im letzten Jahrhundert umfaßte die Anbaufläche fast 20 000 ha; heute sind es kaum mehr als 1500 ha, die als

Gewölbe des Cellier des Chartreux (13. Jh.) in Montaigu.

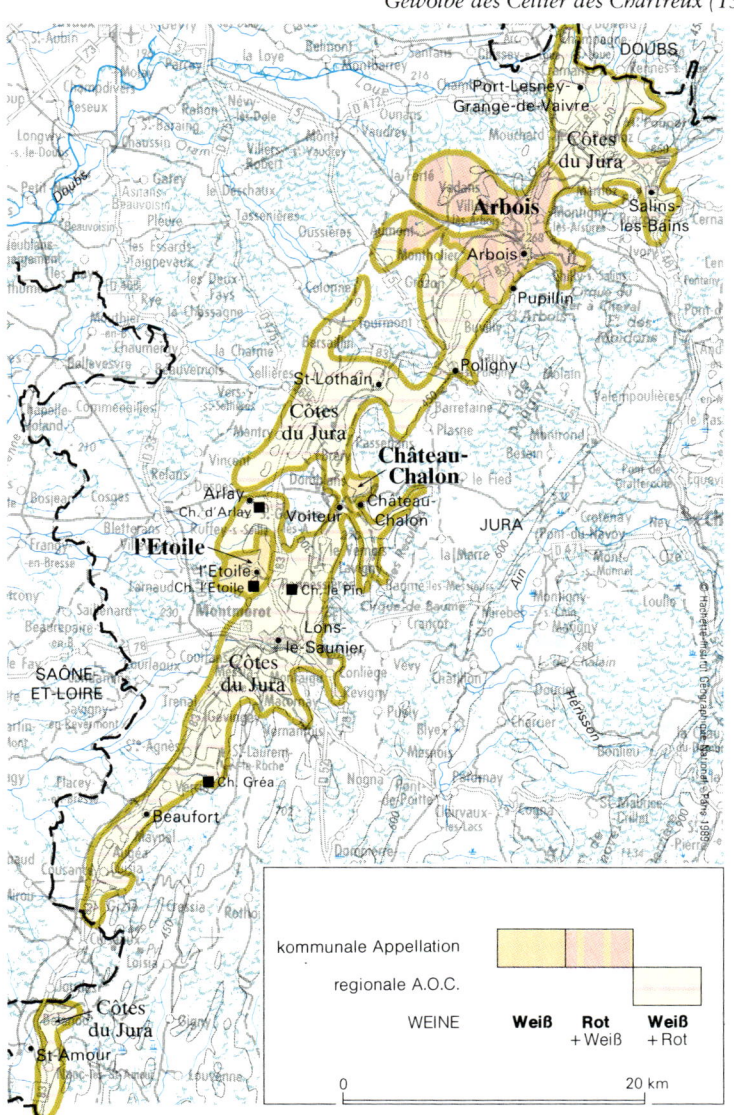

kommunale Appellation

regionale A.O.C.

WEINE **Weiß** **Rot** **Weiß**
              + Weiß + Rot

0   20 km

AOC eingestuft sind und etwa 41 000 hl erzeugen. Die Weinberge, die zwischen 220 und 380 m hoch liegen, sind im allgemeinen nach Westen, bisweilen auch nach Südwesten und Süden ausgerichtet. Das Gelände ist am Rande des Ain ziemlich flach und wird dann wieder lebhafter, vor allem von Château-Chalon bis Arbois. Oberhalb von Salins markiert der Mont Poupet das Ende des Anbaugebiets. Obwohl die Reben hier einem manchmal rauhen Klima ausgesetzt sind, gleicht die Sonneneinstrahlung diese Widrigkeiten wieder aus. Die Böden, die aufgrund einer bewegten geologischen Vergangenheit stark untereinander vermischt sind, stammen aus dem Erdmittelalter: dunkelrote Mergel, die lehmhaltig sind und Rot- und Roséweine hervorbringen (Trias), und blaue Mergel, vermengt mit Kalksteingeröll, wo sehr gute Weißweine entstehen (Lias). Die Winzer bauen verschiedene Rebsorten an: Ploussard oder Poulsard, Trousseau und Pinot Noir bei den roten Traubensorten, Chardonnay, im Arbois auch Mélon und anderswo Gamay Blanc genannt, und Savagnin oder Naturé für Weißweine. Die Rot- und Roséweine sind sauber, fruchtig und blumig und besitzen gerade so viel Körper, wie es braucht, damit sie sich nach ein paar Jahren entfalten. Die Roséweine werden wie Rotweine mit langer Gärdauer hergestellt. Ihre schwache Farbe geht auf eine Eigenart der Poul-

sard-Traube zurück, die selbst nur wenig gefärbt ist. Die Weißweine sind trocken und verströmen ein Aroma von Walnüssen, Haselnüssen und gebrannten Mandeln; sie zeigen eine ganz besondere Eigenschaft, die manchmal an die »gelben Weine« erinnert und sie absolut einzigartig macht.

Côtes du Jura

Die AOC Côtes du Jura umfaßt das gesamte Anbaugebiet, rund 60 Gemarkungen, mit Ausnahme der Appellationen Arbois, Château-Chalon und L'Etoile. Auf einer Anbaufläche von fast 600 ha werden hier 15 000 bis 30 000 hl erzeugt.

Zu den schönsten Ortschaften und Gegenden zählen das Château d'Arlay, das hochgelegene Montaigu, wo Rouget de Lisle, der Verfasser und Komponist der Marseillaise, geboren wurde, Poligny, wo der Wein auf den Comté-Käse trifft, Le Vernois, wo die Flurbereinigung das gesamte Weinbaugebiet erfaßt hat. Château-Chalon und Nevy-sur-Seille.

Arbois

Der Arbois-Wein wird auf 780 ha Rebflächen erzeugt, in einem festgelegten, 2700 ha großen Anbaugebiet, das sich auf 13 Gemarkungen des Kantons Arbois verteilt. Das hübsche Städtchen Arbois, drängt sich mit seinen ockergelben Häusern um den gelben Kalksteinturm seiner Kirche; es ist heute ganz von Rebflächen umschlossen. Ein Drittel des Jura-Anbaugebiets gehört dem Haus Henri Maire, das außerdem die Trauben von 800 Winzern aufkauft. Am ersten Sonntag im September feiert man den »Biou«; dabei wird Saint Just, dem Schutzpatron von Arbois, in einer Prozession eine riesige Weintraube dargebracht, die aus Hunderten von Trauben besteht. Aber die große Persönlichkeit dieser Gegend bleibt Louis Pasteur; sein Haus und eines der Laboratorien kann man besichtigen.

Die Produktion schwankt zwischen 20 000 und 40 000 hl im Jahr (drei Fünftel Rot- und Roséweine, der Rest Weißweine). Seit 1970 werden die Weine von Pupillin eigens gekennzeichnet, indem sein Name dem von Arbois hinzugefügt wird.

L'Etoile

Der Wein von L'Etoile wird auf Lias-Mergelböden besonders günstig gelegener Hügel in den drei Gemeinden L'Etoile, Plainoiseau und Saint-Didier erzeugt. Diese Appellation ist Weißweinen und »gelben Weinen« vorbehalten. Ihren Namen verdankt sie den Haarsternen, die man als Fossilien im Boden findet.

Die Rebsorten Chardonnay und Savagnin liefern hier elegante Weine, die viel Charakter besitzen und sehr gut altern können. Fast 3000 hl werden auf rund 55 ha Rebflächen produziert.

Trocknen der Trauben beim Strohwein.

Château-Chalon

Niemand wird ihm seinen Rang streitig machen: Der Château-Chalon gehört zu den größten französischen Weißweinen. Weiß ist eigentlich nicht das richtige Wort, denn diese Appellation ist ausschließlich auf den *»Vin Jaune«*, den gelben Wein, konzentriert, der auf dem Gebiet von Château-Chalon, Menétru, Domblans und Nevy-sur-Seille erzeugt wird. Insgesamt sind es knapp 40 ha, die bis zu 1000 hl pro Jahr hervorbringen: Dieser Wein ist ebenso kostbar wie selten. Die Winzer haben sich zu einem Verband zusammengeschlossen und legen

nach einer Besichtigung jeder Parzelle den möglichen Ertrag fest – ein Einzelfall in Frankreich. Wenn die Trauben im Sommer keine ausreichende Reife erreichen, entscheidet man sich dafür, in diesem Jahr keinen Wein zu erzeugen; so geschah es etwa 1974, 1980 und 1984.

Château-Chalon ist ein altes Dorf, das hoch oben auf einem felsigen Steilhang liegt; die Hänge, die es überragt, sind unten bewaldet und erst weiter oben mit Reben bepflanzt. Auf den abschüssigsten Hängen mischt sich Kalksteingeröll mit Mergeln aus dem Lias; die darauffolgenden Mergelböden sind einheitlicher aufgebaut. Die Seille hat ein Tal mit steilen Wänden hineingeschnitten, die das Anbaugebiet gegen die Nordwinde abschirmen.

Die Rebsorte Savagnin (oder Naturé), die allein zu dieser Appellation berechtigt, hat eine rätselhafte Herkunft. Die Tokajer-Rebe soll im 10. Jahrhundert von den Äbtissinnen von Château-Chalon aus einem ungarischen Konvent eingeführt worden sein, aber das trifft sicherlich nicht zu. Es ist auch unwahrscheinlich, daß sie aus Jerez kam, zu der Zeit, als die Spanier über die Freigrafschaft herrschten. Möglicherweise stammt sie sogar in direkter Linie vom wilden Wein *(Vitis labrusca)* ab, der einst im Nordosten von Frankreich wuchs. Die Savagnin-Rebe ist übrigens eine nahe Verwandte des elsässischen Traminer.

Links: Saint-Vernier in Château-Chalon. Rechts: Poulsard.

Der Strohwein

Der Strohwein ist von Natur aus süß; er entsteht durch Einschrumpfung von Trauben, die von Jura-Rebsorten stammen. Die schönsten Weintrauben werden auf einer Strohmatte ausgebreitet oder an einem trockenen, gut gelüfteten Ort aufgehängt. Manchmal dauert es drei Monate, bis man eine außergewöhnlich hohe Zuckerkonzentration erhält. Danach werden die Trauben gekeltert und vergoren. Da der Gärprozeß unterbrochen wird, bleiben in jedem Liter 40 oder 50 g Zucker, teilweise sogar noch mehr übrig. Dieser süße, ölige Wein altert viele Jahre in Fässern, bevor er in Halbflaschen abgefüllt wird, die sorgfältig gelagert werden.

Die Weinlese findet Ende Oktober bis Anfang November statt. Nach der üblichen Vinifizierung wird der Wein sechs Jahre lang in Eichenholzfässern ausgebaut. Dabei muß es sich um ein Faß handeln, in dem er den »gelben Geschmack« annehmen kann. Das Faß wird nicht ganz gefüllt. An der Oberfläche des Weins bildet sich dann eine dünne Haut. Dieser Schleier aus lebenden Hefepilzen erzeugt in einem langsamen und sehr komplizierten Prozeß das »Gelbe«.

Manchmal nimmt der Wein diesen Charakter an, bisweilen verweigert er sich auch. Man verschließt ihn dann in einer besonderen Flasche (»Clavelin«), deren Inhalt (63 cl) nach sechs

Jahren einem Liter Wein bei der Lese entspricht. Der gelbe Wein ist danach fast ewig haltbar. Er kann über hundert Jahre alt werden, ohne im geringsten an Qualität einzubüßen.

Man darf ihn nicht gekühlt trinken, sondern muß ihn bei Zimmertemperatur genießen; zuvor muß man ihn einige Zeit offenstehen lassen, damit er sein subtiles, an unreife Walnüsse erinnerndes Aroma entfalten kann. Seine Farbe ist dunkel und kann beim Altern ins Bernsteingelbe übergehen. Er ist sehr kräftig gebaut und paßt ausgezeichnet zur Küche des Jura. Da er biologisch neutral ist, kann man auch eine angebrochene Flasche beliebig lang aufheben.

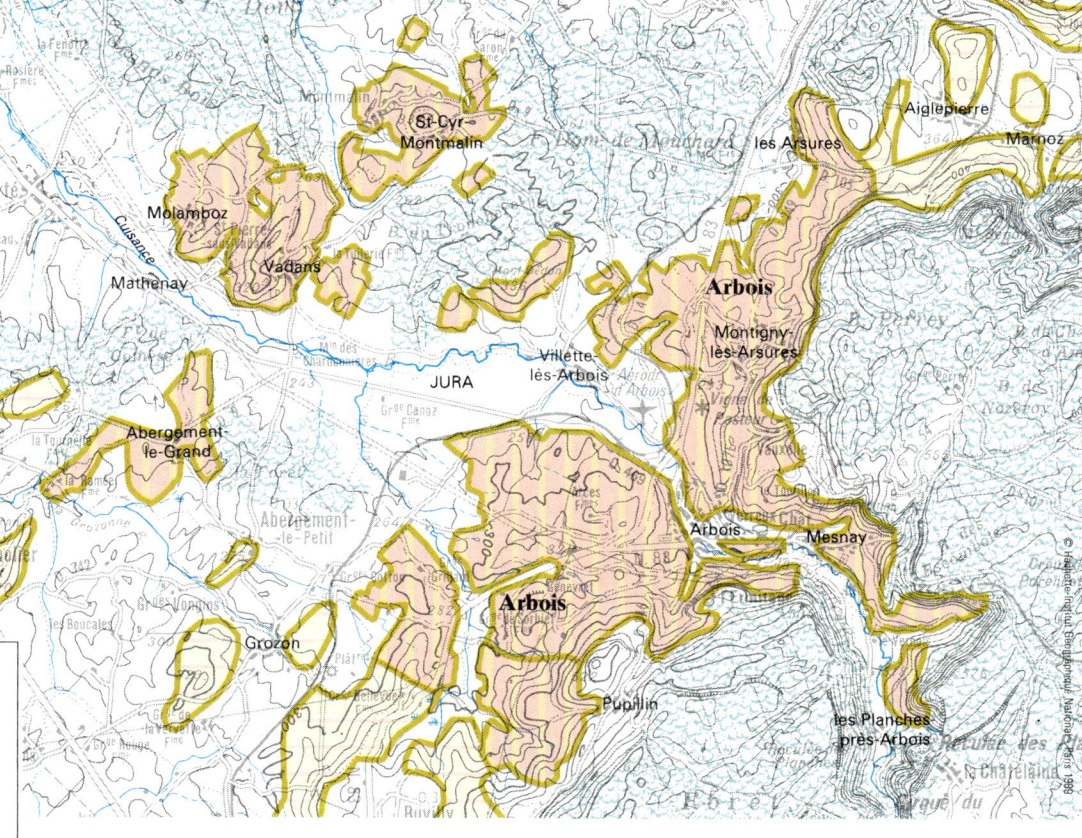

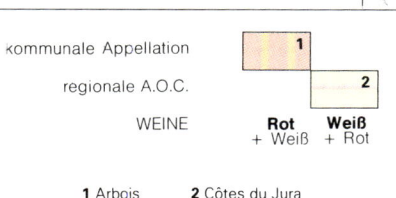

| kommunale Appellation | | 1 |
| regionale A.O.C. | | 2 |

WEINE   **Rot**   **Weiß**
+ Weiß   + Rot

1 Arbois   **2** Côtes du Jura

0   5 km

Savoyen

Das savoyische Weinbaugebiet breitet sich vom Genfer See bis zum rechten Ufer der Isère zu Füßen der Berge aus. Vor dem Hintergrund verschneiter Gipfel und am Rande romantischer Seen nehmen die Reben Besitz von den Tälern und klammern sich an den ersten Hängen der Alpen fest, wobei sie die besten Lagen ausnutzen. Sie liefern einen Wein, der so frisch und klar wie die Bergluft ist. Das Anbaugebiet bildet einen Bogen; im äußersten Süden verengt es sich hakenförmig zum Massif des Bauges hin. In erster Linie liegen die Weinberge in der Nähe des Genfer Sees und des Lac du Bourget sowie der Flüsse Rhône und Isère. Sie steigen bis fast 500 m Höhe an und sind nach Südosten und Südwesten ausgerichtet. Die Felsbarrieren der Bauges und der Chartreuse, die Seen und Flüsse mildern das kontinentale Klima. Daher rühren auch günstige Bedingungen für die Reifung der Trauben, zumal die Sonneneinstrahlung mit 1600 Stunden pro Jahr dank des schönen Spätherbstes recht hoch ist. Die 1500 ha der Appellation verteilen

Das Anbaugebiet von Chignin. Darüber: Anbaugebiet Les Abymes am Lac Saint-André, dahinter die Bergkette von Belle Jounc.

sich auf 1200 überwiegend kleine Güter. Der größte Teil der Rebflächen befindet sich im Departement Savoie (1100 ha), der Rest in den Departements Haute-Savoie (160 ha), Isère (90 ha) und Ain (80 ha). Die Weißweine machen 70% der Gesamtproduktion aus. Kalkböden, vermischt mit Mergel oder Lehm, begünstigen in Savoie die weißen Traubensorten. In Haute-Savoie gibt es sogar Gletschermoränen. Gute trockene Weißweine werden auch auf den von den Gletschern herantransportierten Böden (Lehm, Schlick oder Alluvionen) erzeugt.

Das Mosaik der savoyischen Weine

Südlich von Chambéry, auf Geröll, das vom Mont Granier stammt, befindet sich das größte Anbaugebiet: fast 500 ha für die Crus Apremont und Abymes (Gemarkungen Apremont, Les Marches, Myans und Saint-Baldoph sowie Chapareillan im Departement Isère). Die Hauptrebsorte für die savoyischen Weißweine ist die Jacquère-Rebe, die 35 000 hl liefert. Die Weine werden bei niedriger Temperatur hergestellt, ohne daß man den natürlichen Gärungsprozeß beschleunigt. Danach werden sie auf feiner Hefe gelagert. Diese oft perlenden Weine sind leicht, frisch und fruchtig.

Wie im Abymes-Anbaugebiet von Myans prägt das Geröll, das im 13. Jahrhundert überraschend vom Mont Granier herabgestürzt ist, die zerklüftete Hügellandschaft. Von Montmélian bis Albertville fährt man auf dem rechten Ufer der Isère am Massif des Bauges entlang. Arbin, Cruet, Saint-Jean-de-la-Porte, Saint-Pierre-d'Albigny und Fréterive erzeugen 17 000 hl Rot-, Rosé- und Weißwein, wobei deutlich die Mondeuse-Rebe, die für Savoyen typischste rote Traubensorte, dominiert. Das berühmteste Gewächs, Arbin, ist ein lagerfähiger Wein. In dieser Gegend gibt es auch zahlreiche Rebzuchtpflanzungen. Savoie steht in Frankreich bei der Produktion von Rebpflanzen an zweiter Stelle.

Südöstlich von Chambéry bringt der Cru Chignin bemerkenswerte Weißweine hervor; sie stammen von der Jacquère-Rebe oder von der Roussanne-Rebe, die örtlich auch Bergeron (Chignin-Bergeron) genannt wird. Die uralten Türme eines zerfallenen Schlosses überragen dieses seit sehr langer Zeit bestehende Weinbaugebiet.

Westlich vom Lac du Bourget schmiegt sich am Rhône-Ufer ein gut gegliedertes Anbaugebiet, das durch den Cru Jongieux bekannt ist, an die Montagne de la Charve; es umfaßt mehr als 180 ha in den Gemarkungen Lucey, Jongieux, Billième, Saint-Jean-de-Chevelu und Yenne. Man findet hier die ausgezeichneten Roussette-Weine (Cru Marestal und Cru Monthoux). Der Cru Chautagne von der Nordspitze des Lac du Bourget, den die Genossenschaftskellerei in Ruffieux aus den Gamay-Trauben keltert, ist einer der besten savoyischen Rotweine.

An den Ufern des Genfer Sees verleiht die Chasselas-Rebe den Weißweinen der Crus Ripaille in Thonon, Marignan in Sciez und Marin in der gleichnamigen Gemarkung ihren unverwechselbaren Charakter; sie sind trocken, ansprechend und perlend. Die gleiche Rebsorte bringt auch die Weine von Crépy hervor (70 ha für 4000 hl).

Im engen Tal der Arve, in der Nähe von Bonneville, werden die Schaumweine des Cru Ayse nach dem Champagner-Verfahren oder nach einer einheimischen Methode hergestellt (1000 hl). An der Mündung des Usses in die Rhône liefert die Altesse-Rebe einen überaus geschätzten Wein, den Roussette von Frangy (500 hl).

Seyssel

Die 1942 geschaffene AOC Seyssel ist die älteste Appellation von Savoyen. Ihre 65 ha großen Rebflächen (3000 hl) erstrecken sich auf die beiden Rhône-Ufer zwischen steilen, zerfurchten Hügeln. Als Wiege der Altesse-Rebe liefert sie weiche Weine mit elegantem Bukett. Der Schaumwein von Seyssel (1000 hl) stammt von einer anderen Rebsorte, der Molette-Traube; er kann aber auch von der Rebsorte Bon Blanc (Chasselas) hergestellt werden, die dann stets mit mindestens 10% Altesse-Trauben kombiniert wird. Nichtschäumende savoyische Weine sollten am besten ziemlich bald getrunken werden.

Der Wein von Bugey

Das Weinbaugebiet von Bugey im Departement Ain war früher wegen der Abteien recht groß. Seine Anbaufläche ging jedoch stark zurück, so daß heute nur mehr 250 ha rund 14 000 hl VDQS-Weine liefern. Historisch gehörte das Gebiet früher zu Burgund. Seine Geologie allerdings ist jurassisch, mit einer großen Vielfalt an mergeligen und lehmigen Böden am Fuß der Hänge und Kalkböden auf den Hügeln. Obwohl das Klima überwiegend ozeanisch ist, fehlt es auch nicht an mediterranen und kontinentalen Einflüssen.

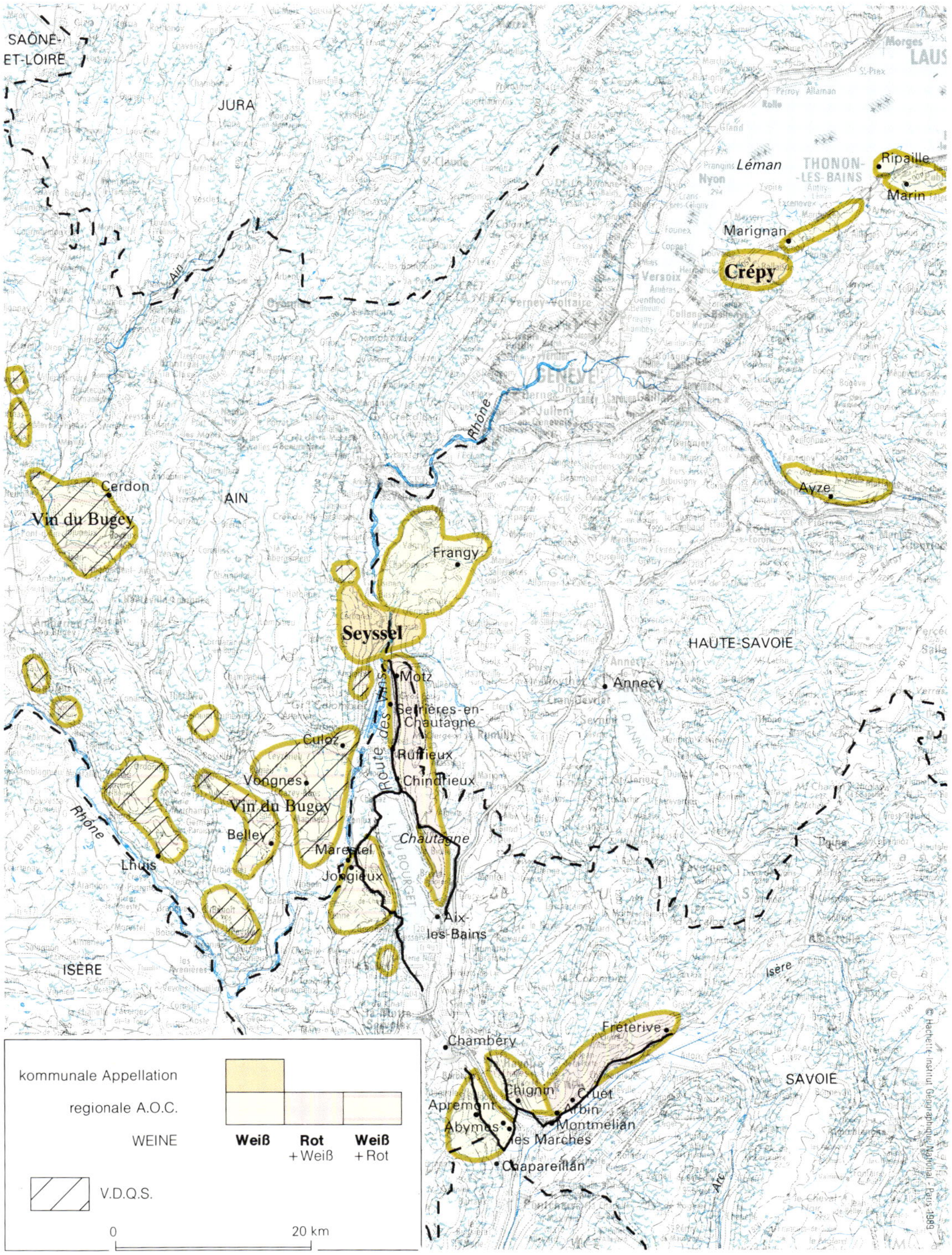

Sarto in der Nähe von Apremont.

Bugey, die Heimat von Brillat-Savarin, hat nichts von seiner gastronomischen Tradition verloren. Die Tür tut sich gern auf, aber hier ist die Küche der wichtigste Raum im Haus. Im Bugey werden viele Rebsorten angebaut: als rote Trauben Poulsard aus dem Jura, Mondeuse aus Savoyen sowie Pinot und Gamay aus Burgund, als weiße Trauben die savoyischen Rebsorten Altesse und Jacquère und die burgundischen Chardonnay und Aligoté ebenso wie Molette, dessen Produktion seit mehr als hundert Jahren in Cerdon vollständig zu Schaumwein verarbeitet wird.

Der Sarto
Zwischen den Crus Apremont und Abymes stehen viele Häuschen, die in der hier gebräuchlichen Mundart als »Sartos« bezeichnet werden. Das sind Geräteschuppen, wo der Winzer seine Werkzeuge aufbewahrt. Als Weinbruderschaft ist der Sarto die ständige Vertretung der savoyischen Erzeugnisse.

Legende (Karte):
- kommunale Appellation
- regionale A.O.C.
- WEINE: Weiß · Rot + Weiß · Weiß + Rot
- V.D.Q.S.
- 0 — 20 km

Tal der Rhône

Im Rhône-Anbaugebiet springt der Wein von Hügel zu Hügel; er klammert sich an den Terrassen ebenso fest wie an den steilen Hängen. Mit seiner schönen grünen Farbe bildet er einen Kontrast zu den alten Ziegeldächern, die die Sonne mit einer Patina überzogen hat. Das Weinbaugebiet der Rhône ist eine Welt für sich. Aber kann man überhaupt von einem einzigen Anbaugebiet sprechen? So sehr drängt sich hier der Plural auf. Im Norden, unterhalb von Vienne, muß sich der Wein mit bescheidenen Anbaugebieten zufriedengeben; außerhalb dieser ziemlich genau umrissenen Grenzen wächst kaum Wein. Im Süden hingegen breitet er sich aus und nimmt jeden verfügbaren Platz ein, als wollte er sich für die Beschränkungen stromaufwärts entschädigen. Hier kündigen sich bereits die weiten Horizonte der Anbaugebiete des Languedoc und der Provence an; die Rebflächen reichen dort schier endlos bis zu den Hängen des Ventoux und des Ardèche-Plateaus.

Von Engtälern zu Becken

Nördliches Anbaugebiet kontra südliches Anbaugebiet: Die Zweiteilung der Weinbaulandschaft ist nur ein Spiegelbild der Natur. Auf einer Strecke von etwa 200 km, zwischen

Vienne und Avignon, zeigt das Rhône-Tal nämlich keineswegs ein einheitliches Aussehen. Den gesamten Flußlauf entlang muß sich die Rhône mühsam einen Weg zwischen den Alpen und dem Zentralmassiv bahnen, vor allem im Norden, unterhalb von Lyon, wo sie in ein enges Korsett von Bergen eingeschnürt ist. Manchmal finden der Fluß, die Straße (die beiden Nationalstraßen 7 und 86), die Autobahn und die Eisenbahnlinie, wo heute die TGV-Strecke verläuft, nur mit Mühe einen Platz. Breite Becken und Durchbruchstäler wechseln sich ab und zwingen dem Fluß ihren Rhythmus auf. Der Fluß hat die Berge von Anschwemmungen, die aus den Alpen stammen, auf dem östlichen Ufer abgelagert, am Fuße der steilen Hänge des Pilat und des Vivarais, denen die Kastanienwälder etwas Düsteres und Wuchtiges geben. In Vienne und Tournon zwängt er sich im Herzen des alten Massivs durch schmale Engtäler, die den einheitlichen Charakter der

Flußebene aufbrechen. Unterhalb von Valence verschwindet der Wein und taucht dann 30 km weiter südlich unvermittelt wieder auf, im Durchbruchstal von Donzère, vielleicht deshalb, weil er hier in der Ebene, die sich großzügig im weiten Becken von Orange ausbreitet, günstigere Bedingungen antrifft. Die sanft abfallenden Hänge des Tricastin weisen mit ihrer Helligkeit und ihren Anbaukulturen schon auf die Provence hin, haben aber nichts Strenges an sich. Als letztes Hindernis stellt sich dem Fluß das Massif des Alpilles in den Weg; noch einmal muß er sich am Fuße der Gard-Vorberge verengen. In der weiträumigen Camargue schließlich kann sich die Rhône wieder ausdehnen, bevor sie ins Mittelmeer mündet.

Eine einfache und zugleich komplexe Geologie

Komplex, denn man findet hier als Untergrund der Anbaugebiete eine Vielzahl von Formationen, die vom Paläozoikum bis zum Quartär reichen. Einfach, denn alles wird von einem einzigen Phänomen beherrscht: dem — manchmal heftigen — Kontakt zwischen der jungen Bergkette der Alpen im Osten und dem alten Sockel des Zentralmassivs. Letzteres bildete schon im Mesozoikum ein imposantes Gebirge, während die Alpen zu jener Zeit noch ein riesiges Meer waren, auf dessen Grund sich gewaltige Mengen von Kalkablagerungen anhäuften; lediglich die Massive des Pelvoux und des Mercantour ragten heraus. Im ausgehenden Erdmittelalter und im Tertiär hob sich die Italienische Scholle zum nordwestlichen Europa hin, so daß die während der Jahrtausende angesammelten Sedimente in die Höhe gedrückt wurden, bevor sie sich falteten und gegen den alten Sockel des Zentralmassivs gepreßt wurden, der selbst praktisch nicht verschoben wurde. Zwischen den beiden Blöcken bahnte sich die Rhône ihren von der Natur vorgezeichneten, wenn auch schmalen Weg. Im Miozän und im Pliozän brach das Meer von Süden herein und folgte dabei dem Flußbecken; beim ersten Meereseinbruch wurde ein großer Teil der Böden abgeladen, die heute das linke Ufer der südlichen Côtes du Rhône bilden. Im Quartär schließlich führte die intensive fluviatile Erosion des jungen Alpenmassivs dazu, daß der Fluß gewaltige Mengen von Geröll, das über Hunderte von Kilometern hinweg glattpoliert wurde, transportierte und ablagerte. Diese Ablagerungen sollten die weiten, flachen Terrassen bilden, auf die man heute in Crozes-Hermitage und etwas weiter südlich am Rande des Tricastin (Donzère, Les Granges Gontardes), im Becken von Visan-Valréas, auf dem Plan de Dieu und vor allem aber in Châteauneuf-du-Pape, Tavel, Lirac und Roquemaure stößt. Dort ergeben sie Böden, die sich sehr gut für den Weinbau eignen.

der Landschaft seinen Stempel auf, und sei es auch nur durch das schiefe Wachstum der Bäume und Sträucher. Der nördliche Teil des Tals besitzt ein kontinentales Klima, obwohl er auf einem südlichen Breitengrad liegt. Die starke Einengung des Tals und der Wind tragen dazu bei, daß ein starkes Gefälle zwischen den heißen Sommern und den strengen Wintern bestehen bleibt. Aber wenn der Reisende das Durchbruchstal von Donzère erreicht, erlebt er oft, wie der graue Himmel plötzlich aufreißt und einem tiefen Blau Platz macht. Er dringt dann in den mediterranen Teil des Tals ein, der für sein klares Licht

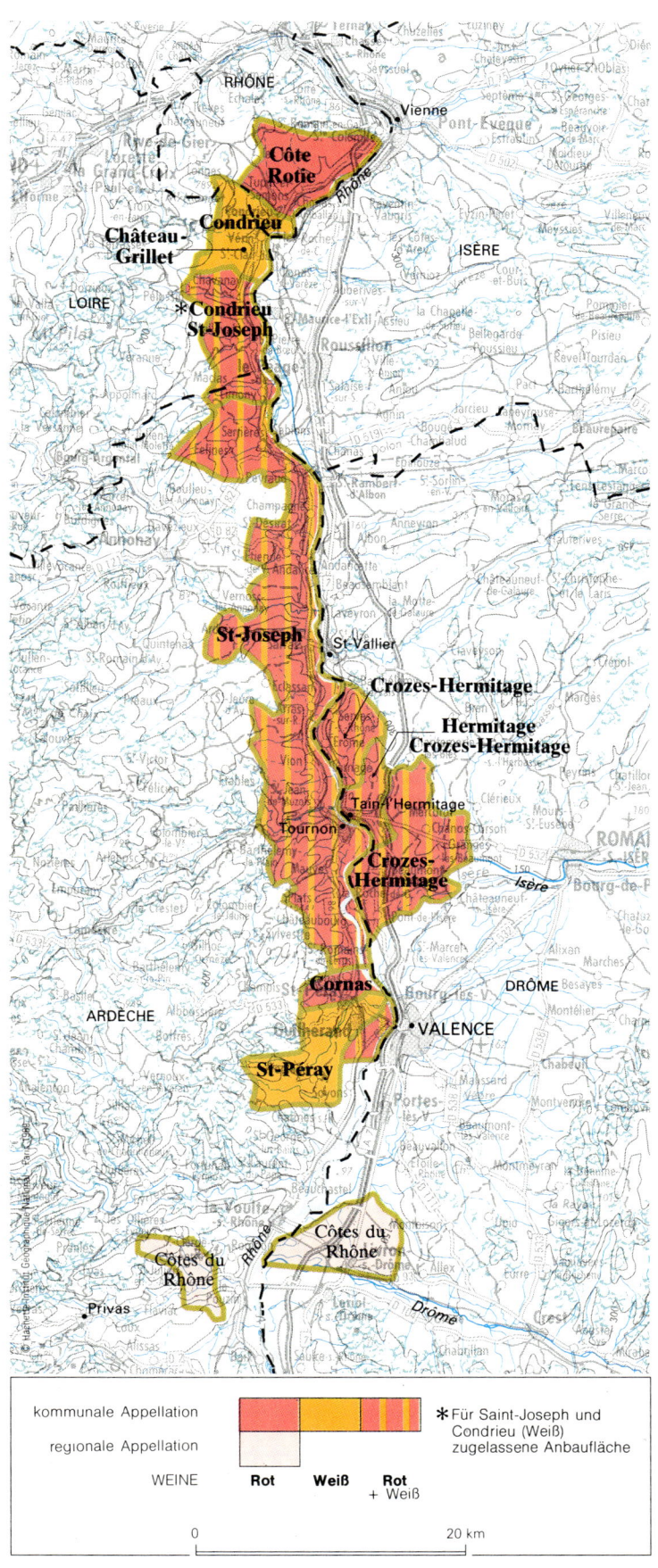

Norden und Süden

Während die Geologie durch die Konfrontation von Osten und Westen geprägt wird, ist das Klima durch einen Kampf zwischen den kontinentalen, aus dem Norden kommenden Einflüssen und den mediterranen gekennzeichnet. Einziges verbindendes Glied im gesamten Tal ist der Mistral. Ob er nun heftig über die gesamte Breite des Tals hinwegfegt oder schwächer weht, je nachdem, welche leichten Temperatur- und Luftdruckunterschiede in den verschiedenen Becken herrschen – er ist allgegenwärtig und drückt

und die Reinheit seiner Luft berühmt ist. Das Klima dort wird durch die ziemlich deutlich ausgeprägte Schranke des Massivs der Alpilles gemildert.

Die Vielfalt der Einflüsse, seien sie nun geologischer oder klimatischer Natur, konnte sich nur günstig auf eine äußerst reichhaltige Weinproduktion auswirken. Aber die natürlichen Faktoren erklären keineswegs alles. Entstehung und Entwicklung des Weinbaus in dieser Gegend haben auch der geschichtlichen Entwicklung viel zu verdanken, insbesondere der Ansiedlung des Papsttums in Avignon im ausgehenden Mittelalter.

kommunale Appellation	▮▮▮	*Für Saint-Joseph und Condrieu (Weiß) zugelassene Anbaufläche
regionale Appellation	▯▯▯	
WEINE	**Rot** **Weiß** **Rot + Weiß**	

0   20 km

Linke Seite oben: Condrieu überragt die Rhône.
Unten: Ein Mosaik, das das Keltern der Trauben im Bauernkalender von Saint-Romain-en-Gal darstellt, erste Hälfte des 3. Jh. n. Chr.
Auf dieser Seite: Saint-Joseph und seine steilen Granithänge.

Der Wein der Päpste

Alle französischen Weinbaugebiete verdanken dem mittelalterlichen Klerus viel. Aber nur die Anbaugebiete des Rhône-Tals können sich rühmen, unmittelbar das Zeichen des Papsttums zu tragen.

Von den Weinhändlern zu den Päpsten

Die erste Begegnung der Bewohner des Rhône-Tals mit dem Wein fand jedoch sehr lange vor der Ankunft der Päpste statt. Die Lehrmeister kamen ein weiteres Mal aus Griechenland. Die Gründer von Massalia, dem heutigen Marseille, richteten Niederlassungen ein, so daß sie mit der einheimischen Bevölkerung Handel treiben konnten.

Die Griechen machten die Eingeborenen mit dem Weingenuß vertraut, die Römer lehrten sie später den Anbau von Wein. Scheinbar widersinnig entstanden dabei die ersten Weinberge nicht im Süden des Tals, sondern in seinem nördlichen Teil.

Vienne, eine Garnisonsstadt und kulturelle Hochburg, die wie ein Amphitheater stufenförmig in einer Flußschleife angelegt war, entwickelte sich zu einer Weinhauptstadt. War es das Zufallsprodukt einer Unterbrechung der römischen Eroberung, der Anreiz der natürlichen Schönheit des Rhône-Ufers unterhalb der Stadt oder die geniale Eingebung eines Pioniervolks? In jedem Fall ist es den phantastischen Leistungen der Legionäre von jenseits der Alpen zu verdanken, daß der Wein in diesem Gebiet auftauchte, aus dem die heutigen nördlichen Côtes du Rhône werden sollten. Schon von Anfang an erwarb sich diese Region eine Berühmtheit, die nie Lügen gestraft wurde. Die Erfolge, die von den Allobrogern erzielt wurden, führten zur Entwicklung eines regen Weinhandels; das belegen auch die Basreliefs und Inschriften, die bei archäologischen Ausgrabungen entdeckt wurden. Wie überall im Abendland hatten die Invasionen der Barbaren auch hier eine Zerstörung der Weinbaugebiete zur Folge; außerdem wurden die Handelswege unterbrochen. Obwohl das Rhône-Tal zwischen dem französischen Königreich, das das rechte Ufer besaß, und dem Kaiserreich, das den östlichen Teil beherrschte, aufgeteilt war, erlebte der Weinbau im Mittelalter seine Wiedergeburt. Die geistlichen Orden, Kartäuser und Zisterzienser, spielten eine wichtige Rolle bei der Entwicklung der nördlichen Anbaugebiete. Im Süden kam der entscheidende Anstoß von der Ansiedlung des päpstlichen Hofs in der Grafschaft im Jahre 1305. Die kirchlichen Würdenträger und ihr Gefolge begnügten sich als große Weintrinker nicht damit, burgundische Weine einzuführen. Sie pflanzten selbst Reben an, vor allem in Châteauneuf, wo die Päpste eine Festung und ein Gut besaßen.

Auch nach der Rückkehr des Papsttums nach Rom vergrößerte sich das Rhône-Weinbaugebiet weiter bis zur Französischen Revolution, sowohl flächenmäßig wie auch dem Ansehen nach. Im Unterschied zu anderen Regionen wie Bordeaux oder Burgund, die dank der Nähe von England und Paris günstige Handelsvoraussetzungen hatten, mußte das Rhône-Tal mit zahlreichen Hindernissen fertig werden. Die Steigerung der Produktion wurde lange Zeit durch Steuern und sonstige Abgaben gebremst, die den Weinhandel trafen. Glücklicherweise wurden diese Abgaben im 17. Jahrhundert wieder abgeschafft; außerdem entstanden damals große Verbindungswege wie der Canal du Midi.

Die Côte du Rhône von Gard

Während der beiden letzten Jahrhunderte des Ancien régime (17. und 18. Jahrhundert) waren die Weine der Côte du Rhône von Gard sehr beliebt. Das überaus rasche Wachstum dieses Gebiets ist darauf zurückzuführen, daß sich die Winzer der Region von Tavel, Roquemaure, Lirac, Chusclan und ihrem Umland zusammenschlossen. Sie ließen zunächst die Einfuhr von Weinen verbieten, die aus weniger berühmten Nachbargemeinden stammten. Dann schrieben sie als Reaktion auf ein königliches Edikt aus dem Jahre 1729, das sie benachteiligte, verbindlich vor, daß auf den Fässern ein Brandzeichen angebracht werden mußte, das die drei Buchstaben C.D.R. trug. Diese aufgrund ihres modernen Charakters erstaunliche Organisationsform wurde durch eine ganze Reihe von weiteren Maßnahmen ergänzt, die den Schutz der in diesen Dörfern

Beaumes de Venise und Rasteau

Der Name des kleinen Dorfes Beaumes de Venise, das südlich der Dentelles de Montmirail liegt, kommt von Höhle (grotte) und Venise (der Grafschaft). Er klingt wunderbar vielsagend und läßt den Duft von Wärme, Honig und frischen Blüten erahnen. Das Anbaugebiet ist nach Süden ausgerichtet, gut geschützt vor dem Mistral. Es eignet sich besonders gut für die Erzeugung von Dessertweinen, die ausschließlich aus Trauben der Rebsorte Muscat à Petits Grains Blancs hergestellt werden. Man sollte diesen Wein im ersten Jahr nach der Lese probieren; dann schmeckt er nicht zu süß und besitzt ein reichhaltiges, komplexes Aroma, in dem sich Zitronen und Zitronenkraut mit einem Hauch von Rosen mischen.
Rasteau liegt nordwestlich von Gigondas und wird durch ein kleines Massiv zwischen Aygues und Ouvèze abgeschirmt, so daß die Rebsorte Grenache Noir hier sehr zuckerreiche Trauben hervorbringt. Die weißen Rasteau-Weine erwerben mit der Zeit eine bernsteingelbe Farbe, die roten haben ein intensives Aroma, in dem rote Beeren dominieren.

Die Böden in den südlichen Côtes du Rhône.

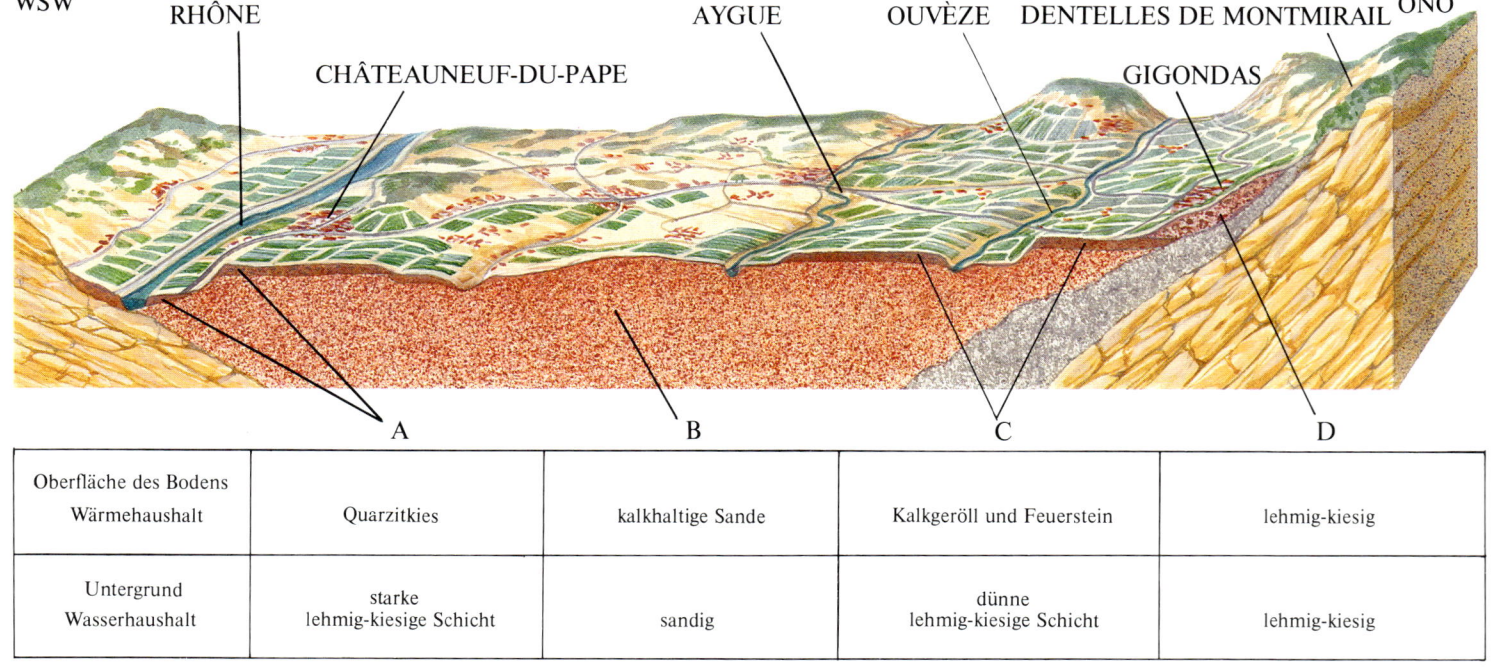

Oberfläche des Bodens Wärmehaushalt	Quarzitkies	kalkhaltige Sande	Kalkgeröll und Feuerstein	lehmig-kiesig
Untergrund Wasserhaushalt	starke lehmig-kiesige Schicht	sandig	dünne lehmig-kiesige Schicht	lehmig-kiesig

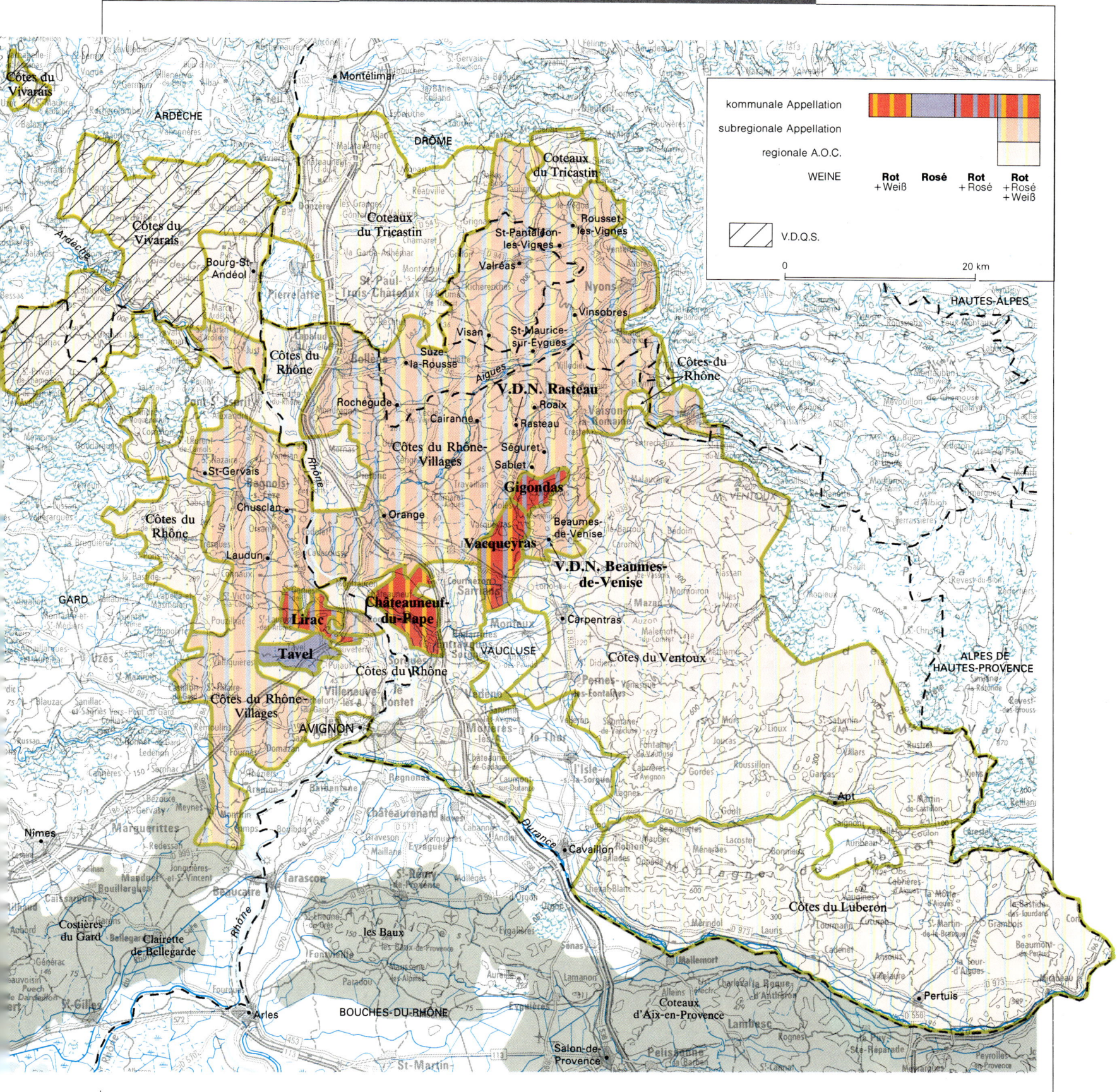

erzeugten Qualitätsweine verbessern sollten. Die Weine der Côte du Rhône von Gard fanden so im 18. Jahrhundert zahlreiche Abnehmer, vor allem in Großbritannien, Deutschland, Holland und Flandern. Das Schicksal des Anbaugebiets auf dem linken

Ufer verlief ganz anders. Wegen der Konkurrenz durch den Gemüse- und Obstbau, insbesondere die Oliven (die auf den Hügeln und den mageren Kiesterrassen wachsen, wo der Wein heute die berühmtesten Gewächse hervorbringt), konnte es sich

lange Zeit nur in geringem Umfang ausbreiten.
Mit Ausnahme des Anbaugebiets von Châteauneuf-du-Pape blieben die Rebflächen lange nur verstreut liegende Inseln, zumindest bis — was zum großen Teil Baron Leroy de Boi-

seaumarie zu verdanken ist — die Côtes du Rhône im 20. Jahrhundert allgemein anerkannt wurden und zugleich auch als kontrollierte Herkunftsbezeichnung ihren ganz eigenen unverwechselbaren Charakter gewannen.

Côtes du Rhône

Das Weinbaugebiet des Rhône-Tals setzt sich aus vielen Appellationen zusammen. Es besitzt eine der kleinsten Appellationen von Frankreich: Château-Grillet. Aber es verfügt auch über die größte Appellation nach Bordeaux, denn die Anbaufläche der Côtes du Rhône erstreckt sich auf 163 Gemarkungen, die sich auf sechs Departements (Rhône, Loire, Drôme, Ardèche, Gard und Vaucluse) verteilen.

Die Herrschaft des Weins

Die Größe dieser Appellation allein erklärt schon, warum sie häufig mit dem Gesamtanbaugebiet des Rhône-Tals verwechselt wird. Theoretisch erscheint diese Gleichsetzung auch nicht abwegig, weil die Anbaugebiete, die Anrecht auf diese Bezeichnung haben, von südlich von Vienne bis Avignon reichen. Aber in der Praxis stammt fast die gesamte Produktion der Côtes du Rhône — mit Ausnahme von etwa 1000 hl — aus dem südlichen Teil. Die nördlichen Anbaugebiete widmen sich nämlich fast ausschließlich der Erzeugung von Weinen örtlicher Appellationen.

Die südlichen Côtes du Rhône, ein riesiges Oval, breiten sich auf dem Gebiet von vier Departements (Drôme, Vaucluse, Gard und Ardèche) zwischen Bollène und Avignon aus. Dort spricht man auf beiden Seiten der Rhône ausschließlich vom Wein; er bestimmt hier souverän das Leben der Menschen, ebenso wie die Rebflächen die Landschaft beherrschen. Aber wenn auch die Reben das unerläßliche Bindeglied zwischen den beiden Ufern darstellen, so besitzt doch jedes seinen eigenen Charakter. Auf dem zum Departement Gard gehörigen Ufer wird der Wein auf einer Reihe von Hügeln mit sanften, abge-

rundeten Formen angebaut, die im Osten vom Fluß und im Westen von den mittelhohen Plateaus des Gard und des Ardèche begrenzt werden. Diese Kalkhochflächen sind durch harte, kompakte Böden geprägt, vielleicht deshalb, weil sie zum rauhen, stolzen Gebirge der Cevennen führen. In starkem Kontrast zu dieser wilden Landschaft, wo sich die Täler zu schmalen Schluchten verengen, steht das Gebiet, in dem sich der Weinbau entfaltet. Es wirkt freundlich und besteht aus ziemlich weichem Gestein, so daß sich die Flüsse in weiten Tälern ausbreiten können, die sich zur Rhône hin öffnen. Der Wein, der auf den sandigen oder mergelig-sandigen Böden der Hügel wächst, faulenzt in der Sonne, auf ziemlich steilen Hängen, ohne daß er jedoch eine Höhe von 250 m übersteigen würde, während

Ein Anbaugebiet mit Terrassen aus jüngerer Zeit in Saint-Joseph.

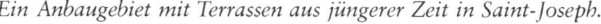

Aiguèze am Eingang der Ardèche-Schlucht.
Rechts: Detail der Innenausstattung der Kapelle der Weinuniversität in Suze-la-Rousse.

die Gipfel weithin mit mediterranen Nadelwäldern bedeckt sind. Die Rhône und ihre Nebenflüsse haben auf dem rechten Ufer nur geringe Mengen an alten Kiesanschwemmungen abgeladen, außer an zwei Stellen nach Süden hin, in der Umgebung von Tavel und Lirac und dann bei Domazan und Estézagues.

Der sanft gewellten Hügellandschaft auf dem Languedoc-Ufer stehen auf der anderen Seite des Flusses die weiten, eintönigen Horizonte der breiten, flachen Becken von Valréas, Saint-Cécille-les-Vignes, Orange, Travaillan und Avignon gegenüber. Nur den Baumgruppen in den Parks der großen Güter verdankt dieses flache Land manchmal die Andeutung eines Reliefs.

Thymian- und Lavendeldüfte

Aber die Höhen sind nie sehr weit entfernt, denn die verschiedenen Becken sind durch Hügelketten voneinander getrennt. Das östliche Ufer wird im Nordosten von der Montagne de la Lance und im Osten vom Ventoux überragt, der von der Tour de France her bekannt ist. Während der erste Berg fürsorglich über das besonders günstige Gebiet von Nyons mit seinen berühmten Oliven-

plantagen wacht, schützt der andere das gesamte Weinbaugebiet gegen die kalten Strömungen von den Alpen her. Der Wein kann deshalb wie etwa in Vinsobres leicht bis 450 m Höhe emporklettern. Dennoch wächst er in erster Linie auf dem Grund der Becken. Dort, über dem Miozänuntergrund, wo sich leichte Sandböden gebildet haben, findet er große Mengen von Geröll vor, das aus den Alpen stammt und von den Flüssen Rhône, Lez, Aygues und Ouvèze über viele Kilometer herabgewälzt wurde.

Dank der beharrlichen Arbeit des Wassers sind die großen Terrassen von Valréas und Suzéla-Rousse und des Plan-de-Dieu ebenso wie die Garrigues von Vacqueyras und Sarrians und natürlich von Châteauneuf-du-Pape entstanden. Die Böden dieser Regionen, die oft aus mächtigen Schichten von Kiesgeröll, vermischt mit rotem sandigem Lehm, bestehen, eignen sich ausgezeichnet für den Anbau von Wein.

Auf beiden Ufern liegt der Duft von Thymian und Lavendel über den Weinbergen. Er erinnert daran, daß die südlichen Côtes du Rhône aufgrund ihres Breitengrads recht mediterran sind, aber die Bergkette der Alpilles verleiht hier dem Klima seinen besonderen Charakter. Im Herbst und Frühjahr regnet es hier weniger als an der Küste. Im Sommer, der Zeit der Traubenreifung, sind die Temperaturunterschiede zwischen Tag und Nacht ausgeprägter.

Eine schöne Sammlung von Rebsorten

In ganz Frankreich sind die Côtes du Rhône durch die breite Palette von Rebsorten — nicht weniger als 23 an der Zahl — gekennzeichnet, unter denen die Winzer ihre Wahl treffen können. Tatsächlich jedoch werden in der Praxis nicht mehr als zehn verwendet. Bei den roten Traubensorten dominiert die Grenache-Rebe. Sie liefert Weine, die alkoholreich und aromatisch sind und viel Fett und Wucht besitzen. Die Cinsaut-Rebe dagegen, die bevorzugt in die Zusammenstellung von Roséweinen eingeht, ergibt ein fruchtiges Bukett von unvergleichlicher Finesse und Eleganz, aber sie erbringt nur geringe Erträge. Die perfekte Ergänzung zur Grenache-Rebe ist aufgrund ihrer Resistenz gegenüber Oxidation die Syrah-Rebe, die sich durch vielfältige aromatische Noten und eine bessere Haltbarkeit der Weine auszeichnet. Ziemlich ähnliche Eigenschaften verleiht auch die Mourvèdre-Rebe dem Wein, aber sie benötigt von ihren iberischen Ursprüngen her viel Wärme und eine sehr gute Lage. Von den übrigen roten Traubensorten sollte man noch Carignan und Counoise erwähnen.

Für Weißweine werden am häufigsten die Rebsorten Clairette, Bourboulenc, Picpoul und Grenache Blanc verwendet.

Die »Villages«

In einem so ausgedehnten Gebiet wie den Côtes du Rhône gibt es zahlreiche Nuancen zwischen den einzelnen

Oben: Marsanne.
Rechts: Grenache.
Rechts oben: Ein Weinberg oberhalb von Beaumes-de-Venise, im Hintergrund die Dentelles de Montmirail.
Rechts unten: Fahne der Confrérie Saint-Vincent de Visan.

Anbaubereichen. Diese Unterschiede, die vom Menschen geschickt genutzt wurden, haben zu einer Kategorie von besonders lagerfähigen Weinen geführt, deren eigenständiger Charakter seit 1966 durch die Appellation Côtes-du-Rhône-Villages anerkannt wird.

Die Côtes-du-Rhône-Villages, die 81 Gemeinden umfassen, umfassen zwei große Gruppen; die eine hat dabei das Recht, dem Namen der Appellation noch einen Gemeindenamen anzuhängen, während die andere das nicht darf. In der ersten, der angeseheneren Gruppe, findet man 26 Gemeinden mit 16 anerkannten Namen: Rochegude, Rousset-les-Vignes, Saint-Pantaléon-les-Vignes, Saint-Maurice-sur-

Die Dentelles de Montmirail

Das Dorf, über dem die wilden Düfte der Crus von Gigondas hängen, liegt an einer der schönsten von der Natur geschaffenen Stellen, am Massiv der Dentelles. Die ganze Heftigkeit der Hebung der Alpen drückt sich darin aus; der Jura-Kalkstein ist hier senkrecht in drei aufeinanderfolgenden Wellen nach oben gedrückt worden (Florets, Sarrazines und Montmirail)..

Eygues, Vinsobres, Chusclan (5 Gemeinden), Laudun (3), Saint-Gervais, Cairanne, Beaumes-de-Venise (4), Rasteau, Roaix, Sablet, Séguret, Valréas und Visan.

Die »Villages«, die über das gesamte Gebiet der Côtes du Rhône verteilt sind, besitzen eine große Vielfalt an Anbaugebieten und Weinen. Dank ihrer Reputation wurden sie oft als offizieller Wein für große Veranstaltungen wie das Turnier von Roland-Garros oder die Filmfestspiele von Cannes ausgewählt. Sie rechtfertigen das Interesse, das ihnen entgegengebracht wird, durch ihren besonderen Charakter; sie sind nämlich kräftiger, körper- und alkoholreicher als die Côtes-du-Rhône-Weine. Übrigens erfordern sie eine Rebsortenwahl, die mehr Syrah, Mourvèdre oder Cinsaut (mindestens 25%) und weniger Grenache enthält. Die bekanntesten Weine sind die Rotweine von Vinsobres und Cairanne, die stattlich und fleischig ausfallen, die

Ein römischer Weinkeller

Aufgrund seiner historischen Bedeutung ist das Rhône-Tal zu einem bevorzugten Ausgrabungsgebiet für die Archäologie geworden. Manchmal, wie in Donzère, wo die Forscher einen der größten und ältesten bis zum heutigen Tag entdeckten Weinkeller freigelegt haben, stoßen sie auf Spuren des Weins. Die Vielfalt und die Vielzahl der gefundenen Geräte zeugen von der Existenz großer Weinberge in dieser Gegend. Dieser Keller war nämlich dazu bestimmt, die Ernte von 50 ha zu verarbeiten.

fruchtigen Roséweine von Chusclan und die eleganten, frischen Weißweine von Laudun.

Die reiche Vielfalt der Côtes-du-Rhône-Villages findet man erst recht in der regionalen Appellation: Die Unterschiede bei den Böden, dem Untergrund, der Lage und dem Mikroklima bedingen eine Vielzahl von Ökosystemen, die alle sehr individuell ausgeprägt sind.

Côte Rotie

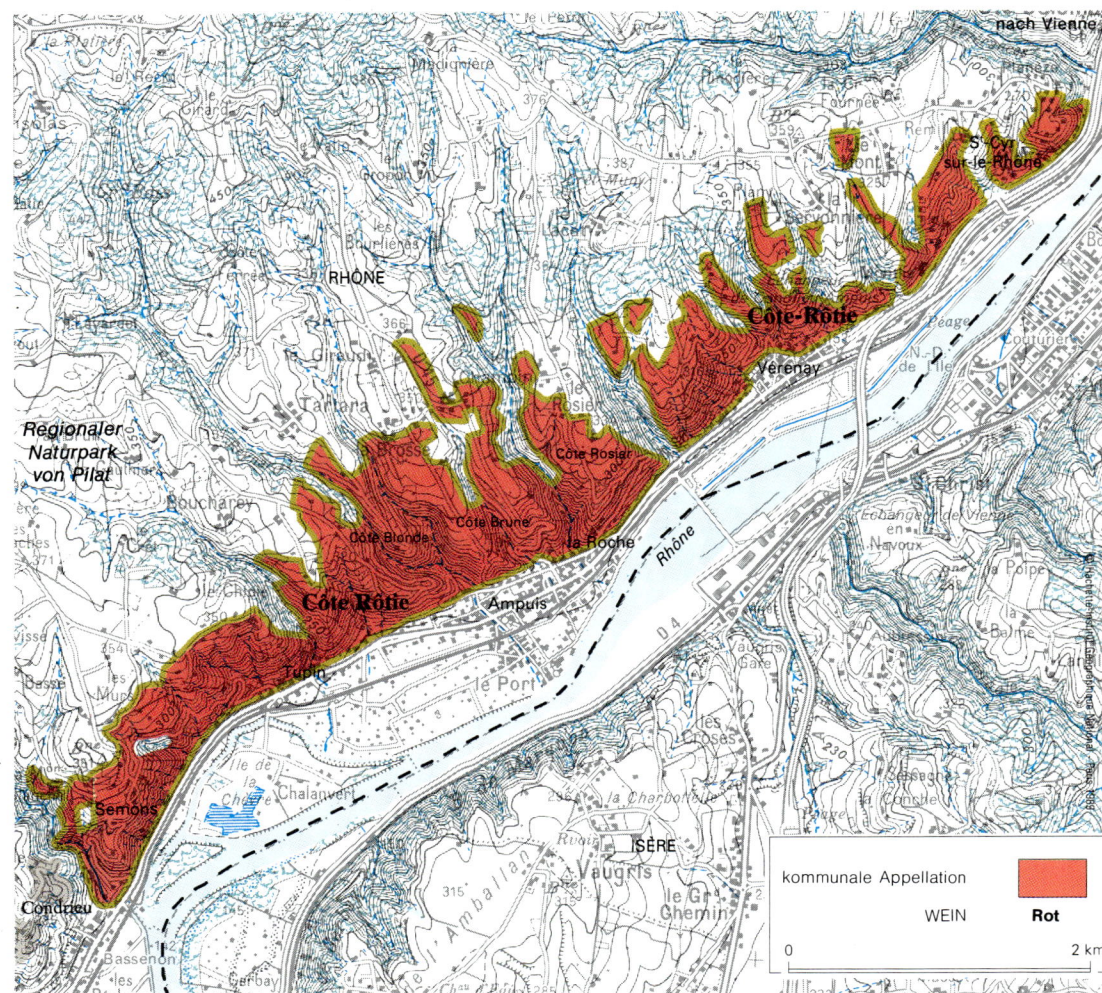

könnte auch in der Bestockung liegen. Die Côte Rôtie erzeugt nämlich nur Rotweine von der Rebsorte Syrah, wobei es aber üblich ist, 10 bis 15% Viognier-Trauben beizufügen, damit die Weine runder und lieblicher werden. Nun wächst aber die Viognier-Rebe vor allem an der Côte Blonde und nur sehr selten an der Côte Brune. Der Kenner entdeckt an der Côte Blonde zarte Weine von seltener Finesse und Eleganz, während die Weine von der Côte Brune kräftiger und strukturierter sind, aber dafür auch länger gelagert werden können.

Die Syrah-Rebe windet sich an den unzähligen Rebpfählen empor, die hier paarweise im Boden stecken, in der Form eines umgekehrten V. Anders ist es bei den weiter südlich liegenden Anbaugebieten, wo die Pfähle einer hinter dem anderen senkrecht zum Himmel aufragen.

Die Weine der Côte Rôtie können in den kühlen Kellern probiert werden, die in den Felsen gegraben sind. Sie besitzen ein komplexes Aroma, das an Veilchen, Gewürze und rote Früchte erinnert und mit dem Alter ungewöhnlich kräftig und rassig wird.

Besonders bemerkenswert sind einige Cuvées, die von einzelnen Parzellen, wie etwa La Mouline oder La Turque, stammen. Das ist zweifellos die beste Entschädigung für die Winzer, die ihre Rebflächen oft mit der Hand bestellen müssen, so steil sind die Hänge in diesem Teil der Côtes du Rhône.

Côte Rôtie und seine »Cheys« genannten Trockensteinmauern.

Einige Kilometer südlich von Vienne wird auch der eiligste Autofahrer auf ein seltsames Anbaugebiet aufmerksam. Der Wein klammert sich dort an die eindrucksvollen Hänge, die das rechte Ufer der Rhône überragen.

Ein schwindelerregendes Weinbaugebiet

Man begreift hier besser als an irgendeiner anderen Stelle, daß der Weinbau eine Erfindung des Menschen ist. Denn damit sich der Wein auf diesen steilen Terrassen etablieren konnte, mußte der Mensch in die Natur eingreifen und das Erdreich mit Trockensteinmauern (Cheys) umschließen. Auf den steilen Hängen der Parzellen von Landonne, an der Côte Rozier, ist das einzige brauchbare mechanische Gerät die Winde. Die kleinen Wege führen von der Hochfläche hinab und stürzen die

Hänge der Côte Brune oder der Côte Blonde hinunter, so daß man das Gefühl hat, als würde man direkt auf den Dächern von Ampuis landen.

Ist das hier vielleicht die älteste Weinlage Frankreichs, wie einige Erzeuger behaupten? Möglicherweise. Wie dem auch sei, unter den Weinen, die schon im ersten Jahrhundert vor unserer Zeitrechnung überaus berühmt waren, nahm der Côte Rôtie schon immer einen besonderen Platz ein. Seitdem ist die Qualität der Weine von diesen steilen Hängen immer sehr hoch geblieben. Aber wie könnte es auch anders sein, wenn man die Bedingungen ihrer Erzeugung kennt! Mit kaum 4000 hl waren diese Weine lange Zeit nur den Eingeweihten bekannt; zudem wurden sie zum großen Teil ins Ausland verkauft. Aber seit Ende der siebziger Jahre hat die Appellation unbestreitbar ihre alte Bekanntheit zurückgewonnen. Da die Produktion jedoch nur langsam steigen kann, haben die Preise einen gewaltigen Sprung nach

oben gemacht. Wie läßt sich nun die ganz und gar außergewöhnliche Qualität dieser Weine erklären? Der Blick auf eine Karte dieser Gegend verrät schon viel. Auf der Höhe von Vienne beschreibt die Rhône nämlich einen großen Bogen und fließt plötzlich in südwestliche Richtung, so daß ihr rechtes Ufer bis zum Weiler Semons nach Südsüdosten liegt — eine ideale Lage. Aber es gibt noch einen feinen Unterschied zwischen der Côte Brune und der Côte Blonde.

Braun oder blond

Glimmerschiefer mit zwei Glimmerarten bilden die Matrix des an der Oberfläche kaum verwitterten Muttergesteins in einem steinigen Boden, der hier als »Arzelle« bezeichnet wird. Manche glauben, daß man in der Textur oder in der Zusammensetzung der Böden kleine Unterschiede finden kann. Aber die Antwort

Condrieu und Château-Grillet

Château-Grillet: ein berühmtes Anbaugebiet, das aber nur eine geringe Menge Wein erzeugt.

Condrieu

Das Anbaugebiet von Condrieu, das 11 km südlich von Vienne auf dem rechten Ufer der Rhône liegt, gehört historisch zur Verlängerung des Anbaubereichs der Côte Rôtie. Beide gehen auf die römische Zeit, auf die Glanzzeit von Vienne zurück. War das Weinbaugebiet damals größer als heute? Nur etwa 20 ha sind davon übriggeblieben. Dennoch ist es erstaunlich, daß ein Weinbaugebiet zwei Jahrtausende überleben konnte.

Vor allem ein Hafen

Die Schönheit der Stadt, die mit ihren alten Häusern wie ein kleiner Mittelmeerhafen wirkt, läßt erahnen, daß Condrieu schon immer ein wichtiger Ort an der Rhône war. Zuerst als Furt, eine Seltenheit in diesem Flußabschnitt, der eine unüberwindliche Barriere bildete, und als idealer Standort für die Anlage eines Hafens.
Condrieu war jahrhundertelang, bis zum Bau der Eisenbahn, Dreh- und Angelpunkt im Wirtschaftsleben dieser Region. Denn die Stadt, die Hauptstadt der »Culs de Piau«, wie die Rhône-Schiffer häufig genannt werden, war stets in zweifacher Hinsicht ein Durchgangsort: in Nord-Süd-Richtung und von Osten nach Westen. So fand die Stadt mühelos eine reiche Kundschaft und zugleich zahlreiche Arbeitskräfte, die halbtags in ihrer Freizeit Wein anbauen konnten.
Aber alle diese Voraussetzungen

trifft man sehr oft auch in anderen Weinbaugebieten an, so daß sie allein den besonderen Charakter von Condrieu nicht erklären können. Dies ist nämlich in der Tat eine recht außergewöhnliche Reblage: Condrieu bringt nur Weißwein hervor. Die Appellation hält außerdem nur an den Lagen fest, die sich auch wirklich für die als einzige Traubensorte zugelassene Viognier-Rebe eignen. Diese Lagen sind perfekt abgegrenzt und erstrecken sich auf nur 20 ha, die auf das Gebiet von sieben Gemeinden verteilt sind (Limony im Departement Ardèche, Chavanay, Malleval, Saint-Michel-sur-Rhône, Saint-Pierre-de-Bœuf und Vérin im Departement Loire und Condrieu im Departement Rhône), auf einem schmalen Streifen von etwa 16 km Länge.
Damit die Viognier-Rebe alle ihre Qualitäten entfalten kann, braucht sie viel Wärme und eine besondere Lage, wie sie die Südhänge der kleinen Täler bieten, die die vom Pilat-Berg herabfließenden Bäche in den Granit gegraben haben. Außerdem müssen diese Lagen gegen Nordwinde geschützt sein. Hinzu kommen noch ebenso steile Hänge wie an der Côte Rôtie und ebenso schmale Terrassen, die nur ein paar Reihen Rebstöcke tragen können. Mit Reben, die erst vom sechsten oder siebten Jahr an Trauben hervorbringen können. Die Produktion ist klein.
Man versteht deshalb leicht die Hartnäckigkeit und den Mut, die der Winzer hier aufbringen muß, damit er diese delikaten, öligen, nach Honig und Akazien duftenden Weine erzeugen kann.

Château-Grillet

Die Appellation Château-Grillet ist außergewöhnlich wegen ihrer geringen Anbaufläche (2,5 ha). Sie gehört einem einzigen Besitzer, dessen Weingut schon im Altertum bestand und mittelalterliche Keller beherbergt, die in der Renaissancezeit renoviert wurden. Sie liegt mitten im Gebiet der Condrieu-Appellation. Ihre Weine werden von einer einzigen Traubensorte erzeugt, der Viognier-Rebe, die hier genau wie in Condrieu

ideal geeignete Granitböden vorfindet. Château-Grillet würde sich in keiner Weise von den Condrieu-Rebflächen unterscheiden, wenn es sich nicht in einem sehr steilen Talkessel befände, der eine ideale Lage aufweist, anstatt wie seine Nachbarn an der Einmündung eines Tals. Nur eine Kleinigkeit, aber sie macht den entscheidenden Unterschied aus und verleiht den ca. 50 bis 70 hl Wein, die hier jedes Jahr produziert werden, ihren ganz besonderen Charakter. Eine Rarität für einige wenige Glückliche.

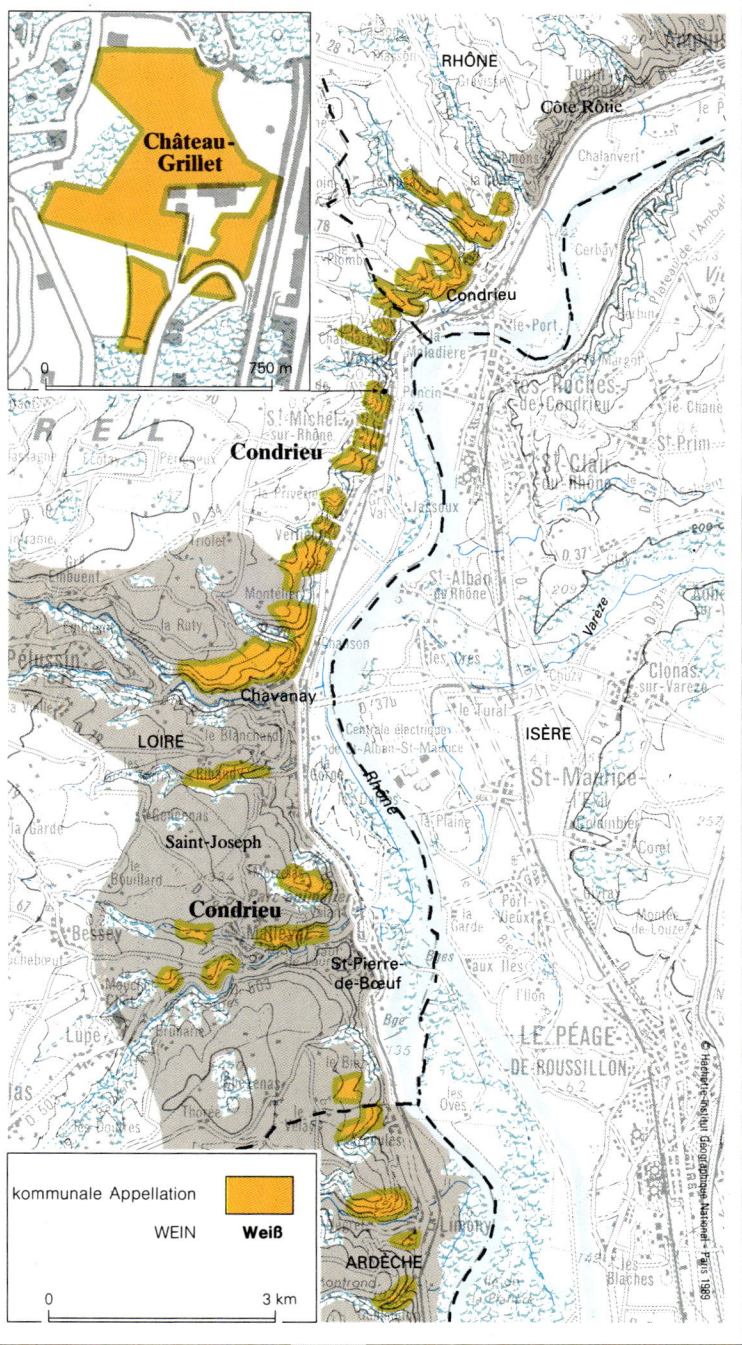

kommunale Appellation

WEIN **Weiß**

0   3 km

189

Hermitage

Heute führt die Autobahn in einiger Entfernung daran vorbei, ein paar Kilometer abseits von der Stadt Tain-l'Hermitage. Aber wer die National-straße 7 oder die Eisenbahn benutzt, sieht den großartigen Hügel; große weiße Schranken, die die Namen berühmter Weinhändler (Jaboulet, Chapoutier usw.) tragen, weisen eigens auf ihn hin.

Wie an der Côte Rôtie ist auch dieser steile, Hang den Römern nicht entgangen, als sie hier einige Jahrzehnte vor unserer Zeitrechnung ankamen. Es ist nahezu sicher, daß die Weine von diesen Rebflächen schon zur Berühmtheit der Weine von Vienne beitrugen. Dennoch tauchte der Name Hermitage erst viel später in der Geschichte auf. Die Römer erbauten zwar hier auf dem Gipfel des Hügels einen Tempel, der dem Herkules geweiht war, aber er hatte nichts mit dem Weinbaugebiet zu tun. Das Bauwerk, das wahrscheinlich die einfallenden Barbaren zerstörten, wurde als Kapelle wiedererrichtet; diese war dem heiligen Christopherus geweiht, von dem der Hügel seinen Namen hat. Der Legende nach wollte sich der Ritter Henri Gaspart de Sterimberg, als er im Jahre 1224 müde und erschöpft von den Kreuzzügen heimkehrte, mit Erlaubnis der Königin Blanche von Kastilien in ein kleines Gemäuer nahe der Kapelle zurückziehen. Er war nämlich auf der Suche nach der Abgeschiedenheit eines kontemplativen Lebens. Er rodete die Hänge des Hügels und pflanzte dort wieder Wein an.

Der gute Wein der Einsiedler

Später, nach seinem Tod, nahmen Eremiten Besitz von dem Ort. Günstig gelegen zwischen Lyon und dem Mittelmeer, bildete er eine Zwischenstation für die Reisenden, die nicht versäumten, hier eine Rast einzulegen, um zu beten; dabei hatten sie auch Gelegenheit, den Wein der Eremiten zu kosten, der dadurch immer berühmter werden sollte. Der Name »Hermitage« war geboren. Seine Bekanntheit überschritt rasch die Grenzen und verbreitete sich im 17. Jahrhundert bis nach England und an den Hof des Zaren. Man erzählt sogar — aber die Erinnerung im Bordelais scheint lückenhaft zu sein —, daß die Weine der Hermitage auf dem Umweg über Bordeaux nach Großbritannien gekommen sein sollen, dank einer merkwürdigen Wortverbindung unter dem Namen »Bordeaux-Hermitage«. Heute steht die Kapelle noch immer auf dem Gipfel des majestätischen Hügels, der den Eingang zum Tal zu bewachen scheint. Doch seltsamerweise besitzt der Hermitage-Hügel nicht die schöne Einheitlichkeit der Anbaugebiete auf dem rechten Ufer, was aber der Qualität seiner Weine keineswegs schadet.

Hermitage: oben die Kapelle, unten das Anbaugebiet.

Ein Vorposten des Zentralmassivs

Der westliche Teil des Hügels, wo die Kapelle steht, liegt am höchsten; er wird von einem Massiv aus porphyrischem Granit gebildet, das auf dem linken Ufer der einzige Ausläufer der Formationen vom Rand des Zentralmassivs ist und somit eine Verlängerung des Hügels von Saint-Joseph darstellt. Hier befindet sich die berühmte Bessards-Lage.

Aber dieser Granitblock spielte auch in gewissem Sinn die Rolle eines Brückenpfeilers, zu der Zeit, als die Rhône große Mengen an Geröll mit sich führte, das die Erosion den Alpen entrissen hatte. Das Geröll sammelte sich mehrere Meter hoch hinter diesem Wall an und bildet heute den gesamten Ostteil des Hügels (Reblagen Méal, Chante Alouette, Les Murets und Rocoules). Erschwert wird der Anbau hier durch den Hang, aber auch durch das viele Geröll, das sich in der Tiefe verfestigt hat (Griffe).

Die Appellation Hermitage erzeugt Rot- und Weißweine. Wie bei den Nachbarappellationen werden die Rotweine allein aus Syrah-Trauben hergestellt. Diese Rebe wird vorwiegend im Westen des Hügels angepflanzt. Sie liefert Weine von dunkelroter Farbe und mit einem intensiven Bukett, das an Veilchen, schwarze Johannisbeeren und Himbeeren erinnert. Jede Reblage bringt besondere Nuancen hervor, die recht genau umrissen sind; bei einigen tendiert das Aroma stärker zu Veilchen, bei anderen mehr zu würzigen Noten. Mit dem Alter mildert sich die Rauheit der ersten Jahre; der Wein wird reicher und vollständiger. Die Weißweine, die von den Rebsorten Marsanne und zum geringeren Teil Roussanne erzeugt werden, verströmen den Duft von Blüten und grünem Kaffee. Die Roussanne-Rebe wurde früher am häufigsten angebaut, aber da sie anfällig für Parasiten ist und empfindlich auf Oxidation reagiert, ist ihr Anteil stark zurückgegangen.

Die Hermitage-Weißweine können ebenso wie die Rotweine mehrere Jahre reifen, manchmal sogar zwei oder drei Jahrzehnte, und nehmen dann ein Bukett an, das an Honig und Wachs erinnert und von seltener Intensität ist.

Produziert werden in der AOC Hermitage jährlich etwa 3300 hl Rotwein und etwas weniger als 1000 hl Weißwein.

Crozes-Hermitage

Die Appellation Crozes-Hermitage stand immer im Schatten des berühmten Hügels. Corzes-Hermitage umgibt zwar auf allen Seiten die »Star-Appellation«, unterscheidet sich aber trotzdem ziemlich deutlich davon, auch wenn man hier ähnliche geologische Formationen antrifft. Der größte Teil der Anbaufläche liegt auf der Terrasse aus der Würmeiszeit, die sich im südlichen Teil befindet; dort haben sich die Rebflächen in den letzten Jahren am stärksten ausgebreitet. Es handelt sich dabei um ein ausgedehntes, relativ flaches Gebiet in Dreiecksform, mit Geröllböden, die mit einer für Trockenheit anfälligen Matrix aus rotem Lehm vermischt sind. Vor ein paar Jahren noch dominierte hier der Obstbau, vor allem Pfirsiche. Heute ist die Anbaufläche für Wein praktisch genauso groß wie die der Pfirsichbäume.

Ein expandierendes Weinbaugebiet

Etwas weiter nördlich, im äußersten Westen von einem alten, zerfallenen Turm überragt, erzeugt der Hügel der Pends ausgezeichnete Weine, in erster Linie Weißweine, die Mercurol berühmt gemacht haben. Er besteht aus Geröll von der Terrasse aus der Rißeiszeit und gehört zur Verlängerung des Hermitage-Hügels. Die westlichen Gemarkungen, die vom südlichen Teil der Appellation durch das Tal der Bouterne (von der Autobahn als Trasse benutzt) getrennt sind, umfassen mehrere Anbaugebiete. Wenn man von Osten her kommt,

Winzergewand, 17. Jh. (Musée Carnavalet, Paris).

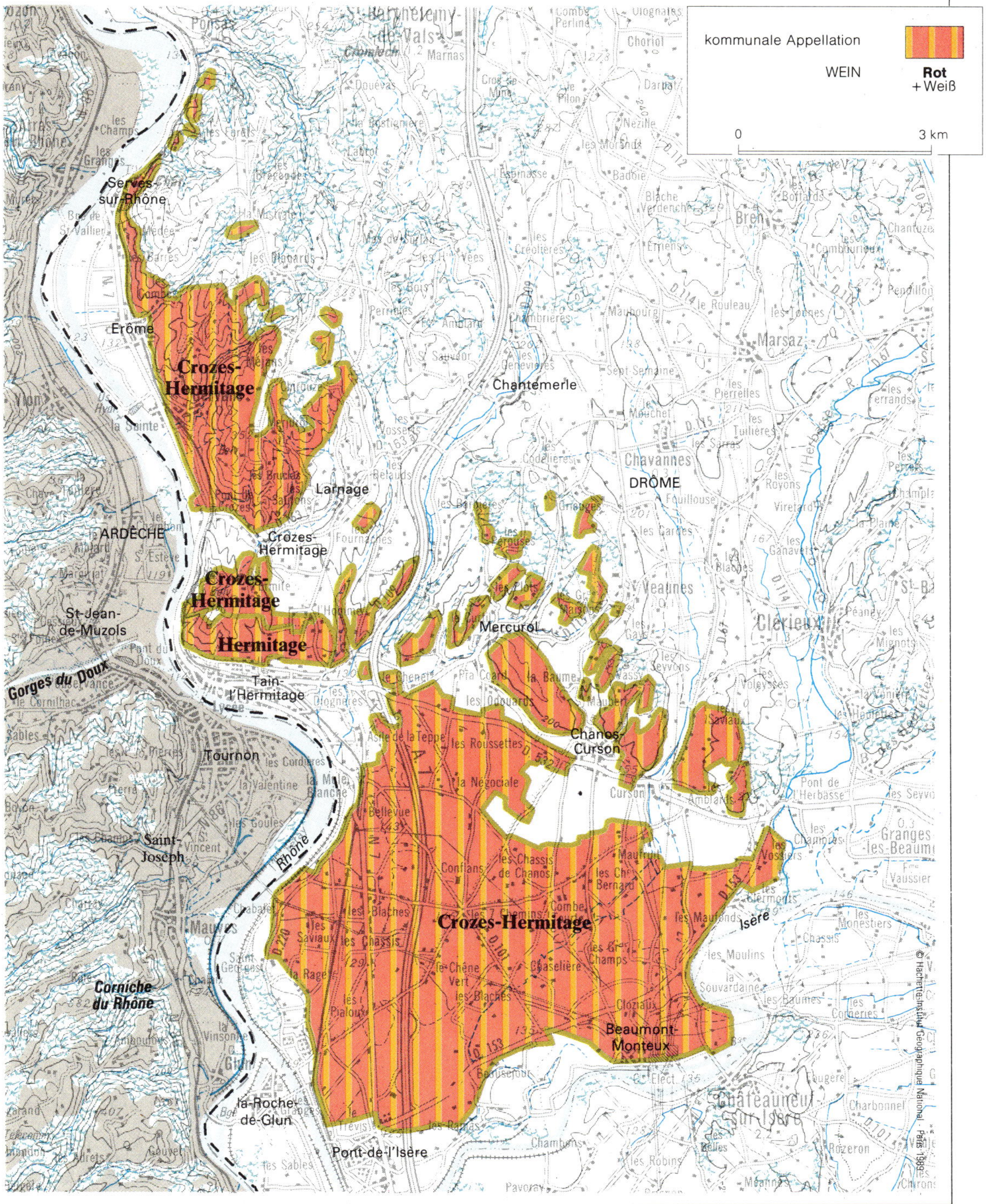

trifft man zunächst auf eine Geröllterrasse aus der Mindeleiszeit, die mit Löß bedeckt ist. Dort zieht sich der Wein schon von Anfang an von den Terrassen mit kälteren Böden zurück, wo vorwiegend Aprikosenbäume wachsen. Am äußersten Rand dieser Hochebene fällt Larnage durch seine Weißweine auf, die einen recht eigentümlichen Charakter besitzen; sie werden auf weißem Sand (Kaolin aus dem Eozän) erzeugt. Das Anbaugebiet reicht nicht über diese Formation hinaus.

Weiter westlich liegt Crozes, das Dorf, das der AOC seinen Namen gegeben hat, und etwas weiter nördlich, wenn man dem Tal der Rhône folgt, der Hügel von Gervans, der für seine Weißweine berühmt ist. Die Trauben wachsen hier auf Granit, der von Löß bedeckt ist.
Crozes-Hermitage ist somit weniger ein einheitliches Weinbaugebiet als eine Ansammlung von besonderen Lagen, die sich bisweilen stark voneinander unterscheiden. Sie verleihen seinen Weinen auch eine gewisse Vielfalt. Die Weine zeigen jedoch Ähnlichkeit mit den Hermitage-Weinen, zumal sie von den gleichen Traubensorten gekeltert werden: Syrah bei den Rotweinen, Marsanne und Roussanne bei den Weißweinen. Wenn die Reben auf weniger steilen Hängen angebaut werden, liefern sie Weine, die weniger farbkräftig als die Hermitage-Weine sind. Die Rotweine, die schneller reifen, bewahren das Aroma und die Eleganz, die ihnen die Syrah-Rebe auf diesem Boden mitgibt.
Die Weißweine sind weniger komplex und intensiv; sie schmecken auch frischer und sind deshalb sehr angenehm zu trinken.

kommunale Appellation

WEIN **Rot** + Weiß

0   3 km

Saint-Joseph, Cornas und Saint-Péray

Saint-Joseph ist ein schmales Band von Anbaugebieten, das sich auf einer Länge von 60 km von Chavanay bis Guilherand schlängelt. Es bildet damit das Bindeglied zwischen Condrieu und Côte Rôtie im Norden und den Appellationen der Region von Valence im Süden. Die Hügel von Saint-Joseph, ein prachtvoller Vorsprung am Rande des Zentralmassivs, bieten einen einzigartigen Rundblick über die Gipfel der Alpen und bei schönem Wetter sogar auf das gewaltige Massiv des Montblanc.

Vom Wein von Mauves zum Saint-Joseph

Aber die Appellation hatte nicht immer die heutige geographische Ausdehnung. Im Mittelalter wurden ihre Weine von den französischen Königen wegen ihrer Finesse und Eleganz sehr geschätzt; sie wurden damals als »Weine von Mauves« bezeichnet. Erzeugt wurden sie zwischen den Dörfern Mauves und Tournon, auf einem steilen Granithügel, der auf dem rechten Ufer der Rhône den Hermitage-Hügel verlängert. Sie hatten sich einen großen Ruf erworben.

Auch heute noch befinden sich die besten Rebflächen der Appellation auf diesen Hügeln: Der eine reicht von Saint-Joseph bis Tournon, der andere, der etwas nördlicher liegt, von Sainte-Epine bis Saint-Jean-de-Muzols, an der Einmündung in die malerische Schlucht des Doux. Um diese beiden Granitinseln mit ihren hochwertigen Böden herum ist seit

Oben: Saint-Joseph und Notre-Dame-de-Vion.
Unten: Die Statue des hl. Joseph überragt Tournon.
Rechts: Weinkeller für die Alterung der Weine in Cornas.

einem Vierteljahrhundert die Appellation entstanden. Der zentrale Teil, dessen aus weicheren Gneisen bestehenden Terrassen früher vollständig bepflanzt waren, wird heute für den Anbau von Wein weniger genutzt. Erzeugt werden hier in erster Linie Rotweine, die ausschließlich aus Syrah-Trauben hergestellt werden. Sie sind voller Feinheit und Zartheit, reifen ziemlich schnell und sollten vom zweiten oder dritten Jahr nach der Lese an getrunken werden. Die Weißweine, die von der Marsanne-Rebe und manchmal auch zu einem kleinen Teil von der Roussanne-Rebe

gekeltert werden, sind rassig und verströmen einen Blütenduft.

Cornas

Cornas präsentiert einen ganz anderen Aspekt in der unendlichen Vielfalt der Schätze, die das nördliche Rhône-Tal zum einzigartigen Thema Syrah-Rebe und Granitboden bereithält. Das Dorf ist landschaftlich einmalig gelegen. In nächster Nähe zur Rhône wird es vom Anbaugebiet wie ein Amphitheater mit steilen Stufen umschlossen.

Will man Cornas von oben sehen, so muß man mitten im Dorf die Straße nehmen, die zur Kapelle Saint-Pierre-et-Saint-Romain-de-Lerps hinaufführt. Sobald der Hang weniger steil wird und der Wein urplötzlich verschwindet, um den Schafen und den Tannen der kargen Hochfläche Platz zu machen, erreicht man auf einem ungepflasterten Weg das verfallene Haus von Tézier, der hier inmitten der Zedern beschaulich seine letzten Tage verbrachte. Danach bietet sich dem Wanderer ein Schauspiel von unvergleichlicher Schönheit. Zu seinen Füßen stürzen die Terrassen der Weinberge kaskadenartig bis zum Dorf hinab, das sich um die Kirche und ihren schlanken, 52 m hohen Turm drängt. Wenn man den Arm ausstreckt, glaubt man ihn berühren zu können. Auf der linken Seite bildet das jurassische Kalksteinmassiv der Arlettes den Abschluß des Ovals nach Norden hin und schützt es gegen kalte Winde. Auf der Rechten überragt das Schloß von Crussol, der Familiensitz der Uzès, die Ebene von Valence, während man im Hintergrund den Wald von Saou und die Alpen erkennt.

In diesem Anbaugebiet trifft man nur auf eine einzige Traubensorte, die Syrah-Rebe, aber diesmal sind die Weinstöcke und ihre Rebpfähle nicht mehr paarweise wie im Norden angeordnet, sondern stehen einzeln da, wie eine Armee mit gen Himmel gerichteten Bajonetten. Die Böden sind die gleichen wie ein oder zwei Kilometer weiter nördlich in Saint-Joseph, doch der Wein hat seinen eigenen Willen! So fein, zart und feminin der Saint-Joseph ist, so hart und streng ist zunächst der Cornas. Seine Tannine verleihen ihm einen männlichen Charakter, der sich erst nach mehreren Jahren mildert, bis daraus schließlich ein immer noch

kräftig gebauter Wein von dunkler Farbe entsteht.

Saint-Péray

Der Wein versetzt uns weiter in Erstaunen entlang dieser Rhône, wo die Syrah-Rebe von Cornas einige hundert Meter weit völlig verschwindet und durch die Rebsorten Marsanne und Roussanne (auch noch Roussette genannt) ersetzt wird, die den weißen Saint-Péray erzeugen.

Die Kulisse ändert sich ebenfalls. Die Appellation verteilt sich auf die beiden Hänge des Tals des Mialon, der ein altes, von der Rhône aufgegebenes Flußbett benutzt. Das Tal ist mit Ablagerungen aus dem Pliozän aufgefüllt; im Norden wird es von der Granitkante des Plateaus von Saint-Romain-de-Lerps überragt, im Süden vom jurassischen Kalksteinbo-

gen, der hier einen Buckel macht und die stolzen Ruinen des Schlosses von Crussol trägt.

In einer Landschaft, die vor allem von den Wiesen und Wäldern am Rande der Hochebene beherrscht wird, konzentriert sich der Weinbau auf besonders günstige Einzellagen. Aber er kämpft gegen einen unbarmherzigen Feind, die unaufhaltsame Ausdehnung des Stadtgebiets von Valence. Der Saint-Péray, der früher von Natur aus ein Schaumwein war, wird heute durch eine zweite Gärung in der Flasche hergestellt, seitdem man diese Methode in den Weinkellern des Château de Beauregard eingeführt hat. Er verbindet feinen Schaum und Körper, wozu sicherlich der Granitboden beiträgt, der bei Schaumweinen französischer Herkunft ungewöhnlich ist. Außerdem werden in geringer Menge nichtschäumende Weißweine erzeugt, die trocken und nervig ausfallen und den Weißweinen von Crozes-Hermitage ähnlich sind.

Gigondas

Im Gegensatz zu den vorangehenden örtlichen Appellationen liegt Gigondas im Herzen der südlichen Côtes du Rhône. Es besitzt eine außergewöhnliche Umgebung: Das Weinbaugebiet erstreckt sich in nächster Nähe zu einem echten Naturwunder, den Dentelles de Montmirail. Diese Bergkämme aus Kalkstein überragen ein Hügelmassiv; sie wirken wie Sägezähne, Kanten und Nadeln, die die Erosion fein ziseliert hat.

Gigondas, ein alter befestigter Marktflecken am Fuße der Dentelles des Florêts, über den die Ruine einer alten Burg wacht, baute schon von jeher Wein an. Bereits Plinius der Ältere wies darauf hin. Auch die in den Smaltin (Miozänsand) gehauenen Keller der Domaine Sainte-Cosme lassen keinen Zweifel daran, daß hier ein römisches Weinbaugebiet bestand. Andere Weingüter der Gemarkung, die zum Fürstentum Oranien gehörte, können ebenfalls auf eine lange Geschichte zurückblicken. Einen merklichen Aufschwung nahm das Anbaugebiet vor allem im 19. Jahrhundert; zu verdanken ist dies dem Erfindungsgeist von Eugène Raspail, der neue Methoden einführte. Die Konkurrenz durch die Olivenpflanzungen hemmte jedoch die Entwicklung des Weinbaus. Gigondas, das abseits von den großen Verkehrsverbindungen lag, entsprach damals ganz dem Bild, das

man von der inneren Provence mit ihrem »Silbermeer« hatte. Die Bekanntheit der Gemeinde rührte nicht vom Wein her, sondern vom Abführwasser von Montmirail, das hier aus einer für ihre medizinische Wirkung berühmten Quelle sprudelte. Erst nach den strengen Frösten der Jahre 1929, 1940 und vor allem 1950 konnte sich der Wein ungeschmälert über das ganze Gebiet ausbreiten und den Platz der Olivenbäume einneh-

Oben: Gigondas.
Rechts: Karyatide an der Fassade von Château Raspail in Gigondas.

men, die der Frost endgültig vernichtet hatte.

In diesem Anbaugebiet, wo die Sonne dem Wein zuviel Alkoholgehalt und nicht genug Frische mitgibt, ist kein Platz für Weißweine. Erzeugt werden hier ausschließlich Rosé- und vor allem Rotweine. Sie werden aus Grenache-Noir-Trauben hergestellt, die hier ihre gesamten Qualitäten entfalten. Zunehmend werden aber auch die Syrah-Rebe und in geringerem Maße die Mourvèdre-Rebe verwendet, die etwas empfindlich auf die Trockenheit der Hügel reagiert. Die Cinsaut-Rebe wurde ebenfalls einige Jahre lang angebaut, aber zu Recht wieder aufgegeben. Sie ist in erster Linie an der Herstellung von Rosé-weinen beteiligt.

Die Gigondas-Weine sind alkoholreich (14 bis 14,4°), gehaltvoll und kräftig. Ihr Bukett verströmt einen Duft, der an Gewürze und reife Früchte erinnert und eine wilde Note enthält. Bei der Alterung entwickeln sie sich günstig; sie gewinnen an Rundheit, bleiben aber fest.

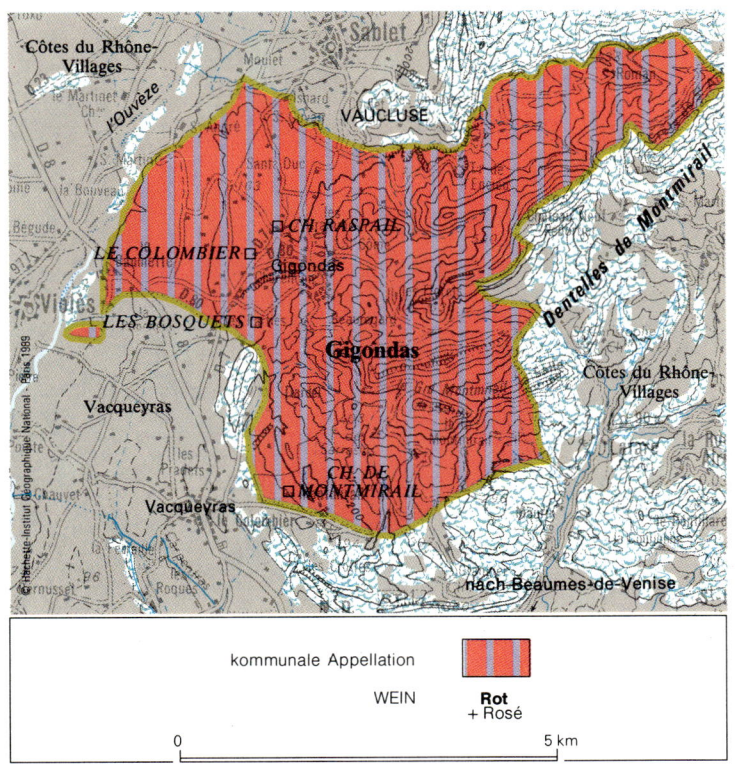

kommunale Appellation

WEIN   **Rot** + Rosé

0   5 km

Eugène Raspail
Er war ein Neffe des berühmten Gelehrten und Politikers François-Vincent Raspail. Eugène schloß sich in Paris seinem Onkel an und betätigte sich politisch. Mit ihm zusammen ging er ins Exil. Nach der Amnestie kehrte er zurück und nahm wieder die Bewirtschaftung der Domaine du Colombier auf, die sein Vater gekauft hatte. Dort ließ er im Jahre 1866 das heutige Château Raspail errichten, einen Sommersitz, der berühmt für seine Karyatiden ist. Die Entwicklung in seiner Heimat förderte er vor allem durch die Einführung von rationellen, wissenschaftlichen Methoden in den Weinbau, der bis dahin von der Tradition beherrscht war.

Châteauneuf-du-Pape

Die angesehenste Appellation des mediterranen Weinbaus thront in 120 m Höhe stolz im Herzen der Ebene der Grafschaft Venise. Die AOC Châteauneuf-du-Pape, ein Sinnbild für Strenge und Unverfälschtheit, galt schon immer als beispielhaft für die gesamten kontrollierten Herkunftsbezeichnungen in Frankreich.

Die Anfänge des Weinbaus in dieser außergewöhnlichen Gegend gehen

wahrscheinlich auf die Zeit zurück, als das Papsttum von Rom nach Avignon übersiedelte. Vielleicht existierte der Wein hier auch bereits viel früher, aber es gibt kein geschichtliches Dokument über die Entstehung des Anbaugebiets von Châteauneuf-du-Pape, dessen Hauptort übrigens lange Zeit Château-Galcernier hieß. Manche behaupten, daß der

Weinbau vor dem 13. Jahrhundert nur wenig entwickelt war, weil die Bauern nicht die finanziellen Mittel für Werkzeuge besaßen, die stabil genug waren, um diese mit großen Kieselsteinen durchsetzten Böden zu bearbeiten. Eigenartigerweise wählten die Päpste dieses Dorf als Sommerresidenz.

Ein kleiner, hagerer Greis

Das Schicksal dieses kleinen Fleckens in der Provence nahm eine unvorhergesehene Wendung, als ein kleiner 72jähriger Mann den Entschluß faßte, sich hier niederzulassen. Der magere, blasse Greis erweckte den Eindruck, als hätte er nur noch ein paar Jahre zu leben. Aber man hatte nicht mit seiner Tatkraft gerechnet, die es ihm erlaubte, nach 16 Jahren den Bau des Schlosses – das mehr wie eine Festung als wie ein Palast wirkt – zu Ende zu bringen. Diese Geschichte wäre nur von zweitrangiger Bedeutung, wenn diese Person nicht Johannes XXII., der zweite Papst von Avignon, gewesen wäre, der von 1316 bis 1334 regierte. Mehrere seiner Nachfolger schätzten nämlich den Aufenthalt in Châteauneuf sogar dann noch, als bereits die imposante Residenz in Avignon errichtet worden war.

Die Anwesenheit des päpstlichen Hofs in Châteauneuf begünstigte die Entwicklung des Weinbaus, auch wenn Johannes XXII., obwohl er in Cahors geboren war, zumeist Weine aus Beaune trank. Aber er kam auf

Oben.: Châteauneuf-du-Pape.
Unten: Château des Fines Roches.
Links: Stahlform der Flasche mit dem Wappen.

den Einfall, einen kleinen Weinberg anzulegen, wo »er ausgezeichnete Weine erntete«. Diese Rebfläche erregte große Aufmerksamkeit und diente auch als Vorbild. Mehrere Jahrhunderte später inspirierte sie sogar — wenn auch ziemlich frei — Alphonse Daudet. Die meisten der für Châteauneuf typischen großen Güter, die fast alle alteingesessenen Familien gehören, scheinen sich bis zur Mitte des 17. Jahrhunderts kaum entwickelt zu haben; danach vergrößerten sie sich jedoch immer rascher, bis sie die heutige Ausdehnung erreichten.

Ein blaublütiges Weinbaugebiet

Um die Mitte des 18. Jahrhunderts hatte das Anbaugebiet seine größte Ausdehnung. Der Reichtum der Stadt Châteauneuf hatte zur Folge, daß mehrere angesehene Adelsfamilien schöne Schlösser erbauten. 1769 wurde die anmutige Vaudieu-Residenz von Chevalier Jean-Joseph de Gérin, Generalleutnant der Admiralität von Marseille und Abkömmling des alten Florentiner Geschlechts der Gerini, vollendet. Ein paar Jahre später erhielt die Domaine de la Nerte ihr heutiges Aussehen. Zu Beginn des 19. Jahrhunderts schließlich ließ der Marquis Fortia d'Urban, ein Historiker, dessen Familie von der Dynastie der Könige von Aragon abstammt, das Château Fortia errichten.

Das Ansehen dieser Güter war im letzten Jahrhundert so hoch, daß in der Literatur öfter ihre Namen als der der Appellation genannt wurden. Dennoch gab es auch immer eine Appellation Châteauneuf-du-Pape. Das sollte sich sehr deutlich im 20. Jahrhundert zeigen, als Châteauneuf bei der Schaffung der kontrollierten Herkunftsbezeichnung zu einem Vorbild wurde. Schon 1929 entschlossen sich die Gutsbesitzer auf Anregung von Baron Leroy de Boiseaumarie, in einer gemeinsamen Anstrengung die Qualität der Weine zu verbessern und die Produktionsbedingungen genau festzulegen. Baron Leroy wurde übrigens, darin Mistral ebenbürtig, die Ehre zuteil, daß man bereits zu seinen Lebzeiten eine Büste von ihm aufstellte.

Die Anbaufläche erstreckt sich auf das Gebiet von fünf Gemeinden (Châteauneuf-du-Pape, Orange, Bédarrides, Courthézon und Sorgues); sie umfaßt einen Hügel, der 124 m hoch aufragt. Geologisch handelt es sich bei dem Gebiet um Terrassen aus der Villafrancium-Zeit, teilweise mächtige Schichten von großen Quarzitkieseln, die mit rotem, sandigem Lehm vermischt sind. Dieser Kies hat die Appellation berühmt gemacht; er spielt eine wichtige Rolle für die Reben, weil er die Wärme tagsüber speichern und in der Nacht an die Rebstöcke abgeben kann.

Aber es gibt noch andere geologische Formationen. Der gesamte Untergrund des Hügels besteht aus sandigen Mergeln des Miozäns, die im Westen auf Kalksteinmassive treffen. Darüber befinden sich die berühmten Villafrancium-Terrassen, aber auch noch andere Ablagerungen und Terrassen (aus der Riß- und Würmeiszeit), die zwar ebenfalls kiesreich sind, jedoch nicht die außergewöhnliche Dichte der Villafrancium-Stufe erreichen.

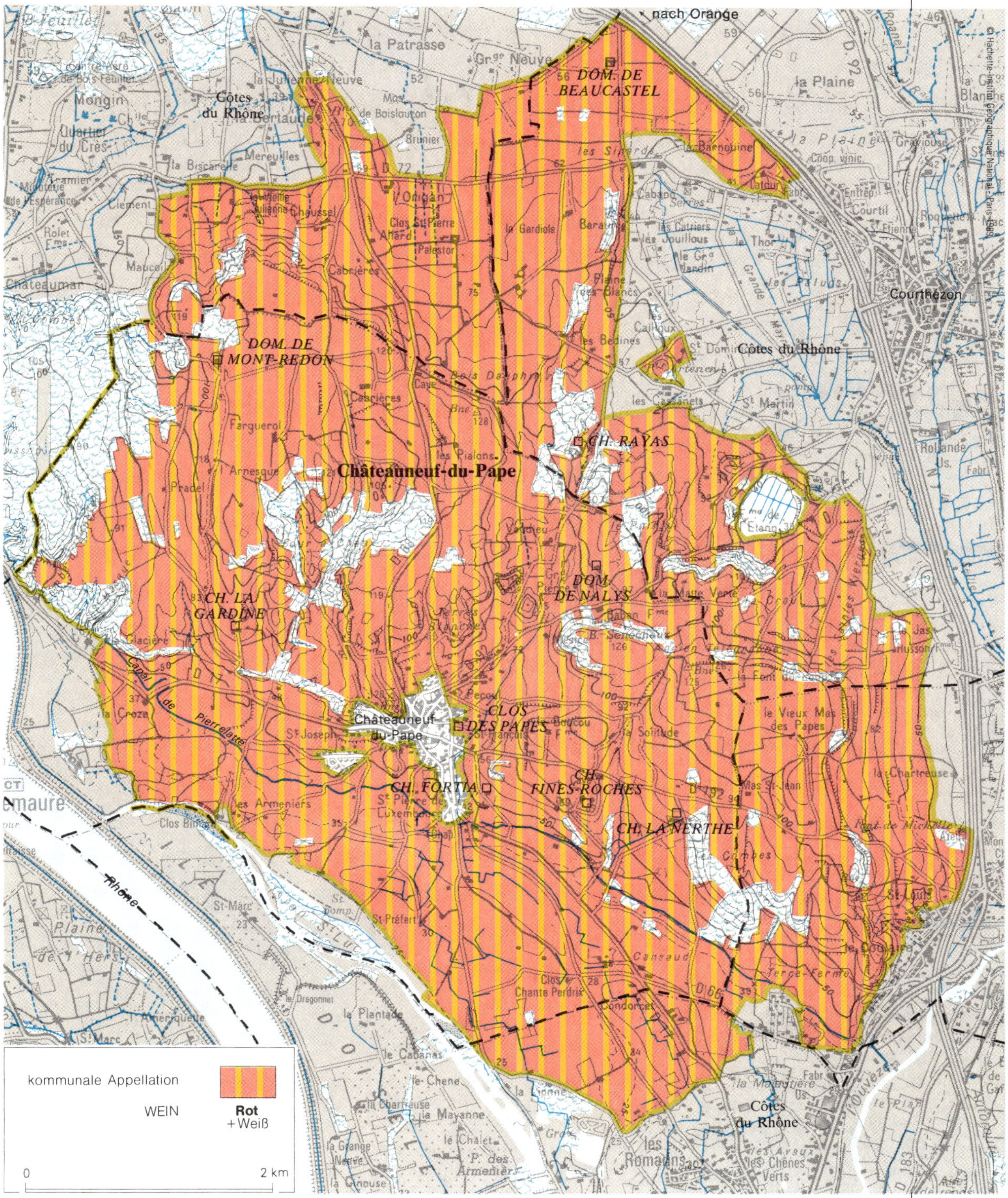

Weinlager des aus dem 18. Jh. stammenden Château La Nerthe.

Auf diesen Böden, die den unverwechselbaren Charakter der Appellation ausmachen, sind nicht weniger als dreizehn Rebsorten für die Erzeugung von Rotweinen, aber auch von Weißweinen zugelassen. Hauptsächlich verwendet werden sechs davon: Grenache, Clairette, Mourvèdre, Picpoul, Terret und Syrah. Die sieben anderen gelten als Traubensorten, die bei der Weinbereitung zusätzlich genutzt werden und in die Komposition des Châteauneuf-du-Pape eingehen können: Counoise, Muscardin, Vaccarèse, Picardin, Cinsaut, Roussanne und Bourboulenc.

Der Geologie und der Bodenbeschaffenheit zum Trotz wachsen in diesem endlosen Kiesmeer Rebstöcke. Sie liefern einen besonders farbintensiven Rotwein, der alkoholreich und kräftig gebaut ist; man sollte ihn erst nach einer gewissen Zeit der Alterung probieren. Der weiße Châteauneuf, der zur Zeit der Päpste noch überwog, ist heute ziemlich selten; er besitzt ein bemerkenswert reiches Aroma.

kommunale Appellation

WEIN   **Rot** +Weiß

0   2 km

Lirac und Tavel

Die beiden Dörfer Tavel (oben) und Lirac (unten).

Bei der Weinherstellung gibt es ebenso wie in der Kunst oder in der Literatur undankbare Genres, bei denen nur ein schmaler Grat Erfolg und Reinfall trennt. Aber wie reizvoll ist es, wenn dieser Erfolg eintrifft! Ein solcher Wein ist dann wie die Fahrkarte in ein Traumland und beschwört Sonne und Ferien herauf. Das gilt besonders für den Wein, der hier entsteht. Lirac und Tavel liegen gegenüber von Châteauneuf auf dem rechten Flußufer; sie besitzen eine sehr günstige Lage. Dank der natürlichen Gegebenheiten sind sie zu Hochburgen der Côtes du Rhône geworden. Die Anbaugebiete sind außergewöhnlich: Die Kalkhochflächen des Vivarais bilden nämlich eine Art Vorgebirge, das sich in Richtung Avignon erstreckt und bewaldet ist (Wald von Malmont und Wald von Saint-Victor); an seinem äußersten Rand liegen Tavel und Lirac.

Im Herzen der Côte du Rhône von Gard

Neben ihren guten Böden besitzen Tavel und Lirac noch einen weiteren für den Weinbau günstigen Trumpf: die Nähe des Flusses, an dem mit Roquemaure auch eine besondere Sehenswürdigkeit zu finden ist. Zwei Festungen (Roquemaure und Lers), die einander auf den beiden Ufern der Rhône gegenüberliegen, erinnern noch heute daran, daß der Ort in der Vergangenheit eine wichtige Rolle spielte.

Diese beiden Bastionen, die trutzig auf ihren Felsen aufragen, sperrten das Tal ab und schützten den Hafen von Roquemaure, wo eine rege Binnenschiffahrt bestand. Im 18. Jahrhundert wurden von dort die Weine der Côte du Rhône von Gard verschifft. Tavel und Lirac bildeten das Zentrum und den aktivsten Teil dieser Gegend.

Tavel, der Roséwein Ludwigs XIV.

Tavel ist ein großer Winzermarktflecken, der von Wald umgeben ist. Der Ort ist berühmt für seinen schönen, hellen Stein, der als »Marmor von Tavel« bezeichnet wird. Aber bekannt ist er vor allem durch seinen Wein, den »ersten Rosé von Frankreich«, wie stolz ein beleuchtetes, für den Reisenden gut zu erkennendes Hinweisschild betont, wenn er die Languedoc-Autobahn in Richtung Nîmes nimmt.

Der Roséwein von Tavel steht seit langer Zeit in hohem Ansehen. Ludwig XIV. ließ ihn in Versailles ausschenken. In der zweiten Hälfte des 17. Jahrhunderts dehnte sich das Anbaugebiet stark aus, aber diese Expansion ging nicht ohne Mißbrauch vonstatten. Wenn man nicht Gefahr laufen wollte, die Qualität zu beeinträchtigen, mußte man die Anpflanzungen begrenzen und Geldstrafen für Betrüger vorsehen. Diese Maßnahmen waren wirksam genug, damit Tavel im 18. Jahrhundert einen Großteil seiner Produktion nach ganz Europa exportieren konnte. Der Wein sorgte damals fast für die gesamten Einnahmen des Dorfes. Im 19. Jahrhundert konnte sich das Anbaugebiet, das von Brillat-Savarin und Balzac gerühmt wurde, bis zur Reblauskrise behaupten. Diese hatte katastrophale Auswirkungen; die mit Reben bepflanzte Anbaufläche schrumpfte von 700 ha auf nur mehr 50 ha zusammen. Die wirtschaftliche Flaute dauerte lange an; bei Ausbruch des Zweiten Weltkriegs beschränkte sich das Anbaugebiet immer noch auf rund 200 ha. Heute entspricht die Rebfläche wieder dem Stand vor der Reblauskrise. Die Appellation, die sich auf die Gemarkung Tavel und auf einen kleinen Teil von Roquemaure erstreckt, zeigt in geologischer Hinsicht zwei verschiedene Gesichter: Im Nordosten des Dorfes sind die feinen fluvialen Sande von einer Villafrancium-Terrasse aus Geröll bedeckt, vermischt mit einer feinen, sandigen Lehmschicht, für die der Wald von Clary verantwortlich ist; im Westen wurden die Rebflächen erst in jüngerer Zeit angelegt, auf Kalksteinsplittern vom Rand der Hochfläche.

Hier darf allein Roséwein erzeugt werden. Aber was für ein Rosé! Nicht weniger als neun Rebsorten können zu seiner Herstellung verwendet werden. Die beiden Hauptsorten sind Grenache und Cinsaut, die ihm einerseits Wärme und Öligkeit und andererseits Finesse und Eleganz verleihen. Man kombiniert sie zunehmend mit den Rebsorten Syrah und Mourvèdre, die dem Wein außerordentliche Klasse und Fruchtigkeit geben, ihn aber zugleich alterungsfähiger machen. Denn der Tavel entwickelt sich heute langsam, jedoch sehr günstig. Die klassische »Zwiebelschalenfarbe«, eine ins Orange spielende Braunfärbung, die hier noch zusätzlich rubin- und topasrote Reflexe enthält, ist teilweise auf die Oxidation des Grenache-Anteils zurückzuführen. Früher war sie überaus ge-

schätzt, während sie heute beim Verbraucher eher umstritten ist; sie entwickelt sich deshalb zu mehr rosafarbenen, lebhafteren Tönen hin. Der Wein selbst gewinnt dabei an Fruchtigkeit und Rundheit. Tavel hat somit einen Rosétyp übernommen, wie er heute in der ganzen Welt bevorzugt wird.

Lirac

Die Appellation Lirac erstreckt sich auf vier Gemarkungen, zu denen auch Saint-Laurent-des-Arbres gehört, eine alte Enklave der Diözese Avignon, wo die Erzbischöfe Rebflächen besaßen. Diese umgeben das Schloß, das leicht an seinem befestigten Wachturm zu erkennen ist. Im 16. Jahrhundert erzeugten sie genug Wein, damit man als Zehnten »fünf Schiffe Rotwein, die Fässer bis zum Rand gefüllt«, auf die andere Seite des Flusses schicken konnte. Schon damals war der hier erzeugte Wein wegen seine Qualität berühmt. Der Weinbau entwickelte sich zum wichtigsten Wirtschaftszweig für die Einwohner, vor allem im 18. Jahrhundert. Zu jener Zeit setzten die Konsuln von Lirac den Zeitpunkt der Lese nach einer Inspektion der Weinberge fest, um den guten Ruf der Weine sicherzustellen. Wer schon vorher erntete, wurde zu einer Geldbuße zugunsten der Armen, zur Beschlagnahme seiner Ernte zugunsten der Allgemeinheit und schließlich sogar zur Verbrennung seiner Vinifizierungsapparaturen verurteilt.

Die natürlichen Voraussetzungen sind denen von Tavel sehr ähnlich: die gleichen Böden, die gleichen Lagen, das gleiche Klima und sogar die gleiche Geschichte. Dennoch hat Lirac einen anderen Weg gewählt. Abgesehen davon, daß sein Anbaugebiet größer ist und sich auf vier Gemarkungen verteilt (neben Lirac und Roquemaure noch Saint-Laurent-des-Arbres und Saint-Genies-de-Comolas), erzeugt es zugleich Rot-, Rosé- und Weißweine. Am bekanntesten sind die Roséweine; sie unterscheiden sich von den Tavel-Weinen durch einen fleischigeren Charakter, der bereits auf die Weine von Chusclan hinweist. Die Rotweine sind typisch für diese Gard-Region: kräftig, alkoholreich und wohlausgewogen; leider sind sie jedoch noch ziemlich unbekannt. Die Weißweine sind voller Anmut, Finesse und Duftigkeit, wenn Clairette und Bourboulenc dominieren. Natürlich passen sie hervorragend zu Meeresfrüchten — kein Wunder angesichts der Nähe des Mittelmeers.

Eine der vielen in dieser Gegend heimischen Weinbruderschaften führt den Schauspieler Jean Le Poulain in Tavel ein.

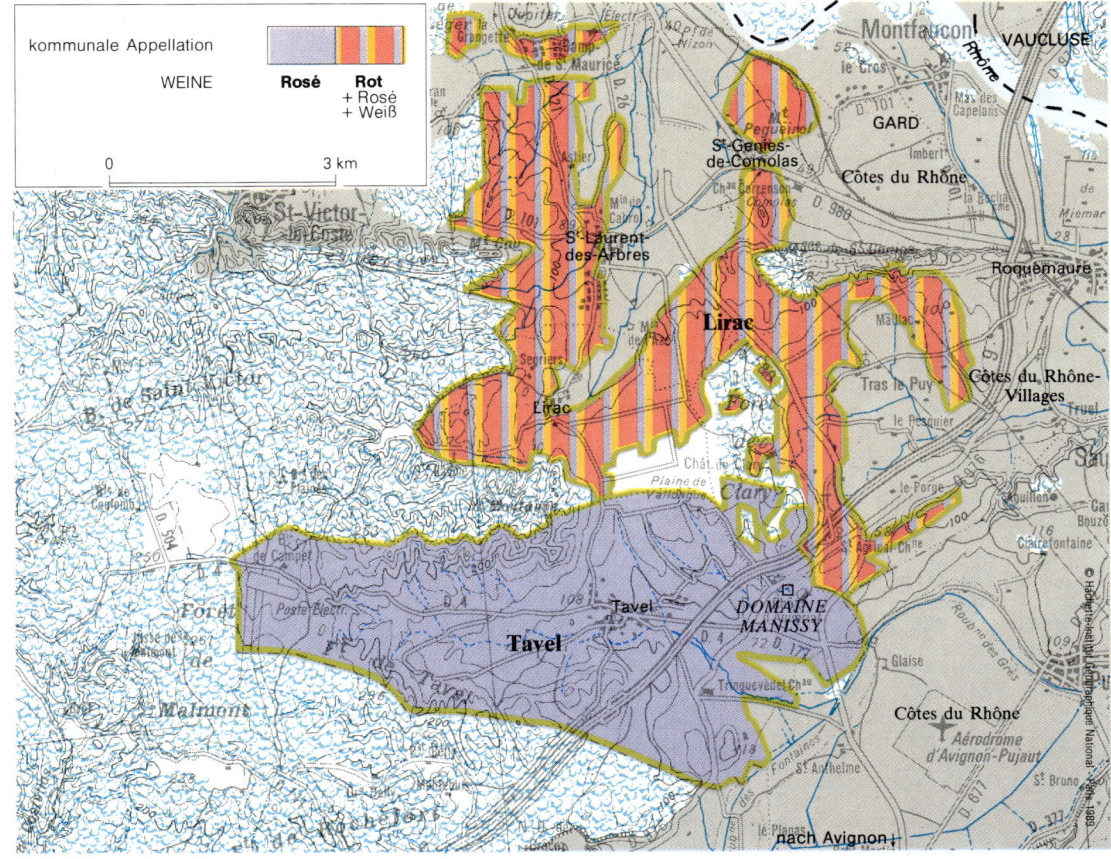

Vom Diois zum Luberon

nay-Rebe, die mit Aligoté kombiniert wird; er ist frisch und leicht. Der Rotwein wird von Gamay-Trauben, kombiniert mit Syrah und Pinot, gekeltert. Diese Rebsorten wachsen auf dem einzigen Geröllhügel, der das Dorf Châtillon-en-Diois überragt. Er schmeckt gefällig und fruchtig.

Côtes du Vivarais

Die Côtes du Vivarais (auf dem rechten Ufer) und die Coteaux du Tricastin, die das Durchbruchstal von Donzère einrahmen und gegen ungünstige klimatische Einflüße abschirmen, stehen im Schatten des benachbarten Weinbaugiganten, nämlich der südlichen Côtes du Rhône. Für die beiden Appellationen ist diese Nachbarschaft sowohl ein Hemmnis wie auch ein Vorteil.

Dennoch unterscheidet sich das VDQS-Anbaugebiet der Côtes du Vivarais ziemlich deutlich von den Côtes du Rhône. Der Wein entsteht in einer Landschaft, die dem Rhône-Tal fremd ist: auf den Hochflächen von Saint-Remèze und Orgnac-l'Arven, die im Norden und Süden die Schlucht der Ardèche einrahmen. Diese Schlucht ist ebenso wie die Karsthöhlen ein Ergebnis der Erosions- und Korrosionstätigkeit des Wassers, das sich in den aus besonders

Oben: Das Weinbaugebiet zwischen Ventoux und Luberon.
Unten und links: Wandschmuck (19./20. Jh.), wiederverwendet an einer Villa von Carpentras.

Auch wenn der Wein im Rhône-Tal zu Hause ist, verläßt er doch den Wanderer nicht ganz, wenn sich dieser vom Fluß entfernt und höher hinaufsteigt. Vom Diois bis zum Luberon erzeugen mehrere Anbaubereiche, die die Zone der Côtes du Rhône umrahmen, Weine mit eigenem Charakter, die sich neben denen des großen Nachbarn behaupten können.

Clairette de Die und Châtillon-en-Diois

Das nördlichste dieser Weinbaugebiete ist das Anbaugebiet des Diois, das die Hänge des Hochtals der Drôme, zwischen Luc-en-Diois (550 m) und Aouste-sur-Sye (160 m) umfaßt. Dort, oberhalb von Crest, teilen sich zwei Appellationen die Anbaufläche: Clairette de Die im Westen und Châtillon-en-Diois im Osten.

Das Diois liegt mitten in den Voralpen, geschützt durch die Verwerfungen der Hochfläche des Vercors. Für den Geologen stellt es ein wahres Paradies dar, so sehr haben sich die Felsen gefaltet und gespalten, bevor sie die Erosion im Laufe der Hebung der Alpen freigelegt hat. Im Herzen der Appellation, oberhalb von Espenel, befinden sich die berühmten »schwarzen Böden«, schieferhaltige Mergel aus dem Jura (Lias), die den guten Ruf der Gegend begründet haben. Sie bilden nämlich hervorragende Böden in einem Gebiet, in dem sich das Klima — kälter und feuch-

ter als im Rhône-Tal — perfekt für Weißweine eignet.

Die Bewohner dieser Gegend wurden sehr früh darauf aufmerksam, denn bereits Plinius der Ältere berichtete in seiner »Naturgeschichte«, im 1. Jahrhundert vor unserer Zeitrechnung, von der Herstellung eines natursüßen — übrigens schäumenden — Weins durch die Voconcer, des *Aiglencos*. Heute werden zwei Schaumweintypen hergestellt. Den ersten erhält man mittels der traditionellen, im Diois beheimateten Methode von den Trauben der Rebsorte Muscat à Petits Grains. Für die Schaumentwicklung sorgt hier der natürliche Traubenzucker. Die Weine werden ohne Zugabe von Tirage-Likör auf Flaschen abgezogen, wenn sie erst teilweise vergoren sind. Der zweite Typ wird von der Rebsorte Clairette hergestellt. Der Schaum entsteht dabei durch eine zweite Gärung in der Flasche.

In den Hochtälern der Drôme und des Bez werden auch noch andere Weine erzeugt: die nichtschäumenden Châtillon-en-Diois-Weine. Der Weißwein stammt von der Chardon-

Die »Temperaturkontrolle« bei den Galliern
Im Gegensatz zu dem »wirklich von Natur aus« süßen Wein der Voconcer werden die »künstlichen« Dessertweine durch Zusatz von Honig oder anderen Produkten hergestellt. Plinius erklärte auch, wie die Gallier ihre Moste abkühlten: »Um den Most am Kochen zu hindern und damit er sich nicht folglich in Wein verwandelte, wurde er vom Gärbehälter abgezogen und in Fässer gefüllt, die man in das kalte Flußwasser tauchte ..., bis starker Frost herrscht.«

hartem Kalkstein bestehenden Fels hineingefressen hat. Auf diesen Hochebenen sind die Böden sehr flachgründig und von Garrigues bedeckt. Wenn jedoch der Anteil an typischer roter Lehmerde höher ist, kann man hier Rebflächen anlegen. Der Wein wächst dann auf dem weißen Kalkschotter, der an der Oberfläche verwittert ist. Der helle Kalkstein von Bernas, südlich von Orgnac, ist zwar geologisch verschieden, weist aber die gleichen Bodentypen auf.

Die Grenache-Rebe, die mit Cinsaut und Carignan und zunehmend mit Syrah kombiniert wird, liefert auf diesen Böden, die feuchter und weniger warm als im Tal sind, Rot- und Roséweine von ganz besonderer Frische und Finesse. Im Aroma dominieren kleine rote Beerenfrüchte. Die Rotweine können ebenso wie die Roséweine schon jung getrunken werden.

Coteaux du Tricastin

Die Coteaux du Tricastin, die auf dem linken Ufer, südlich von Montélimar, den Côtes du Vivarais gegenüberliegen, sind ein Massiv aus hartem Kalkstein. In Ost-West-Richtung werden sie von mehr oder weniger breiten Tälern durchschnitten, so daß sich die mediterranen Einflüsse abschwächen. Deshalb werden diese Täler in erster Linie für Mischkultur-Anbau genutzt, während für den Wein nur einige besonders geschützte Südlagen übrigbleiben. Der größte Teil des Weinbaugebiets befindet sich rund um das Massiv, auf den alten Villafrancium-Alluvionen, bei deren Böden sich Geröll mit rotem Lehm vermischt. Das beste Beispiel dafür ist die Reblage mit dem Namen Bois des Mattes, die man beiderseits der Autobahn, in der Nähe des hochgelegenen Dorfes La Garde-Adhémar, sehen kann.

Die Rotweine, die von den Rebsorten Grenache Noir, Cinsaut und Syrah erzeugt werden, sind kräftig und elegant; im Charakter sind sie nicht so warm wie ihre Nachbarn von den Côtes du Rhône. Weiß- und Roséweine werden nur in geringen Mengen hergestellt.

Côtes du Ventoux

Die Côtes du Ventoux umfassen das Becken von Malaucène — Entrechaux im Norden und das von Car-

Rebflächen und Olivenbäume der Côtes du Luberon.

pentras in der Mitte sowie den Nordhang des Apt-Tales im Süden. Auf den ersten Blick mögen sie als ziemlich heterogene Appellation erscheinen, aber all diese Abschnitte haben eine Gemeinsamkeit: das Massiv des Ventoux und die Hochfläche von Vaucluse. Der »Riese der Provence« (1909 m hoch) ist das ganze Jahr über weiß: im Winter vom Schnee und im Sommer durch den von jeglicher Vegetation entblößten Kalkstein. Er schickt an seinen Hängen kalte oder auch nur kühle Luftmassen hinunter, die das mediterrane Klima mäßigen. So haben das sandige Becken von Malaucène und die Geröllterrassen, die Carpentras umgeben, ebenso wie die sandigen und mergeligen Hänge in der Gegend von Apt alle strengere und feuchtere Winter, aber auch weniger trockene Sommer, mit kälteren Nächten, die sich von der sengenden Hitze des Tages erholen. Obwohl man in dieser Gegend den Weinbau später als in den näher am Fluß liegenden Nachbarregionen eingeführt hat, gibt es hier heute große Anbauflächen, die weithin die Hänge am Fuße des Ventoux einnehmen. Erzeugt werden fast ausschließlich Rot- und Roséweine. Diese Weine sind nicht ganz so alkoholreich wie die Côtes-du-Rhône-Weine, aber sie sind durch eine bemerkenswerte Ausgewogenheit zwischen Frische und Eleganz gekennzeichnet, insbesondere wenn sie jung sind.

Côtes du Luberon

Der Luberon, das von Henri Bosco besungene Zauberland, wurde lange Zeit den Zikaden überlassen. Heute ist dieser geheimnisvolle Berg zu einer Zuflucht für zahlreiche Handwerker, Künstler und Schriftsteller geworden, die das bläuliche Licht am frühen Morgen, die Reinheit der Luft, die Düfte der Garrigue und der Zauber der hochgelegenen Dörfer angelockt haben.

Oppède-le-Vieux, das die Handwerker zu neuem Leben erweckt haben, Lacoste, der Wächter über die Ruinen des Schlosses, das dem berüchtigten Marquis de Sade gehörte, Bonnieux auf seiner Pyramide aus Terrassen, aber auch Loumarin, wo der Schriftsteller Albert Camus begraben ist, Cucuron, das bei Alphonse Daudet den Namen Cucugnan trägt, und Ansouis, wo das Dorf mit dem Schloß an Schönheit konkurrieren kann. Bei solcher Fülle konnte auch der Wein nicht fernbleiben. Selbst dann, wenn er — wie im Ventoux — erst spät reift und zusätzlich noch in Konkurrenz zu Tafeltrauben und Gemüsebau steht.

Kalke der unteren Kreide bilden das Gerüst des Massivs. Sie spielen keine große Rolle für den Weinbau, falls nicht am Fuße des Hangs Geröll entstanden ist, auf dem die Reben exzellente Weine liefern. Der größte Teil

des Anbaugebiets besteht aus Miozänsand, der stellenweise von Geröllterrassen bedeckt ist.

Seit 1988 ist das Gebiet als kontrollierte Herkunftsbezeichnung eingestuft. Es erzeugt von den Rebsorten Grenache und Syrah hervorragende Rotweine, die blumig-fruchtig schmecken. Seine Besonderheit sind jedoch Rosé- und Weißweine, die hier stärker vertreten sind als im übrigen mediterranen Weinbaugebiet. Sie stammen im wesentlichen vom Südhang und werden aus den Traubensorten Ugni Blanc und Clairette hergestellt. Sie sind ölig und elegant und verströmen einen zugleich reichen und delikaten Blütenduft.

Coteaux de Pierrevert

Die Appellation Coteaux de Pierrevert (VDQS) befindet sich im Departement Alpes-de-Hautes-Provence, nordöstlich des Luberon; sie ist einer der höchstgelegenen Anbaubereiche Frankreichs. Offiziell umfaßt das Weinbaugebiet 40 Gemarkungen, aber aufgrund der harten Umweltbedingungen wird in nur zehn Gemeinden auch wirklich Wein angebaut. Erzeugt werden Rot-, Rosé- und Weißweine, die frisch und nervig ausfallen und in der oberen Provence sehr geschätzt werden.

Provence

Der Wein, der 500 ha, also fast die Hälfte der landwirtschaftlich genutzten Fläche einnimmt, prägt die Landschaft der Provence. Die Rebstöcke wachsen entlang der Mittelmeerküste zwischen Marseille und Nizza, schlängeln sich durch die Täler des Arc und des Argens und sind selbst auf den von der Sonne ausgetrockneten Steinböden zu finden. Sie atmen den herrlichen Duft von Thymian und Rosmarin und genießen an den Waldrändern den Geruch der Pinien.

Die Geschichte des provenzalischen Weinbaus beginnt mit einer hübschen Liebesgeschichte, die der Historiker Trogus Pompeius erzählt. Als die Phokäer, griechische Seefahrer und Händler, sich 600 v.Chr. an der Stelle niederließen, wo heute Marseille liegt, wollte der Fürst der Serobrigen, seine Tochter Gyptis einem Phokäer zur Frau geben. Auf dem zu diesem Zweck veranstalteten Fest tat Gyptis ihre Wahl kund, indem sie Protis, dem Anführer der Phokäer, der dann auch tatsächlich ihr Gemahl wurde, einen Becher mit Wein reichte. Die Erzählung beweist, daß es hier bereits vor der Ankunft des legendären Handelsvolkes der

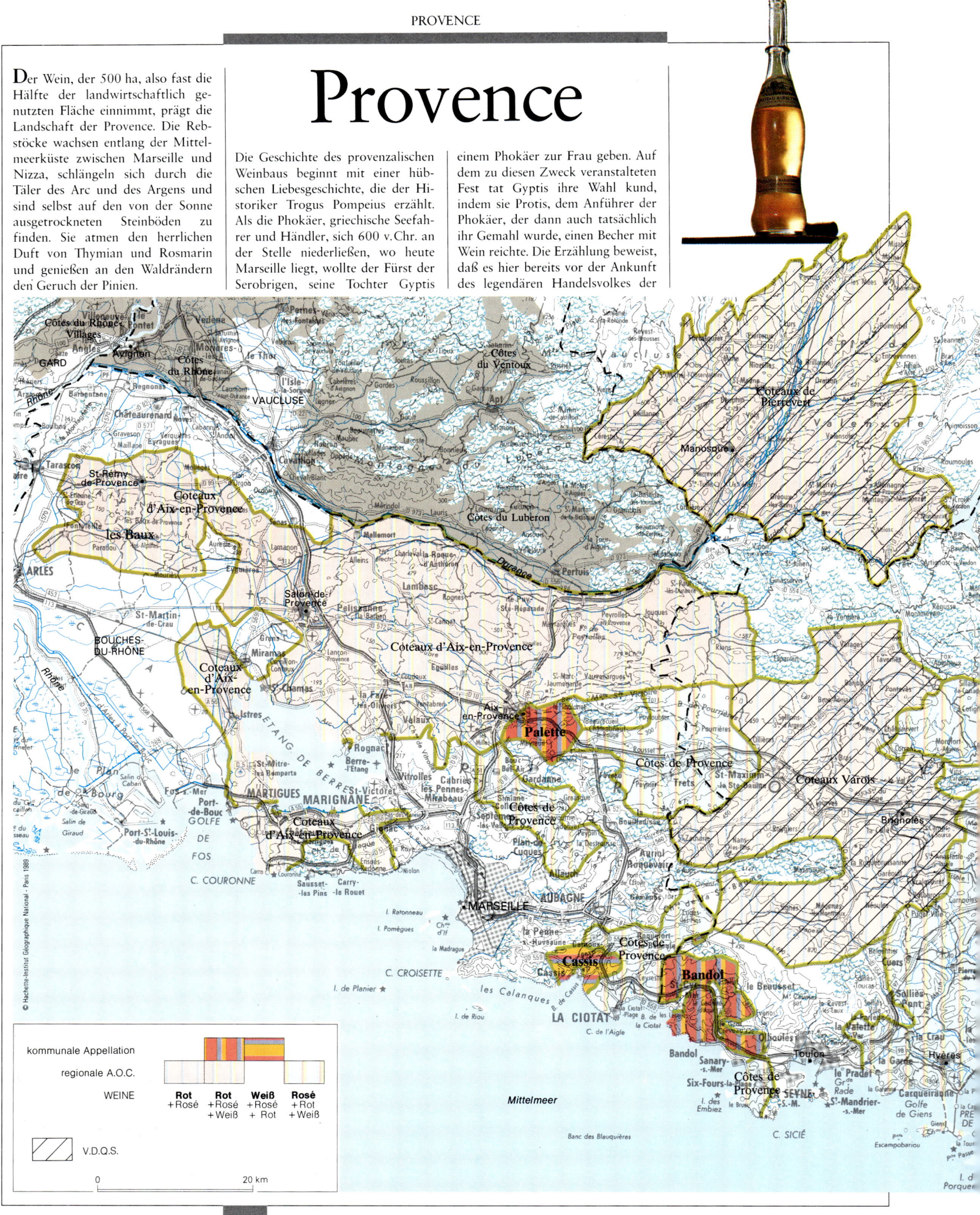

Phokäer Wein gab, das die Eingeborenen später den Rebschnitt lehrte. Als die Römer 125 v.Chr. das Gebiet kolonisierten, fanden sie eine blühende Weinbautradition vor. Die römischen Beamten übernahmen den Wein, den die Kriegsveteranen auf dem Land anbauten, das ihnen das Imperium in Anerkennung ihrer Verdienste zugewiesen hatte, und verkauften ihn vom Hafen von Massilia aus ins ganze Mittelmeergebiet.

Um das Jahr 50 n.Chr. produzierte die Villa des Pardigan im heutigen Cavalaire 1000 hl Wein. Bei neueren Ausgrabungen in den Hafenstädten der Provence, besonders aber in Toulon, traten in den aus dem 2. Jahrhundert stammenden Schichten Rebenbündel zutage. Außerdem stieß man auf schöne Weinamphoren, die numeriert und mit der Adresse des Exporteurs versehen waren. Während dieser Zeit waren Marseille, Toulon und Fréjus wichtige Ausfuhrhäfen für provenzalischen Wein, für Purpur und Öl.

Der Weinbau wurde bis zum Beginn des 3. Jahrhunderts mit unverminderter Intensität betrieben, obwohl die Einfälle der Barbaren die Produktion ganz empfindlich beeinträchtigten. Die Kirche, besonders die in Avignon residierenden Päpste, nahmen die provenzalische Weinbautradition wieder auf und hielten sie am Leben. So wurde der Wein der Provence 1214 auf einem vom französischen König Philipp August abgehaltenen ersten internationalen Weinwettbewerb ein großer Erfolg. Und Eleonore von Provence, die Gemahlin des englischen Königs Heinrich III., tat für die Weine ihrer Heimat das gleiche, was ihre Schwiegermutter, Eleonore von Aquitanien, für die Weine der Gascogne getan hatte: Sie verschaffte ihnen einen ausgezeichneten Ruf in ihrer neuen Heimat. Im 15. Jahrhundert besaß René d'Anjou, »Weinkönig« und Herzog der Provence, einen kleinen Weinberg vor den Toren von Aix. Dort erzeugte er den ausgezeichneten Palette-Wein, der auch heute noch viele Freunde hat. Er machte Marseille zum Freihafen, was dem Weinhandel, und natürlich auch dem Weinbau, sehr förderlich war. Außerdem begann er mit der Herstellung von Clairet- und Roséweinen.

In den letzten Jahren des 18. Jahrhunderts empfahl Madame de Sévigné ihren adligen Freunden die Weine aus der Provence. Der Gouverneur von Burgund bestellte bei den Winzern von Cassis Wein. Diese sicherten sich im Verlauf des folgenden Jahrhunderts auch die Wertschätzung anderer hochgestellter Persönlichkeiten — der Bischof von Marseille und die Prokuratoren von Aix und zählten zu ihren zufriedenen Kunden.

Im 19. Jahrhundert war die Provence berühmt für ihre kräftigen, aus der Mourvèdre-Traube gekelterten Weine. So bekannte Chronisten und Weinkenner wie die Guyots, Julien und Pelicot priesen ihre Eleganz.

Eine Renaissance

Nach 2600 Jahren traditionsreicher Geschichte erlebt der Wein der Provence heute eine beachtliche Renaissance. Es gibt sechs AOC-Gebiete. Das sind zunächst Cassis, Bandol und Bellet, drei Appellationen von bescheidenen Ausmaßen im Küstengebiet. Cassis, AOC-Gebiet seit 1936, erstreckt sich über das gesamte Gemeindegebiet, ein aus Kalkstein bestehendes, zum Meer hin offenes Erosionstal. Bandol, AOC-Gebiet seit 1941, verdankt seinen Namen dem Hafen, von dem aus die Weine des

König René, Skulptur von David d'Angers aus dem 19. Jh. (Aix-en-Provence).

kleinen Gebiets verschifft wurden. Die Rebstöcke werden hier auf kalkigen oder sandigen »restanques« gezogen. So nennt man in der Provence auf Terrassen angelegte Felder, die von Trockensteinmauern gestützt werden. Eine strenge Rebsortenwahl und die intensive Sonneneinstrahlung lassen Weine entstehen, die zu den besten in ganz Frankreich gehören. Bellet, AOC seit 1941, gehört zur Region der Stadt Nizza. Im Innern der Provence findet man Appellationen von unterschiedlicher Größe. Die wichtigste, das Gebiet, in dem die Côtes-du-Provence-Weine erzeugt werden, erstreckt sich von Toulon bis Daraguignan und hat Enklaven im Westen, in der Nähe von Cuges-les-Pins und in Gardanne. Zwischen der Durance und dem Mittelmeer liegt, umgeben von Wäldern und der Garrigue, das Anbaugebiet der Coteaux d'Aix-en-Provence. Vor den Toren von Aix erstreckt sich Palette, AOC-Gebiet seit 1948.

Zu diesen AOC-Weinen kommen noch die verschiedenen VDQS-Weine der Coteaux Varois, die in der Gegend von Brignoles auf kalkhaltigen Böden erzeugt werden. Wie überall in Frankreich gibt es schließlich auch in der Provence zahlreiche Landweine, die oft durch den Namen des Departements oder des Ortes, an dem sie entstehen, gekennzeichnet sind. Hierher gehören die Vins de Pays des Maures, von Argens, Mont-Caume im Departement Var, von Petite Crau und vom Golf du Lion im Departement Bouche-du-Rhône. Die Gesamtproduktion der Provence beläuft sich auf 4 Millionen hl Wein, von denen 700 000 bis 800 000 hl aus den sechs AOC-Gebieten stammen. Allein im Departement Var macht der Wein 45% des landwirtschaftlichen Bruttosozialprodukts aus; die Rebflächen erstrecken sich über 51% der Nutzfläche.

Oben: »Der alte Hafen von Toulon« (Ausschnitt) von Claude Vernet , 1756 (Musée de la Marine, Paris). Unten: »Frédéric Mistral« von Théodore Rivière, 1909 (Arles).

Ein geschütztes Gebiet

In der Provence wirken sich Klima und Bodenbeschaffenheit günstig auf den Weinbau aus. So sind die AOC-Gebiete vor kalten Nordwinden wie Mistral und Tramontagne geschützt und profitieren durch ihre Ausrichtung (nach Süden und Südosten) vom milden Klima des Mittelmeers. Diese klimatischen Bedingungen, die durch die Topographie geschaffen wurden, bestimmen einen großen Teil des Departements Var. Die Böden haben, entsprechend ihrem Alter, die mineralogische Zusammensetzung der alten kristallinen Massive, von denen das Massif des Maures ein Überrest ist, und stellen deshalb die Entwässerung sicher. Dieser Faktor ist in der Provence um so spürbarer, als der regelmäßige Wechsel zwischen Trocken- und Regenperioden sehr ausgeprägt ist und die Lage die Böden einer dauernden Sonnenbestrahlung aussetzt, die das rasche Austrocknen der Hänge begünstigt. Mit Zähigkeit und Ausdauer haben die Winzer diese steinigen

Kapitell im Kreuzgang des Klosters Saint-Paul-de-Mausole.

und harten Böden durch das Anlegen von Terrassen kultiviert, da das Erdreich bei herbstlichen Gewittern nur so gehalten werden kann. Der große Reichtum des provenzalischen Weinbaugebiets zeigt sich daran, daß es hier dreizehn verschiedene Rebsorten gibt. Zunächst seien die für die Herstellung von Rot- und Roséweinen relevanten Sorten genannt: Die sehr fruchtige Cinsault-Traube gibt einen lieblichen, zart-farbigen und bukett-

Oben: Clairette-Rebe. Unten: Mourvèdre-Rebe.

reichen Wein; aus der Grenache-Traube entsteht ein duftender, alkoholreicher und feuriger Wein; der

Oben: Grenache-Rebe.
Unten: Syrah-Rebe.

Zusammenhang die großen Domänen von Aix und im Gebiet des Drac, die ihre Weine selbst abfüllen.

Hinter Zypressen und Platanen

Von den Alpen bis zum Meer, auf den Granit- oder Schieferböden der Ausläufer der Maures und des Estérel verleiht das verwitterte Felsgestein dem Wein Finesse und Charakter. Zwischen zwei an Hänge geschmiegten Dörfern entdeckt man Weingüter, die sich hinter Zypressen und stolzen Platanenalleen zu verstecken scheinen. In den tiefen Kellergewölben können Weinfreunde kosten und genießen: berühmte Ro-

pfeffrigen Mourvèdre-Traube verdankt der Bandol seinen Ruf; die Carignan-Traube liefert einen farbintensiven, sehr kräftig gebauten Wein; die Tibouren-Traube ergibt einen leichten, frischen und fruchtigen Wein; die edle Cabernet-Sauvignon-Traube garantiert eine lange Haltbarkeit; die Syrah-Traube verleiht dem Wein das Aroma von Kirschen und Veilchen. Als letzte Rebsorte verdient hier noch die Barbaroux-Traube Erwähnung.

An weißen Rebsorten sind zu nennen: Die Ugni-Blanc-Traube, aus der ein säuerlicher, nicht lange haltbarer Wein entsteht; die Clairette-Traube liefert einen feinen Wein; Weine aus der Borboulenc-Traube sind rustikal und alkoholreich; die Rolle-Traube begründete den Ruhm des Bellet, während die Sauvignon-Traube ein charakteristisches Aroma verleiht.

Das provenzalische Weinbaugebiet ist häufig stark zergliedert. Fast die Hälfte der gesamten Weinproduktion kommt aus den Genossenschaftskellereien, von denen es allein im Departement Var an die hundert gibt. Eine Ausnahme bilden in diesem

séweine, die, wie die Fresken von Theben zeigen, die ersten Weine überhaupt waren; lange haltbare Rotweine; Weißweine, die zwar seltener sind, dafür aber oft überraschend gut schmecken. Die Muscat-Weine, die vor der Reblauskrise der Stolz der Provence waren, gibt es heute allerdings nicht mehr. Im Mittelalter sangen die Troubadoure das Loblied des provenzalischen Weins. Heute feiern ihn Weinbruderschaften wie der »Ordre Illustre des Chevaliers de Méduse«.

Links: Der Brunnen von Thoronet, eine der schönsten Zisterzienser-abteien.
Unten: Der Berg Sainte-Victoire.

Berühmte Weinbauern
Der berühmteste Weinbauer der Provence ist zweifelsohne der Gute König René (1409 – 80). Dieser populäre Herzog der Provence besaß auf dem Gebiet der Gemeinde Palette einen Weinberg, erzeugte den berühmten Muscat und führte die Clairet- und die berühmten Roséweine in der Provence ein. Im 18. Jahrhundert erwies Boyer de Foresta dem Weinhandel durch die Gründung des Hafens von Bandol einen unschätzbaren Dienst. Das ausgehende 19. Jahrhundert und das beginnende 20. Jahrhundert waren geprägt durch die Arbeit so berühmter Wissenschaftler wie Marcell Ott, der sich mit dem Roséwein befaßte. Er pflanzte erneut bereits verschwundene Rebsorten an und bereicherte den provenzalischen Weinbau durch die Einbürgerung neuer Traubensorten. Jean Rougier machte sich um die Clairette-Traube verdient, Lucien Peyard leistete Großes für die Mourvèdre- und Mari für die Folle-Noir-Traube. Emile Boudin schließlich erneuerte den Weinbau auf seinem Landsitz in Calendal, verhalf dem Wein von Cassis zu einer Renaissance und setzte sich für die provenzalische Sprache und die Wahrung der alten Bräuche und Traditionen seiner Heimat ein.

Côtes de Provence

Das Anbaugebiet der Côtes de Provence wurde am 24. Oktober 1977 als AOC eingestuft und umfaßt fast 80% des gesamten provenzalischen Weinbaugebiets. 18 000 ha Rebflächen in den Departements Var und Bouches-du-Rhône und eine kleine Enklave im Departement Alpes-Maritimes (Villars) liefern 700 000 hl Wein. Diese entstehen aus insgesamt 13 Rebsorten: Cinsault, Grenache, Carignan, Mourvèdre, Tibouren und Syrah liefern Rot- und Roséweine, Ugni, Semillon, Clairette und Rolle Weißweine.

Die Appellation Côtes de Provence hat sich vor allem durch ihre Roséweine einen Namen gemacht, die mit 60% Anteil an der Gesamtproduktion zu Buche schlagen. Heute erzeugt man hier jedoch auch kräftig gebaute, oft lange haltbare Rotweine (35% der Gesamtproduktion), die von den provenzalischen Weinbauern immer stärker favorisiert werden. Die ausgezeichneten trockenen und fruchtigen Weißweine machen 5% der Produktionsmenge aus.

Hänge und Terrassen

In diesem Weinbaugebiet unterscheidet man die Küstenregion des Massif des Maures, die permische Senke und das triasische Plateau.

Die Küstenregion besteht aus sehr alten Schiefer- oder Granitböden und erstreckt sich zwischen Toulon und Saint-Raphaël. Die Rebstöcke wachsen auf hellem Glimmerschiefer und auf blättrigen dunklen Phylliten, die von hellem, opakem und sehr hartem Quarzgestein begleitet werden. Dieser Boden enthält so gut wie keinen Kalk und ist großenteils von Pinien- und Korkeichenwäldern bestanden. In den unteren Regionen wachsen Heidekraut und Lavendel mit großen Blüten.

In Gassin, einer kleinen befestigten Stadt im Hinterland von Saint-Tropez, spielt der Wein eine bedeutende wirtschaftliche Rolle. Dort

gibt es zahlreiche berühmte Weingüter, zum Beispiel Château Barbeyrolles, Château Minuty und andere. Hier beginnt auch eine kleine Rundreise zu den verschiedenen Weinbergen, die bei La-Croix-Valmer endet. Dieser vor allem im Winter viel besuchte Ort profitierte im vergangenen Jahrhundert von seinem gesunden Klima. Heute kann man hier eine Traubenkur machen.

Die permische Senke erstreckt sich auf der anderen Seite der Maures halbkreisförmig von Toulon bis Saint-Raphaël. Die tiefroten Felsen werden durch das Grün der Pinien und das Graugrün der Olivenbäume belebt. Die eindrucksvollsten permischen Sandsteinformationen finden sich zwischen Gonfaron und Le Luc zu beiden Seiten der Eisenbahn.

Die Senke trennt das quarzhaltige Gebiet von der kalkhaltigen Region und besitzt Sand- und Tonböden, die manchmal stark salzhaltig sind und dem Wein einen eigentümlichen Geschmack und ein unverwechselbares Aroma verleihen. Im Herzen des Departements Var trifft man auf viele Winzerdörfer, wie zum Beispiel Le Luc (Domaine de la Bernade) in einem reizvollen grünen und fruchtbaren Tal und Vidauban am rechten Ufer des Argens.

Das triasische Plateau verblüfft durch ein prächtiges und malerisches Relief, das hauptsächlich aus Kalkstein besteht. Die Rebstöcke klettern hier oft auf Terrassen die Hänge empor. Trockensteinmauern halten an diesen Hängen das rote, mit Kieselsteinen durchsetzte Erdreich fest.

Den Untergrund bildet Kalkstein, der an manchen Stellen mehrere hundert Meter dick ist. Die hügelige Ebene im Süden von Draguignan hat sich zu einem bedeutenden Weinbaugebiet entwickelt, und man findet hier große Weingüter mit oft sehr illustren Namen (z. B. die Domänen von Sainte-Roseline oder Saint-Martin). Entlang der Straßen, die sich durch eine von Rebstöcken und Olivenbäumen bewachsene Landschaft schlängeln, stößt man immer wieder auf Landhäuser und Weingüter. Prächtige Landsitze aus dem 16. und 17. Jahrhundert beschwören die Vergangenheit.

Die »Maison des Vins des Côtes de Provence« ist der Höhepunkt einer hochinteressanten Rundreise. Hier informiert eine Ausstellung über den Wein und die Geschichte des Weinbaus in der Provence.

Links: Ein Weiler in der Nähe von Saint-Antonin-du-Var.
Unten: Weinberg in den Maures.

Bellet

Das kleine, nur 30 ha große Weinbaugebiet wurde im 4. Jahrhundert v. Chr. von den Phokäern angelegt. Es erstreckt sich über die westlich von Nizza gelegenen Höhenzüge, die mit Oliven- und Obstbäumen übersät sind, und liefert einen unter Kennern sehr begehrten Wein. Aus seltenen und im übrigen Weinbaugebiet der Provence unbekannten Traubensorten (Folle Noire, Braquet, Rolle und Chardonnay) erzeugen die Winzer von Bellet jährlich etwa 1200 hl eines außergewöhnlichen Weins, der fast ausschließlich an Ort und Stelle konsumiert wird.

Die Rebstöcke wachsen auf Terras-

Weißweine. Sie alle enthalten etwas weniger als 12% Alkohol und können zehn bis dreißig Jahre altern. Bellet ist vor allem für seine prächtigen Rotweine berühmt, die durch ihr herrliches Kirscharoma bestechen. Zwei einheimische Traubensorten, Fuelle und Braquet, verleihen ihm eine gewisse Originalität. Im Schutz der Mauern des imposanten mittelalterlichen Château de Crémat genießen Weinkenner den rubinroten Wein gleichen Namens.

Die seidigen, frischen Roséweine basieren auf der Braquet-Traube und

Links: Château Bellet. – Unten:
»Doppelporträt mit Weinglas« (Ausschnitt) von Marc Chagall, 1917
(Musée d'Art moderne, Paris).

sen aus »Puddingstein« (groben Konglomeraten) mit quarz- und kieselhaltigen Böden. Diese Umgebung, der beständige Wechsel zwischen von den Alpen und vom Meer her kommenden Luftströmungen und die Sonne verleihen dem Wein Finesse und Leichtigkeit. Bellet wurde bereits 1941 AOC-Gebiet und produziert 40% Rot-, 30% Rosé- und 30%

duften nach Ginster und Honig. Die Weißweine sind trocken, aber angenehm rund im Geschmack. Ihr Bukett erinnert an Linden- und Weinblüten. Sie verdanken ihre Originalität der Rolle-Traube, dem Schmuckstück des Weinbaugebiets von Nizza, und der Chardonnay-Traube, die sich in dieser Höhe ganz besonders wohl fühlt.

Bandol

Wem verdanken die Weine von Bandol, die sich, sofern es sich um Rotweine handelt, durch eine intensive dunkle Farbe und den Duft nach Himbeeren und Vanille auszeichnen, ihren ausgezeichneten Ruf? Dem Klima, das durch das Mittelmeer gemäßigt wird? Dem mit fossilen Muschelschalen gespickten Boden? Oder der Hauptrebsorte Mourvèdre mit ihrem kraftvollen Charakter? Vermutlich sind alle diese Faktoren gleichrangig an der Schaffung eines renommierten Weins beteiligt. Vor allem spielt jedoch die hervorragende geographische Lage des Weinbaugebiets eine bedeutende Rolle. Die 1000 hl der Appellation werden in acht Gemeinden (Bandol, Sanary, La Cadière-d'Azur, Le Castellet, Evenos, Ollioules, Le Beausset und Saint-Cyr) erzeugt, die in einem großen Talkessel liegen. Dieser lehnt sich im Norden an das öde Plateau des Camp du Castelet (berühmt für seine Formel-I-Strecke) an, das auch die Nordwinde abhält.

Im Zentrum dieses »Amphitheaters« ist das Relief besonders bizarr geformt. Man muß in diesem Zusammenhang wissen, daß sich die Hebung des alpinen Massivs im Tertiär bis hierher ausgewirkt hat, wobei mächtige Überschiebungsdecken weit nach Süden gedrängt wurden. So stellt der Hügel von Le Beausset-Vieux im Herzen der

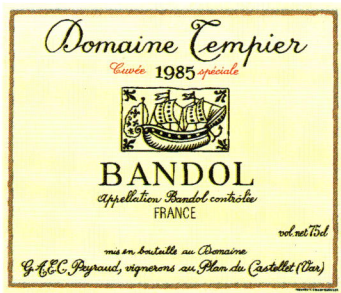

Region eine unter den Geologen der ganzen Welt bekannte Lokalität dar, bei der sich die ältesten Schichten auf dem Gipfel finden.

Ein magischer Ort

Wer das Bandol bereist, sollte auf keinen Fall versäumen, zur Kapelle von Le Beausset-Vieux zu pilgern. Von dort aus bietet sich ein Rundblick über das gesamte Appellationsgebiet: Im Norden erkennt man die beiden erhöht gelegenen Dörfer La Cadière und Le Castelet mit dem Massif de Sainte-Baume im Hintergrund. Im Süden erscheint hinter den über Bandol aufragenden Hügeln das Meer.

300 Sonnenstunden und die Rebsorten garantieren die ausgezeichnete Qualität der Weine. Die Weißweine werden aus Ugni-Blanc-, Clairette- und Bourboulenc-Trauben gekeltert. Cinsault, Grenache und Mourvèdre liefern Roséweine von leuchtender Farbe und tanninreiche Rotweine, bei denen eine pfeffrige Note dominiert, die manchmal durch das Aroma von Brombeeren und Kirschen geprägt wird.

Die Weine des Bandol sind bereits seit der Antike berühmt. Im Mittelalter trugen sie den Namen La Cadière. Im 18. Jahrhundert gründete ein bis dahin ziemlich unbedeutender Edelmann aus der Gegend, Boyer de Foresta, den Hafen Bandol, was dem Weinhandel im allgemeinen, besonders aber dem Vertrieb der Produkte der späteren Appellation, sehr zugute kam. In mit dem Buchstaben »B« ge-

Links: La Cadière-d'Azur.
Unten: Château de Baumelles.
Ganz unten: Die Weinkeller von Château de Pibarnon.

kennzeichneten Fässern wurde der Rebensaft bis nach Nordamerika, Brasilien und Indien exportiert. Zu Anfang des 19. Jahrhunderts gingen jährlich 1200 Schiffe in Bandol vor Anker, die mehr als 60 000 hl Wein an Bord nahmen.

Nach der verheerenden Reblauskrise erlebten die Bandol-Weine dank der Aktivitäten einer Gruppe von Winzern kurz vor Beginn des Zweiten Weltkriegs einen erneuten Aufschwung. 1941 wurde die Region AOC-Gebiet. Heute beläuft sich die Jahresproduktion des Bandol auf 35 000 hl Wein (55% Rot-, 40% Rosé- und 5% Weißweine) und wird in der ganzen Welt verkauft.

Cassis

Am Fuß der höchsten Klippen Frankreichs liegt zwischen Marseille und La Ciotat ein Erosionstal, das sich zum kleinen Hafen Cassis hin öffnet, der von reizvollen bunten Häusern belebt wird. Er ist das Zentrum eines Weinbaugebiets, das sich über 200 ha auf weißen Kalkfelsen erstreckt und jährlich 4700 hl Wein liefert. Zwei Drittel der Produktion sind Weißweine. Die Region wurde 1936 AOC-Gebiet, der Wein war aber schon im Mittelalter bekannt. Im 12. Jahrhundert stritten sich so bedeutende kirchliche Institutionen wie die Abtei von Saint-Victor und das Domkapitel von Marseille um das Weinbaugebiet und riefen den Papst als Schiedsrichter zur Hilfe.

Nach der Reblauskatastrophe mußte man bis zum Beginn des 20. Jh. warten, ehe der Wein von Cassis seine alte Bedeutung zurückgewinnen konnte. Eine wichtige Rolle spielte dabei der Weinbauer und Dichter Emile Boudin, der auf seinem

Cassis: das Meer, die Klippen und die Hügel.

Landgut Calendal wesentlich dazu beitrug, die heute in Cassis angebauten Rebsorten näher zu bestimmen. Man findet in Cassis die klassischen Sorten Sauvignon, Clairette und Ugni-Blanc, aber auch Doucillon, Pascal-Blanc und Marsanne, die das feine Aroma von Lindenblüten verströmen. Die Grenzen des Anbaugebiets der Appellation sind identisch mit den Grenzen der Gemeinde.

Heute verdankt Cassis seinen guten Ruf vor allem dem Weißwein. Er ist trocken, schwer und aromatisch und veranlaßte den provenzalischen Dichter Frédéric Mistral zu den Worten: »Die Biene könnte keinen süßeren Honig spenden. Er strahlt wie ein funkelnder Diamant und verströmt den Duft von Rosmarin, Erika und Myrte, die unsere Hügel bedecken.«

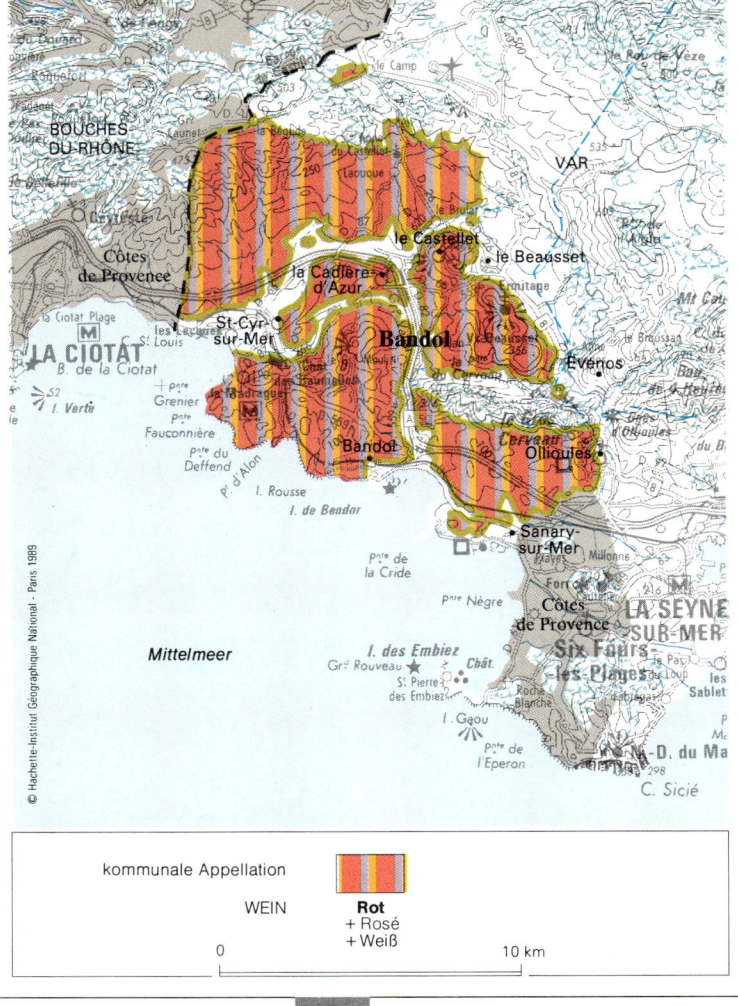

kommunale Appellation	
WEIN	**Rot** + Rosé + Weiß
0	10 km

Coteaux d'Aix-en-Provence und Palette

Das Weinbaugebiet der Coteaux d'Aix liegt, verstreut zwischen Wäldern und Garrigue, zwischen der Durance und dem Mittelmeer und breitet sich, geschützt vor dem Mistral, auf insgesamt 300 ha westlich von Aix-en-Provence aus, der alten Hauptstadt, die heute eine elegante Künstlermetropole ist. Das Weinbaugebiet teilt sich in drei Zonen und umfaßt die Hügel von Aix und Lex Beaux sowie die Hänge am Haff von Barre.

Helle. Auf den Hügeln gedeihen Oliven und Mandelbäume und, natürlich, Rebstöcke, deren Weine sich redlich bemühen, ebenso berühmt zu werden wie die Oliven und das Öl aus dem Tal von Les Beaux. Hier liegen ungefähr ein Dutzend Weingüter, zu denen auch das von van Gogh verewigte »Mas de la Dame« gehört.
Die Rotweine werden hauptsächlich aus Grenache-, Cabernet-Sauvignon-Mourvèdre- und Syrah-Trauben gekeltert, die Weißweine entstehen aus

Grenzen der Gemeinden Aix, Meyreuil und Tholonet. Ein Talkessel, der von Wäldern umsäumt ist, schützt es vor Winden. Vor 500 Jahren pflanzten die Karmeliter von Aix hier erstmals Rebstöcke an. Vor nicht allzu langer Zeit entwickelte sich hier dann ein berühmter Wein aus eingedampftem Most, der untrennbar mit den dreizehn verschiedenen Desserts einer echten provenzalischen Weihnachtsfeier verbunden ist.
Der Wein wird auf einer für das

Frieden strahlen auch der Park mit seinen Lindenbäumen und die Kellergewölbe aus, die mehrere hundert Jahre alt und direkt aus dem Kalkstein gehauen sind. Hier entwickeln die Weine ihre Originalität und ihr kraftvolles Aroma. Die dunklen, solide gebauten Rotweine duften nach Veilchen und Pinienharz. Die Rosé-, vor allem aber die Weißweine, die zusammen 40% der gesamten Produktionsmenge ausmachen, sind sehr komplex und außergewöhnlich

Die felsigen, trockenen Hügel, die aus dem von Rhône und Durance angeschwemmten Land aufragen, kontrastieren mit den üppigen, ein balsamisches Aroma verströmenden Gärten und Obstplantagen des Gebiets von Aix. Dort verstecken sich im Grün der Landschaft Landgüter und Villen, die früher den Adligen gehörten, heute aber im Besitz von Winzern sind und mit ihren Parks und Buchsbaumrabatten schlicht und doch zugleich auch raffiniert wirken. Im Nordosten, in Richtung Luberon am Fuß der Treverasse-Kette, bauen die Winzer, die in Landhäusern mit breiten Platanenalleen und Kühle spendenden Springbrunnen wohnen, renommierte Crus an. Im westlichen Teil des Anbaugebiets erhebt sich wie ein riesiges Schiff aus Stein, dessen Segel zerfetzt sind, das Massiv des Alpilles unter einem Himmel von geradezu legendärer

Ugni-Blanc, Clairette und Sauvignon. Die Reben gedeihen in der Regel auf Tonkalkböden. So sind die Rotweine kräftig und körperreich und besitzen, falls die Mourvèdre-Traube dominiert, eine fruchtig-blumiges Bukett. Die seltener auftretenden Weißweine sind frisch und aromatisch.
Vor den Toren von Aix-en-Provence liegt das 30 ha große Weinbaugebiet von Palette, das 600 hl Wein produziert. Die herrliche Landschaft, in der die dunklen Silhouetten der Zypressen, der Weinreben, Olivenbäume und Aleppokiefern aus der roten Erde gen Himmel steigen, hat Generationen von Malern inspiriert. Der berühmteste unter ihnen, Paul Cézanne, hielt 1915 die Ufer des Arc auf seinem berühmten Gemälde »Die Badenden« fest.
Das Weinanbaugebiet von Palette erstreckt sich zu beiden Seiten der

Kalksteingebiet von Langesse typischen geologischen Schicht angebaut. Heute gibt es hier zwei Weingüter.
Das berühmte Château Simone konnte die alte Tradition wahren und verlieh der Appellation Palette ihren »Adelsbrief«. Das Château Simone schmiegt sich ruhig und friedlich an den Nordhang seines Hügels, so daß man von der Autobahn aus gerade noch die Dächer der beiden schlanken Türme erkennen kann. Ruhe und

Links: Château de Fonscolombe aus dem 16. Jh., das seinen Namen zur Zeit von König René erhielt. Rechts: Das Weinbaugebiet von Beaux de Provence, ein auch für die Geschichte der Provence wichtiger Ort.

lange lagerfähig. Die Rot- und Roséweine entstehen aus Cinsault und Grenache, während für die Weißweine die reichhaltige Clairette-Traube Verwendung findet.

Die Coteaux Varois

In der Umgebung von Brignoles, der alten Sommerresidenz der Grafen der Provence, hat sich ein reizvolles Weinbaugebiet entwickelt, dessen Weine ganz neu im »Club« der VDQS-Weine sind. Die Coteaux Varois werden von Côtes de Provence und den Coteaux d'Aix eingeschlossen. Sie heben sich von den umliegenden Gebieten jedoch durch die Beschaffenheit der Böden, die hier aus Kalkstein bestehen, und durch das Klima ab. Da die Berge von Toulon und das Massiv von Sainte-Beaune das Gebiet gegen das Mittelmeer hin abschirmen, ist es hier kühler. Auf den Coteaux Varois gedeihen hauptsächlich Carignan-, Grenache-, Cinsault- und Syrah-Reben, aber auch Tibouren und Cabernet-Sauvignon sind vertreten. Die Rot- und Roséweine sind gefällig und zart und sollten jung getrunken werden.

Korsika

Das Weinbaugebiet der Insel liegt im Schatten der Menhire von Filitosa und erstreckt sich heute über kaum 10 000 ha Fläche. Auf 2400 ha entstehen ausschließlich AOC-Weine. Kaum 10% davon sind Weißweine. Seit dem Jahr 1957 wachsen die Rebstöcke dank der Ausdauer und der Zähigkeit der Weinbauern wieder auf den Steilhängen.

Zwischen 1970 und 1980 umfaßte das Weinbaugebiet mehr als 30 000 ha Fläche, aber die Krise der Tafelweine erfaßte zuerst diese Anbauregion, die erst seit kurzem, innerhalb von weniger als fünf Jahren, wieder die Ausdehnung erreichen konnte,

die sie vor der verheerenden Reblauskrise hatte.

Die am weitesten verbreitete Bodenart ist Granit. Er findet sich im Süden und Westen der Insel Korsika.

Im Osten trifft man auf Schiefer, und der Fels formt hier eine düstere, markante Landschaft. Im Süden und am Golf von Saint-Florent gibt es Kalkgestein. Diese Umgebung begünstigt den Anbau qualitativ hochstehender Rebsorten in einem mediterranen, vom allgegenwärtigen Meer gemilderten Klima.

Das Appellationsgebiet der korsischen Weine umrahmt die Île de Beauté. Der Großteil des Weins wird jedoch entlang der östlichen Ebene zwischen Bastia und Aléria, wo sich auch viele Genossenschaftskellereien etabliert haben, und an der Grenze der korsischen Berge unterhalb von Dörfern mit malerischen Namen erzeugt, die sich wie Adlerhorste an

den Fels klammern. Überall auf der Insel sorgen die verschiedenen Bodentypen und der jeweilige Anteil der einzelnen Rebsorten bei der Erzeugung der Weine für verschiedene Nuancen. Deshalb dürfen die Weinbauern auch den Namen der Unterregion nennen. Die Vins de Corse entstehen im äußersten Norden am Cap Corse auf schwindelerregend hohen, steilen Terrassen. Die Vins de Corse-Calvi kommen aus dem Nordwesten. Die Vins de Corse-Sartène, Vins de Corse-Figari und Vins de Corse-Porto-Vecchio werden an der Südspitze der Insel vinifiziert. Am bedeutendsten sind jedoch die Appellationen Ajaccio und Patrimonio, die auf den höchsten Punkten der Insel liegen.

Die Insel der vierzig Rebsorten

Auf Korsika konnte man verschiedene Rebsorten bewahren.
Besondere Erwähnung verdient in diesem Zusammenhang die Nielluccio-Rebe, die am besten auf Kalkboden gedeiht, sehr tanninreiche Weine liefert und deshalb oft mit der Chianti-Rebe verglichen wird. Sie dominiert in Patrimonio, der kleinen Enklave mit Kalksteinboden, die sich

vom Golf von Saint-Florent in Richtung Osten, hauptsächlich aber nach Süden erstreckt. Hier erzeugt man herrliche, gut lagerfähige Rotweine, die nach Wildbret und Veilchen duften und sich durch eine ausgeprägte geschmackliche Länge auszeichnen.

Links: Das Weinbaugebiet an der Ostküste am Kap Corse.

Die Malvoisie- oder Vermentino-Rebe duftet nach Kamille und entspricht der in der Provence heimischen Rebsorte Rolle. Der aus ihr erzeugte zart goldfarbene Wein macht 75 – 80% der weißen AOC-Weine aus.

Die Rebstöcke der Appellation Ajaccio wachsen auf den Granitböden der Hügel, die sich in der Umgebung der alten Hauptstadt der Insel erstrecken. Hier dominiert die Sciacarello-Traube, die eine feste Haut besitzt und lange lagerfähige Rotweine mit dem Aroma von Kaffee, gerösteten Mandeln und Himbeeren hervorbringt.

Languedoc-

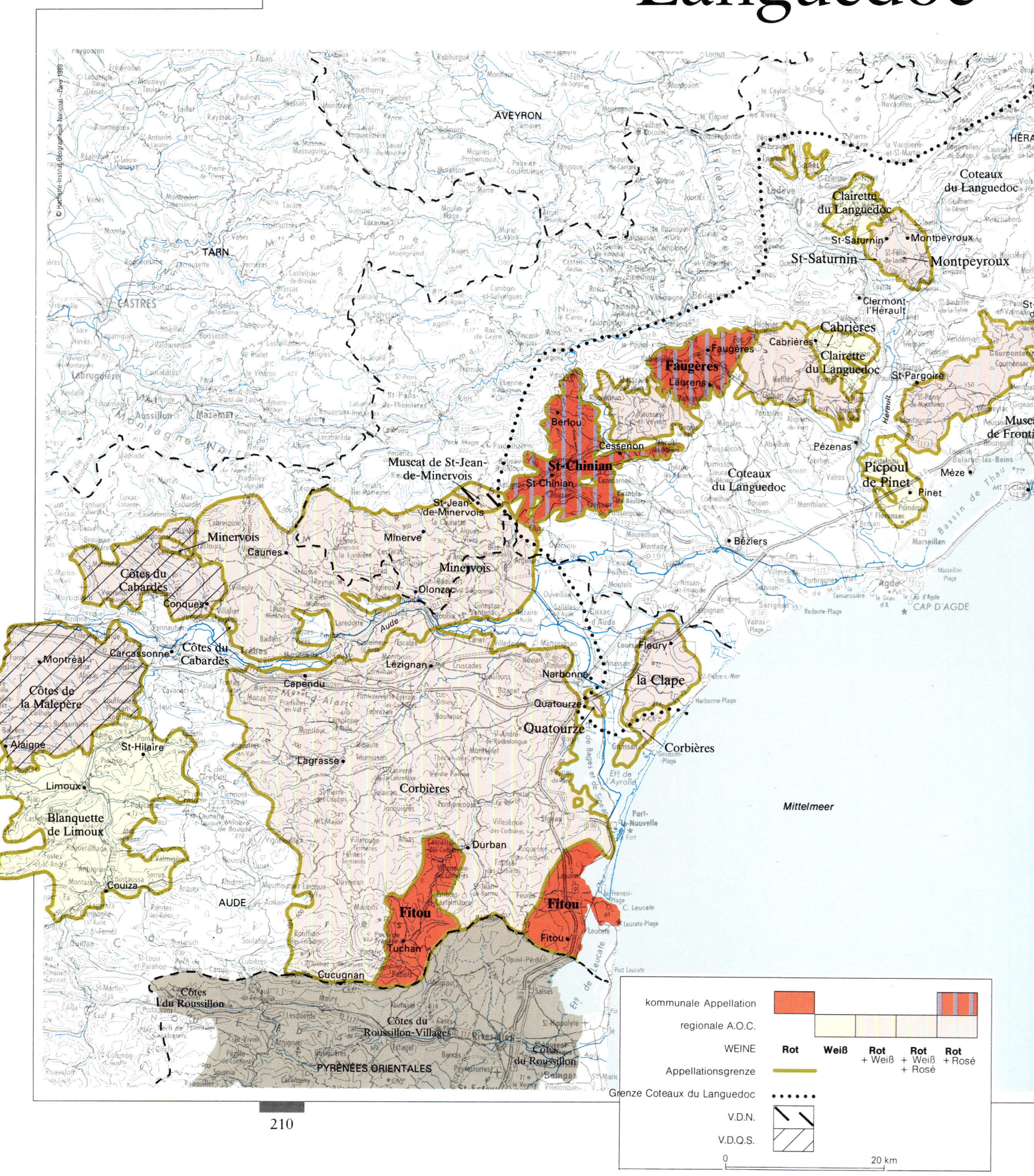

Roussillon

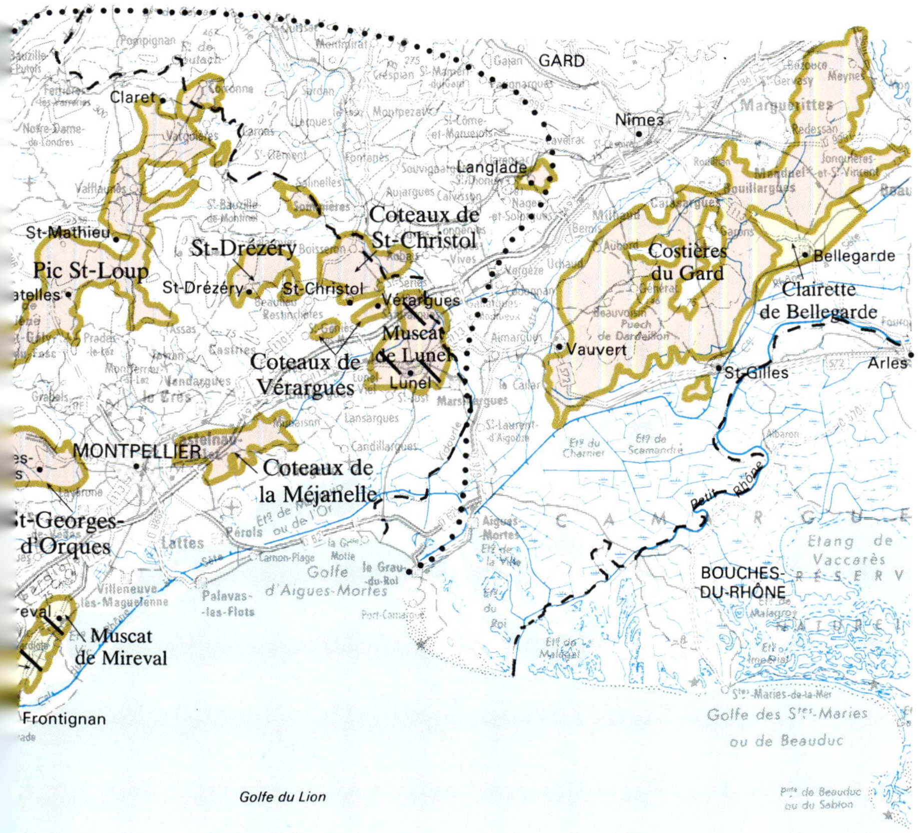

Die Ebene des Languedoc ist ein Meer von Rebstöcken und wirkt wie ein gigantisches, in Grüntönen gehaltenes Camaïeubild. Hier dominiert der Wein allerorten: Er drängt die Garrigue in die höher gelegenen Gefilde zurück, macht den Sommergästen den Sand streitig, breitet sich entlang der Küstenhaffe aus, als wollte er in aller Ruhe die einzigartige Insel von Sète betrachten, und hüllt Dörfer und Städte in einen grünen Mantel. Angesichts dieses überwältigenden Gesamteindrucks vergißt man leicht, daß der Weinbau in Languedoc-Roussillon viele verschiedene Gesichter hat.

Das Reich des Rotweins

Man kann es gar nicht anders ausdrücken, da der Wein sich über ein Drittel der Ebenen des Departements Gard erobert hat, sich nach Südwesten ausbreitet und über zwei Drittel der Täler der Departments Hérault und Aube für sich beansprucht: Man befindet sich hier im wahrsten Sinne des Wortes im »Reich des Rotweins«. Über die Hälfte der französischen Tafelweine stammen aus diesem Gebiet, in dem hauptsächlich Carignan- und Aramon-Reben kultiviert werden. Der Anteil der letztgenannten Sorte nimmt jedoch beständig ab, seit die Weinbauern die Qualität verbessern, in dem sie auf traditionelle Languedoc-Rebsorten wie Cinsault, Grenache Noir, Syrah und Mourvèdre zurückgreifen und andere, aromatische Sorten wie Cabernet-Sauvignon und Cabernet-Franc und Merlot anpflanzen. Die Ereignisse des Jahres 1907, die Wagenladungen von Fässern mit der Aufschrift Béziers und Narbonne, haben sich tief in das Gedächtnis der Menschen eingeprägt. Es gibt hier außerdem eine beträchtliche Anzahl von Genossenschaftskellereien. So ist der Weinbau in den Ebenen des Languedoc zu einer Kultur und zu einem Symbol regionaler Eigenständigkeit geworden. Wer sich an Ort und Stelle davon überzeugen möchte, braucht nur anläßlich des SITEVI (Salon International des Techniques Viti-Vinicoles), einer Weinmesse, nach Montpellier zu fahren, sich im typisch südfranzösischen Béziers umzusehen oder zu hören, welches Loblied der aus Sète stammende Georges Brassens auf den Wein singt:

»Bevor ich mit meinem Kater
mein Leben preise
oder große Reden schwinge,
will ich lieber meine Zunge in Zaum halten.
Ich stamme von Menschen ab,
die nicht mäßig im Trinken waren.«
Das Weinbaugebiet erreichte seine riesige Ausdehnung jedoch erst in jüngerer Zeit. Als Thomas Jefferson im Jahre 1787 den Süden Frankreichs bereiste, schrieb er noch: »Die Landschaft von Béziers besteht aus Hügeln. Diese sind bedeckt mit Olivenbäumen, Süßklee und Weideland, und es gibt einige Weinstöcke und Maulbeerbäume.« Mit der Monokultur des Weins begann man Mitte des 19. Jahrhunderts. Damals eröffnete die Eisenbahn den Zugang zu neuen Märkten. Außerdem verlagerte sich der Weinbau nach der Reblauskrise zunehmend ins Flachland, da die Winzer Schwemmlandböden suchten. Zu Anfang des 20. Jahrhunderts wurde der Weinbau dann durch die Ereignisse von 1907 zum Thema von Legenden und schrieb durch das berühmte »Viertel«, das den Frontkämpfern des Ersten Weltkriegs vor jeder Schlacht kredenzt wurde, auch Geschichte. Aber der Weinbau erlebte auch schlechte Zeiten. Das wurde besonders zu Beginn der fünfziger Jahre deutlich, als erhebliche Absatzschwierigkeiten auftraten. Man versuchte, das Problem unter anderem durch die Einführung neuer Kulturen, wie beispielsweise Obstplantagen, zu lösen. Der Verlust von Algerien verbesserte zwar die Lage, aber durch die Schaffung und spätere Erweiterung des Gemeinsamen Marktes traten neue Konkurrenten aus dem Mittelmeerraum auf den

Abtei Sainte-Marie de Fontfroide.

Plan. Die Krise spitzte sich jedoch derart zu, daß es Mitte der achtziger Jahre in Langeudoc-Roussillon zu schweren Auseinandersetzungen zwischen Weinbauern und Ordnungskräften kam. Als einzig möglicher Ausweg aus der Krise erwiesen sich schließlich die Rückkehr zur Qualität durch die Verbesserung des Rebenbestandes und die Rückverlegung der Weinbaugebiete auf die Hügel.

Die oberen Fürstentümer

Das Reich des Rotweins ist mit 310 000 ha das größte zusammenhängende Weinbaugebiet der Welt. Aber oberhalb der von ihm beherrschten Ebene haben sich auf den Hügeln zahlreiche Appellationen etabliert, die Qualitätsweine erzeugen. Die Landschaft des Languedoc-Roussillon ist nämlich von unvergleichlicher Vielfalt. Den sanft gewellten Terrassen der Costières du Gard im Osten liegen das vom Wetter zerfurchte Relief der Corbières und die steilen Hänge von Banyuls gegenüber. Die Appellationen des Languedoc und Kataloniens unterscheiden sich in Topographie, Geologie und Bodenbeschaffenheit.

Die Böden können unter anderem aus Schiefer der Massive des Paläozoikums, Sandstein des Mesozoikums oder Geröll des Quartärs bestehen. Das besonders dichte Flußnetz trägt ebenfalls zur Vielschichtigkeit des Reliefs und der Böden bei, die von der Erosion geformt wurde.

Die besten Weine stammen von den kieshaltigen, an festen Komponenten reichen Böden, die durch gute Durchlässigkeit einen Wasserstau vermeiden, aber auch tief genug sind, um ausreichend Feuchtigkeit speichern zu können. Das Erdreich muß locker sein, damit die Wurzeln sich nach allen Seiten ausbreiten können. Insgesamt gesehen, zeigt sich jedoch eine Einheitlichkeit einerseits der Schieferformationen und andererseits der roten Steinböden.

Ein weiteres vereinheitlichendes Element stellt das mediterrane Klima dar. Das Languedoc-Roussillon ist

nach Korsika die wärmste Gegend Frankreichs. Die durchschnittliche Jahrestemperatur liegt zwischen 13,5 und 15° C. Niederschläge fallen meist in Form von heftigen Gewittern, sind aber nur auf wenige Tage begrenzt. Wehen die Winde von der Landseite her (Mistral, Cers und Tramontagne), so verstärken sie die Trockenheit; kommen sie jedoch vom Meer her, so mildern sie die Hitze und bringen eine Feuchtigkeit, die den Rebstöcken gut bekommt.

So schaffen Böden und Klima günstige Voraussetzungen für den Anbau von Qualitätsweinen, und vor allem die Dessertweine finden in Languedoc-Roussillon ideale Bedingungen vor. Die Anzahl der in dieser Gegend kultivierten Rebsorten ist groß. So entstehen durch die Kombination verschiedener Sorten reichhaltige vollkommene Weine. Rotweine werden hauptsächlich aus Carignan-, Syrah-, Mourvèdre- und Grenache-Trauben gekeltert, Weißweine aus Grenache-Blanc, Clairette, Picpoul, Maccabeu, Carignan-Blanc, Ugni-Blanc und Terret-Blanc .

Die Vielfalt der Böden und der Rebsorten machen das Languedoc-Roussillon zum weltweit wichtigsten Produzenten von Tafel- und Landweinen und, was die Menge anbetrifft, nach dem Bordelais und dem Rhône-Tal zum drittgrößten Lieferanten von Appellationsweinen in Frankreich.

»Ein Silen auf dem Altaraufsatz« von Jean-Jacques Melair, 18. Jh. (Kirche Saint-Julien, Vinça).

Das Anbaugebiet der Coteaux du Languedoc überragt die Ebene wie eine gigantische Sichel. Es erstreckt sich zwischen Nîmes und Narbonne und umfaßt 121 Gemeinden. Trotz der beachtlichen Produktionsmenge von 300 000 hl Wein pro Jahr stellt sich hier nicht das Problem eines die ganze Gegend vereinnahmenden zusammenhängenden Weinbaugebiets. Die Region setzt sich vielmehr aus zahlreichen kleinen, in der Garrigue verstreuten Einzelgebieten zusammen. Das erklärt auch, warum die Weinbauern hier das Recht haben, der kontrollierten Herkunftsbezeichnung Coteaux du Languedoc bei Rot- und Roséweinen elfmal und bei Weißweinen zweimal die Bezeichnung Cru hinzuzufügen. Bei den Rot- und Roséweinen: La Clape et Quatourze (im Department Aude), Cabrières, Montpeyroux, Saint-Saturnin, Pic-Saint-Loup, Saint-Georges-d'Orques, La Mejanelle, Saint-Drézéry, Saint Christol und Vérargues (im Department Hérault). Bei den Weißweinen: La Clape und Picpoul de Pinet.

Der Verschnitt von Rebsorten — eine Notwendigkeit

Wegen der klimatischen Bedingungen muß man verschiedene Traubensorten kombinieren, um vollendete Weine zu erhalten. Die Rot- und Roséweine müssen aus Carignan-, Grenache-, Cinsault-, Syrah- und Mourvèdre-Trauben hergestellt werden. Die Carignan-Rebe stammt aus Carinea in Aragon und ist heute die wichtigste Sorte der Region, die auch an den Hängen gute Resultate erbringt. Sie fühlt sich in den warmen und trockenen Zonen und auf Schieferböden wohl. Aus ihr entstehen farbintensive, tanninreiche Weine, deren aromatische Schwäche Adstringenz durch die Kohlensäuremaischung behoben werden können. Die Cinsault-Rebe liebt ebenfalls die Trockenheit und liefert elegante, geschmeidige, aber leichte Weine. Sie eignet sich gut für Rosé- und Primeurweine. Im Augenblick dürfen Cinsault und Carignan nicht mehr als 50% des Rebenbestandes ausmachen, und 1992 sollen es zugunsten von Syrah, Mourvèdre und Grenache sogar nur noch 40% sein. Die Grenache-Rebe ist kräftig und widerstandsfähig gegen Trockenheit, aber anfällig gegen das Verrieseln der Blüten und nicht regelmäßig in der Ertragsmenge. Aus ihr entsteht ein edler, runder, fetter und ziemlich aromatischer Wein. Sie ist, ebenso wie die Syrah-Rebe, eine erstklassige

Coteaux du

Die Rebflächen nehmen im Languedoc einen Großteil der Landschaft ein.

Rebsorte. Die Syrah-Rebe stammt aus dem Rhône-Tal und ist eine frühreifende Sorte, wobei man jedoch darauf achten muß, daß die Trauben nicht überreif werden. Werden sie mit 11 — 12,5° Alkoholgehalt geerntet, so liefern sie einen farbintensiven, aromatischen und kräftig gebauten Wein. Im Gegensatz dazu ist die Mourvèdre-Traube ziemlich spätreifend. Sie muß in warmen Gebieten angebaut werden, die jedoch nicht zu trocken sein dürfen, und findet auf den steinigen Terrassen des Villafranciums gute Bedingungen. Dem Wein verleiht sie Farbe, Körper und Aroma. Zusammen mit der Syrah-Rebe darf sie mindestens 10% des Rebenbestandes ausmachen, während der Grenache-Rebe wenigstens 20% zugestanden werden. Die Weißweine erzeugt man aus den

Fläche und Produktionsmenge der Anbaugebiete des Languedoc-Roussillon.

	Fläche	Produktionsmenge
Tafelweine	300 000 ha	18 000 000 hl
Landweine		7 000 000 hl
AOC-Weine	51 500 ha	2 600 000 hl
DQS-Weine	628 ha	35 000 hl
VDN-Weine	29 150 ha	604 000 hl

Languedoc

Rebsorten Grenache-Blanc, Picpoul, Clairette, Bourboulenc, Marsanne, Roussanne und Rolle.

Die Huldigung von Rousseau

Die Coteaux de Vérargues sind überall für ihren Dessertwein Muscat de Lunel bekannt und bilden den östlichen Teil der Coteaux de Languedoc. Hier gedeihen aber auch fruchtige und geschmeidige Rotweine, die Jean-Jacques Rousseau in einem Brief an d'Alembert lobte. Das Gebiet umfaßt drei Lagen (Coteaux de Vérargues, Saint-Christol im eigentlichen Sinn und Saint Drézéry), die sich auf elf Gemeinden verteilen, und besitzt ausgezeichnete rote Böden, die von einer kiesigen Überschiebungsdecke des Villafranciums hierher gebracht wurden.

Das Schloß von Castries, das »Versailles des Languedoc«, trennt das Plateau von Mejanelle von den Coteaux de Vérargues. Die Hochfläche verläuft östlich von Montpellier.

Ihre kieshaltigen, dichten, lehmreichen roten Böden schaffen eine von Höhenzügen geprägte Landschaft, in der sich der Wein ausgesprochen wohl fühlt. Das Plateau wurde von der Rhône zu der Zeit geschaffen, als sie nahe Montpellier ins Meer mündete, und besitzt zahlreiche Landhäuser des 19. Jahrhunderts und Landsitze, die sich hinter imposanten Pinienwäldern verstecken. An die zwanzig Winzer stellen hier in privaten Kellereien einen berühmten Rotwein her.

Saint-Georges d'Orques liegt im Westen vor den Toren von Montpellier und ist schon sehr lange berühmt. Bereits Thomas Jefferson empfahl, mit den von hier stammenden Weinen die durch den übermäßigen Genuß von Whisky verursachte Sucht zu bekämpfen.

In Saint-Georges war man schon sehr früh darauf bedacht, Qualität und Herkunft des Weins auch deutlich kenntlich zu machen. So ließen die Stadträte bereits 1730 auf ihren Fässern den heiligen Georg, den Drachentöter, darstellen. Die Rot- und Roséweine von Saint-Georges entstehen auf einem Boden, der aus roten Kieseln des Villafranciums und kalkhaltigen Kiesablagerungen besteht, die aus den Massiven stammen, die die Garrigue tragen.

Obwohl der Pic Saint-Loup nur ein kleiner Berg von 658 m Höhe ist, überragt er die ganze Umgegend. Die Region ist ein Paradies für Segelflieger, die sich von den Winden des Reliefs treiben lassen, für Jäger und für Wanderer, die hier eine interessante und vielfältige Fauna und Flora vorfinden.

Auf den niedrigen Hügeln, die die bewaldeten Hänge des Pic umgeben, trifft man natürlich auch auf Weinstöcke, die hier auf einem 30 km langen und 15 km breiten Areal ideale Böden vorfinden: kompakte oder sandige Kalkböden, Geröllablagerungen und Schwemmkegel sowie Terrassenteile mit roter Kieselerde. Die Entfernung vom Meer und die Höhe (durchschnittlich 150 m) sind für ein eher kontinentales Klima mit kühlen Frühlings- und Herbsttagen verantwortlich. Dies wird auch an den leichten, fruchtigen und zarten Rotweinen der Region deutlich. Es besteht jedoch durchaus auch die Möglichkeit, in der Region in Zukunft auch Weiß- oder Roséweine zu erzeugen.

Der Duft der Garrigue

Am Fuße des Larzac, wo die Luft noch vom Duft der Garrigue erfüllt ist, schmiegen sich Saint-Saturnin und Montpeyroux zwischen die Spalte, die die roten Böden von Lodève und den Rand des Kalkplateaus von Viols-le-Fort begrenzt. Hier hat der Hérault auf seinem Weg vom Kalkplateau von Saint-Guilhem-le-Dessert weitläufige Kiesterrassen mit roter Lehmerde geformt, die sanft bis zum Flußbett hin abfallen. Dieses Land gehört ausschließlich dem Wein und liefert Rot- und Roséweine, deren ausgezeichneter Ruf eine lange Tradition hat.

Ungefähr ein Dutzend Kilometer südwestlich von Saint-Saturnin verbirgt sich in einem von vier mit fast undurchdringlichen Wäldern bewachsenen Massiven geschützten Talkessel, der aus Schiefer aufgebaut ist, das Weinbaugebiet von Cabrières. Hier erzeugen die Winzer im Schutz ihrer kargen Hügel Rotweine und den Rosé, dem der Cru seine Bekanntheit verdankt.

Im Gegensatz zu den vorher genannten Weinbaugebieten, die die ersten Stufen des Zentralmassivs emporklimmen, liegt das Weinbaugebiet von Pinet am Meer oder, besser gesagt, am Haff von Thau. Wendet man sich von der Geographie zur Gastronomie, so ist dieses Weinbaugebiet, das fast schon in den türkisfarbenen Fluten zu baden scheint, aus denen die Austern stammen, berühmt für seinen Weißwein. Die Picpoul-Rebe fühlt sich ausgesprochen wohl auf den grauen, ausgebleichten Anbauflächen, die aus Ton und Schotter bestehen, in den sich auf Mergeluntergrund Kalksplitter und fossile Muschelschalen mischen. So liefert sie denn auch einen trockenen, aromatischen Wein, der sich hervorragend mit Muscheln verträgt.

Das ebenfalls im Küstengebiet gelegene Massif de la Clape trennt Narbonne vom Meer. Der Kalkfels erhielt einst den Namen Île du Lac und hat bis heute eine höchst eigenartige Atmosphäre bewahrt. Das liegt wohl an dem malerischen Seemannsfriedhof, dessen friedliche Ruhe in krassem Gegensatz zu den Dramen steht, von denen die Denkmäler für all diejenigen künden, die das Meer nicht mehr freigab. La Clape ist Ziel vieler Sommergäste, hat aber auch eine lange Weinbautradition. Das Zusammentreffen von weniger fruchtbaren Böden wie Kalkmergel, hartem Kalkfels und Anschwemmungen des Quartärs und die geringste Niederschlagsmenge ganz Frankreichs prädestinieren das Gebiet für den Weinbau und lassen hier gute Weine entstehen. Die Rotweine sind tanninhaltig, alkoholreich und fruchtig und müssen mehrere Jahre ausgebaut werden. Auch die frischen und geschmeidigen, aus der Bourboulenc-Traube hergestellten Weißweine sind wohlbekannt.

Die Terrasse von Quatourze liegt zwischen Narbonne und der Küste und stellt ein homogenes Gebiet dar, in dem sich Kies und rote Lehmerde des Villafranciums mischen. Hier entstehen kraftvolle, feurige und gehaltvolle Weine, die während des Alterungsprozesses das Aroma von Unterholz und Gewürzen entwickeln.

Ausschnitt eines flämischen Wandteppichs aus dem 17. Jh. Er gehört zu einer Serie, die sich im Château de Flaugergues befindet.

Faugères und Saint-Chirian, Costières du Gard

Zum Weinbaugebiet Coteaux du Languedoc gehören mit Faugères und Saint-Chinian auch zwei Crus, die eine eigene Appellation besitzen. Das urwüchsige Gebiet von Faugères schmiegt sich an die ersten Ausläufer der Cevennen und sieht auf die Ebene von Bezièrs hinunter, deren Reichtum schon so manchen Winzer aus dem Hinterland anzog. In der Tat ist der Weinbau in dieser Bergregion eher Berufung denn Beruf. Denjenigen, die blieben und tapfer den Kampf gegen Steine und Trockenheit aufnahmen, ist es auch wirklich gelungen, das beste aus dem bemerkenswert homogenen Schieferboden herauszuholen. Dank einer geringen Ertragsmenge von 54 000 hl Wein auf 1100 ha Land wurden sie durch einen alkoholreichen, kraftvollen Wein mit dem Aroma von roten Früchten, Gewürzen und Süßholz belohnt.

Das Gebiet von Saint-Chinian ist größer und vielgestaltiger, wirft aber mit 88 800 hl Wein auf 1800 ha Anbaufläche ebenfalls einen mengenmäßig geringen Ertrag ab. Im Nordteil zwischen Berlou und Roquebrun dominiert Schieferboden. Im Süden, in der Umgebung von Saint-Chinian selbst, trifft man auf Kalkstein mit rotem Ton und Terrassen des Villafranciums. Überall herrscht jedoch das gleiche Mikroklima vor, das sich in der Klarheit der Luft äußert und Mimosen und Orangenbäume gedeihen läßt.

Die Verschiedenartigkeit der Landschaft von Saint-Chinian bleibt selbstverständlich nicht ohne Einfluß auf den Wein. Kommt er von den Schieferböden, so ist er reich und delikat, kommt er von den roten Tonböden, so zeichnet er sich durch Kraft und Komplexität aus.

Italienische Amphore aus dem ersten vorchristlichen Jh. Rechts: Amphore aus Massilia (Marseille), 350 – 50 v. Chr. (Musée Archéologique, Ensérune).

La Costière

Die Costières du Gard, seit 1988 AOC-Gebiet, leisten sich den Luxus, Grenzsteine durch berühmte Orte zu ersetzen: im Norden Nîmes, das französische Rom, im Westen die reiche Messestadt Beaucaire, im Süden Saint-Gilles mit dem schönsten Beispiel romanischer Architek-

tur in Südfrankreich und im Osten schließlich Nages, den archäologisch bedeutendsten Ort des Languedoc. La Costière besteht aus verschiedenen Plateaus und Hügeln, die sich über ein Gebiet von rund 40 km Länge und 15 km Breite hinziehen. Trotz ihrer Größe stellt sich die Appellation als eine Einheit dar, die einen einzigen, von der Terrasse des Villafranciums gebildeten Bodentyp besitzt. Diese vereint verschiedene Kieselarten und eine Schicht aus heterogenem Sand und Kalk. Letzterer ist allerdings oft bereits verschwunden oder hat sich zu einer Kruste verfestigt. Die Kiesel und das brüchige Material sind verwittert, während der freigesetzte Lehm für die typische rote Farbe des Bodens der Region verantwortlich ist. Der Kies ermöglicht in La Costière den

Weinbau, da er die Wärme des Tages speichern und abgeben kann.

Von der Abtei zum Wein

Ein solches Land kann einfach nicht brach liegenbleiben. So etablierte sich der Weinbau bereits zur Zeit der Griechen und Römer, erlebte aber erst im Mittelalter eine Blütezeit. Nach der Gründung der Abteien von Saint-Gilles und Psalmody im 8. Jahrhundert machten die Benediktiner das Land urbar und pflanzten Weinstöcke an. Sie fanden heraus, welcher Boden guten Wein hervorbringt und welches die besten Kultivierungsmethoden sind. Ihnen ist auch die Einführung der Mourvèdre-Rebe zu danken, die übrigens im Languedoc den Namen »Pflanze von Saint-Gilles« trug. Im 16. Jahrhundert war die Region bereits so bekannt, daß Olivier de Serres ein Loblied auf die Weine von Saint-Gilles sang. In seinem »Théâtre d'agriculture« bezeichnete er sie als »sehr farbintensiv, vollmundig, fest und alkoholreich«.

Gegenwärtig beläuft sich die Produktionsmenge der Appellation auf 200 000 hl Rot- und Roséwein und 4000 hl Weißwein. Für Rot- und Roséwein finden Carignan, Cinsault (reduziert auf 50% Anteil), Grenache

Noir (mindestens 25%), Syrah und Mourvèdre (mindestens 15%) Verwendung. Bei den Weinen gibt es durch den Anbauort bedingte Unterschiede: Die Rotweine aus der südlichen Zone mit meerwärts gerichteten Hängen sind kraftvoll und körperreich, während die Weine aus der nördlichen Region mit gen die Garriguelandschaft von Nîmes gerichteten Hängen geschmeidig, vollmundig und fruchtig sind.

Der Geröllboden von Costières du Gard.

Clairette de Bellegarde

Clairette de Bellegarde, ein trockener Weißwein mit sehr charakteristischem Aroma, entsteht auf den roten Kiesböden zwischen Beaucaire und Saint-Gilles im Südosten von La Costière. Es wurde 1949 als AOC-Wein eingestuft; die jährliche Produktionsmenge überschreitet 3000 hl nicht.

Minervois

»Der herrlichste Ort in unserer Heimat.« Als guter Südfranzose hat der Duc de Lévis-Mirepois bei seiner Beschreibung von Minervois sicher ein wenig übertrieben. Sicherlich aber hatten ihn der Name, dessen Ursprung immer noch im dunkeln liegt, und die Umgebung zu diesem Ausspruch inspiriert. Das Dorf schmiegt sich wie ein schmaler, mit dem kahlen Plateau verbundener Isthmus an das Vorgebirge, wo sich die Ereignisse der Katharer-Epoche abspielten.

Eine dem Mittelmeer zugewandte Landschaft

Der Marktflecken ist nicht nur für Touristen von Interesse. Minervois ist auch die Hauptstadt einer Appellation, die im weiten, an die »schwarzen Berge« geschmiegten Rund liegt. Hier entstehen auf dicht an dicht bis zur Aube hin abfallenden Terrassen 240000 hl Weiß- und Rosé-, vor allem aber Rotwein. Wegen seiner Ausdehnung (an die 60 km Fläche und 61 Gemeinden) kennt das Minervois beachtliche klimatische Unterschiede.

Die Landschaft im Osten, die hauptsächlich aus sanften Kalkhügeln besteht, wird von der 288 m hohen Serre d'Oupia geprägt. Im östlichsten Teil trifft man auf große Kiesterrassen, die die Cesse hier abgelagert hat. In diesem Gebiet herrscht mediterranes Klima vor, geprägt von den feuchten Winden, die im Sommer vom Meer her wehen. Die Rotweine entstehen hauptsächlich aus Carignan-, aber auch aus Grenache- und Mourvèdre-Trauben, während man für Weißweine Bourboulenc und Macabeu verwendet.

Im Gegensatz dazu ist das Klima im Westen der Hügel von Laure-Minervois zwar immer noch mediterran, wird aber auch von atlantischen Einflüssen berührt, die die Nordwestwinde mit sich bringen. Der Boden setzt sich zusammen aus Molassen, zwischen die sich Sandsteinbänke, Puddingstein sowie einige terrassenartige Erhebungen schieben, die der Clamoux und der Orbiel abgelagert haben. In dieser Zone erreicht die Rebsorte Carignan die Grenzen ihrer qualitativen Möglichkeiten.

Zwischen den beiden Zonen liegt das Herz des Minervois, recht gut geschützt vor atlantischen und mediterranen Einflüssen. Hier fallen

La Caunette, im Herzen des Minervois.

weniger Niederschläge, und man trifft einerseits auf weite Kiesterrassen, die von Argent-Double und Ognon abgelagert wurden, andererseits auf die *Mourrels,* eine sehr charakteristische Landschaftsform. Hierbei handelt es sich um felsige Grate, die von gehobenen geologischen Schichten geformt und von einer Bank aus Sandstein oder Puddingstein gekrönt werden. Diese mit Aleppokiefern bewachsenen Erhebungen trennen die leicht gewellten Molasseniederungen, in denen der Wein wächst. Die Landschaft mit ihren Megalithen und alten Kapellen ist dazu angetan, die Phantasie zu beflügeln. Die wichtigste Rebsorte ist hier Carignan, zu der sich auch Grenache (auf Mergelböden), Cinsault (auf Sandstein) sowie Syrah und Mourvèdre gesellen.

An den dem Mittelmeer zugewandten Seiten der »schwarzen Berge« schließlich findet man ein verwittertes Relief mit kies-, hauptsächlich aber kalkhaltigen Böden. Es ist sehr heiß in den tiefer gelegenen Teilen, während das Klima in den höheren

Lagen einen langsameren Reifungsprozeß der Trauben bedingt, so daß sie von den hellen, trockenen Herbsttagen profitieren können. Das kommt besonders dem Muscat-Wein von Saint-Jean-de-Minervois zugute. Das Weinbaugebiet von Minervois ist von Straßen durchzogen, die zu einer Reise einladen. Ein markierter Weg verlockt dazu, die Appellation mit ihren zahlreichen Probierkellern kennenzulernen. Seit einigen Jahren hat man auch den Ehrgeiz, einen rassigen Wein zu produzieren. Das zeigt sich dadurch, daß man ganze Trauben vinifiziert, in den wärmsten Gebieten so edle Rebsorten wie Grenache und Mourvèdre kultiviert und die Carignan-Rebe zunehmend durch die Syrah-Rebe ersetzt. Außerdem hat man eine besonders gravierte

Flasche entwickelt, die den Spitzenweinen vorbehalten bleibt.

Côtes du Cabardès und Côtes de l'Orbiel

Die beiden Gebiete, in denen VDQS-Weine entstehen, schmiegen sich als westliche Verlängerung des Minervois an die »schwarzen Berge«.

Einst war der Cabardès mit seinen an die Felsen gekauerten Schlössern eine trutzige, uneinnehmbare Festung, von der aus die Katharer den in Carcassonne stationierten Truppen Simon de Montforts die Stirn bieten konnten. Heute wahrt die Region auf sehr viel friedlichere Weise ihre Eigenständigkeit. Sie ist eine Art Übergangsgebiet zwischen den vom Mittelmeer bzw. vom Atlantik beeinflußten Gebieten und vereint die dort wachsenden Rebsorten Grenache und Syrah bzw. Cabernet und Merlot. Dazu kommt die je nach Höhe variierende Bodenbeschaffenheit. In einer Höhe von über 400 m trifft man auf Schiefer, in der mittleren Zone auf Kalkplateaus und in den unteren Regionen auf Tonmergel und Sandstein. Die Weine zeichnen sich durch einen ausgeprägten Charakter aus.

Côtes de la Malepère

Die Côtes de la Malepère erstrecken sich im Südwesten von Carcassonne zwischen dem Limouxin und dem Canal de Midi und produzieren VDQS-Weine.

Die Appellation besitzt ein Übergangsklima, das im Zentrum durch das Massif de la Malepère bestimmt wird. Diese Gegebenheiten schaffen ideale Bedingungen für die atlantisch beeinflußten Regionen angepaßten Rebsorten. Im Weinbaugebiet stößt man auf zwei verschiedene Landschaftsformen: In den Randzonen liegen Kiesterrassen aus dem Quartär, während im restlichen Areal die im wesentlichen aus Kalk bestehenden Hügel durch Sand- und Puddinggestein unterbrochen werden. Pro Jahr entstehen hier an die 10000 hl fruchtige und kraftvolle Rot- und Roséweine.

Der Muscat de Saint-Jean-de-Minervois
Das Weinbaugebiet von Saint-Jean-de-Minervois liegt in 200 m Höhe inmitten der Garrigue , der für Südfrankreich typischen Strauchheide mit aromatisch duftenden Pflanzen wie Rosmarin und Lavendel. Wegen der Höhe findet die Weinlese hier drei Wochen später als in den anderen Muscat-Anbaugebieten statt. Das Gebiet besteht ausschließlich aus Kalkböden. Die Weine sind sehr aromatisch und zeichnen sich durch Finesse und eine sehr typische blumige Note aus.

Corbières und Fitou

Corbières

Die »Fünf Söhne von Carcassonne«, Peyrepertus, Puilaures, Quéribus, Termes und Aguilar legen auf ihren Felskämmen Zeugnis dafür ab, daß das Massif des Corbières nicht immer eine friedliche Gegend war. Aber die Zeiten, in denen die Grenze zwischen Frankreich und der Iberischen Halbinsel irgendwo zwischen Narbonne und Perpignan verlief und die Berge Schauplatz der Katharerkämpfe waren, sind lange vorbei. Heute sind die Ruinen der trutzigen Felsburgen nur noch ein Stück Erinnerung, und ihr einziger Feind ist der Wind, der über die Garrigue fegt. Diese bedeckt mit ihren Heide-, Fels- und Bergzonen über 80% des Massivs, und der Wein muß sich mit dem bescheidenen Rest begnügen.

Der Berg Tauch in den Corbières.

Aber er beweist dem Besucher, daß sich wohl kaum eine andere Pflanze besser auf diesem ariden Boden einrichten und dem Menschen, der hier das Winzerhandwerk ausübt, mit mehr Stolz erfüllen könnte. Der Weinbauer kann mit Recht darauf stolz sein, wie er mit den Gegebenheiten eines Landes fertig wird, das wie Mauern jenes fruchtbare Land einschließt, welches früher vom dichten Wurzelgeflecht der Eichenwälder durchzogen war.

Der Mensch muß aber auch mit dem Wind zurechtkommen. Dieser fegt fast 300 Tage des Jahres kräftig über die Garrigue und ist wesentlich mehr als nur eine »Begleiterscheinung«. Er bedingt vielmehr die klimatischen Variationen und schwächt die mediterranen Einflüsse ab. Der Cers aus dem Westen bringt Trockenheit und rauhe Luft, während der Marin feuchte Luft heranbringt, die starke

Château d'Aguilar.

Hitze des Sommers lindert und im Herbst und Frühjahr für kräftige Regenfälle sorgt. Die Isolierung der einzelnen Orte durch das Relief und die extreme Vielfalt der Böden machen eine eindeutige Klassifizierung der Corbières äußerst schwierig. Fest steht jedoch, daß bei der Definierung der einzelnen Weinbaugebiete der Wind eine wichtige Rolle spielt.

Von den Corbières Maritimes zu den Corbières d'Alaric

Die Corbières Maritimes werden durch eine Reihe von Hügeln geprägt, die in Nord-Süd-Richtung verlaufen. Das Gebiet besteht aus Kalkstein und erscheint dank des Klimas als homogene Einheit. Mit manchmal weniger als 400 mm Niederschlägen pro Jahr ist es die regenärmste Region Frankreichs, profitiert aber auch von der Nähe des Meeres, das nicht nur die Temperatur reguliert, sondern auch das Minimum an Feuchtigkeit garantiert, das die Trauben für ihren Reifeprozeß benötigen.

Die Hautes Corbières liegen im Südteil der Appellation und werden von den sie umgebenden Hügeln vor

extremen klimatischen Einflüssen geschützt. In diesem von einer rauhen Topographie geprägten Gebiet wächst der Wein auf steil in kleine Becken abfallenden Hängen, die inmitten von Heide und Garrigue das einzige kultivierbare Land darstellen. Die in der Regel nicht sehr tiefen Tonmergel- und Schieferböden liefern kraftvolle und fleischige Weine, die sich während des Ausbaus noch wesentlich verbessern.

Im Becken des Orbien liegt das zusammenhängende Weinbaugebiet der Corbières Centrales. Es umfaßt Flußterrassen aus dem Quartär sowie zahlreiche teils aus Kalk-, teils aus Sandstein bestehende Hügel, die eine reizvolle, sanft gewellte Landschaft bilden, in der ein Mikroklima mit sehr heißen und trockenen Sommern herrscht.

Im Nordwesten der Appellation erstreckt sich rund um ein Gebirgsmassiv gleichen Namens das Weinbaugebiet der Corbières d'Alaric. Hier erlaubt es das etwas abwechslungs-

reichere Klima, je nach Lage des Hanges, verschieden geartete Weine herzustellen. Während die Piedmontfläche des Südosthangs ein sehr heißes Klima aufweist, werden im westlichen Teil bereits atlantische Einflüsse spürbar.

Wie in den anderen Weinbaugebieten des Languedoc hat auch der Wein der Corbières mit einer Produktionsmenge von 600 000 hl Rot-, Rosé- und Weißweinen von großen Investitionen, technischen Neuerungen und der Verbesserung des Rebenbestandes profitiert. Neben Carignan, dessen Gesamtanteil 1990 auf 60% beschränkt werden soll, kultiviert man Syrah und Mourvèdre. So konnten die Corbières-Weine, die 1985 als AOC-Weine eingestuft wurden, nicht nur ihre Originalität wahren, sondern auch an Finesse, aromatischer Kraft und Vielfalt gewinnen.

Fitou

Das AOC-Gebiet von Fitou gehört zum Weinbaugebiet von Corbières. Es ist das älteste AOC-Gebiet für Rotweine im Languedoc-Roussillon und hat das Recht, die Dessertweine Rivesaltes und den Muscat de Rivesaltes zu produzieren. Der erstaunlichen Dualität der beiden durch ein Kalkplateau getrennten Inseln verdankt das Gebiet auch seine Originalität.

Einerseits liegt, in Fitou selbst, das Weinbaugebiet unmittelbar neben den dicht aneinandergereihten Seebädern. Andererseits wird die zweite, wenige Kilometer westlich gelegene Insel von den schroffen Bergen der Corbières gerahmt. Der in der Nähe des Meeres gelegene Teil des Weinbaugebiets besitzt einen Kalkuntergrund mit wenig tiefen, warmen Kiesböden. Im Gebiet der Hautes Corbières bestehen die Böden, je nach Gemeinde, teils ausschließlich aus Schiefer, teils aus Kalk, Sandstein und Schiefer. In allen Fällen entfalten jedoch Carignan und Grenache, die beiden Hauptrebsorten der Appellation, ihre besten Qualitäten. In Fitou entstehen 80 000 hl fette, körperreiche, tief rubinrote und alterungsfähige Weine. Sie sind innerhalb des Languedoc ein gutes Beispiel dafür, daß sich eine traditionelle Produktion zur gleichen Zeit Marktanteile und einen guten Ruf erwerben kann.

Flaschenetikett

Château de Lastours
Corbières
Appellation Corbières Contrôlée

Mis en bouteille au Château par le C.A.T
producteur/éleveur à Portel (11490)

PRODUCE OF FRANCE   75 cl.e

Limoux

Manche Städte schaffen es einfach nicht, das Beste aus ihrer Umgebung zu machen. Limoux gehört jedoch mit Sicherheit nicht dazu. Seine Menschen verstehen es vielmehr besonders gut, die natürlichen Gegebenheiten des umliegenden tiefgrünen Beckens zu nutzen, das man auch den »Garten der Aube« nennt. Dabei nehmen sie es mit den Grenzen nicht so genau, so daß Stadt und Land zu einer reizvollen Einheit verschmelzen.

Eine Welt für sich

Im Limouxin gehört Lebensfreude einfach zum Lokalkolorit. Selbst im Museum vermitteln stilisierte, skulp-

Tänzer, die sich zu langen Zügen formieren, wissen sehr wohl, daß ihr Fest mehr ist als nur ein folkloristisches Spektakel für die Touristen: Es ist Ausdruck der einzigartigen Originalität des Landes.

Das Limouxin verdankt seine Eigenart der natürlichen Umgebung. Da es zwischen den Ausläufern der Pyrenäen und den Bergen von Malpère und Corbières liegt, wirkt es wie ein riesiger Talkessel, den rundum Hügel von seinen Nachbarn trennen.

Im Herzen dieses Rundes begrenzt die Aude auf einer Nord-Süd-Achse zwei von kurzen Wasserläufen durchschnittene Hänge, die der Region und dem Weinbau ihren Stempel aufgedrückt haben. Bei der Rückkehr ins Tal fallen zwei verschiedene Zonen auf. Nördlich der Linie Castelreng — Magrie — Saint Polycarpe, sind die Berge sanfter und die Gipfel niedriger als 400 m. Im Süden nimmt die Höhe zu, und die Land-

und auf einigen Terrassen, die für natürliche Vegetation ungeeignet sind.

Ein festlicher Wein

Die Eigenständigkeit des Limouxin zeigt sich auch im Wein. Wie alle Schaumweine ist auch der Blanquette ein Wein für Feste. Das Limouxin ist das einzige große Appellationsgebiet des Languedoc, in dem auf 3000 ha Anbaufläche, die sich 41 Gemeinden teilen, ausschließlich Weißwein hergestellt wird.

Eine gute Verteilung der Niederschläge und eine regelmäßige Wasserversorgung unterscheiden das Limouxin von seinen Nachbarn. Die Region setzt sich aber auch dadurch ab, daß man die Rebsorten an die natürlichen Gegebenheiten anpaßte und so ein im Languedoc einmaliges »Dreigestirn« schuf, da keine für den

eine feinfühlige Pflege. Im Gegensatz dazu ist die Chardonnay-Rebe frühreifend. Sie macht den Wein mild, fett und stattlich und verleiht ihm ein markantes Aroma.

Das Lesegut wird in kleinen Kisten mit ganzen Trauben zur Presse transportiert. Nach der Vorklärung bleiben von 160 kg Trauben an die 100 l Most, der dann bei niedriger Temperatur zwei bis drei Wochen gärt. Nach der Klärung wird der Wein von einem Önologen für die Herstellung der Cuvée ausgewählt. Nach dem Zufügen des Tirage-Likörs muß der Wein erneut mindestens neun Monate in Flaschen gären, die auf sogenannten Rüttelgestellen liegen. So entwickelt sich nach der klassischen Champagner-Methode der Schaum. Es folgen das Rütteln und Degorgieren (Entfernen des Hefedepots). Schließlich wandert die Blanquette-Flasche nach der Dosage erneut in den Keller, wo sie in Ruhe

tierte oder gemalte Blumen und Früchte, die direkt aus den verzauberten und geheimnisvollen Gärten der Kunst der Belle Epoque zu stammen scheinen, einen Hauch von Feststimmung.

Die Kunst zu feiern nimmt auch jedes Jahr Gestalt an, wenn am Mardi Gras die ganze Stadt den »Carnaval des Fecos« (ein Maskenfest) feiert. Dieser geht zurück auf die Zeit, als die Müller die schmalen Straßen der Stadt entlanglaufen und Körner verstreuen mußten, damit jedermann an ihrem Reichtum teilhaben konnte. Heute gibt es diese Müller zwar nicht mehr, aber die fröhlichen maskierten

schaft wird rauher. Hinter diesen Gegensätzen und der komplexen Geologie zeichnet sich jedoch eine Einheitlichkeit der Böden ab. Sie bestehen hauptsächlich aus Sandstein, mehr oder weniger kompakten Kalkschichten und Mergel. Durch den Wechsel von harten Schichten und brüchigem Mergelton und -kalk entsteht ein typisches Stufenrelief.

In einem Gebiet, in dem verschiedene klimatische Einflüsse (mediterran, atlantisch oder von den Pyrenäen geprägt) aufeinandertreffen, ja aufeinanderprallen, ist die Lage von entscheidender Bedeutung. Deshalb wächst hier der Wein auf Südhängen

Blanquette verwendete Traubensorte in den anderen Weinbaugebieten des Mittelmeerraums vorkommt. Die Rebe mit der längsten Tradition ist Mauzac. Ihr verdankt der Blanquette auch seinen Namen, der sich von den weißlichen Flaumhaaren auf der Unterseite der Blätter dieser Sorte herleitet. Mit 70% Mindestanteil ist sie auch die Grundrebsorte der Appellation. Sie besitzt ein beachtliches aromatisches Potential und verleiht dem Wein den Duft von Äpfeln. Außerdem ist sie ebenso spätreifend wie die Chenin-Rebe. Diese liefert die nötige Fruchtigkeit und Säure, verlangt aber, da sie sehr sensibel ist,

Links: Flaschenabfüllung der Blanquette de Limoux. Rechts: Limoux.

altern kann, bevor sie sich unter die 7,5 Millionen einreiht, die alljährlich entkorkt werden.

Im Limouxin werden auch 900 hl eines trockenen AOC-Weißweins erzeugt. Dennoch verdankt das Gebiet seinen ausgezeichneten Ruf ausschließlich zwei Weinen, dem Blanquette de Limoux und dem alten Blanquette. Bei letzterem entwickelt sich der Schaum bereits am Ende der ersten Gärung in der Flasche; er wird nur in sehr geringen Mengen hergestellt.

Roussillon

Das Roussillon hat die Form eines bergigen Amphitheaters, das im Norden von den furchterregenden Mauern des Forts von Salses begrenzt wird, und müßte demnach eigentlich ein abweisendes, nüchternes Land sein. Aber die Natur, die das »Katalonien Frankreichs« an den südlichsten Punkt des wie ein Sechseck aussehenden Landes stellte, und die Menschen, die sich hier dem Obstanbau verschrieben haben oder das Winzerhandwerk ausüben, trotzen ihm auch ein Lächeln ab. Um zu verstehen, was Louis Camo meinte, als er sagte, daß das Land in Wahrheit eine kultivierte und friedliche Seele habe, muß man im Frühling die zartrosa Pfirsichblüten gesehen haben und die Weinstöcke betrachten, die um das Fort de Salses herum wachsen.

Der Wein findet hier geradezu ideale Bedingungen vor. Da sind einmal die an organischen Stoffen armen, aber an Farbe und geologischer Vielfalt reichen Böden, bei denen sich Kies mit rotem Lehm mischt und so eine hervorragende Unterlage ergibt. Und da ist das trockene, sonnenreiche Klima, dessen Vorzüge vom Tramontagne, dem vorherrschenden Nordwestwind, noch verstärkt werden und das wie geschaffen ist für die Erzeugung von Dessertweinen. So erstaunt es auch nicht, daß diese VDN-Weine der Stolz des Weinbaugebiets von Roussillon sind und hier so edle Tropfen wie Banyuls, Rivesaltes, Maury und Muscat de Rivesaltes entstehen. Das reiche Land, dessen Weinbaugebiet 56 000 ha umfaßt, gibt sich jedoch keineswegs mit diesen Spezialitäten zufrieden. Hier werden auch Weiß-, Rot- und Rosé-

weine der Appellation Côtes du Roussillon und Rotweine der Appellation Côtes-du-Roussillon-Villages erzeugt.

Ein dem Menschen nicht freundlich gesonnenes Weinbaugebiet

Das Weinbaugebiet der Côte Vermeille erstreckt sich längs der Mittelmeerküste zwischen den Hafenstädten Banyuls und Collioure und ist ohne Zweifel ein Kuriosum. Man muß es von der Küstenstraße aus entdecken, die von Argelès-sur-Mer nach Cerbère führt. Entlang einer äußerst kurvenreichen Strecke entdeckt man den Zauber von Collioure, Stadt der mallorquinischen Könige und einer der malerischsten Häfen des gesamten Mittelmeer-

raums, dessen Glockenturm viele Maler unsterblich gemacht haben. Außerdem liegen hier Port-Vendres und Banyuls, die Geburtsstadt von Maillol.

Für viele ist die Côte Vermeille gleichbedeutend mit Ferien und Freizeit. Für die Weinbauern ist sie jedoch ein Land, das man der Natur mit Gewalt abgerungen hat. Würde sie überhaupt existieren, wenn nicht die korinthischen Seefahrer ihre Schiffe in den geschützten Buchten der felsigen Küste festgemacht hätten? Und gäbe es sie überhaupt, wenn nicht die Menschen nach jedem Unwetter beharrlich die Steine wieder aufschütteten, die die Terrassen stützen, auf denen der Wein wächst? Der nackte Fels hat die Farbe von verbranntem Schiefer und trägt nur fast abgestorbene Baumstümpfe, deren Wurzeln manchmal die niederen Mauern durchbrechen.

Hauptrebsorte ist hier die robuste Grenache-Noir-Rebe, die besonders gut mit dem trockenen Klima zurechtkommt und deren sehr zuckerreiche Trauben weniger als 20 hl Wein pro Hektar ergeben. Der Wein wächst auf einer Fläche von 2000 ha in den Binnentälern, in denen der Einfluß des Seeklimas spürbar wird, und im Gebirge bis zu einer Höhe von etwa 400 m. Im Roussillon hat sich bereits seit dem Mittelalter ein sehr gut funktionierendes Drainagesystem entwickelt. So ist das Weinbaugebiet von einem raffiniert angelegten Kanalsystem durchzogen, das eine rasche Ableitung des Regenwassers erlaubt. Erwähnt muß auch werden, daß das Klima von Banyuls von Gegensätzen geprägt ist. Hier gibt es immer wieder verheerende Gewitter, die besonders nach der langen sommerlichen Trockenzeit große Schäden anrichten können.

Das auf Terrassen angelegte Weinbaugebiet bietet zwar einen schönen Anblick, ist aber nicht leicht zu bewirtschaften. Man sieht hier keinen einzigen Traktor. Immer noch tragen mit alten Holzbütten beladene Maultiere das Lesegut zum Keller, und der Winzer bearbeitet den Boden und die Rebstöcke immer noch mit der Hand. Der Mensch, der sich selbst härtesten Arbeitsbedingungen unterwirft, schont auch den Wein nicht. Besonders die körperreichen Weine werden in Korb- oder Glasballons während des Ausbaus schonungslos Sonne, Regen, dem Wechsel von Tag und Nacht und den jahreszeitlich bedingten Einflüssen ausgesetzt. Der Wein findet in der Tat ideale Bedingungen für seine Entwicklung vor. Diese ähneln denen, die auch die

Château de Salses.
Oben: Die Hügel von Banyuls und ihr Drainagesystem.

Einige natürliche Süßweine altern in Fässern an der Sonne und entwickeln so ihr typisches Aroma.

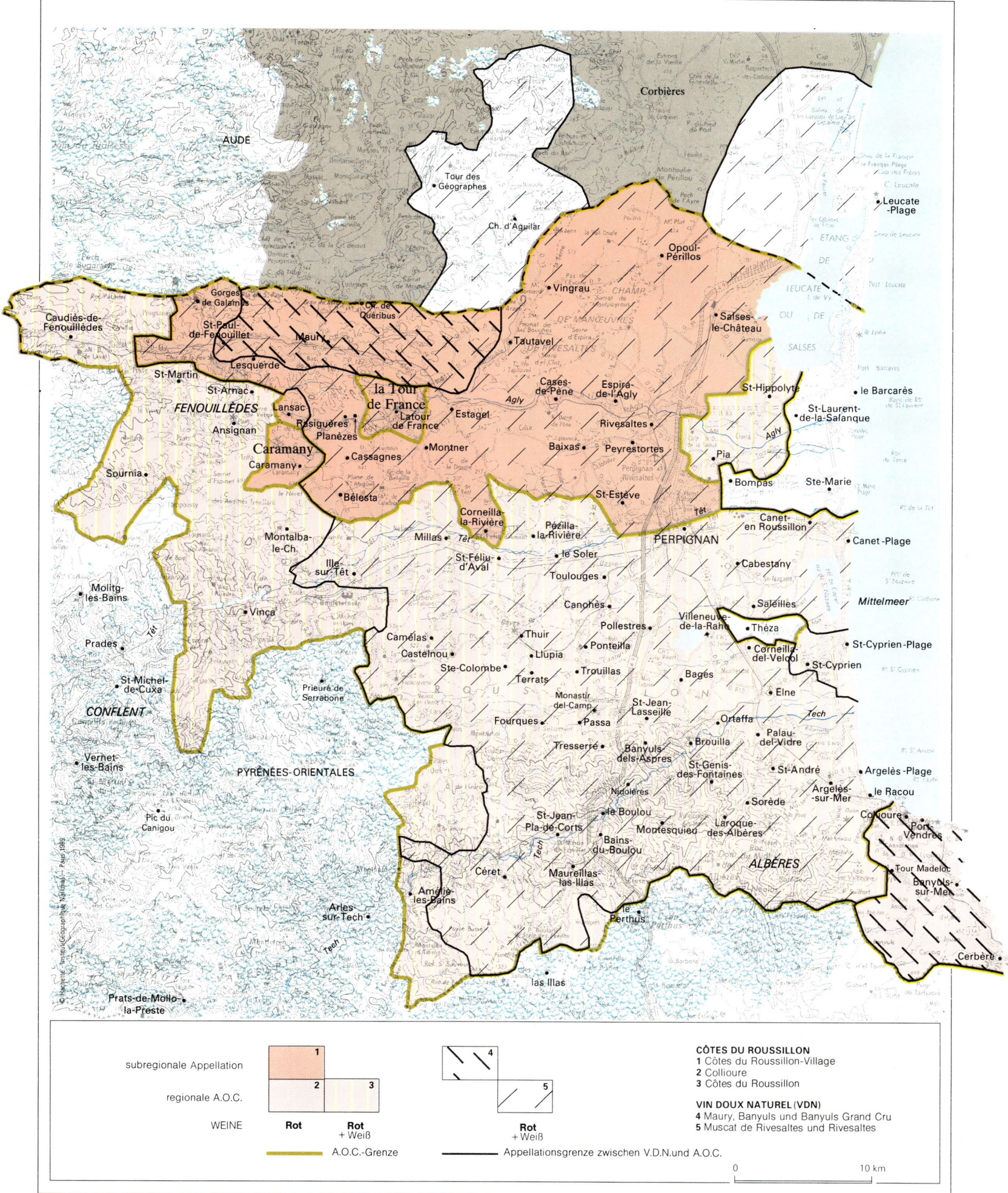

AUDE

Corbières

Tour des Géographes

Ch. d'Aguilar

Leucate -Plage

Opoul- Périllos

ETANG

Gorges de Galamus

Vingrau

CHAMP

DE

Caudiés-de- Fenouillèdes

St-Paul- de-Fenouillet

Cr. de Quéribus

Maury

Salses- le-Château

LEUCATE

Tautavel

DE MANŒUVRES

OU DE

St-Martin

Lesquerde

Cases- de-Pène

Espira- de-l'Agly

SALSES

St-Arnac

la Tour de France

St-Hippolyte

le Barcarès

FENOUILLÈDES

Lansac

Rasiguères Planèzes

Latour de France

Estagel

Rivesaltes

St-Laurent- de-la-Salanque

Ansignan

Caramany

Cassagnes

Montner

Baixas

Peyrestortes

Pia

Agly

Sournia

Caramany

Bélesta

St-Estève

Bompas

Ste-Marie

Corneilla- la-Rivière

Pézilla- la-Rivière

PERPIGNAN

Canet- en-Roussillon

Montalba- le-Ch.

Millas

Tét

St-Féliu- d'Aval

le Soler

Canet -Plage

Molitg- les-Bains

Ille- sur-Têt

Toulouges

Cabestany

Mittelmeer

Vinça

Canohès

Saleilles

Prades

Camélas

Thuir

Pollestres

Villeneuve- de-la-Rahó

Théza

St-Cyprien -Plage

St-Michel- de-Cuxa

Castelnou

Llupia

Ponteilla

Corneilla- del-Verol

St-Cyprien

CONFLENT

Ste-Colombe

Trouillas

Bages

Elne

Terrats

Monastir del-Camp

St-Jean- Lasseille

Vernet- les-Bains

Fourques

Passa

Ortaffa

Tech

PYRÉNÉES-ORIENTALES

Tresserré

Banyuls dels-Aspres

Brouilla

Palau- del-Vidre

Argelès -Plage

Pic du Canigou

Nidolères

St-Genis- des-Fontaines

St-André

Argelès- sur-Mer

le Racou

St-Jean- Pla-de-Corts

le Boulou

Montesquieu

Laroque- des-Albères

Collioure

Port Vendres

Bains- du-Boulou

ALBÈRES

Tour Madeloc

Maureillas- las-Illas

Banyuls- sur-Mer

Céret

Amélie- les-Bains

le Perthus

Arles- sur-Tech

Cerbère

las Illas

Prats-de-Mollo- la-Preste

subregionale Appellation | 1

regionale A.O.C. | 2 | 3

WEINE | **Rot** | **Rot** + Weiß

4

5

Rot + Weiß

A.O.C.-Grenze

Appellationsgrenze zwischen V.D.N.und A.O.C.

CÔTES DU ROUSSILLON
1 Côtes du Roussillon-Village
2 Collioure
3 Côtes du Roussillon

VIN DOUX NATUREL (VDN)
4 Maury, Banyuls und Banyuls Grand Cru
5 Muscat de Rivesaltes und Rivesaltes

0   10 km

»spanische Weine« genannten Weine von Collioure vorfanden, als sie vor dem Pyrenäenvertrag von 1659, als das Roussillon noch spanisch war, per Schiff zu den glanzvollsten Häfen Europas transportiert wurden. In der Appellation Banyuls Grand Cru müssen die Weine mindestens 30 Monate im Holzfaß reifen. Die Banyuls-Weine sind in der Tat sehr widerstandsfähig gegen den Zahn der Zeit. In ihrer Jugend besitzen sie eine rubinrote Farbe, die im Verlauf des Alterungsprozesses zu Mahagonibraun und Orangerot wird. Ihr Buket erinnert an gekochte Früchte, Kaffee und Backpflaumen. Als Appellation Collioure stellen die Winzer von Banyuls auch eine geringe Menge trockener Weine her. Grundrebsorte ist die Grenache-Rebe, zu der noch Carignan, Syrah und Mourvèdre kommen. Das Ergebnis sind körperreiche Rotweine voll Feuer und Temperament.

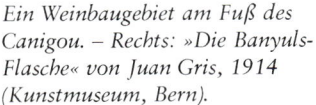

Ein Weinbaugebiet am Fuß des Canigou. – Rechts: »Die Banyuls-Flasche« von Juan Gris, 1914 (Kunstmuseum, Bern).

Aspre

Zwischen der Albères-Kette und Perpignan blickt der Canigou auf eine rauhe Landschaft mit zahlreichen romanischen Kapellen, in der sich der Wein von Hügel zu Hügel zieht und mit Steineichen und, auf den etwas feuchteren Böden, mit einigen Korkeichen vermischt. Im Herzen von Aspre liegt das reizvolle mittelalterliche Dorf Castelnou und öffnet Thuir dem Besucher seine Keller, die einst den Weinbau der ganzen Region prägten.

Hier teilen sich die Côtes-du-Roussillon-Weine den Platz mit einigen Rivesaltes- und Muscat-de-Rivesaltes-Weinen. Die erstgenannten entstehen auf kieshaltigen Tonböden, unter denen eine Schicht aus dem Pliozän liegt, die das Massiv von Canigou formte. Diese Böden sind oft stark ausgelaugt und kalkarm und haben sauren Charakter. Die Rivesaltes- und Muscat-de-Rivesaltes-Weine kommen von einigen wenigen Terrassen, die kleine Flüsse wie Canterrane, Réart und Tech aufgeschüttet haben und die als VDN-Gebiet eingestuft sind. In Mas Dieu nahe Trouillas ließen sich im 7. Jahrhundert die Tempelritter nieder und bepflanzten erneut einen Weinberg, den die West-

goten und Sarazenen zerstört hatten. Einige Anbaugebiete liegen auch auf den Piemontflächen der Albères, dem östlichen Teil der Pyrenäenkette. Hier befindet sich auch der Col du Perthus, den einst Hannibal mit seinen Elefanten überquerte und so berühmt machte.

Die Côtes-du-Roussillon-Weine werden heute aus mindestens drei Traubensorten hergestellt, Carignan, die alte aus Katalonien stammende Rebsorte mit einem kräftigen Stamm, verleiht ihm das Gerüst. Von der Grenache-Traube erhält er Feuer, Fruchtigkeit und Fett. Die zartduftende Syrah-Traube schließlich gibt ihm einen leichten Hauch von Kirsch- und Irisaroma. Alle diese Rebsorten werden, mit Ausnahme der Syrah-Rebe, im Gobelet-Schnitt erzogen und, da kleine Stöcke dem Wind wesentlich besser standhalten, auf zwei Augen zurückgeschnitten.

Die Grenache-Blanc-Trauben sind für die Rivesaltes-Weine reserviert. Im Weinbaugebiet von Aspre trifft man außerdem auf einige Macabeu-Reben, die ebenfalls aus Katalonien kommen und weiche, behaarte Blätter haben. Im trockenen Anbaugebiet von Terrat stellt man aus ihnen Rivesaltes-Weine her, die nach Ginster und Garrigue-Honig duften. Auf den kühleren Böden in Bages liefern sie dagegen »grüne« Weißweine, deren Fruchtigkeit und Frische

besonders gut zur Geltung kommt, wenn man sie jung trinkt.

Im Herzen des Crest – Rivesaltes

Am Fuß des Canigou liegt das »Crest«, ein riesiges Plateau aus Geröll, das sanft zur Küste hin abfällt. Hier entstehen oft Süßweine. Im Zentrum liegt Rivesaltes, Geburtsstadt des Marschalls Joffre und Weinhauptstadt der Region. Nach ihr ist eine VDN-Appellation benannt, die früher auf das Gebiet von Rivesaltes beschränkt war, heute aber einen ansehnlichen Teil des Weinbaugebiets des Roussillon einnimmt und auf neun Gemeinden im Departement Aude übergreift. Für die Weine finden die Rebsorten Macabeu, Grenache Blanc und Grenache Rouge sowie die auf den be-

Collioure.

sonders intensiv von der Sonne beschienenen Böden angebauten Malvoisie-Trauben Verwendung. Die Weine sind likörig, nervig, fett und lieblich zugleich und besitzen ein einzigartiges Buket, das keinen der wenigen Glücklichen, die sie probieren dürfen, kaltläßt.

In diesem Tal von Rivesaltes wurden erstmals auch die Muscat-Reben angebaut, die später zur Entstehung der Appellation Muscat de Rivesaltes führten und heute im ganzen Roussillon verbreitet sind. Zugelassen sind zwei Sorten: die Muscat-Traube mit kleinen Beeren, die von den Griechen hierher gebracht wurde und sich durch ein feines und delikates Aroma auszeichnet, und die Muscat d'Alexandrie oder Muscat-Romain, die später hierher kam. Die Muscat-Rebe ist spätreifend, hat ein intensives Aroma und verlangt sehr warme

---

Banyuls und Collioure, zwei dem Meer zugetane Weinbaugebiete
Die Weinberge von Banyuls und Collioure entstanden nicht zufällig in der unmittelbaren Nähe zweier Hafenstädte. Sie wurden von den Bewohnern von Massilia (Marseille) gegründet und waren schon immer zum Meer hin orientiert. In der Antike wurde der Wein in bauchigen Amphoren exportiert, die man auch »Marseiller« nannte. Im Mittelalter verschiffte das Roussillon seine Weine auf die Balearen, nach Sardinien, in die Levante (Naher Osten), nach Byzanz, Nordafrika und, natürlich, nach Flandern und England.

Böden. Man kann sie in Frankreich nur im Roussillon kultivieren; die schönen, von der Sonne golden gefärbten Trauben sind für Jäger wie Winzer gleichermaßen ein Genuß.

Auf dem Weg ins Land der Katharer – das Tal des Agly

Das Tal des Agly reicht von Rivesaltes bis Fenouillèdes, das vor der Französischen Revolution zum Languedoc gehörte, und wird ausschließlich für den Weinbau genutzt. Das Gebiet, in dem Dessertweine entstehen, hieß früher Côtes d'Agly. Heute gehört es zur Appellation Rivesaltes, produzierte aber auch Côtes-du-Roussillon-Villages-Weine. Die ziemlich alkoholreichen (mindestens 12° und oft körperreichen Rotweine können problemlos einige Jahre gelagert werden. Der Wein wächst inmitten von Felsen und sehr trockener Garrigue und profitiert von der Komplexität der geologischen Strukturen der Region. So kann er vielfältige Qualitäten entfalten.

In den Niederungen des Agly-Tales trifft man auf ein Relief aus gestaffelten Terrassen, die mit Kies des Villafranciums bedeckt sind und auf einem Untergrund aus Schlick und Ton aus dem Pliozän liegen. All diese

Petits Grains wohl fühlt und sehr aromatische Weine liefert. Es ist erstaunlich und beruhigend zugleich, daß es den Weinbauern aus Griechenland und Rom gelang, diese Rebsorten an die hiesigen Boden- und Klimabedingungen anzupassen, und daß auch modernste Forschungen keine wesentlichen neueren Erkenntnisse bringen konnten.

In den mittleren Lagen des Agly-Tales dient das Muttergestein oft als Unterlage für ein ganzes Mosaik von Bodentypen: Schiefer in Montner und Rasiguères, Gneis in Caramany, Granitareale und Kalk in Toutavel usw.

Jeder Bodentyp liefert, selbst innerhalb einer einzigen Gemeinde, immer auch einen anderen Wein. So haben die verschiedenen Kellereien dank einer dieser Tatsache Rechnung tragenden Auswahl, auch verschiedene Spezialcuvées. Rasiguères ist auch bekannt für seinen Côtes-du-Roussillon-Rosé, der ausschließlich durch Abstich der Rotweinmaische hergestellt wird. Caramany und Latour-de-France können als einzige Gemeinden ihren Namen mit der Appellation Côtes-du-Roussillon-Villages verbinden.

Die Hänge von Latour-de-France werden von der Sonne besonders verwöhnt und sind mit sehr alten Rebstöcken bewachsen, die einen äußerst

Die Dessertweine

Sie sind die Spezialität des Roussillon und machen 90% der französischen Produktionsmenge aus. Das liegt an den Boden- und Klimabedingungen, die besonders zuckerreiche Trauben heranreifen lassen. Um für einen VDN-Wein verwendet zu werden, muß der Most 252 g Zucker pro Liter und 14° potentiellen Alkohol enthalten. Im Roussillon wurden schon immer mehr oder weniger süße Dessertweine hergestellt. Bereits im 8. Jahrhundert mischte Arnau de Villanuova, ein katalanischer Wissenschaftler, Traubenzucker mit Weingeist, also Alkohol. Die Gärungsunterbrechung begann sich durchzusetzen. Sie wird heute von der Appellation festgelegt, die ihren Eingriff in den Gärungsprozeß durch den Zusatz von 5 – 10% Most vornimmt. Die Unterschiede der einzelnen Dessertweine hängen von der verwendeten Rebsorte ab. Die bernsteinfarbenen VDN-Weine entstehen aus Grenache-Blanc, Grenache-Gris, Macabeu und Malvoisie du Roussillon, die roten oder orangefarbenen aus Grenache-Noir. Farbe und Aroma ändern sich im Lauf der Alterung, die oft im Faß erfolgt, und endet mit dem Rancio, dem letzten Stadium des Ausbaus. Die Muscat-Weine von Rivesaltes, die aus Muscat-Trauben mit kleinen Beeren und Muscat d'Alexandrie entstehen, werden jedoch jung getrunken.

Der Rancio

Der traditionelle Ausbau der VDN-Weine in Fässern erfolgt ohne Nachfüllen unter verschiedenen klimatischen Bedingungen und liefert am Ende der Reifezeit ein ganz besonderes Produkt, den Rancio. Der ursprünglich weiße Wein wird bernsteinfarben, später amberfarben, während der Rotwein seine Farbe verliert und einen Orangeton annimmt, der später bernsteinfarben wird. Am Ende einer mindestens acht bis zehn Jahre dauernden Entwicklung haben Weiß- und Rotwein den gleichen Amberton mit einigen charakteristischen grünen Reflexen.

Das Aroma des Rancio erinnert an getrocknete Früchte und Nüsse. Jeder Winzer hat »sein Faß« Rancio und hütet es wie seinen Augapfel. Ähnlich wie die Winzer in Südspanien, wo »la solera« praktiziert wird: Jedesmal, wenn der Weinbauer etwas Wein aus seinem Faß nimmt, ersetzt er den Verlust durch die Zugabe einer geringen Menge jüngeren Weins...

Terrassen sind als VDN- und Côtes-du-Roussillon-Villages-Gebiet eingestuft. Aus dem ziemlich geringen Ertrag entstehen alkoholreiche, sehr kräftig gebaute Weine. Zwischen zwei Etagen dieser Terrassen tritt der darunterliegende Schutt in der Regel am Hang zutage und bietet so tiefere Böden an. So finden die Wurzeln der Macabeu-Rebe etwas Kühlung. Die Böden eignen sich auch für den Anbau der für die Côtes-du-Roussillon-Weine verwendeten Syrah- und Mourvèdre-Reben. Am Rand der Terrassen treten bei Calce, Baixas und Espira für die Mittelmeerlandschaft typische rote, mehr oder weniger kalkhaltige Böden auf, auf denen sich die Rebsorte Muscat à

lagerfähigen Wein liefern. In Caramany wächst die Carignan-Traube auf Gneisboden und wird traditionell durch Kohlensäuremaischung vinifiziert. So entsteht ein geschmeidiger, fruchtiger, sehr aromatischer Wein, der, je nach Art der Cuvée, mehr oder weniger an Gewürze erinnert.

Die Kohlensäuremaischung, durch die die Carignan-Traube ihre ganze Feinheit entfalten kann, wird seit der Schaffung der Appellation Côtes du Roussillon bevorzugt und weiterentwickelt. Deshalb sieht man in dieser Region auch viele Winzer, die das Lesegut vorsichtig ganz und unversehrt in Bütten transportieren. Diese Technik erlaubt es auch, je nach Gärdauer, »Vins nouveaux« und Pri-

meurweine herzustellen, die dann auch unter den ersten sind, die in Frankreich jährlich auf den Markt kommen.

Heute kultivieren die Weinbauern in diesem Gebiet vorwiegend Syrah- und Mourvèdre-Reben für Rotweine. Letztere Sorte wird vor allem auf den wärmsten Böden in den Niederungen des Tales angebaut, da in größeren Höhen nur noch die Syrah-Traube reift.

Ein Ort verdient besondere Erwähnung: Tautavel. Hier, in der Caune de l'Arago, entdeckte man die Überreste der ältesten Siedlungen Frankreichs: Den ungefähr 500 000 Jahre alten Schädel eines *Homo erectus* und Spuren menschlicher Niederlassungen, die vor rund 1,2 Millionen Jahren im Gebiet von Tautavel angelegt wurden.

Tautavel ist aber auch ein von hohen Klippen umschlossenes Weinbaugebiet, dessen überreife Trauben einen VDN-Wein liefern, der ebenso lagerfähig ist wie die Côtes-du-Roussillon-Villages-Weine.

An der Grenze zum Languedoc – Fenouillèdes und Maury

Fenouillèdes, einst vergessene Landschaft an den Grenzen des Languedoc, besteht aus Hügeln, wo sich der Wein oft am nackten Fels festklammert und keine guten Böden vorfindet. In Montalba, das vor dem Abschluß des Pyrenäenvertrages Grenzposten zwischen Frankreich und Spanien war, erzählt ein Museum von der langen Weinbautradition. Die Landschaft, in der Steineichen immer häufiger an die Stelle der Garrigue treten, und das dank der Höhe kühle Klima machen Fenouillèdes zu einem eigenständigen Gebiet. In der Gegend von Saint-Martin liefert die Macabeu-Traube ausgezeichnete Weißweine; außer-

Alterung des Süßweins in Glasballons auf dem Gut Amiel in Maury.

dem entstehen hier in diesem Anbaugebiet Rotweine von besonderer aromatischer Finesse, die jung am besten schmecken. Die legendäre Katharerzitadelle von Quéribus überragt wie ein Fingerhut das Anbaugebiet von Maury. Es besteht aus mehr oder weniger zerklüftetem Schiefer und unterscheidet sich von den anderen Grenzgebieten zwischen Languedoc und Roussillon. Hier produziert man in der Appellation Maury fast ausschließlich aus der Grenache-Noir-Traube Dessertweine (Vins Doux Naturels VDN), die sehr lange lagerfähig sind.

Die alten Maury-Weine zeichnen sich durch ihre rubinrote oder mahagonibraune Farbe und ihr interessantes Bukett aus, in dem sich rote Trockenfrüchte, Kakao- und Kaffeenuancen mischen.

Südwestfrankreich

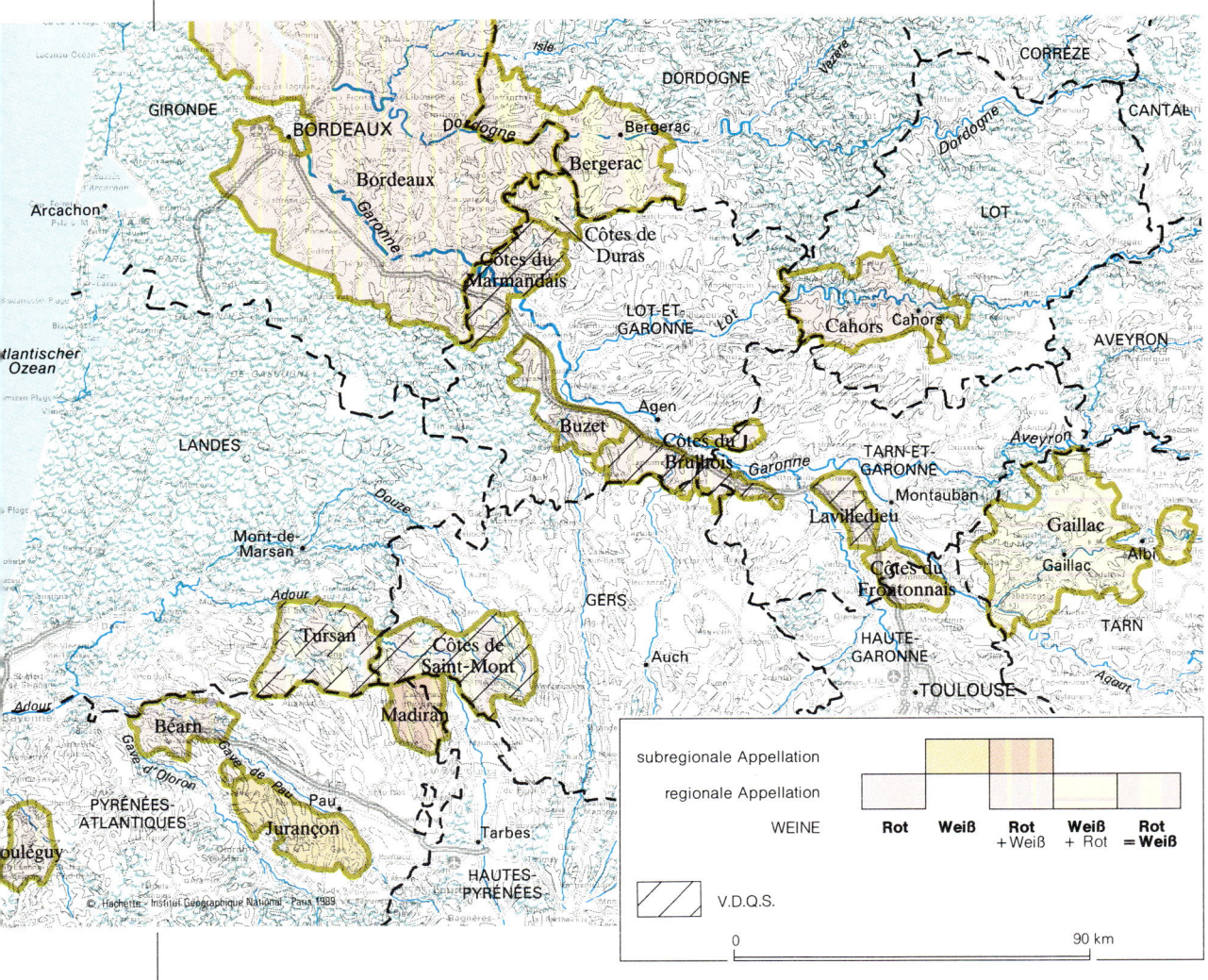

subregionale Appellation
regionale Appellation

| WEINE | **Rot** | **Weiß** | **Rot + Weiß** | **Weiß + Rot** | **Rot = Weiß** |

V.D.Q.S.

0   90 km

sischen Revolution erlosch, sollten die Weine aus dem Hinterland auf die Kontinentalsperre stoßen. Die Weinbaugebiete in Südwestfrankreich hatten noch immer keinen echten Aufschwung nehmen können, da fiel die Reblaus über sie her und zerstörte ihre Rebflächen. Das Ergebnis sind verstreut liegende, winzige Rebinseln, die man in zwei Gruppen einteilen kann: die einen rund um die Garonne und ihre Nebenflüsse, die anderen am Fuße der Pyrenäen.

Das Hinterland an den Ufern der Garonne und ihrer großen schiffbaren Nebenflüsse, Tarn, Lot und Dordogne, war abwechselnd Vasall und Konkurrent von Bordeaux.

Das Weinbaugebiet der Pyrenäen hingegen, das aufgesplittert zwischen Adour und Gebirge liegt, hatte als historischen Hafen Bayonne, wo die Schiffe nach Holland mit seinem großen Handelsmarkt und später nach Nordamerika ausliefen. Von seinen Hängen aus kann man die schneebedeckten Gipfel der Bergkette sehen, die die Grenze zu Spanien bildet. Ähnliche Rebsorten auf beiden Seiten bezeugen Wechselwir-

Unten links: Château de Montaigne und Tour des Essais.
Das Winzerkreuz, das Wahrzeichen der AOC Marcillac (Kirche Saint-Austremoine).

Die südwestfranzösischen Weinbaugebiete, die von der Verwaltung merkwürdigerweise unter einer gemeinsamen Bezeichnung zusammengefaßt worden sind, haben alle ihren eigenen Charakter; dieser kann baskisch sein (wie in Irouléguy), *cadurcien* (in Cahors), *béarnais* (in Juran-

çon) oder *périgourdin* (in Bergerac). Als Spiegelbild der Landschaften und Mundarten bilden auch die Anbaugebiete ein komplexes, zierliches Mosaik; das Gefühl einer Einheit hat sich erst im Laufe der Jahrhunderte durch den nie endenden Handelskrieg mit dem mächtigen, etwas protektionistischen Nachbarn Bordeaux verstärkt.

Aufgrund seiner geographischen Lage besaß Bordeaux eine starke Position; es konnte die Schiffahrt auf der Garonne abriegeln und war zugleich Verladehafen für die Güter, die in die angelsächsischen Länder verschifft wurden. Es genoß daher zahlreiche Privilegien, die ihm von der Dynastie der Plantagenets zugestanden worden waren und von seinen Jurati verteidigt wurden. Die französische Monarchie wagte es nicht, diese Vorrechte nach dem Hundertjährigen Krieg wieder aufzuheben. Bordeaux erhielt vor allem die Garantie, daß kein fremder Wein in den Hafen von La Lune gelangen durfte, ehe nicht die

gesamte Ernte an Bordeaux-Weinen verkauft war. Die Weine aus dem »Hinterland« mußten somit auf ihren Lastkähnen manchmal bis Weihnachten auf den guten Willen der Seneschall-Gerichte warten und endeten dann sehr oft in einem obskuren Verschnitt mit einem schwächlichen Wein aus dem Bordelais.

Ein hart errungenes Ansehen

Als die Religionskriege ausbrachen, fanden die Weine aus Südwestfrankreich paradoxerweise schließlich doch noch ihre Werbeagenten: All diejenigen Franzosen, die durch Armut und Intoleranz aus ihrer Heimat vertrieben wurden, machten es sich zur Aufgabe, das Ansehen der gascognischen Erzeugnisse in ganz Europa und später sogar in Übersee zu verbreiten. Aber die mißliche Lage besserte sich nicht, denn als das Privileg von Bordeaux mit der Franzö-

kungen *tras los montes* (über die Berge hinweg).

Die Winzer dieser Region, die so sehr an ihrem Partikularismus hängen, sind unbeugsame Individualisten; sie haben es verstanden, ihre heimischen Rebsorten, echte Raritäten, zu erhalten: Manseng, Tannat, Baroque, Arrufiat, Mauzac, Duras, Auxerrois, Mansoi, Négrette und Folle Noire haben die Zeiten überdauert und bieten heute ein sehr breites Spektrum. Ebenso wie ihre Erzeuger konnten sie alle eine unverfälschte eigene Note bewahren.

Garonne

Von Toulouse bis zu den Grenzen der Gironde entstanden überall an den Ufern der Garonne wichtige Weinbauzentren. Die Weine wurden auf dem Wasserweg befördert und entwickelten sich so zum flüssigen Gold sowohl für die Winzer wie auch für die Schiffer. Alle Anbaugebiete, gleichgültig, ob sie auf Terrassen oder auf Hügeln liegen, weisen die gleichen Böden und klimatischen Bedingungen auf. In den Rebsorten jedoch unterscheiden sie sich; auf den Terrassen wächst die Négrette-Rebe, während die hügeligen Anbaugebiete die Bordeaux-Rebsorten bevorzugen.

Côtes du Frontonnais

Drei große Terrassen fallen zum Tarn hin ab. Die Böden sind zwar extrem arm (Sand, Kies und tonhaltiger Schlamm), aber dennoch befindet sich hier das bevorzugte Anbaugebiet für die sehr zarte, feine Négrette-Traube. Man hat alles in die Wege geleitet, um zwei alte VDQS-Appellationen (Fronton und Villauric) zu vereinen und daraus eine einzige AOC zu bilden, die aufgrund ihrer Bodenvielfalt und der zahlreichen Rebsorten, die hier zusätzlich angebaut werden (darunter Cabernet-Sauvignon, Cabernet-Franc, Gamay und Syrah), Weine mit ganz eigenem Charakter hervorzubringen vermag. Die Côtes du Frontonnais umfassen Roséweine, die aromatisch und fruchtig sind, und Rotweine, die je nach Bodenart und Rebsorte mild und leicht oder kräftiger und körperreicher ausfallen.

Lavilledieu

Das VDQS-Anbaugebiet von Lavilledieu, dem alten Feldlager Cäsars, ist eine Verlängerung des Frontonnais; es erstreckt sich auf die Terrassen zwischen Tarn und Garonne. Auf Böden, die arm an ausgewaschenen Boulbènes, einer Mischung aus Sand, tonhaltigem Schlamm und Kieselsteinen, sind, liefern die gleichen Rebsorten fruchtige Rosé- und Rotweine, die einen sehr charakteristischen Geschmack besitzen. Erzeugt werden sie von einer einzigen Genossenschaftskellerei, deren jährliche Produktion bisher noch relativ gering ausfällt.

Das neben dem Schloß von Duras erbaute »kleine Schloß« (18. Jh.).

Brulhois

Diese VDQS-Appellation erweckt eine alte historische Landschaft, die Grafschaft Brulhois, zu neuem Leben. Ihr Anbaugebiet umfaßt die Hänge, die sich auf den beiden Ufern der Garonne anschließen und bis zu den Hügeln von Moissac, berühmt durch seinen Chasselas, und im Süden bis zu den letzten Höhenzügen der Gascogne reichen. Die Rebsorten Tannat, Cabernet-Sauvignon, Cabernet-Franc, Merlot, Fer und Malbec bringen Rot- und Roséweine von guter Qualität hervor.

Buzet

Zwischen Agen und Marmande, dem linken Ufer der Garonne und den Ausläufern des Waldes von Landes liegt eine hügelige Landschaft, die von mehreren Flüssen (Baïse, Gélise, Lourbise und Galaup) zerschnitten wird. Dort befindet sich ein Anbaugebiet mit vielfältigen Böden (Boulbènes, Terreforts und Kiessand), die für Wein besonders geeignet sind. Die Appellation Buzet, deren Rebflächen mit Cabernet-Sauvignon, Cabernet-Franc, Merlot und Malbec bestockt sind, war lange Zeit Teil des Bordeaux-Weinbaugebiets. Die Wiederherstellung des Anbaugebiets nach der Reblauskrise verlief unter etwas schwierigen Bedingungen. Daß es seine Eigenständigkeit wiedererlangte, ist einer einzigen Genossenschaftskellerei zu verdanken, die von Anfang an für eine qualitativ hochstehende Produktion sorgte. Die Weine werden im Barrique-Faß ausgebaut. Aufgrund ihres klassischen Stils und ihres rassigen Charakters haben sich die Buzet-Weine einen Spitzenplatz erobert. Ermutigt durch den Erfolg der Kellerei, folgen heute auch einige unabhängige Weingutbesitzer diesem Beispiel.

Côtes du Marmandais

Die Hügel von Cocumont (auf dem linken Garonne-Ufer) und die von Beaupuy (auf dem rechten Ufer), die an den Grenzen der Gironde, in der natürlichen Verlängerung der Anbaubereiche Graves und Entre-Deux-Mers, liegen, sind mit Bordeaux-Rebsorten bepflanzt. Auch dieses VDQS-Gebiet liefert frische, fruchtige Weißweine sowie Rosé- und Rotweine, die weich und bukettreich sind. Alle besitzen echte Qualitäten.

Côtes de Duras

Das Gebiet von Duras wird von einem herrlichen Schloß (12. bis 17. Jahrhundert) überragt, das auf seinem Felsvorsprung über das Tal des Dropt wacht. Weinbaumäßig ist es ein Übergangsgebiet: Im Norden grenzt es an das Weinbaugebiet der Dordogne und im Süden an das der Garonne. Wie die Hochfläche von Entre-Deux-Mers gehört es zu den Hügeln von Guyenne; nur eine Verwaltungsgrenze trennt das kleine Gebiet im Departement Lot-et-Garonne von seinem großen Nachbarn Gironde. Die Kalkböden auf den Kuppen, in die sich die Flüsse Dropt und Dourdèze eingegraben haben, tragen weiße Trauben, während an den Hängen, die steinig und lehmig-kalkig sind, eher die Cabernet-Sorten sowie Merlot und Malbec wachsen. Die Weißweine waren früher lieblich (übriggeblieben sind davon Sémillon, Muscadelle, Odenc und Pineau de la Loire); heute werden sie vor allem von Sauvignon-Trauben gekeltert. Sie sind frisch und aromatisch, rassig und nervig und halten dem Vergleich mit den Weinen anderer großer Sauvignon-Anbaugebiete durchaus stand. Die Rotweine werden häufig nach Rebsorten getrennt vinifiziert; sie sind fleischig und farbkräftig oder leicht und duftig, wenn sie durch Kohlensäuremaischung hergestellt werden. Einige Cuvées, die in Eichenholzfässern reifen, geben lagerfähige Weine ab.

Das im 16. Jh. errichtete Schloß von Buzet überragt mit seinem Turm aus dem 13. Jh. die Landschaft.

Oberland

In den tiefen Tälern der beiden großen Nebenflüsse der Garonne, Lot und Tarn, wo auf geheimnisvolle Schluchten liebenswürdige Talmulden folgen, liegen zwei historische Weinbaugebiete: Cahors und Gaillac. Sie konnten ihren eigenen, unverfälschten Charakter über Jahrhunderte hinweg bewahren. Da hier atlantische und kontinentale Einflüsse aufeinandertreffen, sind die zwei Anbaugebiete wechselhafteren klimatischen Bedingungen unterworfen. In der Wahl der Rebsorten unterscheiden sie sich deutlich von ihren aquitanischen Nachbarn.

Cahors

Das Anbaugebiet von Cahors erstreckt sich in erster Linie beiderseits der Stadt auf den eingedeichten Flußschleifen des Lot-Tales. Man kann in dieser von der übrigen Welt abgekapselten Landschaft mehrere Stufen unterscheiden: Die schlickigen, fruchtbaren Anschwemmungen aus jüngerer Zeit am Grunde des Tals werden von der Appellation ignoriert. Die Rebflächen setzen erst auf den alten Anlandungen ein, die sich zu Terrassen und hügeligen Formationen ausgebildet haben. Diese mageren Böden sind reich an Quarzkies, Kiessand, der mit rotem Lehm vermengt ist, und eisenhaltigem Sand über einem Untergrund aus wasserdurchlässigem Ortstein, so daß sie eine gute Wasserversorgung der Pflanzen garantieren. Das Geröll vom Kalkplateau vermischt sich mit diesen Alluvionen; stellenweise kann auch die darunterliegende Kalksteinschicht zutage treten.

Hat man die mitunter steilen Hänge erstiegen, so erreicht man das Kalkplateau. Früher war es von Rebflächen bedeckt, die aber die Reblaus zerstört hat. Dank einiger Versuche, diese Weinberge neu zu bepflanzen, vor allem in der Umgebung des hübschen Château de Haute-Serre, wirkt die steinige, von kleinen Tälern zerfurchte Hochfläche hie und da wieder wie ein Weinbaugebiet. Rebflächen wechseln mit weiten unbebauten Gebieten und Eichenwäldern, die eine seltene Eigenheit besitzen: Sie bergen den anderen gastronomischen Reichtum des Quercy: Trüffel. Auf diesen warmen, nicht sehr tiefen Böden reifen die Trauben gut, aber der wasserdurchlässige Kalkuntergrund macht sie sehr anfällig gegenüber Trockenheit. Im Winter wird es sehr kalt, mit strengen Frösten. Das Tal hingegen besitzt ein ganz besonderes Mikroklima: Die beiden Ufer konzentrieren die Wärme der Sonnenstrahlen; die Talsohle ist somit geschützt gegen die Kälte, die auf dem Plateau bleibt. Die Parzellen, die nach Südosten liegen, sind für eine gute Reifung am günstigsten.

Links: Puy-l'Evêque.
Unten: Landhaus in der Nähe von Cahors.

Der Ruhm des Auxerrois

Es gibt die Cahors-Weine aus dem Tal und die von der Hochfläche, das wiederhergestellte und das historische Anbaugebiet von Cahors. Der Streit zwischen den verschiedenen Positionen tobt bisweilen recht heftig unter den Winzern des Quercy. Aber der einheitliche Charakter der Appellation beruht auf der Rebsorte Auxerrois, die im allgemeinen Côt heißt, aber in Bordeaux auch Malbec, in Libourne Pressac, im Departement Lot-et-Garonne Pied-Rouge, im Charente-Gebiet Groffo-rin und in Tours Grelot genannt wird. Sie findet hier ein besonders günstiges Anbaugebiet vor. Zwar kombiniert man sie mit den Rebsorten Jurançon Noir (oder Folle Noire), die bevorzugt auf dem Kalkplateau wächst, Tannat und Merlot, aber Cahors ist die einzige Appellation in Südwestfrankreich, die dem Sirenengesang des Cabernet-Sauvignon nicht erlegen ist. Das verleiht ihren Weinen einen noch originelleren Charakter.

Eine lange Geschichte

Die Weine von Cahors, die schon an der Tafel der Cäsaren getrunken wurden, sind von der orthodoxen Kirche sogar als Meßwein übernommen worden. Die Engländer tauften sie *black wine*. Quercy erlebte in seiner Geschichte auch schlimme Katastrophen. Von der Reblaus verwüstet, von den Frösten des Jahres 1956 zerstört, wäre das Anbaugebiet fast wieder in Vergessenheit geraten. Glücklicherweise ist es der Kellerei von Parnac, die auch große Weingüter besitzt, und unabhängigen Winzern durch ihren mutigen Einsatz gelungen, seinen Ruf wieder auf das Niveau früherer Jahrhunderte anzuheben.

Zwischen den beiden Weltkriegen machte Adolphe Asfaux sein Pariser Lokal zu einer gastronomischen Vertretung des Departements Lot. In jüngerer Zeit verschaffte der Graf de Montpezat, ein Großmeister der Confrérie des Vins de Cahors, dem Cahors-Wein weltweite Popularität, während seine Schwiegertochter, die Königin von Dänemark, der Appellation neues Ansehen verlieh, indem sie das Schloß von Caïx erwarb.

Trotz ihrer natürlichen Vielfalt erzeugt diese Appellation nur einen einzigen Wein. Der Cahors-Wein besitzt eine dunkle, tiefe Farbe und ist in seiner Jugend fruchtig und flei-schig. Nach zwei oder drei Jahren verliert er seinen etwas strengen Geschmack und erreicht Fülle und Rundheit; kräftige Tannine sichern ihm eine gute Lagerungsfähigkeit. Die Verbindung von Cahors-Wein mit Trüffel ist nur die logische Konsequenz, die sich aus dem Anbaugebiet und seinem Boden ergibt. Das Aroma des geheimnisvollen Pilzes wird durch den würzigen Wohlgeruch des alten Quercy-Weins noch stärker hervorgehoben.

Gaillac

Ero piquant et sautabo dins lou veyre (Er perlte und sprang im Glas). Bereits im 16. Jahrhundert konnte der okzitanische Dichter Auger Gaillard den Schaumwein von Gaillac besingen. Dieses Anbaugebiet kann wirklich auf eine lange Geschichte zurückblicken. Es profitierte als eine der ersten Regionen vom Erlaß einer kontrollierten Herkunftsbezeichnung. Nämlich von der Charta, die Raymond VII. von Toulouse im Jahre 1221 genehmigte und die die Herkunft der Weine durch die obligatorische Kennzeichnung der Fässer und das Verbot der Einfuhr von fremdem Traubengut schützte.

Die Appellation Gaillac im Herzen des Albigenserlandes bildet in Wirklichkeit ein Mosaik aus Weinbergen, das den gleichnamigen Hafen am Tarn zum Mittelpunkt hat. Das kleine Industriegebiet mit Graulhet als Zentrum hat auch die Weinproduktion beeinflußt, die sich der sozialen und wirtschaftlichen Entwicklung angepaßt hat. Tendierte sie gestern noch zu Weinen, die rasch konsumiert wurden, so reagiert sie heute auf die Veränderungen mit einem Rückzug der Rebflächen auf die Hügel und mit einer Rückbesinnung auf die Qualität.

Schwelle oder Kreuzung

Die Appellation läßt sich in fünf verschiedene Abschnitte unterteilen: Auf den Terrassen des linken Tarn-Ufers findet man Kiessand und Geröll; eine Besonderheit bildet dabei die Zone von Cunac, deren lehmig-kiesige Böden günstig für rote Traubensorten sind. Im Flachland tragen nur die alten Anlandungen Reben. Auf dem rechten Ufer sind die ersten Höhenzüge — mit Sand und Kies bedeckte Molassenhügel, die über gute Lagen verfügen — das bevorzugte Anbaugebiet für weiße Traubensorten. Im Norden folgen ausgeprägte Hügel mit lehmig-kalkigen Böden. Das Gebiet von Cordes schließlich, das höher liegt und durch Wald gegen den Nordwind abgeschirmt ist, eignet sich aufgrund seiner Kalkböden gut für trockene Weißweine. Das Gebiet von Gaillac ist durch einen feuchten Frühling und einen langen, trockenen Spätherbst gekennzeichnet. Wenn Cahors die Appellation eines einzigen Weines ist, so kann Gaillac als Anbaugebiet für alle nur erdenklichen Weine gelten. Die einheimischen Rebsorten haben den Stil der Weine jahrhundertelang geprägt (*Len de l'El* oder Loin de l'Œil, Odenc und Mauzac bei den Weißweinen; Duras, die Traubensorte, der die Appellation ihren typischen Charakter verdankt, Braucol und Fer Servadou bei den Rotweinen). Im Zuge der Umstrukturierungen und der verschiedenen Modewellen sind noch Cabernet-Franc, Cabernet-Sauvignon, Merlot, Sauvignon und Sémillon hinzugekommen, bei denen man den Einfluß des großen, fernen Nachbarn im Westen spürt, aber auch Négrette (aus dem nahen Fronton-nais), Muscadelle, Jurançon Rouge und sogar Syrah und Gamay, die aus dem Osten eingeführt worden sind. Daher besitzen die hier erzeugten Weine sehr unterschiedliche Stile und Eigenschaften. Die Spannweite reicht vom Moustillant (ohne Appellation), der beim Liebhaber von »Federwei-ßen«, der früher kurz nach der Lese an der Theke ausgeschenkt wurde, bewegte Erinnerungen wachruft, bis zu den klassischen lagerfähigen Rotweinen, die kräftig und würzig sind. Nicht vergessen sollte man dabei die trockenen Weißweine, die perlend und lieblich ausfallen, die Roséweine, die roten Primeur-Weine und die Schaumweine, die entweder nach der traditionellen Gaillac-Methode oder nach dem Champagner-Verfahren hergestellt werden.

Gaillac: oben die Abtei Saint-Michel – unten: das Anbaugebiet des Château Camille Portes.

Der Immerwährende
Der »Immerwährende« ist eine altehrwürdige Familientradition des Quercy. Dabei wird nur ein Teil des Barrique-Fasses auf Flaschen abgezogen, während das teilweise geleerte Faß mit dem Wein der neuen Lese wieder aufgefüllt wird. Diese Mischung aus jungen und alten Weinen liefert ganz erstaunliche Ergebnisse. Aber damit man diese entdecken kann, muß man zuvor schon einige seltene Privilegien genießen, ehe einen die Quercy-Winzer diesen raren Wein probieren lassen.

Dordogne

Das Périgord ist das Land der herrlichen Feinschmeckertrilogie Trüffel, Steinpilze und Gänseleber; man kann es aber auch mit Farben beschreiben, wobei man dann zusätzlich zu den drei traditionellen Landesfarben Schwarz, Grün und Weiß noch »Purpur und Gold«, die Farben der Weine von Bergerac, nennen müßte. Oberhalb von Castillon, wo jeden Sommer die berühmte Schlacht wiederauflebt, in der die Engländer im Jahre 1453 aus Aquitanien vertrieben wurden, verlängern die Anbaugebiete des Périgord die Appellationen des Libournais. Klima, Böden und Rebsorten zeigen hier viel Ähnlichkeit mit dem Nachbarn im Westen. Das Tal der Dordogne mit seinen abgestuften Hängen, auf die

hügelige Hochflächen folgen, ist eine der schönsten Landschaften von Südwestfrankreich. Vorbei an Sonnenblumenfeldern, stolzen Schlössern, eleganten Landsitzen, beschaulichen Abteien und alten Dörfern führt die Weinstraße durch eine Gegend, wo sich die Menschen bereits in vorgeschichtlicher Zeit ansiedelten.

Von der Gironde-Grenze bis Saint-Pierre-d'Eyraud wird nur das rechte Ufer mit seinen alten Anlandungsterrassen (magere Lößböden und im Norden eine Hochfläche mit Sand und Kiessand) für die Appellation genutzt. Weiter flußaufwärts breitet

sich auf beiden Ufern ein Anbaugebiet aus, das im Norden aus Hügeln mit Kiesböden und im Süden aus lehmig-kalkigen Hängen und Hochflächen mit Boulbènes besteht. Das Klima ist eine Mischung aus Bordelais-Einflüssen und kontinentalen Witterungsbedingungen. Überwiegend werden noch Weißweine erzeugt; neben Sauvignon für die trockenen und Sémillon und Muscadelle für die lieblichen Weine werden vereinzelt auch Ugni-Blanc, Odenc und Chenin angebaut. Bei den Rotweinen sorgen die Cabernet-Sorten (Sauvignon und Franc), Merlot und

gelegentlich auch Malbec für Noten, wie man sie bei den Weinen der Gironde findet.

Die Weine von Bergerac konnten sich mit den Bordeaux-Weinen gütlich einigen: Da die Dordogne unterhalb der aquitanischen Hauptstadt in die Garonne mündet, war es möglich, den Hafen von La Lune zu umgehen. Im 17. Jahrhundert verließen die Hugenotten, die im Périgord in großer Zahl lebten, nach der Aufhebung des Edikts von Nantes ihre Heimat; dadurch verstärkte sich der Handelsverkehr mit den Ländern, in denen sie im Exil fanden, mit den Niederlanden und Deutschland. Für lange Zeit orientierte sich die einheimische Produktion am Geschmack dieser Kunden, die süße Weine bevorzugten.

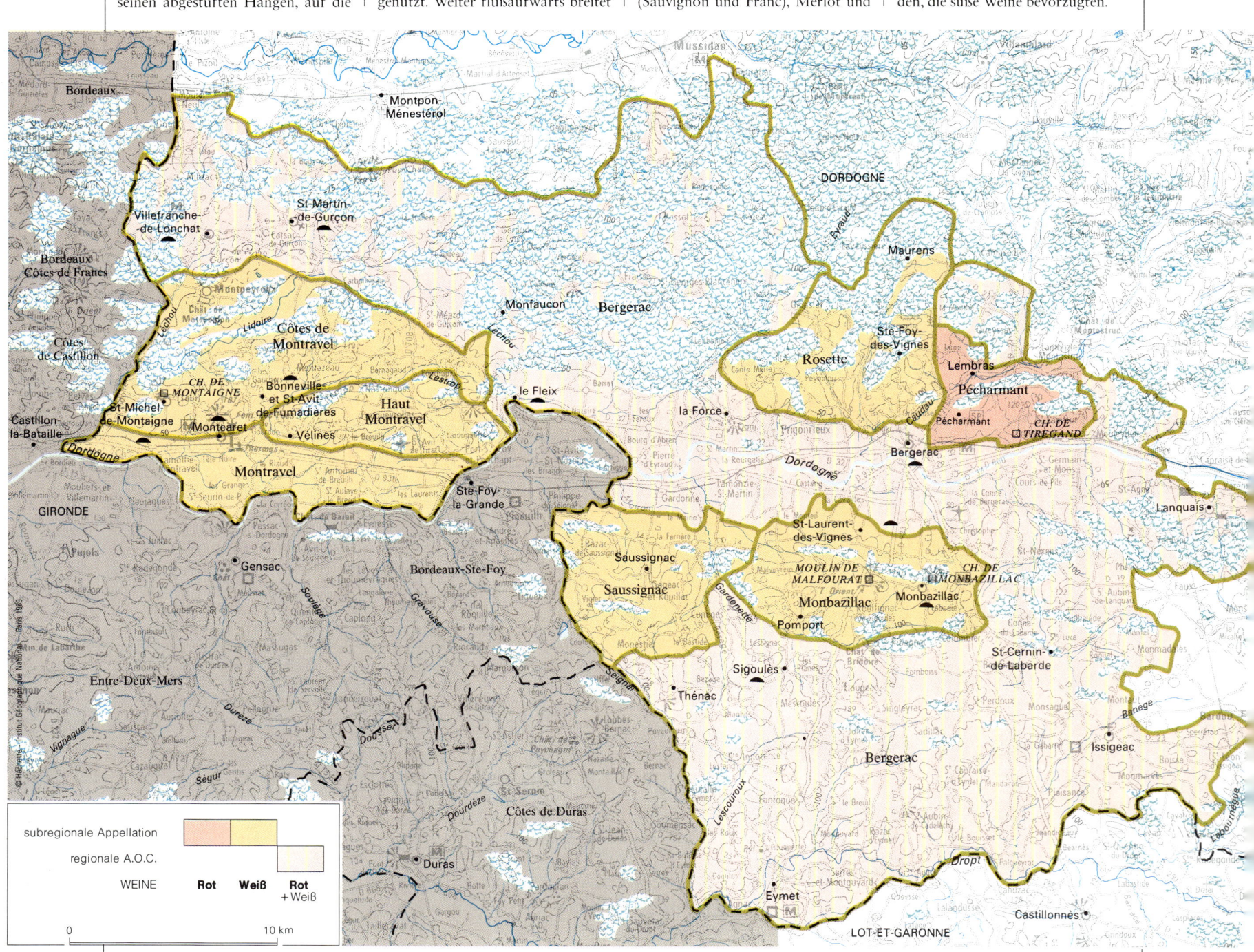

subregionale Appellation

regionale A.O.C.

WEINE   Rot   Weiß   Rot + Weiß

0   10 km

Bergerac

Die regionale Appellation Bergerac nimmt das gesamte Gebiet des Bergeracois ein, d.h. 93 Gemarkungen. Aber sie überläßt dabei die Hügel im allgemeinen den anderen Appellationen. Ihre Weine stammen in erster Linie von den Hochflächen, die sich auf beiden Ufern hinter dem Anbaugebiet für die örtlichen Appellationen ausbreiten. Die Rotweine (die man jung trinken muß) sind leicht, mild und duftig, die Weißweine lebendig und fruchtig (wobei der Sauvignon-Anteil weiter zunimmt) und die Roséweine weich und fruchtig. Die Côtes-de-Bergerac-Weine fallen als Rotweine kräftiger und farbintensiver als die Bergerac-Weine aus. Sie können auch besser altern. Die Weißweine sind lieblich und leicht und besitzen eine nervige Note; sie zeichnen sich durch ihr feines Bukett aus. Man trinkt sie als Aperitifweine.

Montravel

Das Montravel-Anbaugebiet, das seinen Namen von dem reizvollen Dorf Lamothe-Montravel ableitet, erstreckt sich am Rande der Gironde. Es umfaßt die Appellationen Montravel, Haut-Montravel und Côtes de Montravel. Die erste der drei Appellationen befindet sich im Flachland, am Ufer der Dordogne; sie bringt trockene Weißweine hervor, die fein und nervig sind. Im Norden, auf den Höhenzügen, erhält man elegante, ausgewogene Weine mit lieblichem Charakter. Zwischen diesen beiden Zonen werden auf kalkreicheren Böden die Haut-Montravel-Weine erzeugt: liebliche Weine, die rassig und einschmeichelnd sind. Likörige Süße und Spritzigkeit halten sich bei ihnen die Waage; im Alter erwerben sie eine schöne goldene Farbe und einen Duft, der an gedörrte Früchte und Honig erinnert.

Saussignac

Die kleine Appellation auf dem linken Ufer der Dordogne unterscheidet sich durch den milden Charakter ihrer lieblichen Weine. Die Saussignac-Weine stehen zwischen den Bergerac- und Montravel-Weinen einerseits und den Monbazillac-Weinen andererseits. Sie sind sehr aromatisch und elegant; jung schmecken sie frisch, später ziemlich fett.

Das in der Renaissance-Zeit errichtete Schloß Monbazillac.

Pécharmant und Rosette

Ein kleines Weinbaugebiet für Rotweine, nur 180 ha groß, aber mit einem zugkräftigen Namen. Die lehmig-kiesigen Hügel, die das Anbaugebiet der Appellation Pécharmant nordöstlich von Bergerac bilden, profitieren von einer sehr günstigen Lage. Eine Besonderheit stellt auch ihr Untergrund dar: der stark eisenhaltige *Iran*. Er verleiht dem Wein in den ersten Jahren einen rustikalen Geschmack, der sich aber bei der Alterung harmonisch auflöst. Die Pécharmant-Weine sind nämlich unbestritten die Lagerweine der Dordogne. Sie sind körperreich und kräftig gebaut und besitzen manchmal schroffe Tannine; ihren vollen Charakter erreichen sie erst nach vier bis sechs Jahren Flaschenreifung. Oberhalb von Pécharmant und der Anbauzone der Bergerac-Weine liegt Rosette, eine Appellation, die entgegen ihrem Namen liebliche Weißweine vom leichten Typ hervorbringt.

Monbazillac

Inmitten der Rebflächen über dem Tal der Dordogne ragt das Schloß von Monbazillac auf, ein herrliches Bauwerk aus dem 16. Jahrhundert, das sich heute im Besitz der Genossenschaftskellerei befindet und zum berühmtesten Wahrzeichen einer Dordogne-Appellation geworden ist. Auf den nach Norden liegenden lehmig-kalkigen Hängen erzeugen die fünf Gemeinden Monbazillac, Pomport, Saint-Laurent-des-Vignes, Colombier und Rouffignac-de-Sigoulès auf etwa 2700 ha einen der ältesten Süßweine von Frankreich. Die Feuchtigkeit der herbstlichen Morgennebel zwischen Dordogne und Gardonette führt zur Edelfäule

(Botrytis cinerea), die die Haut der Weintrauben durchlässig macht, so daß das in den Beeren enthaltene Wasser in der Wärme der Nachmittagssonne verdunsten kann und sich der Saft konzentriert. Dabei entsteht auch das für diesen Weintyp charakteristische »Röstaroma«. Die Beeren, die wenig Saft enthalten, aber zuckerreich sind, wirken dann wie kandierte Früchte.

Wie im Sauternais werden die Trauben bei der Lese durch mehrmaliges Pflücken aussortiert, je nachdem, wie stark die Beeren eingeschrumpft sind. Daß ein Most 16% potentiellen Alkohol enthält, ist keine Seltenheit. Deshalb wird nur ein Teil des Zuckers vergoren, während der Rest den natürlichen »Likör« bildet. Die Monbazillac-Weine sind intensiv goldfarben und fett und besitzen wenig Säure; im Geschmack sind sie kräftig und lang, mit einem Aroma, das an Honig, Haselnußcreme und gedörrte Früchte erinnert. Sie sind große, klassische Süßweine, die sehr lang altern können und dann einen bemerkenswerten Tropfen abgeben.

Lange Zeit in die manchmal etwas undankbare Rolle eines Dessertweins abgedrängt, wurde der Monbazillac auch mit voller Wucht von der nachlassenden Vorliebe für Süßweine erfaßt. Nachdem er wieder seinen angestammten Platz eingenommen

Die Kirche Sainte-Foy von Conques.

hat, kann man ihn heute auch zu Gänseleber oder Poularde in Sahnesauce reichen – neue gastronomische Verbindungen, die diesem »Feinschmeckerwein« zur Ehre gereichen.

Das Weinbaugebiet von Aveyron

Zu Füßen des Aubrac, des »Fleischbergs«, auf dem im Sommer die hellen Kühe weiden, liegen die Rouergue-Appellationen: winzige Anbaugebiete in den Vorbergen, die malerisch anzusehen sind. Die Reben wachsen auf schmalen, steilen Banketten am Hang, eingebettet in die Berglandschaft. Sie alle, Marcillac ebenso wie Entraygues oder Estaing, sind Überbleibsel eines früher blühenden Weinbaugebiets, das sich vor allem auf die Arbeiten der Mönche der Abtei von Conques stützte. Sogar die Häuser unterscheiden sich hier von denen in den anderen südwestfranzösischen Weinbauregionen; Backsteine und romanische Ziegel weichen Stein und Schiefer. Die Rebflächen bringen in die immer majestätische, mitunter aber auch rauhe und strenge Landschaft des Aveyron eine oft überraschend heitere Note. In einem natürlichen Kessel, dem sogenannten »Tal«, mit einem günstigen Mikroklima bringt die Mansoi-Rebe (örtlicher Name für Fer Servadou) die Rotweine von Marcillac (VDQS) hervor, die tanninreich und sehr originell mit ihrem Himbeeraroma sind. Einen solchen Wein erkennt man leicht; trinken sollte man ihn zu *Tripoux de Rouergue,* einem Kaldaunengericht. Kaum 20 ha Rebflächen zwischen Himmel und Erde, auf schmalen Terrassen, die oft nur zwei Rebzeilen tragen — das sind die Weinberge von Entraygues und Fel (VDQS). Sie erzeugen auf den Schieferböden des *Fel* fleischige, fruchtige Rotweine (von den Rebsorten Fer, Cabernet-Sauvignon, Cabernet-Franc und Gamay) und auf den *Barènes,* lehmig-kiesigen Böden, grüne, duftige Weißweine (aus Chenin-Trauben).

Auf den *Adrechs* von Estain (VDQS), winzigen Banketten mit einer oder zwei Rebzeilen, die die hier manchmal nur spärlich einfallenden Sonnenstrahlen einfangen, liefert eine Unzahl von einheimischen Rebsorten charaktervolle Weine. Für die Rotweine, die hier frisch und fruchtig ausfallen, werden unter anderem Abouriou, Moussaygues und Gamay verwendet, für die Weißweine, die lebendig und duftig sind, Chenin und Rousselou.

Das Weinbaugebiet der Pyrenäen

Sei es nun baskisch, *béarnais* oder *bigourdan* — jedes Gebiet am Fuße der Pyrenäen wollte seinen eigenen Wein haben. Vielleicht, um mit den Reisenden, heute den Touristen, gestern den Pilgern auf dem Weg nach Santiago de Compostela, anzustoßen. Man dringt hier in eine andere Welt ein, wo die Täler tief in die Bergkette eingeschnitten sind. Wie alle ihre Landsleute in diesem pyrenäischen Teil der Gascogne besitzen die Winzer hier ein ausgeprägtes Gespür für ihre Eigenständigkeit. Sie zeigen dies durch das Tragen der »Crêpe«, der Baskenmütze, die flach auf den Kopf gepreßt ist, ebenso wie durch ihren Charakter, der rauh, aber herzlich ist, und durch ihre starke Verbundenheit mit den alten Namen. Die mit Reben bepflanzten Hänge, die von den Gletschern im Quartär geformt wurden oder aus Material bestehen, das die Gebirgsbäche herantransportiert haben, schmiegen sich an die Bergkette an. Flußaufwärts überläßt der Wein seinen Platz dem Wald und den Weiden, flußabwärts den Maisfeldern und Obstplantagen. Er ist hier nicht der absolute Herrscher, aber er verteidigt das historische und kulturelle Erbe, das ihm die Abteien und Hospize am Jakobsweg hinterlassen haben, als sie hier Weinberge anlegten.

Jurançon

Das Weinbaugebiet von Jurançon verdankt sein Ansehen der königlichen Familie von Navarra, die später durch Heinrich IV. zur französischen Königsfamilie wurde. Dennoch versteckt es sich südlich von Pau, als wollte es den Blicken des eiligen Durchreisenden entgehen. Hinter einem Bergkamm entdeckt man

stark aufgesplitterte Rebflächen, die die sonnenreichsten, manchmal sehr steilen Hänge der Hügel von Monein, Lasseube, Lahourcade, Gan und Jurançon (berühmt geworden durch La Chapelle-de-Rousse) einnehmen.

Das Klima ist sowohl den Einflüssen des Atlantiks wie auch denen der nahen Pyrenäen ausgesetzt. Die Reben werden daher zu einer Höhe von 1,70 m erzogen, damit sie den Frühjahrsfrösten entgehen — ein Relikt der alten Erziehungsart an Obstbäumen. Auch wenn Jurançon mit Roussillon und Korsika um den Titel des südlichsten Weinbaugebiets von Frankreich streitet, besitzt es doch ein Klima, das mehr Ähnlichkeit mit dem in einigen nördlichen Weinbaubereichen zeigt. Die Geröllböden sind lehmig-kalkig und lehmig-kiesig, mit hohem Kiesanteil. Drei einheimische Rebsorten prägen den Charakter der Jurançon-Weine: Gros Manseng, Courbu und Petit Manseng. Von letzterer erzählt man sich folgende Anekdote: Im Schloß von Pau soll ein Rebstock stehen, der vorher in Fontainebleau wuchs; dort soll ihn Heinrich IV. angepflanzt haben, weil er immer etwas von seinem »lieben Béarn« um sich haben wollte.

Die Trauben der Rebsorte Petit Manseng, die nicht sehr ertragreich ist, weisen eine Besonderheit auf: Ihre Haut läßt das Einschrumpfen der Beeren zu (wobei sich der Saft langsam konzentriert). Dieser Vorgang kann sich bis zu Spätlesen hinziehen, die manchmal erst eingebracht werden, wenn schon der erste Schnee fällt. Von der Petit-Manseng-Rebe stammen die besten lieblichen Weine, Weine, die an Honig und exotische Früchte erinnern. Ein Hauch von Spritzigkeit macht sie leicht und ätherisch. Diese süßen Weine altern sehr gut und zählen sicherlich zu den großen Weinen.

Der Jurançon.
Unten: Irouléguy.

Irouléguy

Die Appellation Irouléguy umfaßt die ersten Hänge der steilen Hügel in den Tälern von Baïgorry, Irouléguy und Anhaux. Der Wein ist hier dem atlantischen Klima des Baskenlands ausgesetzt. Die abschüssigen, nach Süden liegenden Rebflächen sind die Überreste eines großen alten Weinbaugebiets (wie der Name eines mittelalterlichen Hauses, *Ardantz*, bezeugt, der auf baskisch »Wein« bedeutet), das sich bis Bayonne erstreckte. Hier wird der »baskische Wein« erzeugt, der in der ganzen Welt von der Diaspora dieses wanderlustigen Volks getrunken wird.

Béarn

Der Hauptteil dieses Anbaugebiets liegt auf den anmutigen Hügeln von Entre-Deux-Gaves, in der Umgebung von Salies-de-Béarn, und auf dem rechten Ufer des Gave de Pau, oberhalb von Orthez. Diese aufgesplitterte Appellation umfaßt noch zwei weitere Gebiete, die mit den Anbauzonen von Madiran und Jurançon zusammenfallen. Ihre aromatischen Weißweine stammen in erster Linie von der Rebsorte Raffiat de Moncade, während die lebendigen, delikaten Roséweine und die Rotweine, die kräftig und alkoholreich sind, von den gleichen Rebsorten wie die Madiran-Weine erzeugt werden.

Madiran

Das Anbaugebiet von Madiran erstreckt sich auf die Departements Pyrénées-Atlantiques, Hautes-Pyrénées und Gers. Die Reben wachsen auf den Hügeln, die das Tal des Adour überragen, auf lehmig-kalkigen und kiesigen Böden, die mit feinem Kiessand vermischt sind. Die Hauptrebsorte, Tannat, erzeugt Weine, deren Farbe so dunkel wie Tinte ist und die männlich und tanninreich sind. Kombiniert wird sie mit den Rebsorten Cabernet-Sauvignon, Bouchy oder Cabernet-Franc und Pinenc oder Fer Servadou, weil diese das kräftige Gerüst durch ihre Weichheit und ihr Aroma ergänzen. Einige traditionelle Madiran-Weine, die im Holzfaß ausgebaut werden, können lagerfähige Weine abgeben; daneben findet man aber auch leichtere Weine, die frisch und duftig sind und jung getrunken werden müssen. Aufgrund seiner Gerbsäure paßt der Madiran gut zu Gänse-Confit, weil er dessen milden Geschmack deutlicher hervortreten läßt. Dieser Wein verleiht Gerichten wie Taubensalmis oder gebratener ausgelöster Gänsebrust seinen gascognischen Charakter.

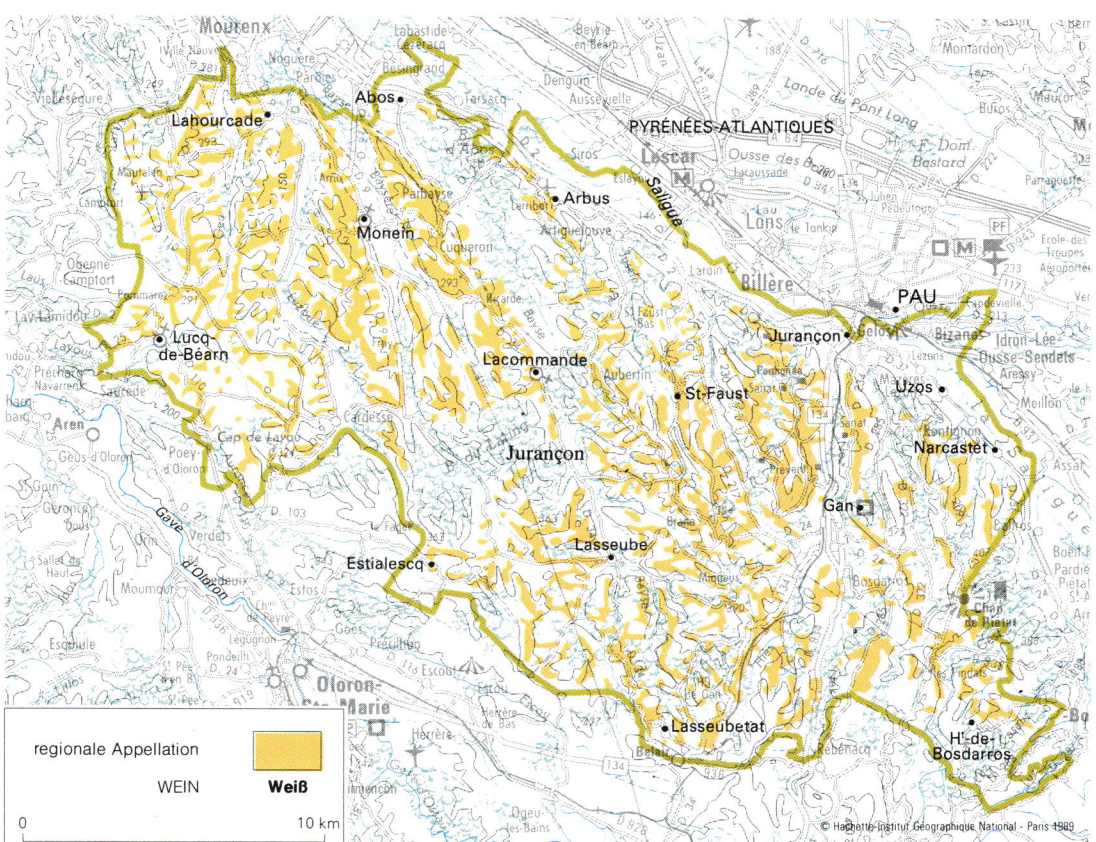

Lou nouste Henric
Im Jahre 1533 ging der Jurançon-Wein in die Geschichte ein, mit der Taufe von Heinrich von Navarra, dem Herrn von Béarn, der später unter dem Namen Heinrich IV. den Thron von Frankreich besteigen sollte. Aber die Einwohner von Béarn betrachteten ihn schon immer als ihren König und nannten ihn »lou nouste Henric« (unseren Heinrich). Damit das Kind ein kräftiges, munteres Temperament erwerben sollte, kam sein Großvater, Henri d'Albret, auf die Idee, seine Lippen mit einer Knoblauchzehe einzureiben und ihm dann, um das Brennen zu mildern, einige Tropfen Jurançon-Wein zu trinken zu geben.

Pacherenc du Vic-Bilh

Dieses ziemlich kleine AOC-Gebiet besitzt einen etwas merkwürdigen Namen: *Pacherenc* bedeutet auf gascognisch »Pflöcke in Reihen«, während *Vic-Bilh* in der Mundart von Béarn »altes Land« heißt. Doch sein Anbaugebiet beschränkt sich keineswegs auf die parallel verlaufenden Hügel nordöstlich von Béarn, sondern schließt an das Weinbaugebiet von Madiran an. Es überrascht mit sehr originellen Weißweinen, die von den Traubensorten Arrufiat, Manseng, Courbu, Sémillon und Sauvignon gekeltert werden. Sie sind trocken oder lieblich und erinnern im Aroma an Backobst; sie können ein paar Jahre lagern.

Links: Tannat.
Rechts: Eines der Mosaiken, die 1868 und 1911 in der gallo-romanischen Villa von Séviac-Montréal entdeckt wurden.

Tursan

Nordwestlich vom Madirannais, zwischen den trägen Hügeln von Chalosse, breitet sich ein kleines Gebiet mit hochgelegenen Dörfern aus, das als VDQS-Anbaubereich eingestufte Tursan. Hier bringt die Baroque-Rebe, eine eigenständige Traubensorte, sehr typische Weißweine hervor. Die Rosé- und Rotweine, die von den Rebsorten Tannat und Pinenc sowie den Cabernet-Sorten stammen, sind männlich im Charakter und kräftig gebaut.

Côtes de Saint-Mont

Das VDQS-Gebiet Côtes de Saint-Mont liegt neben dem Madirannais; seine Hügel rahmen den Adour oberhalb von Aire-sur-Adour ein. Mit den gleichen Rebsorten wie seine Nachbarn erzeugt dieses hügelige Anbaugebiet Rotweine mit typischem Charakter und duftige, trockene Weißweine. Sie sind weicher als die Madiran-Weine, bewahren aber einen ganz eigentümlichen Bodengeschmack.

Tal der

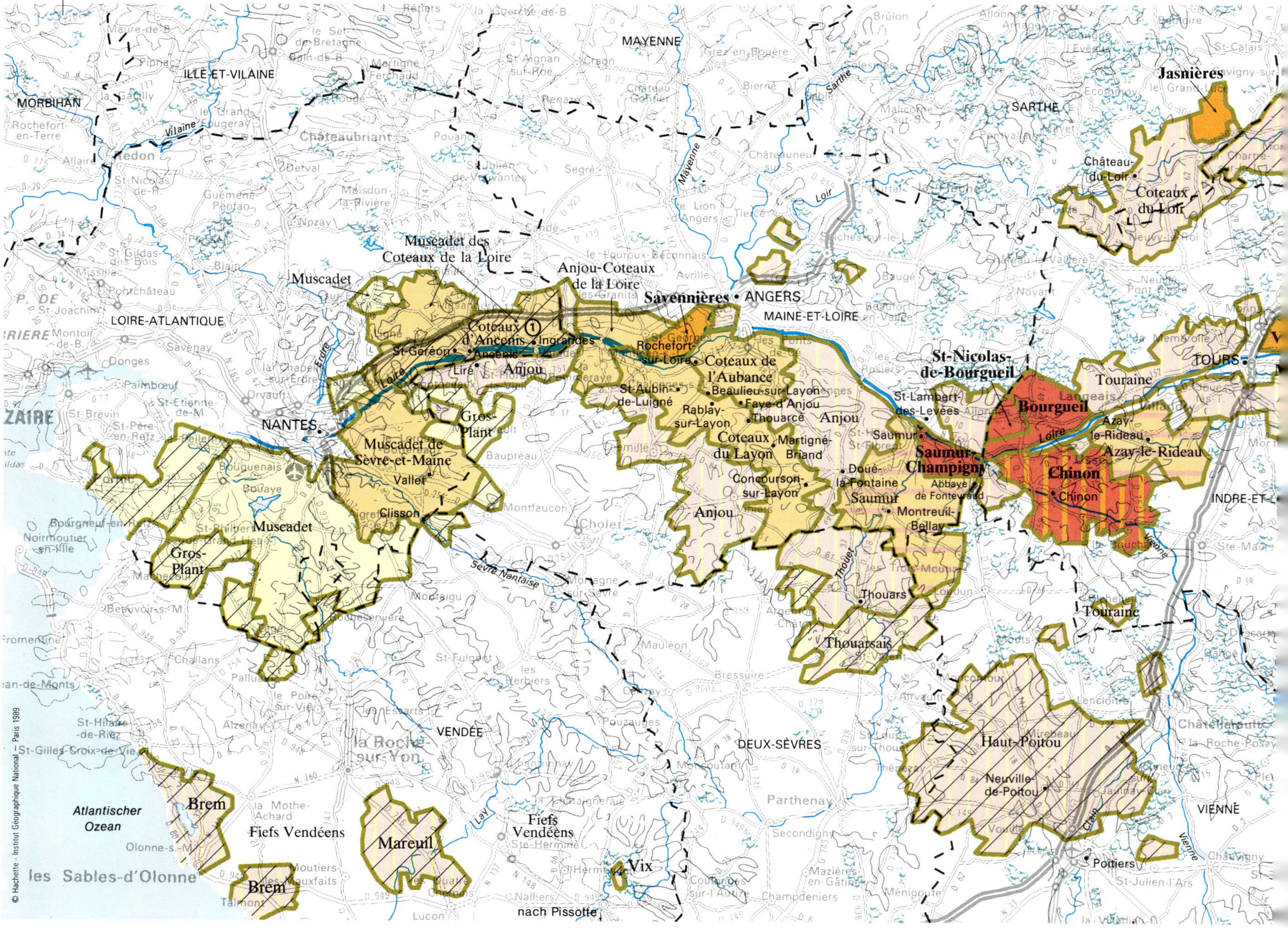
MAYENNE
ILLE-ET-VILAINE
MORBIHAN
SARTHE
Jasnières
Coteaux du Loir
Château-du-Loir
Châteaubriant
Muscadet des Coteaux de la Loire
Anjou-Coteaux de la Loire
Savennières
ANGERS
MAINE-ET-LOIRE
Muscadet
LOIRE-ATLANTIQUE
Coteaux d'Ancenis
Ancenis
Ingrandes
St-Géréon
Liré
Anjou
Rochefort-sur-Loire
Coteaux de l'Aubance
St-Aubin-de-Luigné
Beaulieu-sur-Layon
Faye-d'Anjou
Rablay-sur-Layon
Thouarcé
Anjou
Coteaux du Layon
Martigné-Briand
St-Nicolas-de-Bourgueil
Bourgueil
Touraine
TOURS
St-Lambert-des-Levées
Saumur
Saumur-Champigny
Azay-le-Rideau
Chinon
Abbaye de Fontevraud
Montreuil-Bellay
Doué-la-Fontaine
Concourson-sur-Layon
Anjou
NANTES
ZAIRE
Gros-Plant
Muscadet de Sèvre-et-Maine
Vallet
Clisson
Muscadet
Gros-Plant
Sèvre Nantaise
Cholet
Thouars
Thouarsais
Touraine
INDRE-ET-LOIRE
Haut-Poitou
Neuville-de-Poitou
VIENNE
Poitiers
VENDÉE
DEUX-SÈVRES
la Roche-sur-Yon
Atlantischer Ozean
Brem
Fiefs Vendéens
Mareuil
Fiefs Vendéens
Vix
Brem
les Sables-d'Olonne
nach Pissotte
© Hachette - Institut Géographique National - Paris 1989

Das Tal der Loire ist berühmt für sein mildes Klima und die prachtvollen Renaissanceschlösser. Hier entstehen fruchtige, delikate Weine, die so klar sind wie der Himmel, unter dem sie erzeugt werden. Heute verteilt sich die Gesamtproduktion auf vier große AOC-Gebiete: Nantais (600 000 hl Muscadet), Anjou und Saumur (800 000 hl), die Touraine (500 000 hl) und das Gebiet von Sancerre und Pouilly (130 000 hl). Sie alle verfügen über hervorragende Böden, die sich entlang des »königlichen Flusses« und seiner Nebenflüsse erstrecken.

Vom 16. Jahrhundert an breiteten sich die Weinreben bis hin zu den Grenzen von Paris aus. Um die Gesundheit der Bevölkerung zu schützen und einen besseren Überblick über Absatzzahlen und Steuern zu erhalten, erließ die Stadtverwaltung von Paris 1577 das sogenannte »Zwanzig-Meilen-Edikt«. Es untersagte Händlern und Gastwirten, ihren Wein in einem Umkreis von 20 Meilen (88 km) von Paris zu erwerben. Dadurch erhielt Orléans eine Monopolstellung, die jedoch zum Mißbrauch geradezu einlud. Die Produktion qualitativ hochstehender Weine lag im Tal der Loire lange Zeit darnieder.

Die Loire und ihre Nebenflüsse bildeten bis zum 19. Jahrhundert ein für

Pineau d'Aunis.

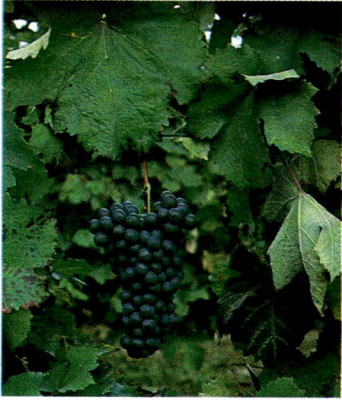

den Handel ausgezeichnetes Verkehrsnetz. In der Renaissance war diese Region außerdem ein politisches und wirtschaftliches Zentrum und erlebte zugleich eine kulturelle Hochblüte — nicht umsonst bedachte man sie mit dem Beinamen »Garten der französischen Literatur«, wovon auch so berühmte Namen wie Ronsard, d'Aubigné, Du Bellay, Rabelais und Descartes zeugen. Die Religionskriege und die Vertreibung der Protestanten setzten dieser Blütezeit jedoch ein Ende.

Bereits seit dem Mittelalter engagierte man sich auch aktiv im Weinhandel. Nach der Regierungszeit der Plantagenets kauften die englischen

Loire

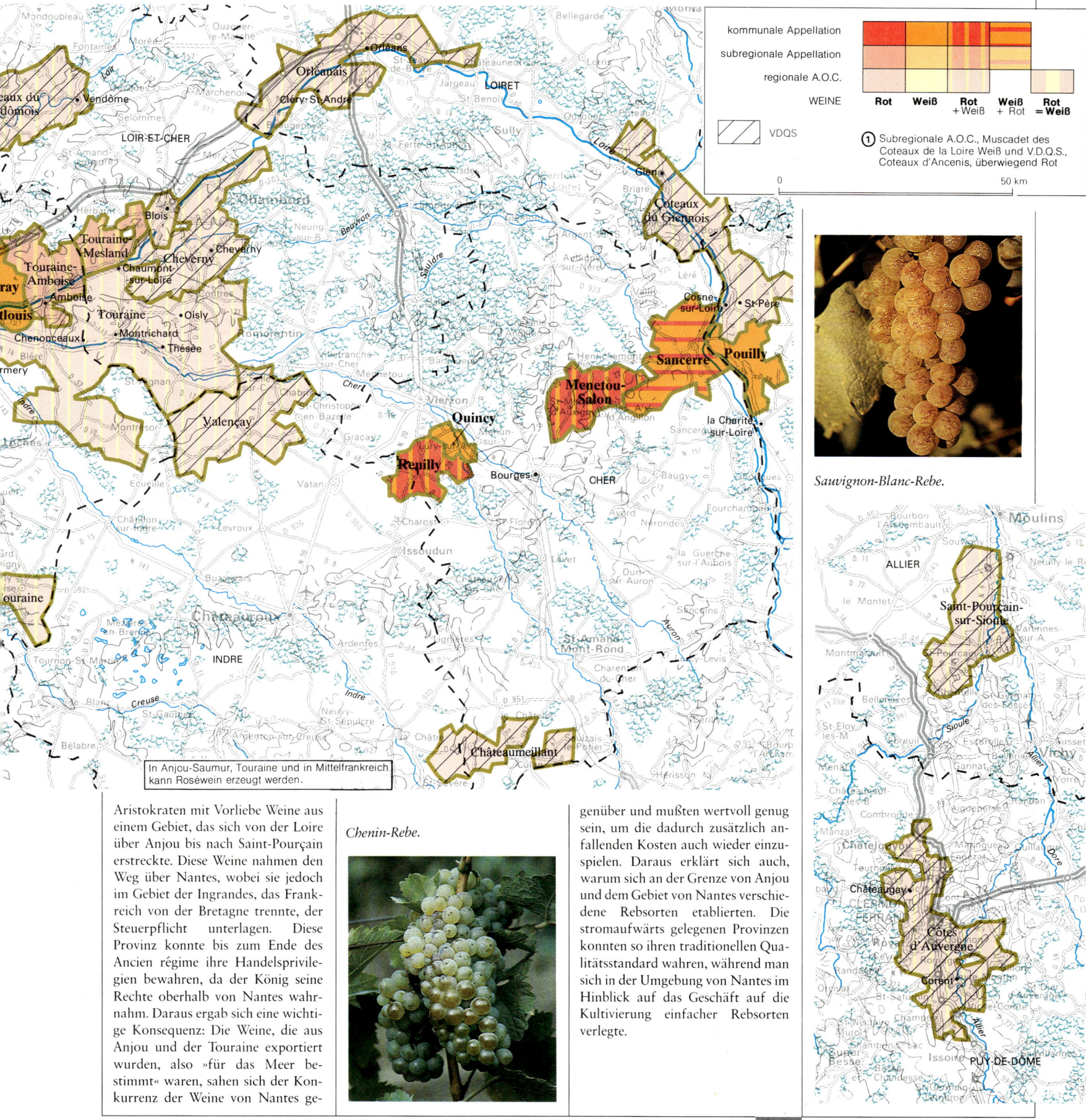

	Rot	Weiß	Rot + Weiß	Weiß + Rot	Rot = Weiß
kommunale Appellation					
subregionale Appellation					
regionale A.O.C.					
WEINE					

VDQS

① Subregionale A.O.C., Muscadet des Coteaux de la Loire Weiß und V.D.Q.S., Coteaux d'Ancenis, überwiegend Rot

0   50 km

Sauvignon-Blanc-Rebe.

In Anjou-Saumur, Touraine und in Mittelfrankreich kann Roséwein erzeugt werden.

Chenin-Rebe.

Aristokraten mit Vorliebe Weine aus einem Gebiet, das sich von der Loire über Anjou bis nach Saint-Pourçain erstreckte. Diese Weine nahmen den Weg über Nantes, wobei sie jedoch im Gebiet der Ingrandes, das Frankreich von der Bretagne trennte, der Steuerpflicht unterlagen. Diese Provinz konnte bis zum Ende des Ancien régime ihre Handelsprivilegien bewahren, da der König seine Rechte oberhalb von Nantes wahrnahm. Daraus ergab sich eine wichtige Konsequenz: Die Weine, die aus Anjou und der Touraine exportiert wurden, also »für das Meer bestimmt« waren, sahen sich der Konkurrenz der Weine von Nantes gegenüber und mußten wertvoll genug sein, um die dadurch zusätzlich anfallenden Kosten auch wieder einzuspielen. Daraus erklärt sich auch, warum sich an der Grenze von Anjou und dem Gebiet von Nantes verschiedene Rebsorten etablierten. Die stromaufwärts gelegenen Provinzen konnten so ihren traditionellen Qualitätsstandard wahren, während man sich in der Umgebung von Nantes im Hinblick auf das Geschäft auf die Kultivierung einfacher Rebsorten verlegte.

Ein günstiges Klima

Die Weinbaugebiete des Loire-Tales liegen ausnahmslos auf der Ostseite des Reliefs, das die starke Feuchtigkeit abhält, die die vom Atlantik her wehenden Winde mit sich bringen. So fällt hier im Jahr weniger als 600 mm Niederschlag, und nicht zu niedrige Temperaturen und eine gute Sonneneinstrahlung bestimmen das Klima. Das Weinbaugebiet von Anjou in einer Durchschnittshöhe von 60 m im Schutz des in der Vendée gelegenen Teils des Massif de Mauges (durchschnittliche Höhe: 120 m) und das Weinbaugebiet von Sancerre in einer Höhe zwischen 150 und 200 m im Schutz des höheren Reliefs (durchschnittliche Höhe: 400 m) sind gute Beispiele. Die großen Weinbaugebiete wie Sèvre-et-Maine, Layon, Saumurois, Chinon und Vouvray, liegen meist in einem Gebiet, in dem Flüsse aufeinandertreffen, und quer zum Einflußgebiet des Atlantik.

Eine vielschichtige Geologie

Im nördlichen Teil des Weinbaugebiets wachsen die Rebstöcke im allgemeinen an der Nordseite der den Fluß überragenden Abhänge und Terrassen und genießen vorteilhafte klimatische Bedingungen. Im Pays Nantais und in Anjou ruhen die Böden bis hin zu Ponts-de-Cé und dem armorikanischen Gebirge auf Granit, Gneis und hauptsächlich Schiefer, zu denen an einigen Plätzen wie Savennières, Coulée-de-Serrant, Coteaux du Layon, Chaume, Bonnezeaux und anderen, Vulkangestein aus dem Paläozoikum kommt. Zwischen Ponts-de-Cé und Blois fließt die Loire zwischen Tuffklippen. Dieser herrliche Stein fand beim Bau der Loireschlösser Verwendung,

wird aber heute nicht mehr genutzt. In den Stollen der Steinbrüche entstehen dafür jedoch berühmte Schaumweine.

Sofern sie nicht mit Schlick bedeckt sind, haben die geologischen Formationen im oberen Teil der Klippen warme Böden, die sich besonders gut für den Weinbau eignen. Am häufigsten kommen, beispielsweise bei Vouvray, die »Perruches«-Böden vor. Sie sind reich an Feuerstein und behagen besonders den Weißweinre-

ben. Die auf Taronien-Kreide, die reich an Glimmer und Glauconit ist, gelegenen Tonmergelböden der Hänge eignen sich für die Kultivierung von Rotweinreben. Die Böden von Aubuis liegen dagegen auf Kalktuff und sind deshalb weniger für den Weinbau geeignet.

Zu den Böden der Plateaus und Abhänge kommen außerdem, besonders bei Bourgueil, auf alten Terrassen gelegene sandig-kiesige Böden, die besonders die Erzeugung von

Links: »Das Abendmahl« von Jean Fouquet, um 1446 (Musée Condé, Chantilly).
Unten: Illuminiertes Stundenbuch: der Monat September, Ende des 15. Jh. (Bibliothek von Angers).

Rotweinen begünstigen. In der Gegend von Orléans wächst der Wein auf dem in gerader Richtung verlaufenden Band der Kiesterrassen von Loire und Loiret. Zwischen Sancerre und Pouilly schuf ein in Nord-Süd-Richtung verlaufendes Störungsnetz herrliche Hänge mit Mergelböden aus der Kimmeridge-Stufe des oberen Jura, die man auch bei Chablis in Burgund und bei Quincy und Reuilly antreffen kann. In Richtung Saint-Pourçain schließlich findet man am Zusammenfluß von Sioule und Allier alte Kiessandterrassen, Kalkböden aus dem Tertiär und auf einem kristallinen Sockel des Paläozoikums gelegene Böden, die denen des Beaujolais gleichen. Die Region verfügt also über gute klimatische Bedingungen und ausgezeichnete Böden, und man versteht, warum die hier erzeugten Weine im Mittelalter so berühmt waren.

Das Loire-Tal erzeugt auch heute noch, wie zur Zeit seiner Hochblüte während der Renaissance, hauptsächlich Weißweine und »Clairets«, d. h. wenig farbintensive, durch eine kurze Vergärung fruchtiger dunkler Trauben entstandene Weine. Man unterscheidet hier vier Rebsortenfamilien.

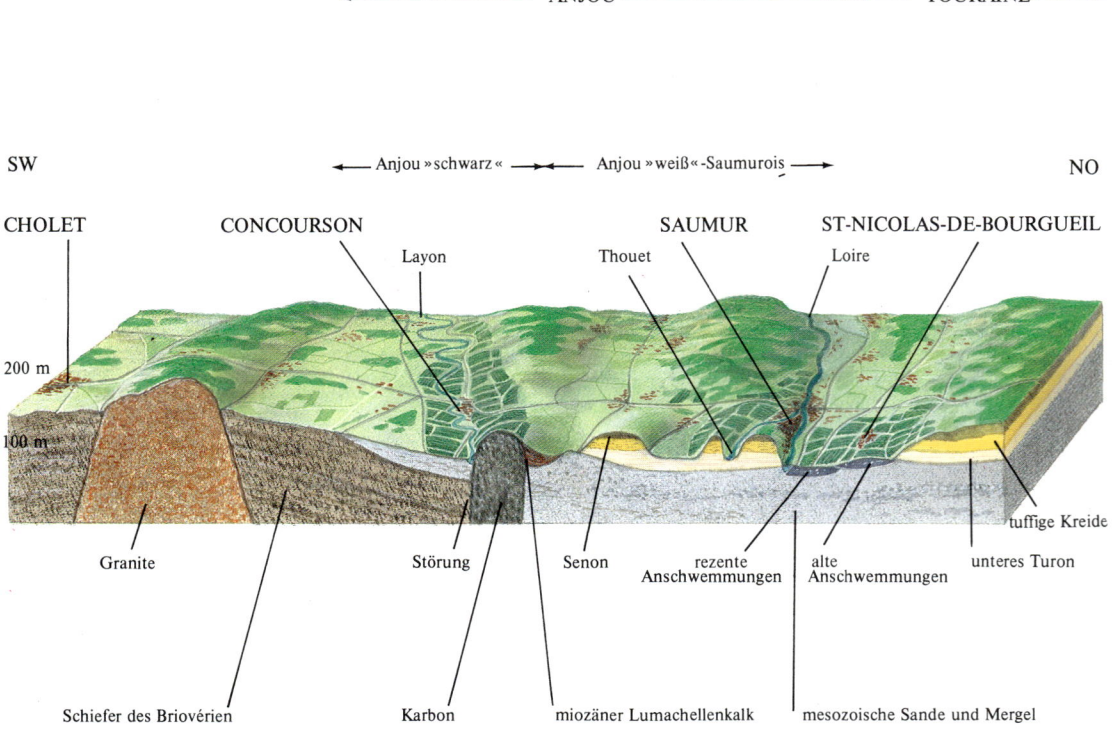

ANJOU ⟷ TOURAINE

SW ← Anjou »schwarz« → ← Anjou »weiß«-Saumurois → NO

CHOLET — CONCOURSON — SAUMUR — ST-NICOLAS-DE-BOURGUEIL

Layon — Thouet — Loire

200 m

100 m

tuffige Kreide

Granite — Störung — Senon — rezente Anschwemmungen — alte Anschwemmungen — unteres Turon

Schiefer des Briovérien — Karbon — miozäner Lumachellenkalk — mesozoische Sande und Mergel

Die Rebsorten des Loire-Tals

Die älteste Rebsorte der Region ist Chenin Noir, die auch Pineau d'Aunis heißt und sich bereits vor dem 10. Jahrhundert hier etablierte. Obwohl sie einen ausgezeichneten, sehr charakteristischen gefälligen Roséwein liefert, findet sie sich in Anjou und in der Touraine nur noch sehr selten. Bei Pineau de la Loire, die auch Chenin Blanc genannt wird und die häufigste Rebsorte in Anjou und in der Touraine ist, handelt es sich um eine weiße Varietät von Chenin Noir. Sie verdankt ihren Namen dem Clos du Mont Chenin in Cormery/Touraine und war bereits zur Zeit von Rabelais bekannt. Da sie spätreifend ist, erlebt sie noch die kalten Tage des Herbstes. So entwickelt sie auf den hervorragenden Böden der Coteaux du Layon, in Savennières, im Saumurois und Vouvray, ein unvergleichliches Aroma, ist jedoch in den übrigen Gebieten, wo sie ebenfalls dominiert, wesentlich schwerer zu kultivieren und einzuschätzen.

Obwohl manche Leute behaupten, die Sauvignon-Rebe käme aus dem Bordelais, entstammt jedoch auch sie dem Loire-Tal. Neuere Untersuchungen ergaben, daß sie mit der Chenin-Rebe verwandt ist. Die stark aromatische helle Rebsorte war bis zum 17. Jahrhundert in Loire-Tal und im Südwesten sehr stark vertreten, verzeichnet jedoch nun einen Rückgang ihres Bestandes. Sie herrscht heute in der Touraine vor, wird sehr geschätzt und als einzige Rebsorte für die Herstellung der Weißweine aus Sancerre, Pouilly-Fumé, Quincy, Menetou-Salon und Reuilly zugelassen.

Die aus Südwestfrankreich eingeführten Rebsorten

Hierbei handelt es sich vor allem um die beiden Cabernet-Sorten aus dem Bordelais und um die Cot-Rebe aus Cahors. Erwähnung verdient aber auch die Négrette-Rebe aus Fronton, die man noch in der Vendée und im Poitou findet.

Die Cabernet-Reben können nicht verleugnen, daß sie aus dem Bordelais stammen. Die Cabernet-Franc-Rebe kam jedoch über Nantes ins Loire-Tal und wird hier auch Breton genannt. Bei Varennes, auf den Kalkhängen von Bourgueil, Chinon und Saumur-Champigny liefert sie lagerfähige, fruchtige Rotweine. In den anderen Gebieten hat sie jedoch mit Schwierigkeiten zu kämpfen. Eine Ausnahme bilden lediglich die Täler

von Layon und das Gebiet von Brissac/Anjou, wo aus ihr die rassigen Weine der AOC Anjou-Village und liebliche Rotweine entstehen.

Die Tatsache, daß die Cot-Rebe empfindlich auf Winterfröste reagiert, ermutigt nicht besonders dazu, sie zu kultivieren. Da man jedoch nach der Reblauskrise auf gängigere Rebsorten zurückgriff, findet man sie heute wieder in der Touraine.

Unerwähnt bleiben darf auch nicht die Folle Blanche, die man hauptsächlich im Pays Nantais antrifft. Diese Rebsorte ermöglicht vor allem die Produktion der besten Cognac- und Armagnac-Sorten.

Die Rebsorten aus Burgund

Seit dem hohen Mittelalter kamen Pinot Noir, Pinot Gris, aber auch Meunier und Chardonnay nach Saint-Pourçain. Von dort aus breiteten sie sich weiter in die Gegend von Orléans und in die Touraine aus, wo sie noch den Namen Auvernat Noir bzw. Auvernat Blanc tragen. Auf sie gründet sich der Ruhm der Weine von Saint-Pourçain und aus dem Or-

léanais. Diese Weinbaugebiete erfreuten sich seit dem 16. Jahrhundert wachsender Beliebtheit, nachdem infolge des Zwanzig-Meilen-Edikts die »großen Roten« wie die im Lyonnais heimische Gamay-Rebe hierher kamen. Die Rot- und Roséweine von Sancerre basieren auch heute noch auf den Pinot-Noir-Reben, die in den AOC- und VDQS-Gebieten des Zentrums noch weiter an Bedeutung gewinnen. Die Chardonnay-Rebe ist besonders in der Touraine und im Anjou verbreitet und findet vor allem

Chinon und sein Schloß.

für den Crémant-de-Loire Verwendung.

Die aus Burgund stammende Melon-Rebe geriet zwar in ihrer Heimat in Vergessenheit, eroberte sich dafür aber im 18. Jahrhundert die für sie so hervorragend geeigneten Böden des Pays Nantais, wo sie den Namen Muscadet erhielt.

Die Spätankömmlinge

Die Grolleau-Rebe kam zu Anfang des 19. Jahrhunderts aus Cinq-Mars in die Touraine und breitete sich unheimlich rasch aus. Auf ihren hohen Erträgen basieren die Rosé-d'Anjou- und die Rosé-de-la-Loire-Weine.

Die Gamay-Rebe gehört zu einer sehr weit verzweigten Familie. Sie liefert hauptsächlich jene »ungewöhnlichen« Weine, die wohl im 18. und 19. Jahrhundert für den Niedergang des Weinbaugebiets im Tal der Loire verantwortlich waren. Die Gamay Noir à Jus Blanc wird jedoch hier bereits seit der Mitte des 19. Jahrhunderts nach dem Vorbild des Beaujolais kultiviert. Diese Gamay-Sorte dominiert auch in der

westlichen Touraine, im Tal des Cher. Wird sie, je nach Ursprungsgebiet, mit Cot oder auch Cabernet verschnitten, entstehen vollkommene Weine.

In den kleineren Weinbaugebieten haben auch einige einheimische Rebsorten überlebt. Dazu gehören unter anderem Ramorantin in Cheverny und Tressalier in Saint-Pourçain.

Grolleau-Gris-Rebe.

Das Tal der Loire heute

Zwischen 1955 und 1985 wuchs die Fläche des AOC-Gebiets der Touraine auf ihre doppelte Größe, während die Ausdehnung des AOC-Gebiets von Sancerre sich gar verdreifachte. Das Weinbaugebiet von Anjou blieb zwar stabil, mußte sich jedoch infolge der Krise, in die die lieblichen Weißweine gerieten, umstellen. Die Gesamtanbaufläche der Chenin-Rebe schrumpfte innerhalb von 30 Jahren von 9000 ha auf 4500 ha, und sie wurde hauptsächlich durch die Cabernet-Franc-Rebe ersetzt. Die Muscadet-Rebe verzeichnet dagegen einen beständig anhaltenden Aufstieg und ist eine der bedeutendsten Rebsorten des Loire-Tals. So hat sich die Größe des Appellationsgebiets des Departements Loire im oben genannten Zeitraum von 29 000 ha auf über 4000 ha gesteigert. Hier entstehen heute 12% der französischen AOC-Weine. Das Loire-Tal exportiert ca. 30% seiner Weine und ist somit nach der Champagne, dem Bordelais und Burgund der viertgrößte Weinexporteur Frankreichs. Zur Wahrung der Tradition wurden die Weinbaugebiete jedoch eingegrenzt und teilen sich in drei Gruppen.

Das untere Loire-Tal gehört vor allem dem Weinbaugebiet von Nantes und wird durch die eigenständige historische Entwicklung der Bretagne geprägt.

Das mittlere Loire-Tal umfaßt zwischen Angers und Blois die Weinbaugebiete des Anjou, von Saumur und der Touraine sowie die Randgebiete des Poitou und des Loire-Tals. Das Anbaugebiet der Rosé-de-Loire-Weine und des Crémant-de-Loire ist mit dem der Anjou- und Touraine-Weine identisch. Die kleinen verstreuten Weinbaugebiete des Zentrums schließlich blicken auf eine sehr bewegte Geschichte zurück.

Das Pays Nantais

Das Anbaugebiet der VDQS Gros Plant des Pays Nantais verteilt sich mit einer Größe von 3000 ha auf das gesamte Erzeugungsgebiet des Muscadet. Es erstreckt sich hauptsächlich in der Gegend von Rez Richtung Atlantik. Dabei sind die einzelnen Rebflächen der Gros Plant überall verstreut, so daß sie kein Weinbaugebiet im eigentlichen Sinne bilden. Aus der Gros Plant erzeugt man einen sehr lebendigen Wein, der besonders gut zu Meeresfürchten paßt.

Die aus Muscadet- und Gros-Plant-Reben erzeugten Weine dürfen als einzige Weine Frankreichs nach einer speziellen Kontrolle den Zusatz »sur lie«, auf der Hefe, tragen. Dies bezieht sich auf ein besonderes Ausbauverfahren. Nach Beendigung des Gärungsprozesses wird vor der Abfüllung in Flaschen nämlich kein Abstich vorgenommen. So bleibt der Wein auf seiner guten Hefe, die ihm Öligkeit verleiht und seine herausragende Frische bewahrt. Dieses Verfahren erfordert ein absolut einwandfreies Lesegut und sehr viel Fingerspitzengefühl bei der Vinifizierung.

Das Gebiet der VDQS-Weine der Coteaux d'Anciens überschneidet sich in einigen Gemeinden mit dem der Muscadet-des-Coteaux-de-la-Loire-Weine. Es umfaßt an die 300 ha Fläche, die hauptsächlich mit Gamay und den Rebsorten des Anjou bestockt sind. Die Hauptproduzenten findet man am rechten Loire-Ufer in Oudon, Saint-Géréon und Le Cellier, am linken Ufer in Liré, Champtoceaux und La Varenne.

Die Weinhochburgen der Vendée gehören zwar nicht mehr zum Pays Nantais, finden aber dennoch hier neben dem bretonischen Weinbaugebiet Erwähnung. Die Region ist seit 1984 VDQS-Gebiet. Das 300 ha große Weinbaugebiet teilt sich in vier Zonen auf, die in der Umgebung von Mareuil, Brem, Vix und Pissotte liegen. Man erzeugt hier hauptsächlich Rotweine, für die Gamay und Pinot verschnitten werden, aber auch die Rosé- und die Weißweine, bei denen die Chenin-Rebe dominiert, sind nicht uninteressant.

Im Herzen der Appelation Muscadet, in Vallet, findet im März die größte Weinmesse statt.

Die bretonischen Eindringlinge stoppten im 6. Jahrhundert ihren Vormarsch im Südwesten von Nantes. Denn sie waren auf ein kleines Paradies gestoßen. Dabei kam Sèvre und Maine eine nicht zu unterschätzende Bedeutung zu. Denn hier fühlte sich der Wein wohl. Heute markiert die Grenze zwischen den Departements Loire-Atlantique und Maine-et-Loire die historische Trennungslinie zwischen der Bretagne und Anjou.

Von der Weinbautradition der bretonischen Herzöge blieben keine Spuren erhalten. Am Ende der Renaissance fiel die Bretagne an Frankreich zurück, konnte aber ihre Handelsprivilegien bewahren. Das wirkte sich auf die Produktion qualitativ hochstehender Weine recht negativ aus. Denn das Weinbaugebiet von Nantes erhielt praktisch das Monopol, die holländischen Händler mit »gewöhnlichem« Wein zu versorgen, die im 17. Jahrhundert Wein und Branntwein exportierten. Auf

ihre Anregung hin kam die Folle Blanche in dieses Weinbaugebiet.

Mit bewundernswerten Scharfblick machte sich bereits Colbert Gedanken über die Art und Weise, wie die Bewohner der nördlichen Ländereien einen »echten« Wein genossen.

Dagegen entwickelte sich nach den schweren Frösten des Jahres 1709 die aus Burgund eingeführte Melon- oder Muscadet-Rebe rasch auf den besten Böden des Pays Nantais. Nach dem Zweiten Weltkrieg hat sie sich dann 4000 ha Anbaufläche erobert.

Das Hoheitsgebiet der Muscadet-Rebe

Aufgrund einer vielschichtigen Vergangenheit ist es auch heute noch schwer, unter den Weinbauern Einigkeit zu erzielen. Auch die Karte der einzelnen Weinbauregionen im Gebiet von Nantes bietet ein recht kompliziertes Bild.

Die AOC Muscadet verfügt über zwei subregionale Bezeichnungen unterschiedlichen Ranges. Das Gebiet der AOC Muscadet-des-Coteaux-de-la-Loire umfaßt 500 ha Schiefer- und Granithänge. Diese erstrecken sich auf die zwischen dem Nordufer der Loire und Varades und zwischem dem Südufer und dem an der Grenze zum Anjou gelegenen Saint-Florent-Vieil gelegenen Gemeinden. Das Gebiet der AOC Muscadet-de-Sèvre-et-Maine hat eine Größe von 9000 ha, umfaßt 23 Gemeinden und bildet sozusagen das Herz des gesamten Anbaugebiets.

Das Gebiet der regionalen AOC Muscadet nimmt mit 800 ha Fläche das restliche Weinbaugebiet ein und umfaßt an die 40 Gemeinden, die hauptsächlich im Westen der Region Sèvre-et-Maine liegen. Hierbei handelt es sich um weit verstreute Weinberge, deren aus dem Miozän stammende Kiessandböden auf dem Sockel des armorikanischen Gebirges umgearbeitet wurden.

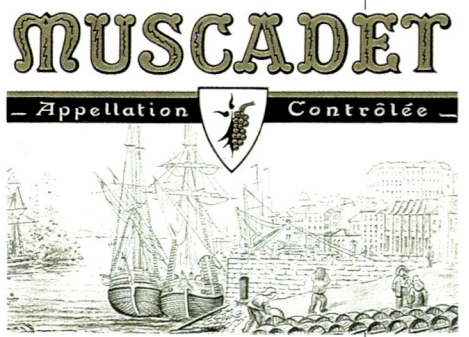

Muscadet de Sèvre-et-Maine

Der Muscadet steht in vollkommenem Einklang mit einer herrlichen Landschaft, in die sich gepflegte und gemütliche Dörfer schmiegen. Er verführt durch sein blumiges, fruchtiges Aroma, vor allem aber durch seinen geschmeidigen, bestechenden und einschmeichelnden Geschmack. Der Erfolg des Muscadet ist keineswegs eine Zeiterscheinung — er ist vielmehr die Frucht einer fleißigen Arbeit. Die Dörfer reihen sich zwischen Vertou und Clisson an beiden Ufern der Sèvre aneinander. Die Böden liegen auf einem von Tälern durchschnittenen Schieferrelief. Die Straßen, die an La Haie Fouassière vorüberführen, wo die Weinreben am höchsten Punkt der Region in 65 m Höhe wachsen, sind bildschön. Das am Zusammenfluß von Sèvre und Maine gelegene Saint-Fiacre wird oft als Hauptstadt von Sèvre-et-Maine bezeichnet. Man sollte unbedingt durch die Keller von Châteauthébaud, Maisdon-sur-Sèvre, Monnières und Gorges streifen. Denn etwas weiter südlich kündigt bereits der Granit das Ende des Weinbaugebiets und den Beginn der Bocage der Vendée an.

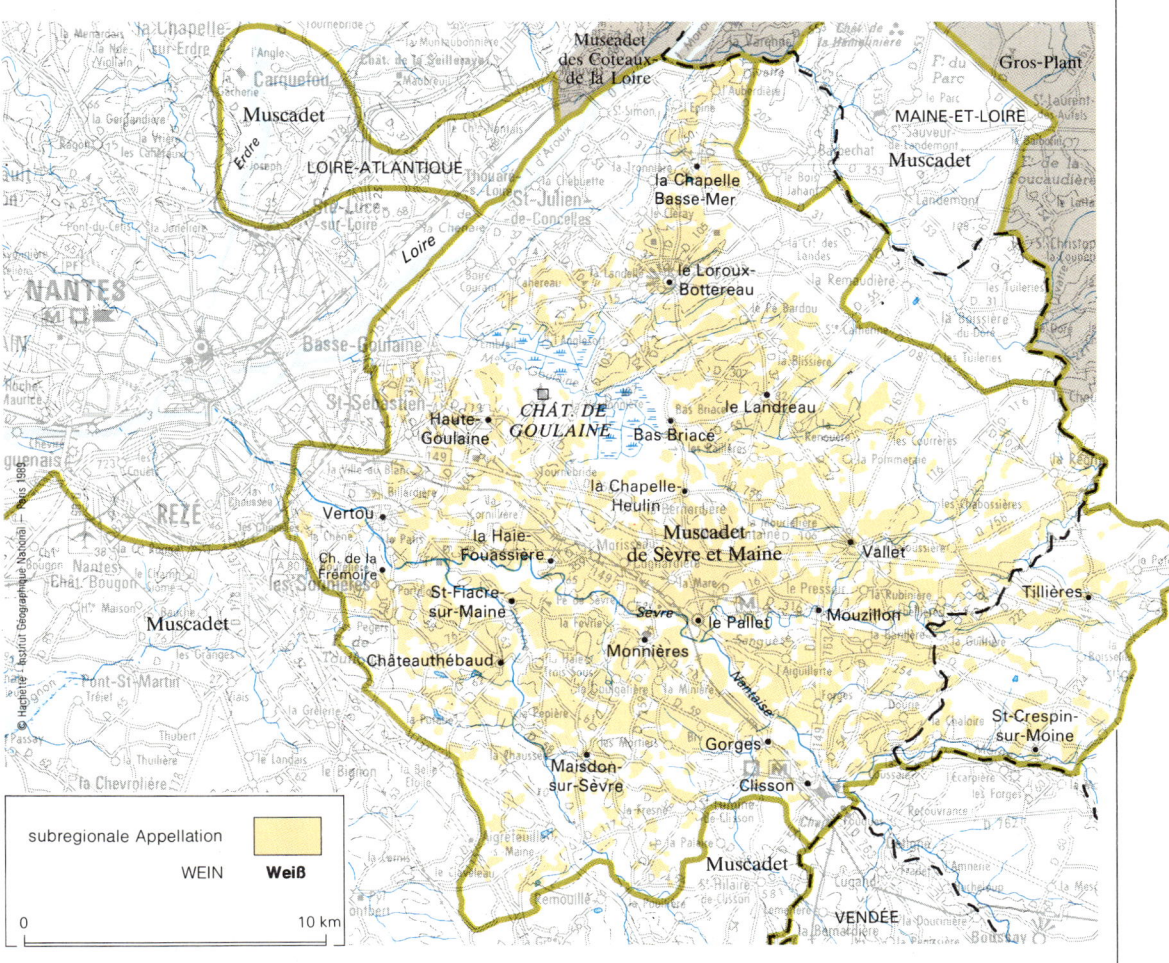

An der bretonischen Grenze

Vor der Rückkehr nach Vallet, das durch die große Herbstmesse zur »Hauptstadt des Muscadet« wird, kann man in Pallet das Musée Pierre-Abelard besichtigen, das dem Weinbau und der Volkskunsttradition gewidmet ist. In diesem Bereich, besonders aber bei Mouzillon, liegen die Böden auf einem kristallinen Gesteinssockel, den »Gabbros du Pallet«. Das Weinbaugebiet von Sèvre-et-Maine schließt auch einen Teil der Marschlandschaft von Goulaine ein. Das Renaissanceschloß Haute-Goulaine besteht aus Tuff und Granit und ist das letzte der Loireschlösser und das erste Schloß der Bretagne. Die

Links: Weinpresse des 18. Jh. in La Haie Fouassière.
Rechts: Château Coing de Saint-Fiacre.

Gneis- und Granitböden tauchen in Richtung Le Loroux-Botterau und La Chapelle-Basse-Mer an der bretonischen Grenze auf.

Der Muscadet hat ausgezeichnete Zukunftsaussichten, da sich solide Wirtschaftsverbände seiner angenommen haben und seine Entwicklung vorantreiben. Ein äußerst aktives und spezialisiertes Netz garantiert mehr als 80% des Handels. Der Erfolg wird auch am Export deutlich, in den 40% des Weins gehen. Die meisten Weinliebhaber Frankreichs leben im Norden, im Einzugsgebiet von Paris und im Westen. So ist der Muscadet längst nicht mehr auf sein Ursprungsgebiet beschränkt.

Die Confrérie des Bretvins mit Sitz im Château de Goulaine zählt zu den ältesten Weinbruderschaften des Landes und hat die Herzogin Anne de Bretagne als Schutzpatronin auserkoren.

Anjou-Saumur

Das Weinbaugebiet des Anjou erstreckt sich nur über einen geringen Teil der ehemaligen königlichen Provinz an den Grenzen der Normandie, der Bretagne und des Poitou. Die Täler von Maine und Layon begrenzen im Westen ein Gebiet, das durch die Rumpfebene der Bocage der Vendée von atlantischen Einflüssen abgeschirmt wird und sich so eines vorteilhaften Klimas erfreut. Da die durchschnittliche jährliche Niederschlagsmenge von Layon bis Brissac nur an die 500 mm beträgt, ist dies auch eine der trockensten Regionen Frankreichs außerhalb des Mittelmeerraums. Das eigentliche Weinbaugebiet konzentriert sich auf die »sanfte Landschaft von Angers«, die der Dichter Du Bellay einst berühmt gemacht hat.

Die Weine des Anjou und die Geschichte

Bereits im Mittelalter war Angers, die Hauptstadt der Region, auch Zentrum eines florierenden Weinbaugebiets.
Die Anbaugebiete des Anjou wurden zwischen dem 8. und dem 12. Jahrhundert von bedeutenden Klöstern

Château de Fesles.

genutzt, von denen besonders die normannischen (Mont-Saint-Michel) und die bretonischen Abteien zu erwähnen sind. Nachdem Heinrich Plantagenet, Graf von Anjou, 1154 als Heinrich II. den englischen Thron bestiegen hatte, entdeckte die Aristokratie des Inselreiches ihre Vorliebe

Oben: Clos de la Coulée von Serrant. Rechts: Breton-Reben an der Côte de Brissac.

für die Weiß- und Clairet-Weine aus der Provinz ihres Königs, und im Laufe der folgenden Jahrhunderte gingen zahllose Fässer und Flaschen nach Großbritannien, das auch heute noch das größte Abnehmerland der Produkte aus Anjou ist.
Als der französische König Philipp II. im August im Jahre 1214 nach der Schlacht von La Roche-aux-Moines bei Savennières das Anjou endgültig vom englischen König Johann I. ohne Land zurückgewonnen hatte, versicherte er sich der Loyalität der Bürger von Angers, indem er ihnen die mit dem Weinhandel verbundenen Lehensprivilegien überließ. Letzter Graf von Anjou war der legendäre »gute König« René (er regierte von 1434 bis 1480), der zugleich auch Graf von Provence und König von Neapel war. Er erwies sich als genialer Dichter, Kunstmäzen und Friedensfürst und machte das Anjou nach dem Hundertjährigen Krieg zur schönsten und reichsten Provinz Frankreichs. Unter seiner Herrschaft verbreitete sich der Ruhm der Anjou-Weine auch in die Provence und bis nach Italien. Die Bücher Renés bezifferten die Jahresproduktion des Anjou auf 300 000 »Pipes«, was 1 300 000 hl entspricht und deutlich über der heutigen Produktionsmenge liegt.
Im 17. und 18. Jahrhundert führten die andauernden Kriege mit England und Holland und die ständig steigenden Zollabgaben an die Ingrandes zu einem Rückgang der Exporte. Außerdem gerieten die Qualitätsweine Ende des 18. Jahrhunderts in eine Krise. Während der Französischen

Revolution verheerten die in der Vendée stattfindenden Kämpfe das Weinbaugebiet, und auch im Kaiserreich blieb die Ausfuhr mit Schwierigkeiten verbunden. Kaiserin Joséphine brachte jedoch den Weinen von Savennières (Coulée de Serrant) eine besondere Wertschätzung entgegen und verhalf so den großen Weinen des Anjou zu einer Renaissance in Paris.

Der Umschwung der Rotweinproduktion

Vor der Reblauskrise produzierte das Anjou an die 800 000 hl im Jahr, was ungefähr der gegenwärtigen Menge der AOC-Weine entspricht. Der Wiederaufbau des Weinbaugebiets ging jedoch zu Lasten der edlen Rebsorten, da man Hybriden und gängigere Sorten einführte. Während in der Zeit von 1950 bis heute die Größe der Weinbaufläche des Anjou von 30 000 ha auf 20 000 ha geschrumpft ist, blieb die Ausdehnung

des Anbaugebiets für edle Rebsorten mit rund 15 000 ha stabil. Geändert haben sich jedoch die Anteile der für Rot- bzw. Weißweine verwendeten Rebsorten. Die Anbaufläche der Chenin-Rebe reduzierte sich von 9000 ha auf 4500 ha, während die Grolleau-Rebe, deren Bestand ebenfalls zurückging, nur noch 3000 ha Fläche einnimmt. Im Gegensatz dazu befinden sich die Cabernet-Reben weiter auf dem Vormarsch und sind heute auf einem 5500 ha umfassenden Areal anzutreffen. Dabei beträgt der Anteil der Cabernet-Franc-Rebe über 90%. Man ist versucht zu glauben, daß das Anjou sich nicht weiter von seiner Vergangenheit entfernen dürfte, die von den aus der Chenin-Rebe gewonnenen Weißweinen geprägt war. Man hat viel Mühe

auf die trockenen und die lieblichen Weißweine verwendet, die ausschließlich auf ausgewählten Böden erzeugt werden. Die neue AOC Anjou-Village muß ausschließlich aus Cabernet-Franc- und Cabernet-Sauvignon-Reben bestehen. Die Renaissance dieser kostbaren Weine wird sicher auch bald vergessen lassen, welchen Schaden die große Verbreitung der Roséweine dem Anjou zugefügt hat. Das Hôtel de la Godeline in Angers, im 15. Jahrhundert erstes Rathaus der Stadt, ist nach seiner Restaurierung Sitz des Conseil Interprofessional des Vins d'Anjou und der Confrérie des Chevaliers des Sacavins. Außerdem sieht man in der Mauer des Schlosses einen Rebstock, und es gibt ein Haus der Weine, in dem man alle Crus des Anjou probieren kann. In den Umfassungsmauern des alten Hôpital Saint-Jean, das die berühmten Wandteppiche von Jean Lurçat ausstellt, wurde ein Weinmuseum eingerichtet. In diesem Zusammenhang muß außerdem unbedingt erwähnt werden, daß sich im Schloß von Angers der berühmte Tapisserie-zyklus der Apokalypse aus dem 14. Jahrhundert befindet.

Savennières und Côtes du Layon

Die Gegend, wo die Böden des aus dem Paläozoikum stammenden ar-morikanischen Gebirges auf das im Meozoikum entstandene Pariser Becken treffen, bietet besondere klimatische Bedingungen.

Das Weinbaugebiet erstreckt sich über die Felsen von Layon und die Hänge des Saumurois. Savennières ist, stromabwärts vom Mündungsge-biet der Maine, nach Südosten hin ausgerichtet. Es verteilt sich auf vier markante Hügel, die als schmales Band Epiré mit Savennières verbin-den. Die Landschaft ist reizvoll, und die trockenen Weine der AOC Saven-nières besitzen Eleganz und Finesse.

Unbedingt lohnend ist ein Besuch des Clos de la Coulée von Serrant und von La-Roche-aux-Moines. In die-sem prächtigen Weinbaugebiet aus Schiefer, der mit vulkanischen Gängen durchzogen ist, erreicht der Pineau de la Loire seine höchste Voll-endung. Curnonsky reihte diese Weine unter die besten der Welt ein. Zu den beiden eben erwähnten be-rühmten Crus kommen noch die Crus von Epiré, Clos de Papillon und Coulaine im Westen von Savennières an der Straße nach Saint-Georges-sur-Loire.

Südlich der Loire beginnt bei Ro-chefort-sur-Loire das Gebiet der Coteaux du Layon. Entlang der Ufer-straße findet man Schieferböden, die von harten Gesteinsgängen wie Spilit, Rhyolith, Jaspis und Phtanit durchsetzt sind. Am rechten Ufer des Layon formte eine geologische Ver-werfung die prächtigen Hänge zwi-schen Moulin Cuérin und Saint-Aubin-de-Luigué. Sie setzt sich zwischen Rochefort-sur-Loire, Con-courson-sur-Layon und Les Ver-chers-sur-Layon nach Nordwesten und Südosten fort. Auf diesem Gebiet konzentrieren sich die Untersuchun-gen der Weinbauern über die Über-reife-Möglichkeiten der Chenin-Rebe.

Nach Chaudefons-sur-Layon und Saint-Aubin-Luigné tauchen zu-nächst Chaume, dann La Soucherie auf. Die auf einem Untergrund von kohlehaltigem Puddingstein liegen-den Kiessandböden und die Land-schaft, die Schutz vor den Einflüssen des Atlantik, also den Nordwinden, bietet, machen Chaume zu einem »Ausnahmefall«. Die hier erzeugten Weine sind von ganz hervorragender Qualität, und die Quarts de Chaume zeichnen sich stets durch ihr charak-teristisches Aroma und einen hohen Alkoholgehalt aus. Sie sind somit die unbestritten besten Süßweine des Loire-Tals.

In Thouarcé liegt die AOC Bonne-zeaux, der zweite Grand Cru von Layon. Das Gebiet erstreckt sich über die Hügel am rechten Flußufer und ist von winzigen Tälern durchzogen, die von ausgetrockneten Quellen ge-bildet werden. Die eisenhaltigen Wasser, denen der Cru seinen Namen verdankt, sind verschwunden. Aber der an harten, farbigen Mineralien wie Phtanit reiche Schiefer formt immer noch steile Hänge, an die sich, bis hinauf zum Gipfel, Mühlen klam-mern. Die Mühle von La Montagne wurde restauriert. Der Wein von Bonnezeaux ist zwar anders, als die Quarts de Chaume, ihnen aber, was die Qualität angeht, durchaus ver-gleichbar. Er ist zart und wird durch eine nicht exakt zu bestimmende fruchtige Note geprägt. Im Château de Fesles entsteht einer der besten Bonnezeaux-Weine, und der Eigen-tümer hat bereits viele Nachahmer gefunden.

In Rabalay-sur-Layon und Champs-sur-Layon gibt es ebenfalls ausge-zeichnete Weine. Die in der Um-gebung von Matrigné-Briand erzeugten Martigné- und Chavagnes-les-Eaux-Weine sind bereits seit dem 18. Jahrhundert berühmt. In der Ge-

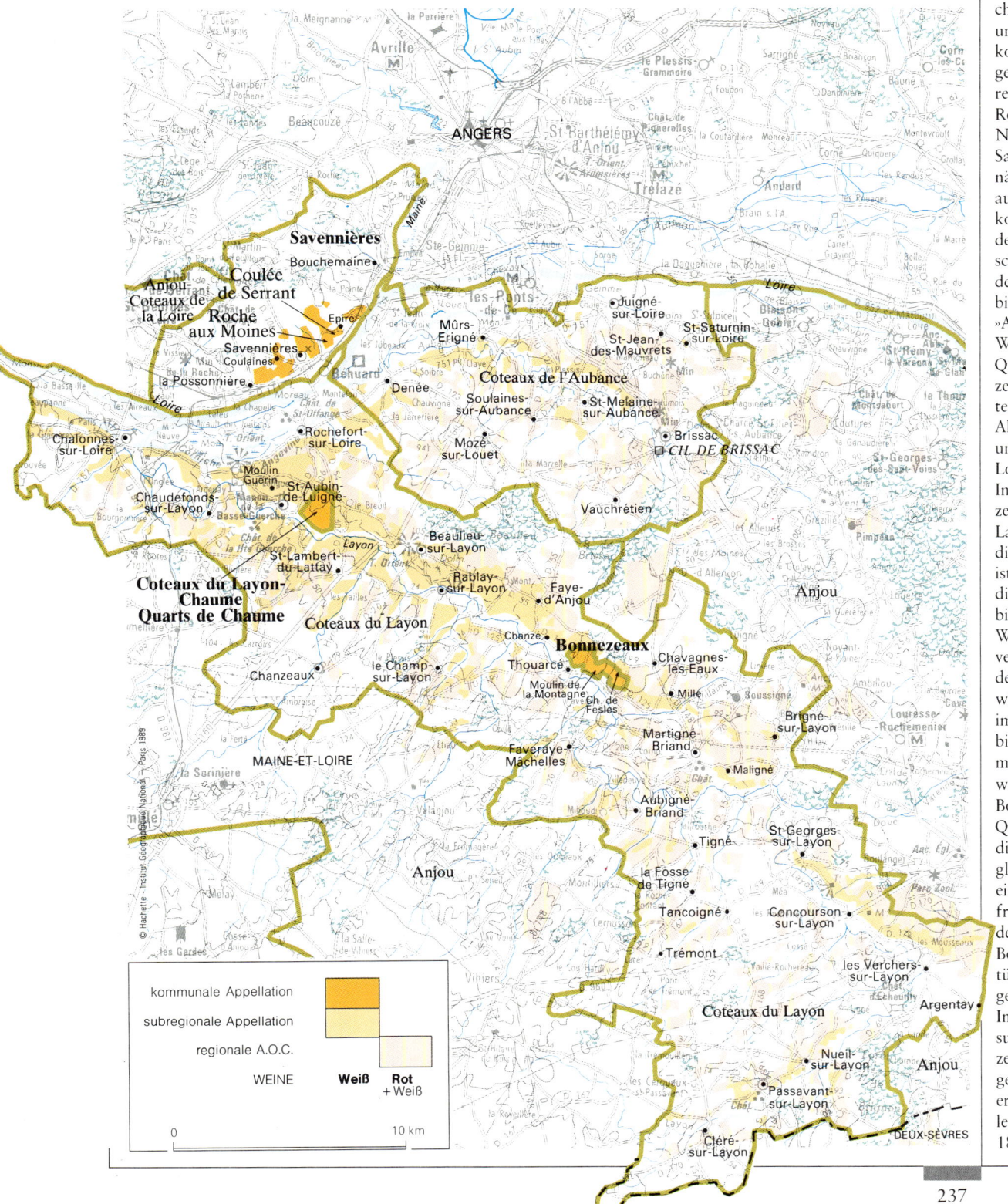

meinde Saint-Lambert-du-Lattay findet man ein Weinmuseum.

Die Aubance und das Gebiet von Brissac-Quincé

Über die Hügel und das Plateau von Denée erstrecken sich herrliche Weinbaugebiete in Richtung Mosé-sur-Louet, Saint-Melaine-sur-Aubance, Vauchrétien, Brissac-Quincé und Chauvigné. Die Rotweinproduzenten sind in der Confrérie des Echansons von Brissac vereinigt. In Brissac-Quincé findet außerdem jedes Jahr Mitte September ein bekannter Wettbewerb statt. Von den Weinbaugebieten der Kalkhänge, verdienen noch Charcé, Grézillé, Coutures und Blaison-Gohier Erwähnung. In Saint-Jean-de-Mauvrets und Juigné-sur-Loire schließlich findet man den Schiefer von Angers wieder.

Haut Layon

Obwohl sich die Anbaugebiete entlang der Hauptverkehrsadern erstrecken, soll es hier nicht unerwähnt bleiben. Einigen Weinbauern ist es nämlich gelungen, Süßweine herzustellen, die einem Vergleich mit des Côtes-du-Layon-Weinen durchaus standhalten. Hier, im äußersten Süden des Anjou, sind die Rotweine voller und öliger. Concourson-sur-Layon besitzt ohne Zweifel die besten Lagen des Gebiets. Zu nennen sind außerdem die Crus Tigné, La-Fosse-de-Tigné, Saint-Georges-sur-Layon, Les-Verchers-sur-Layon, Passavent und Cléré-sur-Layon.
Im alten Doué-la-Fontaine gibt es zahlreiche Steinbrüche und Weinkeller. Bei Monsieur Touchais lagern alte Layon-Weine, die alle nach zehnjähriger Lagerzeit auf den Markt kommen.

Saumur und Saumur-Champigny

Man muß zugeben, daß Saumur sich infolge seiner Handelsbeziehungen zum Zentrum des Weinbaugebiets von Anjou entwickelt hat. In dieser Stadt befindet sich heute die Ecole Française de Cavalerie. Zur Zeit Heinrichs IV. war Saumur unter Duplessis-Mornay, dem »Hugenottenpapst«, Hauptstadt des französischen Protestantismus. Und als im 17. Jahrhundert die Holländer den

Château Montreuil-Bellay.
Rechts: Keller des Château de Brézé.

Verkauf der Loire-Weine »über das Meer« sicherten, wurde die Stadt zum wichtigsten Umschlagplatz für die Produktion der Region. Auch heute noch liegen die meisten Weinhäuser des Anjou, von denen viele hugenottischen oder holländischen Ursprungs sind, in der Umgebung von Saumur.
Das Weinbaugebiet von Saumur verteilt sich, wie kleine Inseln, auf den Kreidetuffelsen (»Tuffcau«) und den Anschwemmungen des Eozäns und des Senons (obere Kreide). Auf dem rechten Ufer der Dive sind zu nennen: Brèze, Le-Coudray-Macouard, Epieds. Auf dem linken Ufer des Thouet liegen: Le-Puy-Notre-Dame und Le Vauldenay. Der Fels von Argentay schließlich markiert die äußerste Südwestgrenze des Saumurois. Die Weinberge von Saumur-Champigny nehmen eine gute Lage auf dem Sandplateau des Senons und auf den Hängen ein, die sich aus dem Kreidetuff geformt haben. Die hier erzeugten Weißweine waren einst so

berühmt wie die Weine aus Vauvray. Aber auf den chloroseanfälligen Kalkböden erlauben die Unterlagen keinen ausreichenden Reifegrad für die Chenin-Rebe. Dafür gedeiht die Rebsorte Breton (Cabernet-Franc) schon lange ausgezeichnet in der Umgebung von Champigny und Chaintres. Auch das Rotweinanbaugebiet von Champigny erzielt beachtliche Erfolge. Es dehnt sich zwischen Montsourceau, Dampierre-sur-Loire und Saint-Cyr-en-Bourg auf neun fest umrissenen Gemarkungen aus. Die Weine dieser Appellation sind leicht, fruchtig und ausgewogen und bereits seit Jahrhunderten ein Begriff. Père Cristal, ein großer Weinbauer und Freund Clemenceaus, gehört zu den Vorreitern in diesem Gebiet. Auf seine Spuren stößt man noch im Clos Cristal, der sich heute im Besitz der Hospices de Saumur befindet. In Chaintre kam man noch die von einem Clos umschlossene alte Prioratskirche der Oratorianer aus dem 17. Jahrhundert bewundern.

Schaum- und Stillweine

Das Anbaugebiet für Saumur-Schaumweine ist wesentlich größer als das für rote und weiße Stillweine.

Das Anbaugebiet Cristal, Eigentum der Hospices von Saumur, geschaffen von Père Cristal.

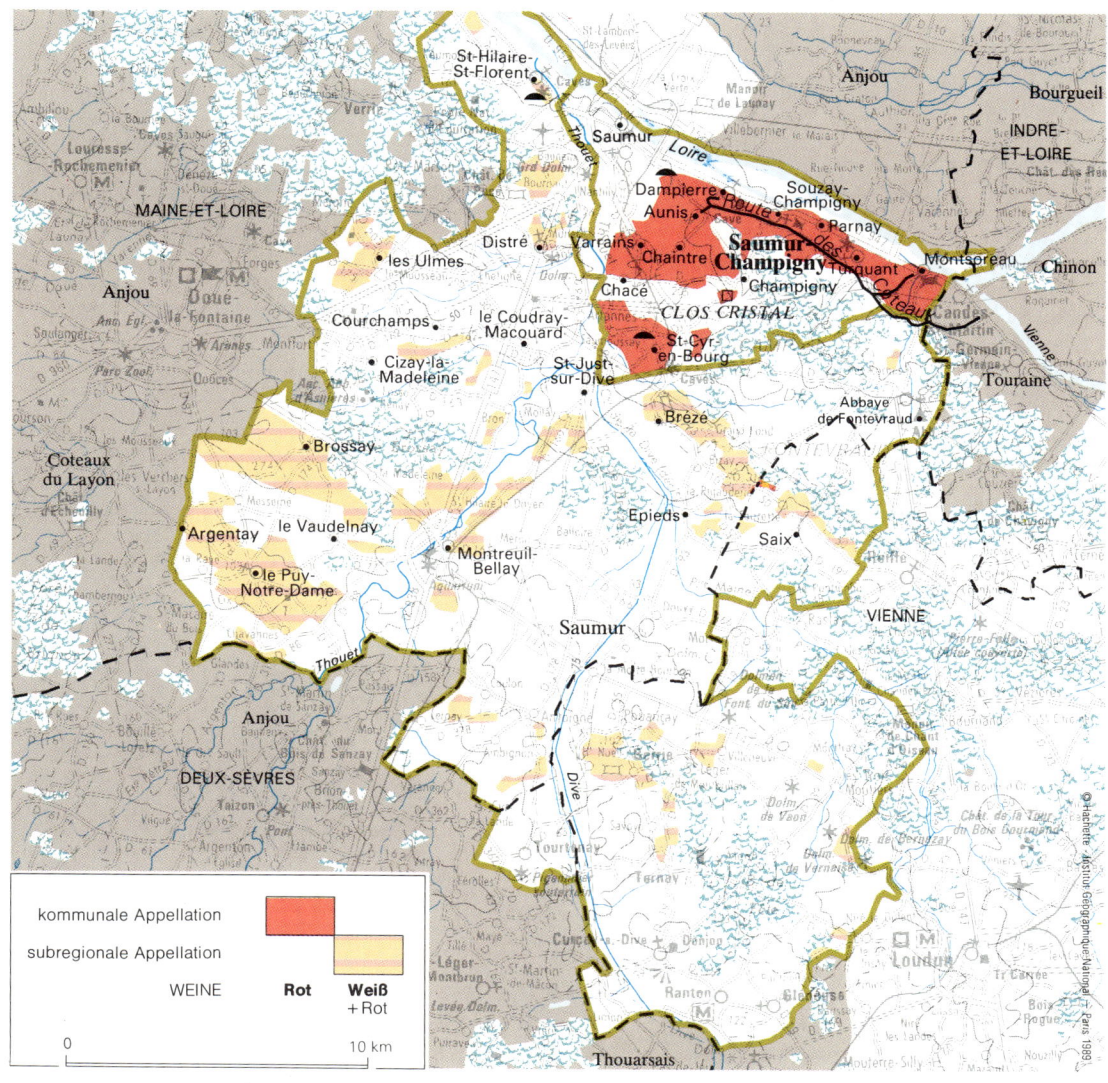

kommunale Appellation

subregionale Appellation

WEINE **Rot** **Weiß** + Rot

0   10 km

Es dehnt sich auf einem Teil der Hänge von Layon bis hin nach Martigné-Briand und Vihiers aus und steigt im Gebiet von Aubance bis Grézilleé und Coutres auf. So ist es identisch mit dem Bereich, in dem die Chenin-Rebe auf Kalkuntergrund kultiviert wird. Die Mehrzahl der Kellereien, in denen die großen Schaumweine entstehen, befindet sich in Saint-Hilaire-Saint-Florent im Nordwesten von Saumur.

Château Montsoreau.

Touraine

In der im mittleren Loire-Tal gelegenen Touraine gibt es fast ebenso viele Weinbaugebiete wie berühmte Schlösser. Deshalb fügen die Weine der Touraine oft dem Namen der Appellation den Namen eines der königlichen Schlösser oder Herrensitze hinzu, die sich an den Ufern der Loire und ihrer Nebenflüsse erheben.

Variantenreiche Mikroklimata

Die regionale Appellation entstand 1939, ist also noch ziemlich jung. Der Weinbau hat jedoch eine lange Tradition. Davon zeugen die Weinpresse von Cheillé aus dem 11. Jahrhundert und zahlreiche Dokumente, von denen einige bis ins 7. Jahrhundert zurückgehen. Außerdem erzählt man sich, daß bereits der heilige Martin im Jahre 380 die ersten Weinstöcke in Vauvray angepflanzt haben soll. Das gemäßigte Klima der Region ist weit weniger vom Atlantik beeinflußt als das Klima im Anjou und weist, von West nach Ost, spürbare Unterschiede auf. Das Gebiet von Chinon und Bourgueil liegt im westlichen Teil der Touraine am Zusammenfluß von Vienne und Loire und ist nur 150 km vom Atlantik entfernt. In diesem weiten Tal, das durch bewaldete Hügel von den Nordwinden abgeschirmt wird, spürt man deshalb auch noch den Einfluß des Ozeans. Dennoch verfügt das Gebiet über ein Klima, in dem sich ganz besonders die Cabernet-Franc-Rebe wohl fühlt. Weiter östlich, bei Vauvray und Montlouis, fallen die Hügel ziemlich einförmig nach Süden ab, in Richtung der Loire und des Cher. Hier ist der Herbst warm, sonnenreich und so feucht, daß man die Chenin-Blanc-Rebe zur Überreife führen kann, wobei einmal in drei Jahren die der Zuckerkonzentration in den Beeren förderliche Edelfäule auftritt.

Ganz im Osten, in Richtung Blois, spürt man bereits deutlich das durch strenge Winter und einen späten Frühling gekennzeichnete kontinentale Klima. Hier fühlen sich die Rebsorten aus Mittelfrankreich besonders wohl: Gamay Noir à Jus Blanc, Pinot Noir und, in der Nähe von Sancerre, Sauvignon.

»Der heilige Martin«, 1450 (Kunstmuseum, Basel). Oben: Skulptur von Raymond Mason, 1982 (Marlborough Gallery, London).

Vorteilhafte Böden

Der vom Ende des Mesozoikums stammende Boden besteht aus mehr oder weniger weicher Kreide und wird »Tuffeau« genannt. Die riesigen Höhlen waren einst Steinbrüche, aus denen das Baumaterial für die

Der Weinapostel

Die Legende erzählt, daß Sankt Martin, der Apostel der Gallier, gerne zu den Mönchen der 372 gegründeten Abtei von Marmoutier kam, die damals schon Weinbau betrieben. Eines Tages tat sich der Esel, den der fromme Mann bei den Rebzeilen zurückgelassen hatte, an den Weinstöcken gütlich. Als nun die Zeit der Lese nahte, stellte man fest, daß die solchermaßen gestutzten Triebe nicht nur Früchte trugen, sondern daß ihre Trauben auch wesentlich besser waren als die Trauben an den langen Trieben. So lernten die Mönche von Marmoutier, welche Vorteile der Rebschnitt bringt, der heute überall auf der Welt ein fester Bestandteil der Arbeit im Weinberg ist.